COLEÇÃO
TRIBUNAIS E MPU
Coordenador HENRIQUE CORREIA

ADMINISTRAÇÃO FINANCEIRA E ORÇAMENTÁRIA

PARA OS CONCURSOS DE TÉCNICO E ANALISTA

COLEÇÃO
TRIBUNAIS E MPU
Coordenador HENRIQUE CORREIA

MARCELO ADRIANO FERREIRA

ADMINISTRAÇÃO FINANCEIRA E ORÇAMENTÁRIA

PARA OS CONCURSOS DE TÉCNICO E ANALISTA

2ª edição
revista
atualizada
ampliada

2020

EDITORA JusPODIVM
www.editorajuspodivm.com.br

EDITORA
JusPODIVM
www.editorajuspodivm.com.br

Rua Território Rio Branco, 87 – Pituba, CEP: 41830-530 – Salvador – Bahia
Tel: (71) 3045.9051
• Contato: https://www.editorajuspodivm.com.br/sac

Diagramação: Cendi Coelho (*cendicoelho@gmail.com*)

Capa: Ana Caquetti

ISBN: 978-85-442-2710-7

AGRADECIMENTOS

Gostaria de agradecer, primeiramente, a Deus, pela vida, saúde, família e oportunidades que surgiram, além dos dons para vencer os obstáculos, construindo, assim, tudo que conquistei.

À minha esposa Carla Kurz, fonte de minha inspiração, por todo amor, carinho, dedicação e companheirismo.

À minha filha Marcela, por ser uma pessoa doce, meiga, inteligentíssima, a razão de toda minha força e dedicação. Você é uma filha maravilhosa.

Ao meu filho André, por ser um filho exemplar, sendo, juntamente com a Marcela, a razão de toda minha força e dedicação. Assim como minha mãezinha, uma das melhores pessoas que conheço.

À minha mãezinha, por ter sido uma verdadeira fortaleza durante toda sua vida, sendo, até hoje, um exemplo de fé e honestidade. Não conheço ninguém que ame mais ao próximo.

Ao meu pai, por ter sido a fortaleza na qual me apoiei para crescer e me tornar o homem que sou.

Aos meus nove irmãos, especialmente as minhas irmãs Aurita e Iolanda, que foram essenciais em meu crescimento com seus carinhos e proteção.

Ao Focus Concursos, onde pude me desenvolver e ter projeção como professor, especialmente ao Ruy, Reja, Evaldo e Renata, pela oportunidade.

À minha aluna Tainá Lazarini Oliveira, que, com dedicação e a "visão" de aluna, trouxe sugestões inestimáveis que contribuíram imensamente em meu crescimento.

Por fim, agradeço o Professor Henrique Correia por ter me convidado para este projeto. Muito obrigado pela confiança.

APRESENTAÇÃO DA COLEÇÃO

O objetivo da coleção é a preparação direcionada para os concursos de Técnico e Analista do TRT, TRE, TRF e Tribunais Superiores. Em todos os livros o candidato irá encontrar teoria específica prevista nos editais, questões recentes comentadas e questões de concurso com gabarito fundamentado.

A ideia da coleção surgiu em virtude das reivindicações dos estudantes, que ansiavam por obras direcionadas para os concursos de Técnico e Analista dos Tribunais. As apostilas específicas mostram-se, na maioria das vezes, insuficientes para o preparo adequado dos candidatos diante do alto grau de exigência das atuais provas, o que ocorre também com as obras clássicas do Direito, por abordarem inúmeras matérias alheias ao concurso.

Nesta coleção, o candidato encontrará desde as cinco matérias básicas exigidas em todos os concursos, como, português, raciocínio lógico ou matemática, informática, direito constitucional e administrativo, até as matérias específicas de outras áreas (arquivologia e administração pública) e todas as matérias dos diferentes ramos do Direito. Portanto, com os livros da coleção o candidato conseguirá uma preparação direcionada e completa para os concursos de Técnico e Analista do TRT, TRE, TRF e Tribunais Superiores.

Além da linguagem clara utilizada, estão presentes em todos os livros da coleção os quadrinhos de resumo, esquemas e gráficos, possibilitando ao leitor a memorização mais rápida da matéria. Temos certeza de que esta coleção irá ajudá-lo a alcançar o tão sonhado cargo público de Técnico ou Analista dos Tribunais.

HENRIQUE CORREIA
Site: www.henriquecorreia.com.br
Twitter: @profcorreia
Instagram: Prof_correia
Periscope: @henrique_correia

APRESENTAÇÃO DA OBRA

Este livro tem por objetivo ser ferramenta fundamental para aqueles que desejam a tão sonhada aprovação nos concursos em que a disciplina de Administração Financeira e Orçamentária é exigida. Com foco nos cargos de analista e técnico dos diversos tribunais, esta obra atende também a concursos para técnicos e analistas de área administrativa, como Ministério Público, Defensoria Pública e Tribunal de Contas.

A ideia de escrever esta obra veio da busca dos meus alunos por um material conciso e objetivo, que trabalhasse a teoria efetivamente focada em editais e trouxesse as mais diversas questões comentadas com explicações que pudessem efetivamente contribuir para aprovação.

Os materiais encontrados no mercado, até então (livros e apostilas), não atendiam essas características, sendo, em muitos casos, demasiadamente superficiais, sem a consistência necessária para o sucesso nas provas, ou demasiadamente técnicos, o que acabava por confundir os estudantes, fazendo-os, até mesmo, desistir de estudar a disciplina.

Como sempre informo aos meus alunos, no que tange a concurso público, a Administração Financeira e Orçamentária não é uma disciplina difícil, mas é extensa e, se não houver o devido direcionamento, acaba por se perder o fio da meada.

Estudando esta obra, você entenderá que, para acertar as questões, é preciso conhecer a "letra da lei" e o necessário das teorias e dos principais institutos que envolvem esta disciplina. Dessa forma, a junção entre a letra necessária da lei, a explicação clara e objetiva dos principais institutos, combinados com a resolução de exercícios comentados e gabaritados, compõem a fórmula ideal para se ter sucesso nesta disciplina, especialmente nos concursos para tribunais.

Para tanto, preparei, com muito carinho, esta obra que vai lhe ajudar na realização de seu sonho. Com linguagem simples e objetiva, que permite uma leitura agradável e fluída, esquematizei a explicação dos tópicos que efetivamente são exigidos nos concursos, citando sempre os principais dispositivos legais envolvidos, além de trazer várias questões comentadas e uma bateria de questões gabaritadas ao final de cada capítulo. São mais de 300 questões, sendo mais de 200 comentadas.

Tenho certeza de que este livro fará toda a diferença em sua aprovação.

SUMÁRIO

CAPÍTULO III

Capítulo IV

CAPÍTULO IX

EDITAL SISTEMATIZADO

(Para facilitar a pesquisa e otimizar seu estudo)

▶ ITENS DO EDITAL	▶ TÓPICOS DO LIVRO
Orçamento Público: Conceito, Princípios Orçamentários, Técnicas Orçamentárias.	Cap. I, Cap. II e Cap. VII
Ciclo Orçamentário: Elaboração da Proposta, Estudo e Aprovação, Execução e Avaliação da Execução Orçamentária.	Cap. VI
Orçamento Programa: Fundamentos e Técnicas.	Cap. II item 3
Orçamento Público no Brasil: Títulos I a VI da Lei Federal nº 4.320/1964.	Caps. de III a XII
Orçamento na Constituição Federal de 1988: Plano Plurianual, Lei de Diretrizes Orçamentárias, Lei Orçamentária Anual.	Caps. II e IV
Despesa Orçamentária: Conceito, Etapas e Classificação (Institucional, Classificação Funcional, Classificação por Estrutura Programática, Classificação por Natureza e outras classificações)	Cap. IX
Despesas de Exercícios Anteriores.	Cap. XI, item 3.
Suprimento de Fundos/Regime de Adiantamento	Cap. X
Receita Orçamentária: Conceito, Etapas, Classificação (Classificação por Natureza), Origens e Espécies de Receita Orçamentária. Recursos Arrecadados em Exercícios Anteriores.	Cap. VIII
Créditos Orçamentários Iniciais e Adicionais (Créditos ordinários e adicionais).	Cap. IV, item 4 e Cap. V, item 4
Estágios da Receita Orçamentária e da Despesa Orçamentária.	Cap. VIII, item 4; Cap. IX, itens 4 e 5
Dívida Ativa	Cap. VIII, item 7
Restos a Pagar	Cap. XI, item 2
Lei Complementar nº 101/2000 (Lei de Responsabilidade Fiscal): Disposições Preliminares, Planejamento, Receita e Despesa Pública, Transferências voluntárias, Destinação de Recursos para o Setor Privado, Dívida e Endividamento, Gestão Patrimonial e Contábil, Relatório de Gestão Fiscal.	Cap. XII
Distinção entre sistema de controle interno e o controle interno da Administração Pública.	Cap. VI, item XI
Controle Externo da Administração Pública.	Cap. VI, item XI

▶ ITENS DO EDITAL	▶ TÓPICOS DO LIVRO
Sistema e processo de orçamentação. Classificações orçamentárias.	Cap VI; Cap. VIII, item 5; Cap. IX, item 6
Estrutura programática.	Cap. IX, item 6.7.
Programação e execução orçamentária e financeira.	Cap. VI, item 10
Descentralização orçamentária e financeira.	Cap. VI, item 10
Alterações orçamentárias.	Cap. V
Noções de Orçamento Público e Finanças: Conceitos. Princípios orçamentários.	Cap. I, Cap. II e Cap VII
Orçamento-Programa: conceitos e objetivos.	Cap. II item 3
Proposta orçamentária: Elaboração, discussão, votação e aprovação.	
LRF - Da Transparência, Controle e Fiscalização	Cap. XII, item 10

▶ OBSERVAÇÃO:

Em regra, os editais são muito confusos e trazem termos genéricos que acabam por chancelar a banca a exigir qualquer tópico da disciplina ou de determinado assunto, como, por exemplo, "Orçamento Público no Brasil" ou "Classificações Orçamentárias".

Este Edital Sistematizado é um orientador que tem por fim possibilitar uma concentração de esforços para aquele aluno que já conhece a disciplina, com o fim de possibilitar o afunilamento dos estudos rumo aos tópicos com maior probabilidade de serem exigidos na prova. Dessa forma, o ideal é, ao menos inicialmente, a leitura completa do livro e, depois de dominar a disciplina, selecionar os tópicos conforme o edital acima.

▶ TRE – SP CARGO: ANALISTA JUDICIÁRIO – ÁREA ADMINISTRATIVA
Administração Financeira e Orçamentária:
Orçamento Público: Conceito, Princípios Orçamentários.
Ciclo Orçamentário: Elaboração da Proposta, Estudo e Aprovação, Execução e Avaliação da Execução Orçamentária.
Orçamento Programa: Fundamentos e Técnicas.
Orçamento Público no Brasil: Títulos I a VI da Lei Federal nº 4.320/1964. Orçamento na Constituição Federal de 1988: Plano Plurianual, Lei de Diretrizes Orçamentárias, Lei Orçamentária Anual.
Despesa Orçamentária: Classificação Institucional, Classificação Funcional, Classificação por Estrutura Programática, Classificação por Natureza.
Despesas de Exercícios Anteriores.

▸ TRE – SP CARGO: ANALISTA JUDICIÁRIO – ÁREA ADMINISTRATIVA
Administração Financeira e Orçamentária:
Suprimento de Fundos.
Receita Orçamentária: Classificação por Natureza, Origens e Espécies de Receita Orçamentária. Recursos Arrecadados em Exercícios Anteriores.
Créditos Orçamentários Iniciais e Adicionais.
Estágios da Receita Orçamentária e da Despesa Orçamentária.
Restos a Pagar.
Dívida Ativa.
Lei Complementar nº 101/2000 (Lei de Responsabilidade Fiscal): Disposições Preliminares, Planejamento, Receita e Despesa Pública, Transferências voluntárias, Destinação de Recursos para o Setor Privado, Dívida e Endividamento, Gestão Patrimonial e Contábil, Relatório de Gestão Fiscal.
Da fiscalização contábil, financeira e orçamentária – Constituição Federal.
Conceito e finalidade do controle da Administração Pública.
Distinção entre sistema de controle interno e o controle interno da Administração Pública.
Controle Externo da Administração Pública. Lei Orgânica do Tribunal de Contas da União – Lei nº 8.443/92.
Execução orçamentária e financeira na visão da Nova Contabilidade Pública (Parte I do Manual de Contabilidade Aplicada ao Setor Público – Procedimentos Contábeis e Orçamentários).

▸ TRE – PE CARGO: ANALISTA JUDICIÁRIO – ÁREA ADMINISTRATIVA
O papel do Estado e a atuação do governo nas finanças públicas.
Formas e dimensões da intervenção da administração na economia.
Funções do orçamento público.
Técnicas orçamentárias.
Processo orçamentário.
O orçamento público no Brasil.
Sistema de planejamento e de orçamento federal.
Sistema e processo de orçamentação.
Classificações orçamentárias.
Estrutura programática.
Créditos ordinários e adicionais.
Programação e execução orçamentária e financeira.
Descentralização orçamentária e financeira.
Acompanhamento da execução.

▶ TRE – PE CARGO: ANALISTA JUDICIÁRIO – ÁREA ADMINISTRATIVA
Sistemas de informações.
Alterações orçamentárias.
Receita pública.
Conceito e classificações.
Estágios. Fontes. Dívida ativa. Despesa pública.
Conceito e classificações. Estágios. Restos a pagar.
Despesas de exercícios anteriores.
Dívida flutuante e fundada. Suprimento de fundos.

▶ TJ – BA CARGO: ANALISTA JUDICIÁRIO – ÁREA ADMINISTRATIVA
Conceituação, classificação e estágios da receita e despesa públicas. Dívida ativa. Regime de adiantamento (suprimento de fundo). Restos a pagar. Despesas de exercícios anteriores. Dívida pública. Créditos adicionais. Descentralização de créditos.
Decreto 93.872/1986.
Manual dos Demonstrativos Fiscais – 5ª edição (Portaria STN nº 637, de 18 de outubro de 2012).

▶ TRT – 11 CARGO: TÉCNICO JUDICIÁRIO – ÁREA ADMINISTRATIVA
Noções de Orçamento Público e Finanças: Conceitos. Princípios orçamentários.
Orçamento-Programa: conceitos e objetivos.
Proposta orçamentária: Elaboração, discussão, votação e aprovação.
Plano Plurianual - PPA, Lei de Diretrizes Orçamentárias - LDO e Lei Orçamentária Anual - LOA. Lei n° 4.320/64: da Lei de Orçamento; da receita; da Despesa; dos 31 Créditos Adicionais; da execução do Orçamento.
Lei Complementar n° 101/2000 (LRF): do planejamento; da Despesa Pública;
Da Transparência, Controle e Fiscalização.

DICAS PARA PREPARAÇÃO DE CONCURSO PÚBLICO

SUMÁRIO: 1. Introdução; 2. Defina objetivos; 2.1. Identifique os requisitos exigidos para o concurso; 2.2. Identifique suas limitações; 2.3. Defina o que você está disposto a sacrificar.; 3. Meios para atingir seus objetivos; 3.1. Tempo; 3.2. Dinheiro; 3.3. Meios de estudo (cursos online, livros, apostilas) ; 4. Conheça o desafio que você vai enfrentar; 5. Faça um bom plano de estudos; 6. Como deve ser esse plano de estudos?; 6.1. Quantificação do tempo para estudo (calendário e controle); 6.2. Distribuição do tempo disponível para as diversas atividades ; 7. Como estudar; 8. Tenha paciência.

1. INTRODUÇÃO

Ser aprovado em um concurso público para assumir um cargo que ofereça boas condições de trabalho e um salário considerável é o objetivo de vida de muitas pessoas. Além disso, o servidor público tem a possibilidade de adquirir a tão valorizada estabilidade após três anos de trabalho e o cumprimento de alguns requisitos.

Diante das vantagens de um cargo ou emprego público, é comum haver grande concorrência pelas vagas ofertadas. Como cada vez mais os certames são disputados por concurseiros de diferentes pontos do Brasil, o candidato deve se preparar com eficiência e qualidade para ser competitivo e conquistar seu sonho.

> *"Se você já se decidiu por esse caminho, lembre-se de que há maneiras de otimizar o tempo de estudo e de melhorar seu desempenho".*

Planeje-se!

Planejamento é essencial para quase tudo na vida. Quando se planeja algo, as chances de se obter êxito aumentam exponencialmente. Apesar de serem essenciais para a provação, dedicação e esforço muitas vezes não são suficientes para se atingir a realização de seu sonho, ser aprovado. Estar preparado mais rápido e eficazmente a para aprovação em um concurso público requer também um bom plano.

2. DEFINA OBJETIVOS

O primeiro passo na preparação é definir o quanto se deseja a aprovação. Isso porque, dependendo do cargo almejado, a preparação exigirá muita dedicação, pois tempo e paciência são diretamente proporcionais ao valor da remuneração e da complexidade do cargo.

Se seu objetivo é a aprovação em concurso público, o concurso para o analista e técnico do Tribunal Superior do Trabalho, por exemplo, é uma grande oportunidade de realizar seu sonho.

2.1. Identifique os requisitos exigidos para o concurso

- Área de formação;
- Outras etapas;

2.2. Identifique suas limitações

- Financeiras, grau de escolaridade, físicas etc.

2.3. Defina o que você está disposto a sacrificar.

- Tempo, família, amizades, patrimônio...

3. MEIOS PARA ATINGIR SEUS OBJETIVOS

O que você necessita realmente empregar para alcançar a aprovação?

3.1. Tempo

Esse é seu grande sonho, então, planeje e empregue todo tempo disponível na sua preparação, seja lendo, assistindo à aula, resolvendo questões, fazendo simulados, preparando-se fisicamente. Depois que você vir seu nome publicado no Diário Oficial, verá que tudo valeu a pena.

3.2. Dinheiro

Entenda que uma bora preparação requer, em regra, um esforço financeiro. Esse esforço não representa gasto, é, em realidade, investimento e quanto antes você for aprovado, mais rápido você terá o retorno do valor que foi investido.

Assim, avalie bem suas prioridades financeiras, entenda que vale a pena abrir mão de todos os gastos que não são essenciais e que não contribuirão para sua aprovação. O foco é a realização de seu sonho com a posse no cargo que você tanto almeja.

3.3. Meios de estudo (cursos online, livros, apostilas)

Encontre a melhor forma de estudar, aquilo que você deve adequar a sua forma de aprender, como materiais, aulas presenciais ou online, além, é claro, de seu tempo e dinheiro. Cada pessoa acaba por descobrir a melhor forma de estudar, isso tem muito de individualismo e melhor forma de mensurar o grau de aprendizagem é por intermédio das questões, ou seja, seus índices de acertos.

4. CONHEÇA O DESAFIO QUE VOCÊ VAI ENFRENTAR

A melhor forma de conhecer os detalhes do desafio que lhe aguarda é ler o último edital do concurso, lá você poderá identificar:

1) Todas as fases (etapas) do concurso que você deseja realizar além da prova objetiva, como prova discursiva, se houver.

2) As disciplinas cobradas com seus respectivos assuntos, a banca que normalmente realiza o concurso, dentre outros;

Veja, como exemplo, as disciplinas para o cargo A01 - ANALISTA JUDICIÁRIO – ÁREA ADMINISTRATIVA – do TST (Tribunal Superior do Trabalho):

1) **Língua Portuguesa:** Interpretação de texto. Argumentação. Pressupostos e subentendidos. Níveis de linguagem. Articulação do texto: coesão e coerência. Termos da oração. Processos de coordenação e subordinação. Discurso direto e indireto. Tempos, modos e vozes verbais. Classes de palavras. Flexão nominal e verbal. Concordância nominal e verbal. Regência nominal e verbal. Ocorrência da Crase. Ortografia e acentuação. Pontuação. Equivalência e transformação de estruturas.
2) **Redação**
3) **Noções sobre Direitos das Pessoas com Deficiência:** (Resolução CNJ nº 230/2016 - art. 19): Inclusão, direitos e garantias legais e constitucionais das pessoas com deficiência (Lei nº 13.146/2015; Lei nº 11.126/2005 e Constituição Federal). Normas gerais e critérios básicos para a promoção da acessibilidade das pessoas portadoras de deficiência ou com mobilidade reduzida (Lei nº 10.098/2000 e Decreto 5.296/2004). Prioridade de atendimento às pessoas portadoras de deficiência (Lei nº 10.048/2000 e Decreto 5.296/2004). Direitos no sistema de transporte coletivo (Lei nº 8.899/1994) e Decreto 3.691/2000). Símbolo de identificação de pessoas portadoras de deficiência auditiva (Lei nº 8.160/1991). Normas de apoio às pessoas portadoras de deficiência e sua integração social (Lei nº 7.853/1989 e Decreto 3.298/1999).
4) **Regimento Interno do TST:** Aprovado pela Resolução Administrativa nº 1.295/2008 com alterações dos Atos Regimentais nos 1/2011, 2/2011 e 3/2012 e Emendas Regimentais nos 1/2011, 2/2011 e 3/2012.
5) **Noções de Direito Constitucional:** Constituição: princípios fundamentais. Dos direitos e garantias fundamentais: dos direitos e deveres individuais e coletivos; dos direitos sociais; dos direitos de nacionalidade; dos direitos políticos. Da organização político-administrativa: das competências da União, Estados, Distrito Federal e Municípios. Da Administração Pública: disposições gerais; dos servidores públicos. Da organização dos Poderes. Do Poder Executivo: das atribuições e responsabilidades do Presidente da República. Do Poder Legislativo: da fiscalização contábil, financeira e orçamentária. Do Poder Judiciário: disposições gerais; do Supremo Tribunal Federal; do Superior Tribunal de Justiça; dos Tribunais Regionais Federais e dos Juízes Federais; dos Tribunais e Juízes do Trabalho; súmula vinculante e repercussão geral. Das finanças públicas: normas gerais; dos orçamentos. Das funções essenciais à

Justiça: do Ministério Público; da Advocacia Pública; da Advocacia; da Defensoria Pública.

6) **Noções de Direito do Trabalho:** Dos princípios e fontes do Direito do Trabalho. Hierarquia das fontes. Dos direitos constitucionais dos trabalhadores (art. 7º da CF/88). Da relação de trabalho e da relação de emprego: características e diferenciação. Dos sujeitos do contrato de trabalho stricto sensu: do empregado e do empregador: conceito e caracterização. Do grupo econômico e suas implicações no contrato de trabalho; da sucessão de empregadores; da responsabilidade solidária. Terceirização e flexibilização. Do contrato individual de trabalho: conceito, classificação e características. Da alteração do contrato de trabalho: princípio informador; alteração unilateral e bilateral; o *jus variandi*. Da suspensão e interrupção do contrato de trabalho: caracterização e distinção; hipóteses de suspensão e de interrupção do contrato de trabalho. Hipóteses de rescisão do contrato de trabalho. Do aviso prévio: prazo e efeitos no contrato de trabalho. Da duração do trabalho; da jornada de trabalho; dos períodos de descanso; do intervalo para repouso e alimentação; do descanso semanal remunerado; do trabalho noturno e do trabalho extraordinário. Do salário-mínimo; irredutibilidade e garantia. Das férias: do direito a férias e da sua duração; período concessivo e período aquisitivo de férias; da remuneração e do abono de férias. Do salário e da remuneração: conceito e distinções; composição do salário; modalidades de salário; formas e meios de pagamento do salário; adicionais salariais; 13º salário. Da prescrição e decadência: conceito, características, distinção e prazos. FGTS. Da segurança e medicina no trabalho: das atividades perigosas ou insalubres. Da proteção ao trabalho do menor. Estatuto da Criança e do Adolescente. Da proteção ao trabalho da mulher; da estabilidade da gestante; da licença-maternidade. Do direito coletivo do trabalho: organização sindical. Liberdade sindical (Convenção 87 da OIT); conceito de categoria e categoria diferenciada; das convenções e acordos coletivos de trabalho. Das comissões de Conciliação Prévia. Da representação dos empregados. Da renúncia e transação.

7) **Noções de Direito Administrativo:** Administração pública: princípios básicos. Poderes administrativos: poder hierárquico; poder disciplinar; poder regulamentar; poder de polícia; uso e abuso do poder. Serviços Públicos: conceito e princípios; delegação: concessão, permissão e autorização. Ato administrativo: conceito, requisitos e atributos; anulação, revogação e convalidação; discricionariedade e vinculação. Organização administrativa: administração direta e indireta; centralizada e descentralizada; autarquias, fundações, empresas públicas e sociedades de economia mista. Órgãos públicos: conceito, natureza e classificação. Servidores públicos: cargo, emprego e função públicos. Regime jurídico dos servidores públicos civis da União, das autarquias e das fundações públicas federais - Lei nº 8.112/1990. Processo administrativo no âmbito da Administração Pública Federal - Lei nº 9.784/1999. Controle da

Administração pública: controle administrativo; controle judicial; controle legislativo. Responsabilidade civil do Estado: evolução doutrinária; direito positivo brasileiro; causas excludentes e atenuantes; reparação do dano. Improbidade Administrativa - Lei nº 8.429/1992. Licitações - Lei nº 8.666/1993 e alterações posteriores: conceito, objeto, finalidades e princípios, obrigatoriedade, dispensa, inexigibilidade, vedação, modalidades, procedimentos e fases, revogação, invalidação, desistência e controle. Lei do Pregão, Pregão Eletrônico e Sistema de Registro de Preços - Lei nº 10.520/2002, Decretos nº 5.450/2005 e Decreto nº 7.892/2013. Contratos administrativos: características; formalização, alteração, execução, inexecução, fiscalização e rescisão dos contratos administrativos; sanções administrativas.

8) **Administração Pública:** Princípios Básicos da Administração Pública. Processo organizacional: planejamento, direção, comunicação, controle e avaliação. Gestão da Qualidade: excelência nos serviços públicos. Técnicas de arquivamento: classificação, organização, arquivos correntes e protocolo. Decreto nº 5.378 de 23 de fevereiro de 2005 (Programa Nacional de Gestão Pública e Desburocratização – GESPÚBLICA). Instrumento para Avaliação da Gestão Pública e Modelo de Excelência em Gestão Pública disponível no site: http://www.gespublica.gov.br/. Gestão estratégica do Poder Judiciário brasileiro, ferramentas de análise para gestão e planejamento estratégico, tático e operacional; *Balanced scorecard*, gestão de projetos; Governança e governabilidade: negócio, missão, visão e valores nas organizações; Objetivos estratégicos, estratégias, indicadores de gestão, relacionamento entre estratégias e objetivos estratégicos; Mapa estratégico, administração gerencial; gestão pública eficiente, eficaz e efetiva; PDCA, monitoramento e avaliação; estrutura organizacional, controle do patrimônio público; prestação de contas, Lei de Diretrizes Orçamentárias; princípios da administração pública, princípios gerais da administração, administração e governo – distinções: convergências e diferença entre gestão pública e privada; sistema de gestão pública: ética no serviço e gestão de processos, simplificação de rotina de trabalho. Resolução nº 49 do Conselho Nacional de Justiça e Decreto-Lei nº 200/1967. Gestão de Riscos.

9) **Noções de Orçamento Público:** Conceitos. Princípios orçamentários. Orçamento-Programa: conceitos e objetivos. Orçamento na Constituição Federal. Proposta orçamentária: Elaboração, discussão, votação e aprovação. Plano Plurianual – PPA, Lei de Diretrizes Orçamentárias – LDO e Lei Orçamentária Anual – LOA. Lei nº 4.320/64: Da Lei de Orçamento; Da receita; Da Despesa; Dos Créditos Adicionais; Da execução do Orçamento. Lei Complementar nº 101/2000 (Lei de Responsabilidade Fiscal): Do Planejamento; Da Despesa Pública; Da Transparência, Controle e Fiscalização.

10) **Gestão de Pessoas:** Modelos de Gestão de Pessoas – Evolução dos modelos de gestão de pessoas. Fatores condicionantes de cada modelo. Gestão Estratégica de Pessoas. Possibilidades e limites da gestão de pessoas como

diferencial competitivo para o negócio. Possibilidades e limites da gestão de pessoas no setor público. Métodos de Avaliação de desempenho. Gestão de clima e cultura organizacional. Planejamento de RH. Processo Decisório. Motivação. Gestão de processos de mudança organizacional. Estratégias para obter sustentação ao processo de mudança. Gestão de Pessoas por Competências. Treinamento, Desenvolvimento e Aprendizagem Organizacional.

Também é essencial verificar e fazer as últimas provas aplicadas, nelas você poderá identificar o grau de dificuldade das questões e até que ponto você conhece as disciplinas. Muitas vezes o candidato acredita conhecer determinada disciplina por trabalhar em uma profissão afim ou por ter se formado em um curso da área, porém, na maioria dos casos, o conhecimento exigido em provas de concurso muito se difere do aplicado na prática das profissões e do que é ensinado no meio acadêmico.

5. FAÇA UM BOM PLANO DE ESTUDOS

Passar em um concurso público não requer apenas foco, disciplina e força de vontade, mas também exige um método de estudo eficiente, para que seus esforços sejam produtivos. Com o aumento da concorrência por vagas, o concurseiro precisa se planejar, dispor de um plano de estudos capaz de dar conta de cobrir todos os assuntos que podem cair na prova.

Para aumentar as chances de aprovação, o candidato pode utilizar o já bastante conhecido ciclo de estudos e, assim, ter uma aprendizagem uniforme de diferentes disciplinas. Além disso, é importante buscar materiais didáticos atualizados. Dessa maneira, o aluno aproveita ao máximo o tempo e consegue vencer os concorrentes na tão sonhada busca por uma vaga em cargo público.

Muita gente desconhece que há métodos mais adequados para se preparar para um concurso público e, por isso, acredita que é possível estudar para as provas da mesma forma que fazia no ensino médio ou na graduação.

Contudo, na aprendizagem para concursos públicos, a situação é um pouco diferente, já que muitos candidatos estudam em suas próprias residências, o que pode trazer alguns desafios adicionais.

Por exemplo, é normal surgir tarefas no dia a dia que tiram um pouco do tempo do concurseiro, como ter que levar alguém ao médico ou um filho à escola. Isso pode desestabilizar totalmente a sua programação de estudos.

Para garantir a efetividade dos estudos, é necessário estabelecer mecanismos de controle que garantam que a carga horária planejada por disciplina seja cumprida, mesmo que em horário diverso do que foi originalmente planejado (quando há algum imprevisto), também deve-se estar atento as distrações que tiram a atenção do concurseiro nos momentos de estudo, ou seja, um verdadeiro monitoramento.

Além desse monitoramento por aula, também é necessário certificar-se do cumprimento da carga horária diária e semanal, a fim de garantir um estudo efetivo. Tenha em mente que, mais do que a quantidade de horas, é importante a qualidade da preparação. Por isso, busque organizar a sua agenda diária para que consiga reservar um tempo livre para os estudos. Antes de começar a montar o calendário, anote todos os seus compromissos fixos e a duração de cada um deles. Em seguida, identifique o tempo vago para estudar, ajustando a sua rotina para que você tenha períodos maiores durante o seu dia.

O plano de estudo envolve a distribuição do tempo disponível nas diversas atividades que propiciarão sua aprovação (planejamento, estudo teórico, resolução de questões, resolução de simulados, atividade física etc.).

Faça um plano de estudos que permita maximizar seu tempo e recursos financeiros. Nesse plano de estudo, você deve levar em consideração alguns parâmetros:

1) Identificar as disciplinas abordadas;
2) Peso da disciplina na nota geral (quantidade de questões/peso);
3) Grau de dificuldade da disciplina (complexidade/familiaridade).
4) Extensão da disciplina;
5) Tempo para planejamento;
6) Fonte de materiais didáticos e questões;
7) Intervalos para descanso.
8) Outros

Uma grande dúvida de concurseiros é a distribuição do tempo e das disciplinas no calendário de estudos. Como cobrir todas as matérias do edital, para conseguir fazer uma preparação uniforme, capaz de aumentar as chances da aprovação? Deve estudar simultaneamente diferentes módulos de uma mesma disciplina ou fazer um ciclo com várias matérias ao mesmo tempo?

A grande desvantagem de fazer um estudo modular para cobrir uma disciplina inteira e só depois passar para outra é que o aluno corre o risco de aprofundar-se apenas em uma matéria e não conseguir se dedicar suficientemente às demais que compõem a prova. Além disso, o estudo de apenas uma disciplina pode ser um tanto enfadonho e desanimador. Para evitar isso, é recomendável estudar várias disciplinas ao mesmo tempo, para se ter uma evolução uniforme no aprendizado.

Um benefício do estudo simultâneo de diversas matérias é que o candidato pode intercalar disciplinas com perfis bem diferentes, como Direito Constitucional e Informática ou Direito Administrativo e Raciocínio Lógico, entre outras possibilidades. Dessa maneira, a pessoa estimula o cérebro a pensar e memorizar os conteúdos com maior facilidade, além de tornar o estudo mais dinâmico. Quanto à distribuição da carga horária propriamente dita, grosso modo, é importante que você leve em conta o peso da disciplina na pontuação total do concurso. Por exemplo, se os pontos de

Português correspondem a 15% da nota total da prova, e os de Informática a 5%, em tese, você deveria dar o triplo de tempo para Português na sua preparação.

É claro que você também pode dosar essa distribuição de tempo conforme a sua própria aptidão de aprendizado por disciplina. Se você tem facilidade para aprender Língua Portuguesa, mas tem dificuldades com Informática, poderia aumentar um pouco mais a carga horária desta última para compensar. Lembre-se, contudo, de que o seu estudo deve ser equilibrado, para que você se prepare integralmente, e não somente para algumas matérias do edital.

6. COMO DEVE SER ESSE PLANO DE ESTUDOS?

O plano de estudos é um instrumento que serve para organizar as diversas atividades necessárias à sua aprovação. Assim, após sua elaboração e aplicação, ele deve ser ajustado e reajustado a todo tempo, adequando-se às situações e necessidades que venham a surgir.

6.1. Quantificação do tempo para estudo (Calendário e Controle)

Para alcançar seus objetivos, é indispensável que o concurseiro elabore um calendário de estudos, que deve conter ciclos com todas as matérias do edital, além das revisões periódicas.

Antes de começar a montar o calendário, anote todos os seus compromissos fixos e a duração de cada um deles. Em seguida, identifique o tempo vago para estudar. Busque organizar a sua agenda diária para que consiga reservar um tempo livre para os estudos.

Para elaboração do seu plano de estudos, inicie por analisar e identificar em sua rotina todo tempo disponível para estudar, cada momento de seu dia que você possa destinar à sua preparação é importante.

O aluno deve estabelecer uma carga horária por disciplina e por dia – geralmente, o mínimo é uma hora líquida de aprendizagem. Se possível, tenha um mecanismo de controle para avaliar se está focado nas aulas, livre de distrações.

Seja criterioso e severo, exclua de sua rotina toda qualquer atividade que não seja essencial, você deve destinar todo tempo disponível à sua preparação. Fique atento que, em razão da rotina, o tempo para estudar nem sempre é aquele momento em que você senta em frente a uma escrivaninha exclusivamente para essa finalidade. Há intervalos que você talvez possa não ter se atentado, mas que é possível aproveitar de alguma forma, como deslocamentos, horário de trabalho, desde que seja possível, etc. Se você tem rotinas diferentes em cada dia da semana, compute dia a dia e some as horas disponíveis semanalmente.

Determinadas as horas que você tem para estudar por dia ou por semana, é necessário estabelecer um montante total de horas para que seja feita a distribuição entre as disciplinas ao longo do tempo. Para tanto, o plano deve ser delimitado no tempo e esse marco temporal pode ter por base a data da prova, se estiver prevista, ou um período determinado, em regra 6 meses.

Assim, basta calcular a quantidade de horas por dia ou por semana pela quantidade de dias ou semanas do período estabelecido. O item 5.2 deixará esse cálculo mais claro.

6.2. Distribuição do tempo disponível para as diversas atividades

Distribua o tempo disponível levando em consideração os seguintes pontos:

1) Estudo da teoria das disciplinas

Certamente, essa atividade consumirá a maior parte de seu tempo, principalmente se você for iniciante ou se for uma disciplina que você nunca teve contato, ou se esse contato não ocorreu da forma adequada ou, ainda, se foi há muito tempo.

Esse estudo deve ser feito assistindo a aulas, pois o professor servirá de facilitador em seu aprendizado, mas também na leitura de materiais didáticos como livros e apostilas.

Quando se trata de estudar sozinho, lendo ou assistindo a vídeo aulas, muitos fatores interferem na distribuição do tempo por disciplina, principalmente a rotina que, muitas vezes, fraciona o tempo disponível durante o dia. Assim, havendo possibilidade, você deve adaptar a rotina para ter o máximo de tempo ininterrupto de estudo, isso facilitará o aprendizado e o planejamento.

- **Distribuição do tempo entre as diversas disciplinas**

A distribuição do tempo entre as disciplinas é essencial para que se possa estudar tudo que é importante, evitando que você estude somente aquilo que você mais gosta, em detrimento das matérias mais "chatas". Assim, salvo uma boa justificativa, aquilo que foi planejado deve ser cumprido à risca.

Na distribuição do tempo por disciplina, devem-se seguir algumas regras:

- **Não fique muito tempo sem contato com uma disciplina.**

Não é aconselhável estudar totalmente uma disciplina para só então iniciar outra, pois, ao terminar a última, você já perdeu muito do que aprendeu da primeira. Estude todas as disciplinas de maneira simultânea, distribuindo o tempo de forma a intercalá-las. É possível montar grupos de matérias e estudar grupo por grupo, mas a distribuição do tempo para os grupos deve necessariamente obedecer a essa regra geral, ou seja, que não se fique muito tempo sem contato com grupos de matérias.

- **A distribuição do tempo entre as diversas disciplinas deverá obedecer a uma lógica que leva em consideração fatores específicos para o concurso que você vai realizar.**

Essa importância é determinada por fatores como o peso da disciplina na nota geral (quantidade de questões/peso), grau de dificuldade da disciplina (complexidade/familiaridade), extensão da disciplina. Pode-se utilizar uma planilha de cálculo para se fazer essa distribuição.

- **Divida e controle o tempo por períodos de estudo**

Para facilitar, estabeleça a duração do tempo por período de estudo que leve em consideração dois fatores: rendimento e rotina.

Busque a duração de estudo que traga o melhor rendimento, normalmente de duas a três horas por disciplina. Assim, por exemplo, se você tem seis horas de estudo por dia, você terá dois períodos de três horas, ou seja, você poderá estudar duas disciplinas. Se, por acaso, uma disciplina tomar muito mais tempo que as outras, impedindo que você sempre intercale com as demais, destine a ela dois períodos de três horas e, assim, você conseguirá manter um controle de quantos períodos destinar a cada disciplina.

- **Estabeleça um período inicial e final para estudar como parâmetro para seu plano.**

Normalmente o temo final desse período é a data da prova, porém, se ela ainda não estiver marcada, faça para um período de três a seis meses, segundo a expectativa de quando ocorrerá.

✦ *Vejamos o seguinte exemplo:*

> ▶ **ATENÇÃO:**
> A maioria dos parâmetros subjetivos é pessoalíssima, ou seja, você tem que adaptar à sua realidade.

Calculando as horas por dia você chegou a 45 horas por semana:

- 6h por dia de segunda a sexta (Três pela manhã bem cedo);
- 9h no sábado;
- 6h no domingo;

Duração do plano: quatro meses (17 semanas aproximadamente);

Horas totais disponíveis para o estudo no período: 784h

Período ideal de estudos: 3h (três horas)

Quantidade de períodos: 261 (784h/3h)

Quantidade de disciplinas: 9 (nove)

Vejamos a distribuição por disciplina imaginando que foram levados em consideração a importância de cada matéria.

Veja que isso é uma mera estimativa e que você adaptar à sua realidade

ANALISTA TST	conheci-mento	grau de difi-culdade das disciplinas	peso	quant. de questões	quant. de quest x peso	horas a dedicar	períodos por disciplina	intervalo entre as disciplinas	Total de horas disponiveis
Língua Portuguesa	6	5	1	20	20	94:43	32	6	611
Noções de Direits das Pessoas com Deficiência	2	5	1	5	5	28:25	9	21	03:00:00
Regimento Interno do TST	1	1	1	5	5	34:06	11	18	204
Noções de Direito Constitucional	7	2	3	7	21	78:25	26	8	
Noções de Direito do Trabalho	9	2	3	9	27	98:53	33	6	
Noções de Direito Administrativo	7	3	3	7	21	81:50	27	7	
Administração Pública	7	2	3	7	21	78:25	26	8	
Noções de Orçamento Público	5	2	3	5	15	57:58	19	11	
Gestão de Pessoas	5	2	3	5	15	57:58	19	11	
				70	150				
						610:43			

Legenda Grau de Dificuldade			
1			pequena
2			
3			média
4			
5			grande

DATA INÍCIO	16/08/2017
Data final ou data da Prova	18/01/2017
DIAS	95
SEMANAS	14
HORA ESTUDO/ SEMANA	45
TOTAL	611
Perído ideal de Estudo	3:00
Total de Perío-dos disponíveis	204

Analista TST	Horas a dedicar	Períodos por disciplina	Intervalo entre as disciplinas
Língua Portuguesa	94:43	32	6
Noções sobre Direitos das Pessoas com Deficiência	28:25	9	21
Regimento Interno do TST	34:06	11	18
Noções de Direito Constitucional	78:25	26	8
Noções de Direito do Trabalho	98:53	33	6
Noções de Direito Administrativo	81:50	27	7
Administração Pública	78:25	26	8
Noções de Orçamento Público	57:58	19	11
Gestão de Pessoas	57:58	19	11

Agora, basta pegar o calendário e distribuir os períodos de estudo nos dias de suas próximas vinte semanas. Fara descobrir a frequência com que você estudará o conteúdo, basta dividir a quantidade de períodos da matéria pela quantidade total.

FOTO	PLANO DE ESTUDO INVIDUALIZADO
	NOME DO ALUNO:
	E-MAIL:
	TELEFONE:
	FOFO:
	FORMAÇÃO:
	EXPERIÊNCIA

QUADRO DE ESTUDO SEMANAL

Dia/hora	SEGUNDA	TEÇA	QUARTA	QUINTA	SEXTA	SÁBADO	DOMINGO
6h/7h	L. Portuguesa	Dir. Adm	Dir. Const	Orçamento	Gest. de Pessoas	Dir. Const	
7h/8h	L. Portuguesa	Dir. Adm	Dir. Const	Orçamento	Gest. de Pessoas	Dir. Const	
8h/9h	L. Portuguesa	Dir. Adm	Dir. Const	Orçamento	Gest. de Pessoas	Dir. Const	
9h/10h						Discursiva	
10h/11h						Discursiva	
11h/12h							
12h/13h							
13h/14h							
14h/15h							Regimento Interno
15h/16h						Dir. Adm	Regimento Interno
16h/17h						Dir. Adm	Regimento Interno
17h/18h						Dir. Adm	Planejamento
18h/19h							
19h/20h							
20h/21h	Dir. Trabalho	Dir. Const	Adm. Pública	L. Portuguesa	Dir. Trabalho	Dir. Const	
21h/22h	Dir. Trabalho	Dir. Const	Adm. Pública	L. Portuguesa	Dir. Trabalho	Dir. Const	
22h/23h	Dir. Trabalho	Dir. Const	Adm. Pública	L. Portuguesa	Dir. Trabalho	Dir. Const	
23h/00h							
00h/1h							
1h/2h							
2h/3h							
Total por dia:							

"Tudo tem o seu tempo determinado, e há tempo para todo propósito debaixo do céu" – Eclesiastes 3:1.

2) Responder questões

É de suma importância responder questões da banca, principalmente do último concurso ou similares. A resolução de questões serve para massificar o conhecimento apreendido no estudo da teoria das disciplinas, além de familiarizar o candidato com a linguagem da banca e a forma com que os assuntos são cobrados.

Fique atento porque o ideal é as questões sejam resolvidas logo após o estudo da teoria ou no primeiro momento em que isso seja possível, além disso, é essencial que essas questões abranjam o assunto que acabou de ser estudado.

3) Realização de simulados

Não é somente conhecendo a matéria que o candidato garantirá sua aprovação, isso porque outros fatores podem ser decisivos no momento de realizar a prova. O que importa é qual será sua pontuação final e, mesmo sabendo a matéria, a falta de atenção, o stress, o cansaço físico, o nervosismo, a falta de tempo, a estratégia ruim podem fazer com que você erre questões que normalmente acertaria, influenciando negativamente o desempenho. O simulado auxilia o candidato a lidar melhor com esses obstáculos, ele é parte essencial da preparação e quanto mais simulados o candidato puder fazer, melhor, pois estará mais bem treinado, assim como um jogador treina para um jogo.

Fazendo simulados você poderá:

- **Preparar-se física e emocionalmente;**

Fazer provas é desgastante e cansativo, gerando stress emocional e físico, que podem ser amenizados se você já fez simulados diversas outras vezes, preparando o seu físico para ficar diversas horas concentrado e sob pressão. Além do mais, você terá ideia do que te espera na prova e o abalo emocional, que em regra ocorre, será bem menor.

- **Estabelecer a melhor estratégia**

Ter uma estratégia definida é primordial para se obter um bom desempenho na prova, pois é essencial estabelecer previamente suas ações levando em consideração fatores como: estilo da banca; o tempo de prova; a quantidade de questões; detalhes sobre a redação, como quantidade de linhas a serem preenchidas e possíveis temas; definição da matéria pela qual você vai iniciar a resolução das questões; o momento em que fará a redação (cuidado, se deixar para o final, pode faltar tempo), o momento que passará a redação a limpo; o momento do preenchimento do gabarito.

4) Preparação para provas e questões discursivas

A preparação para provas e questões discursivas é específica e requer um cuidado especial. Em um país como o nosso, cuja maioria da população, por deficiência da formação escolar, escreve mal, fazer provas discursivas é, em regra, uma missão que requer muito treinamento.

Para ter um bom desempenho nesse tipo de prova são necessários dois elementos: saber escrever e conhecer o assunto que está sendo abordado pela prova.

O conhecimento sobre o assunto advém do estudo da matéria, do conhecimento de mundo ou ambos. Já escrever requer treino, pois transportar para o papel o conhecimento nem sempre é uma tarefa fácil e demanda prática, exprimir em um texto coerente aquilo que está em nosso saber solicita certa habilidade, e essa pode ser desenvolvida com orientação, paciência e perseverança. Assim, se seu concurso requer redação, destine tempo para escrever.

5) Atividade física

A atividade física é sempre benéfica e, mesmo que seu concurso não exija um teste de aptidão física, exercitar-se regularmente pode auxiliar no aprendizado, isso em função dos benefícios fisiológicos e mentais que a atividade física proporciona.

7. COMO ESTUDAR

Estudar requer concentração máxima e isso não se adquire de uma hora para outra, estudar corretamente demanda treinamento e dedicação.

Assim, siga os seguintes passos:

1) Use um cronômetro

Ao iniciar efetivamente o estudo, acione-o, a parar para qualquer coisa que não seja relacionada ao estudo, pare-o, você verá que estuda efetivamente bem menos do que parece. Só conte o tempo de estudo se você realmente estiver a ponto de iniciar, ou seja, sentado, com o material didático e concentrado. Por exemplo, se você planejou iniciar seus estudos às 07h da manhã, você terá que acordar e tomar café antes disso.

2) Desligue todas as mídias sociais

Evite tudo que venha a tirar sua concentração, desligue todas as mídias sociais.

Se você não conseguir viver sem elas, use-as para lhe ajudar, ligue-as novamente somente nos intervalos de estudo em que você descansará.

3) Faça intervalos regulares

Encontre a melhor fórmula para seu rendimento, por exemplo, estudar 1h e descansar 10 min, nesse intervalo se desconecte da matéria e realmente descanse, pode ser o momento de verificar suas mídias sociais.

4) Estude por ciclo

O estudo das disciplinas deve ser feito por ciclos, ou seja, abrangendo todo conteúdo cobrado em edital, retomando do início assim que todos os tópicos forem estudados.

Atenção para os tópicos cobrados em cada disciplina, o candidato deve estudar somente o estritamente necessário à realização da prova, tendo o edital como principal guia. Assim, em cada disciplina, deve-se estudar somente o que o edital exige, salvo se determinado assunto, apesar de não estar explícito, for essencial para o aprendizado dos tópicos previstos.

► **FIQUE ATENTO:**

Nem sempre o edital traz os assuntos de uma disciplina dentro de uma ordem mais coerente com o aprendizado, assim, se você ainda não conhece a matéria, procure ajuda de quem a conheça, preferencialmente o professor, para que você possa ordenar tais assuntos da melhor maneira possível.

Outro ponto a ser considerado é que dificilmente os assuntos de uma disciplina são cobrados de forma equânime, havendo sempre aqueles que, normalmente, são mais exigidos nas provas. Mais uma vez, se você ainda não conhece a matéria, procure ajuda de quem a conheça, presencialmente, o professor, para que você possa dar maior atenção aos assuntos mais exigidos.

8. TENHA PACIÊNCIA

É importante entender que, apesar de essencial, somente o estudo da teoria das disciplinas, em regra, não é suficiente para garantir um bom desempenho em provas de concursos públicos. Para obter esse bom desempenho é necessário, ainda, aquilo que eu chamo de "maturidade concursal" que é alcançada quando o aluno amadurece o conhecimento e passa a interpretar exatamente o que cada questão está exigindo. Isso só acontece com o tempo e esse tempo será menor quanto mais você estudar, resolver questões, fazer simulados e provas.

Cada pessoa é um universo e tem seu tempo, o aprendizado e o consequente bom desempenho em provas dependem de vários fatores que vão desde sua formação intelectual, estrutura familiar, e vai até o investimento em um bom curso e um bom material didático. Soma-se a isso fatores de cunho pessoal, desde biológicos, psicológicos e sociais. Cada um tem uma rotina e uma condição social particulares e, além de você, ninguém tem nada a ver com isso, pois todos querem a mesma coisa, a aprovação. Entenda que o bom desempenho em prova é, em regra, o único fator de diferenciação.

Como disse Renato Teixeira, "cada um de nós compõe a sua história, cada ser em si carrega o dom de ser capaz e ser feliz".

Assim, não se compare a ninguém, se você tem um amigo que tem um desempenho melhor que o seu e estudando bem menos, por exemplo, ou foi aprovado e você não, entenda que isso é uma situação normal, afinal, ele não é "idêntico" a você, o que o faz ter um desempenho diferente do seu.

Pode parecer redundante, mas única pessoa exatamente igual a você é você mesmo. Assim, você é o único parâmetro de comparação. O que importa é sua evolução em relação ao seu desempenho inicial, o quanto você evolui é que lhe aproxima da provação.

Portanto, tenha paciência, afinal o tempo passará de qualquer forma e é melhor que ele passe com você lutando pelos seus sonhos.

Foco, Força e Fé!

Capítulo I

Conceitos Introdutórios

Sumário: 1. Introdução: 1.1. Contextualização; 1.2. Questões de concurso; 2. Conceito de Orçamento Público; 3. Aspectos do Orçamento Público; 3.1. Aspecto Político; 3.2. Aspecto Jurídico (legal); 3.3. Aspecto Econômico;3.4. Aspecto Financeiro; 4. Origem e Evolução do Orçamento Público; 4.1. Quadro resumo sobre origem e evolução do Orçamento Público; 5. Funções Econômicas do Estado; 5.1. Função Alocativa; 5.2. Função Distributiva; 5.3. Função Estabilizadora; 5.4. Quadro resumo sobre funções do Estado; 6. Atividade Financeira do Estado; 7. Praticando: Questões de Concursos Anteriores Comentadas; 8. Praticando: Questões de Concursos Anteriores Gabaritadas; 9. Gabarito.

1. INTRODUÇÃO

A presente obra se inicia com a introdução de conceitos sobre a evolução do Orçamento Público, inserindo-se em um breve contexto histórico da Atividade Financeira do Estado. Esta primeira temática não é de grande recorrência em questões de concurso, porém, este conhecimento é necessário para que o entendimento se dê de forma mais completa, visto que este embasamento está correlacionado com os próximos conteúdos que serão destacados e explicados posteriormente.

1.1. Contextualização

A evolução da humanidade, como a conhecemos, tem como um de seus pilares o surgimento e o aperfeiçoamento do Orçamento Público, ferramenta essencial para o desenvolvimento de um ente indispensável à evolução da própria sociedade: o Estado.

Mas o que vem a ser orçamento?

A palavra orçamento possui origem italiana, do vocábulo "*orzare*", que significa "fazer cálculos".

Mas fazer cálculos de quê?

Calcular dois elementos fundamentais para a manutenção da estrutura "financeira" de qualquer entidade:

1) Despesas que devem ser realizadas, e

2) Receitas que devem ser obtidas para fazer frente a estas despesas, ou seja, a origem dos recursos.

Assim, para elaborar um orçamento, precisa-se calcular receitas e despesas, confrontando-as.

Apesar de poder ser tão singelamente conceituado, o Orçamento Público tem conotação muito mais ampla, pois este envolve a Atividade Financeira do Estado, constituindo-se em uma ferramenta governamental por meio da qual o governante elabora seu plano de trabalho, anunciando para a sociedade as suas opções para alcançar o bem comum, ou seja, quais ações serão realizadas para suprir as necessidades públicas e os meios necessários para o seu financiamento. Ademais, por meio deste documento, torna-se possível controlar a execução dessas ações, bem como avaliar o grau de sucesso em suas operações.

O conceito de Orçamento Público, objeto de estudo da Administração Financeira e Orçamentária, está intrinsecamente ligado a três elementos que se confundem com a própria história da humanidade. Esses três conceitos são essenciais para o entendimento da importância dessa peça fundamental para o planejamento governamental, sendo eles: Sociedade em um sentido sociológico; Estado, e Atividade Financeira do Estado.

Sociedade e Estado e, consequentemente, sua atividade financeira, são produtos de um processo natural (concepção naturalista - Hobbes, Locke e Rousseau) e histórico (concepção Marxista - Materialismo Histórico) da evolução do ser humano enquanto ser gregário, sendo meros resultados das interações que a necessidade humana de viver em comunidade provoca.

Nosso estudo não tem por escopo o aprofundamento na parte histórica e, tampouco, sobre a evolução da humanidade. O que se pretende é situar o leitor sobre a importância do Orçamento Público no contexto do desenvolvimento histórico, compreendendo como ele se transpassa ao longo do tempo, tornando-se parte da própria história humana.

- **Sociedade**

Já que nos propomos a enveredar por esse caminho, torna-se importante responder: o que vem a ser sociedade?

Segundo o Dicionário Aurélio, sociedade é:

1) Agrupamento de seres que vivem em Estado gregário.
2) Grupo de indivíduos que vivem por vontade própria sob normas comuns: comunidade.
3) Grupo de pessoas que, submetidas a um regulamento, exercem atividades comuns ou defendem interesses comuns; grêmio, associação, agremiação.
4) Meio humano em que o indivíduo está integrado.

Ainda, segundo o Sociólogo Pérsio Santos de Oliveira, sociedade é a "coletividade organizada e estável de pessoas que ocupam um mesmo território, falam a mesma língua, compartilham a mesma cultura, são geridas por instituições políticas e sociais aceitas de forma consensual e desenvolvem atividades produtivas e culturais voltadas para a manutenção da estrutura que sustenta o todo social. A sociedade apresenta-se geralmente dividida em classes sociais ou em camadas sociais nem sempre harmônicas. Entretanto, mesmo quando há oposição e conflito entre essas classes ou camadas, verifica-se também complementaridade entre elas, e é essa complementaridade que mantém de pé a sociedade como um todo"[1].

Neste sentido, ao se analisar os conceitos de sociedade e os motivos pelos quais as pessoas decidem viver "juntas", constata-se que a vida em comum é praticamente uma pré-condição para a sobrevivência da espécie humana, ao menos como a conhecemos, isso em função da fragilidade do ser humano em relação a outras criaturas, condições climáticas etc. Diante do exposto, depreende-se que é a partir da necessidade de interação que as pessoas se agrupam e passam a viver em coletividade.

Porém, em função da tendência humana à dominação, sempre foi necessário o estabelecimento de regras para que a convivência comum fosse duradoura e pacífica, ou, do contrário, aqueles que tinham maior força ou detinham algum meio que os colocassem em condições vantajosas passavam a subjugar os demais integrantes segundo a sua vontade, o que, normalmente, ainda hoje, leva à tirania. Essas regras também foram fundamentais para que houvesse um mínimo de organização e, o fato de seus integrantes as aceitarem como legítimas, obrigava-os a se submeterem a elas, fazendo com que abrissem mão de certa parcela de sua liberdade em prol dos benefícios de ser integrantes daquele grupo. A partir de então, o indivíduo não poderia mais fazer o que quisesse, pois havia um conjunto de regras a respeitar, tal como o direito de propriedade do outro, por exemplo, o que garantiria o seu próprio direito à propriedade.

Mas quais eram esses benefícios?

Dentre tantos, pode-se exemplificar:

1) Segurança

O ser humano é um dos seres mais frágeis da natureza, não dispondo de arsenal natural para sua proteção. Sua inteligência e capacidade de atuar em grupo permitiram que sobrevivesse nos ambientes mais desfavoráveis, uma vez que havia defesa comum e auxílio recíproco contra as ameaças como predadores, intempéries, grupos rivais, etc.

2) Alimentação

Agindo conjuntamente, o sucesso nas caçadas, a coleta e o plantio eram mais relevantes, propiciando aos integrantes do grupo uma parcela muito maior do que conseguiriam individualmente.

1. OLIVEIRA, Pérsio Santos de Oliveira. **Introdução à Sociologia.** São Paulo: Ática, 2002.

Diante de condições mais favoráveis, propiciadas pela vida em comum, as comunidades passaram a se desenvolver, crescendo também a complexidade das relações, fazendo com que surgissem cada vez mais necessidades coletivas, principalmente em virtude da sofisticação da vida social. Porém, como não é possível atender às necessidades de todos os integrantes individualmente considerados, esse agrupamento passa a eleger quais são as necessidades mais importantes para a coletividade, as chamadas NECESSIDADES PÚBLICAS.

O crescimento e a complexidade da comunidade se elevam tanto que passa a ser necessário estabelecer os responsáveis pelas atividades essenciais ao convívio comum, criando uma divisão clara do trabalho, o que, por sua vez, acaba por propiciar o surgimento de um corpo de especialistas, demandando coordenação e controle, normalmente atribuída a uma pessoa que exerce o papel de liderança, que desempenha a direção, decidindo os "caminhos" a serem trilhados.

A este "líder", juntamente com sua classe de especialistas, é atribuída também a responsabilidade de elaborar e aprovar novas regras de convívio e ainda julgar os casos concretos de aplicação dessas regras, normalmente em conflitos envolvendo membros do grupo.

A partir do momento que este grupo passa a crescer de forma contínua e organizada, como um crescimento propiciado pela organização social, passa a ser uma necessidade ter um território definido como algo necessário à sobrevivência, afinal, quanto maior o grupo, maior a dificuldade de locomoção e maior a necessidade de se obter fontes perenes e regulares de recursos essenciais à sobrevivência, como água e alimentos. Os grupos, nesse momento, deixam de ser nômades e passam a viver em territórios que propiciem esses recursos.

- **Estado**

A estrutura social cada vez mais complexa e a necessidade de se defender o território e seus recursos passam a demandar também uma estrutura maior, em que existam pessoas especialistas e exclusivamente dedicadas às tarefas de interesse comum, demandando recursos que devem surgir, ao menos em parte, da própria comunidade, afinal é ela que se beneficiará da atuação desta estrutura. Serve de exemplo o soldado que se dispõe a defender a comunidade em tempo integral. Esse soldado, como qualquer pessoa, precisará de recursos para prover a si e sua família. Se ele trabalha integramente na defesa de todos, é natural que todos passem a dispor de parte de seus recursos para que este possa satisfazer suas necessidades e de seus familiares.

Com o fim de agregar tudo que se relacione ao que é relevante ao convívio comum, otimizando ações e recursos, surge o Estado, uma pessoa ficta (jurídica) que passa a "pairar" sobre todos os que se sujeitarem a suas regras e que, consequentemente, gozem também dos benefícios de ser parte dele.

Assim, o Estado é uma estrutura complexa que surge com o fim de garantir o bem comum, responsável por suprir as necessidades públicas, e que, para se manter, demanda recursos dos mais diversos. Esses recursos, que devem ser disponibilizados, via de regra, pela própria comunidade, servindo para viabilizar os serviços públicos definidos como responsabilidade do Estado.

Modernamente, pode-se entender o Estado como uma instituição organizada politicamente, socialmente e juridicamente, ocupando um território definido e dirigido por um governo que possui soberania reconhecida tanto interna como externamente. Ele é responsável pela organização e pelo controle social, pois detém, segundo Max Weber, o monopólio legítimo do uso da força (coerção, especialmente a legal) sendo, por isso, o guardião da ordem social. O Estado surge como resultado de um processo histórico formado por basicamente três elementos: povo; território e soberania (alguns autores incluem o elemento finalidade).

1.2. Questões de concurso

Antes de iniciarmos os conteúdos que tratam especificamente dos assuntos abordados em provas de concurso, para que seja possível e notável a melhora em seu desempenho, faremos algumas ressalvas referentes às possíveis questões que você, concurseiro, poderá enfrentar. Daremos rumos mais prováveis para seus estudos, isso lhe propiciará um rendimento melhor nas provas, além de fazer com que você foque naquilo que é mais importante para a sua preparação. Isso será feito em todo o livro.

Com relação a essa parte introdutória, são duas, em regra, as principais espécies de questões sobre os temas tratados aqui:

1) As que trazem definições e conceitos de orçamento

Dessa parte introdutória, que é pouco exigida em concursos públicos, essas são questões razoavelmente cobradas. Elas visam testar o conhecimento do aluno sobre os elementos principais do conceito e definições ligadas ao Orçamento Público. Vejamos um exemplo:

▸ **QUESTÃO COMENTADA:**

(CESPE – Aud CE (TCE-PA/Procuradoria/2016) – Julgue o item seguinte, relativo ao Orçamento Público.

Além de ser um dos instrumentos de gestão mais antigos da Administração Pública, o Orçamento Público é um conceito estático cujas funções têm permanecido inalteradas desde a sua criação.

Gabarito: Errado

COMENTÁRIO:

Apesar de realmente ser um dos instrumentos de gestão mais antigos da Administração Pública, muito diferente do que afirma a questão, você verá, ao estudar os tópicos relacionados, que o Orçamento Público é um conceito dinâmico e não estático, cujas funções têm evoluído muito desde a sua criação.

2) As que trazem conceitos, definições e diferenciações entre as funções do Estado

Dentre as questões sobre os temas aqui tratados, essas também são razoavelmente exigidas, principalmente em relação aos conceitos e às diferenciações entre às funções econômicas do Estado, por vezes com situações para identificação da função estatal envolvida, tal como a que segue:

► **QUESTÃO COMENTADA:**

(CESPE – AJ TRE MT/Administrativa/"Sem Especialidade"/2015) – Entre as funções econômicas do Estado, a defesa nacional mediante manutenção das Forças Armadas com recursos do Orçamento Público cumpre a função

a) de segurança nacional.
b) alocativa.
c) distributiva.
d) estabilizadora.
e) de especialização.

Gabarito: b

COMENTÁRIO:

Você aprenderá estudando esse capítulo que, no desempenho dessa função, o Governo atua ajustando a alocação dos recursos produtivos na economia, isso para minimizar as chamadas por Adam Smith de "Falhas de Mercado", além de prestar serviços públicos que a iniciativa privada não tem poder, condições financeiras ou legitimidade para realizar, como a defesa externa por intermédio das forças armadas. Assim, a Função Alocativa do orçamento se justifica nos casos de provisão de bens públicos.

A manutenção da defesa externa é uma atividade essencial para a soberania de um país frente ao resto do mundo e, consequentemente, para segurança interna. Uma atividade sensível, onerosa e complexa que não poderia ser desenvolvida pela iniciativa privada. Você aprenderá que quando o Estado se torna o responsável por essa atividade ele está desempenhando sua função alocativa, já que o "mercado" não poderia desempenhar.

3) Históricas

Mais raras dentre os tópicos tratados neste capítulo, estas questões são exigidas, normalmente, em concursos bem específicos para área orçamentária ou contábil e tratam sobre fatos históricos relacionados ao Orçamento Público, ou seja, sobre sua evolução, sobre a origem de certos elementos importantes que estejam relacionados ao tema.

▸ **QUESTÃO COMENTADA:**

(CESPE – AJ TRT 10/2013) – Tendo em vista que o crescimento dos gastos públicos e o consequente aumento do peso do governo na economia tornam o planejamento da ação governamental cada vez mais importante, julgue o item subsequente, relativo à evolução do Orçamento Público e ao papel do Estado na economia.

Concomitantemente ao aumento dos gastos, o Orçamento Público evoluiu como peça de planejamento, ao mesmo tempo em que perdeu a sua forma de programa de operação e apresentação dos meios de financiamento desse programa, assumindo características contábeis formais, determinadas por lei.

Gabarito: Errado

COMENTÁRIO:

Ao longo deste capítulo você aprenderá que, efetivamente, o Orçamento Público evoluiu como peça de planejamento, porém, nessa mesma linha de pensamento, ao mesmo tempo, o Orçamento Público também GANHOU forma de programa de operação e apresentação dos meios de financiamento desse programa, assumindo características gerenciais, além também de características contábeis formais, determinadas por lei.

2. CONCEITO DE ORÇAMENTO PÚBLICO

Compreendida a importância que o Orçamento Público tem para qualquer sociedade, pode-se inferir, então, que o documento que o veicula deve ter grande formalidade, publicidade, controle por todos (deveria, ao menos) e "força", já que a sobrevivência e o desenvolvimento do próprio Estado dependem dele. Assim, na maioria dos países, inclusive no Brasil, o orçamento é veiculado na forma de lei, uma lei especial que possui rito legislativo próprio e trata de matéria específica, é temporária (em regra, com vigência anual), formal e, geralmente, autorizativa, como veremos em capítulo próprio. Para elaboração desse "documento" existe um sistema orçamentário, é a estrutura formada por organizações, órgãos públicos, pessoas, informações, tecnologia, normas e procedimentos necessários ao cumprimento das funções fixadas para a Administração Pública.

Do ponto de vista histórico-evolucionista, o **Orçamento Público** se constitui em instrumento legal que estabelece as possibilidades de despesas do poder público, com base em estimativa de receita. Em constante processo evolutivo, passa de uma concepção clássica, tradicional, que compreende apenas a fixação da despesa e a previsão da receita, sem nenhuma espécie de planejamento das ações do Governo, para um instrumento de administração, moderno de planejamento e controle, sendo fundamental para o desenvolvimento econômico e social de qualquer país, denominado como Orçamento-Programa. O orçamento moderno abrange objetivos mais amplos que o controle financeiro sobre os atos do Poder Executivo.

Por ser dinâmico, evoluindo ao longo da história, existem várias formas de conceituar o Orçamento Público, tudo depende do enfoque que se deseja dar. Veja a seguir algumas definições já consagradas.

1) Documento que expressa receitas e despesas estatais de determinado ente federativo.

2) Documento legal que contém as receitas e despesas de determinado ente governamental para um período determinado de gestão. O Orçamento Público, instrumento que discrimina as despesas dos programas governamentais segundo sua natureza, enfatiza os fins almejados de modo a demonstrar o alvo e a finalidade dos gastos públicos bem como identificar o responsável pela execução destes programas.

3) Em um sentido instrumental, pode-se definir orçamento público como o instrumento pelo qual o Governo elabora, expressa, executa, controla e avalia o cumprimento de suas atividades em cada período de gestão, refletindo as escolhas ideológicas feitas pelo partido político ou pelo grupo político que se encontra no poder.

4) O orçamento constitui, nas finanças públicas, a peça por meio da qual se administram as receitas, as despesas e a dívida dos poderes públicos.

5) É o instrumento que discrimina as despesas dos programas governamentais segundo sua natureza, enfatiza os fins almejados de modo a demonstrar o alvo e a finalidade dos gastos públicos bem como identificar o responsável pela execução desses programas.

6) "A Lei do Orçamento conterá a discriminação da receita e despesa de forma a evidenciar a política econômica financeira e o programa de trabalho do Governo, obedecidos os princípios de unidade, universalidade e anualidade" (art. 2º da Lei nº 4.320/64).

7) É o instrumento de gestão que se torna em plano de governo expresso em forma de lei, que faz a estimativa de receita a arrecadar e fixa a despesa para um período determinado de tempo, em geral de um ano, chamado exercício financeiro, em que o governante não está obrigado a realizar todas as despesas ali previstas, porém não poderá contrair outras sem a prévia aprovação do Poder Legislativo.

8) Conforme Baleeiro (1998 apud PASCOAL, 2009, p.15)[2],"É o ato pelo qual o Poder Executivo prevê e o Poder Legislativo lhe autoriza, por certo período,

---

2. PASCOAL, Valdecir. **Direito Financeiro e Controle Externo**. 7. ed. Rio de Janeiro: Editora Forense, 2009., p. 15.

e em pormenor, a execução das despesas destinadas ao funcionamento dos serviços públicos e outros fins adotados pela política econômica ou geral do país, assim como a arrecadação das receitas já criadas em lei".

9) Segundo Bastos[3], a finalidade última do orçamento "é de se tornar um instrumento de exercício da democracia pelo qual os particulares exercem o direito, por intermédio de seus mandatários, de só verem efetivadas as despesas e permitidas as arrecadações tributárias que estiverem autorizadas na lei orçamentária. O orçamento é, portanto, uma peça jurídica, visto que aprovado pelo legislativo para vigorar como lei cujo objeto disponha sobre a atividade financeira do Estado, quer do ponto de vista das receitas, quer das despesas. O seu objeto, portanto, é financeiro".

10) "Orçamento é um plano de trabalho governamental expresso em termos monetários, que evidencia a política econômico-financeira do Governo e em cuja elaboração foram observados os princípios da unidade, universalidade, anualidade, especificação e outros" (SILVA, 1996, p. 37)[4].

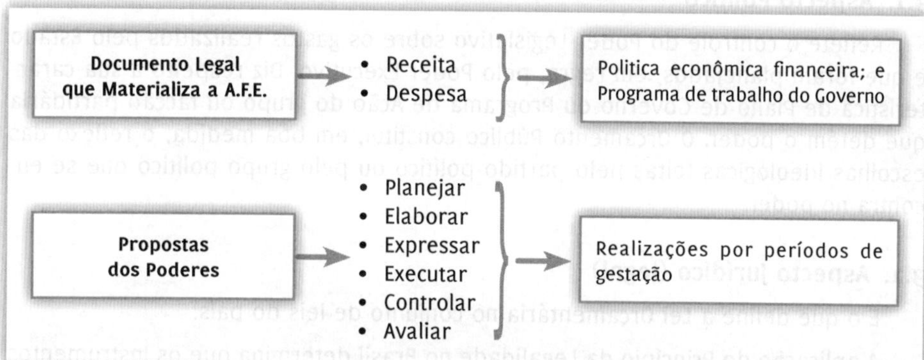

▸ OBSERVAÇÃO:

Fique atento, pois, as características do orçamento (lei ordinária, temporária, formal, especial) são, invariavelmente, inseridas dentro do conceito. Posteriormente, retomaremos essas características de forma mais aprofundada em um tópico específico.

3. ASPECTOS DO ORÇAMENTO PÚBLICO

Como visto, Orçamento Público é o instrumento de gestão em que se registra o ato pelo qual o Poder Legislativo autoriza ao Poder Executivo por certo período de

---

3. BASTOS, Celso Ribeiro. **Curso de Direito Financeiro e de Direito Tributário.** 2. ed. São Paulo: Saraiva, 1992, p. 74

4. SILVA, Lino Martins da. **Contabilidade Governamental:** Um Enfoque Administrativo. 3. ed. São Paulo: Atlas, 1996, p. 37..

tempo e em pormenores, a atender as necessidades públicas utilizando os recursos orçamentários, ele prevê as receitas a serem arrecadadas, fixando as despesas a serem realizadas no exercício financeiro vindouro, objetivando a continuidade, eficácia, eficiência, efetividade e a economicidade dos serviços prestados pelo Estado à sociedade.

O Orçamento Público é, também, uma rica fonte de informação sobre os aspectos mais amplos de uma sociedade. Caracteriza-se por possuir um conjunto de aspectos: político, jurídico, contábil, econômico, financeiro, administrativo, etc. Sua análise permite o entendimento de fatores fundamentais ao desenvolvimento estatal e que podem ser usados para melhorar a eficiência, eficácia e efetividade de toda atividade pública que, de qualquer forma, seja influenciada pela atividade orçamentária. Diante de tão amplo espectro, o Orçamento Público pode ser analisado sob diferentes perspectivas. Para Lino Martins da Silva[5], o orçamento, dentre outros, é estudado sob os seguintes aspectos:

3.1. Aspecto Político

Reflete o controle do Poder Legislativo sobre os gastos realizados pelo Estado e que foram planejados, em regra, pelo Poder Executivo. Diz respeito à sua característica de Plano de Governo ou Programa de Ação do grupo ou facção partidária que detém o poder. O Orçamento Público constitui, em boa medida, o reflexo das escolhas ideológicas feitas pelo partido político ou pelo grupo político que se encontra no poder.

3.2. Aspecto Jurídico (legal)

É o que define a Lei Orçamentária no conjunto de leis do país.

A aplicação do Princípio da Legalidade no Brasil determina que os Instrumentos orçamentários sejam veiculados por lei, onde há uma verdadeira "reserva legal", pois, essa veiculação só pode ocorrer, em regra, por lei em sentido estrito, cuja iniciativa é privativa e indelegável do Chefe do Poder Executivo. Sendo lei, o gestor fica adstrito a ela, não podendo executar gastos que não estejam nela autorizados.

Apresenta o mesmo fundamento do Princípio da Legalidade aplicado à Administração Pública, segundo o qual cabe ao Poder Público fazer somente aquilo que a lei expressamente autorizar, ou seja, subordina-se aos ditames da lei. A Constituição Federal de 1988, no art. 37, estabelece os princípios da Administração Pública, dentre os quais o da Legalidade e, em seu art. 165, estabelece a necessidade de formalização legal das leis orçamentárias.

Dessa forma, a despesa pública, por exemplo, somente poderá ser realizada, em regra, se houver autorização em lei.

5. SILVA, Lino Martins da. **Contabilidade Governamental:** Um Enfoque Administrativo. 3. ed. São Paulo: Atlas, 1996.

Em razão de ser um tema extremamente sensível para o Estado e para a sociedade, a Atividade Financeira do Estado está, em regra, sistematizada no arcabouço jurídico dos países, ou seja, as regras estão definidas em suas constituições e leis.

Neste contexto, surgem ramos do Direito ligados diretamente a essa atividade, como o Direito Financeiro e Tributário. Direito Financeiro é o ramo do direito público que tem por objeto a disciplina jurídica da atividade financeira do Estado e abrange receitas, despesas e créditos públicos.

Direito Tributário é o ramo do direito público formado por um conjunto de princípios, leis e outros normativos regulamentadores da arrecadação dos tributos, bem como de sua fiscalização. Regula as relações jurídicas estabelecidas entre o Estado e o contribuinte no que se refere à arrecadação dos tributos.

3.3. Aspecto Econômico

A Economia de qualquer país é dinâmica e complexa tendo por principais agentes econômicos as empresas, as famílias e o Governo. O fluxo econômico representado abaixo retrata como a economia se movimenta, demonstrando como os agentes econômicos transacionam entre si na busca por atingir seus objetivos e, ainda, proporcionar o equilíbrio da economia como um todo.

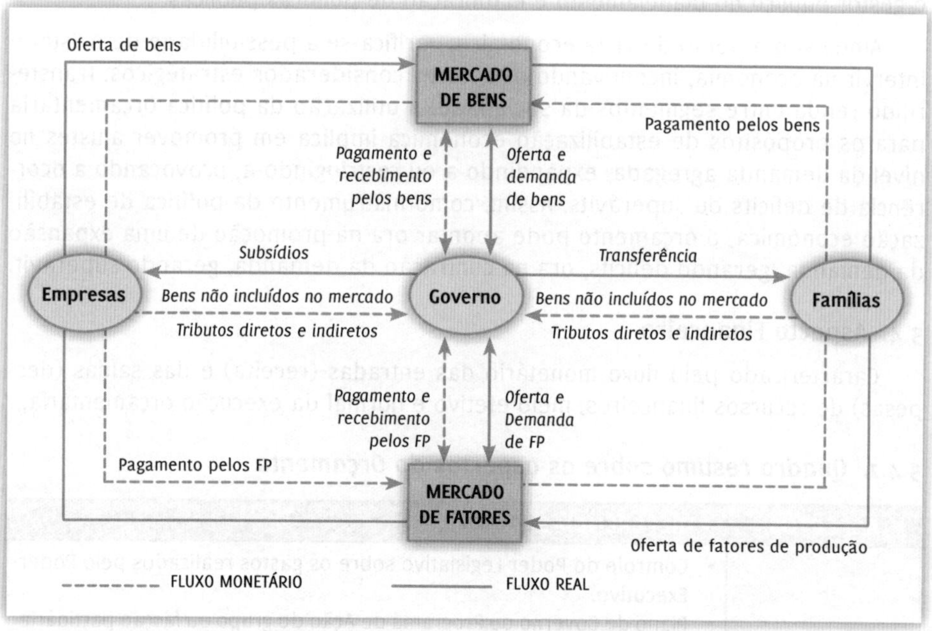

Fonte: Adaptado de MONTELLA, Maura. Economia Passo a Passo, Rio de Janeiro: Quailitymark, 2004.

- **FP: Fatores de Produção**

Aspecto econômico é o resultado da evolução das características políticas do orçamento. É o demonstrativo orgânico da economia pública, representando o retrato real da vida do Estado, no qual o Governo terá de decidir quanto, em que e como vai gastar o dinheiro que arrecadará e que "pertence" ao povo. Se o Orçamento Público é peça fundamental ao cumprimento das finalidades do Estado, não há dúvida de que deverá observar que o melhor plano é aquele que resulta numa maior produção possível com um menor gasto. Outra característica a ser observada é o peso que o Orçamento Público tem na sociedade e no seu desenvolvimento, pois este representa importante instrumento de distribuição de renda e de alocação de recursos, sendo então, considerável no produto interno bruto (PIB) de qualquer país.

Como se pode observar, o Governo (Estado) desenvolve papel fundamental na busca pelo bom desempenho econômico. O Orçamento Público, como instrumento de planejamento e de controle da Administração Pública, possibilita a comparação entre diversas funções e programas de governo entre si, além de facilitar o exame da função total do Governo e de seu custo em relação ao setor privado da economia.

O Orçamento Público possibilita, ainda, uma análise da economia local, por meio de informações como: as necessidades sociais preponderantes, o nível de desenvolvimento socioeconômico, a geração de renda, a dependência externa, a composição da economia local, etc. É também uma ferramenta fundamental que pode subsidiar o gestor público no planejamento e elaboração de políticas públicas.

Ainda sob o ponto de vista econômico, verifica-se a possibilidade de o Estado intervir na economia, incentivando os setores considerados estratégicos, transferindo renda entre segmentos da sociedade. A utilização da política orçamentária para os propósitos de estabilização econômica implica em promover ajustes no nível da demanda agregada, expandindo-a ou restringindo-a, provocando a ocorrência de déficits ou superávits. Assim, como instrumento da política de estabilização econômica, o orçamento pode apontar ora na promoção de uma expansão da demanda, gerando déficits, ora na contração da demanda, gerando superávit.

3.4. Aspecto Financeiro

Caracterizado pelo fluxo monetário das entradas (receita) e das saídas (despesas) de recursos financeiros, meio efetivo e normal da execução orçamentária.

3.4.1. *Quadro resumo sobre os aspectos do Orçamento*

▸ ASPECTOS	▸ REFERÊNCIAS
Político	• Controle do Poder Legislativo sobre os gastos realizados pelo Poder Executivo. • Plano de Governo ou Programa de Ação do grupo ou facção partidária que detém o poder. • Reflexo das escolhas ideológicas feitas pelo partido político ou pelo grupo político que se encontra no poder.

▶ ASPECTOS	▶ REFERÊNCIAS
Jurídico (legal)	• Define a Lei Orçamentária no conjunto de leis do país. • Orçamentos Públicos veiculados por lei. • Princípio da legalidade aplicado à Administração Pública. • Atividade Financeira do Estado está, em regra, sistematizada no arcabouço jurídico dos países.
Econômico	• Demonstrativo orgânico da economia pública, representando o retrato real da vida do Estado. • Importante instrumento de distribuição de renda e de alocação de recursos. • Possibilita a comparação entre diversas funções e programas de Governo entre si, além de facilitar o exame da função total do Governo e de seu custo em relação ao setor privado da economia.
Financeiro	• Fluxo monetário das entradas (receita) e das saídas (despesas) de recursos financeiros.

4. ORIGEM E EVOLUÇÃO DO ORÇAMENTO PÚBLICO

Falar em Orçamento Público é versar sobre a Atividade Financeira do Estado e essa atividade interessa e interfere na vida de todos os cidadãos, sendo um aspecto fundamental da relação entre o Estado e o seu povo. Essa relação vem evoluindo através dos tempos em todos os aspectos, havendo interesse cada vez maior na forma como o Estado obtém, gere e despende seus recursos.

Como temos visto até agora, onde há um agrupamento de seres humanos há a necessidade de partilhar recursos para o bem comum, para suprir necessidades básicas, desde as comunidades mais primitivas. Esta necessidade de convivência em comum fez surgir o Estado, que passa a demandar recursos para manutenção de suas atividades e daqueles que o controlava. A partir da ideia de Estado surge a necessidade de organizar a arrecadação de receita e o despendimento dela na forma de despesa. Assim, historicamente, pode-se verificar que a evolução do orçamento está intrinsecamente ligada à evolução e à democratização do Estado, onde, grosso modo, pode-se fazer a seguinte análise:

Na Antiguidade, o Estado obtinha suas receitas por meio da extorsão, da pilhagem e do saque do povo inimigo vencido. Na Idade Média, a exploração das terras constituiu a maior fonte de recursos para o Estado.

No Estado Absolutista, o soberano é detentor do poder absoluto e usa esse poder conforme sua vontade, sem nenhum tipo de controle. Nessa situação, o poder do Estado se confunde com o próprio monarca que o encarna e, em alguns casos, era considerado divino e incontestável. Sob essas circunstâncias, ocorre grande distorção da finalidade estatal, tornando o Estado um ente intrusivo, que invade e interfere de forma arbitrária na vida de todos, em todos os aspectos e sem nenhum limite. Assim, quando necessita de recursos para se financiar, ele os retira arbitrariamente de seus cidadãos sem nenhum critério e sem nenhum compromisso com qualquer tipo de contraprestação.

Neste tipo de Orçamento, se é que possa denominar de orçamento, pois, em regra, sequer era formalizado em um documento, não se contempla a participação popular, pois o povo em nada interferia na Atividade Financeira do Estado, ao contrário, tinha que se submeter a ela. Inexiste, então, o caráter democrático.

Historicamente, é a partir da insatisfação relacionada a essa atuação arbitrária do Estado que surgem os primeiros esboços de Orçamento Público positivado quando, em 1.215, na Inglaterra, sob a regência do Rei João Sem Terra, os cidadãos se contrapõem à cobrança arbitrária de tributos. A Carta Magna da época passou a exigir autorização parlamentar para a instituição e majoração de gravames tributários. A partir de então, historicamente, surge a primeira importante ideia de regulamentação da Atividade Financeira do Estado no que concerne à limitação do poder de exigir de seus cidadãos a disponibilização de recursos. Apesar de não fazer surgir uma peça orçamentária nos moldes atuais, esse documento fez, na época, reduzir na Inglaterra um pouco a intervenção estatal arbitrária na vida da sociedade, tanto que, historicamente, o documento inglês é importante por esboçar as convicções de natureza técnico-jurídica desse instrumento e por difundir a instituição orçamentária para outras nações, é o embrião do Orçamento Público.

A partir do século XVII, importantes pensadores passam a rechaçar com mais veemência a intervenção estatal, principalmente arbitrária, na vida do cidadão Segundo eles, o Estado deveria existir para garantir a liberdade e não para determinar unilateralmente o destino de todos segundo sua vontade. Este movimento é conhecido como Liberalismo.

Esses pensadores defendiam um poder democrático baseado na livre iniciativa, liberdade de expressão e livre concorrência econômica, tendo como referência uma lei suprema denominada Constituição. Com o advento da Revolução Francesa (1.789), o Estado autoritário e arbitrário foi rechaçado por esse movimento, sendo idealizado um modelo de Estado que não interferisse na Economia, permitindo maior liberdade e sendo responsável somente pelas ditas funções essenciais, tal como a defesa da soberania, provimento da justiça, segurança, dentre outras.

No Estado liberal clássico, tendo em vista o princípio da mínima intervenção do Estado na atividade econômica, as rendas com as terras decaíram e os tributos passaram a ser a principal fonte de riquezas. Marcado pelo ditame francês *laissez faire-laissez passer* (deixa fazer, deixa passar – estado que minimamente se envolve na vida do cidadão), inspirado em autores como Adam Smith e sua obra Riqueza das Nações, este movimento lutava por um afastamento do Estado da atividade econômica, devendo os governantes agirem somente com o fim de obter a ordem e a estabilidade sociais, imprescindível às relações comerciais livres e à exploração da economia pelo capital privado. As leis naturais de mercado, demanda e oferta, se encarregariam de equilibrar as relações econômicas estabelecidas, era a dita "mão invisível do mercado". Dessa forma, o Estado demandaria recursos mínimos, somente o necessário para manutenção das suas atividades essenciais e para suprir as ditas falhas de mercado, intervindo muito pouco na economia. Ademais, esses recursos deveriam ser cobrados de seus cidadãos segundo um sistema baseado na legalidade e igualdade. Credita-se ao sistema orçamentário francês a instituição de certas regras que, atualmente, são dadas como básicas nas concepções doutrinárias do Orçamento Público, como a anualidade do orçamento, a não vinculação de itens da receita a despesas específicas e o Princípio da Universalidade.

Segundo os autores das escolas clássica e neoclássica do pensamento econômico, o orçamento, instrumento de controle das contas governamentais, deve ser equilibrado, ou seja, elaborado com o objetivo de conter seus gastos e de não prejudicar a eficiência do mercado.

A partir do século XIX o orçamento passa a evoluir de forma diversa, conforme as características de cada país ou região. Gradativamente, o Orçamento Público deixa de se caracterizar por postura de mera neutralidade, própria do *laissez-faire*, passando a uma postura pouco mais intervencionista, buscando a correção das imperfeições do mercado provocadas pelo modelo liberal, gradativamente se tornando uma ferramenta de promoção do desenvolvimento econômico.

Inspiradas em ideias marxista, em 1.917 ocorre a Revolução Russa, trazendo uma proposta diferente: o Estado máximo, garantidor de todas as necessidades coletivas com um consequente controle total das atividades econômicas. Este modelo econômico é o oposto do Estado Liberal e colocado como alternativa a ele. Neste modelo, o Estado, utilizando o Orçamento Público, torna-se o próprio mercado, já que é por meio dele que todas as necessidades são satisfeitas.

A Primeira Guerra Mundial (1914-1918), juntamente com a quebra da bolsa de New York em 1.929, com terríveis consequências geradoras da chamada "Grande Depressão", que culminaram, sob certo ponto de vista, na Segunda Grande Guerra foram motivos que levaram o Liberalismo a ser questionado, uma vez que o mercado não conseguiu sozinho resolver todos os problemas da economia. Assim, como alternativa ao também Estado Comunista e inspirado em obras de pensadores como Keynes, o Estado passou a ser visto como um dos principais agentes de fomento e controle, além de redistribuidor de renda, buscando formar uma sociedade mais igualitária.

O instrumento utilizado foi a disponibilização de serviços sociais financiados com recursos orçamentários advindos da arrecadação tributária e pela própria atividade empresarial do Estado, que passou a atuar ativamente no cenário econômico, muitas vezes em concorrência ao setor privado. A busca era por um Estado que não tivesse os vícios dos extremos trazidos pelo Liberal e pelo Comunista, máximo, total.

Assim, por influência da doutrina keynesiana, o Orçamento Público passa a ser utilizado sistematicamente como instrumento da política fiscal do Governo a partir da década de 30 do século XX, tornando-se mecanismo relevante nas políticas de estabilização da economia, na redução ou expansão do nível de atividade. A chamada revolução Keynesiana trouxe à tona um Orçamento Público como instrumento de política fiscal, visando à estabilização, expansão ou retração da atividade econômica, conforme a necessidade e opção política do governante, papel que ocupa até hoje.

A ideia de um Estado Social-Democrático já existia com a crença de que poderia haver uma transição pacífica para uma sociedade socialista, ou seja, sem uma revolução armada, por meio de uma evolução democrática. Com a Segunda Grande Guerra, que culminou também com a expansão do comunismo pelo mundo e o consequente temor por parte das grandes potências de que a insatisfação popular com a miséria o fizesse se alastra por todos os continentes, os movimentos por um Estado mais atuante e participativo ganharam força, principalmente na reconstrução e redemocratização da Europa ocidental e do Japão, consolidando este Estado intermediário, alternativo ao Liberal e ao Comunista.

Com o avanço desta corrente de pensamento surge, então, o Estado do Bem-Estar Social, o *Welfare State*, no qual, todo cidadão teria direito a um conjunto de benefícios sociais fornecidos pelo Estado. Esse modelo se desenvolveu principalmente na Europa, como uma distorção do Estado Social-Democrático, afinal o Estado passava a assumir compromissos sociais que iam muito além de sua capacidade econômica, fazendo com que alguns países mergulhassem em déficits fiscais. Este modelo econômico obteve mais sucesso em Estados Escandinavos, tais como, Suécia, Dinamarca, Noruega e Finlândia.

Em razão do alto endividamento do Estado provocado pelo *Welfare State*, em muitos países esse modelo não conseguiu se sustentar, tornando-se ingrediente de uma grave crise econômica mundial que atingiu seu auge na década de setenta, em que o mundo enfrentou considerável estagnação econômica e crescimento reduzido.

Com o aumento do déficit público em muitos países, o Estado do Bem-Estar Social entra em crise e passa a recuar. A solução apresentada foi a redução do Estado, ou seja, um retorno parcial, aos fundamentos do Estado Liberal, passando parte de suas atividades não essenciais ao setor privado (Estado mínimo). Este processo se deu pela delegação de serviços públicos e pelas privatizações.

Um grande diferencial em relação ao Estado Liberal original está na regulação da atividade. Neste novo modelo, o Estado não abre mão totalmente da responsabilidade pela prestação do serviço. Ele continua atuando, mas não como prestador, e sim regulando tal atividade por intermédio de agências reguladoras. Esse novo modelo de Estado foi denominado Neoliberal e ganhou espaço com a ruína comunista pelo mundo, que, a partir da década de noventa, não aparentava mais ser uma alternativa viável ao capitalismo, além da demonstração clara que o Estado "inchado" do bem-estar social também não prosperaria como alternativa para todos os problemas.

Como exemplo de evolução das funções do Orçamento Público no Brasil, a Emenda Constitucional nº 95, de 15 de dezembro de 2016, que altera o Ato das Disposições Constitucionais Transitórias, instituiu o Novo Regime Fiscal, limitando por vinte anos os gastos públicos. De acordo com seu texto, o teto para 2017, primeiro ano de vigência da Emenda, foi definido com base na despesa primária paga em 2016 (incluídos os restos a pagar), com a correção de 7,2%, correspondente à inflação prevista para 2016. A partir de 2018, os gastos federais só poderão aumentar de acordo com a inflação acumulada conforme o Índice Nacional de Preços ao Consumidor Amplo (IPCA). O regime valerá para os orçamentos fiscal e da seguridade social e para todos os órgãos e Poderes da República.

Com relação às funções do Orçamento Público e a sua evolução ao longo do tempo, a Emenda Constitucional n.º 95/2016 cumpre finalidade, essencialmente, de controle econômico, ao buscar a redução do déficit orçamentário com a limitação dos gastos públicos.

Por meio deste resumo histórico, chega-se à conclusão que, além de ser um dos instrumentos de gestão mais antigos da Administração Pública, o Orçamento Público é um conceito dinâmico cujas funções têm se adaptado às mudanças e necessidades da sociedade desde a sua criação. Podem-se elencar momentos distintos em que o Estado desempenha seu papel de forma diferenciada na economia, sendo o Orçamento Público uma de suas principais ferramentas econômicas de intervenção. Pode-se então resumir:

1) Estado totalitário

Estado autoritário, arbitrário e intrusivo, marcado pela ausência de legalidade, publicidade e sem qualquer garantia. O financiamento da máquina estatal ocorria, em sua maior parte, com recursos retirados arbitrariamente de seus cidadãos e a aplicação desses recursos era realizada da forma que melhor convinha a quem detinha o poder, sem qualquer compromisso em atender as necessidades públicas. Nesse tipo de Estado, o orçamento, enquanto documento, quando existia, não era democrático.

2) Estado liberal (partir do século XVIII)

Estado cujo fundamento está na legalidade e na mínima intervenção econômica. Seu orçamento é ferramenta para garantir apenas as necessidades públicas fundamentais (justiça, segurança, defesa externa) e suprir as falhas de mercado. O Estado e, consequentemente, o Orçamento Público não estão voltados para a regulação econômica, prevalecendo a, denominada por Adam Smith, "mão invisível do mercado".

3) Estado socialista (de 1917 a meados da década de 90)

Estado total, máximo, interventor, garantindo todas às necessidades públicas, atuando em todos os setores econômicos com Orçamento Público máximo, envolvendo toda a atividade econômica.

▸ **OBSERVAÇÃO:**

Atente-se que os Estados socialistas, por serem monopartidários, em regra, não tinham um Poder legislativo independente e seus dirigentes detinham poderes de verdadeiros imperadores, retirando, em grande medida, o caráter efetivamente democrático dos orçamentos.

4) **Estado do Bem-Estar Social ou Estado-providência (segunda metade do século XX)**

Estado que intervém ativamente na economia, principalmente em períodos de recessão econômica, quando atua para fomentar o desenvolvimento, visando melhorar índices de emprego e a renda. Também é responsável por disponibilizar um conjunto de garantias sociais mínimas ao cidadão. O orçamento é uma ferramenta de política fiscal, com vistas à estabilização, à expansão ou à retração da atividade econômica, é utilizado como instrumento de políticas anticíclicas.

5) **Estado Neoliberal**

Neste modelo, o Estado reduz sua interferência na economia, descentralizando serviços e privatizando parte de suas atividades. Porém, com um aparato administrativo (agências reguladoras, por exemplo), o Estado se mantém regulando as áreas mais importantes, como energia, saúde, transportes, etc. O Orçamento permanece como instrumento de política fiscal, com vistas à estabilização, à expansão ou à retração da atividade econômica e é utilizado como instrumento de políticas anticíclicas, porém, com intensidade menor.

Com a evolução do orçamento como instrumento de planejamento, ampliaram-se as atribuições econômicas governamentais voltadas para a promoção de ajustamentos na alocação de recursos, na distribuição de renda e na manutenção da estabilidade econômica.

4.1. Quadro resumo sobre origem e evolução do Orçamento Público

▸ ESTADOS	▸ REFERÊNCIAS
Totalitário	• Estado autoritário, arbitrário e intrusivo. • Ausência de legalidade, publicidade e sem qualquer garantia; • Recursos retirados arbitrariamente de seus cidadãos. • Ausência de controle na aplicação dos recursos. • Em regra, sem documento positivado.
Liberal (a partir do século XVIII)	Fundamento na legalidade e na mínima intervenção econômica. • Orçamento como ferramenta para garantir apenas as necessidades públicas fundamentais (justiça, segurança, defesa externa) e suprir as falhas de mercado.

▸ ESTADOS	▸ REFERÊNCIAS
Estado socialista De 1.917 a meados da década de 90.	• Estado total, máximo, interventor, garantindo todas às necessidades públicas. • Atuava em todos os setores econômicos com Orçamento Público máximo envolvendo toda a atividade econômica.
Bem-Estar Social ou Estado-providência (Segunda metade do século XX)	• Intermediário entre o Liberal e o Comunista. • Intervém ativamente na economia, principalmente em períodos de recessão econômica. • Fomenta o desenvolvimento, visando melhorar índices de emprego e renda. • Disponibiliza um conjunto de garantias sociais mínimas ao cidadão. • Orçamento como ferramenta de política fiscal.
Neoliberal (Final da década de 70)	• Reduz sua interferência na economia (mínimo). • Descentraliza serviços e privatiza parte de suas atividades. • Mantém-se regulando as áreas mais importantes como energia, saúde, transportes, etc. • Orçamento permanece como instrumento de política fiscal.

5. FUNÇÕES ECONÔMICAS DO ESTADO

Como visto, o Estado se caracteriza como um importante agente econômico e a intensidade da sua interferência na economia é discutida em acalorados debates entre os grandes teóricos das ciências econômicas ao longo da história recente. Incontestável é que, em qualquer país, o Governo é um dos principais agentes econômicos e é responsável pela manutenção da paz social. Uma de suas ferramentas é a atuação na economia, buscando desenvolver atividades que promovam crescimento e propiciem para sua população um ambiente econômico favorável ao desenvolvimento em todos os aspectos. Esta atuação ocorre de forma complexa, necessitando de recursos financeiros para o desempenho de suas funções.

As funções do Governo na atualidade se conceituam como uma área do conhecimento humano que têm por finalidade a análise e interpretação dos fenômenos inerentes à atividade financeira do Estado, bem como a proposição de formas de intervenção na realidade econômica e social.

Quando se pensa em ambiente econômico e se visualiza o Estado como um dos agentes deste meio, chega-se à conclusão de que o sistema econômico é misto: de um lado, existe o Estado, exercendo atividades tipicamente públicas e atividades complementares ao setor privado; de outro, o setor privado, produzindo e consumindo bens e serviços sob livre concorrência, buscando acumulação patrimonial, ou seja, lucro.

A atividade econômica é uma das ferramentas de atuação estatal na busca pelo atendimento das necessidades públicas, visando, por sua vez, promover a paz social. O poder de impor normas de conduta (legislar) juntamente com o uso legítimo da força também é importante no desempenho de sua missão. Estudando esta atividade nos anos 50, Richard Musgrave, célebre economista americano, elencou as três principais funções econômicas exercidas pelo Governo nos tempos modernos: função alocativa, função distributiva e a função estabilizadora.

5.1. Função Alocativa

No desempenho desta função, o Governo atua ajustando a alocação dos recursos produtivos na economia para minimizar, as chamadas por Adam Smith, "Falhas de Mercado" e prestar serviços públicos que a iniciativa privada não tem poder, condições financeiras ou legitimidade, como a defesa externa por intermédio das forças armadas. Assim, a Função Alocativa do orçamento se justifica nos casos de provisão de bens públicos.

As falhas de mercado podem ocorrer quando a realização de obras, a produção de bens ou a prestação de serviços importantes deixam de ser realizados pela iniciativa privada por falta de interesse (lucratividade baixa, dispêndio muito alto ou risco altos) ou por impossibilidade técnica ou econômica, deixando parcela da população interessada sem os benefícios referentes a estas obras, bens e serviços. Neste caso, o Governo utiliza as ferramentas que tem à disposição para suprir essas necessidades diretamente ou estimular a iniciativa privada por intermédio de subvenções, subsídios, renúncia fiscal etc.

Agindo assim, o Estado está utilizando recursos gerados em regiões mais prósperas, setores mais lucrativos ou com riscos menores, alocando esses recursos com o fim de desenvolver regiões menos prósperas ou em setores com menor lucratividade ou com risco muito alto. É o Governo quem toma a iniciativa de, por exemplo, construir estradas, hidroelétricas, ferrovias, portos, aeroportos, enfim, grandes obras de infraestrutura ou, ainda, tributar as atividades mais lucrativas, desonerar atividades menos lucrativas, etc. Os investimentos em infraestrutura exigem elevados recursos financeiros e longo período para retorno, o que desestimula o envolvimento da iniciativa privada, sendo compreensível que se transformem em áreas de competência estatal.

Com relação aos bens e serviços essenciais, tais como segurança, saúde e educação, é também o Governo quem assume o compromisso de prover a sociedade, isso porque alguns não são delegáveis e outros podem ter altos custos no setor privado, o que pode torná-los inacessíveis para a grande maioria da população.

5.2. Função Distributiva

Obter renda é uma necessidade, afinal, é com ela que as pessoas adquirem bens e serviços indispensáveis à sobrevivência e à satisfação pessoal. Para que haja desenvolvimento em todos os aspectos e uma consequente paz social, é indispensável que todos tenham uma renda que supram as suas necessidades. Porém, a distribuição dessa renda não é equânime, pois, nesse processo, são favorecidos aqueles que controlam os meios de produção, os recursos financeiros e as atividades, ficando, estes, com a parcela maior da renda.

Em uma economia de mercado capitalista, o lucro é o grande objetivo da maioria dos particulares que nela atuam. Os excedentes gerados são, de uma forma ou de outra, apropriados por parte dos agentes econômicos. O Governo fica com tributos, os empregados (famílias) com salários, o empresário (empresas) com o lucro, etc. Assim, para que haja o almejado desenvolvimento, não basta gerar riquezas, é necessário também as distribuir, pois, do contrário, a insatisfação pode gerar instabilidades que, por sua vez, podem levar ao rompimento da ordem social.

O Governo é o responsável pela redistribuição da renda e, para tanto, utiliza-se de ferramentas que propiciem o ajustamento necessário para "retirar" recursos de quem tem mais e distribuir a quem tem menos. A política tributária e os programas sociais de transferências de renda, como bolsa escola, são exemplos de mecanismos de distribuição de renda.

Porém, seguindo esta linha de pensamento, a cobrança de todo tributo não geraria então a distribuição de renda com eficiência?

A resposta é NÃO!

Levando em consideração a classificação doutrinária em relação à distributividade, existem três espécies de tributos:

1) Tributo progressivo: aqueles que, em regra, incidem sobre a renda e o patrimônio, com alíquotas diferenciadas e progressivas, cobrando um percentual maior de quem ganha mais, etc.

   O Imposto de Renda, no Brasil, é um bom exemplo de imposto progressivo. Existem faixas de tributação que vão desde a isenção até a tributação de 27,5%, segundo faixas de rendimento onde quem ganha mais é tributado com uma alíquota mais alta e quem ganha "pouco" não paga nada. Assim o Estado "retira" de forma desproporcionalmente maior de quem ganha mais, reduzindo a concentração de renda.

   A prestação de serviços públicos, como construção de escolas e hospitais públicos, acaba se constituindo também em uma forma de se fazer essa redistribuição de renda, dos mais favorecidos para as camadas mais pobres da sociedade, afinal, o governo recebe mais de quem tem mais e redistribui para quem tem menos por intermédio de serviços públicos e programas de redistribuição de renda.

2) Neutro: tributo que não agrava o desequilíbrio, mas, também, não contribui diretamente para reduzi-lo. Normalmente cobrado com percentual único para todos os cidadãos.

   Imagine que o Imposto de Renda fosse cobrado em alíquota única (10%), independentemente da renda. Quem ganha R$ 1.000 pagaria R$ 100 e quem ganha R$ 5.000 pagaria R$ 500. Como se infere, o valor exigido de quem ganha menos terá um impacto proporcional a quem ganha mais, não gerando concentração nem distribuição de renda, o que sobra também permanece com uma diferença proporcional.

3) Regressivo: tributo cujo quanto a ser pago é estipulado em valor igual para todas as pessoas, independente de renda. Esse tipo de tributo promove a concentração da riqueza disponível nas mãos de quem ganha mais. Exemplos de tributos regressivos são os imposto sobre o consumo (IPI, ICMS) por tributarem igualmente, em um mesmo valor, todos os contribuintes, sem distinção, sem diferenciar quem tem mais ou quem tem menos.

Imagine um produto vendido em um supermercado cujo valor venal é R$100, com incidência de ICMS cuja alíquota é 25%. Veja que, se não houvesse tributação, o produto seria vendido por R$ 75. Isso quer dizer que quem compra acaba pagando R$ 25 de tributação. Como não há diferenciação no momento da venda entre os compradores, independentemente da renda, todos pagarão o mesmo valor pela tributação ao adquirir o produto. Quem ganha R$ 1.000 pagaria R$ 25 e quem ganha R$ 5.000 pagaria R$ 25, tornando ainda mais desproporcional o valor que sobra, fazendo aumentar a desigualdade, promovendo concentração de renda.

5.3. Função Estabilizadora

A paz social é o grande objetivo do Estado e, para que ela aconteça, as pessoas devem ter suas necessidades atendidas. O atendimento dessas necessidades pode ocorrer, basicamente, de duas formas: parte por intermédio do Governo, que disponibiliza bens e serviços públicos aos cidadãos e parte no "mercado", onde as pessoas, com recursos próprios, adquirem bens e contratam serviços.

Para que seja possível ao Estado obter recursos para disponibilizar bens e serviços públicos aos seus cidadãos, é imprescindível o desenvolvimento econômico onde é gerado mais tributos para financiar essas necessidades. Da mesma forma, para que as pessoas obtenham renda suficiente para adquirir bens e contratar serviços, é fundamental também que haja desenvolvimento econômico que gere riqueza e emprego. Por sua vez, para que haja desenvolvimento, o ambiente econômico deve permanecer estável, havendo controle de variáveis, como inflação, taxa de juros, níveis de emprego, crescimento econômico, consumo, câmbio dentre outros. O Governo desenvolve um papel fundamental na manutenção favorável desses índices, para tanto, ele deve utilizar as ferramentas (taxa de juros, política tributária, política monetária, despesa pública, financiamento, execução orçamentária, regulação do mercado etc.) que possui para zelar por eles, assumindo um papel de monitoramento da conjuntura.

No cumprimento da função Estabilizadora, o Governo é o responsável pelo gerenciamento econômico, agindo de forma a influenciar direta ou indiretamente nestas variáveis. Quando, por exemplo, é necessário aumentar o nível da atividade econômica para melhorar os níveis de emprego, o Governo pode adotar medidas expansionistas, como a redução de tributos sobre o consumo, ou a redução da taxa básica de juros. Tais medidas reduzem o preço de determinados produtos fazendo seu consumo aumentar e, consequentemente, aquecendo a economia com reflexos positivos sobre o emprego. Porém, uma expansão no consumo sem outras medidas de bases econômicas pode gerar inflação que corrói o poder de compra dos salários. Assim, de forma diversa, quando é necessário reduzir o nível de atividade econômica, para conter os níveis de inflação, por exemplo, o Governo pode adotar medidas contracionistas como a tributação sobre determinada atividade ou o aumento da taxa básica de juros.

Como agente econômico de peso e grande consumidor, o Governo também pode interferir na Economia por intermédio de suas compras. Comprando mais se expande o nível de atividade econômica, se a compra é menor, provoca certa redução no nível geral da economia. Em função desta importância, a participação do Governo no PIB – Produto Interno Bruto – dos principais países do mundo, inclusive do Brasil, tem crescido consideravelmente, principalmente após a segunda Guerra Mundial.

Diante do exposto, pode-se ter noção do quão complexo é o papel do Estado na economia de um país. É neste contexto que entra o papel do Orçamento Público. Ele é a principal ferramenta do Governo no desenvolvimento de todas essas atividades, provendo recursos e otimizando a sua aplicação na busca do bem comum.

5.4. Quadro resumo sobre funções do Estado

▸ FUNÇÃO	▸ REFERÊNCIA
Alocativa	• Governo atua ajustando a alocação dos recursos produtivos na economia, para minimizar as Falhas de Mercado. • Justifica-se nos casos de provisão de bens e serviços pelo Estado. • O Governo utiliza as ferramentas como, financiamento, subvenções, subsídios, renúncia fiscal, etc. • Atividade empresarial por parte do Estado. • O Governo é quem toma a iniciativa de, por exemplo, construir estradas, hidroelétricas, ferrovias, portos, aeroportos etc.
Distributiva	• O Governo é o responsável pela redistribuição da renda. • Distribuir a quem tem menos. • Ferramentas: política tributária, criando impostos progressivos sobre a renda e através de sua política de gastos, programas sociais de transferências de renda, entre outras.
Estabilizadora	• Ações que busquem garantir a estabilidade econômica. • O ambiente econômico deve permanecer estável. • Controle de variáveis como inflação, taxa de juros, níveis de emprego, crescimento econômico, consumo, dentre outros. • Governo é o responsável pelo gerenciamento macroeconômico. • Utiliza o Orçamento Público com uma das principais ferramentas para implementar medidas estabilizadoras.

6. ATIVIDADE FINANCEIRA DO ESTADO

Um brocardo econômico muito conhecido afirma que as necessidades sociais são ilimitadas, mas os recursos para atendê-las são limitados. O Estado só obterá sucesso se atender de forma satisfatória as necessidades sociais, pois a sociedade espera um padrão mínimo de qualidade de vida, obtendo renda suficiente e uma gama mínima de serviços públicos a sua disposição. Do contrário, o Estado passa a correr sério risco de sofrer e até desaparecer em meio a convulsões sociais, insurgências que podem levar ao caos social.

Como a demanda por recursos cresce conforme surgem as necessidades sociais e, por consequência, a estrutura para desenvolver atividades estatais se torna cada vez mais complexa, é imprescindível para o Estado bem gerir as receitas que tem para que possa maximizar sua aplicação, buscando o máximo de eficiência, eficácia e efetividade.

Visando realizar esse gerenciamento, é indispensável a utilização de uma ferramenta que auxilie o gestor público no planejamento e controle de todas as atividades relacionadas à captação de recursos, receita pública, e seu dispêndio, despesa pública. O conjunto de ações voltadas para essa atividade é denominada Atividade Financeira do Estado – AFE, que consiste em obter e aplicar o dinheiro indispensável às necessidades cuja satisfação está sob sua responsabilidade. De forma ampla, em razão da complexidade das relações sociais e do consequente papel do Estado, a Atividade Financeira do Estado, em sua maior parte, compreende o desenvolvimento das atividades políticas, sociais, econômicas e administrativas, que constituem sua finalidade precípua.

Assim, o emprego do planejamento governamental — um processo contínuo que fundamenta, antecede e acompanha o orçamento — possibilita a formulação de políticas e programas governamentais, permitindo ao Estado aparelhar-se para atender melhor às necessidades do país.

A Atividade Financeira do Estado pode, então, ser definida como o conjunto de ações desenvolvidas pelo Estado voltadas à obtenção, controle e aplicação de recursos destinados a custear os meios necessários para cumprir o fim a que se destina. Por interferir na esfera patrimonial das pessoas, a Atividade Financeira do Estado é extremamente sensível para sociedade, pois são recursos públicos que tiveram como principal fonte a renda das pessoas, afinal uma de suas principais fontes de receita é a tributária, por outro lado tendo que acomodar a satisfação de todos por meio das despesas realizadas.

Diante de tanta importância, esta atividade deve ser regulada por lei, isso para que se coíba as arbitrariedades. No caso do Brasil, essa regulação está na Constituição Federal, em Leis e em outros instrumentos normativos de menor hierarquia, que autorizam os gestores públicos a anualmente prever a arrecadação de receita e a fixar a realização de despesa.

A Lei nº 4.320/64, lei nacional que estatui as Normas Gerais de Direito Financeiro para elaboração e controle dos orçamentos e balanços da União, dos Estados, dos Municípios e do Distrito Federal, juntamente com a Constituição Federal, é o principal instrumento normativo regulador dessa atividade, juntamente também com outras leis e regulamentos como a Lei de Responsabilidade Fiscal, Decreto 200/67, dentre outros. É importante observar que, por ser de âmbito nacional, esta lei sujeita aos seus mandamentos todos os entes federados, ou seja, União, estados, Distrito Federal e municípios.

Do todo exposto, facilmente chega-se à conclusão que a gestão de recursos públicos é de extrema importância para a manutenção e desenvolvimento de qualquer país. Para fazer essa gestão de forma eficiente, é fundamental uma ferramenta que auxilie o Estado no planejamento, organização e desenvolvimento de sua atividade financeira e esta ferramenta é o Orçamento Público.

A atividade financeira do Estado pode ser resumida em dois principais elementos:

- **Atividades voltadas para obtenção de Receita Pública:**

  É o conjunto de todas as atividades que, de alguma forma, culminem na obtenção de recursos financeiros que possam ser utilizados pelo Estado. São várias fontes das quais podem advir recursos financeiros, como: tributos, multas e outros valores cobrados das pessoas em razão de atividades desenvolvidas, exploração de patrimônio, obtenção de rendas, dentre outras; a de operações de crédito, obtidas por meio de empréstimos e financiamentos; a produtiva, derivada da atividade do Estado enquanto "empresário"; a patrimonial, derivada da exploração do patrimônio estatal; venda, alienação de bens e direitos.

- **Atividades voltadas para o dispêndio público (Despesa Pública):**

  É o dispêndio dos recursos obtidos por parte do Estado que deve ocorrer visando o bem comum.

Levando em consideração a arrecadação de receitas, a fixação de despesas e a necessidade de endividamento, a equação fundamental no âmbito da Gestão Fiscal, ou seja, da gestão das finanças públicas, fica assim representada:

Resultado = Receita – Despesa

Essa equação pode assumir três configurações distintas, conforme a relação entre os dois elementos da atividade financeira do Estado gerando as seguintes situações:

1) **Receita < Despesa** – Déficit Fiscal. Essa situação leva a um aumento da Dívida Pública.

2) **Receita = Despesa** – Situação de Equilíbrio Fiscal.

3) **Receita > Despesa** – Superávit Fiscal.

A situação ideal é aquela em que o Governo apresente um resultado de equilíbrio.

7. PRATICANDO – QUESTÕES DE CONCURSOS ANTERIORES COMENTADAS

1) **(CEBRASPE (CESPE) – AssP (PGE PE)/PGE PE/2019)** O orçamento público, um instrumento fundamental de governo, constitui o principal documento de políticas públicas. A respeito desse assunto, julgue o seguinte item.

Com base no orçamento público, os governantes selecionam as prioridades e decidem como empregar os recursos extraídos da sociedade e como distribuí-los entre diferentes grupos sociais, conforme o peso ou a força política desses grupos.

Gabarito: Certo

COMENTÁRIO:

Orçamento pode ser conceituado como um documento legal que contém as receitas e despesas de determinado ente governamental para um período determinado de gestão. O Orçamento Público, instrumento que discrimina as despesas dos programas governamentais segundo sua natureza, enfatiza os fins almejados de modo a demonstrar o alvo e a finalidade dos gastos públicos bem como identificar o responsável pela execução destes programas.

Sob o aspecto político, reflete o controle do Poder Legislativo sobre os gastos realizados pelo Estado e que foram planejados, em regra, pelo Poder Executivo. Diz respeito à sua característica de Plano de Governo ou Programa de Ação do grupo ou facção partidária que detém o poder. O Orçamento Público constitui, em boa medida, o reflexo das escolhas ideológicas feitas pelo partido político ou pelo grupo político que se encontra no poder.

2) **(CESPE – AJ TRE MT/Administrativa/"Sem Especialidade"/2015)** O orçamento moderno caracteriza-se por ser um instrumento de

a) negociação política.
b) organização financeira.
c) contabilidade.
d) administração.
e) controle político.

Gabarito: d

COMENTÁRIO:

O Orçamento Público está em constante processo evolutivo, inicialmente, passando de uma concepção clássica, tradicional, compreendia apenas a fixação da despesa e a previsão da receita, para um instrumento de administração moderno de planejamento e controle, sendo fundamental para o desenvolvimento econômico e social de qualquer país.

3) **(FCC – ACE TCE AP/Controle Externo/Contabilidade/2012)** O instrumento de gestão que se torna em plano de governo expresso em forma de lei, que faz a estimativa de receita a arrecadar e fixa a despesa para um período determinado de tempo, em geral de um ano, chamado exercício financeiro, em que o governante

não está obrigado a realizar todas as despesas ali previstas, porém não poderá contrair outras sem a prévia aprovação do Poder legislativo, é conhecido como Orçamento

a) Flexível.
b) Ordinário.
c) Contínuo.
d) Público.
e) Operacional.

Gabarito: d

COMENTÁRIO:

Com o que se viu até agora, infere-se que o texto da questão se refere ao Orçamento Público, documento legal que contém as receitas e despesas de determinado ente governamental para um período determinado de gestão. O Orçamento Público, instrumento que discrimina as despesas dos programas governamentais segundo sua natureza, enfatiza os fins almejados de modo a demonstrar o alvo e a finalidade dos gastos públicos bem como identificar o responsável pela execução desses programas.

4) **(FCC-TRT - 4/Técnico Judiciário - Área Administrativa)** Em relação a conceito de Orçamento Público, considere as afirmativas abaixo:

I. O Orçamento Público é uma lei formal, isto é, ela obriga o Poder Público a realizar uma despesa autorizada pelo Legislativo.
II. O Orçamento Público é uma lei temporária, pois tem vigência limitada a quatro anos.
III. O conceito tradicional ou clássico de Orçamento Público compreende apenas a fixação da despesa e a previsão da receita, sem nenhuma espécie de planejamento das ações do governo.
IV. O Orçamento Público é uma lei especial que possui processo legislativo diferenciado e trata de matéria específica.
V. O orçamento-programa é um plano de trabalho que estabelece objetivos e metas a serem implementados, bem como a previsão dos custos a ele relacionados.

Estão corretas, SOMENTE:

a) II e IV.
b) I, II e IV.
c) III, IV e V.
d) I, II, III e IV.
e) II, III, IV e V.

Gabarito: C

COMENTÁRIO:

I. Errado: o Orçamento Público é uma lei formal (não é considerado lei sob o aspecto material), mas, ao contrário do que afirma o item, ela, em regra, NÃO obriga o Poder

Público a realizar uma despesa autorizada pelo Legislativo, pois é, em sua maior parte, autorizativa.

II. Errado: o Orçamento Público é uma lei temporária, pois tem vigência limitada a UM ano, e não quatro como afirma o item.

III. Certo: é a definição de orçamento tradicional ou clássico.

IV. Certo: o Orçamento Público é uma lei especial que possui rito legislativo próprio e trata de matéria específica.

V. Certo: o orçamento-programa é uma concepção moderna, gerencial, constituindo-se em um plano de trabalho que estabelece objetivos e metas a serem implementados, bem como a previsão dos custos a eles relacionados.

5) **(CESPE – 2012)** O orçamento constitui, nas finanças públicas, a peça por meio da qual se administram as receitas, as despesas e a dívida dos poderes públicos.

Gabarito: Certo.

COMENTÁRIO:

Com o fim de cumprir as funções econômicas do Estado, o Orçamento Público é o instrumento pelo qual o Governo elabora, expressa, executa e avalia o cumprimento de suas atividades em cada período de gestão, executando sua atividade financeira ao administrar as receitas, as despesas e a dívida dos poderes públicos.

6) **(CESPE- 2012)** O Orçamento Público, como instrumento de planejamento e de controle da Administração Pública, possibilita a comparação entre diversas funções e programas de governo entre si, além de facilitar o exame da função total do governo e de seu custo em relação ao setor privado da economia.

Gabarito: Certo.

COMENTÁRIO:

O orçamento pode ser definido como uma ferramenta que o Governo utiliza para planejar, elaborar, expor, executar e avaliar as suas realizações por período de gestão. É um documento legal onde são expostas as receitas previstas e as despesas fixadas para o período de referência. Assim, é um instrumento de planejamento e controle, pois, por meio da avaliação da atuação governamental é possível comparar as diversas funções e programas governamentais, além de facilitar o exame da função total do Governo e de seu custo em relação ao setor privado da economia.

7) **(CESPE – AJ TST/Administrativa/"Sem Especialidade"/2008)** Com base nos conceitos e na legislação acerca de orçamentos públicos, julgue o item a seguir.

O Orçamento Público passa a ser utilizado sistematicamente como instrumento da política fiscal do governo a partir da década de 30 do século XX, por influência da doutrina keynesiana, tendo função relevante nas políticas de estabilização da economia, na redução ou expansão do nível de atividade.

Gabarito: Certo

COMENTÁRIO:

Como alternativa ao Estado Comunista, e inspirado em obras de pensadores como Keynes, o Estado passou a ser visto como um dos principais agentes de fomento e controle da economia, além de redistribuidor de renda, buscando formar uma sociedade mais igualitária. Para tanto, passou a utilizar o Orçamento como instrumento efetivo de intervenção econômica, papel que o Orçamento Público desenvolve até hoje.

8) **(CESPE – AnaTA MJ/ 2013)** A respeito de Orçamento Público, julgue o item seguinte.
Historicamente, o orçamento inglês é importante por esboçar as convicções de natureza técnico-jurídica desse instrumento e por difundir a instituição orçamentária para outras nações.
Gabarito: Certo

COMENTÁRIO:

A evolução da humanidade vem sendo pautada pela necessidade de desenvolvimento social com a vida em comunidade. O Estado é o ente responsável por garantir a paz social. Com a insatisfação da população com o Estado, em 1.215, na Inglaterra, sob a regência do Rei João Sem Terra, os cidadãos se contrapuseram à cobrança arbitrária de tributos. A Carta Magna da época passou a exigir autorização parlamentar para a instituição e majoração de gravames tributários. Surge, então, a primeira ideia de um orçamento que seja elaborado segundo a autorização legislativa, reduzindo um pouco a intervenção estatal arbitrária na vida da sociedade, tanto que, como afirma a questão, historicamente, o orçamento inglês é importante por esboçar as convicções de natureza técnico-jurídica desse instrumento e por difundir a instituição orçamentária para outras nações.

9) **(CESPE – AnaTA MJ/MJ/2013)** A respeito de Orçamento Público, julgue o item seguinte.
Credita-se ao sistema orçamentário francês a instituição de certas regras, que, atualmente, são dadas como básicas nas concepções doutrinárias do Orçamento Público, como a anualidade do orçamento, a não vinculação de itens da receita a despesas específicas e o princípio da universalidade.
Gabarito: Certo

COMENTÁRIO:

A partir do século XVII, grandes pensadores defendiam um poder democrático baseado na livre iniciativa, liberdade de expressão e livre concorrência econômica, tendo como referência uma lei suprema denominada Constituição. O orçamento passa a ser peça importante ao propiciar a idealização de um modelo de Estado que permitisse maior liberdade, sendo responsável somente pelas ditas funções essenciais, como a defesa da soberania, provimento da justiça, segurança, dentre outras.

Visava-se então maior eficiência administrativa. Assim, regras importantes são implementadas, tendo, como exemplo, a não vinculação de itens da receita a despesas específicas e o Princípio da Universalidade.

10) **(FCC 2014)** Em relação às funções do Estado na economia

a) Para que o Estado possa cumprir adequadamente sua função distributiva, necessariamente terá de abrir mão das funções alocativa e estabilizadora, levando o país a suportar surtos inflacionários.
b) A adoção de políticas de transferência de renda em favor de populações mais carentes é um instrumento para que o Estado cumpra sua função distributiva.
c) Os instrumentos de política monetária não são adequados para que o Estado cumpra sua função estabilizadora.
d) A criação de empresas estatais é o único meio pelo qual o Estado poderá cumprir suas funções alocativa e distributiva.
e) Para que o Estado possa cumprir com suas funções alocativa e distributiva acabará necessariamente incorrendo em déficit orçamentário, sacrificando assim a função estabilizadora.

Gabarito: b

COMENTÁRIO:

Alternativa "a" e "e" - Errado: todas as funções são desenvolvidas de forma concomitante e complementar, refletindo a atuação estatal na economia.

Alternativa Correta letra "b": como visto, o Governo é o responsável pela redistribuição da renda e, para tanto, utiliza-se de ferramentas que propiciem o ajustamento necessário para retirar recursos de quem tem mais e distribuir a quem tem menos. Servem de exemplo: a política tributária, criando impostos progressivos sobre a renda; programas sociais de transferências de renda.

Alternativa "c" - Errado: os instrumentos de política monetária SÃO adequados para que o Estado cumpra sua função estabilizadora, pois precisa manter sob controle o índices de inflação, por exemplo, está atividade está inserida no rol de responsabilidade do Estado como políticas de estabilização econômica.

Alternativa "d" - Errado: são diversos os mecanismos disponíveis para que o Estado cumpra com suas funções, dentre elas pode-se citar a função alocativa. Dentre os mecanismos para cumprir essa função estão a realização direta de obras, o financiamento de obras e outras atividades, prestação direta de serviços públicos, criação de empresas estatais. Já com relação à função distributiva, pode-se citar as políticas de transferência de renda em favor de populações mais carentes, utilização de tributos progressivos, etc.

11) **(FCC – TCE TCE AP/Controle Externo/2012)** A atividade financeira do Estado compreende

a) apenas a obtenção de receitas originárias.
b) apenas a obtenção de receitas, tanto originárias como derivadas.

c) a obtenção de receitas e a realização de despesas.
d) a prestação de serviços públicos e a realização de obras públicas.
e) apenas a geração das despesas.

Gabarito: c

COMENTÁRIO:

A Atividade Financeira do Estado se resume na obtenção de receitas e a realização de despesas. Veja que crédito público, elemento trazido por alguns autores, nada mais é que uma forma de obtenção de receita, sob o ponto de vista orçamentário.

Complementarmente, podemos definir a Atividade Financeira do Estado da seguinte forma: conjunto de ações desenvolvidas pelo Estado voltadas para obter e aplicar o dinheiro indispensável às necessidades cuja satisfação está sob sua responsabilidade. De forma ampla, a Atividade Financeira do Estado, em sua maior parte, compreende o desenvolvimento das atividades políticas, sociais, econômicas e administrativas.

12) **(CESPE – 2013)** A atividade financeira do Estado, em sua maior parte, compreende o desenvolvimento das atividades políticas, sociais, econômicas e administrativas, que constituem sua finalidade precípua.

Gabarito: Certo

COMENTÁRIO:

Com o fim de atender as demandas sociais por serviços públicos, o Estado desenvolve sua atividade financeira que tem por fim a obtenção de receitas para serem despendidas em Despesas Públicas. É o conjunto de ações desenvolvidas pelo Estado voltadas à obtenção, controle e aplicação de recursos destinados a custear os meios necessários para cumprir o fim a que se destina. No cumprimento dessas funções, o Estado desenvolve diversas atividades de cunho político, social, econômico e administrativo.

13) **(CESPE – 2012)** Atividade financeira é o conjunto de ações desenvolvidas pelo Estado voltadas a obtenção, controle e aplicação de recursos destinados a custear os meios necessários para cumprir o fim a que se destina.

Gabarito: Certo

COMENTÁRIO:

Para atender as demandas sociais por serviços públicos a Administração Pública desenvolve a chamada atividade financeira do Estado que compreende a obtenção de receitas para serem despendidas em favor de toda a sociedade na forma dos bens e serviços requeridos por todos.

14) **(CESPE – 2013)** O emprego do planejamento governamental – um processo contínuo que fundamenta, antecede e acompanha o orçamento – possibilita

a formulação de políticas e programas governamentais, permitindo ao Estado aparelhar-se para atender melhor às necessidades do país.

Gabarito: Certo

COMENTÁRIO:

Conforme expressa a questão, Orçamento Público tem conotação ampla, pois, dentro da atividade financeira do Estado, o orçamento se constitui numa ferramenta governamental por meio da qual o governante elabora seu plano de trabalho, anunciando à sociedade as suas opções para se alcançar o bem comum, ou seja, quais as ações serão realizadas no suprimento das necessidades públicas. Ademais, por meio deste documento é possível ainda controlar a execução dessas ações e avaliar o grau de sucesso nas suas operações. É um processo de planejamento contínuo que permite ao Governo buscar atingir seus objetivos.

8. PRATICANDO - QUESTÕES DE CONCURSOS ANTERIORES GABARITADAS

1) **(CESP - 2016 - TCE-PA)** Julgue o item seguinte, relativo ao Orçamento Público.
Cabe ao governo executar as funções econômicas exercidas pelo Estado, as quais se dividem em alocativa, distributiva e estabilizadora.

2) **(CESPE - 2016 - TCE-SC)** Acerca das funções, dos princípios e dos principais documentos relacionados ao Orçamento Público, julgue o próximo item.
O Orçamento Público viabiliza a intervenção do governo na atividade econômica com vistas à geração de emprego e renda.

3) **(CESPE - 2016 - TCE)** A função do Orçamento Público que visa melhorar a posição de algumas pessoas em detrimento de outras e, com isso, corrigir falhas do mercado é denominada função

a) controladora.
b) alocativa.
c) distributiva.
d) estabilizadora.
e) econômica.

4) **(FCC - AJ TRT16/Judiciária/"Sem Especialidade"/2014)** O orçamento corresponde ao principal instrumento da Administração pública para traçar programas, projetos e atividades para um período financeiro. Sobre Orçamento Público é INCORRETO afirmar:

a) É dividido em três aspectos pela doutrina contábil: financeiro, econômico e jurídico.
b) É o documento no qual é previsto o valor monetário que, num período determinado (geralmente 1 ano), deve "entrar e sair dos cofres públicos (receitas e despesas), com especificação de suas principais fontes de financiamento e das categorias de despesas mais relevantes".

c) É o demonstrativo orgânico da economia pública, representando o retrato real da vida do Estado onde o governo terá de decidir quanto, em que e como vai gastar o dinheiro que arrecadará dos contribuintes.
d) É a lei da iniciativa do Poder Legislativo e, aprovada pelo Poder Executivo, que estima receita e fixa despesa para o exercício financeiro.
e) Sistema orçamentário é a estrutura formada por organizações, pessoas, informações, tecnologia, normas e procedimentos necessários ao cumprimento das funções fixadas para a Administração pública.

5) **(FCC – TJ TRT18/Administrativa/"Sem Especialidade"/2013)** O Orçamento Público no Brasil
a) é uma peça administrativa, de caráter indicativo, sem efeito legal.
b) é um instrumento de elaboração técnico-contábil que independe de negociações políticas entre esferas de poder.
c) tem sua proposição, aprovação e controle de execução como atribuições exclusivas de responsabilidade do Poder Executivo.
d) constitui-se em instrumento legal que estabelece as possibilidades de despesas do poder público, com base em estimativa de receita.
e) é utilizado como ferramenta de política monetária a partir do controle dos padrões de investimentos dos entes financeiros privados.

6) **(CESPE – AnaTA MJ/2013)** A respeito de Orçamento Público, julgue o item seguinte. Historicamente, o orçamento inglês é importante por esboçar as convicções de natureza técnico-jurídica desse instrumento e por difundir a instituição orçamentária para outras nações.

7) **(CESPE – TJ TRT8/Administrativa/2013)** A função do orçamento que se relaciona ao exercício de atividade empresarial por parte do Estado denomina-se função
a) alocativa.
b) fiscal.
c) de seguridade.
d) distributiva.
e) estabilizadora.

8) **(CESPE – AnaTA MJ/MJ/2013)** A respeito de Orçamento Público, julgue o item seguinte.

Credita-se ao sistema orçamentário francês a instituição de certas regras, que, atualmente, são dadas como básicas nas concepções doutrinárias do Orçamento Público, como a anualidade do orçamento, a não vinculação de itens da receita a despesas específicas e o princípio da universalidade.

9) **(CESPE – AJ TST/TST/Administrativa/"Sem Especialidade"/2008)** Com base nos conceitos e na legislação acerca de orçamentos públicos, julgue o item a seguir.

A utilização da política orçamentária para os propósitos de estabilização econômica implica promover ajustes no nível da demanda agregada, expandindo-a ou restringindo-a, e provocando a ocorrência de deficits ou superavits.

10) **(CESPE – ANALISTA – MINISTÉRIO DA JUSTIÇA 2013)** O Orçamento Público, como instrumento de planejamento e de controle da Administração Pública, possibilita a comparação entre diversas funções e programas de governo entre si, além de facilitar o exame da função total do governo e de seu custo em relação ao setor privado da economia.

9. GABARITO

1)	Certo
2)	Certo
3)	C
4)	D
5)	D
6)	Certo
7)	A
8)	Certo
9)	Certo
10)	Certo

Capítulo II

ESPÉCIES DE ORÇAMENTO PÚBLICO/ TÉCNICAS ORÇAMENTÁRIAS

1. INTRODUÇÃO

1.1. Contextualização

Com a evolução histórica, à medida que as técnicas de planejamento e orçamento foram evoluindo, diferentes tipos de orçamento foram experimentados, cada um com características específicas. O estudo da atividade orçamentária requer a identificação de características do orçamento em que se verificam fatores importantes ao entendimento e aprimoramento dessa atividade. Essas características estão presentes nas várias espécies de orçamento, as quais se diferem umas das outras. Veremos os critérios mais cobrados em concursos públicos.

1.2. Questões

As questões relacionadas às espécies de orçamento, normalmente, referem-se às características e às diferenciações entre cada espécie de orçamento, ora elencando afirmações sobre um determinado tipo de orçamento, ora fazendo comparações entres eles.

O nível de dificuldade vai variar de acordo com o examinador, pode inclusive ocorrer a exigência de características muito específicas, refletindo, em muitos casos, a opinião de determinado autor. Fique atento, pois, a classificação quanto à forma de elaboração (evolutiva, quanto à existência de planejamento) é a mais exigida em provas dentre todas, sendo o orçamento-programa citado expressamente em vários editais.

Nesse contexto, podemos encontrar, em geral, três tipos de questões:

1) Questões que versem sobre as características claras e incontestáveis de cada espécie de orçamento

São questões mais fáceis e abundantes sobre este tema, referem-se às características mais conhecidas e incontestáveis, de cunho mais genérico. Essas questões tanto podem fazer afirmações com relação às espécies de orçamento, quanto podem fazer comparações entre elas. Vejamos a questão a seguir:

► **QUESTÃO COMENTADA:**

(CESPE – TJ TRT8/Administrativa/2016) Assinale a opção correta que apresenta o tipo de orçamento moderno, que enfatiza a vinculação entre planejamento e orçamento e o estabelecimento de metas e objetivos.

a) orçamento participativo

b) orçamento de desempenho ou por realização

c) orçamento tradicional

d) orçamento de base zero

e) orçamento-programa

Gabarito: E

COMENTÁRIO:

Lendo este capítulo, você verá que o orçamento-programa é um orçamento moderno, em contraponto ao clássico, e que uma de suas características mais marcantes é a existência de um planejamento vinculado à execução. Se é moderno e se é um instrumento de planejamento, obviamente terá o estabelecimento de metas e objetivos.

► **OBSERVAÇÃO IMPORTANTE:**

Dentre os critérios de diferenciação das espécies de orçamento, as mais exigidas em provas são, sem dúvida, as que se referem à existência ou não de planejamento (orçamento clássico ou tradicional, orçamento de realizações e orçamento-programa), exigindo, normalmente, conhecimento das principais características de cada tipo de orçamento e trazendo comparações, em regra, entre o Orçamento Tradicional ("ruim") e o Orçamento-Programa ("melhor").

2) Questões que fazem afirmações relacionadas às situações mais técnicas de cada espécie de orçamento e que requerem conhecimento aprofundado, muitas vezes refletindo opiniões de determinados autores

Muito mais raras, em comparação às citadas anteriormente, essas questões são exigidas, normalmente, em concursos de maior complexidade e voltadas para áreas específicas, ligadas à atividade orçamentária e contábil.

▶ **QUESTÃO COMENTADA:**

(FCC – 2008 TCE-SP – Auditor do Tribunal de Contas) No processo de avaliação do orçamento-programa, a análise custo-benefício pode ser usada para determinar o resultado econômico esperado de um dado programa governamental, o qual pode ser apurado pela diferença entre o valor

a) das receitas orçamentárias a serem direcionadas ao programa e o custo contábil dos recursos a serem empregados na prestação dos serviços.

b) dos benefícios diretos e indiretos do programa e o custo de oportunidade dos recursos a serem empregados na prestação dos serviços.

c) dos benefícios diretos e indiretos do programa e o custo contábil dos recursos a serem empregados na prestação dos serviços.

d) dos benefícios diretos e indiretos do programa e o valor das receitas de impostos a serem direcionadas para a sua execução.

e) das receitas de impostos a serem direcionadas ao programa e o custo de oportunidade dos recursos a serem empregados na prestação dos serviços.

Gabarito: b

COMENTÁRIO:

Do contexto apresentado, vê-se que para responder essa questão, faz-se necessário mais conhecimento em Economia do que em Orçamento Público. O texto inicial da questão dispõe: "determinar o resultado econômico". Neste caso, relaciona-se o custo de oportunidade com o valor dos benefícios, pois trata-se da análise do custo-benefício, e não do custo contábil.

Custo Contábil: trata-se de qualquer aplicação de recursos, sob diferentes formas, para a produção e distribuição de mercadorias (ou prestação de serviços), até ao ponto em que o produto gerado é transferido a um consumidor. É o custo efetivamente ocorrido, ou seja, um movimento real nas contas do Ativo (conjunto de bens e direitos) de alguma instituição.

Custo Econômico: a definição de custo, em Economia, está ligada ao conceito de escassez, ou seja, dado que as necessidades são ilimitadas e os recursos são escassos, o agente econômico deve fazer escolhas, as quais implicam diretamente nos custos. Nesta definição, fica implícito o conceito de custo de oportunidade, ou seja, numa decisão, faz-se necessário abrir mão de alguma coisa.

A renúncia em razão da escassez é o que se denomina como custo de oportunidade.

Diante do exposto, a alternativa "D" é a única que melhor se enquadra na resposta, pois trata-se de um processo de escolha, já que não é possível realizar todas as despesas necessárias, devendo-se escolher aquilo que se considera mais relevante, o qual pode ser apurado pela diferença entre o valor dos benefícios diretos e indiretos do programa e o custo de oportunidade dos recursos a serem empregados na prestação dos serviços.

3) Históricas

Assim como as que comentamos acima, estas questões são mais raras e exigidas, também, em concursos de maior complexidade, voltadas para áreas específicas, ligadas à atividade orçamentária e à contábil. Normalmente, possuem relação com o surgimento e com a evolução das espécies de orçamento.

▸ **QUESTÃO COMENTADA:**

(FCC - 2012: TRE-CE) Um sistema de planejamento, programação e orçamentação, introduzido sob a denominação de PPBS (*Planning Programming Budgeting System*), em que algumas das principais características são: integração, planejamento, orçamento; quantificação de objetivos e fixação de metas; relações insumo-produto; acompanhamento físico-financeiro e avaliação de resultados. Esta técnica orçamentária é conhecida como orçamento

a) clássico.
b) programa.
c) de desempenho.
d) variável.
e) contínuo.

Gabarito: b

COMENTÁRIO:

Até meados do século XX, a espécie de orçamento predominante era o tradicional ou clássico, com algumas variações conforme o Estado a que se referisse, em função das especificidades do país que o elaborava. Em 1949, o governo dos Estados Unidos recomendou que se adotasse um orçamento baseado em funções, atividades e projetos, atribuindo-lhe o nome de Orçamento por Realizações (*Performance Budgeting*).

Com isso, em 1956, introduziu-se no plano orçamentário norte-americano uma fórmula mais avançada, chamada *Planning, Programming and Budgeting System* (PPBS) tendo, de acordo com Schubert, origens a partir de experiências orçamentárias de grandes empresas como Du Pont, General Motors e Ford.

2. ESPÉCIES DE ORÇAMENTO PÚBLICO SEGUNDO COMPETÊNCIAS PARA REALIZAR ATRIBUIÇÕES NO CICLO ORÇAMENTÁRIO

Observado este critério, é possível identificar os seguintes tipos de orçamento:

2.1. Orçamento legislativo

Orçamento cuja elaboração, aprovação e controle têm predominância do Poder Legislativo nas suas etapas, cabendo ao Poder Executivo operacionalizar a sua execução. É encontrado, basicamente, em países cujo regime de governo é parlamentarista. Sendo o Poder Legislativo independente, o Orçamento é: democrático.

2.2. Orçamento executivo

Orçamento cuja elaboração, aprovação, execução e controle ficam a cargo do Poder Executivo, normalmente sem nenhum tipo de controle externo. Encontrado, na maioria dos casos, em países de governos totalitários.

Importante citar que não basta a existência de uma casa Legislativa que aprove um orçamento para que este deixe de ser considerado executivo, para tanto, o Poder Legislativo deve ser independente.

2.3. Orçamento misto

Orçamento cujas principais competências (elaboração/iniciativa, apreciação (discussão/aprovação), execução e controle) são divididas entre os Poderes Executivo e Legislativo, onde elaboração/iniciativa e execução ficam sob a responsabilidade do Poder Executivo, enquanto que apreciação (discussão/aprovação) e controle cabem ao Poder Legislativo. É democrático, pois as despesas são analisadas por representantes do povo (Poder Legislativo), que autorizam o Executivo a realizar os gastos públicos conforme aprovados em lei – princípio da legalidade. É este o tipo de orçamento adotado no Brasil.

Ressalta-se que o Brasil já experimentou os três tipos de orçamento.

3. ESPÉCIES DE ORÇAMENTO PÚBLICO QUANTO À TÉCNICA ORÇAMENTÁRIA, QUANTO À FORMA DE ELABORAÇÃO (EXISTÊNCIA DE PLANEJAMENTO DO GASTO E VINCULAÇÃO ENTRE PLANEJAMENTO E EXECUÇÃO)

Este critério busca estabelecer relações entre os gastos públicos e os objetivos destes gastos, tendo um cunho histórico, pois a adoção dos tipos de orçamento é resultado de um processo evolutivo e de aperfeiçoamento. Os esforços para a integração entre planejamento, programação e orçamentação marcam a evolução da integração do planejamento no orçamento público.

Quanto à forma de elaboração, podemos citar os seguintes tipos de orçamento:

a) Orçamento Tradicional ou **Clássico**;

b) Orçamentos modernos:

- **De Desempenho ou Realizações**;
- **Orçamento-programa** (o mais importante, portanto, observe os detalhes).

Os conceitos de orçamento tradicional e orçamento moderno não são modelos definidos, mas, sim, concepções extremas a partir das quais os modelos e técnicas orçamentárias são elaborados.

Com relação às questões de prova, fique atento, pois, no que concerne às características e às comparações entre orçamento tradicional e orçamento-programa, em regra, o orçamento-programa sempre será apresentado com características "boas", enquanto que o tradicional, com características "ruins".

3.1. Orçamento Clássico ou Tradicional

Orçamento tradicional ou clássico é um documento elaborado com o fim básico do controle orçamentário, sem objetivos específicos traçados, não havendo preocupação com o planejamento que vise à resolução de problemas públicos. A grande finalidade é o controle das atividades governamentais cuja elaboração considera, principalmente, os aspectos políticos, contábeis e financeiros. Tem como característica ser um documento simples com mera previsão de receitas e autorização para realização de despesas, classificando-as segundo o objeto de gasto e distribuindo-as pelos diversos órgãos para o período a que se refere.

No processo de elaboração, não há planejamento que vise atender reais necessidades da coletividade e da administração, tampouco são considerados os objetivos econômicos e sociais da Administração Pública. Na alocação de recursos, usa-se a técnica incremental, a qual incrementa com percentuais todos os quantitativos financeiros anteriores para Receita e Despesa.

Neste tipo de orçamento, consideram-se, basicamente, dois critérios na classificação da despesa:

- Por unidades administrativas (os órgãos responsáveis pelos gastos);
- Por objeto ou item de despesa (o foco é o objeto do gasto, ou seja, se haverá recursos para custear o que se pretende comprar).

De acordo com a concepção tradicional, o orçamento público é caracterizado como mero inventário dos meios com os quais o Estado conta para cumprir suas tarefas, sendo as funções de alocação, distribuição e estabilização relegadas a segundo plano. Tem como característica a decisão de alocações de recursos baseada no volume de necessidades financeiras das unidades administrativas e o controle da legalidade do cumprimento do disposto na lei orçamentária anual, visando avaliar a honestidade dos agentes governamentais e a legalidade do seu cumprimento.

Diante do que foi exposto, fica claro que a grande deficiência do orçamento clássico está na ausência de preocupação com o planejamento que vise solucionar problemas sociais, no qual simplesmente se destinam dotações para órgãos com os recursos suficientes para pagar profissionais, comprar material de consumo, material permanente, entre outros, para o exercício financeiro subsequente com base nos valores do passado (ano anterior).

Em síntese, na acepção técnica orçamentária, no orçamento clássico ou tradicional, o planejamento público era quase inexistente. No orçamento tradicional ou clássico, as decisões orçamentárias são tomadas a partir das necessidades ou do poder político dos dirigentes das unidades orçamentárias.

O foco do orçamento tradicional é objeto do gasto, ou seja, o que o governo compra, dessa forma, o planejamento para resolução de problemas ficava em segundo plano, isso, quando existia.

3.2. Orçamento Funcional, por Desempenho ou de Realizações

É um processo orçamentário que se caracteriza por apresentar duas dimensões do orçamento: o objetivo do gasto e um programa de trabalho contendo as ações a serem desenvolvidas. Apesar de se constituir em um documento que apresenta foco no objetivo do gasto público, este não se constitui em um instrumento de planejamento efetivo, por não haver vinculação entre o planejamento e a execução. A avaliação dos resultados é realizada com ênfase na eficácia e não na eficiência, cujo controle dá destaque às realizações físicas.

Mesmo assim, o orçamento por desempenho é um avanço em relação ao orçamento tradicional ao buscar indicar os benefícios a serem alcançados pelos diversos gastos e, assim, possibilitar medir o desempenho organizacional, ou seja, o orçamento de desempenho pode ser considerado uma importante evolução no processo de integração entre orçamento e planejamento. Uma de suas principais características é a apresentação dos propósitos e objetivos para os quais os créditos se fazem necessários.

Todo o esforço do orçamento de desempenho está concentrado no desempenho organizacional (da organização ou unidade orçamentária), sendo, por isso, também conhecido como **orçamento funcional.**[1] Isso tem como resultado fazer com que as unidades gestoras sejam contempladas com recursos orçamentários conforme o desempenho no exercício anterior, gerando uma competição entre os órgãos ou Ministérios pela divisão dos recursos e, portanto, contempla-se com maior quantidade de recursos as entidades que possuem maior prestígio político ou que tenha se destacado na realização de obras.

A ênfase é dada para as coisas que o governo faz, gerando o foco nos resultados. Há planejamento, que pode ser na forma de programas de trabalho, porém, não há vinculação obrigatória entre o que foi planejado e a execução. Essa técnica orçamentária se caracteriza por apresentar o orçamento sob duas perspectivas, as quais sejam: o objeto de gasto e um programa de trabalho.

Diante disso, conclui-se que a avaliação de resultados com ênfase na eficácia e não na eficiência é uma característica desse tipo de orçamento. Ambos os termos são erroneamente considerados sinônimos pela maioria das pessoas, porém existem algumas diferenças sutis entre eficiência e eficácia. Fique atento para que estes termos não gerem confusão.

Segundo Deusvaldo Carvalho[2], quando o Brasil adotava a metodologia do orçamento de desempenho ou de realizações era muito comum a realização de grandes obras, os conhecidos "elefantes brancos". A maior preocupação dos governos era

1. Definição Disponível em: ‹http://www.tesouro.fazenda.gov.br/servicos/glossario/glossario_o.asp›. Acesso em: 11 ago. 2018.
2. CARVALHO, Deusvaldo. **Orçamento e Contabilidade Pública.** Rio de Janeiro: Elsevier, 2010.

demonstrar suas realizações, seus feitos e, muitas vezes, sem estabelecer prioridades, apresentando, dessa forma, um planejamento inadequado e irrealista.

Para o supracitado autor, em realidade, o orçamento de desempenho inovou um pouco mais em relação ao orçamento tradicional uma vez que explicitou os itens de gasto de cada órgão e a sua dimensão programática, ou seja, a pormenorização do programa de trabalho (detalhamento) do que deve ser realizado, inclusive demonstrando os recursos que estão sendo destinados à unidade orçamentária.

A grande diferença entre o Orçamento de Desempenho e o Orçamento-Programa é que o Orçamento de Desempenho não se relaciona com um sistema de planejamento efetivamente vinculado às políticas públicas.

3.3. Orçamento-Programa

Inovação em relação ao Orçamento de Desempenho, o Orçamento-Programa é a mais moderna técnica de elaboração orçamentária, levando em consideração esse critério. Considerado uma concepção gerencial de orçamento público, um programa de trabalho, ele se configura como um plano governamental no qual são especificadas as proposições concretas do que se pretende realizar durante o período de gestão ao qual o orçamento se refere.

Uma de suas principais diferenças em relação às outras concepções orçamentárias está no fato de o orçamento-programa se configurar como um efetivo elo entre o planejamento e as ações executivas da Administração Pública, um efetivo instrumento de planejamento, cuja ênfase é a consecução de objetivos e metas, sendo considerados os custos dos programas de ação e classificados a partir do ponto de vista funcional-programático.

Uma das principais características do Orçamento-programa, em contraposição com os orçamentos tradicionais, é a ênfase no objetivo - e não no objeto - do gasto.

Fique atento que em organizações mais simples, que desempenham uma única função, a indicação do objeto do gasto ou a natureza da despesa é suficiente para se identificar, ainda que indiretamente, o objetivo dos dispêndios realizados pela unidade responsável.

O Orçamento-programa constitui modalidade de orçamento em que a previsão dos recursos financeiros e sua destinação decorrem da elaboração de um plano completo, com base em diretrizes e prioridades, estimativa real de recursos e cálculo real das necessidades.

Para maioria da doutrina, o Orçamento-programa se distingue do orçamento comum, tradicional, porque este se inicia com a previsão de recursos para a execução de atividades instituídas, enquanto que no Orçamento-programa a previsão da receita é a etapa final do planejamento.

Como a própria denominação subentende ("programa"), esse tipo de orçamento é totalmente baseado em um minucioso planejamento que é expresso por intermédio do "programa de trabalho". Programa de trabalho pode ser definido como o "instrumento de organização da atuação governamental que articula um conjunto de ações que concorrem para a concretização de um objetivo comum preestabelecido, mensurado por indicadores instituídos no plano, visando a solução de um problema ou o atendimento de determinada necessidade ou demanda da sociedade"[3].

Programa é o módulo comum integrador entre o plano e o orçamento (efetivação da ação governamental). Em termos de estruturação, o plano termina no programa e o orçamento começa no programa, o que confere a estes instrumentos uma integração desde a origem. Nesse sentido, tem-se o programa como módulo integrador e as ações como instrumentos de realização dos programas[4]. Nesse tipo de orçamento, o controle visa avaliar a eficiência e a eficácia das atividades governamentais.

Segundo o portal Transparência/RS, a organização das ações do Governo sob a forma de programas visa proporcionar maior racionalidade e eficiência na Administração Pública e ampliar a visibilidade dos resultados e benefícios gerados para a sociedade, bem como elevar a transparência na aplicação dos recursos públicos[5]. A tradicional classificação da despesa pública por elementos é um critério embasado no objeto do dispêndio. Com a adoção do orçamento-programa, a ênfase em sua concepção é transferida dos meios para os fins, priorizando-se a classificação funcional e a estrutura programática.

Um dos pontos importantes a ser destacado é que cada programa, em regra, contém um objetivo e um indicador que quantifica a situação que o programa tenha como finalidade modificar. Além disso, no programa ficam claros os produtos (bens a serem entregues e serviços a serem prestados) necessários à consecução do objetivo que se deseja atingir. No programa também estarão identificadas as ações a serem realizadas, especificando os respectivos gastos estimados, além das metas a serem atingidas com as unidades orçamentárias responsáveis pela realização da ação.

A título de exemplo, vejamos o que determina a Lei nº 13.249, de 13 de janeiro de 2016, que institui o Plano Plurianual da União para o período de 2016 a 2019. Em seu art. 6º ficou estabelecido que o Programa Temático (uma das espécies de programas contidas na lei) é composto pelos seguintes elementos constituintes:

---

3. Definição disponível em: ‹https://www.portalsof.planejamento.gov.br/bib/MTO/Componente-ConceitosOrcamentarios.pdf›. Acesso em: 11 ago. 2018.
4. BRASIL. Ministério do Planejamento, Orçamento e Gestão. Secretaria de Orçamento Federal. **Manual Técnico de Orçamento MTO-02**: instruções para elaboração da proposta orçamentária da União para 2005. Brasília, 2004.
5. http://www.transparencia.rs.gov.br/webpart/system/PerguntaFrequente.aspx; acessado em 26/08/2012, às 13h21min

I – Objetivo, que expressa as escolhas de políticas públicas para o alcance dos resultados almejados pela intervenção governamental e tem como atributos:

a) Órgão Responsável: órgão cujas atribuições mais contribuem para a implementação do Objetivo ou da Meta;

b) Meta: medida do alcance do Objetivo, podendo ser de natureza quantitativa ou qualitativa; e

c) Iniciativa: declaração dos meios e mecanismos de gestão que viabilizam os Objetivos e suas Metas, explicitando a lógica da intervenção.

II – Indicador, que é uma referência que permite identificar e aferir, periodicamente, aspectos relacionados a um Programa, auxiliando a avaliação dos seus resultados.

III – Valor Global do Programa, que é a estimativa dos recursos orçamentários e extraorçamentários previstos para a consecução dos Objetivos, sendo os orçamentários segregados nas esferas Fiscal e da Seguridade Social e na esfera de Investimento das Empresas Estatais, com as respectivas categorias econômicas.

IV – Valor de Referência, que é o parâmetro financeiro utilizado para fins de individualização de empreendimento como iniciativa no Anexo III, estabelecido por Programa Temático e especificado para as esferas Fiscal e da Seguridade Social e para a esfera de Investimento das Empresas Estatais.

O orçamento-programa permite a avaliação do resultado das ações governamentais por meio das medidas de eficiência, eficácia e efetividade. O orçamento-programa deve demonstrar em que e para que o governo gastará, especificando também quem será responsável pela execução de seus programas.

Porém, de nada adiantaria todo este aparato de planejamento se não houvesse a obrigatoriedade legal de cumpri-lo. Assim, como uma das principais características que trazem efetividade a esse tipo de orçamento é a vinculação necessária entre o que foi planejado e o que é executado. Isso quer dizer que o gestor só pode realizar, como regra, o que está previsto no plano e da forma como está previsto, gerando causa de responsabilização na quebra desta regra.

Insta ressaltar que, em relação a esta vinculação, cabe uma observação que tem como exemplo nosso ordenamento jurídico pátrio. Para que uma despesa planejada seja realizada algumas condições devem ser atendidas, tal como a arrecadação de receita suficiente. Isso quer dizer que a previsão no planejamento não garante a realização da despesa, ou seja, sendo planejada, ela pode se realizar ou não. Por outro lado, existirá a vedação de toda e qualquer despesa pública que não esteja prevista em um documento orçamentário. Resumindo: se não estiver previsto é proibido realizar, mas se estiver previsto está autorizado a realizar, dependendo de outros fatores.

Em razão da preocupação demonstrada com o resultado, o orçamento-programa propicia, entre outros, os objetivos de apresentar:

- A integração e vinculação do planejamento com o orçamento;
- A quantificação de objetivos e a fixação de metas;
- Informações relativas a cada atividade ou projeto, quanto e para que vai gastar;
- Identificação dos programas de trabalho, objetivos e metas compatibilizados os regulamentos orçamentários, plano e execução;
- Elaboração através de processo técnico e baseado em diretrizes e prioridades, estimativas reais de recursos e de diagnóstico das necessidades;
- As relações insumo-produto, ou seja, a composição dos custos dos produtos ofertados;
- As alternativas programáticas;
- O acompanhamento físico-financeiro;
- A avaliação de resultados e a gerência por objetivos;
- A interdependência e a conexão entre os diferentes programas do trabalho;
- Atribuição de responsabilidade aos gestores públicos.

Observa-se no magistério de Giacomoni[6] que, essencialmente, o **orçamento-programa deve conter**:

1) **Os objetivos** e propósitos perseguidos pela instituição e para qual consecução são utilizados os recursos orçamentários;

2) **Os programas**, isto é, os instrumentos de integração dos esforços governamentais, no sentido da concretização dos objetivos;

3) **Os custos dos programas** medidos por meio da identificação dos meios ou insumos (pessoal, material, equipamentos, serviços, etc.) necessários para a obtenção dos resultados; e

4) **As medidas de desempenho**, com a finalidade de medir as realizações (produto final) e os esforços despendidos na execução dos programas.

O Orçamento-Programa é o tipo de orçamento utilizado atualmente no Brasil e é obrigatório para todas as Unidades da Federação, sendo uma evolução do orçamento de Desempenho.

No que diz respeito ao Orçamento-Programa, o programa em si é o nível máximo de classificação do trabalho a ser executado pelas unidades administrativas superiores, ao passo que as atividades são partes ou divisões do esforço total, realizados com o propósito de contribuir para a realização do produto final.

6. GIACOMONI, James. **Orçamento Público**. São Paulo: Atlas, 2010.

3.3.1. Origem do Orçamento-Programa

Até meados do século XX, o único tipo de orçamento existente era o tradicional ou clássico, com algumas variações conforme o Estado a que se referisse, em função das especificidades do país que o elaborava. Em 1949, o governo dos Estados Unidos recomendou que se adotasse um orçamento baseado em funções, atividades e projetos, atribuindo-lhe o nome de Orçamento por Realizações (*Performance Budgeting*).

Em 1956, introduziu-se no plano orçamentário norte-americano uma fórmula mais avançada, chamada de *Planning, Programming and Budgeting System* (PPBS) tendo, de acordo com Schubert, origens a partir de experiências orçamentárias de grandes empresas como *Du Pont, General Motors* e *Ford*.

Baseada na experiência do orçamento de desempenho nos Estados Unidos da América, o orçamento-programa foi difundido pela Organização das Nações Unidas – ONU a partir do final da década de 50, passando a ser recomendada a sua implementação aos países membros.

3.3.2. Implementação do Orçamento-Programa no Brasil

Segundo a maioria dos doutrinadores, a primeira menção legal ao orçamento-programa no Brasil na esfera federal foi feita pela Lei nº 4.320/64, servindo de marco de legalização desse tipo de orçamento. Segundo o art. 2º do referido documento legal, a Lei de orçamento conterá a discriminação da receita e da despesa de forma a evidenciar a política econômico-financeira e o programa de trabalho do governo, obedecido os princípios de unidade, universalidade e anualidade. Segundo a doutrina, a expressão "programa de trabalho do governo" se refere à determinação de elaborar o orçamento na forma de programas. A ideia do orçamento-programa já vem sendo empregada desde o início dos governos militares.

Porém, a despeito da determinação legal pré-existente, foi o **Decreto-Lei nº 200/67**, ao disciplinar os aspectos orçamentários, que reforçou a ideia de orçamento-programa. No art. 16, do decreto mencionado, determina-se, ainda, que em cada ano será elaborado um orçamento-programa que pormenorizará a etapa do programa plurianual a ser realizado no exercício seguinte e que servirá de roteiro à execução coordenada do programa anual.

Já no art. 7º, do Decreto-Lei nº 200/67, está expresso que a ação governamental obedecerá ao planejamento que vise ao desenvolvimento econômico-social do país e a segurança nacional, norteando-se segundo os planos e programas elaborados na forma do Título III, ainda, deverá compreender a elaboração e a atualização dos seguintes instrumentos básicos:

1) Plano geral de governo;
2) Programas gerais, setoriais e regionais de duração plurianual;

3) Orçamento-programa anual;

4) Programação financeira de desembolso.

Como principal mandamento legal na ordem jurídica brasileira, a Constituição Federal não poderia se furtar a regulamentar a matéria orçamentária e, com ela, determinar a implementação **do orçamento-programa, reorganizando** todo o sistema de planejamento e orçamento nacional, estabelecendo ainda os "instrumentos orçamentários" **Plano Plurianual, Lei de Diretrizes Orçamentárias** (inovação completa) e **Lei Orçamentária Anual**, vinculando o planejamento (PPA e LDO) à execução (LOA), inclusive com possibilidade de punição ao gestor que desobedecer a essa regra.

> *Art. 167 – São vedados:*
>
> *I. o início de programas ou projetos não incluídos na lei orçamentária anual;*
>
> *(...)*
>
> *§ 1º – Nenhum investimento cuja execução ultrapasse um exercício financeiro poderá ser iniciado sem prévia inclusão no plano plurianual, ou sem lei que autorize a inclusão, sob pena de crime de responsabilidade.*

Porém, mesmo com as normativas mencionadas anteriormente, citando a necessidade de implementação de programas de trabalho na atividade orçamentária, não havia aplicação efetiva destas. Somente após a publicação do Decreto Federal nº 2.829/98 é que houve a efetiva aplicação do Orçamento-Programa no Brasil, ao menos em nível federal. Esse Decreto disciplinou a elaboração do PPA 2000-2003 e dos orçamentos da União daquele período.

Serve de exemplo o art. 1º do Decreto nº 2.829/98, o qual determina que para a elaboração e execução do Plano Plurianual 2000-2003 e dos orçamentos da União, a partir do exercício financeiro do ano 2000, toda ação finalística do Governo Federal deverá ser estruturada em Programas orientados para a consecução dos objetivos estratégicos definidos para o período do Plano. O parágrafo único do mesmo artigo esclarece que se entende por ação finalística aquela que proporciona bem ou serviço para atendimento direto as demandas da sociedade.

No art. 2º o Decreto descreveu o conteúdo de cada programa, sendo estes:

I. Objetivo;

II. Órgão responsável;

III. Valor global;

IV. Prazo de conclusão;

V. Fonte de financiamento;

VI. Indicador que quantifique a situação que o programa tenha por fim modificar;

VII. Metas correspondentes aos bens e serviços necessários para atingir o objetivo;

VIII. Ações não integrantes do orçamento geral da união necessárias à consecução do objetivo;

IX. Regionalização das metas por estado.

Determina, ainda, o parágrafo único do art. 2º, que os Programas constituídos predominantemente de Ações Continuadas deverão conter metas de qualidade e de produtividade, a serem atingidas em prazo definido.

Já o art. 3º impõe que a classificação funcional-programática, hoje desmembrada em classificações funcional e programática, deverá ser aperfeiçoada de modo a estimular a adoção, em todas as esferas de governo, no uso do gerenciamento por Programas.

Assim, a adoção de uma estrutura orçamentária embasada em programas, projetos e atividades, a partir do Decreto nº 2.829/98, representou importante passo em direção à modernização do sistema orçamentário brasileiro.

ORÇAMENTO TRADICIONAL OU CLÁSSICO	ORÇAMENTO-PROGRAMA
1. Não há planejamento governamental, segundo uma concepção mais abrangente, dessa expressão.	1. Existe planejamento em sua concepção mais ampla, havendo integração entre planejamento e orçamento (execução). Essa integração está prevista na Constituição Federal.
2. As decisões orçamentárias são tomadas a partir das necessidades ou do poder político dos dirigentes das unidades organizacionais.	2. As decisões orçamentarias são tomadas com base em critérios e análises técnicas das alternativas possíveis e em função dos recursos existentes.
3. A alocação dos recursos visa à consecução de meios. A ênfase é o objeto do gasto.	3. A alocação de recursos visa à consecução de objetivos, metas diretrizes e prioridades.
4. Na elaboração do orçamento são consideradas as necessidades financeiras das unidades organizacionais com base em dados históricos (do passado).	4. Na elaboração do orçamento são considerados todos os custos dos programas, inclusive dos que ultrapassem o exercício financeiro.
5. A estrutura do orçamento dá ênfase aos aspectos contábeis da gestão.	5. A estrutura do orçamento está voltada para os aspectos administrativos e de planejamento.
6. Praticamente inexistem sistemas de acompanhamento e avaliação dos programas de trabalho e dos resultados alcançados.	6. Utilização sistemática de indicadores e padrões de medição dos trabalhos e avaliação dos resultados.
7. Os principais critérios de classificação da despesa são o objeto do gasto e as unidades administrativas.	7. Principal critério de classificação da despesa é o funcional-programático (funções e programas).
8. O controle visava avaliar a honestidade dos agentes governamentais e a legalidade no cumprimento do orçamento.	8. O controle visa avaliar a eficiência, a eficácia e a efetividade das ações governamentais.

4. ESPÉCIES DE ORÇAMENTO PÚBLICO QUANTO À FORMA DE ALOCAÇÃO DE RECURSOS

Este critério de diferenciação determina a forma como o recurso será alocado às despesas, se de forma incremental, ou seja, tendo como base os valores alocados no exercício anterior, acrescidos ou não em razão de fatores como índices de preços, juros, necessidade de se aumentar o gasto, etc.

Outra base para alocação de recurso é a base zero, ou seja, não se consideram os valores anteriores, partindo sempre do zero a cada nova elaboração orçamentária.

4.1. Orçamento de Base Zero – OBZ ou por Estratégia

O orçamento de base zero é uma técnica utilizada para a confecção de orçamento que consiste, basicamente, em uma análise crítica, em cada novo período, de todos os recursos solicitados pelos órgãos governamentais e no questionamento acerca das reais necessidades de cada área, não havendo compromisso com qualquer montante inicial de dotação, não há direito adquirido.

Mais uma vez, é nos Estados Unidos que surge esta inovação orçamentária, mais precisamente no Estado da Geórgia em 1973, durante o governo de Jimmy Carter, futuro presidente. Essa abordagem em base zero havia sido desenvolvida pela *Texas Instruments Inc*[7]., em 1969.

Não chega a ser uma espécie orçamentária autônoma em relação às outras, como o orçamento tradicional ou o programa, é, na realidade, uma técnica utilizada para a confecção de orçamento com uma metodologia específica para alocação de recursos.

Essa forma de alocação de recursos consiste em planejar e justificar todas as despesas para cada período. Para que sejam aprovadas, as despesas referentes aos programas, projetos ou ações governamentais devem ser detalhadas, como se cada item de despesa se tratasse de uma nova iniciativa do governo, pois, com essa técnica, os direitos adquiridos sobre as despesas anteriormente autorizadas são desprezados. Isso significa dizer que o fato de uma despesa ter sido aprovada no exercício anterior, não é garantia para uma nova aprovação, devendo haver uma nova justificativa para esta nova alocação de recursos. A linha de base é zero, e não o orçamento do último ano. Tal procedimento tem por finalidade evitar a alocação de recursos para programas não econômicos, ineficazes. Assim, essa forma de elaboração se contrapõe ao orçamento incrementalista.

Em razão da verificação de cada despesa em cada novo ciclo orçamentário, torna-se possível que o governante destine quantias de recursos mais próximas do ideal para cada programa, e não somente um incremento percentual em relação ao período anterior.

---

7. A *Texas Instruments* é uma empresa estadunidense que desenvolve e fabrica semicondutores para fabricantes de eletrônicos. É líder no mercado na produção de DSP's, microcontroladores e conversores. A TI está sediada em Dallas, nos Estados Unidos.

Esta técnica propicia uma verdadeira "auditoria de desempenho", permitindo especificar as prioridades dos órgãos e comparações entre as organizações públicas, avaliando o desempenho dos servidores de todos os níveis da Administração Pública. Isso acaba por demandar maior preocupação com o planejamento na busca por eficiência, eficácia e efetividade. O conjunto dessas iniciativas, na maioria das vezes, provoca uma redução significativa das despesas e, por consequência, o aumento da eficiência do Estado.

Por outro lado, existem problemas que são intrínsecos ao OBZ e que dificultam sua implementação de forma irrestrita. Dentre eles está a maior morosidade e custos na elaboração da proposta orçamentária, afinal, esta técnica torna a elaboração orçamentária muito mais trabalhosa e cara, exigindo profissionais qualificados, implicando, algumas vezes, em burocracia.

A complexidade é outro fator que depõe decisivamente contra o OBZ, afinal, entes públicos de "grande porte" (grandes municípios, estados e a União) detêm uma máquina administrativa complexa, com muitas demandas sociais, órgãos e servidores, tendo que, para implementação do OBZ, desprezar, ao menos em parte, o trabalho feito em exercícios anteriores, devendo ser novamente realizado em cada nova elaboração orçamentária.

A regra é simples: quanto maior e mais complexo for o ente, mais complexa e mais cara será a implementação. O Orçamento de Base Zero tem então como grande desvantagem a elaboração de proposta orçamentária por meio de processo menos célere e mais oneroso para os órgãos públicos.

Outro ponto negativo é que, apesar de o Orçamento Base Zero ser utilizado como um método que define objetivos com vistas à otimização do custo-benefício, a sua adoção prejudica a adequada vinculação do orçamento ao planejamento de longo prazo, já que tudo que foi anteriormente planejado é novamente questionado a cada ciclo (exercício financeiro).

Em suma, o OBZ é uma abordagem orçamentária cujas principais características são a análise, a revisão e a avaliação de todas as despesas propostas e não apenas das solicitações que ultrapassam o nível de gasto já existente, de modo que todos os programas devem ser justificados cada vez que se inicia um novo ciclo orçamentário.

- **Elaboração e implementação**

A organização e a apresentação do orçamento público não são as principais preocupações do Orçamento Base Zero, em primazia está a avaliação e a tomada de decisão acerca das despesas. Na elaboração é possível alterar a responsabilidade da carga de trabalho, a partir de uma base zero, sendo imprescindível a análise do custo-benefício de todos os projetos, processos e atividades.

No processo de implementação -desse tipo de orçamento, os pacotes de decisão, ordenados por critérios previamente fixados pela alta direção da organização, são informados por meio do planejamento estratégico. Os incrementos nos pacotes de decisão somente devem ser aprovados após o responsável pelo pacote, justificar os resultados do aumento dos gastos e enfatizar os benefícios para a organização.

A elaboração do segue as seguintes fases:

1) Análise, revisão e avaliação dos dispêndios propostos em cada unidade orçamentária, com justificativa detalhada de cada administrador por todos os dispêndios a cada novo ciclo;
2) Preparação por parte do administrador de um pacote de decisão para cada atividade ou operação contendo:
   - Uma análise de custo;
   - Alternativas;
   - Finalidade,
   - Medidas de desempenho;
   - Benefícios e consequências de não executar as atividades.
3) Questionamento dos gastos anteriormente realizados desconsiderando as prioridades históricas, por meio de procedimentos de avaliação e acompanhamento.

Na elaboração desse tipo de orçamento, as ações, ou parte delas, de um programa governamental constituem unidades de decisão cujas necessidades de recursos seriam avaliadas em pacotes de decisão, devidamente analisados e ordenados, fornecendo as bases para as apropriações dos recursos nos orçamentos operacionais.

4.2. Orçamento Incremental

Segundo Laerte Ferreira Morgado[8], de acordo com a tradicional teoria do Incrementalismo, as alocações orçamentárias são incrementais, ou seja, as alocações de um período orçamentário seguinte são decididas, no jogo político, com base em pequenas variações das alocações do período anterior. Diante da complexidade do processo de tomada de decisões, em que a análise de todas as alternativas seria impraticável, são utilizados certos cálculos com base em apenas parte das informações disponíveis, como forma de facilitar o processo de alocação. Por fim, os participantes do processo orçamentário desenvolvem estratégias destinadas a atingir seus objetivos de alocação de recursos.

8. BRASIL. SENADO FEDERAL. **O orçamento público e a automação do processo orçamentário.** 2011. Disponível em: ‹https://www12.senado.leg.br/publicacoes/estudos-legislativos/tipos-de-estudos/textos-para-discussao/td-85-o-orcamento-publico-e-a-automacao-do-processo-orcamentario›. Acesso em: 15 ago. 2018.

Como característica negativa, o incrementalismo orçamentário desvirtua ou compromete a desejável integração entre o planejamento e o orçamento. De acordo com essa sistemática, a "base" formada pelos programas já introduzidos no orçamento tende a se perpetuar, com pequenos incrementos, compreendendo a maior parte dos recursos. Alguns autores denominam essa tendência de resistência à mudança, à revisão dos objetivos, diretrizes e metas, como inércia ou inercialidade.

Como visto, o incrementalismo na elaboração dos orçamentos públicos está associado à inércia, no sentido de que há uma tendência a manter em execução o que já foi introduzido. Os novos programas têm, então, de competir com os preexistentes para romper a barreira da escassez de recursos.

Diferente do orçamento em base zero, o orçamento incremental é feito por meio de ajustes marginais nos seus itens de receita e despesa, ou seja, é como se houvesse um direito adquirido da despesa prevista no processo orçamentário anterior, sendo somente ajustados os valores à realidade do novo processo orçamentário. Entre os mais críticos ou céticos à integração entre planejamento e orçamento, destacam-se os que veem no incrementalismo um grande obstáculo às recomposições e ao redimensionamento das dotações orçamentárias.

▸ **OBSERVAÇÕES:**

Resumindo, orçamento incremental tem como base as receitas e despesas ocorridas no período anterior, sobre as quais são feitos ajustes marginais. Atenção:

1) Algumas vezes a doutrina e as bancas de concurso público trazem as expressões "orçamento tradicional" e "orçamento incremental" como sinônimos. Isso ocorre porque a forma de alocação de recursos no orçamento tradicional é necessariamente incremental. Porém, não são expressões sinônimas, já que em razão da impossibilidade de realizar uma alocação de recursos em um orçamento de um ente federativo muito grande e complexo, parte das despesas são alocadas de forma incremental, mesmo dentro de um Orçamento-Programa.

2) Implementado pela Emenda Constitucional nº 95, de 15 de dezembro de 2016, o Novo Regime Fiscal, no âmbito dos Orçamentos Fiscal e da Seguridade Social da União, estabeleceu limites individualizados para as despesas primárias de cada um dos três Poderes, do Ministério Público da União e da Defensoria Pública da União. Para alguns especialistas, com essa mudança, poderá haver tentativa de cada segmento de interesses preservar sua "fatia" no orçamento, gerando uma tendência a reforçar a prática incrementalista.

5. ESPÉCIE DE ORÇAMENTO SEGUNDO A PARTICIPAÇÃO POPULAR DIRETA

Quando se fala em participação popular, faz-se referência à participação direta ou não do povo no planejamento orçamentário. É o cidadão auxiliando os Poderes a escolher os objetivos a serem atingidos pelo orçamento. Segundo esse critério, existe orçamento com participação direta do povo (participativo) e orçamento sem participação direta do povo.

Insta ressaltar que a divisão em orçamento participativo e não participativo não permite uma divisão peremptória baseada nas características de um ou de outro. Isso pela gradação em que a participação pode ocorrer, já que a atividade orçamentária é complexa e envolve vários instrumentos orçamentários.

5.1. Orçamento sem participação popular direta

Orçamento em que não há a participação direta da população, cabendo aos órgãos responsáveis desenvolver a atividade orçamentária. Fique atento, pois isso não quer dizer que este tipo de orçamento não seja democrático. Se os órgãos responsáveis forem democraticamente eleitos, mesmo não havendo participação direta da população, ainda assim a democracia foi respeitada, pois houve participação indireta.

Outro ponto a ser destacado é que essa participação direta se refere à definição de escolha de qual despesa deve ser ou não realizada, de forma que o povo não participa diretamente desse processo, sendo ele feito por intermédio de seus representantes parlamentares.

5.2. Orçamento Participativo – OP (participação popular direta)

A exemplo do plebiscito, referendo, ação popular e outros, o orçamento participativo é um dos mais importantes instrumentos de complementação da democracia representativa, permitindo à sociedade participar da decisão sobre as prioridades de investimentos em obras e serviços a serem estabelecidas no próximo exercício financeiro por intermédio do orçamento público.

O orçamento participativo constitui um processo que envolve a comunidade em sentido mais amplo que o da representação política formal, no tocante à elaboração orçamentária, com vistas à identificação dos problemas e na busca de soluções para a referida comunidade.

Porém, dois pontos importantes devem ser devidamente esclarecidos:

1) Em regra, a participação popular no orçamento é complementar ao trabalho dos órgãos responsáveis pela elaboração e aprovação da lei orçamentária. Dessa forma, essa participação parte de parâmetros pré-estabelecidos e nem todas as despesas são discutidas. Assim sendo, não é o povo que decide tudo sobre o orçamento, o que ocorre é uma combinação entre a decisão governamental e a participação coletiva, gerando decisões públicas que, tanto impedem que gestores públicos atendam a interesses particulares, quanto gere consciência orçamentária sobre as dificuldades inerentes à gestão pública na população. É um processo que necessita de ajuste contínuo e passa a ser uma autorregulação do poder público.

2) Como regra, o orçamento é uma lei autorizativa, que não obriga a realização da despesa. Assim, mesmo havendo decisão popular, o gestor não está, em

regra, vinculado à decisão, durante a execução orçamentária, o Administrador continuará decidindo se realiza ou não a despesa estando diante dos fatores do momento da realização, como a real arrecadação da receita, cuja base de programação daquela despesa foi somente projetada no exercício anterior. Sem receita, não se realizará a despesa. Pode ainda, surgir uma nova prioridade que consuma os recursos destinados à despesa decidida pelo povo, como uma situação de emergência, uma enchente.

São muitas as vantagens nesse tipo de orçamento, dentre elas, está o estímulo ao exercício da cidadania, ao compromisso da população com o bem público e à corresponsabilização entre governo e sociedade sobre a gestão e aplicação dos recursos públicos. Gera, ainda, a formação no cidadão da consciência orçamentária, pois, participando, o próprio cidadão entenderá o duro processo de escolha de quais necessidades públicas serão atendidas e quais não em razão das restrições financeiras.

Outro ponto positivo a ser destacado é o compromisso político gerado perante a população, além de dificultar para o político a utilização do orçamento como meio de se beneficiar.

No que tange ao critério de existência de planejamento, (orçamento Tradicional/Desempenho/Programa), é importante estar atento ao fato de que o orçamento participativo não é considerado uma espécie diferente de orçamento, assim como é o Orçamento Tradicional em relação ao Orçamento-Programa, este é simplesmente uma forma de elaboração que traz a população para participar do processo decisório, servindo, antes de tudo, como um instrumento de alocação de recursos públicos de forma eficiente e eficaz, de acordo com as demandas sociais, tendo como grande ganho a democratização da relação do Estado com a sociedade. Isso porque nesse processo o cidadão deixa de ser um simples coadjuvante para ser protagonista ativo da gestão pública.

No Brasil, por exemplo, se um ente federativo optar por realizar o processo orçamentário de forma participativa, este deve elaborar sua proposta orçamentária conforme a técnica do orçamento-programa (classificação funcional-programática), podendo convocar a população para participar do processo mediante audiências públicas para definição de despesas, por exemplo.

Importante citar que audiências públicas podem ocorrer na elaboração dos três principais instrumentos orçamentários brasileiros, PPA (Plano Plurianual), LDO (Lei de Diretrizes Orçamentárias) e LOA (Lei Orçamentária Anual) sendo que muitas vezes os setores da sociedade são representados por associações, sindicatos e ONGs, etc. Assim, poderão existir audiências públicas para discussões e definições sobre aspectos dos mais diversos relacionados ao planejamento orçamentário, e audiências públicas para definição de despesas a serem realizadas. A essência da expressão "orçamento participativo" está relacionado à realização destas ultimas, ou seja, para definição da despesa.

Em função da proximidade da gestão com a população, essa metodologia ganha espaço na elaboração de orçamentos municipais, nada impedindo que seja utilizada pelos outros entes federados. Tendo grande destaque mundial, o município de Porto Alegre foi uma das pioneiras e mais efetivas implementações do Orçamento Participativo no Brasil.

Algumas das críticas relacionadas às experiências com o Orçamento Participativo dizem respeito às restrições aos poderes do Legislativo, à falta de cumprimento das decisões adotadas e às distorções na legitimidade dos instrumentos e aos processos referentes às assembleias populares.

Em suma, o Orçamento Participativo:

- Busca decisão descentralizada;
- Cria conselhos populares;
- Faz com que o cidadão desloque seu centro de atenção para questões locais;
- Gera consciência da participação do cidadão;
- Dá nascimento a dois focos de poder democrático: um pelo voto; outro, pelas instituições diretas de participação.

Importante observar que o Estatuto das Cidades trouxe dispositivo que torna obrigatória a adoção de medidas de participação popular na atividade orçamentária no âmbito municipal. Veja o que diz a lei:

> **Lei nº 10.257/2001**
>
> **Art. 44.** No âmbito municipal, a gestão orçamentária participativa de que trata a alínea f do inciso III do art. 4º desta Lei incluirá a realização de debates, audiências e consultas públicas sobre as propostas do plano plurianual, da lei de diretrizes orçamentárias e do orçamento anual, como condição obrigatória para sua aprovação pela Câmara Municipal.
>
> **Art. 4º** Para os fins desta Lei, serão utilizados, entre outros instrumentos:
>
> (...)
>
> III – planejamento municipal, em especial:
>
> (...)
>
> f) gestão orçamentária participativa;

Apesar do texto legal, tal dispositivo tem pouca efetividade na prática, já que poucos municípios adotam esse modelo.

> ▸ **FIQUE ATENTO:**
>
> O Orçamento Participativo é uma técnica orçamentária caracterizada pela participação da sociedade, porém, não há substituição ao poder público, como agente elaborador da proposta orçamentária.

6. ESPÉCIE DE ORÇAMENTO PÚBLICO SEGUNDO A IMPOSITIVIDADE DA DESPESA

Este critério diferencia os orçamentos em relação à obrigatoriedade ou não na realização das despesas fixadas no orçamento. Tendo por base esse critério, é possível identificar duas espécies de orçamento: o Orçamento Autorizativo e o Orçamento Impositivo.

6.1. Orçamento autorizativo

Orçamento em que se "dá autorização" ao Poder Executivo para realizar determinadas despesas, ou seja, não torna a realização da despesa obrigatória. O gestor, diante de diversos fatores (falta de recursos ou uma calamidade pública inesperada, por exemplo) e da sua discricionariedade, pode "escolher" a despesa a ser realizada (entre a construção de uma escola e um hospital, por exemplo), não havendo, como regra, nenhuma consequência se o mesmo deixar de realizar alguma despesa prevista. A vinculação com o planejamento está na vedação em realizar despesas que não estejam prevista, ou seja, pode-se deixar de fazer o que foi autorizado, mas não se pode realizar o que não foi autorizado.

> ▸ **OBSERVAÇÃO:**
>
> Fique atento, pois, mesmo sendo autorizativo, parte da despesa tem cunho obrigatório, não havendo margem para conveniência e oportunidade por parte do executor, como a remuneração de pessoal, transferências constitucionais de caráter obrigatório, despesas mínimas para algumas áreas conforme mandamento constitucional, como saúde, educação, etc.

6.2. Orçamento impositivo

Neste tipo de orçamento, o Poder Executivo é obrigado a liberar as verbas votadas pelos parlamentares para a realização da despesa, não havendo espaço para discricionariedade.

É óbvio que alguns condicionantes devem ser respeitados para que a despesa aconteça, como a arrecadação de receita em quantidade suficiente, por exemplo.

6.3. Impositividade no Brasil

Até a edição da Emenda Constitucional nº 86, de 2015, na Lei Orçamentária Anual não existia nenhum dispositivo relacionado à impositividade da despesa, ou seja, era totalmente autorizativa. Ser autorizativa é decorrência da falta de coercitividade inerente a este tipo de lei. Isso quer dizer que, como regra geral, os mandamentos nela contidos não obrigavam o executor a realizar a despesa nela prevista, somente autorizava.

Com o advento da emenda em epígrafe, e das emendas 100 e 102 de 2019, foram inseridos dispositivos na Constituição Federal que provocaram mudanças importantes, tornando parte das despesas impositivas, são elas:

1) O § 10 do art. 165 determina que a administração tem o dever de executar as programações orçamentárias, adotando os meios e as medidas necessários, com o propósito de garantir a efetiva entrega de bens e serviços à sociedade. O § 11 estabelece que o disposto no § 10 deste artigo, nos termos da lei de diretrizes orçamentárias:

I - subordina-se ao cumprimento de dispositivos constitucionais e legais que estabeleçam metas fiscais ou limites de despesas e não impede o cancelamento necessário à abertura de créditos adicionais;

II - não se aplica nos casos de impedimentos de ordem técnica devidamente justificados;

III - aplica-se exclusivamente às despesas primárias discricionárias.

2) Segundo o § 9º do art. 166, as emendas individuais ao projeto de lei orçamentária serão aprovadas no limite de 1,2% (um inteiro e dois décimos por cento) da receita corrente líquida prevista no projeto encaminhado pelo Poder Executivo, sendo que a metade deste percentual será destinada às ações e serviços públicos de saúde.

3) Já segundo o § 11, do mesmo artigo, é obrigatória a execução orçamentária e financeira das programações a que se refere o § 9º deste artigo, em montante correspondente a 1,2% (um inteiro e dois décimos por cento) da receita corrente líquida realizada no exercício anterior, conforme os critérios para a execução equitativa da programação definidos na lei complementar prevista no § 9º do art. 165 (aprovação de emendas individuais ao projeto de lei orçamentária).

4) O § 12, também do art. 166, determina que a garantia de execução de que trata o § 11 deste artigo aplica-se também às programações incluídas por todas as emendas de iniciativa de bancada de parlamentares de Estado ou do Distrito Federal, no montante de até 1% (um por cento) da receita corrente líquida realizada no exercício anterior.

Fique atento que as programações de que trata o § 12 deste artigo, quando versarem sobre o início de investimentos com duração de mais de 1 (um) exercício financeiro ou cuja execução já tenha sido iniciada, deverão ser objeto de emenda pela mesma bancada estadual, a cada exercício, até a conclusão da obra ou do empreendimento.

▸ **OBSERVAÇÃO:**

Esses dispositivos constitucionais serão melhor explorados em outros tópicos desta obra.

Isso torna uma pequena parte da execução da despesa considerada discricionária como sendo impositiva. Assim, não é mais possível considerar o orçamento como sendo 100% (cem por cento) autorizativo.

Mas como denominar o Orçamento a partir de agora?

Vai depender do entendimento da banca. É certo que orçamento não é impositivo, sendo, predominantemente, autorizativo, já que somente uma pequena parcela é impositiva.

Veja a afirmação da banca CESPE considerada certa em 2018, ou seja, após a publicação da emenda que tornou parte do orçamento impositivo:

> "O modelo de orçamento anual adotado na CF é meramente autorizativo, apesar da existência de dispositivos constitucionais que tornam obrigatória a despesa nas áreas de saúde e educação".

> **▸ OBSERVAÇÃO:**
>
> Fique atento também ao fato de que essa imposição não é absoluta, pois o valor é estabelecido em percentual da receita, ou seja, o montante da imposição depende do valor desta, além de a emenda prever alguns mecanismos que atenuam a imposição em razão de fatores específicos.

E como fica a impositividade orçamentária prevista na Constituição Federal e o Novo Regime Fiscal implementado pela Emenda Constitucional nº 95, de 15 de dezembro de 2016, que altera o Ato das Disposições Constitucionais Transitórias, limitando por vinte anos os gastos públicos?

O valor da execução obrigatória também será limitado. Segundo o art. 111 do ADCT, a partir do exercício financeiro de 2018, até o último exercício de vigência do Novo Regime Fiscal, a aprovação e a execução previstas nos §§ 9º e 11 do art. 166 da Constituição Federal (impositividade da despesa) corresponderão ao montante de execução obrigatória para o exercício de 2017, corrigido na forma estabelecida pelo inciso II do § 1º do art. 107 do Ato das Disposições Constitucionais Transitórias, ou seja, corrigido pela inflação, cujo índice de referência é o IPCA - Índice Nacional de Preços ao Consumidor Amplo.

> **▸ OBSERVAÇÃO:**
>
> O novo regime fiscal será abordado com mais detalhes em outros tópicos deste livro.

7. ORÇAMENTO POR RESULTADO - OPR

OPR é um sistema em que o orçamento está diretamente vinculado à obtenção de resultados específicos e pré-determinados. Desta forma, procura-se evitar a alocação inadequada dos recursos financeiros ou mesmo o seu desperdício. A ideia central do orçamento por resultados é que os cidadãos devem explicitar quais os resultados que querem em contrapartida aos recursos repassados ao setor público.

A população, como destinatária das ações governamentais, auxilia no estabelecimento das metas pretendidas. No modelo ideal, haveria uma espécie de condicionante, na qual o povo entrega o recurso sob condição da busca de determinado resultado.

Na prática, não é assim que acontece, os recursos de natureza tributária são arrecadados de forma coercitiva, independentemente de resultados prometidos.

8. PRATICANDO – QUESTÕES DE CONCURSOS ANTERIORES COMENTADAS

1) **(CEBRASPE (CESPE) – AAP (PGE PE)/PGE PE/Gestão Pública/2019)** No que se refere ao sistema de planejamento e orçamento do governo federal, julgue o item subsequente.

Na elaboração do orçamento- programa, são considerados todos os custos dos programas subtraindo-se aqueles que extrapolem o exercício.

Gabarito: Errado

COMENTÁRIO:

O orçamento-programa é um sistema de planejamento completo. Sendo assim, em sue elaboração, são considerados todos os custos dos programas, incluindo aqueles que extrapolem o exercício.

2) **(FGV – TSE (DPE RJ)/DPE RJ/Administração de Empresas/2019)** A situação deficitária das contas públicas do governo federal fez com que candidatos à presidência nas eleições de 2018 propusessem mudanças drásticas na técnica de elaboração do orçamento utilizada pelo governo. Uma dessas propostas apresentava a necessidade de que os gestores públicos justificassem anualmente de forma detalhada cada gasto público empregado, sem compromisso com qualquer montante inicial de dotação.

Trata-se de técnica conhecida como orçamento:

a) clássico;
b) programa;
c) base-zero;
d) por desempenho;
e) de teto móvel.

Gabarito: C

COMENTÁRIO:

O orçamento de base zero é uma técnica utilizada para a confecção de orçamento que consiste, basicamente, em uma análise crítica, em cada novo período, de todos os recursos solicitados pelos órgãos governamentais e no questionamento acerca das reais necessidades de cada área, não havendo compromisso com qualquer montante inicial de dotação, não há direito adquirido.

3) **(CESPE/TCE-PE-2017)** Acerca do orçamento participativo, da transparência na administração pública, da gestão por resultados e do neocorporativismo, julgue o próximo item.

O orçamento participativo é uma técnica orçamentária caracterizada pela participação da sociedade, em substituição ao poder público, como agente elaborador da proposta orçamentária que é posteriormente enviada ao Poder Legislativo.

Gabarito: errado

COMENTÁRIO:

O orçamento participativo é uma técnica orçamentária caracterizada pela participação da sociedade, porém, não há substituição ao poder público, como agente elaborador da proposta orçamentária.

4) **(CESPE – TJ TRT8/Administrativa/2016)** Assinale a opção correta que apresenta o tipo de orçamento moderno, que enfatiza a vinculação entre planejamento e orçamento e o estabelecimento de metas e objetivos.

a) orçamento participativo
b) orçamento de desempenho ou por realização
c) orçamento tradicional
d) orçamento de base zero
e) orçamento-programa

Gabarito: e

COMENTÁRIO:

O Orçamento-Programa é um orçamento moderno, em contraponto ao clássico, e uma de suas características mais marcantes é a existência de um planejamento vinculado à execução.

Alternativa "a": Orçamento Participativo tem como uma de suas principais características a participação popular direta na definição de investimentos a serem realizados pela Administração Pública por ocasião da elaboração do orçamento público.

Esse tipo de orçamento é constituído por um processo que envolve a comunidade em sentido mais amplo que o da representação política formal, no tocante à elaboração orçamentária, com vistas à identificação dos problemas e na busca de soluções para a referida comunidade.

Alternativa "b": Orçamento de Desempenho ou por Realização, também denominado como Orçamento Funcional, é um processo orçamentário que se caracteriza por apresentar duas dimensões: o objetivo do gasto e um programa de trabalho contendo as ações a serem desenvolvidas. Apesar de se constituir em um documento que apresenta uma ênfase no objetivo do gasto público, esse tipo de orçamento não se constitui como um instrumento de planejamento efetivo, na qual avaliação dos resultados é realizada com ênfase na eficácia e não na eficiência, cujo controle dá ênfase às realizações físicas. Não há vinculação entre planejamento e execução e seu foco está em que o governo faz.

Alternativa "c": Orçamento Tradicional ou Clássico é um documento orçamentário elaborado com um fim básico de controle, sem objetivos específicos traçados, não havendo uma preocupação com o planejamento que visasse solucionar problemas públicos. A grande finalidade é o controle das atividades governamentais cuja elaboração considera, principalmente, os aspectos políticos, contábeis e financeiros. Tem como característica ser um documento simples com mera previsão de receitas e autorização para realização de despesas, classificando-as segundo o objeto de gasto e distribuindo-as pelos diversos órgãos, para o período a que se referisse. O foco do Orçamento Clássico é o objeto do gasto, o que o governo compra.

Alternativa "d": o Orçamento de Base Zero é uma técnica utilizada para a confecção de orçamento que consiste, basicamente, em uma análise crítica, em cada novo período, de todos os recursos solicitados pelos órgãos governamentais e no questionamento acerca das reais necessidades de cada área, não havendo compromisso com qualquer montante inicial de dotação, não há direito adquirido.

Alternativa "e". Concepção mais moderna de orçamento, o Orçamento-Programa tem cunho gerencial, sendo uma das principais características que traz efetividade a esse tipo de orçamento. É a vinculação necessária entre o que foi planejado e o que é executado, estabelecendo metas e objetivos. Isso quer dizer que o gestor só pode realizar, como regra, se estiver previsto e da forma como está previsto, gerando causa de responsabilização a quebra dessa regra.

5) **(CESPE – TJ STJ/Administrativa/2015)** A respeito do processo orçamentário e do sistema de instituições públicas existente para administrá-lo, julgue o item seguinte.

No Brasil, a Constituição Federal de 1988 atribuiu ao Poder Executivo a prerrogativa de executar o orçamento, razão pela qual se utiliza no país a denominação técnica orçamento executivo.

Gabarito: Errado

COMENTÁRIO:

Orçamento Executivo é o orçamento elaborado, aprovado, executado e controlado pelo Poder Executivo.

No Brasil o orçamento é misto, pois a responsabilidade sobre competências é dividida entre o Poder Executivo (elaboração e execução) e Legislativo (apreciação e controle).

6) **(CESPE – AAPU (TC-DF)/Serviços Técnicos e Administrativos/Orçamento, Gestão Financeira e Controle/2014)** Com relação aos aspectos gerais do orçamento público e a sua implementação no Brasil, julgue o item subsecutivo.

Denomina-se orçamento misto o orçamento público elaborado pelo Poder Executivo e que preveja que parte dos recursos seja executada por empresas do setor privado.

Gabarito: Errado

COMENTÁRIO:

Considerando a atribuição de determinadas competências na atividade orçamentária, o orçamento misto é o orçamento elaborado e executado pelo Poder Executivo e a votação e controle cabe ao Poder Legislativo. O orçamento misto é o típico brasileiro.

7) **(CESPE – AUFC/TCU/Controle Externo/Auditoria Governamental/2015)** Com referência aos aspectos doutrinários e históricos da administração financeira e orçamentária, julgue o item a seguir.

Considerando a evolução conceitual da terminologia usada em referência ao orçamento, o Brasil utilizou o orçamento legislativo, o executivo e o misto ao longo de sua história.

Gabarito: Certo

COMENTÁRIO:

O Brasil já experimentou os três tipos de orçamento:

1. Orçamento Executivo: durante o império e os regimes ditatoriais em que não havia um parlamento independente.
2. Orçamento Legislativo: no período parlamentarista (1961 a 1963).
3. Orçamento Misto: sistema atualmente adotado no Brasil.

8) **(FGV- 2015 – TJ-RO – Administrador)** Os conceitos de orçamento tradicional e orçamento moderno não são modelos definidos, mas concepções extremas a partir das quais os modelos e técnicas orçamentárias são elaborados.

Uma das características da concepção tradicional do orçamento público é:

a) a alocação de recursos com vistas à aquisição de meios;
b) a existência de associação entre orçamento e planejamento;
c) a preponderância do aspecto econômico, que reflete a intervenção do Estado;
d) a utilização do orçamento como instrumento de administração;
e) o controle com vistas a avaliar a eficiência e eficácia das ações.

Gabarito: a

COMENTÁRIO:

O foco no orçamento tradicional é o objeto do gasto, ou seja, se haverá recursos para custear o que se pretende comprar. Assim, dentre as alternativas apresentadas, a alocação de recursos com vistas à aquisição de meios é uma característica desse tipo de orçamento.

9) **(FCC – 2015 – TRT – 9ª REGIÃO (PR)/Analista Judiciário – Área Administrativa)** A avaliação de resultados com ênfase na eficácia e não na eficiência é uma característica do orçamento

a) clássico.
b) base zero.
c) funcional.
d) programa.
e) incremental.

Gabarito: c

COMENTÁRIO:

Orçamento de Desempenho ou Funcional é o processo orçamentário que se caracteriza por apresentar duas dimensões do orçamento: o objeto de gasto e um programa de trabalho, contendo as ações desenvolvidas. Busca-se focar no que o governo fez e não o que o governo compra, ou seja, a ênfase passou a ser na execução e não apenas no que o governo compra. O desempenho organizacional, por intermédio do resultado apresentado, passa a ser a métrica de mensuração, na qual a avaliação de resultados é realizada com ênfase na eficácia e não na eficiência

10) **(CESPE – 2016 – TRT – 8ª Região (PA e AP)/Analista Judiciário – Área Administrativa)** Acerca do orçamento-programa, assinale a opção correta.

a) A adoção do orçamento-programa no Brasil não representou grandes avanços em relação aos sistemas orçamentários anteriores, devido à ausência de indicadores para medição de resultado dos programas.

b) O orçamento-programa tem como um de seus objetivos incrementar financeiramente o orçamento de um exercício para o outro.

c) Um orçamento cuja ênfase esteja voltada mais às realizações de um governo do que às suas aquisições possui características de orçamento-programa.

d) No orçamento-programa, as decisões orçamentárias estão diretamente relacionadas às necessidades financeiras dos entes da administração pública.

e) O principal critério de classificação orçamentária previsto no orçamento-programa corresponde às unidades administrativas.

Gabarito: c

COMENTÁRIO:

Alternativa "a" - Errado: a adoção do Orçamento-Programa no Brasil representou grandes avanços em relação aos sistemas orçamentários anteriores, devido à existência de indicadores para medição de resultado dos programas.

Alternativa "b" - Errado: Orçamento Incremental tem como um de seus objetivos incrementar financeiramente o orçamento de um exercício para o outro com ajustes marginais aos valores alocados anteriormente.

Alternativa correta: letra "c": sendo um verdadeiro instrumento gerencial de planejamento, um orçamento cuja ênfase esteja voltada mais os resultados das realizações de um governo que em suas aquisições, portanto, a alternativa possui características de orçamento-programa.

Alternativa "d" - Errado: no orçamento tradicional, as decisões orçamentárias estão diretamente relacionadas às necessidades financeiras dos entes da administração pública.

Alternativa "e" - Errado: o principal critério de classificação orçamentária previsto no orçamento-programa é o funcional-programático.

11) **(FCC – 2014 – TRT – 16ª REGIÃO – Analista Judiciário – Área Administrativa)** O quadro abaixo exibe as substanciais diferenças entre o Orçamento-Programa e o Orçamento-Tradicional:

	▸ ORÇAMENTO-PROGRAMA	▸ ORÇAMENTO-TRADICIONAL
I. Finalidade	Ênfase no que o Governo compra, nas coisas por ele adquiridas.	Ênfase nas ações que o Governo realiza e nos meios reais que utiliza.
II. Relação com o Planejamento	Constitui-se em um dos instrumentos do Planejamento.	Normalmente não reflete ações planejadas.
III. Identificação de Objetivos	**Compatibiliza os objetivos e as metas com os planos de curto e médio prazo.**	Compatibiliza os objetivos e as metas com os planos de médio e longo prazo.
IV. Processo de Elaboração	Base em diretrizes e prioridades. Estimativa real de recursos e cálculo real das necessidades.	Revisa todos os percentuais dos Quantitativos Financeiros anteriores para Receita e Despesas.
V. Forma de Controle	Ênfase no controle financeiro legal e formal.	Ênfase nas realizações físicas.

As diferenças estão retratadas corretamente APENAS em:

a) II, III e V.

b) I, II e IV

c) I e III.

d) II, IV e V.

e) II e IV.

Gabarito: e

COMENTÁRIO:

Vejamos abaixo se as afirmações correspondem às respectivas espécies de orçamento:

	▸ ORÇAMENTO-PROGRAMA	▸ ORÇAMENTO-TRADICIONAL
I. Finalidade	**Errado:** a ênfase é no objetivo do gasto e não no objeto.	**Errado:** a ênfase no que o Governo compra, nas coisas por ele adquiridas.
II. Relação com o Planejamento	**Certo:** constitui-se em um dos instrumentos do planejamento.	**Certo:** normalmente não reflete ações planejadas.
III. Identificação de Objetivos	**Errado:** Compatibiliza os objetivos e as metas com os planos de médio e longo prazo.	**Errado:** praticamente não há planejamento.
IV. Processo de Elaboração	**Certo:** Base em diretrizes e prioridades. Estimativa real de recursos e cálculo real das necessidades.	**Certo:** Revisa todos os percentuais dos Quantitativos Financeiros anteriores para Receita e Despesa.
V. Forma de Controle	**Errado:** visa avaliar a eficiência e eficácia das atividades governamentais.	**Errado:** visa avaliar a honestidade dos agentes governamentais e a legalidade do seu cumprimento

12) (FCC – 2013 TRT – 5ª Região (BA) /Analista Judiciário – Contabilidade) No orçamento-programa, uma das dimensões do controle é a efetividade. Para isso, são utilizados indicadores que representam o produto final dos programas governamentais, tal como,

a) aumento da expectativa de vida.
b) despesa *per capita* em educação.
c) número de hospitais.
d) professor/aluno.
e) número de consultas médicas.

Gabarito: a

COMENTÁRIO:

Produto final é o que se pretende entregar à sociedade por intermédio do programa, é a realidade que se pretende mudar, é o problema que se pretende resolver. Veja que, dentre as alternativas apresentadas, quase todas representam meios de entregar um produto à sociedade. Pergunta-se, dentre as alternativas apresentadas: o que você gostaria para você?

Essa resposta é o produto. Veja que, com exceção do aumento da expectativa de vida, tudo é um meio para atender as necessidades públicas.

Assim, a única alternativa que se apresenta como um produto final é o aumento da expectativa de vida, viver mais.

13) (FCC – 2012) Analise:

I. O orçamento-programa é o elo entre o planejamento e as funções executivas da organização.
II. O controle do orçamento-programa visa avaliar a honestidade dos agentes governamentais e a legalidade do seu cumprimento.
III. No orçamento-programa, as decisões orçamentárias são tomadas com base em avaliações e análises técnicas das alternativas possíveis.

Está correto o que consta APENAS em

a) I e II.
b) I e III.
c) II e III.
d) I.
e) III.

Gabarito: b

COMENTÁRIO:

As características principais do orçamento-programa são as seguintes:

1) O orçamento-programa é o elo entre o planejamento e as funções executivas da organização;
2) A alocação de recursos visa à consecução de objetivos e metas;
3) As decisões orçamentárias são tomadas com base em avaliações e análises técnicas das alternativas possíveis;
4) Na elaboração do orçamento, são considerados todos os custos dos programas, inclusive os que extrapolam o exercício;
5) A estrutura do orçamento está voltada para os aspectos administrativos e de planejamento;
6) O principal critério de classificação é o funcional programático;
7) A utilização sistemática de indicadores e padrões de medição do trabalho e dos resultados;
8) O controle visa avaliar a eficiência, a eficácia e a efetividade das ações governamentais.

O item II é característica do Orçamento clássico ou tradicional.

14) **(FCC – Tec MPU/Apoio Especializado/Controle Interno/2007)** O tipo de orçamento cujas principais características são a decisão de alocações de recursos baseada no volume de necessidades financeiras das unidades administrativas e o controle da legalidade do cumprimento do disposto na lei orçamentária anual é o orçamento

a) tradicional.
b) base zero.
c) programa.
d) de desempenho.
e) pragmático.

Gabarito: a

COMENTÁRIO:

Orçamento Tradicional ou Clássico é um documento orçamentário elaborado com um fim básico de controle orçamentário, sem objetivos específicos traçados. De acordo com essa técnica, o orçamento público é caracterizado como mero inventário dos meios com os quais o Estado conta para cumprir suas tarefas, sendo as funções de alocação, distribuição e estabilização relegadas a segundo plano. Tem como características, dentre outras, a decisão de alocações de recursos baseada no volume de necessidades financeiras das unidades administrativas e o controle da legalidade do cumprimento do disposto na lei orçamentária anual.

15) **(FCC – Tec MPU/Apoio Especializado/Controle Interno/2007)** Em relação ao orçamento-programa, é correto afirmar que

a) seu único critério de classificação de despesas são as unidades administrativas.

b) é totalmente dissociado do processo de planejamento.
c) sua estrutura enfatiza os aspectos contábeis da gestão.
d) sua prioridade é respeitar as necessidades financeiras das unidades orçamentárias.
e) constitui um dos instrumentos do planejamento governamental.

Gabarito: e

COMENTÁRIO:

Inovação em relação ao Orçamento de Desempenho, o Orçamento-Programa é a mais moderna técnica de elaboração orçamentária, sua estrutura enfatiza o planejamento com o fim de atender necessidades públicas focando sempre no objetivo do gasto. Constituindo-se em um instrumento de planejamento governamental, sua prioridade está na resolução de problemas da sociedade, utilizando a classificação funcional e a estrutura programática para classificação da despesa.

16) (FCC – Tec MPU/Apoio Especializado/Orçamento/2007) Em relação ao orçamento-programa, é correto afirmar que

a) é totalmente dissociado do processo de planejamento.
b) seu único critério de classificação de despesas são as unidades administrativas.
c) sua estrutura enfatiza os aspectos contábeis da gestão.
d) o controle orçamentário tem por objetivo avaliar a eficiência e a eficácia das atividades.
e) sua prioridade é respeitar as necessidades financeiras das unidades orçamentárias.

Gabarito: d

COMENTÁRIO:

Vejamos cada uma das alternativas:

Alternativa "a" - Errada: é totalmente ~~dissociado do~~ vinculado ao processo de planejamento.

Alternativa "b" - Errada: ~~seu único critério de classificação de despesas são as unidades administrativas~~ com a adoção do orçamento-programa, a ênfase em sua concepção é transferida dos meios para os fins, priorizando-se a classificação funcional e a estrutura programática.

Alternativa "c" - Errada: sua estrutura enfatiza ~~os aspectos contábeis da gestão~~ o objetivo do gasto e um programa de trabalho contendo as ações a serem desenvolvidas.

Alternativa Correta letra "d": o controle orçamentário tem por objetivo avaliar a eficiência e a eficácia das atividades.

O foco é o objetivo do gasto, buscando o atendimento de necessidades públicas.

Alternativa "e" - Errada: sua prioridade é ~~respeitar as necessidades financeiras das unidades orçamentárias~~ a resolução de problemas e o atendimento de necessidades públicas.

17) (FCC – 2012) No processo orçamentário que se caracteriza por apresentar duas dimensões do orçamento: o objeto de gasto e um programa de trabalho, contendo as ações desenvolvidas, toda a ênfase reside na performance organizacional, sendo também conhecido como orçamento funcional. Esta técnica orçamentária é conhecida como orçamento

a) programa.
b) clássico.
c) de desempenho.
d) fixo.
e) contínuo.

Gabarito: c

COMENTÁRIO:

O orçamento de Desempenho é uma evolução em relação ao Orçamento Tradicional, diferente de seu antecessor, que não tinha compromisso com o planejamento e o foco era o objeto do gasto, o Orçamento de Desempenho se caracteriza por apresentar duas dimensões do orçamento: o objeto de gasto e um programa de trabalho. A grande diferença entre o orçamento de desempenho e o Orçamento-Programa, mais moderna concepção orçamentária, é que o Orçamento de Desempenho não se relaciona com um sistema de planejamento das políticas públicas, não havendo vinculação entre planejamento e execução. Ele recebe essa denominação (Desempenho, de Realizações ou Funcional) justamente por toda ênfase residir na performance organizacional.

18) (FCC – 2011) Um sistema de planejamento, programação e orçamentação, introduzido sob a denominação de PPBS (*Planning Programming Budgeting System*), em que algumas das principais características são: integração, planejamento, orçamento; quantificação de objetivos e fixação de metas; relações insumo-produto; acompanhamento físico-financeiro e avaliação de resultados. Esta técnica orçamentária é conhecida como orçamento

a) clássico.
b) programa.
c) de desempenho.
d) variável.
e) contínuo

Gabarito: b

COMENTÁRIO:

Diferente da concepção tradicional, o Orçamento-Programa é considerado uma concepção gerencial de orçamento público, um plano de trabalho do governo no qual são especificadas as proposições concretas do que se pretende realizar durante um exercício financeiro. Este pode ser conceituado de várias formas, importando mais entender os elementos essenciais que o diferenciam dos outros tipos de orçamento.

1) Primeiramente, pode-se apresentar o Orçamento-Programa como um de plano de trabalho na consecução dos objetivos governamentais, havendo integração entre planejamento e execução.
2) Para atingir tais objetivos, nele está contido um conjunto de ações a realizar.
3) Essas ações serão realizadas com os recursos previstos no plano, com a quantificação de objetivos e fixação de metas; relações insumo-produto; acompanhamento físico-financeiro e avaliação de resultados.

19) **(CESPE – AJ (TRE PI)/Administrativa/2016)** A técnica orçamentária que exige análise, revisão e avaliação de todas as despesas propostas, e não apenas daquelas que ultrapassem o nível de gastos já existente, é denominada orçamento

a) base-zero.
b) clássico.
c) de desempenho.
d) programa.
e) participativo.

Gabarito: a

COMENTÁRIO:

Como visto, a principal característica do orçamento em base zero se pauta em realizar uma análise crítica, em cada novo período, de todos os recursos solicitados pelos órgãos governamentais e no questionamento acerca das reais necessidades de cada área, não havendo compromisso com qualquer montante inicial de dotação, não há direito adquirido.

20) **(CESPE – Analista Judiciário (TST)/Administrativa/"Sem Especialidade"/2008)** Com base nos conceitos e na legislação acerca de orçamentos públicos, julgue o item a seguir.

O orçamento-programa se diferencia do orçamento incremental pelo fato de que este último pressupõe uma revisão contínua da estrutura básica dos programas, com aumento ou diminuição dos respectivos valores.

Gabarito: Errado

COMENTÁRIO:

Intimamente ligada ao Orçamento Tradicional, o Incrementalismo refere-se a uma "forma" de alocar recursos às despesas que leva em consideração os valores alocados no exercício anterior, fazendo-se ajustes marginais, incrementando esses valores conforme a necessidade. Essa forma de alocação de recursos gera certa "comodidade", um direito adquirido e uma resistência à inovação sobre as despesas que são historicamente fixadas, impedindo um questionamento crítico sobre a eficiência e eficácia dos programas e ações desenvolvidas, afinal os recursos já serão alocados com base no orçamento anterior. No que tange à afirmação trazida na questão. é justamente o inverso, pois é no

Orçamento-Programa que há uma preocupação com a realização de medidas que façam atingir os objetivos estatais planejados, uma revisão contínua da estrutura básica dos programas, aumentando ou diminuindo valores.

21) (FCC – Ana MPU/Administrativa/2007) É característica do orçamento base-zero:

a) ênfase no acréscimo de gastos em relação ao orçamento anterior.
b) decisões considerando as necessidades financeiras das unidades operacionais.
c) justificativa, em cada ano, de todas as atividades a serem desenvolvidas.
d) dissociação do conceito de planejamento e alocação de recursos.
e) inexistência de mensuração dos resultados das atividades desenvolvidas.

Gabarito: C

COMENTÁRIO:

Orçamento em Base Zero é uma forma de alocação de recursos que requer planejamento e justificativa de todos os gastos em cada ano, em toda elaboração, ou seja, não há direito adquirido, não havendo assim acréscimo de gastos em relação ao orçamento anterior. Isso permite uma verdadeira auditoria de desempenho em todos os períodos, vinculando, necessariamente, o planejamento à alocação de recursos. Para que sejam aprovadas, as despesas referentes aos programas, projetos ou ações governamentais devem ser detalhadas, como se cada item de despesa se tratasse de uma nova iniciativa do governo. Tal procedimento tem por fim evitar a alocação de recursos para programas não econômicos, ineficazes que vinham sendo realizadas em períodos anteriores, mensurando os resultados das atividades desenvolvidas.

22) (FCC – Ana MPU/Orçamento/2007) É característica da técnica de elaboração orçamentária denominada orçamento base zero:

a) dissociação dos processos de planejamento e programação.
b) revisão crítica dos gastos tradicionais de cada unidade orçamentária.
c) ênfase aos aspectos contábeis da gestão e controle externo dos gastos.
d) avaliação da integridade dos agentes governamentais e legalidade no cumprimento do orçamento.
e) direitos adquiridos sobre verbas orçamentárias anteriormente outorgadas.

Gabarito: B

COMENTÁRIO:

O orçamento de Base Zero é uma técnica de elaboração orçamentária que consiste basicamente em uma análise crítica, em todos os exercícios financeiros, de todos os recursos solicitados pelos órgãos governamentais e no questionamento acerca das reais necessidades de cada área, não havendo compromisso com qualquer montante inicial de dotação. Assim, não há direitos adquiridos sobre verbas orçamentárias anteriormente outorgadas.

Essa técnica gera uma verdadeira vinculação entre os processos de planejamento e programação ao realizar, em cada nova elaboração, uma revisão crítica dos gastos tradicionais de cada unidade orçamentária.

A ênfase é na eficiência do gasto no sentido de realizar o máximo de necessidades públicas com os recursos disponíveis.

23) (FCC – Tec MPU/Apoio Especializado/Orçamento/2007) O tipo de orçamento cuja principal característica é a não-existência de direitos adquiridos da unidade orçamentária em relação às verbas autorizadas no orçamento anterior, cabendo a ela justificar todas as atividades que desenvolverá no exercício corrente é o orçamento

a) tradicional.
b) financeiro.
c) de desempenho.
d) pragmático.
e) base zero.

Gabarito: E

COMENTÁRIO:

A questão se refere ao Orçamento Base Zero. Essa é uma técnica utilizada para a elaboração de orçamento, consistindo, em todos os exercícios financeiros, em uma análise crítica de todos os recursos solicitados pelos órgãos governamentais e no questionamento acerca das reais necessidades de cada área, não havendo compromisso com qualquer montante inicial de dotação. Por esse motivo, esse é o tipo de orçamento cuja principal característica é a não existência de direitos adquiridos da unidade orçamentária em relação às verbas autorizadas no orçamento anterior, cabendo a ela justificar todas as atividades que desenvolverá no exercício corrente ao do orçamento.

24) (FCC – 2013) Rediscutir toda a empresa sempre que se elaborar o orçamento, questionando cada gesto, cada estrutura, buscando verificar sua real necessidade é a proposta do orçamento

a) de tendências.
a) base zero.
b) estático.
c) flexível.
d) corrigido.

Gabarito: b

COMENTÁRIO:

O orçamento Base Zero foi um contraponto ao orçamento incremental, e tem como característica principal a inexistência de direitos adquiridos sobre as dotações aprovadas no orçamento anterior, ou seja, em toda elaboração orçamentária deve ser rediscutida cada estrutura, buscando verificar sua real necessidade.

25) **(FCC – TJ TRT6/Administrativa/Segurança/2012)** A evolução do orçamento vem sendo gradativa, deixando de ser tradicional, cuja função principal era propiciar o controle sobre as finanças públicas e visualizar receita × despesas, e passando para o orçamento de

a) práticas econômicas.
b) práticas contábeis.
c) ação exclusiva.
d) desempenho.
e) gastos.

Gabarito: c

COMENTÁRIO:

Alternativa "c" (responde todas as outras). O Orçamento de Desempenho é uma grande evolução em relação ao Orçamento Tradicional por conter um programa de trabalho. Porem, evolutivamente falando, apesar de ser uma grande inovação, esse tipo de orçamento ainda não se constituiu um efetivo instrumento de planejamento governamental, por não haver vinculação entre planejamento e execução. Essa vinculação somente ocorreu com o Orçamento-Programa, quando houve um novo avanço na técnica orçamentária.

26) (FCC – **2010**) O instrumento ou ferramenta de planejamento da ação governamental, no qual a principal característica da metodologia é exigir que todas as despesas de cada repartição pública sejam justificadas detalhadamente como se cada item programático fosse uma nova iniciativa, isto é, direitos adquiridos sobre despesas anteriormente autorizadas são desprezados. Esta metodologia de orçamentação é conhecida como Orçamento

a) Estratégico.
b) Funcional.
c) Clássico.
d) Programa.
e) Base-zero.

Gabarito: e

COMENTÁRIO:

Com o fim de melhorar o processo de gerenciamento orçamentário, o orçamento Base Zero foi um contraponto ao orçamento incremental, e tem como característica principal a inexistência de direitos adquiridos sobre as dotações aprovadas no orçamento anterior, tudo é novamente discutido e justificado. Adotado no âmbito público no ano fiscal de 1973 pelo Estado da Geórgia, Estados Unidos, durante o governo de Jimmy Carter, o Orçamento Base Zero teve sua abordagem orçamentária desenvolvida nos Estados Unidos da América, pela *Texas Instruments Inc.*, em 1969. Não chega a ser uma espécie orçamentária, como o orçamento Tradicional ou Programa, mas uma técnica utilizada para a confecção de Orçamento-Programa. A utilização dessa técnica exige que todas as despesas referentes aos programas, projetos ou ações governamentais dos órgãos ou entidades públicas sejam detalhadamente justificadas a cada ano, como se cada item de despesa se tratasse de uma nova iniciativa do governo. Essa justificativa de gastos de acordo com as necessidades e os recursos disponíveis corresponde a uma forma de expurgar do orçamento os projetos não econômicos. Essa forma de elaboração se contrapõe ao orçamento incrementalista.

27) **(CESPE – Adm (MTE)/2008)** Em relação aos instrumentos de planejamento e orçamento público, julgue o item subsequente.

O incrementalismo orçamentário desvirtua ou compromete a desejável integração entre o planejamento e o orçamento. De acordo com essa sistemática, a "base" formada pelos programas já introduzidos no orçamento tende a perpetuar-se, com pequenos incrementos, compreendendo a maior parte dos recursos. Alguns autores denominam essa tendência de resistência à mudança, à revisão dos objetivos, diretrizes e metas, como inércia ou inercialidade.

Gabarito: Certo

COMENTÁRIO:

No sistema do Incrementalismo, as alocações orçamentárias são incrementais, ou seja, são acréscimos marginais aos valores concedidos no passado, o que gera um "direito adquirido" ao valor do passado devidamente acrescido, considerando algum fator que determine o crescimento do gasto, tal como a alta de preços, por exemplo. Não há, assim, uma análise detalhada sobre a necessidade do gasto, o que desvirtua ou compromete a desejável integração entre o planejamento e o orçamento.

28) **(FCC – 2012)** Importante instrumento de complementação da democracia representativa, que estimula o exercício da cidadania, o compromisso da população com o bem público e a corresponsabilização entre governo e sociedade sobre a gestão municipal:

a) Orçamento Social.
b) Orçamento Participativo.
c) Orçamento Democrático.
d) Orçamento Fiscal.
e) Orçamento Deliberativo.

Gabarito: b

COMENTÁRIO:

Orçamento Participativo é uma forma de elaboração orçamentária que traz a população para participar do processo decisório, servindo, antes de tudo, como um instrumento de alocação de recursos públicos de forma eficiente e eficaz, de acordo com as demandas sociais, tendo como grande ganho a democratização da relação do Estado com a sociedade. Isso por que nesse processo o cidadão deixa de ser um simples coadjuvante para ser protagonista ativo da gestão pública em função da relação formada entre governo e sociedade.

29) (CESPE – AA (ICMBio)/2014) Com base nos conceitos da administração pública e na legislação e experiência brasileiras nessa área, julgue os itens Entre as maiores restrições apontadas em relação ao chamado orçamento participativo, destacam-se a pouca legitimidade, haja vista a perda de participação do Poder, e a maior flexibilidade na programação dos investimentos.

Gabarito: Errado

COMENTÁRIO:

Ao contrário do que afirma a questão, a legitimidade é uma das grandes virtudes do orçamento participativo, pois faz surgir o compromisso da população com o bem público e a corresponsabilização entre governo e sociedade sobre a gestão e aplicação dos recursos públicos.

30) (CESPE – AJ STJ/Administrativa/"Sem Especialidade"/2015) Tendo como referência os conceitos e as normas aplicáveis ao orçamento público, julgue o item a seguir.

O chamado orçamento impositivo se caracteriza, entre outros aspectos, pela obrigatoriedade de execução das emendas parlamentares individuais, até o limite de 1,2% da receita corrente líquida anual prevista no projeto de lei orçamentária encaminhado pelo Poder Executivo ao Poder Legislativo.

Gabarito: Errado

COMENTÁRIO:

Segundo o § 9º do art. 166, no momento da elaboração do orçamento, as emendas individuais ao projeto de lei orçamentária serão aprovadas no limite de 1,2% (um inteiro e dois décimos por cento) **DA RECEITA CORRENTE LÍQUIDA PREVISTA NO PROJETO ENCAMINHADO PELO PODER EXECUTIVO.**

Porém, segundo o § 11 do mesmo artigo, para execução, a referência passa a ser 1,2% (um inteiro e dois décimos por cento) **DA RECEITA CORRENTE LÍQUIDA REALIZADA NO EXERCÍCIO ANTERIOR**, conforme os critérios para a execução equitativa da programação definidos na lei complementar prevista no § 9º do art. 165 (aprovação de emendas individuais ao projeto de lei orçamentária).

Complementando, a emenda constitucional 100, de 26 de junho de 2019, inseriu o § 12 do mesmo artigo determinando que a garantia de execução de que trata o § 11 deste artigo aplica-se também às programações incluídas por todas as emendas de iniciativa de bancada de parlamentares de Estado ou do Distrito Federal, no montante de até 1% (um por cento) da receita corrente líquida realizada no exercício anterior.

9. PRATICANDO – QUESTÕES DE CONCURSOS ANTERIORES GABARITADAS

1) **(FGV/TJ-SC/Analista Administrativo/2015)** A prática de elaboração de um orçamento para as atividades governamentais tem origem na Inglaterra e apresentou diversas características que marcam sua evolução ao longo do tempo. O método de elaboração de orçamento em que a cada novo exercício deve haver justificativa detalhada dos recursos solicitados é o orçamento:

a) programa;
b) por desempenho;
c) participativo;
d) base zero;
e) operacional.

2) **(CESPE – 2013: TRT – 8ª Região (PA e AP)/Técnico Judiciário – Área Administrativa)** Assinale a opção que apresenta orçamento com ênfase no objetivo do gasto público que não constitui instrumento de planejamento.

a) orçamento por objeto
b) orçamento base-zero
c) orçamento programa
d) orçamento por desempenho
e) orçamento clássico

3) **(CESPE – 2013 – TRT – 10ª REGIÃO (DF e TO) Analista Judiciário – Área Administrativa)** O orçamento-programa é uma técnica ambiciosa de conciliação entre planejamento e controle político na peça orçamentária. É sua eficácia como instrumento de controle político que torna difícil sua implantação, já que não há grandes dificuldades técnicas para a sua operacionalização.

4) **(CESPE – 2013 CNJ -Técnico Judiciário – Área Administrativa)** A respeito de orçamento público, julgue os itens seguintes.

A organização e a apresentação do orçamento público são as principais preocupações do orçamento base-zero, enquanto a avaliação e a tomada de decisão acerca das despesas ocupam, nesse modelo, um papel secundário.

5) **(FCC – 2010 – SEFAZ-SP – Analista em Planejamento, Orçamento e Finanças Públicas)** Uma das características do orçamento-programa é a utilização sistemática de indicadores e padrões de medição do trabalho e dos resultados. Para isso, é feita uma diferenciação entre os produtos finais dos programas e os produtos intermediários necessários para alcançar os seus objetivos. É produto final de um programa da área de saúde:

a) o percentual da população atendida pelo programa de vacinação.
b) o número de postos de saúde construídos.

c) o número de medicamentos distribuídos.
d) o total de consultas médicas realizadas.
e) a redução da mortalidade infantil.

6) **(2012/CESPE/TRE-RJ/Analista Judiciário – Contabilidade)** No que se refere a diretrizes, princípios e técnicas orçamentárias, julgue os itens seguintes.
A ênfase no objeto do gasto, na classificação institucional e por elemento de despesa são características do orçamento-programa.

7) **(2012/FCC/TJ-RJ/Analista Judiciário – Ciências Contábeis)** O Orçamento-Programa tem como característica principal:
a) dar ênfase ao objeto do gasto.
b) promover a ampla integração da sociedade civil no processo de discussão da elaboração da peça orçamentária.
c) incentivar que a fixação das despesas das unidades orçamentárias seja baseada nas realizadas no ano anterior acrescidas de um percentual que refletirá a inflação esperada.
d) ser um instrumento de fiscalização dos gastos do Poder Executivo pelo Poder Legislativo.
e) efetuar a integração entre o planejamento do Governo e orçamento anual.

8) **(2012/CONSULPLAN/TSE/Analista Judiciário – Área Administrativa)** Considerando o que pode ser classificado como elemento essencial do orçamento-programa, analise.
I. Os programas são os instrumentos de integração de esforços do governo para concretização de objetivos.
II. Os custos dos programas são medidos por meio da identificação dos meios ou insumos.
III. As medidas de desempenho têm a finalidade de mensurar a execução de programas.
Assinale
a) se apenas as afirmativas I e II estiverem corretas.
b) se apenas as afirmativas I e III estiverem corretas.
c) se apenas as afirmativas II e III estiverem corretas.
d) se todas as afirmativas estiverem corretas.

9) **(2012/FCC/TRE-CE/Analista Judiciário – Área Administrativa)** O instrumento ou ferramenta de planejamento da ação governamental, no qual os aspectos administrativos e econômicos se sobrepõem aos políticos, introduzido no Brasil pela Lei nº 4.320/64 e Decreto Lei nº 200/67, consolidado pela Constituição Federal de 1988, adaptado a partir do ano 2000 para incluir o nível de detalhamento da ação e que atua como modulo integrador entre o plano e o orçamento refere-se

a) ao Quadro de detalhamento da despesa.
b) à Classificação econômica da despesa.
c) à Classificação da receita.
d) ao Programa.
e) à Classificação funcional da despesa.

10) **(2012/FCC/TJ-PE/Analista Judiciário - Contabilidade)** O orçamento que enfatiza os fins, em vez de os meios, e que a base fundamental é o planejamento, em vez de ser apenas um instrumento contábil de controle, é o orçamento
a) programa.
b) base zero.
c) clássico.
d) tradicional.
e) legislativo.

10. GABARITO

1)	D
2)	D
3)	Errado
4)	Errado
5)	E
6)	Errado
7)	E
8)	D
9)	D
10)	A

CAPÍTULO III

SISTEMA DE PLANEJAMENTO E ORÇAMENTO BRASILEIRO

1. INTRODUÇÃO

1.1. Contextualização

No Brasil a modelagem orçamentária adotada por força de mandamento legal e respaldo constitucional é o orçamento-programa. Este tipo de orçamento demanda a elaboração de todo um arcabouço de planos e programas que sejam capazes de aperfeiçoar o gasto público para disponibilizar o máximo de bens e serviços para a população com os recursos disponíveis, para que, de forma eficiente, eficaz e efetiva, o máximo de necessidades públicas sejam atendidas.

Por ser a atividade orçamentária uma atividade extremamente sensível e importante, já que se trata de recursos públicos e da satisfação de necessidades da população, o ordenamento jurídico brasileiro, de acordo com o Princípio da Legalidade, tem em seu bojo todo um conjunto de normas que regulamentam esta atividade. Existem, também, normas que materializam o próprio planejamento e a execução orçamentária, os instrumentos orçamentários, além de organizações responsáveis pela elaboração, execução, controle e avaliação do orçamento público.

1.2. Questões

Este capítulo é preparatório e complementar ao próximo, muitas questões exigem conhecimentos que os envolve. Nele, busca-se explicar o funcionamento do sistema de planejamento e orçamento no Brasil, principalmente no que concerne aos seus elementos, normas regulamentadoras, instrumentos orçamentários (PPA – Plano Plurianual, LDO – Lei de Diretrizes Orçamentárias e LOA – Lei Orçamentária Anual) e à estrutura responsável pelo planejamento e orçamento. Por esse motivo, é de extrema importância o entendimento dos dois capítulos de forma conjunta.

1) Questões que versam sobre as normas regulamentadoras

Estas questões se resolvem, normalmente, com leitura atenta e interpretação do texto constitucional ou do mandamento legal ao qual se refere. Assim, após entender a disciplina, é essencial a leitura do texto legal como forma de complementar os estudos.

▶ **QUESTÃO COMENTADA:**

(FCC – ACE (TCM-GO)/Controle Externo/2015) De acordo com a Constituição Federal, em matéria orçamentária, cabe à lei complementar,

a) estabelecer normas de gestão financeira e patrimonial da Administração direta e indireta, bem como condições para a instituição e funcionamento de fundos e estabelecer o Plano Plurianual.

b) dispor sobre o exercício financeiro, a vigência, os prazos, a elaboração e a organização do Plano Plurianual, da lei de diretrizes orçamentárias e da lei orçamentária anual.

c) de iniciativa do Poder Executivo ou Legislativo, estabelecer o Plano Plurianual, as diretrizes orçamentárias e os orçamentos anuais.

d) de iniciativa do Poder Legislativo, estabelecer o Plano Plurianual.

e) de iniciativa do Poder Legislativo, estabelecer o Plano Plurianual e as diretrizes orçamentárias.

Gabarito: b

COMENTÁRIO:

Segundo a Constituição Federal (§ 9º, art. 166), cabe à lei complementar:

> I – dispor sobre o exercício financeiro, a vigência, os prazos, a elaboração e a organização do plano plurianual, da lei de diretrizes orçamentárias e da lei orçamentária anual;
>
> II – estabelecer normas de gestão financeira e patrimonial da administração direta e indireta bem como condições para a instituição e funcionamento de fundos;
>
> III – dispor sobre critérios para a execução equitativa, além de procedimentos que serão adotados quando houver impedimentos legais e técnicos, cumprimento de restos a pagar e limitação das programações de caráter obrigatório, para a realização do disposto nos §§ 11 e 12 do art. 166. (Redação dada pela Emenda Constitucional nº 100, de 2019)
>
> § 13. O disposto no inciso III do § 9º e nos §§ 10, 11 e 12 deste artigo aplica-se exclusivamente aos orçamentos fiscal e da seguridade social da União.

Em razão da omissão legislativa, essa matéria ainda não foi totalmente regulamentada por lei, como determina o mandamento constitucional, em parte ela é tratada pela Lei nº 4.320/64, pela Lei Complementar nº 101/2000 LRF, e pela própria Constituição (Art. 35º do ADCT).

> **Constituição Federal**
>
> **ADCT**
>
> **Art. 35.**
>
> (...)
>
> § 2º Até a entrada em vigor da lei complementar a que se refere o art. 165, § 9º, I e II, serão obedecidas as seguintes normas:
>
> I - o projeto do plano plurianual, para vigência até o final do primeiro exercício financeiro do mandato presidencial subsequente, será encaminhado até quatro meses antes do encerramento do primeiro exercício financeiro e devolvido para sanção até o encerramento da sessão legislativa;
>
> II - o projeto de lei de diretrizes orçamentárias será encaminhado até oito meses e meio antes do encerramento do exercício financeiro e devolvido para sanção até o encerramento do primeiro período da sessão legislativa;
>
> III - o projeto de lei orçamentária da União será encaminhado até quatro meses antes do encerramento do exercício financeiro e devolvido para sanção até o encerramento da sessão legislativa.

2) Questões que se referem às características dos instrumentos orçamentários e às competências dentro do ciclo orçamentário

Conhecimentos que podem ser exigidos de forma independente ou de forma complementar ao conceito de orçamento ou ao conceito e às características dos instrumentos orçamentários. Por isso, torna-se importante o entendimento de cada característica, pois não é raro encontrar questões que se referem às características dos instrumentos orçamentários e às competências dentro do ciclo orçamentário.

▶ QUESTÃO COMENTADA:

(CESPE - ACE (TC-DF)/2012) Considerando os mecanismos básicos de atuação do Estado nas finanças públicas, julgue o seguinte item.

No atual ordenamento constitucional brasileiro, a LOA é, simultaneamente, uma lei especial e ordinária.

Gabarito: Certo

COMENTÁRIO:

Lendo este capítulo, você entenderá facilmente que, nesse contexto, ser "especial" significa tratar de matéria específica e ter rito próprio. Ser ordinária significa necessitar de maioria simples para aprovação pelo Poder Legislativo. Ambas são caraterísticas dos instrumentos orçamentários.

3) Questões que versem sobre o sistema de planejamento e orçamento

O sistema federal é regulado pela Lei nº 10.180/01 que organiza e disciplina os Sistemas de Planejamento e de Orçamento Federal, de Administração Financeira Federal, de Contabilidade Federal e de Controle Interno do Poder Executivo Federal. Normalmente, exige-se o texto dessa lei nas questões, para respondê-las basta uma leitura atenta aos principais pontos. São mais raras as questões que tratam dessa lei.

▸ **QUESTÃO COMENTADA:**

(CESPE – 2014 – Analista Técnico – Administrativo) A respeito do sistema de planejamento e dos documentos orçamentários previstos na Constituição Federal de 1988.

A unidade administrativa do Supremo Tribunal Federal responsável pelo orçamento do referido órgão está sujeita à orientação normativa do Ministério do Planejamento.

Gabarito: Certo

COMENTÁRIO:

Segundo o art. 5º da Lei nº 10.180/01, sem prejuízo das competências constitucionais e legais de outros Poderes, as unidades responsáveis pelos seus orçamentos ficam sujeitas à orientação normativa do órgão central do Sistema, Ministério do Planejamento (incorporado ao Ministério da Economia).

▸ **ATENÇÃO:**

A Lei nº 10.180/01 se refere à União. Cada ente federativo (Estados, Distrito Federal e Municípios) estabelece seu próprio regramento. Assim, prestando concursos para um desses outros entes, as proposições da Lei nº 10.180/01 não serão válidas, a não ser que seja expressamente exigida em edital.

Prestando concurso para um desses outros entes federativos, sendo exigido em edital, você deve estudar o regramento específico.

2. NORMAS QUE REGULAMENTAM A ATIVIDADE ORÇAMENTÁRIA

Sendo um país democrático e um Estado de direito, o Brasil tem como regra a aplicação do Princípio da Legalidade, o qual, segundo a Constituição Federal (art. 5º, *caput*, e seu inciso II), estabelece que todos são iguais perante a lei, sem distinção de qualquer natureza, garantindo-se aos brasileiros e aos estrangeiros residentes no País a inviolabilidade do direito à vida, à liberdade, à igualdade, à segurança e à propriedade, nos termos seguintes: ninguém será obrigado a fazer ou deixar de fazer alguma coisa senão em virtude de lei.

Analisando estritamente esse dispositivo constitucional, desconsiderando questões de ordem moral e ética, significa que ao particular é permitido fazer tudo aquilo que a lei não proibir, porém, faz-se necessário considerar que nem tudo que é legal é moral. No âmbito Administrativo este princípio é mais rígido, pois, só é permitido à Administração Pública fazer o que a lei autoriza.

Sendo a atividade orçamentária extremamente sensível, já que esta interfere diretamente no funcionamento da máquina estatal e no dispêndio de recursos públicos, ou seja, recursos que pertencem a toda população, a regulamentação deve ser legítima, abrangente e complexa o suficiente para garantir eficiência, eficácia e efetividade, além de lisura, controle e transparência.

No Brasil existe, então, um arcabouço complexo de mandamentos que versam sobre essa atividade tão importante. Vejamos os principais pontos sobre essa legislação.

2.1. Competência para legislar sobre Direito Financeiro e Orçamento

A atividade orçamentária do Estado está inserida no campo de atuação do Direito Financeiro.

Segundo o art. 24, inc. I e II da Constituição, compete à União, aos Estados e ao Distrito Federal legislar concorrentemente sobre direito financeiro e orçamento.

> **Constituição Federal**
>
> **Art. 24.** Compete à União, aos Estados e ao Distrito Federal legislar concorrentemente sobre:
>
> I – direito tributário, financeiro, penitenciário, econômico e urbanístico;
>
> II – orçamento;

No entendimento de José Afonso da Silva[1], competência "é a faculdade juridicamente atribuída a uma entidade, ou a um órgão, ou ainda a um agente do poder público para emitir decisões. Competências são as diversas modalidades de poder de que servem os órgãos ou entidades estatais para realizar suas funções". A Constituição Federal deixa claro que a competência para legislar sobre Direito Financeiro e orçamento é concorrente. Na competência concorrente, prevê-se a possibilidade de disposição sobre o mesmo assunto ou matéria por mais de um ente federativo, neste caso, União, Estados e Distrito Federal.

Porém, para que haja uma organização hierárquica na disposição da matéria, deve ocorrer uma "divisão" de "funções" para a regulamentação. Dentre os entes federativos, no âmbito da legislação concorrente, a competência da União limitar-se-á em estabelecer normas gerais para todos os entes, dispondo, ainda, normas específicas para ela mesma. Aos Estados e ao Distrito Federal cabem estabelecer suas próprias normas específicas, tendo por base as normas gerais estabelecidas pela União. Porém, a competência da União para legislar sobre normas gerais não exclui a competência suplementar dos Estados.

1. SILVA, José Afonso da. **Curso de direito constitucional positivo.** 28. ed. São Paulo: Malheiros, 2007. p. 413.

Inexistindo lei federal sobre normas gerais, os Estados exercerão a competência legislativa plena, para atender as suas peculiaridades. No entanto, a superveniência de lei federal sobre normas gerais suspende a eficácia da lei estadual, no que lhe for contrário.

> **Art. 24...**
>
> (...)
>
> § 1º No âmbito da legislação concorrente, a competência da União limitar-se-á a estabelecer normas gerais.
>
> § 2º A competência da União para legislar sobre normas gerais não exclui a competência suplementar dos Estados.
>
> § 3º Inexistindo lei federal sobre normas gerais, os Estados exercerão a competência legislativa plena, para atender a suas peculiaridades.
>
> § 4º A superveniência de lei federal sobre normas gerais suspende a eficácia da lei estadual, no que lhe for contrário.

▶ COMPETÊNCIA CONCORRENTE PARA LEGISLAR SOBRE DIREITO FINANCEIRO E ORÇAMENTO

Ente Federativo	**Legislar**	
União	Regra geral.	Regras específicas para União.
Estados/DF	Regra geral de cada um, enquanto a União não estabelece regra geral para todos.	Regras específicas de cada um.

▶ FIQUE ATENTO:

Aos Municípios resta a competência suplementar para legislar sobre Direito Financeiro. O termo suplementar é impreciso, porque pode significar complementar (complementar uma presença) ou suprir (suprir uma ausência). De acordo com Fernanda Dias Menezes de Almeida[2], a melhor exegese da Carta Constitucional indica que a competência suplementar dos Municípios alcança tanto a complementar quanto a supressiva, interpretação correta, pois impede restrição à autonomia municipal.

Segundo o texto constitucional, art. 30, é competência dos Municípios:

I - legislar sobre assuntos de interesse local;

II - suplementar a legislação federal e a estadual no que couber;

2. ALMEIDA, Fernanda Dias Menezes de. **Competências na Constituição de 1988**. São Paulo: Atlas, 1991.

2.2. Normas regulamentadoras em espécie

Seguem abaixo as principais normas que regulamentam a atividade de planejamento e orçamento público no Brasil.

2.2.1. *Constituição Federal*

Como principal mandamento legal do ordenamento jurídico brasileiro, a Constituição Federal é, em hierarquia, o principal norteador da atividade orçamentária. Para tanto, nela foi inserido o Título VI que se refere à tributação e ao orçamento e, dentro deste título, o Capítulo II que se refere às Finanças Públicas que, em sua primeira seção (art. 163 e 164), estabelece normas gerais sobre o assunto.

A seção II (art. 165 a 169) foi dedicada aos orçamentos, estabelecendo os principais instrumentos orçamentários, além de diversos regramentos que estudaremos ao longo desta obra.

Além dos principais mandamentos citados, em todo texto constitucional, pode-se encontrar dispositivos relevantes à matéria orçamentária, o que torna necessária, por parte do aluno, uma pesquisa sobre tais dispositivos.

2.2.2. *Lei nº 4.320 de 1964*

Elaborada sob o ordenamento jurídico da Constituição Federal de 1946, denominada Constituição "planejamentista", a Lei nº 4.320 de 17 de março de 1964, assinada pelo presidente João Goulart, estatuiu normas gerais de Direito Financeiro para elaboração e controle dos orçamentos e balanços da União, dos Estados, dos Municípios e do Distrito Federal.

Apesar de ter sido escrita em 1964, esta lei continua até hoje definindo as normas gerais para o Orçamento Anual e a Contabilidade Pública para União, Estados, DF e Municípios, isso porque a maior parte do seu texto foi recepcionado pela atual Constituição, não havendo outra lei que faça seu papel.

Importante estar atento ao fato de que essa lei é formalmente ordinária, ou seja, foi elaborada com os ritos e procedimento destinados à aprovação de uma lei ordinária. Porém, a atual Constituição reservou a matéria tratada por ela para lei complementar, dando-a status de lei complementar, ou seja, é uma lei formalmente ordinária e materialmente complementar, o que significa dizer que seu texto somente pode ser alterado ou revogado por outra lei complementar.

A confusão é gerada quando vem à tona a Lei Complementar nº 101 de 2000, a LRF (Lei de Responsabilidade Fiscal), comparada com a Lei nº 4.320/64. Isso porque as duas tratam de algumas matérias afins, o que pode fazer surgir a ideia de que aquela revogou esta, o que não é verdade. Ambas têm objetivos distintos, mas por tratarem de matérias relacionadas, havendo conflito entre dispositivos das duas leis, prevalece esta última, por se tratar de lei posterior. Serve de exemplo o conceito de dívida fundada, alterado pela LRF, o conceito legal de empresa estatal dependente de operações de crédito, também estabelecidos pela LRF.

Por fim, por ainda não existirem na época da elaboração da Lei nº 4.320 de 1964, não são regulamentados por ela o Plano Plurianual e a Lei de Diretrizes Orçamentárias, tratando a lei então da Lei Orçamentária Anual, além de outros assuntos.

2.2.3. Lei Complementar nº 101/2000, Lei de Responsabilidade Fiscal

Outro regramento importante em matéria orçamentária é a Lei Complementar nº. 101 de 04 de maio de 2.000 – Lei de Responsabilidade Fiscal – LRF. Esta norma estabelece regras de finanças públicas voltadas para a responsabilidade na gestão fiscal. Em particular, a LRF vem atender à prescrição do artigo 163 da Constituição:

> **Art. 163** – Lei complementar disporá sobre:
>
> I. Finanças públicas;
>
> II. Dívida pública externa e interna, incluída a das autarquias, fundações e demais entidades controladas pelo Poder Público;
>
> III. Concessão de garantias pelas entidades públicas;
>
> IV. Emissão e resgate de títulos da dívida pública;
>
> V. Fiscalização financeira da administração pública direta e indireta; (Redação dada pela Emenda Constitucional nº 40, de 2003)
>
> VI. Operações de câmbio realizadas por órgãos e entidades da União, dos Estados, do Distrito Federal e dos Municípios;
>
> VII. Compatibilização das funções das instituições oficiais de crédito da União, resguardadas as características e condições operacionais plenas das voltadas ao desenvolvimento regional.

Regulamentou, ainda, os seguintes dispositivos da Carta Magna:

> **Art. 169** – Determina o estabelecimento de limites para as despesas com pessoal ativo e inativo da União a partir de Lei Complementar. Neste sentido, a LRF revoga a Lei Complementar n º 96, de 31 de maio de 1999, a chamada Lei Camata II;
>
> **Art. 165 § 9º, inciso II** – De acordo com este dispositivo, cabe à Lei Complementar estabelecer normas de gestão financeira e patrimonial da administração direta e indireta, bem como condições para a instituição e funcionamento de Fundos;
>
> (...)
>
> **Art. 250** – de acordo com este artigo, com o objetivo de assegurar recursos para o pagamento dos benefícios concedidos pelo regime geral de previdência social, em adição aos recursos de sua arrecadação, a União poderá constituir fundo integrado por bens, direitos e ativos

de qualquer natureza, mediante lei que disporá sobre a natureza e administração desse fundo.

No § 1º de seu primeiro artigo, a LRF determinou seus objetivos ao estabelecer que a responsabilidade na gestão fiscal pressupõe a ação planejada e transparente, em que se previnem riscos e corrigem desvios capazes de afetar o equilíbrio das contas públicas, mediante o cumprimento de metas de resultados entre receitas e despesas e a obediência aos limites e condições no que tange à renúncia de receita, geração de despesas com pessoal, da seguridade social e outras, dívidas consolidadas e mobiliária, operações de crédito, inclusive por antecipação de receita, concessão de garantia e inscrição em Restos a Pagar. Percebe-se então, uma preocupação total com o controle das contas públicas visando evitar o descontrole do déficit fiscal.

Em relação aos instrumentos orçamentários, a LRF praticamente não se refere ao Plano Plurianual, dando total ênfase à Lei de Diretrizes Orçamentárias, que ganhou grande importância no cenário orçamentário. A LRF ainda regulamentou alguns procedimentos importantes quanto à Lei Orçamentária Anual.

Estabeleceu também vários conceitos novos, limites e sanções voltados à responsabilidade na gestão fiscal, todos relacionados à atividade orçamentária, os quais passaram a ser utilizados como parâmetros legais em diversos aspectos do planejamento e orçamento, tal como o conceito de Receita Corrente Líquida, limite de gastos com pessoal pelos entes públicos, limites de endividamento, dentre outros.

Além de tudo isso, estabeleceu e regulamentou também mecanismos de controle e transparência como o Relatório Resumido da Execução Orçamentária (RREO) (estabelecido pela Constituição e regulamentado pela LRF) e o Relatório de Gestão Fiscal RGF.

Tudo isso será visto em capítulo específico.

2.2.4. *Decreto-Lei nº 200/67*

O Decreto-lei nº 200 de 1967, dentre outros, dispõe sobre a organização da Administração Federal, estabelece diretrizes para a Reforma Administrativa.

Em seu art. 7º, estabelece que a ação governamental obedecerá ao planejamento que vise a promoção e desenvolvimento econômico-social do País e a segurança nacional, norteando-se segundo planos e programas elaborados, na forma do Título III e, ainda, compreenderá a elaboração e atualização dos seguintes instrumentos básicos:

a) plano geral de governo;

b) programas gerais, setoriais e regionais, de duração plurianual;

c) orçamento-programa anual;

d) programação financeira de desembolso.

Dedicou um título ao planejamento, orçamento-programa e programação financeira (arts. 15 a 18) dispondo em seu art. 15 que a ação administrativa do Poder Executivo obedecerá aos programas gerais, setoriais e regionais de duração plurianual, elaborados pelos órgãos de planejamento, sob a orientação e a coordenação superiores do Presidente da República.

Já o art. 16 previu que, em cada ano, será elaborado um orçamento-programa, que pormenorizará a etapa do programa plurianual a ser realizada no exercício seguinte e que servirá de roteiro à execução coordenada do programa anual.

O art. 18 vinculou o planejamento à execução no âmbito federal, pois, segundo ele, toda atividade deverá se ajustar à programação governamental e ao orçamento-programa e os compromissos financeiros só poderão ser assumidos em consonância com a programação financeira de desembolso.

Dedicou ainda um título inteiro às normas de Administração Financeira e Contabilidade (art. 68 a 93).

2.2.5. A Lei nº 10.180/01

Esta Lei tem por função disciplinar os Sistemas de Planejamento e de Orçamento Federal, de Administração Financeira Federal, de Contabilidade Federal e de Controle Interno do Poder Executivo Federal.

O art. 2º dessa lei estabelece que o Sistema de Planejamento e de Orçamento Federal tem por finalidade:

1) Formular o planejamento estratégico nacional;
2) Formular planos nacionais, setoriais e regionais de desenvolvimento econômico e social;
3) Formular o plano plurianual, as diretrizes orçamentárias e os orçamentos anuais;
4) Gerenciar o processo de planejamento e orçamento federal;
5) Promover a articulação com os Estados, o Distrito Federal e os Municípios, visando a compatibilização de normas e tarefas afins aos diversos Sistemas, nos planos federal, estadual, distrital e municipal.

O Sistema de Planejamento e Orçamento Federal compreende as atividades de elaboração, acompanhamento e avaliação de planos, programas e orçamentos, e de realização de estudos e pesquisas socioeconômicas.

Integram o Sistema de Planejamento e de Orçamento Federal:

- O Ministério do Planejamento, Orçamento e Gestão (incorporado ao atual Mistério da Economia), como órgão central;
- Órgãos setoriais;
- Órgãos específicos.

2.2.6. A Lei que deveria ter sido aprovada

Segundo a Constituição Federal (§ 9º, art. 166), cabe à lei complementar:

- Dispor sobre o exercício financeiro, a vigência, os prazos, a elaboração e a organização do plano plurianual, da lei de diretrizes orçamentárias e da lei orçamentária anual;
- Estabelecer normas de gestão financeira e patrimonial da administração direta e indireta bem como condições para a instituição e funcionamento de fundos.
- Dispor sobre critérios para a execução equitativa, além de procedimentos que serão adotados quando houver impedimentos legais e técnicos, cumprimento de restos a pagar e limitação das programações de caráter obrigatório, para a realização do disposto nos §§ 11 e 12 do art. 166. (Redação dada pela Emenda Constitucional nº 100, de 2019)

► **ATENÇÃO AOS DETALHES DO INCISO III:**

1) **Critérios para a execução equitativa:**

Considera-se equitativa a execução das programações de caráter obrigatório que observe critérios objetivos e imparciais e que atenda de forma igualitária e impessoal às emendas apresentadas, independentemente da autoria. (§ 19 do art. 166, incluído pela Emenda Constitucional nº 100, de 2019)

2) **Procedimentos adotados para a realização do disposto no § 11 do art. 166 (execução obrigatória das programações das emendas individuais ao orçamento) quando:**

- Houver impedimentos legais e técnicos;
- Cumprimento de restos a pagar; e
- Limitação das programações de caráter obrigatório.

Art. 166...

(...)

§ 10. A execução do montante destinado a ações e serviços públicos de saúde previsto no § 9º, inclusive custeio, será computada para fins do cumprimento do inciso I do § 2º do art. 198, vedada a destinação para pagamento de pessoal ou encargos sociais. (Incluído pela Emenda Constitucional nº 86, de 2015)

Em razão da omissão legislativa, esta matéria ainda não foi totalmente regulamentada por lei, como determina o mandamento constitucional, em parte ela é tratada pela Lei nº 4.320/64, Lei Complementar nº 101/2000 – LRF, e, por outros regramentos, tal como o art. 35º do ADCT.

Constituição Federal

ADCT

> **Art. 35.**
>
> (...)
>
> § 2º Até a entrada em vigor da lei complementar a que se refere o art. 165, § 9º, I e II, serão obedecidas as seguintes normas:
>
> I – o projeto do plano plurianual, para vigência até o final do primeiro exercício financeiro do mandato presidencial subsequente, será encaminhado até quatro meses antes do encerramento do primeiro exercício financeiro e devolvido para sanção até o encerramento da sessão legislativa;
>
> II – o projeto de lei de diretrizes orçamentárias será encaminhado até oito meses e meio antes do encerramento do exercício financeiro e devolvido para sanção até o encerramento do primeiro período da sessão legislativa;
>
> III – o projeto de lei orçamentária da União será encaminhado até quatro meses antes do encerramento do exercício financeiro e devolvido para sanção até o encerramento da sessão legislativa.

O § 7º do art. 166 da Constituição determina ainda que se aplicam aos projetos de PPA, LDO e LOA, no que não contrariar o disposto nesta seção, as demais normas relativas ao processo legislativo.

Resumindo, a proposta de alteração de procedimento de elaboração, discussão, aprovação e execução do orçamento público no Brasil deve ser apresentada por meio de projeto de lei complementar.

2.2.7. *Decreto nº 93.872/86*

O Decreto nº 93.872 de 1986, além de dispor sobre a unificação dos recursos de caixa do Tesouro Nacional, atualiza e consolida a legislação pertinente, tratando de diversos tópicos relacionados à Atividade Financeira do Estado no âmbito da União.

2.2.8. *Outros*

Em razão da complexidade desta matéria, existem vários atos normativos que regulam a atividade orçamentária, são resoluções do Senado Federal, Decretos, Decretos-Lei, Portarias e Instruções Normativas dos órgãos competentes e relacionados à atividade financeira do Estado, como a Secretaria do Tesouro Nacional – STN e a Secretaria de Orçamento Federal-SOF, ambas do Ministério da Economia.

3. SPOF – SISTEMA DE PLANEJAMENTO E ORÇAMENTO FEDERAL

O SPOF tem por função elaborar acompanhar e avaliar planos, programas e orçamentos, além de realizar estudos e pesquisas socioeconômicas.

Segundo a Lei nº 10.180/2001, são Integrantes do SPOF:

1) O Ministério do Planejamento, Orçamento e Gestão (incorporado ao Ministério da Economia), como órgão central;

2) Órgãos setoriais;

Órgãos de planejamento e orçamento em nível ministerial, responsáveis pela elaboração das respectivas parcelas dos instrumentos orçamentários.

3) Órgãos específicos.

Órgãos que desenvolvem funções específicas dentro do sistema, pertencentes à estrutura do órgão central, a época da Lei nº 10.180/2001, Ministério do Planejamento, agora incorporado ao Ministério da Economia. Os principais são:

- SOF – Secretaria de Orçamento Federal;
- Subsecretaria de Planejamento Governamental da Secretaria Especial da Fazenda
- SEST – Secretaria de Coordenação e Governança das Empresas Estatais.

As finalidades do SPOF são:

1) Formular o planejamento estratégico nacional;

2) Formular planos nacionais, setoriais e regionais de desenvolvimento econômico e social;

3) Formular o plano plurianual, as diretrizes orçamentárias e os orçamentos anuais;

4) Gerenciar o processo de planejamento e orçamento federal;

5) Promover a articulação com os Estados, o Distrito Federal e os Municípios, visando à compatibilização de normas e tarefas afins aos diversos Sistemas, nos planos federal, estadual, distrital e municipal.

Segundo a Lei nº 10.180/01, sem prejuízo das competências constitucionais e legais de outros Poderes, as unidades responsáveis pelos seus orçamentos ficam sujeitas à orientação normativa do órgão central do Sistema.

Determina ainda a lei, que, sem prejuízo das competências constitucionais e legais de outros Poderes e órgãos da Administração Pública Federal, os órgãos integrantes do Sistema de Planejamento e de Orçamento Federal e as unidades responsáveis pelo planejamento e orçamento dos demais Poderes realizarão o acompanhamento e a avaliação dos planos e programas respectivos.

► **OBSERVAÇÃO:**

Este tema será abordado com mais detalhes no capítulo que versa sobre ciclo orçamentário.

4. INSTRUMENTOS DE PLANEJAMENTO EM ESPÉCIE

Por ser uma atividade que envolve interesse de toda sociedade, intervindo inclusive na esfera patrimonial das pessoas, o Orçamento Público deve ser veiculado por lei. Por ser também extremamente complexa e demandar alto grau de eficiência, eficácia e efetividade, essa atividade deve ser extremamente bem planejada. Para tanto, a Constituição Federal estabelece a elaboração de instrumentos que formam um verdadeiro sistema de planejamento e orçamento que deve ser implementado em todas as esferas da federação, ou seja, na União, nos Estados, no Distrito Federal e nos Municípios de forma individualizada e independente.

Dentre as principais ferramentas estabelecidas, as mais importantes são as leis que formam os pilares do planejamento, elaboração e execução orçamentária (um verdadeiro tripé). São elas:

1) Plano Plurianual - PPA (art. 165, I - CF), com vigência de 4 anos, não coincidentes com o mandato, iniciando um ano após o início do mandato e terminando um ano após também;

2) Lei de Diretrizes Orçamentárias - LDO (art. 165, II - CF) dita anual (uma LDO elaborada a cada ano), mas com vigência real de aproximadamente de 17 meses, como você aprenderá no próximo capítulo;

3) Lei Orçamentária Anual - LOA (art. 165, III - CF) com vigência anual (12 meses);

Além dos instrumentos citados acima, a Constituição também disponibiliza outro instrumento importante, tais como os citados a abaixo:

4) Planos e programas nacionais, regionais e setoriais (art. 165, § 4º - CF).

Como deve ser um sistema, cada instrumento tem funções e características próprias, essas similaridades e diferenciações é que são objeto de questões de concurso.

De forma ampla, a Lei do Plano Plurianual - PPA, a Lei Orçamentária Anual - LOA e a Lei de Diretrizes Orçamentárias - LDO, são instrumentos de planejamento da Administração Pública, pois, legalmente, não existe diferença entre orçamento e planejamento, porém a doutrina faz a seguinte separação:

1) **Planejamento:** refere-se ao Plano Plurianual (PPA) e à Lei de Diretrizes Orçamentárias (LDO).

2) **Orçamento propriamente dito:** refere-se à Lei Orçamentária Anual (LOA).

A LOA é parte do planejamento, mas, dentre todas, ela tem a responsabilidade pela execução orçamentária, principalmente, pela execução efetiva do que foi planejado no PPA e estabelecido como meta e prioridade pela LDO. Diante das especificidades de cada lei, a doutrina faz a seguinte subdivisão em relação à função de cada um desses instrumentos no que tange ao planejamento estabelecido por cada uma das leis:

1) **Plano Plurianual:** Planejamento estratégico de médio prazo. Para alguns doutrinadores é de longo prazo, mas as bancas cobram o entendimento do médio prazo;

2) **Lei de Diretrizes Orçamentárias:** Planejamento tático de curto prazo;

3) **Lei Orçamentária Anual:** Planejamento operacional de curto prazo.

A Constituição Federal também estabeleceu mais um instrumento de planejamento, os Planos e Programas Nacionais, Regionais e Setoriais. Tal mandamento é tratado de forma secundária em questões de concurso e deve estar em consonância com o plano plurianual. Como os outros instrumentos orçamentários, também são veiculados na forma de lei e apreciados pelo Congresso Nacional (art. 165, § 4º, da CF).

> **Constituição Federal**
>
> **Art. 165**
>
> § 4º - Os planos e programas nacionais, regionais e setoriais previstos nesta Constituição serão elaborados em consonância com o plano plurianual e apreciados pelo Congresso Nacional.

4.1. Características dos instrumentos orçamentários

As leis orçamentárias, notadamente a Lei Orçamentário Anual, são instrumentos normativos que possuem características específicas. Tais características existem em razão das especificidades que envolvem o processo orçamentário. Essas características são mais comuns na Lei Orçamentária Anual, porém, em algum grau, também estão presentes na Lei de Diretrizes Orçamentária e no PPA. São elas:

4.1.1. *Lei ordinária*

Os instrumentos orçamentários (PPA, LDO e LOA) são veiculados por leis ordinárias, ou seja, para a sua aprovação pelo Poder Legislativo é necessária a "maioria simples", ou seja, a maioria entre os parlamentares presentes no momento da votação.

Exceções a essa regra são duas:

1) **Crédito Extraordinário:** ajuste à LOA que é veiculado por medida provisória ou decreto, dependendo da situação, que servem para suprir despesas urgentes e imprevisíveis;

2) **Quebra de regra de ouro**: requer maioria absoluta para aprovação, maioria levando em consideração todos os integrantes da casa legislativa, independentemente de estarem presentes na votação.

Regra de ouro

> **Constituição Federal**
>
> **Art. 167.** São vedados:
>
> (...)
>
> III - a realização de operações de créditos que excedam o montante das despesas de capital, ressalvadas as autorizadas mediante créditos suplementares ou especiais com finalidade precisa, aprovados pelo Poder Legislativo por maioria absoluta;
>
> **Constituição Federal**
>
> **Art. 167...**
>
> § 3º - A abertura de crédito extraordinário somente será admitida para atender a despesas imprevisíveis e urgentes, como as decorrentes de guerra, comoção interna ou calamidade pública, observado o disposto no art. 62.
>
> **Art. 62.** Em caso de relevância e urgência, o Presidente da República poderá adotar medidas provisórias, com força de lei, devendo submetê-las de imediato ao Congresso Nacional.

4.1.2. *É lei somente sob o aspecto formal*

Um instrumento normativo pode ser considerado lei em dois sentidos: o formal (forma) e material (matéria).

O sentido formal se refere ao cumprimento de formalidades necessárias à validade da lei, refere-se à forma que o instrumento normativo tem, se cumpriu ou não os requisitos necessários para que o documento seja considerado válido, tal como o critério de competência para iniciativa, se houve a aprovação pelos órgãos com atribuição constitucionalmente instituída, se o ente federativo tem atribuição para regulamentar a matéria se passou pelos trâmites determinados, dentre outros requisitos.

Sentido material se refere às características que a matéria contida na lei deve ter para que, assim, seja considerada. São elas:

1) Coercitividade

Coercitividade é o poder de obrigar as pessoas a cumprir os mandamentos escritos no documento.

Até a edição da Emenda Constitucional nº 86, de 2015, a Lei Orçamentária Anual era considerada totalmente autorizativa. Ser autorizativa é decorrência da falta de coercitividade inerente a esse tipo de lei. Isso quer dizer que, como regra geral, os mandamentos nela contidos não obrigam o executor a realizar a despesa nela prevista, somente autorizam. Por ser autorizativa, na lei orçamentária constará a fixação do que poderá ser feito e não do que deverá ser feito. E mesmo esta autorização dependerá, ainda, do implemento de uma condição: a realização da receita. Tal regra torna a matéria dessa lei em matéria de ato administrativo do tipo ato-condição.

A emenda constitucional 100, de 26 de junho de 2019, também trouxe alteração relevante, estendendo essa mudança para as emendas de iniciativa de bancada de parlamentares de Estado ou do Distrito Federal.

Com o advento das emendas em epígrafe, foram inseridos dispositivos no art. 166 da Constituição Federal que merecem algumas considerações:

1) Segundo o § 11, é obrigatória a execução orçamentária e financeira das programações a que se refere o § 9º deste artigo (emendas individuais ao projeto de lei orçamentária aprovadas no limite de 1,2% - um inteiro e dois décimos por cento), em montante correspondente a 1,2% (um inteiro e dois décimos por cento) da receita corrente líquida realizada no exercício anterior, conforme os critérios para a execução equitativa da programação definidos na lei complementar prevista no § 9º do art. 165 (aprovação de emendas individuais ao projeto de lei orçamentária).

2) Segundo o § 12 do mesmo artigo, a garantia de execução de que trata o § 11 deste artigo aplica-se também às programações incluídas por todas as emendas de iniciativa de bancada de parlamentares de Estado ou do Distrito Federal, no montante de até 1% (um por cento) da receita corrente líquida realizada no exercício anterior.

Isso torna parte da execução da despesa considerada até então discricionária como sendo impositiva. Assim, não é mais possível considerar o orçamento como sendo 100% autorizativo.

> ▸ **§ OBSERVAÇÃO**
>
> Fique atento também ao fato de que esta imposição não é absoluta, pois o valor é estabelecido em percentual da receita, ou seja, o montante da imposição depende do valor desta, além de a emenda prever alguns mecanismos que atenuam a imposição em razão de fatores específicos.

3) Mesmo quando era considerado 100% autorizativo, parte da despesa orçamentária era sempre de execução obrigatória e assim continua sendo, tal como a remuneração dos servidores públicos, transferências constitucionalmente e legalmente estabelecidas. Esta obrigatoriedade não tirava o caráter autorizativo do orçamento público. Agora, dentre as despesas discricionárias, o montante de 1,2% da receita corrente líquida será impositivo.

- **Espécies de execução:**
  - *Orçamentária e financeira.*
- **Objeto da execução obrigatória:**
  - *Programações a que se refere o § 9º e §12 do art. 166.*

Emendas parlamentares individuais e de bancadas.

> § 9º As emendas individuais ao projeto de lei orçamentária serão aprovadas no limite de 1,2% (um inteiro e dois décimos por cento) da receita corrente líquida prevista no projeto encaminhado pelo Poder Executivo, sendo que a metade deste percentual será destinada a ações e serviços públicos de saúde.
>
> § 12. (...) às programações incluídas por todas as emendas de iniciativa de bancada de parlamentares de Estado ou do Distrito Federal, no montante de até 1% (um por cento) da receita corrente líquida realizada no exercício anterior.

2) Generalidade

Para que uma norma tenha generalidade é necessário que a lei não se refira especificamente à determinada pessoa ou situação, tampouco se aplica uma só vez a certa situação, mas, ao contrário, pressupõe uma abstração do seu comando. Serve de exemplo a capitulação do crime de homicídio em que a norma descreve como conduta típica "matar alguém". Perceba que, desconsiderados outros fatores que interferem na formação do tipo penal, para que o crime se concretize, basta que alguém seja morto por outra pessoa, não havendo a necessidade de se matar somente determinada pessoa ou que isso ocorra somente uma vez sob determinada circunstância. Não haveria generalidade se o crime fosse somente "matar fulano", de forma que matar cicrano não seria considerado crime.

Apesar de ter aplicação para a coletividade, a lei orçamentária não possui generalidade em todos os aspectos, pois seu objeto se limita à autorização para a utilização específica de recursos por determinado exercício, sendo direcionada ao gestor responsável pelas atividades orçamentárias, não possuindo, pois, abstração típica de espécie normativa. Aqui se fala, portanto, em ausência de densidade normativa da lei orçamentária. Além do mais, ela é aplicada durante período determinado.

3) Abstração

A abstração está relacionada ao que se refere o objeto da lei. Haverá abstração se a lei não tratar de fato concreto. Por exemplo, para que a lei tenha abstração, esta deve tratar de educação e não da construção de alguma escola especificamente.

A matéria veiculada pela lei orçamentária tem características de ato administrativo de efeitos concretos, pois se refere a valores identificados que serão utilizados em despesas igualmente especificadas. Assim, como regra, a lei orçamentária também não possui abstração, pois tem a natureza jurídica de lei de efeitos concretos.

► **ATENÇÃO:**

1) Conforme Alexandre de Moraes[3] os "atos estatais de efeitos concretos não se submetem, em sede de controle concentrado, à jurisdição constitucional abstrata, por ausência de densidade normativa no conteúdo de seu preceito".

Assim, salvo a parcela de 1,2% citada acima, por carecerem de materialidade, sendo autorizativas por natureza, as leis orçamentárias não criam, como regra, direitos subjetivos, não podendo ser, em tese, atacados por Mandado de Segurança, ou Ação Direta de Inconstitucionalidade. Entretanto, havendo vício formal, ou, mesmo que de forma atípica e excepcional, algum grau de abstração, essa regra pode ser flexibilizada.

Embora as leis de matéria orçamentária tenham sido vistas, por muito tempo, como não sujeitas ao controle de constitucionalidade, devido aos efeitos concretos de sua aplicação (o que se vincula a não criação de direitos e deveres subjetivos), o STF, na ADI 3949 MC/DF, de 2008, decidiu que "o Supremo Tribunal Federal deve exercer sua função precípua de fiscalização da constitucionalidade das leis e dos atos normativos quando houver um tema ou uma controvérsia constitucional suscitada em abstrato, independente do caráter geral, específico, concreto ou abstrato de seu objeto. Possibilidade de submissão das normas de diretrizes orçamentárias ao controle abstrato de constitucionalidade".

Serve de exemplo a questão da banca CESPE de 2018 que considerou errada a afirmação abaixo:

> **(CESPE - 2018)** No que tange às disposições constitucionais a respeito das finanças públicas, ao conceito e às espécies de orçamento público, aos princípios orçamentários, às normas gerais de direito financeiro (Lei nº 4.320/1964) e à fiscalização e ao controle interno e externo dos orçamentos, julgue o item a seguir.
>
> A jurisprudência atual do Supremo Tribunal Federal considera que as leis orçamentárias não podem ser objeto de controle de constitucionalidade em abstrato, dada a sua natureza jurídica material de ato administrativo concreto.
>
> *Gabarito: Errado*

2) Fique atento, pois com a inovação trazida pela Emenda Constitucional 86, com a vinculação de parte do orçamento, a LOA (Lei Orçamentária Anual) é agora parcialmente formal.

---

3. MORAES, Alexandre de. **Direito Constitucional**. 9. ed. São Paulo: Atlas, 2001. p.584.

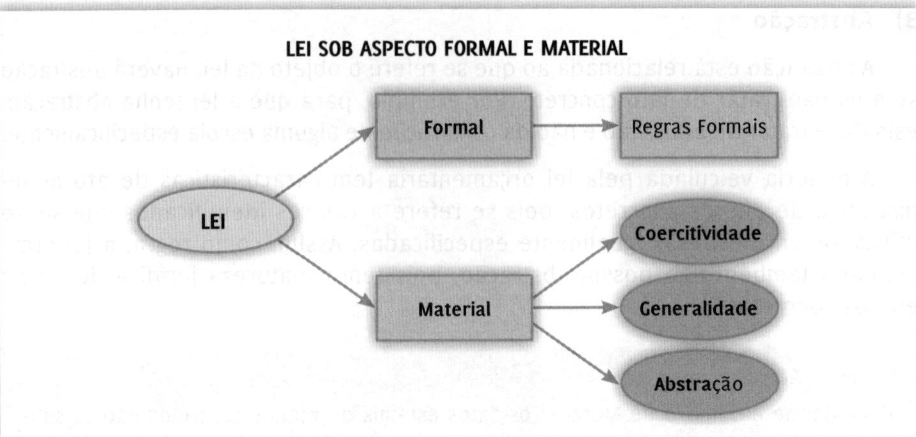

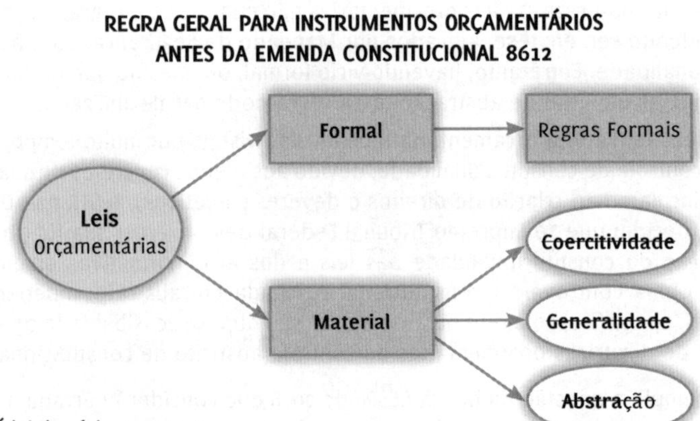

É lei de efeitos concretos.

4.1.3. *Lei temporária*

As leis orçamentárias têm vigência limitada no tempo. Por exemplo: a Lei Orçamentária Anual tem vigência de um ano, que coincide com o ano civil.

Vigências e prazos serão tratados em tópico próprio.

> **Art. 165.** Leis de iniciativa do Poder Executivo estabelecerão:
>
> I – o plano plurianual;
>
> II – as diretrizes orçamentárias;
>
> III – os orçamentos anuais.

4.1.4. *É uma lei especial*

As leis orçamentárias são consideradas leis especiais por possuírem dois requisitos que as diferenciam dos outros tipos de leis: ter rito próprio (diferenciado, assunto que será tratado em momento oportuno) e tratar de matéria específica.

> **Constituição Federal**
>
> **Art. 165**
>
> (...)
>
> § 8º – A lei orçamentária anual não conterá dispositivo estranho à previsão da receita e à fixação da despesa, não se incluindo na proibição a autorização para abertura de créditos suplementares e contratação de operações de crédito, ainda que por antecipação de receita, nos termos da lei.

4.1.5. *Lei preponderantemente autorizativa*

Ser meramente autorizativa é decorrência da falta de coercitividade inerente à lei orçamentária. Isso quer dizer que, como regra geral, os mandamentos nela contidos não obrigam o executor a realizar a despesa nela prevista, somente autoriza. Na lei constará a fixação do que poderá ser feito e não do que deverá ser feito. E mesmo essa autorização dependerá do implemento de uma condição, que é a realização da receita. Tal regra torna a matéria dessa lei em matéria de ato administrativo do tipo ato-condição.

> ▸ **OBSERVAÇÃO:**
>
> Fique atento que parcela do orçamento público no Brasil hoje é impositivo.

Vejamos os principais aspectos da Emenda Constitucional nº 86, de 17 de março de 2015, que altera os arts. 165, 166 e 198 da Constituição Federal, para tornar obrigatória a execução da programação orçamentária, estabelecendo que:

- **Lei complementar a ser elaborada**

Com o advento da emenda 86, o inciso III do § 9º do art. 165 trouxe nova função à lei complementar que ainda está por ser elaborada.

Estabelece agora o § 9º do art. 165 que cabe à lei complementar:

> I – dispor sobre o exercício financeiro, a vigência, os prazos, a elaboração e a organização do plano plurianual, da lei de diretrizes orçamentárias e da lei orçamentária anual;
>
> II – estabelecer normas de gestão financeira e patrimonial da administração direta e indireta bem como condições para a instituição e funcionamento de fundos.

III – Dispor sobre critérios para a execução equitativa, além de procedimentos que serão adotados quando houver impedimentos legais e técnicos, cumprimento de restos a pagar e limitação das programações de caráter obrigatório, para a realização do disposto nos §§ 11 e 12 do art. 166. (Redação dada pela Emenda Constitucional nº 100, de 2019)

[...]

§ 13. O disposto no inciso III do § 9º e nos §§ 10, 11 e 12 deste artigo aplica-se exclusivamente aos orçamentos fiscal e da seguridade social da União. Incluído pela Emenda Constitucional nº 102, de 2019)

▶ **ATENÇÃO AOS DETALHES DO INCISO III:**

1) **Critérios para a execução equitativa:**

Considera-se equitativa a execução das programações de caráter obrigatório que observe critérios objetivos e imparciais e que atenda de forma igualitária e impessoal às emendas apresentadas, independentemente da autoria. (§ 19 do art. 166, incluído pela Emenda Constitucional nº 100, de 2019)

2) **Procedimentos adotados para a realização do disposto no § 11 do art. 166 (execução obrigatória das programações das emendas individuais ao orçamento) quando:**

- Houver impedimentos legais e técnicos;
- Cumprimento de restos a pagar; e
- Limitação das programações de caráter obrigatório.

- **Aprovação de emendas individuais ao projeto de lei orçamentária**

Segundo o § 9º do art. 166, as emendas individuais ao projeto de lei orçamentária serão aprovadas no limite de 1,2% (um inteiro e dois décimos por cento) da receita corrente líquida prevista no projeto encaminhado pelo Poder Executivo, sendo que a metade deste percentual será destinada às ações e serviços públicos de saúde.

1. **Espécies de emenda:**

   ✦ *Emenda individual.*

2. **Limite:**

   ✦ *1,2% (um inteiro e dois décimos por cento) da receita corrente líquida prevista no projeto encaminhado pelo Poder Executivo.*

- **Aprovação de emendas de bancadas de parlamentares de Estado ou do Distrito Federa ao projeto de lei orçamentária**

Segundo o § 12 , a garantia de execução de que trata o § 11 deste artigo aplica-se também às programações incluídas por todas as emendas de iniciativa de bancada de parlamentares de Estado ou do Distrito Federal, no montante de até 1% (um por cento) da receita corrente líquida realizada no exercício anterior.

O que é receita corrente líquida - RCL?

Receita corrente líquida - RCL é um conceito trazido pela Lei de Responsabilidade Fiscal - LRF. Essa lei estabeleceu, dentre outros, pressupostos da responsabilidade na gestão fiscal. Esses pressupostos se apresentam na forma de correção de desvios, cumprimento de metas de resultados entre receitas e despesas, etc.

Qual valor a ser tomado por referência?

A RCL (receita corrente líquida) foi o conceito utilizado para se chegar à referência que serve de base para boa parte das obrigações contidas na LRF, sendo um valor sob o qual se estabelecem limitadores padrões para que possam ser aplicados a todos aqueles aos quais a LRF obriga. A RCL serve de referência para vários limites e metas a serem alcançados pelos entes federativos, União, Estados e Municípios, que, em função de suas peculiaridades, tem uma fórmula de cálculo diferente para cada um.

Para esse cálculo, considera-se a Receita Corrente, que corresponde ao somatório das receitas:

- Tributárias;
- De contribuições;
- Patrimoniais;
- Industriais;
- Agropecuárias;
- De serviços;
- Transferências correntes;
- Outras receitas também correntes.

- **Sendo deduzidos:**

1) **Na União**

- Valores transferidos aos Estados e Municípios por determinação constitucional ou legal;
- Contribuições destinadas à seguridade social pagas pelo empregador, pela empresa e pela entidade a ela equiparada na forma da lei, incidentes sobre a folha de salários e demais rendimentos do trabalho pagos ou creditados, a qualquer título, à pessoa física que lhe preste serviço, mesmo sem vínculo empregatício;
- Contribuições destinadas à seguridade social paga pelo trabalhador e dos demais segurados da previdência social.

- A arrecadação decorrente das contribuições para o Programa de Integração Social (PIS) e Programa de Formação do Patrimônio do Servidor Público (PASEP).

2) **Nos Estados**

- As parcelas entregues aos Municípios por determinação constitucional;

3) **Na União, Estados e Municípios:**

- Contribuição dos servidores para o custeio do seu sistema de previdência e assistência social:

- Receitas provenientes da compensação entre os diversos regimes de previdência social, citadas no § 9º do art. 201 da Constituição.

LRF

Art. 201 (...)

§ 9º Para efeito de aposentadoria, é assegurada a contagem recíproca do tempo de contribuição na administração pública e na atividade privada, rural e urbana, hipótese em que os diversos regimes de previdência social se compensarão financeiramente, segundo critérios estabelecidos em lei.

- **Outros elementos do cálculo da RCL**

1) **Serão computados no cálculo da receita corrente líquida os valores pagos e recebidos em decorrência da Lei Complementar nº 87 de 13 de setembro de 1996**

Essa Lei Complementar trata do imposto dos Estados e do Distrito Federal sobre operações relativas à circulação de mercadorias e sobre as prestações de serviços de transporte interestadual e intermunicipal e de comunicação.

Tais valores se referem à compensação financeira em função de perda de receita decorrente da desoneração das exportações nos termos da Lei Complementar nº 87 de 1996.

2) **Do fundo previsto para a manutenção e desenvolvimento da educação básica e à remuneração condigna dos trabalhadores da educação - FUNDEF**

3) **Recursos recebidos da União pelo Distrito Federal e dos Estados de Roraima e do Amapá**

Não serão considerados na receita corrente líquida do Distrito Federal e dos Estados do Amapá e de Roraima os recursos recebidos para o custeio de despesas com pessoal custeadas com recursos transferidos pela União.

Tais recursos serão utilizados para organizar e manter o Poder Judiciário, o Ministério Público e a Defensoria Pública do Distrito Federal e dos Territórios, além da polícia civil, a polícia militar e o corpo de bombeiros militar do Distrito Federal, bem como prestar assistência financeira ao Distrito Federal para a execução de serviços públicos.

- **Apuração**

A receita corrente líquida será apurada quando somadas as receitas arrecadadas no mês em referência e nos onze anteriores, excluídas as duplicidades.

1. **Destinação dos recursos das emendas individuais ao projeto de lei orçamentária**

Dos recursos objeto dessas emendas, metade será destinada às ações e serviços públicos de saúde, inclusive custeio, sendo computada para fins do cumprimento do inciso I do § 2º do art. 198, vedada a destinação para pagamento de pessoal ou encargos sociais.

> **Art. 198.** (...)
>
> § 2º A União, os Estados, o Distrito Federal e os Municípios aplicarão, anualmente, em ações e serviços públicos de saúde recursos mínimos derivados da aplicação de percentuais calculados sobre: (Incluído pela Emenda Constitucional nº 29, de 2000)
>
> I – no caso da União, a receita corrente líquida do respectivo exercício financeiro, não podendo ser inferior a 15% (quinze por cento); (Redação dada pela Emenda Constitucional nº 86, de 2015)

- **Execução obrigatória das programações das emendas individuais e de bancada de parlamentares de Estado ou do Distrito Federal**

1. **Impositividade da LOA**

Com as emendas 86, 100 e 102, surgiram algumas possibilidade de imposição da despesa. Tenha atenção porque essa imposição não é absoluta, já que depende de vários fatores, inclusive do cumprimento de metas de arrecadação. Vejamos novamente os dispositivos constitucionais relacionados:

1) Conforme o § 10 do art. 165, a administração tem o dever de executar as programações orçamentárias, adotando os meios e as medidas necessários, com o propósito de garantir a efetiva entrega de bens e serviços à sociedade. (Incluído pela Emenda Constitucional nº 100, de 2019)

2) Segundo o § 11 do art. 166, é obrigatória a execução orçamentária e financeira das programações a que se refere o § 9º deste artigo, em montante correspondente a 1,2% (um inteiro e dois décimos por cento) da receita corrente líquida realizada no exercício anterior, conforme os critérios para a execução equitativa da programação definidos na lei complementar prevista no § 9º do art. 165.

3) Segundo o § 12 do mesmo artigo, a garantia de execução de que trata o § 11 deste artigo aplica-se também às programações incluídas por todas as emendas de iniciativa de bancada de parlamentares de Estado ou do Distrito Federal, no montante de até 1% (um por cento) da receita corrente líquida realizada no exercício anterior.

▸ **ATENÇÃO:**

As programações de que trata o § 12, quando versarem sobre o início de investimentos com duração de mais de 1 (um) exercício financeiro ou cuja execução já tenha sido iniciada, deverão ser objeto de emenda pela mesma bancada estadual, a cada exercício, até a conclusão da obra ou do empreendimento.

4) Mesmo quando era considerado 100% (cem por cento) autorizativo, parte da despesa orçamentária era sempre de execução obrigatória e assim continua sendo, tal como a remuneração dos servidores públicos, transferências constitucionalmente e legalmente estabelecidas. Essa obrigatoriedade não tirava o caráter autorizativo do orçamento público.

2. **Espécies de execução**

✦ *Orçamentária e financeira.*

3. **Objeto da execução obrigatória**

✦ *Programações a que se refere o § 9º e § 12 do art. 166.*

§ 9º As emendas individuais ao projeto de lei orçamentária serão aprovadas no limite de 1,2% (um inteiro e dois décimos por cento) da receita corrente líquida prevista no projeto encaminhado pelo Poder Executivo, sendo que a metade deste percentual será destinada a ações e serviços públicos de saúde.

§ 12. (...) às programações incluídas por todas as emendas de iniciativa de bancada de parlamentares de Estado ou do Distrito Federal, no montante de até 1% (um por cento) da receita corrente líquida realizada no exercício anterior.

As programações de que trata o § 12 deste artigo, quando versarem sobre o início de investimentos com duração de mais de 1 (um) exercício financeiro ou cuja execução já tenha sido iniciada, deverão ser objeto de emenda pela mesma bancada de parlamentares de Estado ou do Distrito Federal, a cada exercício, até a conclusão da obra ou do empreendimento.

Você vai aprender nos capítulos seguintes que o Orçamento Público no Brasil é anual (um a cada ano), que ele é uma "lei" e que seu projeto é elaborado, no ano anterior, e apreciado pelo Poder legislativo. Assim, a lei orçamentária executada em 2021 é elaborada em 2020. Como o orçamento é anual, as fixações de despesas também são anuais. Dessa forma, as despesas para um projeto que dure mais de um ano (exercício financeiro) devem estar previstas em cada lei orçamentária de cada ano em que ocorrerá a construção, respectivamente, nesse caso, por intermédio de emendas apresentadas para cada exercício pela mesma bancada de parlamentares de Estado ou do Distrito Federal que apresentou a primeira.

Por exemplo:

No ano (exercício) de 2020 uma bancada de parlamentares de Estado ou do Distrito Federal apresenta uma emenda ao projeto de lei orçamentária para o orçamento de 2021. Essa emenda se refere à construção de um hospital que durará 3 anos, ou seja, sua construção ocorrerá nos exercícios de 2021, 2022, 2023.

Em 2021 essa emenda começa a ser executada e o hospital começa a ser construído.

Em 2021 inicia-se a elaboração do projeto de lei orçamentário para 2022. Como é necessária a previsão de todas as despesas orçamentária, também é necessária a previsão das despesas para continuação da construção do hospital durante o ano de 2022.

Assim, a mesma bancada será a responsável por apresentar a emenda com as despesas da construção do hospital para 2022 e assim, sucessivamente a cada exercício, até que o hospital seja concluído.

▶ **ATENÇÃO:**

Esses dispositivos se referem diretamente ao Orçamento Federal e poderão serão reproduzidas nas Constituições Estaduais, guardadas as devidas especificidades. Isso porque a expressão "banca de parlamentares de Estado ou do Distrito Federal" não significa bancada de deputados estaduais. "Bancada de parlamentares de Estado ou do Distrito Federal", nesse contexto, é bancada de deputados federais que representam um mesmo estado. A bancada de parlamentares de Estado do Paraná, por exemplo, é formada por todos os deputados federais eleitos pelo estado do Paraná.

4. Impedimento e execução obrigatória das programações das emendas individuais

Segundo o § 13 do art. 166, as programações orçamentárias previstas nos §§ 11 e 12 deste artigo não serão de execução obrigatória nos casos dos impedimentos de ordem técnica.

✦ **Motivo do impedimento:** *ordem técnica.*

▶ **OBSERVAÇÃO:**

Fique atento, pois, como visto anteriormente, lei complementar deverá dispor sobre procedimentos que serão adotados quando houver impedimentos legais e técnicos.

✦ **Medidas em caso de impedimento**

O § 14 do art. 166 determina que, para fins de cumprimento do disposto nos §§ 11 e 12 deste artigo, os órgãos de execução deverão observar, nos termos da lei de diretrizes orçamentárias, cronograma para análise e verificação de eventuais impedimentos das programações e demais procedimentos necessários à viabilização da execução dos respectivos montantes.

5. **Restos a pagar e a execução obrigatória**

Segundo o § 17, os Restos a Pagar provenientes das programações orçamentárias previstas nos §§ 11 e 12 poderão ser considerados para fins de cumprimento da execução financeira até o limite de 0,6% (seis décimos por cento) da receita corrente líquida realizada no exercício anterior, para as programações das emendas individuais, e até o limite de 0,5% (cinco décimos por cento), para as programações das emendas de iniciativa de bancada de parlamentares de Estado ou do Distrito Federal.

▸ **ATENÇÃO:**

O instituto denominado Restos a Pagar será esmiuçado em capítulo próprio.

6. **Execução obrigatória destinada aos Estados, ao Distrito Federal e aos Municípios**

Conforme o § 16, Quando a transferência obrigatória da União para a execução da programação prevista nos §§ 11 e 12 deste artigo for destinada a Estados, ao Distrito Federal e a Municípios, independerá da adimplência do ente federativo destinatário e não integrará a base de cálculo da receita corrente líquida para fins de aplicação dos limites de despesa de pessoal de que trata o caput do art. 169.

> **Art. 169.** A despesa com pessoal ativo e inativo da União, dos Estados, do Distrito Federal e dos Municípios não poderá exceder os limites estabelecidos em lei complementar. (Redação dada pela Emenda Constitucional nº 19, de 1998)

7. **Execução obrigatória e a meta de resultado fiscal estabelecida na lei de diretrizes orçamentárias**

O § 18 determina que se for verificado que a reestimativa da receita e da despesa poderá resultar no não cumprimento da meta de resultado fiscal estabelecida na lei de diretrizes orçamentárias, os montantes previstos nos §§ 11 e 12 deste artigo poderão ser reduzidos em até a mesma proporção da limitação incidente sobre o conjunto das demais despesas discricionárias.

4.2. Competências relacionadas aos instrumentos orçamentários

No Brasil, o orçamento é considerado misto, visto que é um orçamento cujas competências para elaboração e aprovação são divididas entre os Poderes, de forma que a responsabilidade pela elaboração e iniciativa é do Poder Executivo, enquanto que a discussão e aprovação cabem ao Poder Legislativo.

Veja as principais competências referentes ao orçamento no Brasil.

4.2.1. *Elaboração*

A elaboração do orçamento no Brasil é feita em cada esfera governamental de forma independente. Assim, cada ente federativo (União, estados, Distrito Federal e municípios), elabora seus próprios instrumentos orçamentários dentro dos seus próprios ciclos.

Por sua vez, em cada ente federativo, em razão também da existência do sistema de freios e contrapesos que limita e condiciona a atuação dos poderes uns pelos outros, cada poder elabora sua parcela do orçamento, além de outros órgãos estabelecidos pela Constituição. Isso para que fique garantida a autonomia administrativa e financeira de cada um, evitando uma interferência indevida do Poder Executivo nos outros poderes.

Dessa forma, é garantida aos órgãos com autonomia funcional e administrativa (Poderes Judiciário e Legislativo, MPU, DPU...) a elaboração da sua parcela do orçamento (PPA, LDO e LOA), de forma que a aplicação de recursos para o desempenho das atividades de cada um seja planejada por eles próprios.

Serve de exemplo o seguinte texto constitucional:

> **Art. 127.** O Ministério Público é instituição permanente, essencial à função jurisdicional do Estado, incumbindo-lhe a defesa da ordem jurídica, do regime democrático e dos interesses sociais e individuais indisponíveis.
>
> (...)
>
> § 2º Ao Ministério Público é assegurada autonomia funcional e administrativa, podendo, observado o disposto no art. 169, propor ao Poder Legislativo a criação e extinção de seus cargos e serviços auxiliares, provendo-os por concurso público de provas ou de provas e títulos, a política remuneratória e os planos de carreira; a lei disporá sobre sua organização e funcionamento. (Redação dada pela Emenda Constitucional nº 19, de 1998)
>
> § 3º O Ministério Público elaborará sua proposta orçamentária dentro dos limites estabelecidos na lei de diretrizes orçamentárias.

> ▸ **ATENÇÃO!**
>
> O responsável pela elaboração dos instrumentos orçamentários é o Poder Executivo, pois a ele é dada a missão de coordenar todo o processo.

4.2.2. *Iniciativa*

Iniciativa é a competência para dar início ao processo legislativo que terá por fim a elaboração de uma lei. O texto constitucional afirma que o PPA, a LDO e a LOA são de **iniciativa privativa** (art. 84, inciso XXIII, da CF) **indelegável** (Parágrafo único do art. 84) do Presidente da República.

Constituição Federal:

Art. 84. Compete privativamente ao Presidente da República:

(...)

XXIII – enviar ao Congresso Nacional o plano plurianual, o projeto de lei de diretrizes orçamentárias e as propostas de orçamento previstos nesta Constituição;

Parágrafo único. O Presidente da República poderá delegar as atribuições mencionadas nos incisos VI, XII e XXV, primeira parte, aos Ministros de Estado, ao Procurador-Geral da República ou ao Advogado-Geral da União, que observarão os limites traçados nas respectivas delegações.

Alexandre de Moraes[4] nomeia a competência privativa e indelegável de exclusiva, classificando-a ainda como vinculada, uma vez que deverá ser remetida ao Congresso Nacional no tempo estabelecido pela própria Constituição Federal. Para Estados e Municípios os dispositivos relacionados à iniciativa são normas de repetição obrigatória.

A iniciativa privativa e indelegável do chefe do Poder Executivo tem por função torná-lo responsável pela elaboração dos instrumentos orçamentários. Os poderes elaboram a parcela das leis orçamentárias que se refiram ao desempenho de suas atribuições típicas, enquanto que o Poder Executivo tem o papel de organizar e consolidar essas parcelas com a cota parte que ele mesmo elaborou, consolidando tudo em um único projeto de lei o qual ele dará iniciativa enviando ao Poder Legislativo na época devida.

Quanto à divisão de responsabilidades sobre as leis orçamentárias, esta deve ser assim definida:

1) Não é lícito para nenhum dos outros poderes ou órgãos, que não seja o chefe do Poder Executivo, dar iniciativa a um dos instrumentos orçamentários ou suas respectivas alterações, mesmo que se refira somente à parte que lhe cabe, pois, tal projeto sofreria de um vício de forma insanável.

2) Todos os órgãos e Poderes que desejarem ver seus pleitos inseridos nos instrumentos orçamentários devem encaminhá-los ao Poder Executivo que, diante da adequação Constitucional e Legal, encaminham-no ao Poder Legislativo para apreciação.

3) O Poder Executivo é o responsável pela elaboração dos instrumentos orçamentários, recebendo todos os pleitos de todos os poderes e, verificada a adequação, consolida juntamente com a sua parte em uma só proposta e a envia para o Poder Legislativo por meio de mensagem na forma de um projeto de lei.

4. MORAES, Alexandre de. **Direito Constitucional**. 16. ed. São Paulo: Atlas, 2004. p.594.

No que concerne à LOA, segundo a Lei nº 4.320/64, a mensagem conterá: exposição circunstanciada da situação econômico-financeira, documentada com demonstração da dívida fundada e flutuante, saldos de créditos especiais, restos a pagar e outros compromissos financeiros exigíveis; exposição e justificação da política econômico-financeira do Governo; justificação da receita e despesa, particularmente no tocante ao orçamento de capital.

4.2.3. Apreciação (disposição)

O poder de dispor, de apreciar os instrumentos orçamentários é do Poder Legislativo. Dispor, apreciar, significa aprovar ou não os instrumentos orçamentários mantendo ou alterando (emendando) o conteúdo apresentado pelo Poder Executivo. Para tanto, por votação, os instrumentos orçamentários passam pela análise dos parlamentares para que seja verificada a legalidade e se o interesse da população está sendo realmente atendido, podendo ser alterado nesse processo, respeitadas as limitações legais e constitucionais.

> **Art. 166...**
>
> (...)
>
> § 2º - As emendas serão apresentadas na Comissão Mista, que sobre elas emitirá parecer, e apreciadas, na forma regimental, pelo Plenário das duas Casas do Congresso Nacional.
>
> § 3º - As emendas ao projeto de lei do orçamento anual ou aos projetos que o modifiquem somente podem ser aprovadas caso:
>
> I - sejam compatíveis com o plano plurianual e com a lei de diretrizes orçamentárias;
>
> II - indiquem os recursos necessários, admitidos apenas os provenientes de anulação de despesa, excluídas as que incidam sobre:
>
> a) dotações para pessoal e seus encargos;
>
> b) serviço da dívida;
>
> c) transferências tributárias constitucionais para Estados, Municípios e Distrito Federal; ou
>
> III - sejam relacionadas:
>
> a) com a correção de erros ou omissões; ou
>
> b) com os dispositivos do texto do projeto de lei.
>
> § 4º - As emendas ao projeto de lei de diretrizes orçamentárias não poderão ser aprovadas quando incompatíveis com o plano plurianual.

O Poder Legislativo, em cada esfera que lhe cabe, é o responsável pela aprovação dos respectivos instrumentos orçamentários. O PPA, a LDO e a LOA dos Municípios são aprovados pelas respectivas câmaras de vereadores, o PPA, a LDO e a LOA do

Distrito Federal são aprovados pelos deputados distritais, o PPA, a LDO e a LOA de cada estado membro são aprovados pelas respectivas assembleias legislativas. Já o PPA, a LDO e a LOA da União são aprovados pelo Congresso Nacional, composto pela Câmara dos Deputados e pelo Senado Federal que devem apreciar os instrumentos orçamentários segundo o seu regimento comum.

> **Constituição Federal**
>
> **Art. 48.** Cabe ao Congresso Nacional, com a sanção do Presidente da República, não exigida esta para o especificado nos arts. 49, 51 e 52, dispor sobre todas as matérias de competência da União, especialmente sobre:
>
> (...)
>
> II – plano plurianual, diretrizes orçamentárias, orçamento anual, operações de crédito, dívida pública e emissões de curso forçado;
>
> (...)
>
> IV – planos e programas nacionais, regionais e setoriais de desenvolvimento;
>
> **Art. 166.** Os projetos de lei relativos ao plano plurianual, às diretrizes orçamentárias, ao orçamento anual e aos créditos adicionais serão apreciados pelas duas Casas do Congresso Nacional, na forma do regimento comum.

Outro ponto a ser destacado é que, em cada ente federativo, o Poder Legislativo deverá conter em sua estrutura um órgão formado por seus membros para desenvolver as atividades relacionadas à aprovação dos instrumentos orçamentários, além da fiscalização e acompanhamento da execução destes. Este órgão é a Comissão de Orçamento, que no caso da União é mista, pois é composta por deputados e senadores. Segundo o § 1º do art. 166 da Constituição Federal, caberá a uma Comissão mista permanente de Senadores e Deputados:

> I – examinar e emitir parecer sobre os projetos de lei relativos ao plano plurianual, às diretrizes orçamentárias, ao orçamento anual e aos créditos adicionais e sobre as contas apresentadas anualmente pelo Presidente da República;
>
> II – examinar e emitir parecer sobre os planos e programas nacionais, regionais e setoriais previstos na Constituição e exercer o acompanhamento e a fiscalização orçamentária, sem prejuízo da atuação das demais comissões do Congresso Nacional e de suas Casas, criadas de acordo com o art. 58. Além de deliberar sobre o projeto de lei dos instrumentos orçamentários, segundo o § 2º do mesmo artigo (166), cabe a essa comissão emitir parecer sobre as emendas, que após serão apreciadas, na forma regimental, pelo Plenário das duas Casas do Congresso Nacional.

Os parâmetros dessa análise se encontram no § 3º ainda do mesmo artigo, o qual determina que as emendas ao projeto de lei do orçamento anual ou aos projetos que o modifiquem somente podem ser aprovadas caso:

> I – sejam compatíveis com o plano plurianual e com a lei de diretrizes orçamentárias;
>
> II – indiquem os recursos necessários, admitidos apenas os provenientes de anulação de despesa, excluídas as que incidam sobre:
>
> a) dotações para pessoal e seus encargos;
>
> b) serviço da dívida;
>
> c) transferências tributárias constitucionais para Estados, Municípios e Distrito Federal; ou
>
> III – sejam relacionadas:
>
> a) com a correção de erros ou omissões; ou
>
> b) com os dispositivos do texto do projeto de lei.

Por fim, com o fito de se prevenir a ocorrência de arbitrariedades por parte do Poder Executivo, a Constituição Federal veda a edição de Medida Provisória sobre: planos plurianuais, diretrizes orçamentárias, orçamentos anuais e créditos adicionais suplementares e especiais (CF, art. 62, § 1º, I, d). Exceção a essa regra é a abertura de créditos extraordinários, para atender despesas imprevisíveis e urgentes, como as decorrentes de guerra, comoção interna ou calamidade pública (CF, art. 167, § 3º). Seguindo o mesmo raciocínio, também, não se pode tratar desses planos por meio de Lei Delegada (CF, art. 68, III).

> **Constituição Federal**
>
> **Art. 62.** Em caso de relevância e urgência, o Presidente da República poderá adotar medidas provisórias, com força de lei, devendo submetê-las de imediato ao Congresso Nacional. (Redação dada pela Emenda Constitucional nº 32, de 2001).
>
> § 1º É vedada a edição de medidas provisórias sobre matéria: (Incluído pela Emenda Constitucional nº 32, de 2001).
>
> I – relativa a: (Incluído pela Emenda Constitucional nº 32, de 2001).
>
> (...)
>
> d) planos plurianuais, diretrizes orçamentárias, orçamento e créditos adicionais e suplementares, ressalvado o previsto no art. 167, § 3º; (Incluído pela Emenda Constitucional nº 32, de 2001).
>
> **Art. 68.** As leis delegadas serão elaboradas pelo Presidente da República, que deverá solicitar a delegação ao Congresso Nacional.
>
> § 1º – Não serão objeto de delegação os atos de competência exclusiva do Congresso Nacional, os de competência privativa da Câmara dos

Deputados ou do Senado Federal, a matéria reservada à lei complementar, nem a legislação sobre:

(...)

III - planos plurianuais, diretrizes orçamentárias e orçamentos.

Tais dispositivos demonstram a preocupação do legislador constituinte originário em efetivamente dividir as competências e responsabilidades na elaboração orçamentária.

4.2.4. *Execução orçamentária*

Sob responsabilidade do Poder Executivo, a execução orçamentária e financeira é feita pelos próprios órgãos com autonomia funcional e administrativa (Poderes, MPU, DPU...), cada um em sua área de atuação, com o objetivo de cumprir com regularidade sua função constitucional. Os poderes executam suas parcelas do orçamento, sob coordenação geral, no caso da União, da SOF (secretaria de Orçamento Federal) e STN (Secretaria do Tesouro Nacional), secretaria pertencente ao Ministério da Economia.

> ▶ **FIQUE ATENTO!**
>
> O responsável pela execução orçamentária é o Poder Executivo, sendo, porém, dada autonomia administrativa e funcional aos outros poderes que executarão eles mesmos suas parcelas do orçamento.

4.2.5. *Controle e avaliação*

O controle pode ser exercido tanto interno quanto externamente. O controle interno fica a cargo de cada poder, enquanto que o controle externo fica a cargo do Poder Legislativo que o faz por intermédio da Comissão de Orçamento, auxiliado pelo Tribunal de Contas respectivo.

O controle também pode ser exercido por toda sociedade, para tanto, a Constituição e a LRF estabelecem dois instrumentos: o Relatório Resumido da Execução Orçamentária (RREO) e o Relatório de Gestão Fiscal RGF.

Tais relatórios atendem ao princípio da publicidade, pois explicitarão de forma resumida o que ocorreu no período a que se refere em relação à execução orçamentária, permitindo ao usuário da informação comparar o que foi planejado com o que está sendo executado.

1) Relatório Resumido da Execução Orçamentária (RREO)

A Constituição Federal determina no § 3º do art. 165 a elaboração de um relatório resumido de execução orçamentária até trinta dias após o final de cada bimestre.

Art. 165 (...)

3º – O Poder Executivo publicará, até trinta dias após o encerramento de cada bimestre, relatório resumido da execução orçamentária.

Diante do dispositivo mencionado, entende-se que o Poder Executivo deverá publicar tal relatório até trinta dias após cada bimestre de execução, isso implica na publicação de seis relatórios por exercício financeiro, sendo o último publicado após o seu encerramento.

2) Relatório de Gestão Fiscal (RGF)

Para facilitar o controle e avaliação da execução orçamentária, a Lei de Responsabilidade Fiscal determina em seu art. 54 que ao final de cada quadrimestre será emitido pelos titulares dos Poderes e órgãos (incluindo o Ministério Público e Tribunal de Contas) Relatório de Gestão Fiscal RGF.

> **Art. 54** – Ao final de cada quadrimestre será emitido pelos titulares dos Poderes e órgãos referidos no art. 20 Relatório de Gestão Fiscal, assinado pelo:
>
> I. Chefe do Poder Executivo;
>
> II. Presidente e demais membros da Mesa Diretora ou órgão decisório equivalente, conforme regimentos internos dos órgãos do Poder Legislativo;
>
> III. Presidente de Tribunal e demais membros de Conselho de Administração ou órgão decisório equivalente, conforme regimentos internos dos órgãos do Poder Judiciário;
>
> VI. Chefe do Ministério Público, da União e dos Estados.
>
> **Parágrafo único** – O relatório também será assinado pelas autoridades responsáveis pela administração financeira e pelo controle interno, bem como por outras definidas por ato próprio de cada Poder ou órgão referido no art. 20.

4.3. Hierarquia entre os instrumentos orçamentários

Em razão da obrigatoriedade de implementação do orçamento-programa e sendo uma de suas principais características a vinculação entre planejamento e execução, no Brasil existe uma verdadeira hierarquização orçamentária entre os instrumentos de planejamento.

Essa hierarquia está estabelecida em dispositivos constitucionais e legais, servindo de exemplo o § 1º do art. 167, o qual dispõe que nenhum investimento cuja execução ultrapasse um exercício financeiro poderá ser iniciado sem prévia inclusão no plano plurianual, ou sem lei que autorize a inclusão, sob pena de crime de responsabilidade. O inciso I, § 3º do art. 166 determina que as emendas ao projeto de lei do orçamento anual ou aos projetos que o modifiquem somente podem ser aprovadas caso sejam compatíveis com o plano plurianual e com a lei de diretrizes orçamentárias.

Os instrumentos orçamentários são leis ordinárias e não há hierarquia jurídica entre eles. Porém, como visto, a própria Constituição estabelece certa hierarquia em matéria orçamentária com a finalidade de efetivamente criar vinculação entre planejamento e execução, característica vital para a existência de um orçamento-programa, tipo de orçamento adotado obrigatoriamente no Brasil por todos os entes federativos. Tal hierarquia é representada pela figura abaixo:

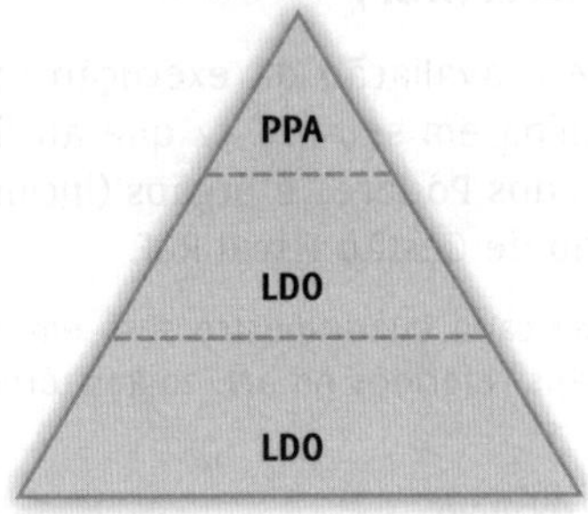

Fonte: "Facilitando o estudo das finanças públicas com enfoque orçamentário", de Ana Paula Oliveira Gomes.

O PPA está no topo do processo de planejamento, servindo de referência para os outros instrumentos orçamentários, como os planos e programas nacionais regionais e setoriais que, segundo o § 4º do art. 165 da Constituição Federal, serão elaborados em consonância com o plano plurianual.

Dessa forma, os instrumentos orçamentários são hierarquizados assim:

1) Plano Plurianual, no topo da hierarquia, como principal instrumento de Planejamento, subordinando todos os outros planos do ente federado ao qual se refere, é o planejamento estratégico de médio prazo da Administração;

2) Diretrizes Orçamentárias. Em um plano hierárquico intermediário, deve "obediência" ao PPA e orienta a elaboração da LOA. É um instrumento de planejamento tático de curto prazo da Administração.

3) A lei de orçamentos é o planejamento operacional de curto prazo, tem dupla subordinação, pois, como regra, deve executar somente programas contidos no PPA que, por sua vez, foram estabelecidos pela LDO.

Dois aspectos para hierarquia entre instrumentos orçamentários:

1) **Jurídica**: não há hierarquia jurídica entre instrumentos orçamentários;

2) **Orçamentária**: existe, à medida que a elaboração da LOA deve obedecer às metas, prioridades e parâmetros estabelecidos na LDO, atendendo aos programas previstos no PPA. Já a LDO somente poderá estabelecer metas e

prioridades dentre as diretrizes, objetivos, metas e prioridades estabelecidas no PPA.

Três observações importantes:

1) Juridicamente falando, a Constituição Federal está acima de todas as leis, assim, mesmo que não haja nenhum instrumento de planejamento acima do PPA, na elaboração dos seus programas, o grande norteador sempre será os mandamentos constitucionais que delimitam e direcionam juridicamente as ações do Estado Brasileiro.

Serve de exemplo os seguintes dispositivos constitucionais:

> **Art. 1º** A República Federativa do Brasil, formada pela união indissolúvel dos Estados e Municípios e do Distrito Federal, constitui-se em Estado Democrático de Direito e tem como fundamentos:
>
> I – a soberania;
>
> II – a cidadania;
>
> III – a dignidade da pessoa humana;
>
> IV – os valores sociais do trabalho e da livre iniciativa;
>
> V – o pluralismo político.
>
> Parágrafo único. Todo o poder emana do povo, que o exerce por meio de representantes eleitos ou diretamente, nos termos desta Constituição.
>
> **Art. 2º** São Poderes da União, independentes e harmônicos entre si, o Legislativo, o Executivo e o Judiciário.
>
> **Art. 3º** Constituem objetivos fundamentais da República Federativa do Brasil:
>
> I – construir uma sociedade livre, justa e solidária;
>
> II – garantir o desenvolvimento nacional;
>
> III – erradicar a pobreza e a marginalização e reduzir as desigualdades sociais e regionais;
>
> IV – promover o bem de todos, sem preconceitos de origem, raça, sexo, cor, idade e quaisquer outras formas de discriminação.

2) A adoção do orçamento-programa, com a consequente vinculação entre planejamento e orçamento, propiciada por sua vez pela subordinação entre os instrumentos orçamentários, faz com que o processo orçamentário brasileiro seja vinculado, o que não implica em rigidez, haja vista as diversas possibilidades de ajustes que podem ocorrer durante a execução orçamentária.

Sistema de Planejamento e Orçamento Brasileiro

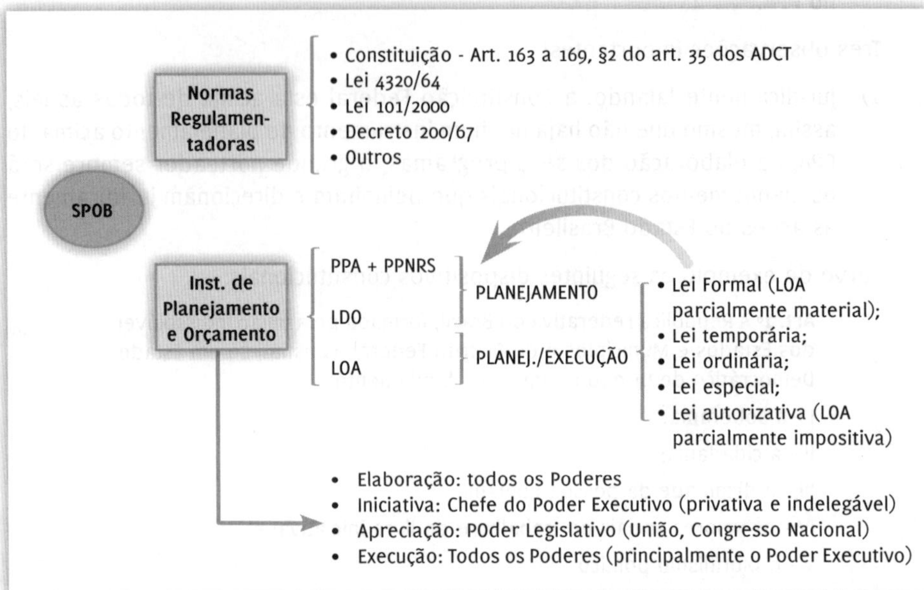

3) Se determinado projeto não for incluído na relação de prioridades e metas da lei de diretrizes orçamentárias, sua inclusão na lei orçamentária anual não será necessariamente vedada. A relevância e a necessidade legal é que determinam a inclusão de determinados projetos na LDO. Assim, existirão situações em que, mesmo não havendo inclusão na LDO, poderá haver inclusão do projeto na LOA.

5. PRATICANDO – QUESTÕES DE CONCURSOS ANTERIORES COMENTADAS

1) **(CESPE - MPU – 2018 - Técnico do MPU – Administração)** A respeito dos instrumentos de planejamento da gestão pública, julgue o item a seguir.

Caso determinado plano regional de desenvolvimento seja incompatível com o plano plurianual, caberá ao plenário do Congresso Nacional declarar a incompatibilidade, a partir de parecer aprovado pelo Tribunal de Contas da União.

Gabarito: errado

COMENTÁRIO:

Segundo a Constituição Federal, o órgão responsável por essa análise é a Comissão Mista Permanente de Senadores e Deputados e não o plenário.

Art. 166...

> § 1º Caberá a uma Comissão mista permanente de Senadores e Deputados:
>
> I - examinar e emitir parecer sobre os projetos referidos neste artigo e sobre as contas apresentadas anualmente pelo Presidente da República;
>
> II - examinar e emitir parecer sobre os planos e programas nacionais, regionais e setoriais previstos nesta Constituição e exercer o acompanhamento e a fiscalização orçamentária, sem prejuízo da atuação das demais comissões do Congresso Nacional e de suas Casas, criadas de acordo com o art. 58.

2) **(CESPE - Proc (PGE AM)/PGE AM/2016)** Considerando as disposições constitucionais pertinentes a finanças e orçamento, julgue o seguinte item.
A competência legislativa municipal suplementar não se estende ao direito financeiro, uma vez que o constituinte, ao tratar da competência concorrente para legislar sobre tal matéria, não contemplou os municípios.
Gabarito: Errado

COMENTÁRIO:

Segundo o texto constitucional, art. 30 compete aos Municípios:

I - legislar sobre assuntos de interesse local;

II - suplementar a legislação federal e a estadual no que couber;

3) **(CESPE - AUCE (TCE-PE)/TCE-PE/Auditoria de Contas Públicas/2017)** Com referência ao direito financeiro, julgue o item seguinte.
Além de disciplinar o Sistema Financeiro Nacional, o direito financeiro regulamenta a atividade financeira do Estado no que diz respeito a orçamento público, receita pública, despesa pública, crédito público, responsabilidade fiscal e controle da execução orçamentária.
Gabarito: Errado

COMENTÁRIO:

Direito Financeiro é o ramo do Direito Público que disciplina a atividade financeira do Estado, a receita tributária (sub-ramo denominado direito tributário), a receita pública, a despesa pública, crédito público e orçamento público, além de todos os requisitos e elementos que envolvem a Atividade Financeira do Estado.

O Sistema Financeiro Nacional (SFN) brasileiro é um conjunto de órgãos e instituições responsáveis pela gestão da política monetária do Governo Federal. Portanto, não faz parte do campo de aplicação do Direito Financeiro.

4) **(CESPE - AUD (TCU)/ 2007)** Acerca do direito financeiro, julgue o item que se segue. É competência comum da União, dos estados, do DF e dos municípios legislar sobre direito financeiro, cabendo à União o estabelecimento das normas gerais.

Gabarito: Errado

COMENTÁRIO:

A competência concorrente para legislar sobre direito financeiro não envolve diretamente os municípios.

> Constituição Federal
>
> Art. 24. Compete à União, aos Estados e ao Distrito Federal legislar concorrentemente sobre:
>
> I - direito tributário, financeiro, penitenciário, econômico e urbanístico;
>
> II - orçamento;

5) **(CESPE - 2012 - Analista Administrativo - Área 2)** A LOA, que tem caráter impositivo, é composta pelos orçamentos fiscal, de investimentos e da seguridade social.

Gabarito: Errado

COMENTÁRIO:

Realmente, o § 5º do art. 165 da CF prevê que a Lei Orçamentária Anual compreenderá os seguintes orçamentos:

- O orçamento fiscal referente aos Poderes da União, seus fundos, órgãos e entidades da administração direta e indireta, inclusive fundações instituídas e mantidas pelo Poder Público;
- O orçamento de investimento das empresas em que a União, direta ou indiretamente, detenha a maioria do capital social com direito a voto;
- O orçamento da seguridade social, abrangendo todas as entidades e órgãos a ela vinculados, da administração direta ou indireta, bem como os fundos e fundações instituídos e mantidos pelo Poder Público.

Até aí a questão está correta. Porém, a Lei Orçamentária Anual (LOA), em regra, não tem caráter impositivo, ao contrário, tem caráter autorizativo, ou seja, constitui-se uma autorização para o gasto, não tendo caráter impositivo.

Com o advento das Emendas Constitucionais 86 e 100 foram inseridos dispositivos na Constituição Federal que mudaram levemente esse cenário. Segundo o § 11, é OBRIGATÓRIA a execução orçamentária e financeira das programações a que se refere o § 9º deste artigo (emendas individuais ao projeto de lei orçamentária aprovadas no limite de 1,2% - um inteiro e dois décimos por cento), em montante correspondente a 1,2% (um inteiro e dois décimos por cento) da receita corrente líquida realizada no exercício anterior, conforme os critérios para a execução equitativa da programação definidos na lei complementar prevista no § 9º do art. 165 (aprovação de emendas individuais ao projeto de lei orçamentária).

Já o §12 estabelece que a garantia de execução de que trata o § 11 deste artigo aplica-se também às programações incluídas por todas as emendas de iniciativa de bancada de parlamentares de Estado ou do Distrito Federal, no montante de até 1% (um por cento) da receita corrente líquida realizada no exercício anterior.

Isso torna parte da execução da despesa antes considerada discricionária como sendo impositiva. Assim, não é mais possível considerar o orçamento como sendo 100% (cem por cento) autorizativo.

6) **(FGV – 2015 – TJ-BA – Analista Judiciário – Área Administrativa)** A competência pela inciativa da Lei Orçamentária é:

a) circunscrita a cada Poder;
b) concorrente dos Poderes Executivo e Legislativo;
c) exclusiva do Poder Executivo;
d) exclusiva do Poder Legislativo;
e) partilhada pela administração direta e indireta

Gabarito: c

COMENTÁRIO:

Iniciativa é a competência para dar início ao processo legislativo que terá por fim a elaboração de uma lei. O texto constitucional afirma que o PPA, a LDO e a LOA são de iniciativa privativa (art. 84, inciso XXIII, da CF) e indelegável (Parágrafo único do art. 84) do Presidente da República.

Alexandre de Moraes[5] denomina a competência privativa e indelegável de exclusiva, classificando-a ainda como vinculada, uma vez que deverá ser remetida ao Congresso Nacional no tempo estabelecido pela própria Constituição Federal. Para Estados e Municípios, os dispositivos relacionados à iniciativa são normas de repetição obrigatória.

7) **(FCC – 2011 – TRT – 23ª REGIÃO (MT) Analista Judiciário – Área Administrativa)** Em relação ao ciclo orçamentário, é correto afirmar que

a) a iniciativa de apresentação do projeto da Lei Orçamentária Anual cabe ao Congresso Nacional.
b) é assegurada ao Poder Judiciário autonomia administrativa e financeira.
c) não é possível fazer-se emendas ao projeto da Lei Orçamentária Anual.
d) o órgão responsável pela consolidação do projeto da Lei Orçamentária Anual é o Ministério da Fazenda, através da Secretaria do Tesouro Nacional.
e) a fiscalização contábil, financeira, orçamentária, operacional e patrimonial dos entes públicos será executada pelo Poder Judiciário, através do Tribunal de Contas respectivo.

Gabarito: b

---

5. MORAES, Alexandre de. **Direito Constitucional**. 16. ed. São Paulo: Atlas, 2004. p.594.

COMENTÁRIO:

Alternativa "a" - Errado: a iniciativa de apresentação do projeto da Lei Orçamentária Anual cabe ao chefe do Poder Executivo.

Alternativa correta: letra "b". os Poderes Legislativo e Judiciário, além de outros órgãos, gozam de Autonomia Administrativa e Financeira, o que implica em possuir capacidade para elaborar sua própria parcela do orçamento.

Alternativa "c" - Errado: no capítulo sobre o ciclo orçamentário, você aprenderá que os parlamentares poderão apresentar emendas ao projeto da Lei Orçamentária Anual.

Alternativa "d" - Errado: o órgão responsável pela consolidação do projeto da Lei Orçamentária Anual é o Ministério do Planejamento (incorporado ao Ministério da Economia)., órgão central de planejamento e orçamento através da Secretaria de Orçamento Federal.

Alternativa "e" - Errado: a fiscalização contábil, financeira, orçamentária, operacional e patrimonial dos entes públicos será executada pelo Poder Legislativo, com auxílio do Tribunal de Contas respectivo.

8) **(CESPE – 2013 – CNJ: Analista Judiciário – Área Administrativa)** A elaboração do orçamento compreende o estabelecimento de plano de médio prazo (quatro anos) ou PPA; lei orientadora ou lei de diretrizes orçamentárias (LDO); e orçamento propriamente dito ou LOA.

Gabarito: Certo

COMENTÁRIO:

É a descrição sucinta dos instrumentos orçamentários e suas funções previstos no art. 165 da Constituição Federal.

9) **(FCC – AC TCE PR/TCE-PR/Econômica/2011)** De acordo com a Constituição Federal de 1988, a competência para legislar sobre direito financeiro e orçamento é

a) exclusiva da União.
b) privativa da União, dos Estados e do Distrito Federal.
c) privativa da União.
d) exclusiva da União, dos Estados e do Distrito Federal.
e) concorrente da União, Estados e Distrito Federal.

Gabarito: E

COMENTÁRIO:

Segundo texto constitucional (art. 24, incisos I e II), compete à União, aos Estados e ao Distrito Federal legislar concorrentemente sobre, dentre outros, direito financeiro e orçamento.

6. PRATICANDO – QUESTÕES DE CONCURSOS ANTERIORES GABARITADAS

1) **(FCC – 2015 – TCE – Analista de Controle Externo-Biblioteconomia)** A proposta da Lei Orçamentária Anual deve ser encaminhada pelo Poder Executivo ao Legislativo acompanhada de exposição circunstanciada da situação econômico-financeira. Essa exposição é denominada

a) razão orçamentária.
b) tabela explicativa.
c) mensagem.
d) exposição orçamentária.
e) fundamentação orçamentária.

2) **(CESPE – 2017 – SEDF – Analista de Gestão Educacional – Administração)** A respeito do orçamento público, julgue o item a seguir.
As diretrizes orçamentárias buscam sintonizar a lei orçamentária anual com as diretrizes, os objetivos e as metas da administração pública, estabelecidas no plano plurianual.

3) **(FCC – 2015 – TCE-CE – Técnico de Controle Externo-Administração)** A iniciativa para a elaboração do Plano Plurianual – PPA, da Lei de Diretrizes Orçamentárias – LDO e da Lei Orçamentária Anual – LOA é

a) do Poder Executivo.
b) do Poder Legislativo.
c) do Poder Judiciário.
d) dos Poderes Executivo e Legislativo.
e) dos Poderes Executivo, Legislativo e Judiciário.

4) **(FCC – 2015 – TRE-RR – Analista Judiciário – Administrativa)** O processo de elaboração da Lei Orçamentária Anual – LOA inicia-se com a formulação das propostas orçamentárias, observados o Plano Plurianual – PPA e a Lei de Diretrizes Orçamentária – LDO. No âmbito da União, o projeto de lei orçamentária anual é enviado

a) pelo Presidente da República ao Congresso Nacional, até 31 de agosto de cada ano.
b) pelo Ministro do Planejamento Orçamento e Gestão ao Congresso Nacional, até 30 de setembro de cada ano.
c) pelo Poder Executivo ao Senado Federal, até 31 de agosto de cada ano.
d) pela Controladoria Geral da União ao Congresso Nacional, até 30 de setembro de cada ano.
e) pelo Poder Executivo à Câmara dos Deputados, até 31 de agosto de cada ano.

5) **(CESPE – Proc (PGE BA)/2014)** No que se refere ao direito financeiro, julgue o próximo item.

Os estados podem legislar sobre direito financeiro e, sempre que o fizerem, estarão revogando qualquer norma preexistente, ainda que editada pela União.

6) **(FCC – AC TCE PR/Econômica/2011)** De acordo com a Constituição Federal de 1988, a competência para legislar sobre direito financeiro e orçamento é

a) exclusiva da União.
b) privativa da União, dos Estados e do Distrito Federal.
c) privativa da União.
d) exclusiva da União, dos Estados e do Distrito Federal.
e) concorrente da União, Estados e Distrito Federal.

7) **(CESPE – AUD (TCU)/2007)** Acerca do direito financeiro, julgue o item que se segue. É competência comum da União, dos estados, do DF e dos municípios legislar sobre direito financeiro, cabendo à União o estabelecimento das normas gerais.

8) **(ESAF – ANALISTA EM PLANEJAMENTO, ORÇAMENTO E FINANÇAS PÚBLICAS – SEFAZ/SP – 2009)** A Constituição da República confere ao orçamento a natureza jurídica de:

a) lei de efeito concreto.
b) lei material.
c) lei formal e material.
d) lei extraordinária.
e) lei abstrata.

9) **(CESPE – ACE (TC-DF)/TC-DF/2012)** Considerando os mecanismos básicos de atuação do Estado nas finanças públicas, julgue o seguinte item.
No atual ordenamento constitucional brasileiro, a LOA é, simultaneamente, uma lei especial e ordinária.

10) **(CESPE 2011 – TCU – Auditor Federal de Controle Externo – Auditoria Governamental)** A CF introduziu no ordenamento jurídico brasileiro um documento, a LDO, com características inéditas no mundo, que depois chegou a ser copiado em vários países. Acerca da LDO, julgue o item subsequente. A LOA é uma lei posterior à LDO e de mesma hierarquia. Apesar disso, a LOA não pode revogar dispositivos da LDO.

7. GABARITO FUNDAMENTADO

1) C	Art. 22, I da Lei nº 4.320/64.
2) Certo	Interpretação de dispositivos constitucionais, como os arts. 165, 166, 167 e outros.
3) A	Art. 165 da CF/88.

4) A	Art. 35, § 2º, III do ADCT.
5) Errado	Art. 24 da CF/88.
6) E	Art. 24 da CF/88.
7) Errado	Art. 24 da CF/88.
8) A	Interpretação doutrinária.
9) Certo	Interpretação doutrinária do art. 165 da CF/88 e de outros dispositivos.
10) Certo	Art. 165 da CF/88 combinado com os incisos II e III do art. 35 do ADCT.

Capítulo IV

Orçamento na Constituição Federal (Instrumentos de Planejamento em Espécies: PPA, LDO e LOA, além de Planos e Programas Nacionais, Regionais e Setoriais) Instrumentos de Planejamento em Espécies: PPA, LDO e LOA

Sumário:

1. INTRODUÇÃO

1.1. Contextualização

Através da história, o papel do Estado vem evoluindo, deixando de se caracterizar por uma postura de mera neutralidade, própria do *laissez-faire* (não intervencionista, do deixar fazer – deixar passar), passando a uma postura mais intervencionista, buscando a correção das imperfeições do mercado provocadas pelo modelo puramente liberal. Portanto, o Orçamento Público vem se tornando uma ferramenta de promoção do desenvolvimento econômico-social, buscando a melhoria na vida de seus cidadãos.

Para atingir tais objetivos, o Governo necessita de um eficiente sistema de planejamento e gestão, para que possa obter o máximo de receitas, sem prejudicar o sistema econômico, e despender estas receitas na forma de despesas públicas de uma maneira eficiente, eficaz e efetiva, buscando sempre fazer o máximo com os recursos disponíveis.

O Ciclo de Gestão no Governo Federal, por exemplo, engloba as funções de planejamento-orçamento, execução e controle, cada qual com suas estruturas e seus instrumentos normativos. Segundo o manual para elaboração do PPA (Plano Plurianual) 2016-2019[1] do Governo Federal, o planejamento de políticas públicas é pressuposto para a qualificação dos bens e dos serviços públicos ofertados à sociedade e essencial em um contexto que demanda a implantação de mecanismos capazes de dar continuidade ao necessário desenvolvimento socioeconômico do país.

Para realizar a gestão governamental, o Governo tem à disposição vários instrumentos para o planejamento de suas políticas. De iniciativa privativa e indelegável do chefe do Poder Executivo, os instrumentos orçamentários são as ferramentas que materializam as atividades de planejamento e execução orçamentária. Cada um desses possui suas especificidades e funções, formando um todo harmônico que tem por objetivo maximizar a eficiência do gasto público na busca pelo máximo possível de bem-estar social para toda sociedade.

Esses instrumentos são um conjunto de leis que visam garantir planejamento e coerência temporal às ações desenvolvidas pelo Governo. Nesse sentido, o Plano Plurianual (PPA), a Lei de Diretrizes Orçamentárias (LDO) e a Lei Orçamentária Anual (LOA) compõem uma estrutura básica de planejamento e execução do orçamento no Brasil. Planos e Programas Nacionais Regionais e Setoriais são instrumentos auxiliares neste processo.

Importa frisar que a integração entre o plano e o orçamento foi uma notável modificação introduzida pela Constituição Federal de 1988 no processo orçamentário brasileiro. Essa integração foi realizada por intermédio da criação do Plano Plurianual (PPA) e da Lei de Diretrizes Orçamentárias (LDO). Neste capítulo, serão apresentadas as particularidades de cada instrumento de planejamento e orçamento dentro da dinâmica orçamentária.

No âmbito da União, os projetos de lei relativos a esses instrumentos são apreciados pelas duas Casas do Congresso Nacional, na forma do regimento comum, ou seja, é competência do Congresso Nacional.

---

1. BRASIL. Ministério do Planejamento. **Elaboração do Plano Plurianual 2016-2019.** Disponível em: <http://www.planejamento.gov.br/secretarias/upload/Arquivos/ppa-2016/cartilha_elaboracao_ppa_2016.pdf>. Acesso em: 08 ago. 2018.

Para concluir o raciocínio, os detalhes relacionados a esses instrumentos e suas diferenciações, que estão sistematizados na Constituição e nas leis, formam a principal fonte de questões para concursos públicos exploradas pelas bancas organizadoras.

1.2. Questões de concursos

Bem frequentes, de maneira geral, as questões relacionadas a este tema não são complexas, demandando conhecimento teórico e também do texto legal, principalmente no que concerne ao texto constitucional. Porém, como os instrumentos estão relacionados praticamente com todos os outros assuntos abordados neste livro, a maioria das questões que os envolvem se referem, também, a diversos outros tópicos, como princípios, créditos adicionais, receita, despesa.

Para entender todo o contexto trazido por boa parte das questões, será necessário o conhecimento desses vários assuntos que você terá acesso ao longo desta obra.

Assim, após a leitura deste capítulo, é provável que você encontre questões cujos temas ainda não foram tratados aqui, mas, certamente, serão abordados ainda em seus respectivos capítulos.

1) Questões relacionadas ao texto constitucional e legal

Mais abundantes dentre todas, estas questões têm relação direta com o texto constitucional e legal, notadamente aos artigos 165, 166 e 167 da Constituição, o § 2º do art. 35 do ADCT, outros dispositivos constitucionais esparsos, partes da Lei nº 4.320/64, Lei Complementar nº 101/2000 – LRF (Lei de Responsabilidade Fiscal), dentre outros.

Para acertá-las, você necessitará, nessa ordem, preferencialmente:

- **Entender os institutos que são tratados pela "letra" da Constituição e das leis**

Erro comum é buscar o conhecimento diretamente nos dispositivos constitucionais e legais. Você certamente aprenderá muito fazendo isso, mas ler somente esses textos pode gerar equívocos referentes aos institutos abordados.

Serve de exemplo uma questão que se refira ao tipo de despesa que o PPA versará afirmando que este disporá somente sobre despesas de capital. Segundo a Constituição, o PPA *"estabelecerá, de forma regionalizada, as diretrizes, objetivos e metas da Administração Pública federal para as* ***despesas de capital*** *e outras delas decorrentes e para as relativas aos programas de duração continuada"*. A despesa é classificada, segundo a categoria econômica, em "despesas correntes e despesas de capital". A leitura somente do texto pode levar à conclusão equivocada de que o PPA não deve versar sobre as despesas correntes ou que deve versar somente sobre as despesas de capital, como ocorreu nas duas afirmações abaixo em questões elaboradas por duas das principais bancas organizadoras de concursos para tribunais:

► **QUESTÕES COMENTADAS:**

(FCC – 2014) Em relação à elaboração das peças de planejamento, considere:

I. De acordo com a Constituição Federal, o Plano Plurianual – PPA, por se tratar de plano de investimentos, deve prever apenas as despesas de capital.

Gabarito: Afirmativa errada

(CESPE - 2014) O Plano Plurianual — instrumento de planejamento de médio prazo do governo federal — estabelece objetivos e metas para despesas de capital, incluindo-se despesas correntes necessárias a investimentos a serem realizados durante mais de um exercício financeiro.

Gabarito: Certo.

COMENTÁRIO:

Quando o texto constitucional se refere a *"...outras delas decorrentes e para as relativas aos programas de duração continuada"*, está fazendo menção às despesas correntes que decorram das despesas de capital e das despesas correntes relacionadas aos programas de duração continuada. Veja que no texto constitucional não está expresso o termo "despesa corrente", mas ele está lá de forma implícita.

Outro exemplo é a expressão *"regionalizada"*. O que ela significa exatamente? Estaria ligada à divisão territorial do Brasil (norte, nordeste, centro-oeste, sul e sudeste)?

Assim, antes de ler os "textos de lei", é importante estudar com afinco todo o capítulo e, depois de conhecer o contexto geral exposto, partir para o texto "puro da lei".

- **Ler com atenção os textos constitucionais e legais**

Selecione os textos relacionados aos principais dispositivos que você verá neste capítulo e leia com atenção, dando ênfase aos detalhes, principalmente aos que aqui serão abordados. Se você desejar um material com todo texto compilado, você poderá, também, adquirir o "código" de textos legais e constitucionais sobre Administração Financeira e Orçamentária, compilado e atualizado por este autor que vos escreve.

2) Questões de cunho doutrinário

São questões bem menos recorrentes e que abordam a opinião de doutrinadores, principalmente no que tange à natureza dos instrumentos orçamentários e seus atributos.

Essas se apresentam de duas formas:

- **As que se referem aos temas e conceitos genéricos, reconhecidos e, de certa forma, unânimes**

Serve de exemplo a classificação do PPA como plano estratégico e de médio prazo da Administração Pública. Familiarizando-se com os instrumentos orçamentários, você certamente responderá com facilidade este tipo de questão, ação que você alcançará lendo com atenção este capítulo.

- **As que se referem aos pontos muito específicos, expressando, muitas vezes, opiniões isoladas de doutrinadores sobre determinados tópicos**

Vejamos a seguinte questão para analista judiciário do TJ GO elaborada em 2014.

▸ **QUESTÃO COMENTADA:**

(FGV – Analista judiciário TJ GO /2014) A Presidência da República ignorou os trabalhos de preparação do Plano Plurianual (PPA) 2008-2011 desenvolvidos no âmbito do Ministério do Planejamento e lançou uma série de planos em paralelo, com destaque para o Programa de Aceleração do Crescimento, o Programa de Desenvolvimento da Educação e a Agenda Social (Paulo, 2010, p. 180). Constitui-se em uma das razões para o possível descrédito do PPA como instrumento de planejamento e gestão estratégica:

a) a lógica dos programas e sua adequação de uso para ações rotineiras;
b) o nível de detalhamento inerente ao PPA;
c) a estratégia de gestão adotada, que desconsidera o monitoramento da execução orçamentária das ações;
d) a sinalização clara das prioridades do Governo;
e) a utilização de um enfoque adaptado para diferentes objetivos.

COMENTÁRIO:

Apesar de ter sido anulada, é importante lê-la para entender a que se refere.

Raras, estas questões também geram dificuldade pelo fato de, algumas vezes, as bancas terem por base autores que não estão diretamente ligados ao mundo dos concursos, muitas vezes pouco conhecidos, e que expõem suas conclusões, nem sempre unânimes.

A única forma de se defender desse tipo de questão é, se o edital fizer referência à obra ou, no mínimo, ao autor, buscando a leitura para identificar esses posicionamentos.

3) Questões referentes aos textos contidos nos próprios instrumentos orçamentários, normalmente PPA e LDO

São questões também raras e, normalmente, exigidas para cargos que demandam um conhecimento mais específico, notadamente ligados à área de Contabilidade ou atividade orçamentária.

O problema desse tipo de questão é que essas normas são temporárias. A LDO, por exemplo, é elaborada anualmente, ou seja, a cada ano a norma pode mudar, principalmente quando modificada a corrente política governante. Assim, uma regra pode se repetir, ser alterada ou, até mesmo, excluída, segundo a conveniência política dos responsáveis por sua elaboração.

Veja o exemplo abaixo:

▶ **QUESTÃO COMENTADA:**

(CESPE – TRT 10 - Analista Judiciário - Contabilidade/2013) Os empreendimentos plurianuais cujo valor global estimado seja igual ou superior ao valor de referência são caracterizados de grande porte e deverão ser expressos no PPA 2012-2015, como iniciativas. Logo, são obrigatoriamente individualizados no PPA, os empreendimentos de grande porte financiados com recursos provenientes de transferências da União a estados, ao Distrito Federal e aos municípios.
Gabarito: Errado

COMENTÁRIO:

Veja o que diz o texto da Lei nº 12.593/2012:

> Art. 10. Os empreendimentos plurianuais cujo Valor Global estimado seja igual ou superior ao Valor de Referência são caracterizados de Grande Porte e deverão ser expressos no PPA 2012-2015 como Iniciativas.
>
> (...)
>
> § 2º A obrigatoriedade de individualização no PPA 2012-2015 de Iniciativa de que trata o ***caput* não se aplica** aos Empreendimentos de Grande Porte financiados com recursos provenientes de transferências da União a Estados, Distrito Federal e Municípios.

4) Questões relacionadas aos termos e procedimentos dos responsáveis pelas atividades orçamentárias (sem previsão legal expressa) ou ainda com base em documentos que não são normas legais e são emitidos com intuito de orientar as atividades

Também são raras e exigidas, normalmente, por bancas com menos tradição em concurso público. O problema dessas questões está no fato de esses procedimentos mudarem ao longo do tempo, pois refletem simplesmente uma forma que o órgão responsável encontrou para realizar suas atividades, sistematizando-as.

Vejamos o seguinte exemplo:

▶ **QUESTÃO COMENTADA:**

(CETRO – Analista judiciário/TRT 12/ Sem Especialidade/2008) A elaboração do PPA (Plano Plurianual) do Governo possui diferentes fases. Não faz parte do Diagrama de Fases da elaboração e execução do PPA

a) o Projeto de Lei.
b) o Parecer Preliminar.

c) as Emendas.
d) os Decretos Estaduais.
e) os Autógrafos e Leis.
Gabarito: d

COMENTÁRIO:

A expressão "Diagrama de Fases da elaboração e execução"[2] refere-se a um mecanismo utilizado pelo Senado Federal para que a população possa acompanhar de modo simples, rápido e de forma sucinta, via internet, a elaboração e execução dos instrumentos orçamentários, não sendo exatamente algo de amplo conhecimento doutrinário para ser exigido dessa forma, também não está previsto diretamente em nenhuma lei e pode ser alterado a qualquer momento ou ainda substituído por um outra ferramenta.

A dificuldade está em identificar toda e qualquer ferramenta que possa ser criada, extinta ou substituída pelos órgãos governamentais responsáveis por toda atividade orçamentária.

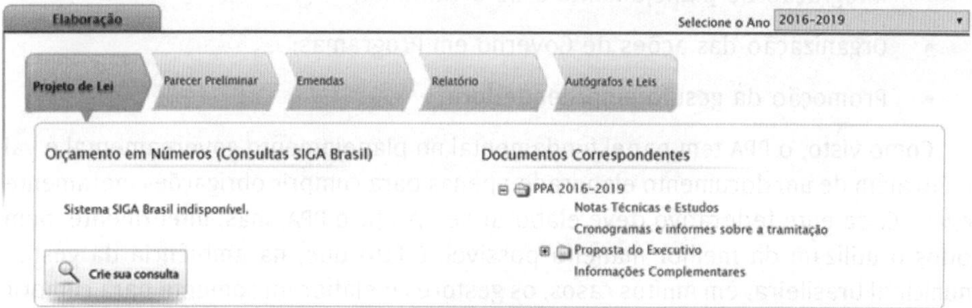

2. PLANO PLURIANUAL – PPA

2.1. Definição de PPA

Inovação da Constituição Federal de 1988, o Plano Plurianual é o plano estratégico de médio prazo da Administração Pública. É um instrumento de programação governamental idealizado como guia plurianual para as autorizações orçamentárias (anuais). Dentro do sistema de planejamento e orçamento da União, estados, Distrito Federal e municípios, esse é o principal instrumento de planejamento. Concebido para ter vigência quadrienal (quatro anos), esse plano representa o mais alto nível de planejamento do setor público em cada esfera governamental que o utiliza como

2. BRASIL. Senado Federal. **Diagrama de Fases da elaboração e execução.** Disponível em: ‹https://www12.senado.leg.br/orcamento/ppa?ano=2016-2019&categoria=2.1.1.1.1&fase=elaboracao›. Acesso em: 08 ago. 2018.

referência para as realizações executadas, ano a ano, pelos entes federativos, por meio de seus orçamentos anuais (LOA).

É considerado um plano de intenções do governante para as transformações programadas a um período de quatro anos. Com ele, o chefe do Poder Executivo (presidente, governador e prefeito) projeta as transformações que ele deseja que ocorra no respectivo ente federativo (União, Estados, Distrito Federal e Municípios) durante esse período, buscando sempre o atendimento das necessidades públicas.

Diante de todos os problemas a serem resolvidos, para que haja efetividade, o dirigente público estabelece no PPA quais serão as prioridades para o período considerado. Dessa forma, o PPA representa a mais abrangente peça de planejamento governamental, estabelecendo prioridades e direcionamento às ações do governo.

Com o PPA se pretende:

- Gestão orientada para resultados;
- Integração do planejamento e do orçamento;
- Organização das ações de Governo em Programas;
- Promoção da gestão empreendedora.

Como visto, o PPA tem papel fundamental no planejamento governamental e vai muito além de um documento elaborado apenas para cumprir obrigações meramente legais. Cada ente federativo deve elaborar seu próprio PPA, mas, infelizmente, nem todos o utilizam da melhor maneira possível. É fato que, na ambiência da gestão municipal brasileira, em muitos casos, os gestores o elaboram somente para cumprir o mandamento constitucional.

2.2. Função do PPA

Como principal instrumento de planejamento da governamental, basicamente, a função do PPA é estabelecer, para a elaboração do orçamento geral, as metas e as prioridades do governo para um período de quatro anos (prioridades governamentais).

O PPA é o instrumento constitucional de planejamento governamental que reflete as diretrizes do governo. Nos termos do § 1º do art. 165 da Constituição Federal, o PPA "estabelecerá, de forma regionalizada, as Diretrizes, Objetivos e Metas (DOM) da Administração Pública federal para as despesas de capital e outras delas decorrentes e para as relativas aos programas de duração continuada".

Vinculando o planejamento à execução, o § 1º do art. 167 determina que "nenhum investimento, cuja execução ultrapasse um exercício financeiro, poderá ser iniciado sem prévia inclusão no Plano Plurianual, ou sem lei que autorize a inclusão, sob pena de crime de responsabilidade".

No § 4º do art. 165, a Constituição também define que "os planos e programas nacionais, regionais e setoriais previstos nesta Constituição serão elaborados em consonância com o Plano Plurianual e apreciados pelo Congresso Nacional".

Vejamos o que descreve o mandamento constitucional:

1) **Forma regionalizada:**

O Brasil é um país de dimensões continentais, fato que confere diferenças entre suas regiões. Por este motivo, os governantes devem estar sempre atentos às disparidades econômicas e sociais, pois, devido a diversos fatores, se não houver intervenção governamental, o desenvolvimento econômico ocorre de forma desordenada, provocando grandes diferenças de desenvolvimento em todas as outras áreas.

Atento a este risco, o legislador constituinte originário determinou no texto constitucional que o PPA estabelecerá, de forma REGIONALIZADA, as diretrizes, objetivos e metas da Administração Pública. Assim, para que as desigualdades regionais sejam combatidas de forma mais eficiente, é útil a apresentação do PPA com a regionalização de suas proposições, uma vez que os impactos esperados podem ser vistos de forma mais clara, proporcionando melhor planejamento e controle.

Dois pontos a serem esclarecidos:

- No âmbito da União, essa regionalização não necessariamente deverá obedecer à divisão tradicionalmente estabelecida no mapa político brasileiro (norte, nordeste, centro-oeste, sul e sudeste), deve levar em consideração a lógica da necessidade a ser atendida; o problema a ser resolvido; o objetivo a ser alcançado, sendo estabelecida de forma racional para cada programa implementado, se for o caso. Por exemplo, o norte de Minas Gerais sofre com a seca, consequentemente, o estabelecimento de uma política para o Nordeste em razão do combate aos efeitos da seca poderá incluir a região norte de Minas Gerais, assim como excluir municípios do Nordeste que não passem por este problema.
- A regionalização deve ser observada por todos os entes federativos, na elaboração do PPA de cada um, ou seja, Estados e Municípios deverão propor seu PPA levando em consideração as peculiaridades de suas regiões.

2) **Diretrizes:** são direcionamentos gerais que orientarão todas as atividades relacionadas para um determinado período, sendo a vigência do PPA fixada em quatro anos. Diretrizes são balizadores para a destinação dos recursos financeiros, sua gestão e dispêndio, visando alcançar determinados objetivos.

3) **Os objetivos:** partindo-se de um problema a ser resolvido, os objetivos consistem em especificação do resultado que a ação governamental pretende alcançar.

4) **Metas:** tradução quantitativa e qualitativa dos objetivos, ou seja, os números relacionados ao dispêndio público (valores a serem empregados ou quantidade de bens públicos a serem disponibilizados) e as mudanças reais que devem ser atingidas e que representarão a resolução dos problemas ou as minimizações desejadas.

Segundo a cartilha "Planos Plurianuais, Estratégicos, Territoriais e Participativos"[3] do Ministério do Planejamento (incorporado ao Ministério da Economia), para elaboração dos planos, a cada objetivo estão associadas metas, que podem ser qualitativas ou quantitativas. As Metas são indicações que fornecerão parâmetros à realização esperada para o período do Plano. As qualitativas são particularmente interessantes, porque ampliam a relação do Plano com os demais insumos necessários à consecução das políticas, além do Orçamento. Cabe destacar, ainda, que elas resgatam no Plano uma dimensão que, anteriormente, confundia-se com o produto das ações orçamentárias. Por isso, as Metas estabelecem uma relação com o cidadão por traduzirem a atuação do governo com mais simplicidade e transparência.

5) **Despesas de capital:**

Considerando a categoria econômica, existem dois tipos de despesa:

- **Despesa Corrente:**

São despesas de custeio de manutenção das atividades dos órgãos da Administração Pública. Segundo o art. 12 da Lei nº 4.320/64, são Despesas Correntes as despesas de Custeio e as Transferências Correntes. Segundo o § 1º, do mesmo artigo, classificam-se como Despesas de Custeio as dotações para manutenção de serviços anteriormente criados, inclusive as destinadas a atender obras de conservação e adaptação de bens imóveis. Segundo o § 2º, do mesmo artigo, classificam-se como Transferências Correntes, as dotações para despesas as quais não correspondam à contraprestação direta em bens ou serviços, inclusive para contribuições e subvenções destinadas a atender à manifestação de outras entidades de direito público ou privado.

Estão nessa categoria as despesas que não concorrem para ampliação dos serviços prestados pelo órgão, nem para a expansão das suas atividades, como, por exemplo, despesas com pessoal, juros da dívida, aquisição de bens de consumo, serviços de terceiros, manutenção de equipamentos, despesas com água, energia, telefone, etc.

- **Despesa de Capital:**

São despesas que, normalmente, concorrem, em regra, para a formação de um bem de capital, assim como para a expansão das atividades do órgão. Estas despesas

---

3. BRASIL. Ministério do Planejamento, Orçamento e Gestão. **Planos Plurianuais Estratégicos, Territoriais e Participativos.** 2014. Disponível em: ‹ http://www.planejamento.gov.br/secretarias/upload/Arquivos/spi/publicacoes/140318_ppas_estrategicos-1.pdf›. Acesso em: 08 ago. 2018.

estão relacionadas com aquisição de máquinas e equipamentos; realização de obras, aquisição de participações acionárias de empresas, aquisição de imóveis, concessão de empréstimos para investimento, pagamento do principal de um empréstimo, etc. Segundo o art. 12 da Lei nº 4.320/64, são despesas de capital os Investimentos, as Inversões Financeiras e as Transferências de Capital. Como expresso no texto constitucional, o PPA estabelecerá, de forma regionalizada, as diretrizes, objetivos e metas para despesas de capital e outras delas decorrentes, e para as relativas aos programas de duração continuada. Assim, pode-se identificar as despesas sobre as quais o PPA deve versar, sendo estas:

1) Despesas de capital;

2) Outras delas decorrentes, ou seja, despesas correntes que decorram das despesas de capital, por exemplo, despesas correntes necessárias a investimentos a serem realizados durante mais de um exercício financeiro;

3) Despesas correntes relativas aos programas de duração continuada.

Cumprindo seu papel constitucional, o PPA tem por função servir de guia plurianual para as proposições anuais, estabelecendo, para a elaboração do orçamento geral da União, as metas e prioridades do governo para um período de quatro anos. As metas e prioridades para o exercício orçamentário subsequente são definidas na Lei de Diretrizes Orçamentárias.

2.3. Prazos para o PPA

De acordo com o mandamento constitucional, art. 35, §2º, I, ADCT, este esclarece que:

> "[...] o projeto do plano plurianual[...]será encaminhado até quatro meses antes do encerramento do primeiro exercício financeiro e devolvido para sanção até o encerramento da sessão legislativa;"

Importante estar atento ao fato de que essa regra é específica para a União, estando prevista em norma transitória (art. 35 do ADCT), já que o § 9º do art. 165 da Constituição Federal determina que cabe à lei complementar dispor sobre o exercício financeiro, a vigência, os prazos, a elaboração e a organização do Plano Plurianual da Lei de Diretrizes Orçamentárias e da Lei Orçamentária Anual. Portanto, dois pontos devem ser observados:

1) Segundo o § 2º do art. 35 do ADCT, até a entrada em vigor, da lei complementar a que se refere o art. 165, § 9º, I e II, serão obedecidos os prazos nesse mandamento. Porém, estes prazos poderão ser alterados na edição dessa nova lei complementar.

2) Os prazos aqui previstos se referem à União, não sendo a regra para outros entes federativos, desde que haja previsão de prazos diversos nas constituições estaduais ou leis orgânicas.

Tais prazos são:

1) Elaboração e encaminhamento do projeto de lei do PPA ao Poder Legislativo

O Poder Executivo tem prazo de até quatro meses, antes do encerramento do primeiro exercício financeiro, ou seja, 31 de agosto, para encaminhar o projeto de lei do PPA ao Poder Legislativo para apreciação, sendo essa data o prazo máximo para envio. Fique atento, porque em relação ao PPA, este encaminhamento só ocorre no primeiro ano de mandato, diferente da LDO e da LOA, em que o encaminhamento é anual. Portanto, sob as regras atuais, o chefe do Poder Executivo tem até oito meses, a partir da posse, para elaborar seu PPA.

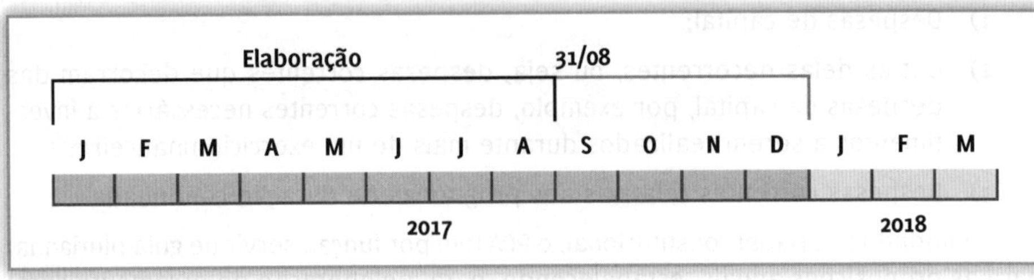

Fique atento:

A data 31 de agosto não está expressamente prevista na Constituição, o término do prazo para encaminhamento do PPA (31 de agosto) tem por referencia o término do exercício financeiro que hoje é 31 de dezembro (4 meses antes). O término do exercício financeiro é 31 de dezembro por força do art. 34 da Lei nº 4.320/64, o qual determina que "o exercício financeiro coincidirá com o ano civil". Isso quer dizer que, com o advento de lei complementar que regule a matéria e que determine que o exercício financeiro vigore de 1º de fevereiro a 31 de janeiro, por exemplo, haverá mudança automática da data final para encaminhamento para 30 de setembro, quatro meses antes do "novo" término do exercício financeiro.

Esse raciocínio vale também para os prazos finais de encaminhamento da LDO e da LOA

2) Prazo para apreciação pelo Poder Legislativo e devolução para sanção ou veto

Segundo o mandamento constitucional, o projeto de lei do PPA deverá ser devolvido para sanção até o encerramento da sessão legislativa.

Mas o que vem a ser sessão legislativa?

O mandato do parlamentar é denominado legislatura e tem duração de quatro anos.

a) **Legislatura**: composta de quatro sessões legislativas e compreende o período de quatro anos.

Constituição Federal

Art. 44. O Poder Legislativo é exercido pelo Congresso Nacional, que se compõe da Câmara dos Deputados e do Senado Federal.

Parágrafo único. Cada legislatura terá a duração de quatro anos.

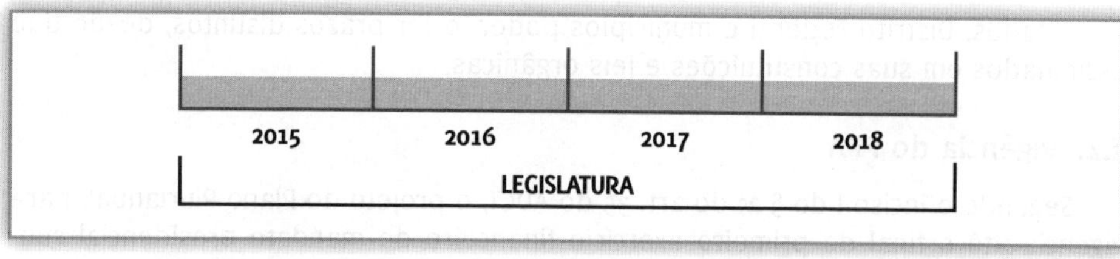

b) Sessão Legislativa: composta de dois períodos legislativos e compreende de 2 de fevereiro a 22 de dezembro (CF, art. 57 – EC nº 50).

Constituição Federal

Art. 57. *O Congresso Nacional reunir-se-á, anualmente, na Capital Federal, de 2 de fevereiro a 17 de julho e de 1º de agosto a 22 de dezembro.*

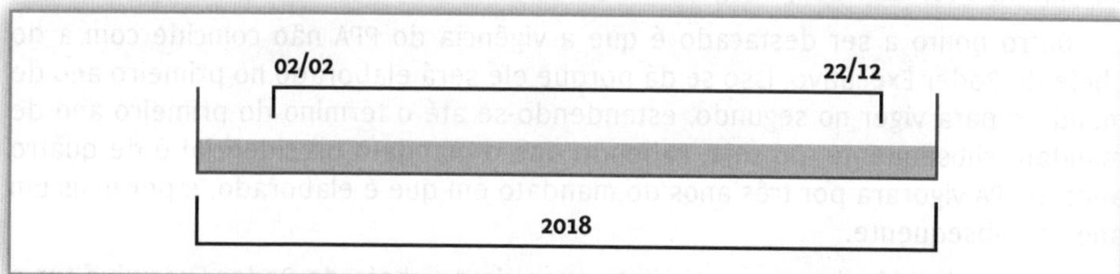

c) Período da Sessão Legislativa:

1º período: de 2 de fevereiro a 17 de julho (CF, art. 57 - EC nº 50).

2º período: de 1º de agosto a 22 de dezembro (CF, art. 57 - EC nº 50).

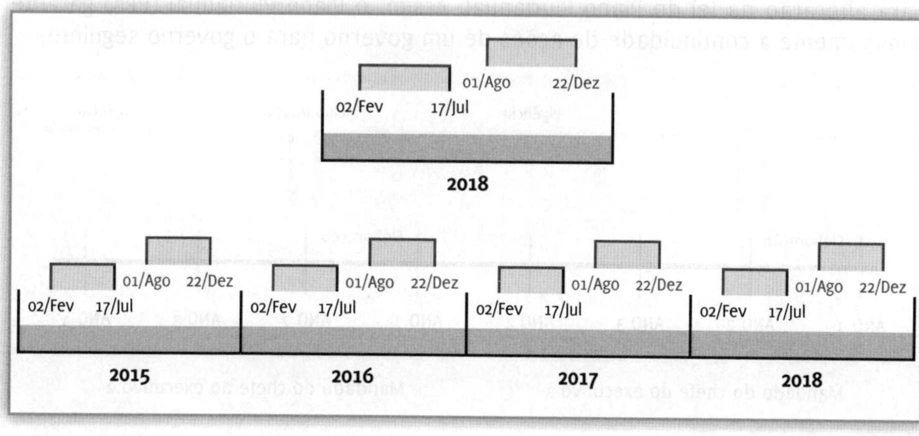

Diante do exposto, compreende-se que o Poder Legislativo tem até 22 de dezembro, do primeiro ano de mandato, para apreciar o PPA e devolvê-lo ao chefe do Poder Executivo para sanção ou veto. Porém, apesar da determinação, não há nenhuma consequência prevista na Constituição caso este prazo não seja cumprido.

Estados, Distrito Federal e municípios poderão ter prazos distintos, desde que assinalados em suas constituições e leis orgânicas.

2.4. Vigência do PPA

Segundo o inciso I do § 2º do art. 35 do ADCT, o projeto do Plano Plurianual, para vigência até o final do primeiro exercício financeiro do mandato presidencial subsequente, será encaminhado até quatro meses antes do encerramento do primeiro exercício financeiro e, devolvido para sanção, até o encerramento da sessão legislativa.

O mandamento constitucional não expressa diretamente em seu texto que a vigência do PPA será de quatro anos. O que determina essa vigência é a duração do mandato do chefe do Poder Executivo (segundo ano do mandato vigente ao término do primeiro do mandato subsequente); portanto, nos moldes atuais, se a duração do mandato for alterada, a vigência do PPA, automaticamente, também o será.

Outro ponto a ser destacado é que a vigência do PPA não coincide com a do Chefe do Poder Executivo, isso se dá porque ele será elaborado no primeiro ano de mandato para viger no segundo, estendendo-se até o término do primeiro ano de mandato subsequente. Ou seja, sabendo que o mandato presidencial é de quatro anos, o PPA vigorara por três anos do mandato em que é elaborado, e por mais um ano no subsequente.

A não coincidência com o mandato propicia ao chefe do Poder Executivo ter o primeiro ano de seu mandato livre para elaborar todo seu planejamento, inclusive o PPA. Preserva-se, ainda, a continuidade dos serviços públicos, ao não deixar à mercê das conveniências políticas a interrupção de um programa importante para a população, que poderia se dar em função da troca das facções que se encontram no poder, sem que houvesse, ao menos, um exame por parte do Poder Legislativo para alteração da lei do Plano Plurianual. Assim, o Plano Plurianual (PPA) garante minimamente a continuidade de ações de um governo para o governo seguinte.

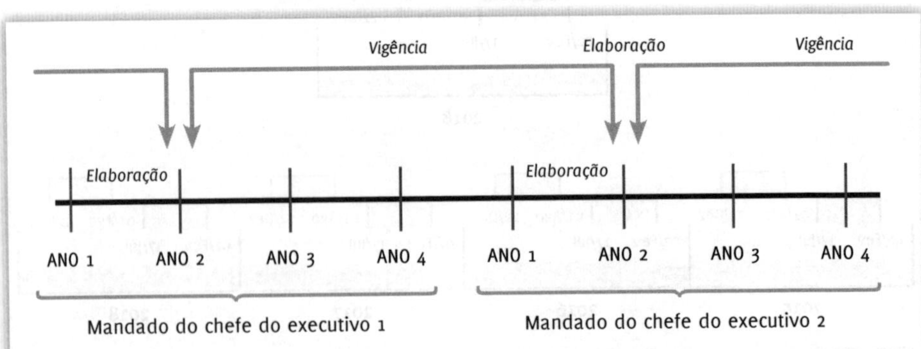

> ▶ **OBS.**
>
> Fique atento, pois, pelas regras atuais, a única possibilidade de um chefe do Poder Executivo executar os quatro anos do PPA que elaborou é somente quando este for reeleito, executando o último ano de planejamento do PPA que elaborou já no novo mandato. Como no Brasil a reeleição só é permitida por uma única vez, esta situação também somente ocorrerá uma vez a cada reeleição.

Por fim, a despeito de haver mandamento Constitucional determinando a elaboração, não existe, atualmente, dispositivo de lei complementar nacional que disponha acerca de vigência, prazos, elaboração e organização dos PPA's. Tais aspectos são trados no ADCT (Ato das Disposições Constitucionais Transitórias), até que tal lei seja elaborada.

Outro ponto a ser observado é que, conforme regramento atual previsto no ADCT, a referência temporal para expressar a vigência do PPA não traz expressamente o período de quatro anos. Na realidade, a vigência do PPA, embora não coincidente, está atrelada a duração do mandato. Veja que ela se inicia no início do segundo ano de mandato e termina no final do primeiro ano do mandato subsequente, independentemente da duração do mandato.

Assim, se houver uma mudança na duração do mandato do chefe do Poder Executivo para 5 anos, por exemplo, a vigência do PPA será de cinco anos também, sem necessidade de alteração do ADCT.

2.5. Elaboração do projeto de lei do PPA

Não existe norma específica que regulamente de forma pormenorizada as regras de elaboração do PPA para todos os entes federativos. A Constituição Federal traz alguns poucos regramentos que permitem um direcionamento mínimo, como vigência, prazos e iniciativas, mas nada específico sobre a atividade de elaboração do plano e dos seus respectivos programas.

Sendo algo personalíssimo de cada governante, para que haja um direcionamento único, a cada nova gestão, a área de planejamento do ente federativo deve elaborar regras orientadoras para aqueles que, de alguma forma, desejam ou têm obrigação de contribuir para elaboração do plano.

No âmbito federal, cada governo vem estabelecendo suas regras. Para elaboração do PPA 2016 a 2019, o governo federal publicou uma cartilha contendo orientações para participação social. Já o Decreto Federal nº 2.829/98 disciplinou a elaboração do PPA 2000-2003 e dos Orçamentos da União daquele período.

Sendo o PPA um instrumento de planejamento estratégico que servirá como base para orientação de outros planos governamentais, sua elaboração fica a cargo da área de planejamento, orçamento e gestão dos entes federativos respectivos. Assim, União, estados, Distrito Federal e municípios devem conter em suas estruturas administrativas órgãos especializados a quem se atribua a elaboração de seus planos governamentais, dentre eles, o PPA.

Conforme o Decreto Federal nº 9745/19, no âmbito Federal, o ministério responsável pela elaboração do PPA é da Economia. Nesse ministério, à Subsecretaria de Planejamento Governamental compete estabelecer diretrizes e normas, coordenar, orientar e supervisionar a elaboração, a implementação, o monitoramento e a avaliação do plano plurianual e do planejamento territorial. Essa subsecretaria está na estrutura da Secretaria Especial da Fazenda.

O PPA é um plano que envolve todas as áreas governamentais e todos os setores da sociedade, sendo necessário considerar os mecanismos de participação social na sua elaboração. Para tanto, é recomendável que os entes federativos se utilizem de mecanismos que permitam essa participação, tais como audiências públicas, em que estejam presentes setores da sociedade, instituições representativas, entidades com relevância social ou técnica, consultas públicas sobre temas relevantes, assessoramentos técnicos, dentre outros.

O Poder Legislativo também pode estabelecer sua própria sistemática no que concerne ao ciclo do PPA, principalmente no que tange ao acompanhamento e à apresentação de emendas parlamentares.

A responsabilidade pela elaboração é do Poder Executivo, mas todos podem participar deste processo.

Serve de exemplo o PPA da União 2016-2019 que, segundo Ministério do Planejamento (incorporado ao Ministério da Economia), "foi resultado de um processo de construção coletiva entre órgãos do governo e representações da sociedade, que envolveu mais de quatro mil participantes, em 120 oficinas governamentais para a formulação dos programas temáticos. A formulação também foi participativa com a sociedade e Estados, em dois Fórum Interconselhos, seis fóruns regionais, quatro setoriais e debate no Conselho Nacional de Secretários Estaduais de Planejamento (Conseplan)"[4].

2.6. Conteúdo do PPA

O Plano Plurianual (PPA) estabelece os projetos e os programas do governo, definindo objetivos e metas da ação pública para um período de quatro anos. Fique atento à expressão "longa duração", pois o PPA é um plano de médio prazo composto, basicamente, por programas de trabalho do governo.

Mas o que vem a ser programa neste contexto?

4. BRASIL. Ministério do Planejamento, Orçamento e Gestão. **Plano-Plurianual 2016-2019**. Disponível em: ‹http://www.planejamento.gov.br/assuntos/planeja/plano-plurianual›. Acesso em: 10 jul. 2018.

Programa é o plano de ação governamental, instrumento de organização da atuação do governo que articula um conjunto de ações que concorrem para a concretização de um objetivo comum preestabelecido, mensurado por indicadores instituídos no plano, visando à solução de um problema ou o atendimento de determinada necessidade ou demanda da sociedade[5], por exemplo: Programa Sustentável Abastecimento e Comercialização, Agricultura Familiar, etc.

O programa deve conter basicamente:

1) **Objetivos:** resultado pretendido pela ação governamental;
2) **Indicadores:** instrumento que permite identificar e aferir aspectos relacionados ao programa, auxiliando o monitoramento da evolução de uma determinada realidade e gerando subsídios para a sua avaliação;
3) **Metas:** tradução quantitativa e qualitativa dos objetivos, ou seja, os números que se pretende atingir;
4) **Responsável:** órgão cujas atribuições mais contribuem para a implementação do Objetivo ou da Meta;
5) Estimativa de custo, quando necessário;
6) **Ações:** desenvolvimento governamental do qual resultam produtos (bens ou serviços) que contribuem para atender ao objetivo de um *programa.*

No que concerne às ações, pode-se classificá-las em três espécies:

- **Atividade:**

Instrumento de programação utilizado para alcançar o objetivo de um *programa*, envolvendo um conjunto de operações que se realizam de modo contínuo e permanente, das quais resulta um produto ou serviço necessário à manutenção da ação de governo. Exemplo: Qualificação da Regulação e Fiscalização da Saúde Suplementar.

- **Projeto:**

Instrumento de programação utilizado para alcançar o objetivo de um *programa*, envolvendo um conjunto de operações limitadas no tempo, das quais resulta um produto que concorre para a expansão ou para o aperfeiçoamento da ação de governo. Exemplo: Construção de Trecho Rodoviário - Entroncamento BR-472 - Fronteira Brasil/Argentina - na BR-468.

- **Operação Especial:**

Ação com agregação neutra, ou seja, despesas que não contribuem para a manutenção, expansão ou aperfeiçoamento das ações de governo, das quais não resulta um produto e não se gera contraprestação direta sob a forma de bens ou serviços.

5. BRASIL. Ministério do Planejamento, Orçamento e Gestão. **Orçamento.** Disponível em: ‹http://www.orcamentofederal.gov.br/glossario-1/programa›. Acesso em: 10. jul. 2018.

Exemplos de operações especiais:

- Amortização, juros, encargos e rolagem da dívida contratual e mobiliária;
- Pagamento de aposentadorias e pensões;
- Transferências constitucionais ou legais por repartição de receita (FPM, FPE, salário-educação, compensação de tributos ou participações aos estados, Distrito Federal e municípios, transferências ao governo do Distrito Federal);

Em regra, o programa nasce de uma demanda social para a resolução de um problema. O programa organizará o desenvolvimento estatal para que seja possível ao Estado gerar ações capazes de atender à demanda social, resolvendo o problema ou, ao menos, amenizando seus efeitos negativos. Essas realizações são o produto-final (teoria do cidadão-cliente) oferecido à sociedade. É o elo entre planejamento e execução, devendo conter um conjunto de indicadores que permitam a efetiva verificação da sua eficiência, eficácia e efetividade.

Assim, quando a sociedade, os entes públicos ou a conjuntura exige a resolução de um problema, antes de tudo, deve-se elaborar um programa visando à sua resolução e, a partir dele, as ações nele previstas são realizadas de forma coordenada, que pode envolver ou não os recursos, como é o caso de edição de leis e outros instrumentos normativos, a alavancagem de recursos orçamentários, incentivos à colaboração ou da parceria de outras instituições públicas ou privadas, etc. Pode-se, então, entender programa como o módulo integrador entre o planejamento e a execução, no caso do Brasil, entre o PPA e a LOA.

A título de exemplo, veja a estrutura do PPA 2016-2019 da União.

Segundo o art. 5º da Lei nº 13.249 de 13 de janeiro de 2016, que institui o Plano Plurianual da União para o período de 2016 a 2019, este plano reflete as políticas públicas e orienta a atuação governamental por meio de Programas Temáticos e de Gestão, Manutenção e Serviços ao Estado, assim definidos:

1) Programa Temático: organizado por recortes selecionados de políticas públicas, expressa e orienta a ação governamental para a entrega de bens e serviços à sociedade;
2) Programa de Gestão, Manutenção e Serviços ao Estado: expressa e orienta as ações destinadas ao apoio, à gestão e à manutenção da atuação governamental.

> ▶ **OBS.:**
> Não integram o PPA 2016-2019 os programas destinados exclusivamente às operações especiais.

O art. 6º da mesma lei estabelece que o Programa Temático é composto pelos seguintes elementos constituintes:

1) Objetivo: expressa as escolhas de políticas públicas para o alcance dos resultados almejados pela intervenção governamental, tendo como atributos:

 a) **Órgão Responsável:** órgão cujas atribuições mais contribuem para a implementação do Objetivo ou da Meta;

 b) **Meta:** medida do alcance do Objetivo, podendo ser de natureza quantitativa ou qualitativa; e

 c) **Iniciativa:** declaração dos meios e mecanismos de gestão que viabilizam os Objetivos e suas Metas, explicitando a lógica da intervenção.

2) Indicador: é uma referência que permite identificar e aferir, periodicamente, aspectos relacionados a um Programa, auxiliando a avaliação dos seus resultados.

3) Valor Global do Programa: é a estimativa dos recursos orçamentários e extraorçamentários previstos para a consecução dos Objetivos, sendo os orçamentários segregados nas esferas Fiscal e da Seguridade Social e na esfera de Investimento das Empresas Estatais, com as respectivas categorias econômicas.

4) Valor de Referência, que é o parâmetro financeiro utilizado para fins de individualização de empreendimento como iniciativa no Anexo III, estabelecido por Programa Temático e especificado para as esferas Fiscal e da Seguridade Social e para a esfera de Investimento das Empresas Estatais.

Integram o PPA 2016-2019 os seguintes anexos:

- Anexo I - Programas Temáticos;
- Anexo II - Programas de Gestão, Manutenção e Serviços ao Estado; e
- Anexo III - Empreendimentos Individualizados como Iniciativas – acima do Valor de Referência; e
- Anexo IV - Empreendimentos Individualizados como Iniciativas – Abaixo do Valor de Referência.

3. LEI DE DIRETRIZES ORÇAMENTÁRIAS – LDO

3.1. Definição da LDO

A Lei de Diretrizes Orçamentária é o plano tático de curto prazo da Administração Pública, sendo assim, como o PPA, esta também é uma grande inovação em matéria orçamentária criada pela Constituição Federal, cujas atribuições foram reforçadas pela Lei de Responsabilidade Fiscal. Este instrumento de planejamento vem desempenhando relevante papel na normatização da atividade financeira do Estado e, por vezes, até preenchendo lacunas na legislação permanente acerca da matéria. É a interface entre o PPA e a LOA que é o instrumento que viabiliza a execução dos programas governamentais.

Giacomoni (2001, p. 204)[6] destaca que: "Significando efetiva inovação no sistema orçamentário brasileiro, a LDO representa uma colaboração positiva no esforço de tornar o processo orçamentário mais transparente e, especialmente, contribui para ampliar a participação do Poder Legislativo no disciplinamento das finanças públicas. (...) Afora manter caráter de orientação à elaboração da Lei Orçamentária Anual, a LDO progressivamente vem sendo utilizada como veículo de instruções e regras a serem cumpridas na execução do orçamento. Esta ampliação das finalidades da LDO tende a suprir a incapacidade, em face ao Princípio da Exclusividade, de a lei orçamentária disciplinar temas que não sejam os definidos pela Constituição Federal".

3.2. Função da LDO

A LDO busca sintonizar a Lei Orçamentária Anual com as diretrizes, objetivos e metas da Administração Pública, estabelecidas no Plano Plurianual, definindo, assim, as metas e as prioridades, na programação de governo, para o ano subsequente.

Segundo o § 2º do art. 165 da Constituição Federal, a Lei de Diretrizes Orçamentárias compreenderá as metas e prioridades (MP) da Administração Pública Federal, incluindo as despesas de capital para o exercício financeiro subsequente. Orientará a elaboração da Lei Orçamentária Anual, disporá sobre as alterações na legislação tributária e estabelecerá a política de aplicação das agências financeiras oficiais de fomento.

Vejamos, ponto a ponto, as determinações contidas na Constituição Federal:

1) Compreender as Metas e prioridade da Administração Pública federal

Para melhor compreensão deste ponto, é importante entender que objetivo e meta são expressões diferentes. Objetivo é a descrição daquilo que se pretende alcançar, enquanto que meta é a definição em termos quantitativos, em um prazo determinado. Faz-se necessário, também, entender o que é prioridade. Priorizar significa eleger o que deve ser feito, o que vem em primeiro lugar, ou seja, o que mais importa.

O PPA priorizará, dentre todos os problemas a serem resolvidos de um ente federativo (União, Estado, Distrito Federal ou Município), aqueles que o chefe do Poder Executivo julgar mais importantes para o período de vigência, estabelecendo quais os objetivos desejam-se atingir no período de referência de quatro anos. Assim, dentre todos os problemas possíveis e imagináveis, no PPA estão as prioridades para aquele Chefe do Poder Executivo.

6. GIACOMONI, James. **Orçamento Público**. 10. Ed. São Paulo: Editora Atlas, 2001.

A LDO tem por função buscar, dentre todos os objetivos previstos no PPA, aqueles que serão cumpridos ano a ano, estabelecendo metas e prioridades da Administração Pública para o exercício subsequente, fazendo uma "ponte" entre o PPA (planejamento) e a LOA (execução). Em suma, no PPA são descritas diretrizes, objetivos, metas e prioridades para quatro anos; na LDO, por sua vez, são estabelecidas as metas e prioridades (dentre as previstas no PPA) para o exercício financeiro subsequente, ou seja, para um ano, o seguinte ao da sua elaboração.

As prioridades estabelecidas na Lei de Diretrizes Orçamentárias (LDO) podem ser vistas como um contrato fixado entre o Poder Executivo e o cidadão. Nesse documento, o governo tem a possibilidade de indicar as metas a serem privilegiadas na execução do orçamento público e, assim, buscar alcançar a plataforma de governo prometida aos eleitores (Portugal et al, 2013, p. 4).

2) Incluindo as Despesas de Capital

São despesas que, normalmente, concorrem para a formação de um bem de capital, assim como para a expansão das atividades do órgão. Estas despesas estão relacionadas com aquisição de máquinas, equipamentos, realização de obras, aquisição de participações acionárias de empresas, aquisição de imóveis, concessão de empréstimos para investimento, pagamento do principal de um empréstimo, etc. Segundo o art. 12, da Lei nº 4.320/64, são despesas de capital os Investimentos, as Inversões Financeiras e as Transferências de Capital.

Os detalhes sobre a despesa e, especialmente, a sua classificação econômica, corrente e capital, veremos no capítulo sobre despesa.

3) Orientar a elaboração da Lei Orçamentária Anual

A LOA tem por função a execução orçamentária, ou seja, previsão de receita e fixação de despesa. Porém, essa execução deve, como regra, estar de acordo com o que foi estabelecido no PPA. Além disso, muitos são os requisitos legais que devem ser obedecidos nesta elaboração. Demandando grande esforço nessa adequação, a LDO vem ao encontro dessa necessidade, trazendo regramentos para essa adequação, substituindo, em muitas situações, a legislação permanente que deveria ter sido aprovada pelo Congresso Nacional.

Veja alguns dos pontos mais importantes que hoje são regulamentados pela LDO:

- **Estabelecimento de limites de gastos para aqueles que detêm autonomia administrativa e financeira (outros poderes) e autonomia funcional e administrativa (Defensoria Pública e MPU)**

Como instrumento de independência em relação ao Poder Executivo, a Constituição Federal deferiu autonomia aos Poderes Legislativo e Judiciário, Defensoria Pública e Ministério Público, o que lhes permitiu a elaboração das suas partes do orçamento. Se não houvesse limitações, ficaria impossível para o Poder Executivo preservar o equilíbrio orçamentário entre receitas e despesas, pois estes estariam liberados para gastarem o quanto quisessem. Esta atribuição é dada pela Constituição Federal à LDO.

> **Constituição Federal**
>
> **Art. 99** - Ao Poder Judiciário é assegurada autonomia administrativa e financeira.
>
> § 1º - Os tribunais elaborarão suas propostas orçamentárias *dentro dos limites estipulados conjuntamente com os demais Poderes na lei de diretrizes orçamentárias.*

Assim, a título de ajuste de valores, o Poder Executivo estaria autorizado a fazer cortes nos orçamentos dos outros poderes e órgãos com autonomia, sem que isso implicasse em interferência insuportável pelo desrespeito à independência destes?

A resposta é: sim, desde que dentro dos limites estabelecidos pela LDO.

Mas como os outros poderes e órgãos com autonomia administrativa e financeira saberão quais valores poderão estabelecer em suas propostas orçamentárias?

Segundo o § 3º do art. 12 da Lei de Responsabilidade Fiscal, o Poder Executivo de cada ente colocará à disposição dos demais Poderes e do Ministério Público, no mínimo trinta dias antes do prazo final para encaminhamento de suas propostas orçamentárias, os estudos e as estimativas das receitas para o exercício subsequente, inclusive da receita corrente líquida, e as respectivas memórias de cálculo.

- **Estabelecimento de Prazos para que os outros poderes e órgãos com autonomia elaborem e encaminhem suas propostas orçamentárias parciais ao Poder Executivo**

Sendo a iniciativa da LOA privativa e indelegável ao chefe do Poder Executivo, sobre ele recai a responsabilidade de cumprir os prazos previstos na Constituição, obrigação que ficaria comprometida se aqueles que detêm autonomia (outros poderes, Defensoria Pública, MPU) não enviassem suas propostas parciais a tempo, provocando atrasos na consolidação do projeto de Lei Orçamentária Anual e consequente prejuízo à execução orçamentária do exercício financeiro subsequente que, por sua vez, poderia causar a descontinuidade dos serviços públicos.

Visando resolver essa situação, a Constituição Federal determina que cabe à LDO estabelecer prazo aos poderes para que estes encaminhem suas propostas parciais, permitindo a elaboração do projeto de Lei Orçamentária Anual a tempo.

Mas e se os poderes e órgãos não cumprirem os prazos previstos na LDO?

Prevê, então, a Constituição Federal que, em caso de atraso no encaminhamento das propostas parciais por parte dos que têm autonomia, o Poder Executivo considerará, para fins de consolidação, a proposta vigente como se fosse nova, atualizando-a com base nos limites estabelecidos na LDO. Dessa forma, aquele que "atrasar" o envio de sua proposta parcial, acaba por perder a oportunidade de elaborar, especificamente para aquele exercício, a sua proposta parcial do orçamento.

> **Art. 98** da CF (...)
>
> § 1º Os tribunais elaborarão suas propostas orçamentárias dentro dos limites estipulados conjuntamente com os demais Poderes na lei de diretrizes orçamentárias.
>
> (...)
>
> § 3º Se os órgãos referidos no § 2º não encaminharem as respectivas propostas orçamentárias dentro do prazo estabelecido na lei de diretrizes orçamentárias, o Poder Executivo considerará, para fins de consolidação da proposta orçamentária anual, os valores aprovados na lei orçamentária vigente, ajustados de acordo com os limites estipulados na forma do § 1º deste artigo.

Veja que, por conta do atraso, o Poder Executivo não fica autorizado a arbitrariamente elaborar uma proposta parcial para o poder ou órgão que porventura tenha atrasado o envio. Segundo a Constituição, os parâmetros para essa elaboração, para fins de consolidação da proposta orçamentária anual, são:

- **A proposta feita, no exercício anterior, pelo poder ou órgão que agora se atrasa e que foi apreciada pelo Poder Legislativo**

A base são os valores aprovados na lei orçamentária vigente, ou seja, são os valores que, no exercício anterior, foram apresentados como proposta parcial pelo mesmo órgão ou poder que agora se encontra atrasado. Esses valores compuseram o projeto de lei que foi consolidado pelo Poder Executivo no exercício anterior e apreciado pelo Poder Legislativo, na aprovação da LOA, que é vigente no momento da elaboração da próxima LOA;

- **Ajustes desses valores com base nos limites estipulados conjuntamente com os demais Poderes na lei de diretrizes orçamentárias**

4) Orientar a execução da LOA

A lei de diretrizes orçamentária continuará vigente durante a execução da LOA, servindo como balizadora, principalmente no que tange à busca pelo equilíbrio entre receita e despesa e ao atingimento das metas estabelecidas.

A título de exemplo, segue o dispositivo constitucional abaixo.

> **CF: Art. 127.** (...)
>
> (...)
>
> § 3º - O Ministério Público elaborará sua proposta orçamentária dentro dos limites estabelecidos na lei de diretrizes orçamentárias.
>
> (...)

> § 6º *Durante a execução orçamentária do exercício*, não poderá haver a realização de despesas ou a assunção de obrigações que extrapolem os limites estabelecidos na lei de diretrizes orçamentárias, exceto se previamente autorizadas, mediante a abertura de créditos suplementares ou especiais. (Incluído pela Emenda Constitucional nº 45, de 2004).

5) Dispor sobre as alterações na legislação tributária

A LDO trata das alterações da legislação tributária com impacto nas receitas previstas. Mas fique atento à questão de que a LDO dispõe sobre alterações e não altera diretamente a legislação tributária. Assim, ela não pode, por exemplo, conter dispositivos que instituam, suprimam, reduzam ou ampliem alíquotas de tributos.

A legislação tributária é constantemente alterada para que se adeque às variações da economia, do mercado, etc. A receita tributária é a principal fonte de recursos da Administração Pública, sendo necessário planejamento antes que sejam realizadas quaisquer alterações na sua legislação. Por esse motivo, cabe à LDO dispor sobre essas alterações, com o fito de que haja um mínimo de previsibilidade e controle de seus efeitos. Porém, que fique claro que a LDO não altera a legislação tributária, mas, sim, dispõe sobre as alterações, estabelecendo regras para que não ocorra de forma arbitrária, respeitados os princípios da anterioridade e da anualidade.

Serve de exemplo a Lei nº 13.707/18 (LDO 2019), em que na seção II do Capítulo IX, mais precisamente no art. 117, *caput*, está estabelecido que na estimativa das receitas e na fixação das despesas do Projeto de Lei Orçamentária de 2019 e da respectiva Lei, poderão ser considerados os efeitos de propostas de alterações na legislação que sejam objeto de proposta de emenda constitucional, de projeto de lei ou medida provisória que esteja em tramitação no Congresso Nacional.

> **Lei nº 12.919/13** (LDO 2014)
>
> **CAPÍTULO VIII**
> **DAS ALTERAÇÕES NA LEGISLAÇÃO E SUA ADEQUAÇÃO ORÇAMENTÁRIA**
>
> (...)
>
> **Seção II**
> **Alterações na Legislação Tributária e das Demais Receitas**
>
> **Art. 118.** Somente será aprovado o projeto de lei ou editada a medida provisória que institua ou altere receita pública quando acompanhado da correspondente demonstração da estimativa do impacto na arrecadação, devidamente justificada.
>
> § 1º A criação ou alteração de tributos de natureza vinculada será acompanhada de demonstração, devidamente justificada, de sua necessidade para oferecimento dos serviços públicos ao contribuinte ou para exercício de poder de polícia sobre a atividade do sujeito passivo.
>
> § 2º A concessão ou ampliação de incentivos ou benefícios de natureza tributária, financeira, creditícia ou patrimonial, destinados à região do semiárido incluirão a região norte de Minas Gerais.

§ 3º As proposições que tratem de renúncia de receita, ainda que sujeitas a limites globais, devem ser acompanhadas de estimativa do impacto orçamentário-financeiro e correspondente compensação, consignar objetivo, bem como atender às condições do art. 14 da Lei de Responsabilidade Fiscal.

§ 4º Os projetos de lei aprovados ou medidas provisórias que resultem em renúncia de receita em razão de concessão ou ampliação de incentivo ou benefício de natureza tributária, financeira, creditícia ou patrimonial, ou que vinculem receitas a despesas, órgãos ou fundos, deverão conter cláusula de vigência de, no máximo, cinco anos.

§ 5º O Poder Executivo adotará providências com vistas a:

I - elaborar metodologia de acompanhamento e avaliação dos benefícios tributários, incluindo o cronograma e a periodicidade das avaliações, com base em indicadores de eficiência, eficácia e efetividade; e

II - definir os órgãos responsáveis pela supervisão, acompanhamento e avaliação dos resultados alcançados pelos benefícios tributários.

6) Estabelecer a política de aplicação das agências financeiras oficiais de fomento

Agências financeiras oficiais de fomento são entidades financeiras sob o controle do poder público que têm, dentre suas atribuições, incentivar a economia com recursos financeiros, normalmente por intermédio de empréstimos e financiamentos.

São exemplos dessas agências no âmbito da União:

- Banco da Amazônia;
- Banco Nacional de Desenvolvimento Social (BNDES);
- Banco do Brasil;
- Caixa Econômica Federal;
- Banco do Nordeste.

7) Disposições relativas às despesas da União com pessoal e encargos sociais

O art. 169 da Constituição Federal estabelece que a despesa com pessoal ativo e inativo da União, dos Estados, do Distrito Federal e dos Municípios não poderá exceder os limites estabelecidos em lei complementar. Despesa com pessoal, com relação aos servidores ativos, representa a parcela destinada aos servidores públicos em razão da contraprestação dada ao Estado com mão de obra. Esses gastos envolvem todas as verbas remuneratórias, como vencimentos, adicionais noturnos, horas extras, etc. Com relação aos inativos, estas despesas representam o gasto com as aposentadorias e pensões.

Historicamente, esse tipo de gasto tem representado parcela significativa das despesas em todos os entes federativos, acabando por retirar do Estado boa parte da capacidade de investimento. Assim, faz-se necessário o controle rigoroso desse tipo de despesa.

Esse artigo foi regulamentado pela LRF que estabeleceu limites de endividamento com pessoal para todos os Entes Federados. Já o § 1º do mesmo artigo, determina que a concessão de qualquer vantagem ou o aumento de remuneração, a criação de cargos, empregos e funções ou alteração de estrutura de carreiras, bem como a admissão ou contratação de pessoal, a qualquer título, pelos órgãos e entidades da administração direta ou indireta, inclusive fundações instituídas e mantidas pelo poder público, só poderão ser feitas:

1) Se houver prévia dotação orçamentária suficiente para atender às projeções de despesa de pessoal e aos acréscimos dela decorrentes;
2) Se houver autorização específica na lei de diretrizes orçamentárias, ressalvadas as empresas públicas e as sociedades de economia mista.

> **Art. 169** - A despesa com pessoal ativo e inativo da União, dos Estados, do Distrito Federal e dos Municípios não poderá exceder os limites estabelecidos em lei complementar.
>
> § 1º A concessão de qualquer vantagem ou aumento de remuneração, a criação de cargos, empregos e funções ou alteração de estrutura de carreiras, bem como a admissão ou contratação de pessoal, a qualquer título, pelos órgãos e entidades da administração direta ou indireta, inclusive fundações instituídas e mantidas pelo poder público, só poderão ser feitas: (Renumerado do parágrafo único, pela Emenda Constitucional nº 19, de 1998)
>
> I - Se houver prévia dotação orçamentária suficiente para atender às projeções de despesa de pessoal e aos acréscimos dela decorrentes; (Incluído pela Emenda Constitucional nº 19, de 1998)
>
> II - Se houver autorização específica na lei de diretrizes orçamentárias, ressalvadas as empresas públicas e as sociedades de economia mista.

Insta ressaltar que a LRF não dispensou todas as empresas públicas e sociedades de economia mista dessa regra. Segundo essa lei, somente as ditas empresas públicas e sociedades de economia independentes não necessitam dessa autorização. Empresa estatal dependente é aquela controlada que recebe do ente controlador recursos financeiros para pagamento de despesas com pessoal ou de custeio em geral ou de capital, excluídos, no último caso, aqueles provenientes de aumento de participação acionária.

3.3. Prazos para LDO

Assim diz o Mandamento Constitucional em seu art. 35, §2º, II:

> **Art. 35** (...)
>
> **§ 2º** (...)

> II - o projeto de lei de diretrizes orçamentárias será encaminhado até oito meses e meio antes do encerramento do exercício financeiro e devolvido para sanção até o encerramento do primeiro período da sessão legislativa;

A Constituição estabelece prazos para elaboração e encaminhamento do projeto de lei da LDO do chefe do Poder Executivo ao Congresso Nacional, e prazo para devolução para sanção ou veto do Presidente por parte do Congresso Nacional. É importante estar atento ao fato de que esta regra é específica para a União, estando prevista, em norma transitória (art. 35 do ADCT), já que o § 9º do art. 165 da Constituição Federal determina que cabe à lei complementar dispor sobre o exercício financeiro, a vigência, os prazos, a elaboração e a organização do Plano Plurianual da Lei de Diretrizes Orçamentárias e da Lei Orçamentária Anual. Portanto, dois pontos devem ser observados:

1) Segundo o § 2º do art. 35 do ADCT, até a entrada em vigor da lei complementar a que se refere o art. 165, § 9º, I e II, da CF, serão obedecidas as normas que foram explicadas, sendo assim, esses prazos, para União poderão ser alterados na edição dessa nova lei complementar.
2) Os prazos aqui previstos se referem somente à União, não sendo a regra para outros entes federativos, desde que haja previsão de prazos diversos nas constituições estaduais ou leis orgânicas.

Vamos por partes para entender o que diz o mandamento constitucional:

1) Elaboração e encaminhamento do projeto de lei da LDO ao Poder Legislativo

Apesar de ser elaborado com a possível participação de todos os poderes, cada um se refere à parte que lhe é cabível, contribuindo para uma devida adequação a toda Administração Pública. Por ter iniciativa privativa e indelegável, a responsabilidade pela elaboração e encaminhamento do projeto de Lei de Diretrizes Orçamentárias é do Chefe do Poder Executivo, que tem prazo determinado para encaminhamento desta ao Poder Legislativo. Segundo o mandamento constitucional, o projeto de Lei de Diretrizes Orçamentárias será encaminhado em até oito meses e meio antes do encerramento do exercício financeiro, que coincide com 15 de abril em todos os exercícios financeiros. O Presidente tem, então, os primeiros três meses e meio de todos os anos de seu mandato para elaborar seu projeto de lei de diretrizes orçamentárias, uma a cada mandato.

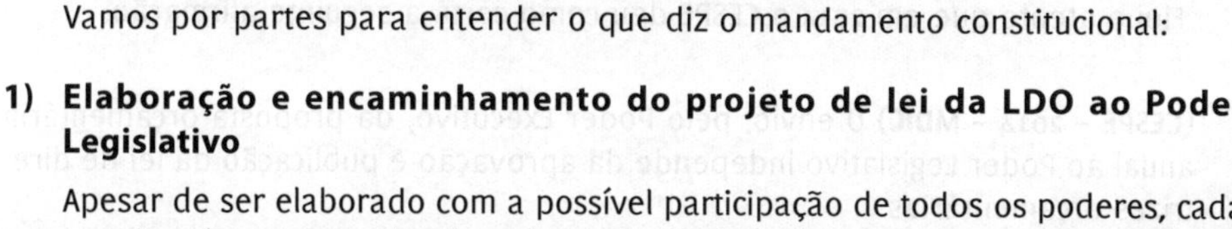

2) Prazo para apreciação pelo Poder Legislativo e devolução para sanção ou veto:

Uma vez aprovado, o Poder Legislativo deverá devolver projeto de Lei de Diretrizes Orçamentárias ao Poder Executivo para sanção ou veto até o encerramento do primeiro período da sessão legislativa, ou seja, 17 de julho.

Importante estar atento ao fato de que, segundo o art. 57, § 2º da CF, a sessão legislativa não será interrompida sem a aprovação do projeto de Lei de Diretrizes Orçamentárias, o que impedirá os parlamentares de entrarem em recesso (férias) até que tal lei seja aprovada.

▶ **FIQUE ATENTO!**

A LDO é a única lei que apresenta restrições por parte da Constituição Federal ao Poder Legislativo, pelo não cumprimento de prazos na apreciação dos instrumentos orçamentários, previsão que não existe para o PPA ou para a LOA. Porém, na prática, isso pouco tem surtido efeito nos últimos tempos no âmbito federal, pois, mesmo sem ter aprovado tal projeto de lei, o Congresso Nacional tem feito o chamado Recesso Branco, que consiste em uma situação em que todos os parlamentares faltam durante esse período, sem que ocorra a imposição de qualquer sanção.

Fique atento que em 2014 o CESPE deu como certa a seguinte afirmação:

(CESPE – 2014 – MDIC) O envio, pelo Poder Executivo, da proposta orçamentária anual ao Poder Legislativo independe da aprovação e publicação da lei de diretrizes orçamentárias.

Gabarito: Certo

COMENTÁRIO:

Dois pontos a serem considerados:

Legal/Constitucional: levando-se em consideração somente o texto constitucional, a questão estaria errada, afinal, uma das funções da LDO é orientar a elaboração do PLOA, ou seja, para que isto aconteça, a LDO deveria estar vigente antes do envio, pelo Poder Executivo, da proposta orçamentária anual.

Prática: na prática, é isso que acontece, isto em razão da morosidade e do descaso do Parlamento com os mandamentos constitucionais, pois, em regra, os prazos não são cumpridos. Por exemplo, a LDO-2014 foi sancionada em 24 de dezembro de 2013, ou seja, quase quatro meses depois do envio do projeto da LOA-2014 em 31 de agosto de 2013. Por curiosidade, a LOA-2014 foi sancionada em 20 de janeiro de 2014, ou seja, menos de um mês depois da sanção da LDO-2014.

A banca deve ter levado em consideração a prática para a definição do gabarito.

Em 2018, a mesma banca abordou novamente o assunto, aparentemente, mudando seu posicionamento, veja:

(CESPE – 2018AMCI (CGM J Pessoa) Com relação ao orçamento público, julgue o item, a seguir.

A lei orçamentária anual somente pode ser elaborada após a aprovação da lei de diretrizes orçamentárias.

Gabarito: Certo

COMENTÁRIO:

Pela lógica de planejamento e orçamento estabelecida pela Constituição Federal, levando em consideração a função de cada instrumento orçamentário (PPA, LDO e LOA) segundo Mandamento Constitucional, a LDO tem, dentre suas funções, orientar a elaboração da LOA.

> Constituição Federal
>
> Art. 57. O Congresso Nacional reunir-se-á, anualmente, na Capital Federal, de 2 de fevereiro a 17 de julho e de 1º de agosto a 22 de dezembro.
>
> [...]
>
> § 2º A sessão legislativa não será interrompida sem a aprovação do projeto de lei de diretrizes orçamentárias.
>
> [...]
>
> Art. 165
>
> [...]
>
> § 2º A lei de diretrizes orçamentárias compreenderá as metas e prioridades da Administração Pública federal, incluindo as despesas de capital para o exercício financeiro subsequente, orientará a elaboração da lei orçamentária anual, disporá sobre as alterações na legislação tributária e estabelecerá a política de aplicação das agências financeiras oficiais de fomento.

Em razão da necessidade de ter o a LDO como orientadora para elaboração do PLOA, a Constituição determina que a LDO deve estar pronta para sanção ou veto até 17 de julho de cada exercício financeiro, e o PLOA deve ser encaminhado ao Congresso Nacional até 31 de agosto.

> **ADCT**
>
> **Art. 35**
>
> [...]
>
> §2º Até a entrada em vigor da lei complementar a que se refere o art. 165, § 9º, I e II, serão obedecidas as seguintes normas:
>
> I – o projeto do plano plurianual, para vigência até o final do primeiro exercício financeiro do mandato presidencial subsequente, será encaminhado até quatro meses antes do encerramento do primeiro exercício financeiro e devolvido para sanção até o encerramento da sessão legislativa.

> II – o projeto de lei de diretrizes orçamentárias será encaminhado até oito meses e meio antes do encerramento do exercício financeiro e devolvido para sanção até o encerramento do primeiro período da sessão legislativa.
>
> III – o projeto de lei orçamentária da União será encaminhado até quatro meses antes do encerramento do exercício financeiro e devolvido para sanção até o encerramento da sessão legislativa.

Em resumo, a LDO deve ser aprovada até o dia 17 de julho (encerramento do primeiro período da sessão legislativa) e a LOA deve ser encaminhada ao Legislativo até o dia 31 de agosto.

Apesar de que na prática, muitas vezes, o mandamento constitucional é desconsiderado, visto que o congresso entra em recesso antes da aprovação do PLDO e durante sua elaboração.

Insta frisar que o motivo da imposição está na imperiosidade da aprovação deste mandamento, que deveria ser, imprescindível instrumento orçamentário, haja vista que em uma de suas principais funções está a de orientar a elaboração do próprio orçamento, ou seja, enquanto ela não viger, não deveria se iniciar a elaboração da Lei Orçamentária Anual. Porém, na prática, não funciona dessa forma, serve de exemplo a Lei nº 13.408/16 (LDO 2017), que entrou em vigor somente em 26 de dezembro de 2016, o que leva a concluir que é possível que a LOA seja elaborada sem uma LDO vigente para orientar tal elaboração.

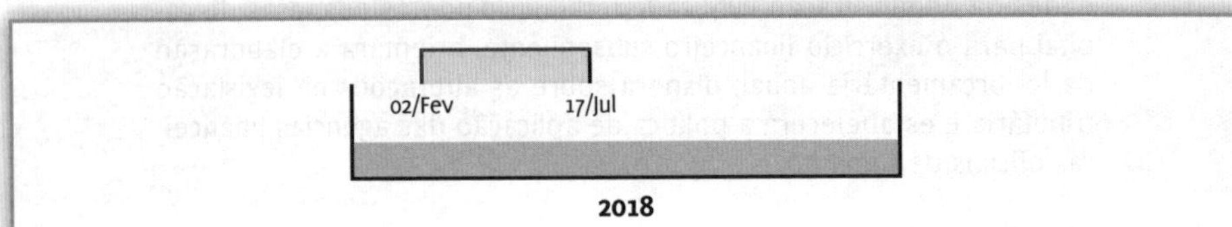

3.4. Vigência da LDO

A vigência da LDO não é objetivamente definida como a do PPA e a da LOA, o que faz provocar certa confusão, isso porque a cada ano será elaborada uma nova LDO, o que leva alguns autores a afirmar que a LDO tem vigência anual, dando a falsa impressão de que a vigência é de 12 meses. Porém, para que possa cumprir com suas finalidades constitucionalmente estabelecidas, necessariamente, a LDO deve viger por mais de um ano. A expressão "anual" se remete, então, à frequência de elaboração - uma a cada ano - pois é certo que ela vigerá por mais de 12 meses, pelos motivos que se seguem:

1) Uma das funções da LDO, se não sua principal, é orientar a elaboração da Lei Orçamentária Anual. Como a LOA é elaborada no exercício anterior à sua execução, consequentemente, a LDO inicia a sua vigência no ano anterior

também. Ao observar art. 156 da Lei nº 13.408/16 (LDO 2017), por exemplo, observa-se que ela passa a vigorar no momento de sua publicação, ou seja, apesar de ser elaborada como sendo do exercício seguinte, ela vigora no mesmo exercício em que é elaborada.

> **Lei nº 13.408/16 (LDO 2017)**
>
> "Art. 156. Esta Lei entra em vigor na data de sua publicação."

2) A LDO também tem por função orientar a execução orçamentária durante todo exercício financeiro subsequente ao que é elaborada. A título de exemplo, seguem os §§ 3º e 6º do art. 127 da Constituição que versam sobre a execução orçamentária do Ministério Público:

> **Art. 127.** (...)
>
> (...)
>
> § 3º - O Ministério Público elaborará sua proposta orçamentária dentro dos limites estabelecidos na lei de diretrizes orçamentárias.
>
> (...)
>
> § 6º Durante a execução orçamentária do exercício, não poderá haver a realização de despesas ou a assunção de obrigações que extrapolem os limites estabelecidos na lei de diretrizes orçamentárias, exceto se previamente autorizadas, mediante a abertura de créditos suplementares ou especiais. (Incluído pela Emenda Constitucional nº 45, de 2004)

Chega-se à conclusão, então, que a LDO vigora desde o momento da sua publicação, a fim de auxiliar a elaboração da próxima LOA, e por todo o exercício financeiro subsequente, durante a execução orçamentária. Assim, certamente, a LDO vigora por mais de um ano.

É importante ressaltar que o processo é contínuo e se repete a cada exercício financeiro. Assim, durante a execução orçamentária do exercício seguinte, haverá novamente a elaboração e aprovação de uma nova LDO com o fim de orientar a elaboração da LOA do próximo exercício financeiro. Porém, essa nova LDO aprovada não revoga a antiga, a qual permanece vigente até o término do exercício financeiro subsequente ao exercício em que foi elaborada. Isso quer dizer que, em determinada época do ano, haverá duas LDO's vigentes, mas com funções distintas.

Se os prazos constitucionais fossem respeitados, como veremos a seguir, a LDO teria vigência próxima de aproximadamente dezessete meses, por exemplo:

- LDO de 2018 (elaborada e aprovada até 17 de julho de 2017 e logo depois sancionada);

  ✦ *Esta LDO vigerá durante o restante exercício de 2017, orientando a elaboração da LOA de 2018, e durante todo exercício financeiro de 2018, estabelecendo regras para a execução orçamentária de 2018;*

- LDO de 2019 (elaborada e aprovada até 17 de julho de 2018 e logo depois sancionada);
  - ✦ *Esta LDO vigerá durante o restante exercício de 2018, orientando a elaboração da LOA de 2019, e durante todo exercício financeiro de 2019, orientando a execução orçamentária de 2019.*

Observe que em 2018, a partir da elaboração da LDO 2019 (17 de junho de 2018) existirão duas LDO's vigendo simultaneamente:

- A LDO 2018 estabelecendo regras para a execução orçamentária de 2018;
- A LDO 2019 orientando a elaboração da LOA para 2019.

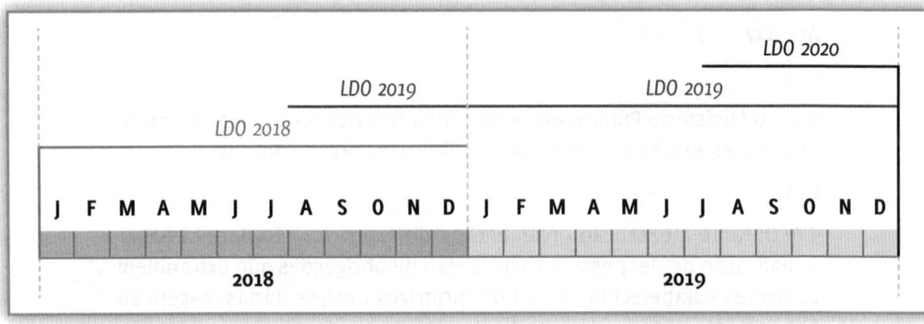

3.5. Elaboração do projeto de lei da LDO

A elaboração da LDO, em cada ente federativo, segue as normas estabelecidas na Constituição e nas leis, LRF, por exemplo, e tem por base o PPA respectivo. No âmbito Federal, o órgão responsável pela elaboração da LDO é o Ministério da Economia. A secretaria responsável dentro deste ministério é a SOF (Secretaria de Orçamento Federal).

3.6. Conteúdo da LDO

Em razão da complexidade da atividade orçamentária e do princípio da Exclusividade, que não permite a inserção na LOA de matéria que não seja previsão de receita e fixação de despesa, salvo exceções constitucionais, é necessário um instrumento que verse sobre assuntos acessórios e essenciais à elaboração e execução do Orçamento Público. Este instrumento é a LDO, que faz o papel de ligação entre o Planejamento e o Orçamento propriamente dito.

A título de exemplo, vejamos a estrutura da LDO 2017 transcrita em seu art. 1º, em que são estabelecidas, em cumprimento ao disposto no § 2º do art. 165 da Constituição Federal, e na Lei Complementar 101, de 4 de maio de 2000, Lei de Responsabilidade Fiscal, as diretrizes orçamentárias da União para 2014, compreendendo:

I - as metas e prioridades da Administração Pública federal;

II - a estrutura e organização dos orçamentos;

III - as diretrizes para a elaboração e execução dos orçamentos da União;

IV - as disposições para as transferências;

V - as disposições relativas à dívida pública federal;

VI - as disposições relativas às despesas com pessoal e encargos sociais e benefícios aos servidores, empregados e seus dependentes;

VII - a política de aplicação dos recursos das agências financeiras oficiais de fomento;

VIII - as disposições sobre alterações na legislação e sua adequação orçamentária;

IX - as disposições sobre a fiscalização pelo Poder Legislativo e sobre as obras e os serviços com indícios de irregularidades graves;

X - as disposições sobre transparência;

XI - as disposições finais.

O § 12 do art. 165 da Constituição Federal determina que Integrará a lei de diretrizes orçamentárias, para o exercício a que se refere e, pelo menos, para os 2 (dois) exercícios subsequentes, anexo com previsão de agregados fiscais e a proporção dos recursos para investimentos que serão alocados na lei orçamentária anual para a continuidade daqueles em andamento.

Esse dispositivo aplica-se exclusivamente aos orçamentos fiscal e da seguridade social da União.

A Lei de Responsabilidade Fiscal ampliou as atribuições da LDO, fazendo com que esta ganhasse mais relevância, atribuindo a ela, funções de destaque no processo orçamentário. A LRF estabeleceu que a LDO deverá dispor sobre:

1) **Equilíbrio entre receitas e despesas**;

2) Critérios e forma de **limitação de empenho**, a ser verificado no final de cada bimestre, quando se observar que a realização da receita poderá comprometer os resultados nominal e primário estabelecidos no anexo de metas fiscais e para reduzir a dívida ao limite estabelecido pelo Senado Federal;

3) Normas relativas ao **controle de custos e** à avaliação dos **resultados** dos programas financiados com recursos dos orçamentos;

4) Demais condições e exigências para as transferências de recursos a entidades públicas e privadas;

O § 1º do art. 4º da LRF estabelece que integrará ao projeto de Lei de Diretrizes Orçamentárias **o Anexo de Metas Fiscais**, em que serão estabelecidas:

1) Metas anuais, em valores correntes e constantes, relativas às receitas, despesas;

2) Resultado nominal, primário e montante da dívida pública, para o exercício a que se referirem e para os dois seguintes, ou seja, três exercícios financeiros.

O § 2º do art. 4º da LRF menciona que o Anexo de Metas Fiscais conterá, ainda:

1) Avaliação do cumprimento das metas relativas ao ano anterior;

2) Demonstrativo das metas anuais, instruído com memória e metodologia de cálculo que justifiquem os resultados pretendidos, comparando-as com as fixadas nos três exercícios anteriores, e evidenciando a consistência delas com as premissas e os objetivos da política econômica nacional;

3) Evolução do patrimônio líquido, também nos últimos três exercícios, destacando a origem e a aplicação dos recursos obtidos com a alienação de ativos;

4) Avaliação da situação financeira e atuarial:

   - Dos regimes gerais de previdência social, e próprio dos servidores públicos e do Fundo de Amparo ao Trabalhador;
   - Dos demais fundos públicos e programas estatais de natureza atuarial;
   - Demonstrativo da estimativa e compensação da renúncia de receita e da margem de expansão das despesas obrigatórias de caráter continuado.

O § 3º do art. 4º da LRF determina que a Lei de Diretrizes Orçamentárias contenha **Anexo de Riscos Fiscais**, em que serão avaliados:

1) Os passivos contingentes;

2) Outros riscos capazes de afetar as contas públicas, informando as providências a serem tomadas, caso se concretizem.

O § 4º do art. 4º da LRF, propugna que a mensagem que encaminhar o projeto da União apresentará, em **anexo específico**:

1) Os objetivos das políticas monetária, creditícia e cambial;

2) Os parâmetros e as projeções para seus principais agregados e variáveis;

3) As metas de inflação, para o exercício subsequente.

4. LEI ORÇAMENTÁRIA ANUAL (LOA)

4.1. Definição da LOA

A Lei Orçamentária Anual é o orçamento propriamente dito. É o instrumento de efetiva execução orçamentária, voltado para a previsão de receitas e fixação de despesas. É o planejamento operacional de curto prazo da Administração Pública, executando aquilo que foi planejado no PPA e estabelecido como meta e prioridade na LDO. Isso não quer dizer que não haja planejamento na LOA, ao contrário; porém, este planejamento é de curto prazo e de cunho operacional, devendo obedecer a uma dupla subordinação: ao PPA e à LDO.

4.2. Função da LOA

A LOA tem por função prever receita e fixar despesas públicas. É a materialização da atividade financeira do Estado, concretizando aquilo que foi precipuamente planejado no PPA e estabelecido como meta e prioridade na LDO. Discrimina os recursos orçamentários e financeiros para a realização das metas e prioridades estabelecidas pela Lei de Diretrizes Orçamentárias.

4.3. Prazos para a LOA

Determina o texto constitucional, art. 35, §2º, III, que:

> **Art.** 35 (...)
>
> §2º (...)
>
> **III** - o projeto de lei orçamentária da União será encaminhado até quatro meses antes do encerramento do exercício financeiro e devolvido para sanção até o encerramento da sessão legislativa.

Valem aqui, as mesmas observações feitas em relação ao PPA e LDO. Segundo o inciso III do § 2º do art. 35 do ADCT, até a entrada em vigor da lei complementar a que se refere o art. 165, § 9º, I e II, serão obedecidas as seguintes normas:

1) Elaboração e encaminhamento do projeto de lei da LOA ao Poder Legislativo

Como determina o texto constitucional, o prazo para encaminhamento do Projeto de Lei Orçamentária Anual do chefe do Poder Executivo ao Poder Legislativo é de até quatro meses antes do encerramento de todos os exercícios financeiros, ou seja, 31 de agosto. Insta observar, que, diferente do PPA, cujo encaminhamento ocorre de quatro em quatro anos, o Projeto da LOA é encaminhado anualmente.

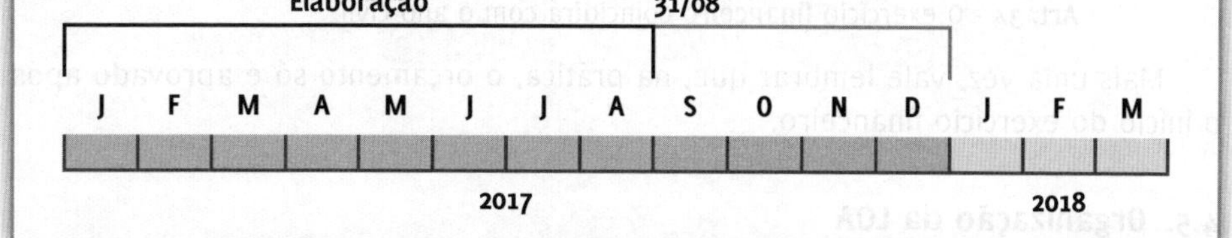

2) Prazo para apreciação pelo Poder Legislativo e devolução para sanção ou veto

Mais uma vez, segundo o texto constitucional, o Projeto da Lei Orçamentária Anual deverá ser devolvido ao Poder Executivo até o encerramento da sessão legislativa, ou seja, 22 de dezembro, não havendo qualquer consequência prevista na Constituição para o Congresso Nacional se tal prazo não for respeitado.

É importante frisar que apesar do mandamento constitucional ser claro em relação aos prazos, tem-se observado, no Brasil, que o calendário das matérias orçamentárias e a falta de rigor no cumprimento dos prazos comprometem a integração entre planos plurianuais e leis orçamentárias anuais.

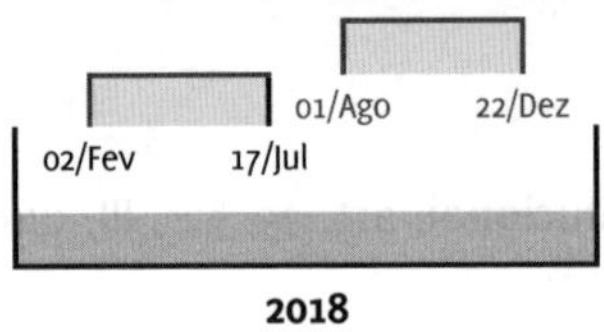

4.4. Vigência da LOA

A LOA tem vigência de um ano, ou seja, é efetivamente anual, coincidindo com o ano civil, de 01 de janeiro a 31 de dezembro.

> **Constituição Federal**
>
> **Art. 165** - Leis de iniciativa do Poder Executivo estabelecerão: (...)
>
> III. Os orçamentos anuais.
>
> **Lei nº 4.320/64**
>
> **Art. 2°** - A Lei do Orçamento conterá a discriminação da receita e despesa de forma a evidenciar a política econômica financeira e o programa de trabalho do Governo, obedecidos os princípios de unidade universalidade e anualidade.
>
> (...)
>
> **Art. 34** - O exercício financeiro coincidirá com o ano civil.

Mais uma vez, vale lembrar que, na prática, o orçamento só é aprovado após o início do exercício financeiro.

4.5. Organização da LOA

O § 5º do art. 165 da Constituição Federal estabelece que a Lei Orçamentária Anual compreenderá:

1) O orçamento fiscal

Referente aos Poderes da União, seus fundos, órgãos e entidades da administração direta e indireta, inclusive fundações instituídas e mantidas pelo Poder Público;

O Orçamento Fiscal abrange os três poderes, seus fundos, órgãos, autarquias, inclusive as fundações instituídas e mantidas pelo Poder Público. Compreende, também, as empresas estatais controladas, ou seja, aquelas que recebam quaisquer recursos do Tesouro Nacional para custeio e pessoal, exceto as que percebam unicamente sob a forma de participação acionária, pagamento de serviços prestados, ou fornecimento de bens, pagamento de empréstimo e financiamento concedidos e transferências para aplicação em programa de financiamento (empresa estatal independente).

As ações contidas no orçamento fiscal são identificadas por exclusão, abrangendo todas as ações que não estejam nos orçamentos da seguridade social e de investimentos das empresas estatais.

Assim, as despesas de uma fundação ligada à seguridade social, por exemplo, estarão contidas tanto no orçamento fiscal (gasto com pessoal e custeio), quanto no orçamento da seguridade social (despesas relacionadas à seguridade social), sendo que neste último estarão somente as despesas incorridas em função das ações voltadas para saúde, previdência social e assistência social.

2) O orçamento de investimento das empresas em que a União, direta ou indiretamente, detenha a maioria do capital social com direito a voto

As empresas estatais são pessoas jurídicas de direito privado e estão organizadas, em sua maioria, sob a forma de sociedades de capital por ações. Encontram-se, ainda, entre as subsidiárias e controladas dessas empresas, sociedades civis ou por cotas de responsabilidade limitada.

Esse orçamento contempla somente os investimentos, ou seja, não entrará aqui despesa com profissionais ou de custeio.

De acordo com o Decreto nº 9745/19, que aprovou a Estrutura Regimental do Ministério da Economia, a Secretaria de Coordenação e Governança das Empresas Estatais (SEST) é um órgão de assessoramento do Ministério da Economia.

A atuação do SEST se dá sobre as empresas em que a União, direta ou indiretamente, detém a maioria do capital social com direito a voto, ou seja, as empresas públicas, sociedades de economia mista, suas subsidiárias, controladas e demais empresas, denominadas empresas estatais, desde que independentes.

A SEST é responsável, dentre outras funções, por coordenar a elaboração do Programa de Dispêndios Globais – PDG, do orçamento de investimento das empresas estatais e do demonstrativo da política de aplicação das instituições financeiras oficiais de fomento e compatibilizá-los com o plano plurianual e com as metas de resultado primário fixadas.

3) O orçamento da seguridade social

Abrange todas as entidades e órgãos a ela vinculados, da administração direta ou indireta, bem como os fundos e fundações instituídos e mantidos pelo Poder Público, desde que relacionadas à seguridade social.

Particularmente, o orçamento da seguridade social constitui o detalhamento dos montantes de receitas vinculados aos gastos da seguridade social (saúde, previdência social e assistência social), especialmente as contribuições sociais nominadas no art. 195 da Constituição. Compreende, também, outras contribuições que lhe sejam asseguradas ou transferidas pelo orçamento fiscal. Este orçamento abrange todas as entidades e órgãos vinculados à seguridade social, da administração direta e indireta, bem como fundos e fundações instituídas e mantidas pelo Poder Público.

A divisão da LOA em três orçamentos distintos não ofende o princípio da unidade orçamentária (totalidade), pois tal princípio se refere a uma única LOA para cada ente federativo. Assim, uma mera divisão desse orçamento, que servirá para organização, dentro da mesma lei, não ofende ao princípio citado. Ofenderia caso tais orçamentos fossem aprovados em leis orçamentárias distintas.

No § 7º do art. 165 a Constituição estabelece uma missão específica aos orçamentos fiscal e de investimentos, a de reduzir desigualdades inter-regionais, segundo critério populacional. Tal mandamento tem a finalidade de atender a um dos objetivos fundamentais da República Federativa Do Brasil, previsto na parte final do inciso III do art. 3º, CF, a redução das desigualdades regionais.

> **Constituição Federal**
>
> **Art. 3º** - Constituem objetivos fundamentais da República Federativa do Brasil: (...)
>
> III. erradicar a pobreza e a marginalização e reduzir as desigualdades sociais e regionais;
>
> **Art. 165**
>
> (...)
>
> § 7º - Os orçamentos previstos no § 5º, I e II, deste artigo, compatibilizados com o Plano Plurianual, terão entre suas funções a de reduzir desigualdades inter-regionais, segundo critério populacional.

4.6. Elaboração do projeto de lei da LOA

No âmbito Federal a elaboração do PLOA – Projeto de Lei Orçamentária Anual, que será bem esmiuçado no capítulo sobre o ciclo orçamentário, ocorre de forma conjunta, com a participação das unidades orçamentárias (subsetoriais), das setoriais de planejamento e orçamento (nível ministerial), dos órgãos orçamentários dos Poderes Legislativo e Judiciário, Ministério Público e da SOF – Secretaria de Orçamento Federal, do Ministério da Economia, que coordenam todo o processo.

Com o fim de orientar a elaboração do PLOA (Projeto de Lei Orçamentária Anual), a SOF elabora anualmente o MTO (Manual Técnico de Orçamento). Como esclarece esse documento, o processo de elaboração do PLOA (Projeto de Lei Orçamentária Anual) se desenvolve no âmbito do Sistema de Planejamento e de Orçamento Federal e envolve um conjunto articulado de tarefas complexas e um cronograma gerencial e operacional com especificação de etapas, de produtos e da participação dos agentes. Assim, o PLOA é elaborado "de baixo para cima", com cada interessado atuando em sua área de responsabilidade.

No que concerne às partes do PLOA, é importante frisar que o orçamento de investimento das empresas em que a União, direta ou indiretamente, detenha a maioria do capital social com direito a voto, é de responsabilidade da SEST, Secretaria de Coordenação e Governança das Empresas Estatais também do Ministério da Economia.

É bom lembrar que, em uma sequência lógica, primeiramente se prevê a receita para, após fixar a despesa.

No que concerne à vinculação ao que foi anteriormente planejado, o PLOA deve ser elaborado em consonância com o PPA e com a LDO.

4.7. Composição da LOA

A LOA é composta por créditos orçamentários ordinários e suas respectivas dotações.

- Créditos orçamentários ordinários: autorizações para a realização de despesas;
- Dotação: limite de gasto para cada crédito orçamentário, ou seja, o valor que poderá ser gasto com cada tipo de despesa;

A LOA também é composta pela previsão de receita para suprir os créditos.

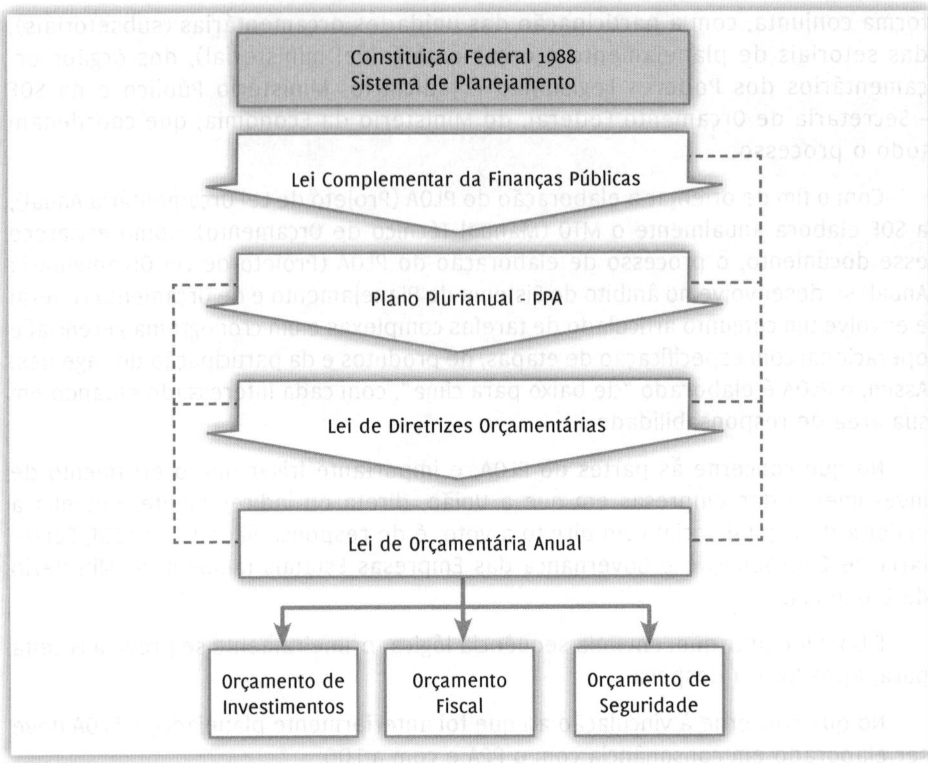

4.8. Conteúdo da LOA

Segundo a Lei nº 4.320/64, a LOA conterá a discriminação da receita e da despesa de forma a evidenciar a política econômico-financeira e o programa de governo, obedecidos os princípios de unidade, universalidade e anualidade.

É na lei orçamentária que o governo **prevê** a arrecadação de receitas e **fixa** a realização de despesas para o período de um ano. Para que seja obedecido o princípio da legalidade, o Poder Legislativo deve autorizar a Atividade Financeira do Estado, notadamente a execução da despesa, por intermédio de uma lei.

Como resultado dessas autorizações, surgem os créditos orçamentários ordinários, ou seja, as autorizações para a realização de despesas como resultado de um planejamento prévio, em exercício anterior ao da elaboração e inseridos no projeto de Lei Orçamentária Anual. O crédito orçamentário, por sua vez, contém dotação orçamentária, que se refere à importância consignada no orçamento para atender ao pagamento de cada despesa prevista. Dotação é o limite de gasto para cada crédito orçamentário, ou seja, o valor que se poderá gastar com cada tipo de despesa.

Determina, também, o parágrafo 6º do art. 165 da CF que o Projeto da Lei Orçamentária Anual deverá conter um demonstrativo regionalizado do impacto sobre receitas e despesas de todas as isenções, anistias, remissões, subsídios e benefícios de natureza financeira, tributária e creditícia. Esse dispositivo se refere a qualquer ato da Administração Pública que provoque um sacrifício fiscal, desde que atenda aos critérios estabelecidos na Constituição e no restante da legislação para que haja benefícios para todos.

> **Constituição Federal**
>
> **Art. 165**
>
> (...)
>
> § 6º - O projeto de lei orçamentária será acompanhado de demonstrativo regionalizado do efeito, sobre as receitas e despesas, decorrente de isenções, anistias, remissões, subsídios e benefícios de natureza financeira, tributária e creditícia.

Tal mandamento vale para todos os entes federativos que deverão combater essas desigualdades dentro de seus limites territoriais.

A Constituição ainda determina em seu art. 43, para efeitos administrativos, que a União poderá articular sua ação em um mesmo complexo geoeconômico e social, visando seu desenvolvimento e a redução das desigualdades regionais. Essas ações serão operacionalizadas por intermédio do Orçamento Anual.

Com relação à estrutura do Projeto de Lei Orçamentária Anual, o § 1° do art. 2° da Lei nº 4.320/64 estabelece que integrarão a Lei de Orçamento:

> I - Sumário geral da receita por fontes e da despesa por funções do Governo;
>
> II - Quadro demonstrativo da Receita e Despesa segundo as Categorias Econômicas, na forma do Anexo nº. 1;
>
> III - Quadro discriminativo da receita por fontes e respectiva legislação;
>
> IV - Quadro das dotações por órgãos do Governo e da Administração.

4.8.1. *Abrangência*

1) Todas as receitas

Segundo o art. 3º da mesma lei, a Lei de Orçamentos compreenderá todas as receitas, inclusive as de operações de crédito autorizadas em lei.

A despeito do mandamento legal, nem todas as receitas estarão contidas na Lei Orçamentária Anual. Segue a baixo algumas exceções:

Exceções:

- Receitas orçamentária não previsíveis; e

- Receitas extraorçamentárias;
- Operações de crédito por antecipação da receita;
- Emissões de papel-moeda; e
- Outras entradas compensatórias, no ativo e passivo financeiros.

Este assunto será adequadamente abordado no capítulo sobre Princípio e Receita, mais especificamente sobre o princípio da Universalidade com discriminação das espécies de despesa.

2) Todas as despesas

Segundo art. 4º da mesma lei, a Lei de Orçamento compreenderá todas as despesas próprias dos órgãos do Governo e da administração centralizada, ou que, por intermédio deles se devam realizar, observado o disposto no artigo 2°.

A despeito do mandamento legal, nem todas as despesas estarão contidas na Lei Orçamentária Anual, as quais se denominam despesas extraorçamentárias.

Esse assunto será detalhadamente abordado no capítulo sobre Princípio e sobre Despesa, mais especificamente sobre o princípio da Universalidade com discriminação das espécies de despesa.

> **ATENÇÃO!**
>
> Segundo o § 14. do art. 165 da Constituição Federal, a lei orçamentária anual poderá conter previsões de despesas para exercícios seguintes, com a especificação dos investimentos plurianuais e daqueles em andamento.

4.8.2. Discriminação na LOA

Segundo o art. 15 da Lei nº 4.320/54, na Lei de Orçamento a discriminação da despesa far-se-á no mínimo por elementos. Entende-se por elementos o desdobramento da despesa com pessoal, material, serviços, obras e outros meios de que se serve a Administração Pública para consecução dos seus fins. Para efeito de classificação da despesa, considera-se material permanente o de duração superior a dois anos.

Aqui tratamos somente do texto legal, mas no capítulo sobre princípios, especificamente em relação ao princípio da discriminação, este assunto será mais detalhadamente abordado.

4.8.3. Vedações relacionadas à LOA

Aqui são especificados alguns dos principais mandamentos que determinam as principais vedações relacionadas à elaboração da Lei Orçamentária Anual. Tais vedações serão abordadas em outros pontos dessa obra com mais detalhamento.

1) Matérias estranhas à atividade orçamentária (Princípio da Exclusividade)

Segundo o § 8º do art. 165 da Constituição Federal, a Lei Orçamentária Anual não conterá dispositivo estranho à previsão da receita e à fixação da despesa, não se incluindo na proibição a autorização para abertura de créditos suplementares e contratação de operações de crédito, ainda que por antecipação de receita, nos termos da lei.

Créditos adicionais são ajustes realizados durante a execução da LOA para realização de despesas que não foram previstas ou que foram insuficientemente dotadas.

Existem três tipos de créditos adicionais, suplementares, especiais e extraordinários. A Constituição somente permite a inserção na LOA de autorização para abertura de créditos adicionais suplementares.

Nos capítulos sobre ajustes orçamentários e princípios orçamentários esmiuçaremos esse dispositivo constitucional.

2) Nenhum investimento cuja execução ultrapasse um exercício financeiro poderá ser iniciado sem prévia inclusão no Plano Plurianual, ou sem lei que autorize a inclusão, sob pena de crime de responsabilidade (§ 1º do art. 167 da Constituição Federal)

Isso quer dizer que um investimento pode estar inserido somente na LOA, sem prévia inclusão no PPA, desde que cumpra os requisitos constitucionais desse dispositivo.

> ▶ **OBSERVAÇÃO:**
>
> Fique atento acerca da Lei de Responsabilidade Fiscal que regulamentou, de forma diferenciada, este dispositivo.
>
> > Art. 5º...
> >
> > (...)
> >
> > § 5º A lei orçamentária não consignará dotação para investimento com duração superior a um exercício financeiro que não esteja previsto no Plano Plurianual ou em lei que autorize a sua inclusão, conforme disposto no § 1º do art. 167 da Constituição.

Perceba que a Constituição estabelece a vedação em relação ao investimento cuja execução "ultrapasse um exercício financeiro", ou seja, ultrapasse o dia 31 de dezembro do exercício a que se refira, não estabelecendo prazo de duração. Por exemplo: um investimento com duração prevista para seis meses que fosse iniciado em novembro estaria vedado, pois a conclusão seria em março do exercício seguinte, ultrapassando o exercício financeiro.

A LRF usou o exercício financeiro como referência temporal de duração, ou seja, vedou consignar dotação para investimento com duração superior a um exercício financeiro, maior que um ano.

▶ **OBSERVAÇÃO:**

Fique atento, pois os dois textos podem ser cobrados em prova.

3) Dotações globais (Lei nº 4.320/64)

O art. 5º da Lei nº 4.320/64 determina que a Lei de Orçamento não consignará dotações globais destinadas a atender indiferentemente a despesas de pessoal, material, serviços de terceiros, transferências ou quaisquer outras, ressalvado o disposto no artigo 20 e seu parágrafo único.

> **Art. 20.** Os investimentos serão discriminados na Lei de Orçamento segundo os projetos de obras e de outras aplicações.
>
> Parágrafo único. Os programas especiais de trabalho que, por sua natureza, não possam cumprir-se subordinadamente às normas gerais de execução da despesa poderão ser custeadas por dotações globais, classificadas entre as Despesas de Capital.

O Decreto-lei nº 200/67 também estabelece a reserva de contingência como exceção.

> **Art. 91.** Sob a denominação de Reserva de Contingência, o orçamento anual poderá conter dotação global não especificamente destinada a determinado órgão, unidade orçamentária, programa ou categoria econômica, cujos recursos serão utilizados para abertura de créditos adicionais. (Redação dada pelo Decreto-Lei nº 1.763, de 1980).

Exceções

- Programas Especiais de Trabalho; e
- Reserva de contingência.

4) Consignar ajuda financeira, a qualquer título, a empresa de fins lucrativos (Lei nº 4.320/64, art. 19)

> **Art. 19.** A Lei de Orçamento não consignará ajuda financeira, a qualquer título, a empresa de fins lucrativos, salvo quando se tratar de subvenções cuja concessão tenha sido expressamente autorizada em lei especial.

Exceção:

- Subvenções cuja concessão tenha sido expressamente autorizada em lei especial.

5) Crédito com finalidade imprecisa (Lei Complementar nº 101/00 – LRF)

6) Crédito com dotação ilimitada (Lei Complementar nº 101/00 – LRF)

4.8.4. *Forma da previsão de receita e fixação de despesa*

Segundo o art. 6º da **Lei nº 4.320/64**, todas as receitas e despesas constarão da Lei de Orçamento pelos seus totais, vedadas quaisquer deduções. As cotas de receitas que uma entidade pública deva transferir a outra incluir-se-ão, como despesa, no orçamento da entidade obrigada a transferência e, como receita, no orçamento daquela que as deva receber.

4.8.5. *Acompanham a LOA*

Algumas informações específicas deverão acompanhar o projeto de Lei orçamentária anual.

1) Constituição Federal (Art. 165, § 6º)

O projeto de lei orçamentária será acompanhado de demonstrativo regionalizado do efeito, sobre as receitas e despesas, decorrente de isenções, anistias, remissões, subsídios e benefícios de natureza financeira, tributária e creditícia.

A execução orçamentária é de interesse de todos, afinal, é um processo em que o Estado, com o fim de buscar o bem comum, realiza despesas públicas se utilizando de receitas públicas, ou seja, recursos que pertencem a todos. Por este motivo, todos devem contribuir, na medida em que determina a lei, e todos devem se beneficiar de forma igualitária, também, na medida em que determina a lei.

Assim, qualquer sacrifício fiscal propiciado pelo ente federativo para beneficiar alguns, acaba por onerar a todos e, para que haja controle, deve ser justificado devidamente a todos.

Não cabe aqui explicar o que vem a ser tecnicamente cada uma dessas expressões, mas é importante entender que provocam um impacto negativo no orçamento e, consequentemente, para toda sociedade, pois são recursos que, em regra, deixam de entrar nos cofres públicos ou são entregues para beneficiar alguma região, setor da economia, ente federativo, etc. Por este motivo, a Constituição exige a justificação de sua existência com a demonstração do efeito regionalizado desses sacrifícios.

Por exemplo: imaginemos que determinada região seja assolada por uma forte enchente e o governo federal, visando à recuperação do parque industrial, resolva conceder uma remissão do IPI (a exclusão do crédito tributário) para as indústrias atingidas, com o fim de uma rápida recuperação da economia local e geração de empregos.

Bem, todos têm o dever de contribuir para o todo e, com essa remissão, o bolo orçamentário ficará menor, ou seja, haverá menos recursos disponíveis para realização de despesas públicas em prol de todos. Porém, esse é um justo motivo, pois essa remição auxiliará na recuperação mais rápida da região. Deve, então, o governo demonstrar o efeito regionalizado sobre as receitas e despesas desse sacrifício para deixar claras as suas intenções.

2) Lei nº 4.320/64 (Art. 2º, § 2º)

Acompanharão a Lei de Orçamento:

I - Quadros demonstrativos da receita e planos de aplicação dos fundos especiais;

II - Quadros demonstrativos da despesa, na forma dos Anexos ns. 6 a 9;

III - Quadro demonstrativo do programa anual de trabalho do Governo, em termos de realização de obras e de prestação de serviços.

▶ **OBSERVAÇÃO:**

Fique atento, pois, esses quadros eram exigidos à época da elaboração da lei até a informatização do sistema. Agora, os órgãos responsáveis pela elaboração do orçamento utilizam ferramentas mais modernas para registrar essas informações.

3) Lei Complementar nº 101/00 (LRF)

Segundo o art. 5º da Lei de Responsabilidade Fiscal, o projeto de Lei Orçamentária Anual, elaborado de forma compatível com o Plano Plurianual, com a Lei de Diretrizes Orçamentárias e com as normas desta Lei Complementar conterá, em anexo, demonstrativo da compatibilidade da programação dos orçamentos com os objetivos e metas constantes do documento de que trata o § 1º do art. 4º.

> **LRF**
>
> **Art. 4º**
>
> § 1º Integrará o projeto de lei de diretrizes orçamentárias Anexo de Metas Fiscais, em que serão estabelecidas metas anuais, em valores correntes e constantes, relativas a receitas, despesas, resultados nominal e primário e montante da dívida pública, para o exercício a que se referirem e para os dois seguintes.

4.9. Estrutura da proposta orçamentária

O art. 22 da Lei nº 4.320/64 estabelece que a proposta orçamentária que o Poder Executivo encaminhará ao Poder Legislativo nos prazos estabelecidos nas Constituições e nas Leis Orgânicas dos Municípios, compor-se-á de:

I. Mensagem, que conterá: exposição circunstanciada da situação econômico-financeira, documentada com demonstração da dívida fundada e flutuante, saldos de créditos especiais, restos a pagar e outros compromissos financeiros exigíveis; exposição e justificação da política econômico-financeira do

Governo; justificação da receita e despesa, particularmente no tocante ao orçamento de capital;

II. Projeto de Lei de Orçamento;

III. Tabelas explicativas, das quais, além das estimativas de receita e despesa, constarão, em colunas distintas e para fins de comparação:

a) A receita arrecadada nos três últimos exercícios anteriores àquele em que se elaborou a proposta;

b) A receita prevista para o exercício em que se elabora a proposta;

c) A receita prevista para o exercício a que se refere a proposta;

d) A despesa realizada no exercício imediatamente anterior;

e) A despesa fixada para o exercício em que se elabora a proposta; e

f) A despesa prevista para o exercício a que se refere a proposta.

IV. Especificação dos programas especiais de trabalho custeados por dotações globais, em termos de metas visadas, decompostas em estimativa do custo das obras a realizar e dos serviços a prestar, acompanhadas de justificação econômica, financeira, social e administrativa.

Constará, ainda, da proposta orçamentária, para cada unidade administrativa, descrição sucinta de suas principais finalidades, com indicação da respectiva legislação.

Quadros comparativos entre os instrumentos orçamentários

▶ INSTRUMENTO	▶ PRAZOS PARA ELABORAÇÃO E ENCAMINHAMENTO AO PODER LEGISLATIVO	▶ PRAZO PARA DEVOLUÇÃO PARA SANÇÃO OU VETO
PPA	Até quatro meses antes do encerramento do primeiro exercício financeiro do mandato – 31 de agosto.	Até o encerramento da sessão legislativa do primeiro exercício financeiro – 22 de dezembro.
LDO	Até oito meses e meio antes do encerramento do exercício financeiro – 15 de abril.	Até o encerramento do primeiro período da sessão legislativa – 17 de julho.
LOA	Até quatro meses antes do encerramento do exercício financeiro – 31 de agosto.	Até o encerramento da sessão legislativa – 22 de dezembro.

▸ INSTRUMENTO	▸ VIGÊNCIA
PPA	4 (quatro) anos não coincidente com o mandato do Chefe do Poder Executivo.
LDO	Até 17 (dezessete) meses, se os prazos constitucionais forem respeitados.
LOA	1 (um) ano.

▸ INSTRUMENTO	▸ FUNÇÃO CONSTITUCIONAL - ART. 165
PPA	§ 1º A lei que instituir o Plano Plurianual estabelecerá, de forma regionalizada, as diretrizes, objetivos e metas (DOM) da Administração Pública federal para as despesas de capital e outras delas decorrentes e para as relativas aos programas de duração continuada.
LDO	§ 2º A Lei de Diretrizes Orçamentárias compreenderá as metas e prioridades da Administração Pública federal, incluindo as despesas de capital para o exercício financeiro subsequente, orientará a elaboração da Lei Orçamentária Anual, disporá sobre as alterações na legislação tributária e estabelecerá a política de aplicação das agências financeiras oficiais de fomento.
LOA	§ 5º A Lei Orçamentária Anual compreenderá: I - o orçamento fiscal referente aos Poderes da União, seus fundos, órgãos e entidades da administração direta e indireta, inclusive fundações instituídas e mantidas pelo Poder Público; II - o orçamento de investimento das empresas em que a União, direta ou indiretamente, detenha a maioria do capital social com direito a voto; III - o orçamento da seguridade social, abrangendo todas as entidades e órgãos a ela vinculados, da administração direta ou indireta, bem como os fundos e fundações instituídos e mantidos pelo Poder Público.

5. PLANOS E PROGRAMAS NACIONAIS REGIONAIS E SETORIAIS

Muito menos exigidos em questões de concursos públicos, os planos e programas nacionais, regionais e setoriais são instrumentos de planejamento previstos na Constituição Federal, tendo por fim propiciar ações voltadas ao desenvolvimento econômico e social. A sua elaboração e supervisão compete às unidades responsáveis pelas atividades de planejamento que os elaborarão, desde que, em consonância com o Plano Plurianual. Tais planos devem ser enviados ao Congresso Nacional para apreciação e disposição que, por intermédio da Comissão Mista, os examinará e emitirá parecer, além de exercer o devido acompanhamento.

Os planos regionais de desenvolvimento também devem ser elaborados em consonância com o Plano Plurianual, devendo, ainda, integrar os planos nacionais e ser com eles aprovados.

Art. 48. Cabe ao Congresso Nacional, com a sanção do Presidente da República, não exigida esta para o especificado nos arts. 49, 51 e 52, dispor sobre todas as matérias de competência da União, especialmente sobre:

I - sistema tributário, arrecadação e distribuição de rendas;

II - Plano Plurianual, diretrizes orçamentárias, orçamento anual, operações de crédito, dívida pública e emissões de curso forçado;

III - fixação e modificação do efetivo das Forças Armadas;

IV - planos e programas nacionais, regionais e setoriais de desenvolvimento.

Assim como os instrumentos orçamentários (PPA, LDO e LOA), caberá à comissão mista permanente de Senadores e Deputados examinar e emitir parecer sobre os planos e programas nacionais, regionais e setoriais previstos na Constituição, bem como exercer o acompanhamento e a fiscalização orçamentária, sem prejuízo da atuação das demais comissões do Congresso Nacional e de suas Casas, criadas de acordo com o art. 58.

Por fim, visando, mais uma vez, atender à parte final do inciso III de seu art. 3º, a Constituição determina em seu art. 43 que, para efeitos administrativos, a União poderá articular sua ação em um mesmo complexo geoeconômico e social, visando seu desenvolvimento e redução das desigualdades regionais.

Constituição Federal

Art. 165...

(...)

§ 4º Os planos e programas nacionais, regionais e setoriais previstos nesta Constituição serão elaborados em consonância com o Plano Plurianual e apreciados pelo Congresso Nacional.

Art. 166. Os projetos de lei relativos ao Plano Plurianual, às diretrizes orçamentárias, ao orçamento anual e aos créditos adicionais serão apreciados pelas duas Casas do Congresso Nacional, na forma do regimento comum.

§ 1º Caberá a uma Comissão mista permanente de Senadores e Deputados:

(...)

II - examinar e emitir parecer sobre os planos e programas nacionais, regionais e setoriais previstos nesta Constituição e exercer o acompanhamento e a fiscalização orçamentária, sem prejuízo da atuação das demais comissões do Congresso Nacional e de suas Casas, criadas de acordo com o art. 58.

6. PRATICANDO - QUESTÕES DE CONCURSOS ANTERIORES COMENTADAS

1) **(FGV – TSE (DPE RJ)/DPE RJ/Administração de Empresas/2019)** Conforme previsto na Constituição da República de 1988, o Plano Plurianual (PPA) é um dos instrumentos do planejamento público, que estabelece "de forma regionalizada, as diretrizes, objetivos e metas da administração pública federal para as despesas de capital e outras delas decorrentes e para as relativas aos programas de duração continuada".

Em relação ao processo orçamentário do PPA e a sua vigência relativamente ao mandato do chefe do Poder Executivo, é correto afirmar que:

a) sua vigência se confunde com o mandato, vigendo durante os quatro anos do governo;
b) entra em vigor no segundo ano do mandato, mantendo-se vigente até o final do primeiro ano do mandato seguinte;
c) entra em vigor no terceiro ano do mandato, mantendo-se vigente até o final do segundo ano do mandato seguinte;
d) entra em vigor no quarto ano do mandato, mantendo-se vigente até o final do terceiro ano do mandato seguinte;
e) tem a vigência prescrita em decreto específico do chefe do Poder Executivo, podendo variar entre dois e quatro anos desde o início do mandato.

Gabarito: B

COMENTÁRIO:

a, c, d, e) Erradas: sua vigência é de quatro anos e NÃO se confunde com o mandato, vigendo a partir do segundo ano de mandato até o primeiro ano do mandato seguinte.

b) Certo: entra em vigor no segundo ano do mandato, mantendo-se vigente até o final do primeiro ano do mandato seguinte, conforme o § 2º do art. 35 do ADCT;

2) **(VUNESP – Adm Jud (TJ SP)/TJ SP/2019)** Em termos legais, conforme a Constituição Federal de 1988, art. 165, os planos orçamentários serão estabelecidos pelo Poder Executivo. Nesse sentido, a Lei que compreenderá as metas e prioridades da administração pública federal, incluindo as despesas de capital para o exercício financeiro subsequente, orientará a elaboração da lei orçamentária anual, disporá sobre as alterações na legislação tributária e estabelecerá a política de aplicação das agências financeiras oficiais de fomento, é a

a) do Orçamento Anual.
b) do Plano Plurianual.
c) do Plano de Diretrizes e Planejamento.
d) de Diretrizes Orçamentárias.
e) de Responsabilidade Fiscal.

Gabarito: D

COMENTÁRIO:

Questão baseada no texto constitucional. Segundo o § 2º do art. 165 da Constituição Federal, a Lei de Diretrizes Orçamentárias compreenderá as metas e prioridades (MP) da Administração Pública Federal, incluindo as despesas de capital para o exercício financeiro subsequente. Orientará a elaboração da Lei Orçamentária Anual, disporá sobre as alterações na legislação tributária e estabelecerá a política de aplicação das agências financeiras oficiais de fomento.

3) **(FGV – TSE (DPE RJ)/DPE RJ/Administração de Empresas/2019)** A Lei de Diretrizes Orçamentárias (LDO) é uma importante inovação trazida pela Constituição da República de 1988 ao ordenamento político brasileiro, estipulando metas e prioridades da Administração Pública.

Trata-se de uma de suas atribuições constitucionais:

a) conter reserva de contingência com a finalidade de atender os passivos contingentes e outros riscos fiscais imprevistos;
b) fixar prazos para elaboração das leis orçamentárias, enquanto não houver a edição de lei ordinária específica para a matéria;
c) modificar e atualizar elementos materiais da legislação tributária;
d) dispor sobre alterações nas despesas de capital no exercício corrente;
e) estabelecer políticas de aplicação das agências financeiras oficiais de fomento.

Gabarito: E

COMENTÁRIO:

a) Errado: a Lei Orçamentária Anual deve conter reserva de contingência com a finalidade de atender os passivos contingentes e outros riscos fiscais imprevistos;

b) Errado: o § 2º do art. 35 do ADCT (Ato das Disposições Constitucionais Transitórias) é que fixar prazos para elaboração das leis orçamentárias, enquanto não houver a edição de lei ordinária específica para a matéria;

c) Errado: a LDO dispõe sobre alterações na legislação tributária.

d) Errado: , a Lei de Diretrizes Orçamentárias compreenderá as metas e prioridades (MP) da Administração Pública Federal, incluindo as despesas de capital para o exercício financeiro subsequente.

e) Certo: segundo o § 2º do art. 165 da Constituição Federal, a Lei de Diretrizes Orçamentárias compreenderá as metas e prioridades (MP) da Administração Pública Federal, incluindo as despesas de capital para o exercício financeiro subsequente. Orientará a elaboração da Lei Orçamentária Anual, disporá sobre as alterações na legislação tributária e ESTABELECERÁ A POLÍTICA DE APLICAÇÃO DAS AGÊNCIAS FINANCEIRAS OFICIAIS DE FOMENTO.

4) **(FGV – TSE (DPE RJ)/DPE RJ/Ciências Contábeis/2019)** Uma das inovações da Constituição da República de 1988 em termos de planejamento foi a exigência da elaboração da Lei de Diretrizes Orçamentárias (LDO), cujo conteúdo também foi tratado posteriormente na legislação complementar (LRF).

Entre as atribuições da LDO está:

a) apresentar o orçamento fiscal, da seguridade social e de investimentos;
b) definir as políticas de aplicação e de financiamento das agências governamentais;
c) dispor sobre as alterações na legislação orçamentária;
d) estabelecer critérios e forma de limitação de empenho;
e) orientar a elaboração do plano plurianual.

Gabarito: D

COMENTÁRIO:

a) Errado: segundo § 5º do art. 165, a lei orçamentária anual compreenderá:

I – o orçamento fiscal referente aos Poderes da União, seus fundos, órgãos e entidades da administração direta e indireta, inclusive fundações instituídas e mantidas pelo Poder Público;

II – o orçamento de investimento das empresas em que a União, direta ou indiretamente, detenha a maioria do capital social com direito a voto;

III – o orçamento da seguridade social, abrangendo todas as entidades e órgãos a ela vinculados, da administração direta ou indireta, bem como os fundos e fundações instituídos e mantidos pelo Poder Público,.

b) Errado: segundo o § 2º do art. 165 da CF, a lei de diretrizes orçamentárias estabelecerá a política de aplicação das agências financeiras oficiais de fomento.

c) Errado: segundo o § 2º do art. 165 da CF, a lei de diretrizes orçamentárias disporá sobre as alterações na legislação tributária.

d) Certo: Segundo a LRF, em seu art. 4º, inciso I, alínea "b", a lei de diretrizes orçamentárias atenderá o disposto no § 2º do art. 165 da Constituição e, dentre outros, disporá também sobre critérios e forma de limitação de empenho, a ser efetivada nas hipóteses previstas na alínea b do inciso II deste artigo, no art. 9º e no inciso II do § 1º do art. 31

e) Errado: segundo o § 2º do art. 165, a lei de diretrizes orçamentárias orientará a elaboração da lei orçamentária anual.

5) **(CESPE - MPU - 2018 Técnico – Administração)** A respeito dos instrumentos de planejamento da gestão pública, julgue o item a seguir.

Cabe à lei de diretrizes orçamentárias fixar prazo para o presidente do Supremo Tribunal Federal e os presidentes dos tribunais superiores encaminharem as propostas orçamentárias dos respectivos órgãos.

Gabarito: Certo

COMENTÁRIO:

A iniciativa do projeto de Lei Orçamentária Anual é privativa e indelegável do chefe do Poder Executivo. Porém, os outros poderes e órgãos com autonomia têm o "poder" de elaborar sua parte do projeto de Lei Orçamentária Anual. Por outro lado, se eles atrasarem o envio de suas respectivas parcelas desse projeto, o Poder Executivo não conseguirá cumprir os prazos estabelecidos na Constituição Federal.

Para resolver esse dilema, a Constituição Federal determina que esses prazos sejam estabelecidos na LDO.

> Art. 98 da CF (...)
>
> § 1º Os tribunais elaborarão suas propostas orçamentárias dentro dos limites estipulados conjuntamente com os demais Poderes na lei de diretrizes orçamentárias.
>
> (...)
>
> § 3º Se os órgãos referidos no § 2º não encaminharem as respectivas propostas orçamentárias dentro do prazo estabelecido na lei de diretrizes orçamentárias, o Poder Executivo considerará, para fins de consolidação da proposta orçamentária anual, os valores aprovados na lei orçamentária vigente, ajustados de acordo com os limites estipulados na forma do § 1º deste artigo.

6) **(FCC – Analista Judiciário – Área Administrativa – TRT 15/2018)** Considere:

I. Diretrizes, objetivos e metas da Administração pública federal para as despesas de capital.

II. Despesas de capital para o exercício financeiro subsequente.

III. Demonstrativo regionalizado do efeito decorrente de isenções, anistias, remissões e subsídios.

É estabelecido pela Constituição Federal para constar da Lei de Diretrizes Orçamentárias (LDO) o que consta APENAS de

a) I e III

b) I.

c) III.

d) I e II.

e) II.

COMENTÁRIOS:

Nota do autor.

Questão baseada no art. 165 da Constituição Federal. Vejamos cada item:

I. Diretrizes, objetivos e metas da Administração Pública federal para as despesas de capital.

Errado: Art. 165, § 1º. A lei que instituir o **plano plurianual** estabelecerá, de forma regionalizada, as diretrizes, os objetivos e as metas da Administração Pública federal para as despesas de capital e outras delas decorrentes e para as relativas aos programas de duração continuada.

II. Despesas de capital para o exercício financeiro subsequente.

Art. 165, § 2º. A lei de diretrizes orçamentárias compreenderá as metas e prioridades da Administração Pública federal, incluindo **as despesas de capital para o exercício financeiro subsequente**, orientará a elaboração da lei orçamentária anual, disporá sobre as alterações na legislação tributária e estabelecerá a política de aplicação das agências financeiras oficiais de fomento.

III. Demonstrativo regionalizado do efeito decorrente de isenções, anistias, remissões e subsídios.

Alternativa correta: letra "E" (responde todas as outras alternativas).

Errado: Art. 165, § 6º. O **projeto de lei orçamentária** será acompanhado de demonstrativo regionalizado do efeito, sobre as receitas e despesas, decorrente de isenções, anistias, remissões, subsídios e benefícios de natureza financeira, tributária e creditícia.

7) **(FCC – Técnico Judiciário – Área Administrativa – TRT 6/2018)** De acordo com o disposto na Constituição Federal, a Lei de Diretrizes Orçamentárias deve contemplar:

I. as metas e prioridades da Administração para o exercício subsequente.

II. a política de aplicação das agências financeiras oficiais de fomento.

III. demonstrativo dos efeitos de anistias, isenções e outros atos de renúncia fiscal.

Está correto o que se afirma APENAS em

a) I e II.

b) I.

c) III.

d) I e III.

e) II e III.

COMENTÁRIOS

Nota do autor.

A questão está ancorada no texto constitucional, especificamente no art. 165 da Constituição Federal.

> Art. 165. Leis de iniciativa do Poder Executivo estabelecerão:
>
> I - o plano plurianual;
>
> II - as diretrizes orçamentárias;
>
> III - os orçamentos anuais.
>
> [...]
>
> § 2º A lei de diretrizes orçamentárias compreenderá as metas e prioridades da administração pública federal, incluindo as despesas de capital para o exercício financeiro subsequente, orientará a elaboração da lei orçamentária anual, disporá sobre as alterações na legislação tributária e estabelecerá a política de aplicação das agências financeiras oficiais de fomento.

I. as metas e prioridades da Administração para o exercício subsequente.

Certo. É o que estabelece o § 2º do art. 165, CF: a lei de diretrizes orçamentárias compreenderá as metas e as prioridades da Administração Pública federal...

II. a política de aplicação das agências financeiras oficiais de fomento.

Certo. É o que estabelece o § 2º do art. 165, CF: a lei de diretrizes orçamentárias ... estabelecerá a política de aplicação das agências financeiras oficiais de fomento.

III. demonstrativo dos efeitos de anistias, isenções e outros atos de renúncia fiscal.

Errado. Esse demonstrativo acompanha o projeto de lei orçamentária e não a LDO. Segundo o § 6º do art. 165 da Constituição Federal, o **projeto de lei orçamentária** será acompanhado de demonstrativo regionalizado do efeito, sobre as receitas e despesas, decorrente de isenções, anistias, remissões, subsídios e benefícios de natureza financeira, tributária e creditícia.

Está correto o que se afirma APENAS em I e II.

Alternativa correta: letra "A" (responde todas as outras alternativas)

8) **(CESPE - Ana MPU/MPU/Apoio Técnico Especializado)** Com relação à responsabilidade fiscal e a classificações orçamentárias da receita e da despesa pública, julgue o item subsequente.

Em função da autonomia dos poderes, o Poder Executivo não poderá fixar limites de gastos com pessoal do Poder Judiciário.

Gabarito: Certo

COMENTÁRIO:

A função de limitar gastos "pertence" à Lei de Diretrizes Orçamentárias. Em razão da autonomia administrativa e financeira somente um mandamento legal pode impor limites de gastos para os outros poderes.

9) **(FCC – Técnico Judiciário – Área Judiciária – TRT 15/2018)** Considere:

I. Prévia dotação orçamentária suficiente para atender às projeções das despesas decorrentes.
II. Crédito adicional aprovado por lei específica.
III. Autorização específica na Lei de Diretrizes Orçamentárias.
IV. Previsão no Plano Plurianual.

De acordo com a Constituição Federal, a concessão de qualquer vantagem ou aumento de remuneração pelos órgãos e entidades da Administração direta está condicionada ao que consta APENAS de

a) I e IV.
b) III e IV.
c) II.
d) I e II.
e) I e III.

COMENTÁRIOS

Nota do autor. Questão que tem por base o art. 169 da Constituição Federal abaixo transcrito:

> Art. 169. A despesa com pessoal ativo e inativo da União, dos Estados, do Distrito Federal e dos Municípios não poderá exceder os limites estabelecidos em lei complementar.
>
> § 1º A concessão de qualquer vantagem ou aumento de remuneração, a criação de cargos, empregos e funções ou alteração de estrutura de carreiras, bem como a admissão ou contratação de pessoal, a qualquer título, pelos órgãos e entidades da administração direta ou indireta, inclusive fundações instituídas e mantidas pelo poder público, só poderão ser feitas: (Renumerado do parágrafo único, pela Emenda Constitucional nº 19, de 1998)
>
> I - se houver prévia dotação orçamentária suficiente para atender às projeções de despesa de pessoal e aos acréscimos dela decorrentes; (Incluído pela Emenda Constitucional nº 19, de 1998)
>
> II - se houver autorização específica na lei de diretrizes orçamentárias, ressalvadas as empresas públicas e as sociedades de economia mista. (Incluído pela Emenda Constitucional nº 19, de 1998)

Conforme se lê no texto constitucional, somente os itens I e II estão contemplados na Constituição Federal.

Alternativa correta: letra "E" (responde todas as outras alternativas).

10) **(FCC – Técnico Judiciário – Área Administrativa – TRT 11/2017)** O gestor de uma entidade do Poder Judiciário Federal

a) pode propor emendas à Lei Orçamentária Anual, desde que indique que os recursos necessários serão provenientes de operações de crédito.

b) pode encaminhar a Lei Orçamentária Anual referente ao Poder Judiciário destacadamente da Lei Orçamentária Anual do Poder Executivo para aprovação pelo Poder Legislativo.

c) pode realizar a despesa orçamentária com construção de um prédio, cujo prazo de execução é superior a dois anos, desde que compatível com o Plano Plurianual e a Lei de Diretrizes Orçamentárias.

d) deve inserir um dispositivo com a autorização para a abertura de créditos adicionais especiais e para a contratação de operação de crédito por antecipação da receita orçamentária na Lei Orçamentária Anual.

e) deve abrir créditos adicionais extraordinários para reforçar uma dotação já existente para despesas com Outros Serviços de Terceiros - Pessoa Jurídica.

COMENTÁRIO:

Alternativa correta: letra "c". Nos termos do artigo 167, § 1º, da CF/88, nenhum investimento cuja execução ultrapasse um exercício financeiro poderá ser iniciado sem prévia inclusão no plano plurianual, ou sem lei que autorize a inclusão, sob pena de crime de responsabilidade. Considere-se ainda que, à luz do artigo 12, § 4º da Lei nº 4.320/64, classificam-se como investimentos as dotações para o planejamento e a execução de obras, bem como o artigo 13 o qual inclui as obras públicas entre os investimentos – bens de capital. Portanto, a afirmação de que o gestor de uma entidade pública pode realizar a despesa orçamentária com construção de um prédio, cujo prazo de execução é superior a dois anos, está correta, desde que compatível com o Plano Plurianual e a Lei de Diretrizes Orçamentárias (CF, art. 167, § 1º c/c Lei nº 4.320/64, arts. 12, § 4º e 13).

Alternativa "a": segundo o artigo 166, § 3º, inciso I da CF/88, as emendas ao projeto de lei do orçamento anual ou aos projetos que o modifiquem somente podem ser aprovadas caso sejam compatíveis com o plano plurianual e com a lei de diretrizes orçamentárias e indiquem os recursos necessários, admitidos **apenas os provenientes de anulação de despesa**. No texto da alternativa constou que os recursos necessários seriam provenientes de **operações de crédito**, motivo pelo qual está errada.

Alternativa "b": a Lei Orçamentária Anual é de iniciativa do Poder Executivo (CF, art. 165, III). Portanto, não pode ser apresentada por uma autoridade gestora do Poder Judiciário. Ademais, pelo princípio da unidade, o orçamento é único, contemplando todos os Poderes (CF, art. 165, §5º).

Alternativa "d": segundo o artigo 165, §8º da CF/88, "a lei orçamentária anual não conterá dispositivo estranho à previsão da receita e à fixação da despesa, não se incluindo na proibição a autorização para abertura de **créditos suplementares** e contratação de operações de crédito, ainda que por antecipação de receita, nos termos da lei". Observe que o texto da alternativa menciona **créditos adicionais especiais** como passíveis de serem autorizados na LOA e é nesse ponto que a alternativa está incorreta, uma vez que, como visto na nota dos autores, tais créditos adicionais visam atender despesas novas (portanto, não previstas na LOA), de maneira que devem ser autorizados em lei especial.

Alternativa "e": incorreta, pois o reforço de dotação orçamentária já existente é classificado como um **crédito adicional suplementar** (como bem explorado na nota dos autores) e não como um **crédito adicional extraordinário** (considerado aquele destinado à despesas urgentes e imprevistas, em caso de guerra, comoção interna ou calamidade pública, conforme artigo 167, §3º da CF/88).

11) **(FCC – 2016 - TRT - 14ª Região - RO e AC)** Segundo a Constituição Federal, um dos instrumentos de planejamento é o Plano Plurianual – PPA. No âmbito da União o Plano Plurianual

a) será apreciado pelas duas Casas do Congresso Nacional e terá vigência de dois anos, iniciando-se no primeiro e terceiro ano de mandato do chefe do Poder Executivo.

b) será apreciado pelas duas Casas do Congresso Nacional e terá vigência de quatro anos, iniciando-se, no segundo ano de mandato do chefe do Poder Executivo.

c) será apreciado, apenas, pela Câmara dos Deputados, com vigência de quatro anos, iniciando-se, no segundo ano de mandato do chefe do Poder Executivo.

d) o encaminhamento do projeto de lei do PPA ao Legislativo é de iniciativa exclusiva do Ministro do Planejamento, orçamento e gestão, com vigência de quatro anos.

e) terá vigência de quatro anos, iniciando-se no primeiro ano do mandato do chefe do Poder Executivo.

Gabarito: b

COMENTÁRIO:

Alternativa "a" - Errado: atualmente, a vigência do PPA é de quatro anos, não coincidente com o mandato do chefe do Poder Executivo, pois, segundo o inciso I do § 2º do art. 35 do ADCT, o projeto do Plano Plurianual, para vigência até o final do primeiro exercício financeiro do mandato presidencial subsequente, será encaminhado até quatro meses antes do encerramento do primeiro exercício financeiro e devolvido para sanção até o encerramento da sessão legislativa.

Alternativa correta: letra "b". Apreciado pelas duas casas do congresso nacional (art. 166) e terá vigência de quatro anos, iniciando-se no segundo ano de mandato do chefe do Poder Executivo (inciso I do § 2º do art. 35 do ADCT).

Alternativa "c" - Errado: segundo o art. 166 da Constituição Federal, os projetos de lei relativos ao Plano Plurianual, às diretrizes orçamentárias, ao orçamento anual e aos créditos adicionais serão apreciados pelas duas Casas do Congresso Nacional, na forma do regimento comum.

Alternativa "d" - Errado: segundo a Constituição Federal (art. 84, inc. XXIII e parágrafo único do mesmo artigo), a iniciativa privativa e indelegável dos instrumentos orçamentários, dentre eles o PPA, é do chefe do poder Executivo e não do então ministro do planejamento (ministério incorporado ao Ministério da Economia no início de 2019), como afirma a questão.

Alternativa "e" - Errado: a vigência do PPA não coincide com a do chefe do Poder Executivo, isso porque ele será elaborado no primeiro ano de mandato para viger no segundo, estendendo-se até o primeiro ano de mandato subsequente. Ou seja, sabendo que o mandato presidencial é de quatro anos, o PPA vigorará por três anos do mandato em que é elaborado, e por mais um ano no subsequente.

12) **(FCC – 2016 - TRT 20ª REGIÃO (SE) - Analista Judiciário – Administrativa)** De acordo com as disposições constitucionais e legais que regulam a matéria, a Lei de Diretrizes Orçamentárias – LDO

a) deve ser aprovada conjuntamente com a Lei Orçamentária Anual, complementando-a, no que diz respeito à execução, no decorrer do exercício financeiro em curso.

b) compõe o Plano Plurianual, contendo os principais programas e ações que extrapolam o exercício financeiro subsequente.

c) constitui a peça subsequente à Lei Orçamentária Anual, disciplinando a abertura de créditos suplementares e, quando necessário, o contingenciamento de despesas.

d) precede e orienta a elaboração da Lei Orçamentária Anual, estabelecendo, entre outros temas, metas e prioridades para o exercício financeiro subsequente.

e) substitui a Lei Orçamentária Anual no último ano de mandato do Chefe do Executivo, não podendo contemplar restos a pagar não processados.

Gabarito: d

COMENTÁRIO:

Alternativa "a" - Errado: Por ser instrumento que orienta a elaboração da LOA, deve ser elaborado e aprovado antes. Segundo a Constituição, os prazos são: LDO, oito meses e meio antes do término do exercício financeiro, e LOA, quatro meses antes do término do exercício financeiro.

Alternativa "b" - Errado: Apesar de ter por base o PPA, a LDO é um documento distinto, elaborado durante todos os exercícios financeiros, enquanto que o PPA é elaborado de quatro em quatro anos.

Alternativa "c" - Errado: Pelas razões explicitadas no comentário da alternativa "a".

Alternativa correta: letra "d". Segundo a Constituição Federal, a LDO deve preceder a LOA e tem, dentre várias, a função de orientar a LOA.

Alternativa "e" - Errado: LDO e LOA têm funções distintas e ambas deverão ser elaboradas pelo chefe do Poder Executivo em todos os exercícios de seu mandato.

13) **(FCC – 2016 - TRF - 3ª REGIÃO - Analista Judiciário - Área Administrativa)** Nos termos da Constituição Federal é conteúdo da Lei Orçamentária Anual:

I. Orçamento fiscal referente aos fundos da União.
II. O orçamento de investimento das empresas em que a União, direta ou indiretamente, detenha a maioria do capital social com direito a voto.
III. Autorização para abertura de créditos suplementares.
IV. Autorização para contratação de operação de crédito por antecipação de receita.
V. Critérios e formas para limitação de empenho.

Está correto o que consta APENAS em

a) I, II, III e IV.
b) II, III, IV e V.
c) I, III, IV e V.
d) I, II, IV e V.
e) I, II, III e V.

Gabarito: a

COMENTÁRIO:

Letra de lei, com previsões da Constituição Federal e Lei de Responsabilidade Fiscal.

Vejamos cada uma das afirmações com o texto legal respectivo.

Afirmações I e II: certas

> Constituição Federal
>
> Art. 165º ...
>
> § 5º A Lei Orçamentária Anual compreenderá:

I - **o orçamento fiscal** referente aos Poderes da **União**, seus **fundos**, órgãos e entidades da administração direta e indireta, inclusive fundações instituídas e mantidas pelo Poder Público;

II - o orçamento de investimento das empresas em que a União, direta ou indiretamente, detenha a maioria do capital social com direito a voto;

Afirmações III e IV: Certas

Constituição Federal

Art. 165º ...

§ 8º A Lei Orçamentária Anual não conterá dispositivo estranho à previsão da receita e à fixação da despesa, **não se incluindo na proibição a autorização para abertura de créditos suplementares e contratação de operações de crédito, ainda que por antecipação de receita, nos termos da lei.**

Afirmação V: Errada

Essa é uma função da LDO atribuída pela Lei de Responsabilidade Fiscal.

Art. 4º A Lei de Diretrizes Orçamentárias atenderá o disposto no § 2º do art. 165 da Constituição e:

I - disporá também sobre:

(...)

b) critérios e forma de limitação de empenho, a ser efetivada nas hipóteses previstas na alínea b do inciso II deste artigo, no art. 9º e no inciso II do § 1º do art. 31;

14)(FCC – Técnico Judiciário – Área Administrativa – TRT 14/2016) Na Lei Orçamentária Anual do Estado do Rio de Pedras, para o exercício de 2016, consta dotação orçamentária para investimento no valor de R$ 23.500.000. Segundo a Lei de Responsabilidade Fiscal – LRF, a lei orçamentária não consignará dotação para investimento com duração superior a um exercício financeiro que NÃO

a) esteja previsto na Lei de Diretrizes Orçamentárias ou em lei que autorize a sua inclusão.

b) seja compatível com a previsão da arrecadação das receitas que os atenderá.

c) esteja previsto no anexo de metas fiscais.

d) seja compatível com as metas de arrecadação e com as prioridades da administração.

e) esteja previsto no plano plurianual ou em lei que autorize a sua inclusão.

Gabarito: e

COMENTÁRIO:

Para garantia da execução, conforme o que foi planejado, existe determinação na LRF, que a lei orçamentária não consignará dotação para investimento com duração superior a um exercício financeiro que não esteja previsto no plano plurianual ou em lei que autorize a sua inclusão, sob pena de crime de responsabilidade.

LRF

Art. 5

§ 5º A lei orçamentária não consignará dotação para investimento com duração superior a um exercício financeiro que não esteja previsto no plano plurianual ou em lei que autorize a sua inclusão.

15) **(CESPE – Analista Judiciário – Área Administrativa – TRT 8/2016)** No tocante às diretrizes constitucionais pertinentes ao plano plurianual (PPA) e à lei de diretrizes orçamentárias (LDO), assinale a opção correta.

a) Os valores que possam vir a desequilibrar as contas públicas, a exemplo dos passivos contingentes, assim como as ações e programas necessários para saná-los, devem constar no PPA.

b) Os riscos fiscais — anexados à LDO — são classificados em riscos orçamentários e riscos da dívida; a restituição de tributos superior aos valores previstos é um exemplo de riscos da dívida.

c) A avaliação dos custos dos serviços públicos prestados é inviabilizada pela ausência de normas relativas ao controle de custos dos programas, seja na LOA, LDO ou PPA.

d) De acordo com os dispositivos legais, o desenvolvimento do projeto de lei do PPA pelo governo federal deve considerar a plenitude dos estados e municípios para que se atenda ao quesito da regionalização dos programas.

e) O chefe do Poder Executivo exercerá seu primeiro ano de mandato executando programas e ações de governo de seu antecessor, visto que o PPA a que ele se reporta foi desenvolvido pela equipe do gestor governamental anterior.

Gabarito: e

COMENTÁRIO:

Alternativa "a": em realidade, a lei que deve dispor sobre os mecanismos relacionados ao equilíbrio orçamentário é a LDO.

LRF

Art. 4º A lei de diretrizes orçamentárias atenderá o disposto no § 2º do art. 165 da Constituição e:

I - disporá também sobre:

a) equilíbrio entre receitas e despesas;

Alternativa "b": Segundo o § 3º do art. 4º da LRF, a lei de diretrizes orçamentárias conterá Anexo de Riscos Fiscais, em que serão avaliados os passivos contingentes e outros riscos capazes de afetar as contas públicas, informando as providências a serem tomadas, caso se concretizem. A restituição de tributos superior aos valores previstos é **um exemplo de riscos fiscais.**

Alternativa "c": Conforme determina a LRF (*art. 4º, I, "e"*) a lei de diretrizes orçamentárias atenderá ao disposto no §2º do art. 165 da Constituição e disporá também sobre normas relativas ao controle de custos e à avaliação dos resultados dos programas financiados com recursos dos orçamentos.

Alternativa "d": O texto constitucional determina que o PPA estabelecerá, de forma REGIONALIZADA, as diretrizes, objetivos e metas da Administração Pública. Assim, para que as desigualdades regionais sejam combatidas de forma mais eficiente, é útil a apresentação do PPA com a regionalização de suas proposições, uma vez que os impactos esperados podem ser vistos de forma mais clara, proporcionando um melhor planejamento e controle. Não há consideração da plenitude dos outros entes federativos, já que as esferas orçamentárias são independentes, ou seja, cada ente terá seu PPA, sua LDO e sua LOA, estando a União livre para implementar programas de cunho federal, mesmo que de forma regional, ou seja, abrangendo, por exemplo, somente alguns estados ou parte deles.

Alternativa correta: letra "e". Segundo o inciso I do § 2º do art. 35 do ADCT, o projeto do Plano Plurianual, para vigência até o final do primeiro exercício financeiro do mandato presidencial subsequente, será encaminhado até quatro meses antes do encerramento do primeiro exercício financeiro e, devolvido para sanção, até o encerramento da sessão legislativa. Como visto, a vigência do PPA não coincide com a do Chefe do Poder Executivo, isso se dá, porque ele será elaborado no primeiro ano de mandato para viger no segundo, estendendo-se até o primeiro ano de mandato subsequente. Ou seja, sabendo que o mandato presidencial é de quatro anos, o PPA vigorará por três anos do mandato em que é elaborado, e por mais um ano no subsequente. Preserva-se assim, a continuidade dos serviços públicos, ao não deixar à mercê das conveniências políticas, a interrupção de um programa importante para a população, que poderia se dar, em função da troca das facções que se encontram no poder, sem que houvesse, ao menos, um exame por parte do Poder Legislativo para alteração da Lei do Plano Plurianual. Assim, o Plano Plurianual (PPA) garante minimamente a continuidade de ações de um governo para o governo seguinte.

16) **(CESPE – Analista Judiciário – Área Administrativa – TRT 8/2016)** Considerando que a lei orçamentária anual (LOA) compreende a discriminação da receita e da despesa, assinale a opção correta.

a) Ao aprovar a LOA, o Poder Legislativo autoriza que o Poder Executivo aplique os recursos financeiros em gastos necessários à manutenção dos serviços públicos ao longo do exercício financeiro, o qual não coincide com o ano civil.

b) Por previsão constitucional, a própria LOA poderá conter autorização para contratação de operações de crédito por antecipação de receita orçamentária.

c) A LOA prevê as despesas para o decurso do exercício financeiro e, após aprovada, garante aos entes públicos que suas necessidades de recursos financeiros serão plenamente atendidas.

d) Conforme dispositivo legal, a LOA compreende o orçamento de investimento das estatais, limitado às empresas em que a União detenha, de forma direta, a maioria do capital social.

e) O início de programas ou projetos não inclusos na LOA poderá se realizar mediante a comprovação da existência de recursos financeiros acima daqueles previstos na execução do orçamento.

Gabarito: B

COMENTÁRIO:

Alternativa "a": Ao aprovar a LOA, o Poder Legislativo autoriza que o Poder Executivo aplique os recursos financeiros em gastos necessários à manutenção dos serviços públicos ao longo do exercício financeiro, o qual coincide com o ano civil.

> Lei nº 4.320/64
>
> Art. 34. O exercício financeiro coincidirá com o ano civil.

Alternativa correta: letra "b". É uma exceção ao princípio da exclusividade que veda a inserção na LOA de matéria estranha à previsão da receita e fixação da despesa, porém comportando exceções na forma de duas autorizações, para abertura de crédito suplementar e realização de operações de crédito, inclusive por antecipação de receita.

> Constituição Federal
>
> Art. 165.
>
> (...)
>
> § 8º A lei orçamentária anual não conterá dispositivo estranho à previsão da receita e à fixação da despesa, não se incluindo na proibição a autorização para abertura de créditos suplementares e contratação de operações de crédito, ainda que por antecipação de receita, nos termos da lei.

Alternativa "c": A LOA representa uma autorização parlamentar para o gasto governamental. A concretização da despesa depende, em regra, de uma série de fatores, dentre os principais, a arrecadação da receita que garanta recursos financeiros. Não há como gastar se não houver arrecadação. Assim, realmente a LOA prevê as despesas para o decurso do exercício financeiro, **mas** após aprovada, **não garante aos entes públicos que suas necessidades de recursos financeiros serão atendidas**, pois isso depende que todas as condicionantes sejam atendidas, como a arrecadação da receita prevista, por exemplo.

Alternativa "d": Segundo o § 5º do art. 165 da Constituição, a lei orçamentária anual compreenderá:

> I - o orçamento fiscal referente aos Poderes da União, seus fundos, órgãos e entidades da administração direta e indireta, inclusive fundações instituídas e mantidas pelo Poder Público;
>
> II - o orçamento de investimento das empresas em que a União, direta ou indiretamente, detenha a maioria do capital social **com direito a voto;**
>
> III - o orçamento da seguridade social, abrangendo todas as entidades e órgãos a ela vinculados, da administração direta ou indireta, bem como os fundos e fundações instituídos e mantidos pelo Poder Público.

Veja que não basta ter maioria do capital social, é preciso ser maioria do capital social com direito a voto.

Alternativa "e": Para preservação de princípios como Universalidade e Legalidades, o art. 166, inciso I, estabelece que é vedado **o início de programas ou projetos não incluídos na Lei Orçamentária Anual.**

17) **(FCC – Analista Judiciário – Área Administrativa – TRT 3/2015)** Considere as informações:

I. Diretrizes da Administração pública para despesas relativas aos programas de duração continuada.

II. Critérios e forma de limitação de empenho.

III. Normas relativas ao controle de custos e à avaliação dos resultados dos programas financiados com recursos do orçamento.

IV. Reserva de contingência.

V. Forma de utilização da reserva de contingência.

Sendo PPA – Plano Plurianual; LDO – Lei de Diretrizes Orçamentárias e LOA – Lei Orçamentária Anual, esses conteúdos devem constar, respectivamente, dos seguintes instrumentos de planejamento:

a) PPA – PPA – LDO – LDO e LOA.
b) PPA – LDO – LDO – LOA e LDO.
c) PPA – LDO – LDO – LOA e LOA.
d) LDO – LDO – LDO – LOA e LOA.
e) LDO – LOA – PPA – LDO e LDO.

Gabarito: b

COMENTÁRIO:

Item I – refere-se ao PPA.

Instrumento de planejamento estratégico de médio prazo da Administração Pública e de elaboração obrigatória em todos os entes federativos, conforme determina a Constituição Federal. Segundo o art. 165, § 1º da Constituição Federal, a lei que instituir o plano plurianual estabelecerá, de forma regionalizada, as diretrizes, objetivos e metas da Administração Pública federal para as despesas de capital e outras delas decorrentes e para as relativas aos programas de duração continuada.

Item II - refere-se à LDO.

Instrumento de planejamento tático da Administração Pública, a LDO é a ponte que liga o PPA (planejamento) à LOA (execução). Assim como o PPA e a LOA, esse instrumento de planejamento é também de elaboração obrigatória por todos os entes da federação.

Segundo a LRF, em seu art. 4º, inciso I, alínea "b", a lei de diretrizes orçamentárias atenderá o disposto no § 2º do art. 165 da Constituição e, dentre outros, disporá também sobre critérios e forma de limitação de empenho, a ser efetivada nas hipóteses previstas na alínea b do inciso II deste artigo, no art. 9º e no inciso II do § 1º do art. 31;

Item III - refere-se à LDO.

Ainda, segundo a LRF, em seu art. 4º, inciso I, alínea "e", a lei de diretrizes orçamentárias atenderá ao disposto no § 2º do art. 165 da Constituição e, dentre outros, disporá também sobre normas relativas ao controle de custos e à avaliação dos resultados dos programas financiados com recursos dos orçamentos.

Item IV - refere-se à LOA.

Planejamento operacional de curto prazo, a LOA tem a função executar o orçamento com base no que foi planejado no PPA e estabelecido como meta e prioridade na LDO. Segundo o art. 5º inciso III da LRF, o projeto de Lei Orçamentária Anual, elaborado de forma compatível com o plano plurianual, com a Lei de Diretrizes Orçamentárias e com as normas desta Lei Complementar (LRF) conterá reserva de contingência, cuja forma de utilização e montante, definido com base na receita corrente líquida, serão estabelecidos na Lei de Diretrizes Orçamentárias, destinada ao atendimento de passivos contingentes e outros riscos e eventos fiscais imprevistos.

Item V - refere-se à LDO.

Ao referir-se ao conteúdo da LOA, mais precisamente à reserva de contingência, a LRF, em seu art. 5º inciso III, estabelece que o projeto de Lei Orçamentária Anual, conterá reserva de contingência, cuja forma de utilização e montante, definido com base na receita corrente líquida, serão estabelecidos na Lei de Diretrizes Orçamentárias.

18) **(FCC – Analista** Judiciário **– Área Judiciária – Oficial de Justiça Avaliador – TRT 14/2016)** Em relação à iniciativa e aos prazos de tramitação do projeto da Lei de Diretrizes Orçamentárias - LDO na esfera federal, a iniciativa é

a) do Poder Executivo e deve ser encaminhado ao Poder Legislativo até o dia 15 de abril de cada ano.
b) do Poder Legislativo e deve ser aprovado até o dia 15 de abril de cada ano.
c) compartilhada entre o Poder Executivo e o Poder Legislativo e deve ser votado até o dia 31 de agosto de cada ano.
d) do Poder Executivo e deve ser aprovado até o dia 30 de novembro de cada ano.
e) do Poder Legislativo e deve ser devolvido para sanção até o dia 31 de agosto de cada ano.

Gabarito: b

COMENTÁRIO:

Inciso II do § 2º do art. 35 do ADCT, até a entrada em vigor da lei complementar a que se refere o art. 165, § 9º, I e II, serão obedecidas as seguintes normas:

O projeto de lei de diretrizes orçamentárias será encaminhado **até oito meses e meio antes do encerramento do exercício financeiro** e devolvido para sanção até o encerramento do primeiro período da sessão legislativa.

Exercício financeiro termina em 31 de dezembro que faz coincidir a data citada acima com 15 de abril.

19) **(FCC – Técnico Judiciário – Área Administrativa – TRT 14/2016)**Em relação à Lei de Diretrizes Orçamentárias - LDO, é corretor afirmar:

a) Compreende todas as receitas e despesas para o período de um ano, sendo considerada instrumento de planejamento operacional.
b) Consolida, qualifica e dimensiona a programação de governo para os quatro anos subsequentes.

c) Estabelece metas e prioridades, na programação de governo, para o ano subsequente.
d) É o documento básico para o exercício da atividade financeira e integra os orçamentos fiscal, da seguridade social e de investimentos.
e) Sua vigência é de quatro anos e tem a função de orientar a elaboração dos demais planos e programas de governo.

Gabarito: C

COMENTÁRIO:

Alternativa "A". Essa afirmativa diz respeito à LOA.

Alternativa "B". Essa afirmativa diz respeito ao PPA.

Alternativa correta "C". O texto se refere à LDO. Segundo o § 2º do art. 165 da Constituição Federal, a Lei de Diretrizes Orçamentárias compreenderá as **metas e prioridades** (MP) da Administração Pública federal, incluindo as despesas de capital para o **exercício financeiro subsequente.** Orientará a elaboração da Lei Orçamentária Anual, disporá sobre as alterações na legislação tributária e estabelecerá a política de aplicação das agências financeiras oficiais de fomento.

Alternativa "D". Essa afirmativa diz respeito à LOA.

Alternativa "E". Essa afirmativa diz respeito à PPA.

20) **(FCC – Analista** Judiciário **– Área Administrativa – TRT 23/2016)** O ciclo de planejamento e orçamento público brasileiro é composto de três instrumentos principais: o Plano Plurianual - PPA; a Lei de Diretrizes Orçamentárias - LDO e a Lei Orçamentária Anual - LOA. Especificamente no que diz respeito à LDO, cabe a tal diploma legal estabelecer as metas e prioridades da Administração pública e orientar a lei orçamentária anual, bem como, entre outros aspectos, dispor sobre:

I. alterações na legislação tributária.
II. equilíbrio entre receitas e despesas.
III. limites para contratação de operações de crédito.

Está correto o que consta APENAS em

a) I e II.
b) II e III.
c) I e III.
d) III.
e) II.

Gabarito: a

COMENTÁRIO:

Vejamos cada item:

I - Certo. CF/88, art. 165, § 2º A ***lei de diretrizes orçamentárias*** compreenderá as metas e as prioridades da Administração Pública federal, incluindo as despesas de capital para o exercício financeiro subsequente, orientará a elaboração da Lei Orçamentária Anual, disporá sobre as alterações na ***legislação tributária*** e estabelecerá a política de aplicação das agências financeiras oficiais de fomento.

II - Certo. LRF art. 4º - A ***lei de diretrizes orçamentárias*** atenderá o disposto no § 2º do art. 165 da Constituição e:

I - disporá também sobre:

a) equilíbrio entre receitas e despesas

III – Errado. Não é função da LDO.

21) (FCC – Analista Judiciário – Área Judiciária – TRT 14/2016) De acordo com a Lei de Diretrizes Orçamentárias – LDO, é INCORRETO afirmar:

a) Compreende as metas e prioridades da Administração pública.

b) Orienta a elaboração do Plano Plurianual - PPA e da Lei Orçamentária Anual - LOA.

c) Dispõe sobre alterações na legislação tributária.

d) Compreende as despesas de capital para o exercício financeiro subsequente.

e) Estabelece as políticas para as agências financeiras oficiais de fomento.

Gabarito: B

COMENTÁRIO:

Segundo a Constituição, o **Plano Plurianual (PPA)** estabelece as diretrizes, objetivos e metas da Administração Pública a longo prazo.

A **Lei das Diretrizes Orçamentárias (LDO)**, a partir do PPA, define critérios e prioridades para elaboração da **Lei de Orçamentos Anuais (LOA)**, estabelecendo os limites de receita e de despesa. Por fim, a Lei de Orçamentos Anuais (LOA) contém os programas, detalhados nas ações, que inclui projetos e atividades, nas quais são definidas as fontes de receita e despesas, expressas em valores e detalhadas por órgão do governo.

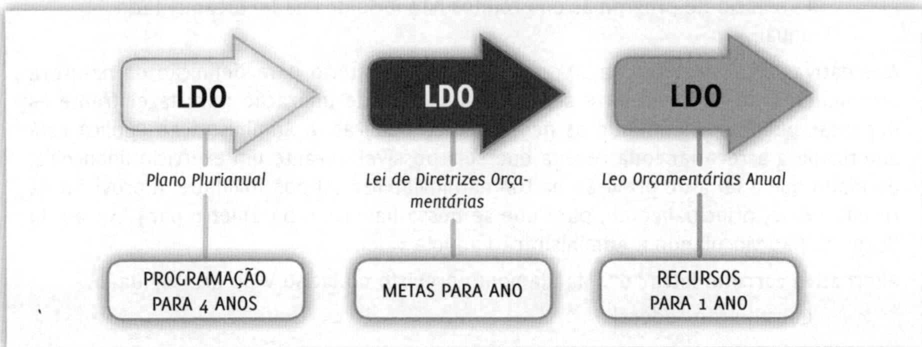

22) (FCC – Analista Judiciário – Área Administrativa – TRT 4/2015) No que tange aos orçamentos públicos, segundo a Constituição Federal, é vedado

a) a abertura de procedimento licitatório sem indicação dos recursos financeiros que assegurem o pagamento das despesas realizadas no exercício financeiro em curso.

b) o início de programas ou projetos não incluídos na lei orçamentária anual, exceto os destinados à seguridade social.

c) a arrecadação de receitas correntes não previstas na lei orçamentária anual do ente público.

d) a abertura de crédito suplementar ou especial sem prévia autorização legislativa e sem indicação dos recursos correspondentes.

e) a realização de despesas ou contratação de pessoal que excedam os limites estabelecidos no Plano Plurianual.

Gabarito: d

COMENTÁRIO:

Alternativa "a": Não há esse dispositivo na Constituição Federal. Dispositivo semelhante está previsto no inciso III do § 2º do art. 7º da Lei nº 8.666/93.

> Art. 7º ...
>
> § 2º As obras e os serviços somente poderão ser licitados quando:
>
> (...)
>
> III - houver previsão de recursos orçamentários que assegurem o pagamento das obrigações decorrentes de obras ou serviços a serem executadas no exercício financeiro em curso, de acordo com o respectivo cronograma;

Alternativa "b". A afirmação contida na alternativa "b" efetivamente está prevista no texto constitucional. Porém, o que torna a alternativa errada é que essa não comporta nenhuma exceção segundo a Constituição, diferente da parte final do texto da alternativa.

> Constituição Federal
>
> Art. 167. São vedados:
>
> I - o início de programas ou projetos não incluídos na lei orçamentária anual;

Alternativa "c". A previsão na LOA não é o melhor critério para definição da natureza orçamentária de uma receita e sim a possibilidade de utilização para fazer frente às despesas públicas, atendendo as necessidades públicas. A Administração Pública está autorizada a arrecadar toda receita que seja possível durante um exercício financeiro, de modo que a falta de previsão na LOA não inviabilize tal possibilidade. A previsão da receita existe, principalmente, para que se possa haver um parâmetro para fixação da despesa, não vinculando a Administração àquele valor.

Alternativa correta: letra "d". Mandamento previsto no inciso V do art. 167 da CF.

> Constituição Federal

Art. 167. São vedados:

(...)

V - a abertura de crédito suplementar ou especial sem prévia autorização legislativa e sem indicação dos recursos correspondentes;

Créditos adicionais são ajustes ao Orçamento (LOA) durante o exercício financeiro, que podem ocorrer por inúmeros motivos. Esse dispositivo constitucional visa preservar o equilíbrio orçamentário para que não haja a fixação de despesa sem a previsão de receita correspondente.

Alternativa "e": incorreta. Segundo a Constituição Federal em seu art. 167, inciso II, são vedadas a realização de despesas ou a assunção de obrigações diretas que excedam os créditos orçamentários ou adicionais.

23) **(CESPE – 2015 - TRE MT – Analista Judiciário)** Segundo a CF, a peça do sistema de planejamento e orçamento federal que condiciona a elaboração dos planos e programas nacionais, regionais e setoriais é o(a)

a) Lei Orçamentária Anual (LOA).
b) orçamento-programa.
c) LDO.
d) Lei de Responsabilidade Fiscal.
e) PPA.

Gabarito: e

COMENTÁRIO:

Segundo o § 4º do art. 165 da Constituição Federal, os planos e programas nacionais, regionais e setoriais previstos na Constituição serão elaborados em consonância com o Plano Plurianual e apreciados pelo Congresso Nacional.

7. PRATICANDO - QUESTÕES DE CONCURSOS ANTERIORES GABARITADAS

1) **(FCC - TJ TRT14/TRT 14/Administrativa/2016)** Segundo a Constituição Federal, um dos instrumentos de planejamento é o Plano Plurianual – PPA. No âmbito da União o Plano Plurianual

a) será apreciado pelas duas Casas do Congresso Nacional e terá vigência de dois anos, iniciando-se no primeiro e terceiro ano de mandato do chefe do Poder Executivo.
b) será apreciado pelas duas Casas do Congresso Nacional e terá vigência de quatro anos, iniciando-se, no segundo ano de mandato do chefe do Poder Executivo.
c) será apreciado, apenas, pela Câmara dos Deputados, com vigência de quatro anos, iniciando-se, no segundo ano de mandato do chefe do Poder Executivo.
d) o encaminhamento do projeto de lei do PPA ao Legislativo é de iniciativa exclusiva do Ministro do Planejamento, orçamento e gestão, com vigência de quatro anos.

e) terá vigência de quatro anos, iniciando-se no primeiro ano do mandato do chefe do Poder Executivo.

2) **(FCC - AJ TRT14/TRT 14/Judiciária/"Sem Especialidade"/2016)** De acordo com a Lei de Diretrizes Orçamentárias – LDO, é INCORRETO afirmar:

a) Compreende as metas e prioridades da Administração pública.

b) Orienta a elaboração do Plano Plurianual – PPA e da Lei Orçamentária Anual – LOA.

c) Dispõe sobre alterações na legislação tributária.

d) Compreende as despesas de capital para o exercício financeiro subsequente.

e) Estabelece as políticas para as agências financeiras oficiais de fomento.

3) **(FCC - TJ TRF2/TRF 2/Apoio Especializado/Contabilidade/2007)** A lei que regula os projetos governamentais, com existência temporal superior a um exercício financeiro, denomina-se

a) Lei de Diretrizes Orçamentárias.

b) Lei de Diretrizes e Bases.

c) Plano Diretor.

d) Lei Orçamentária.

e) Plano Plurianual.

4) **(FCC - AJ TRF1/TRF 1/Apoio Especializado/Contadoria/2011)** O instrumento constitucional de planejamento que estabelecerá, de forma regionalizada, as diretrizes, objetivos e metas da Administração Pública para as despesas de capital, e outras delas decorrentes, e para os programas de duração continuada, denomina-se

a) Lei de Diretrizes Orçamentárias.

b) Lei Orçamentária Anual.

c) Orçamento Fiscal.

d) Orçamento de Investimento.

e) Plano Plurianual.

5) **(FCC - TJ TRF2/TRF 2/Apoio Especializado/Contabilidade/2007)** A concessão de qualquer vantagem ou aumento de remuneração, pelos órgãos e entidades da administração direta ou indireta, inclusive fundações instituídas e mantidas pelo poder público, só poderão ser feitas se houver prévia dotação orçamentária suficiente para atender às projeções de despesa de pessoal e aos acréscimos dela decorrentes e, ressalvadas as empresas públicas e as sociedades de economia mista, autorização específica presente

a) no Plano Plurianual.

b) na Lei de Diretrizes Orçamentárias.

c) na Lei Orçamentária.

d) no Cronograma de Desembolso.
e) na Lei de Diretrizes e Bases.

6) **(FCC - AJ TRF1/TRF 1/Apoio Especializado/Contadoria/2011)** Lei de iniciativa do Poder Executivo que compreenderá, dentre outras, as metas e prioridades da administração pública, incluindo as despesas de capital para o exercício financeiro subsequente, denomina-se
a) Plano Plurianual.
b) Orçamentária Anual.
c) Programação de Investimentos.
d) Diretrizes Orçamentárias.
e) Orçamento de Custeio e Capital.

7) **(FCC - AJ TRE TO/TRE TO/Administrativa/2011)** Analise as seguintes afirmações relativas à Lei das Diretrizes Orçamentárias:
I. Disporá sobre critérios e forma de limitação de empenho quando as metas de resultado primário e nominal do ente público não possam ser alcançadas.
II. Estabelecerá a política de aplicação das agências financeiras oficiais de fomento.
III. Estabelecerá as despesas de capital para os dois exercícios financeiros subsequentes.
IV. Conterá Anexo de Metas Fiscais, onde serão avaliados os passivos contingentes e outros riscos capazes de afetar as contas públicas.
Está correto o que se afirma APENAS em
a) I e II.
b) I e III.
c) II e III.
d) II e IV.
e) III e IV.

8) **(CESPE - AJ TST/TST/Administrativa/"Sem Especialidade"/2008)** Com base nos conceitos e na legislação acerca de orçamentos públicos, julgue o item a seguir.
De acordo com a atual legislação brasileira, a Lei de Diretrizes Orçamentárias (LDO) disporá sobre as alterações na legislação tributária, que, para todos os fins, não estarão sujeitas aos princípios da anterioridade e da anualidade.

9) **(CESPE - AJ TRE RJ/TRE RJ/Apoio Especializado/Engenharia Civil/2012)** Com relação aos instrumentos fundamentais de planejamento e de orçamento público, julgue o item subsecutivo. Nesse sentido, considere que as siglas CF, PPA, LDO e LOA se referem, respectivamente, a Constituição Federal de 1988, plano plurianual, lei de diretrizes orçamentárias e lei orçamentária anual.

A CF, ao instituir a LDO, disponibilizou um importante instrumento de orçamentação pública. A LDO representa a interface entre o PPA e a LOA, que é o instrumento que viabiliza a execução dos programas governamentais. Desse modo, entre outras funções, a LDO dispõe sobre as alterações na legislação tributária e estabelece a política de aplicação das agências financeiras oficiais de fomento.

10) **(FCC - TJ TRF2/TRF 2/Apoio Especializado/Contabilidade/2007)** A Lei Orçamentária anual se divide em

a) 2 orçamentos: Fiscal e Seguridade Social.

b) 2 orçamentos: Receita e Despesa.

c) 3 orçamentos: Fiscal, Seguridade Social e Investimentos.

d) 3 orçamentos: Receita, Despesa e Investimentos.

e) 5 orçamentos: Receita, Despesa, Fiscal, Seguridade Social e Investimentos.

8. GABARITO FUNDAMENTADO

1) B	Art. 166 e inciso I do § 2º do art. 35 do ADCT, todos da CF/88.
2) B	§ 2º do art. 165 da CF/88.
3) E	§ 2º do art. 165 e II e § 2º do art. 35 do ADCT, todos da CF/88.
4) E	§ 2º do art. 165 da CF/88.
5) B	Art. 169, § 1º da CF/88.
6) D	§ 2º do art. 165 da CF/88.
7) A	§ 2º do art. 165 da CF/88 e § 1º do art. 4º da LRF.
8) Errado	§ 2º do art. 165 da CF/88, devendo o respeito à anterioridade, quando cabível.
9) Certo	§ 2º do art. 165 da CF/88.
10) C	§ 5º do art. 165 da CF/88.

CAPÍTULO V

MECANISMOS DE AJUSTES ORÇAMENTÁRIOS/CRÉDITOS ADICIONAIS

1. INTRODUÇÃO

1.1. Contextualização

É certo que o processo orçamentário deve ser dinâmico e flexível para que possa se adaptar às novas realidades e necessidades, assim, é necessário que se façam ajustes nos planos enquanto eles são executados. Quando se fala em instrumentos orçamentários (PPA, LDO e LOA), por se tratarem de leis, estes ajustes/alterações só se darão por intermédio de outras leis ou de normativos de mesma estatura jurídica (Medida Provisória, como regra, para os créditos adicionais Extraordinários).

Os motivos que fazem surgir a necessidade de alteração de planejamento são diversos, por exemplo:

- Lapso temporal entre a elaboração dos instrumentos e sua efetiva execução, o que impede a possibilidade de previsão de todas as situações que envolvam aportes orçamentários;
- Erro na estimativa de arrecadação, para mais ou para menos;
- Variação em índices de preços acima ou abaixo das estimativas;
- Situações que gerem despesas imprevisíveis e urgentes como guerra, enchentes, incêndios, etc.;
- Alterações conjunturais nas políticas e na economia;
- Outros.

Ocorrendo tais situações, faz-se necessário o ajuste do que foi planejado para que se possa atender as necessidades públicas da melhor forma possível, sem comprometer o compromisso com o equilíbrio.

▸ **OBSERVAÇÃO IMPORTANTE:**

No que couber, as alterações deverão ser atendidas as mesmas formalidades estabelecidas para os instrumentos orçamentários que pretendam alterar. Dentre tais regras, citam-se:

1) Que tais alterações ocorram por meio de lei, ou instrumento de igual estatura, desde que devidamente autorizado pela Constituição;

2) Que tais leis contemplem as regras estabelecidas para a elaboração, tramitação e promulgação dos instrumentos que pretendam complementar como:
   - Iniciativa privativa e indelegável do chefe do Poder Executivo para todas;
   - Se alteração à LDO, que esta esteja em conformidade com o PPA;
   - Se ajuste à LOA, que esta seja compatível com o PPA e a LDO;
   - Que sejam apreciados pelo Congresso Nacional com parecer da Comissão Mista (CMO);
   - Outros.

3) Que estes ajustes herdem as características dos instrumentos orçamentários, tais como:
   - São leis somente sob o aspecto formal;
   - São leis temporárias;
   - São leis especiais;
   - Os ajustes que delas advenham (ajuste à LOA) são considerados orçamentários (Receita e Despesa).

1.2. Questões de concurso

Muito comuns em concurso público, as questões sobre ajustes orçamentários visam verificar se o candidato tem conhecimento dos detalhes relacionados a este tema. Dentre os três instrumentos orçamentários, os ajustes à LOA (créditos adicionais) são extremamente mais exigidos, principalmente no que tange as cinco principais características destes créditos e suas diferenciações, o que traz, em grande maioria, certa facilidade para quem dá a devida atenção a elas.

Mais raras, são as questões que exigem conhecimentos sobre as alterações no PPA e na LDO, recaindo, normalmente, sobre os requisitos necessários para que aconteçam.

Nesse contexto, em regra, identificamos as seguintes espécies de questões:

1) Questões sobre as cinco principais características das três espécies créditos adicionais (ajustes à LOA) e suas diferenciações

Muito mais abundantes, para respondê-las basta ter aprendido as cinco principais características (finalidade, necessidade de autorização legislativa para abertura, abertura, necessidade de fontes de recurso e vigência), de cada um dos três créditos (Suplementar, Especial e Extraordinário) e as diferenciações em cada um deles.

Lendo o capítulo com muita atenção, certamente você não encontrará dificuldades.

(FCC – AJ TRE SP/TRE SP/Administrativa/"Sem Especialidade"/2017) Durante a execução orçamentária do exercício de 2016, foram abertos créditos adicionais, no valor de R$ 349.500.000. Segundo a Constituição Federal, os créditos adicionais que terão vigência no exercício financeiro em que forem autorizados, salvo se o ato de autorização for promulgado nos últimos quatro meses daquele exercício, caso em que, reabertos nos limites de seus saldos, serão incorporados ao orçamento do exercício financeiro subsequente, são denominados de

a) especiais, suplementares e extraorçamentários.
b) suplementares e extraorçamentários, apenas.
c) suplementares e extraordinários, apenas.
d) especiais e extraordinários, apenas.
e) especiais e extraorçamentários, apenas.

Gabarito: d

COMENTÁRIO:

Essa questão se refere à característica "vigência".

Ao estudar o capítulo com atenção, você aprenderá que o único crédito que não pode ser reaberto, ou seja, tem vigência exclusivamente adstrita ao exercício financeiro (ano civil) é o crédito suplementar. Assim, os créditos especiais e extraordinários poderão ser reabertos no exercício seguinte, se cumprirem os requisitos legais.

(CESPE – 2016 – TRT – 8ª Região (PA e AP) Analista Judiciário – Área Administrativa) Com relação aos créditos adicionais, cuja finalidade é atender despesas não previstas ou insuficientemente dotadas no orçamento público, assinale a opção correta.

a) Age em conformidade com os dispositivos legais a autoridade pública que abre créditos extraordinários, sem a autorização do legislativo, em casos de calamidade pública.
b) O pagamento de despesas de pequeno vulto sem previsão orçamentária pode ser realizado mediante a abertura de créditos adicionais extraordinários autorizados na lei orçamentária anual.

c) A classificação dos créditos adicionais está prevista em quatro tipos: suplementares, especiais, extraordinários e superavitários.
d) A variação de preços de bens e serviços no decorrer do exercício financeiro não é fato justificável para solicitação de abertura de créditos suplementares.
e) A vigência de todas as modalidades de créditos adicionais é restrita ao exercício financeiro em que foram abertas, sem possibilidade de reabertura de seu saldo em exercício seguinte.

Gabarito: a

COMENTÁRIO:

Questão que parece complexa, mas lendo o capítulo com atenção, você não encontrará dificuldade.

Vejamos cada alternativa:

Alternativa correta: letra "a". Característica: necessidade de autorização legislativa para abertura.

O crédito extraordinário, que poderá ser aberto para atender às despesas imprevisíveis e urgentes, como as decorrentes de guerra, comoção interna ou calamidade pública, diferente dos outros dois, não necessita de autorização legislativa.

Alternativa "b": Errado: Finalidade do crédito adicional.

Não há essa previsão legal para essa finalidade. O pagamento de despesas de pequeno vulto sem previsão orçamentária pode ser realizado mediante suprimento de fundos.

Alternativa "c": Errado: Espécies de créditos.

A classificação dos créditos adicionais está prevista em três tipos: suplementares, especiais, extraordinários.

Alternativa "d": Errado: Finalidade dos créditos adicionais e necessidade de autorização legislativa.

A variação de preços de bens e serviços no decorrer do exercício financeiro é fato justificável para solicitação de abertura de créditos suplementares, pois qualquer gasto fora da autorização original (crédito ordinário) deverá ser autorizado e objeto de crédito adicional, nesse caso o suplementar para suprir despesa insuficientemente dotada.

Alternativa "e": Errado: Característica: vigência.

A vigência de todas as modalidades de créditos adicionais é restrita ao exercício financeiro em que foram abertas, salvo para os créditos especiais e extraordinários que PODERÃO ser reabertos diante de determinadas condições que você aprenderá ao longo do capítulo.

2) Questões que versam sobre o cálculo das fontes de recurso para abertura de créditos adicionais

Mais raras, elas exigem o conhecimento sobre as fontes de recursos. O cálculo é geralmente muito simples (mera subtração e adição). O conhecimento exigido se refere à identificação das fontes. A banca que mais vem exigindo esse tipo de conhecimento nos últimos anos é a FGV (Fundação Getúlio Vargas) em concursos para

TJ (Tribunais de Justiça). Vale lembrar que as bancas mais tradicionais em concursos para tribunais, especialmente na área federal, são FCC (Fundação Carlos Chagas) e CESPE (Centro de Seleção e de Promoção de Eventos).

▶ **QUESTÃO COMENTADA**

(CESPE – 2015 – STJ – Analista Judiciário – Administrativa) Com relação a sistema e processo de orçamentação, classificações orçamentárias, estrutura programática e créditos ordinários e adicionais, julgue o próximo item.

Situação hipotética: Determinado ente da administração pública, que necessita da abertura de um crédito especial, dispõe dos seguintes dados:

- Diferença entre a receita realizada e a prevista: R$ 400;
- Ativo financeiro no balanço patrimonial do exercício anterior: R$ 180;
- Passivo financeiro no balanço patrimonial do exercício anterior: R$ 140;
- Créditos extraordinários abertos no exercício: R$ 230;
- Créditos adicionais reabertos: R$ 10.

Assertiva: Nessa situação, há margem para abertura do crédito especial de R$ 200.

Gabarito: certo

COMENTÁRIO:

Você aprenderá que:

• O excesso de arrecadação é fonte de recurso para créditos adicionais, mas deve ser descontado o valor dos créditos extraordinários abertos no período, logo temos: 400 – 230 = 170.

• O superávit financeiro do exercício anterior que é apurado no Balanço Patrimonial (Ativo Financeiro – Passivo Financeiro) é uma fonte para reabertura de créditos, deduzidos dos créditos adicionais reabertos no exercício. Logo temos: 180 (Ativo Financeiro) – 140 (Passivo Financeiro) = 40 (superávit financeiro) – 10(crédito adicional reaberto) = 30.

Assim, tem-se: 170 (excesso de arrecadação) + 30 (superávit financeiro, deduzidos dos créditos adicionais reabertos no exercício) = 200.

3) Questões que trazem termos mais técnicos e específicos da atividade orçamentária

São mais raras e, normalmente, exigidas para cargos que requerem um conhecimento mais aprofundado da atividade orçamentária.

▶ **QUESTÃO COMENTADA:**

(CESPE – AFCE (TCE-SC)/TCE-SC/Controle Externo/Direito/2016) Julgue o item a seguir, relativo à implementação do orçamento público no Brasil.

Caso seja necessário modificar os atributos de determinado crédito orçamentário, a modificação deverá ser feita por meio de créditos suplementares, créditos especiais ou créditos extraordinários.

Gabarito: Errado

COMENTÁRIO:

As alterações orçamentárias podem ser qualitativas ou quantitativas.

Uma alteração quantitativa apenas modifica o total de crédito constante na LOA por meio de um crédito suplementar, reforçando a dotação já existente para uma determinada despesa.

Já a alteração qualitativa é aquela que modifica o conteúdo da LOA, incluindo uma nova despesa não prevista (crédito especial) ou urgente (crédito extraordinário).

Os créditos suplementares não alteram os atributos do crédito orçamentário, mas apenas a dotação.

4) Questões que versam sobre a situação em que há ou não a necessidade de alteração do PPA e da LDO

Em regra, para que haja um investimento, este deve estar previsto no PPA. Porém, existem situações em que investimentos podem ser realizados sem essa previsão. Consequentemente, surgindo a necessidade de realizar determinada despesa após a elaboração do PPA, deve-se verificar se há necessidade ou não para inclusão ou edição de lei que o autorize. Da mesma forma, deverá haver previsão na LDO para a realização e expansão de determinadas despesas. As questões poderão trazer situações que questionem se há ou não necessidade de alteração na LDO e no PPA.

São questões mais difíceis de encontrar.

▸ QUESTÃO COMENTADA:

(CESPE – 2013 – CNJ – Analista Judiciário – Área Administrativa) Com referência à organização e programação do processo orçamentário brasileiro, julgue os itens subsequentes. Nesse sentido, considere que, sempre que empregada, a sigla PPA refere-se a plano plurianual.

Considere que os Poderes Executivo e Judiciário tenham firmado convênio para expandir a presença da justiça no interior do país, em resposta ao aumento da criminalidade, ficando o Poder Executivo responsável pela construção de novas edificações para o funcionamento conjunto de órgãos do Poder Judiciário e da defensoria pública. Nessa situação, apesar de o convênio ter sido firmado durante a vigência de um PPA que não previa essas despesas, cuja duração seria superior a um exercício financeiro, não é necessária a alteração imediata do PPA, bastando a inclusão desse novo item de gasto na LOA em vigência.

Gabarito: Errado

COMENTÁRIO:

> **Constituição Federal**
>
> **Art. 167**
>
> (...)
>
> § 1º Nenhum investimento cuja execução ultrapasse um exercício financeiro poderá ser iniciado sem prévia inclusão no plano plurianual, ou sem lei que autorize a inclusão, sob pena de crime de responsabilidade.

2. AJUSTES AO PPA

Algumas situações dependem de alteração do PPA para que possam ser realizadas. Servem de exemplo os investimentos em que a execução ultrapasse o exercício financeiro, previstos no§ 1º do art. 167 da Constituição Federal.

> **Art. 167**
>
> (...)
>
> § 1º – Nenhum investimento cuja execução ultrapasse um exercício financeiro poderá ser iniciado sem prévia inclusão no plano plurianual, ou sem lei que autorize a inclusão, sob pena de crime de responsabilidade.

Desta forma, o ajuste ao PPA será por intermédio de outra lei ordinária que inclua novo investimento no PPA, ou lei que autorize a inclusão.

3. AJUSTES À LDO

Assim como o PPA, a LDO também é uma lei ordinária e para que haja alteração deve haver outra lei que assim autorize.

Servem de exemplo os investimentos que precisam ser realizados e que não foram incluídos na elaboração da LDO original. Para serem realizados, esses investimentos deverão ser incluídos na LDO por lei ordinária e, dependendo do caso, como visto acima, também no PPA.

Fique atento que se determinado projeto não for incluído na relação de prioridades e metas da Lei de Diretrizes Orçamentárias, não quer dizer que sua inclusão na Lei Orçamentária Anual será vedada.

A LDO é uma grande orientadora que define metas e prioridades, mas não é determinante e absoluta.

4. CRÉDITOS ADICIONAIS – AJUSTES À LOA

Com relação à necessidade de ajustes da Lei Orçamentária Anual, a forma de alteração tem denominação específica, sendo esta por **créditos adicionais.**

A Lei nº 4.320/64 versa sobre os créditos adicionais em título próprio, o Título V, que vai do art. 40 ao 46. O art. 40 estabelece que são créditos adicionais, as autorizações de despesa não computadas ou insuficientemente dotadas na Lei de Orçamento.

O orçamento-programa, como atualmente concebido, é instrumento do planejamento e, desse modo, deve ser integrado aos planos e programas governamentais e aos orçamentos anuais. Diante disso, uma das condições para a aprovação das emendas aos Projetos de Lei do Orçamento Anual e de suas alterações é que estas sejam compatíveis com o Plano Plurianual e com a Lei de Diretrizes Orçamentárias. Esse raciocínio, no que é cabível, é também válido para os créditos adicionais, pois são ajustes á LOA.

São autorizações para abertura de créditos que não foram previstas na LOA ou não possuem dotação suficiente e que podem ocorrer pelos seguintes motivos:

1) Despesas insuficientemente dotadas (quantitativo)

Dotação é o limite do crédito orçamentário, ou seja, é o valor máximo que se pode gastar com determinada despesa autorizada na LOA. Despesas insuficientemente dotadas são aquelas que foram previstas na lei orçamentária original, mas que, por alguma desconformidade ou fato imprevisto, o valor dotado não foi suficiente para fazer frente à necessidade inicialmente prevista.

Serve de exemplo a dotação para um crédito orçamentário referente à aquisição de combustível para transporte escolar urbano. Imaginemos que a prefeitura tenha previsto 100.000 (cem mil reais). Porém, com a alta do combustível o valor necessário agora para fazer frente à mesma despesa é de 110.000 (cento e dez mil reais). Havendo a necessidade de se realizar a despesa na mesma proporção que a prevista inicialmente, haverá a necessidade de complementação da dotação inicial (100.000) em 10.000 (dez mil reais).

Veja que a natureza da despesa não muda, requerendo apenas um ajuste na dotação, uma alteração quantitativa, ou seja, de valor.

2) Despesas não computadas (qualitativo)

São despesas que não foram previstas na LOA original, mas que se fazem necessárias, como, por exemplo, despesas em razão de uma enchente ou da construção de um parque ecológico com recursos a mais que surgiram em razão do excesso de arrecadação ou doação.

Veja que, para resolução do problema, requer-se a inclusão de uma nova despesa que poderá ou não ser em substituição a uma despesa já existente, ou seja, requer-se um ajuste qualitativo.

Classificação dos créditos a adicionais

Segundo o art. 41 da Lei nº 4.320 de 1964, os créditos adicionais se classificam em:

- Suplementares, os quais são destinados a reforço de dotação orçamentária;
- Especiais, estes são destinados às despesas para as quais não haja dotação orçamentária específica;
- Extraordinários, destinam-se às despesas urgentes e imprevistas, em caso de guerra, comoção intestina ou calamidade pública.

4.1. Créditos Adicionais Suplementares

São créditos utilizados para reforçar dotações já previstas na LOA original, mas que não foram suficientemente dotados. Isso quer dizer que a despesa foi prevista, mas a dotação (limite máximo) é menor que a efetivamente necessária. Normalmente isso ocorre com despesas varáveis em que fica difícil prever exatamente quanto será gasto, como despesas com energia elétrica, água, combustível, etc., ou, ainda, em razão da variação de preços. O crédito suplementar incorpora-se ao orçamento, adicionando-se à dotação orçamentária que deva reforçar.

4.1.1. *Finalidade*

Fica claro que a finalidade desse tipo de crédito é reforçar dotações já existentes (alteração quantitativa) na LOA que por qualquer motivo não foram suficientemente dotadas.

4.1.2. *Autorização legislativa para abertura (Lei):*

Necessária, podendo acontecer de duas formas:

1) Na própria LOA

Como já visto, em razão da necessidade de se garantir certa flexibilidade aos executores do orçamento, poderá haver ajustes no que anteriormente foi planejado (crédito orçamentário inicial, ordinário), estas alterações ocorrerão por intermédio dos créditos orçamentários adicionais. A autorização para abertura de Créditos Adicionais Suplementares poderá ocorrer na própria LOA, na qual o Poder Legislativo autoriza, de forma antecipada, a abertura desse tipo de crédito. É uma autorização para um acréscimo (normalmente em percentual) ao valor da despesa já prevista para ser realizada, somente se for necessário.

Por exemplo:

- Ao final de 2018 é aprovada a LOA 2019 contendo um crédito orçamentário para aquisição de combustível no valor de dez milhões durante o exercício de 2019.
- Em meados de 2019, em razão do aumento do valor dos combustíveis de forma desproporcional, por conta de uma crise internacional, verificou-se

que o valor inicialmente previsto não seria suficiente, sendo necessário mais um milhão (10%).

- Para realização dessa despesa adicional é necessária uma nova autorização por intermédio de lei aprovada pelo Poder Legislativo.
- O chefe do Poder Executivo deverá, então, propor essa despesa para apreciação do Poder Legislativo por intermédio de um projeto de lei que deverá passar por toda burocracia da tramitação legislativa.
- Para flexibilizar a execução orçamentária, tornando-a mais ágil, o chefe do Poder Executivo poderia, em 2018 mesmo, prevendo a possibilidade variação dos valores, solicitar no próprio Projeto de Lei Orçamentária Anual a autorização para realização dessa despesa adicional, mas, somente, se necessário for.
- Veja que, com a aprovação da autorização para essa despesa em montante maior (10%), o chefe do Poder Executivo não fica exatamente autorizado a gastar onze milhões diretamente, ele tem autorização para gastar os 10 milhões previstos e, se for necessário, já está autorizado gastar mais um milhão.

Esse percentual pode ser aprovado, rejeitado ou aprovado parcialmente pelo Poder Legislativo, e pode ter por base de cálculo a receita, a despesa ou outra base de referência, mas que nunca poderá ser ilimitado.

Segundo a Constituição Federal, em seu art. 165, § 8º, a Lei Orçamentária Anual não conterá dispositivo estranho à previsão da receita e à fixação da despesa, não se incluindo na proibição a autorização para abertura de créditos suplementares e contratação de operações de crédito, ainda que por antecipação de receita, nos termos da lei.

Como seria a situação na prática então:

✦ *Em 2018, um prefeito, elaborando seu PLOA para o exercício de 2019, fixa um total de despesa com energia elétrica em 10 milhões. O prefeito insere no texto desse mesmo PLOA um pedido para obter autorização para abrir créditos adicionais no valor de 10% (um milhão). Dessa forma, durante o exercício financeiro de 2019, se necessário for, haverá já uma autorização para realização dessas despesas suplementares, não havendo necessidade de se recorrer ao Poder Legislativo nesse momento.*

Serve de exemplo ainda um trecho da previsão contida na LOA 2017 da União (Lei nº 13.414/17, que estima a receita e fixa a despesa da União para o exercício financeiro de 2018).

> Seção III – Da Autorização para a Abertura de Créditos Suplementares
>
> **Art. 4º** Fica autorizada a abertura de créditos suplementares para o aumento de dotações autorizadas por esta Lei, desde que compatíveis

com a obtenção da meta de resultado primário fixada na lei de diretrizes orçamentárias e com os limites de despesas primárias, e que sejam observados o disposto no parágrafo único do art. 8º da Lei de Responsabilidade Fiscal e as seguintes condições:

I – para suplementação de despesas classificadas com "RP 0":

a) destinadas à Contribuição da União, de suas Autarquias e Fundações para o custeio do Regime de Previdência dos Servidores Públicos Federais, mediante a utilização de recursos provenientes de:

1. anulação de dotações consignadas a essas despesas;
2. anulação de dotações classificadas com "RP 1" e "RP 2", até o limite de 20% (vinte por cento);
3. reserva de contingência, inclusive à conta de recursos próprios e vinculados, observado o disposto no art. 5º, inciso III, da Lei de Responsabilidade Fiscal; e
4. superávit financeiro apurado no balanço patrimonial do exercício de 2016, nos termos do art. 43, §§ 1º, inciso I, e 2º, da Lei nº 4.320, de 1964.

b) relativas ao serviço da dívida, mediante a utilização de recursos provenientes de:

1. superávit financeiro apurado no balanço patrimonial do exercício de 2016;
2. anulação de dotações consignadas ao GND 2 ou GND 6;
3. reserva de contingência, inclusive à conta de recursos próprios e vinculados;
4. excesso de arrecadação de participações e dividendos pagos por entidades integrantes da Administração Pública Federal indireta;
5. excesso de arrecadação oriundo da transferência do resultado positivo do Banco Central do Brasil; e
6. operações de créditos realizadas por meio da emissão de títulos de responsabilidade do Tesouro Nacional.

c) nas ações destinadas à execução da Política de Garantia de Preços Mínimo e à Formação e Administração de Estoques Reguladores e Estratégicos de Produtos Agropecuários, mediante a utilização de recursos provenientes de anulação de dotações que lhes tenham sido consignadas;

(...)

2) Em lei específica

Terminados os créditos autorizados genericamente na LOA ou se a suplementação da despesa não estiver contida nessa autorização prévia, pode ainda o chefe do Poder Executivo, diante da necessidade, solicitar a autorização para abertura de novos créditos adicionais suplementares durante o exercício de execução.

Não havendo autorização prévia, estes novos créditos somente poderão ser abertos por uma nova lei específica, isso para que seja atendido o princípio da legalidade.

4.1.3. *Abertura*

A abertura dos créditos suplementares será por decreto executivo, incorporando-se ao orçamento, sendo adicionado à dotação orçamentária a qual se destinou reforçar. O ato que abrir crédito adicional indicará a importância, a espécie e a classificação da despesa, até onde for possível.

▸ **ATENÇÃO!**

As últimas LDO's da União vêm dispensando a necessidade de decreto para abertura de crédito suplementar e especial, ao determinar que ficam automaticamente abertos tais créditos com a sanção e publicação da lei que os autorizar.

> **Lei nº 13.707, de 14 de agosto de 2018.**
>
> Art. 46. Os projetos de lei relativos a créditos suplementares e especiais serão encaminhados pelo Poder Executivo ao Congresso Nacional, também em meio magnético, por Poder, sem prejuízo do disposto no § 11 e no § 13.
>
> (...)
>
> § 10. Os créditos de que trata este artigo, aprovados pelo Congresso Nacional, serão considerados automaticamente abertos com a sanção e a publicação da respectiva lei.

Deste modo, apesar de raras, fique atento se a questão vier específica para União, como é o caso do exemplo abaixo em que o CESPE considerou como correta a afirmação.

(CESPE - 2010 - ABIN - OFICIAL TÉCNICO DE INTELIGÊNCIA) A respeito da execução da receita e da despesa orçamentárias, e dos créditos que alteram o orçamento e suas movimentações, julgue os itens.
A abertura de crédito especial depende de prévia autorização legislativa. No âmbito da União, tais créditos prescindem de decreto do Poder Executivo, pois eles são considerados autorizados e abertos pela própria lei que os aprovar.

Gabarito: certo

COMENTÁRIO:

Segundo o que determinam os mandamentos legais, os créditos especiais e suplementares deverão ser abertos por decreto. Porém, no âmbito da União, as LDO's vêm trazendo a determinação de que aprovados pelo Congresso Nacional, serão considerados automaticamente abertos com a sanção e publicação da respectiva lei.

> Lei Nº 13.408, de 26 de dezembro de 2016.
>
> Art. 44. Os projetos de lei relativos a créditos suplementares e especiais serão encaminhados pelo Poder Executivo ao Congresso Nacional, também em meio magnético, por Poder, sem prejuízo do disposto no § 11 deste artigo, e, preferencialmente, consolidados de acordo com as áreas temáticas definidas no art. 26 da Resolução nº 1, de 2006-CN, ajustadas a reformas administrativas supervenientes...
>
> (...)
>
> § 10. Os créditos de que trata este artigo, aprovados pelo Congresso Nacional, serão considerados automaticamente abertos com a sanção e publicação da respectiva lei.

4.1.4. *Vigência*

Limitado ao exercício financeiro em que for aberto, não havendo possibilidade de reabertura do crédito em exercício posterior, ou seja, é improrrogável.

4.1.5. *Indicação de fonte de recursos*

Necessária.

Privilegiando o princípio do equilíbrio, da legalidade e da anterioridade da despesa, ao se abrir um crédito adicional suplementar é necessário a indicação da fonte do recurso que financiará aquela despesa. Essa obrigatoriedade auxilia também na manutenção do equilíbrio orçamentário.

> **Lei nº 4.320/64**
>
> **Art. 43.** A abertura dos créditos suplementares e especiais depende da existência de recursos disponíveis para ocorrer a despesa e será precedida de exposição justificativa.

4.2. Créditos Adicionais Especiais

São ajustes orçamentários destinados às despesas não previstas na Lei Orçamentária original. São utilizados para solucionar despesas que se evidenciam necessárias durante o exercício, mas que não foram originalmente previstas.

4.2.1. *Finalidade*

Fazer frente às novas despesas (alteração qualitativa) que, por qualquer motivo, não foram previstas na LOA e que não sejam imprevisíveis e urgentes.

4.2.2. *Autorização legislativa para abertura (Lei)*

Necessária, ocorrendo na forma de lei específica.

4.2.3. *Abertura*

A abertura dos créditos especiais será por decreto executivo, incorporando-se ao orçamento, conservando a especificidade de sua dotação, sendo demonstrado separadamente. O ato que abrir crédito adicional indicará a importância, a espécie deste e a classificação da despesa, até onde for possível.

> ▸ **ATENÇÃO!**
>
> As últimas LDO's da União vêm dispensando a necessidade de decreto para abertura de crédito suplementar e especial, ao determinar que ficam automaticamente abertos tais créditos com a sanção e publicação da lei que os autorizar.

4.2.4. *Vigência*

A vigência desse tipo de crédito, como regra, ocorrerá durante o exercício financeiro em que for aberto, podendo ser reaberto (prorrogado) no exercício seguinte, se o ato de autorização for promulgado nos últimos quatro meses daquele exercício (a partir de 01 de setembro), caso em que, reabertos nos limites de seus saldos, serão incorporados ao orçamento do exercício financeiro subsequente.

> ▸ **FIQUE ATENTO ÀS SEGUINTES OBSERVAÇÕES:**
>
> 1) O texto constitucional versa sobre "promulgação" e não sobre aprovação. Por esse motivo, mesmo que um crédito especial tenha sido aprovado antes dos quatro últimos meses do término do exercício financeiro, este poderá ser prorrogado, desde que o ato de autorização (lei) seja promulgado nos últimos quatro meses.
>
> 2) Somente haverá a reabertura do crédito se existir saldo remanescente por ocasião do término do exercício.
>
> **Constituição Federal**
>
> **Art. 167**
>
> (...)
>
> § 2º - Os créditos especiais e extraordinários terão vigência no exercício financeiro em que forem autorizados, salvo se o ato de autorização for promulgado nos últimos quatro meses daquele exercício, caso em que, reabertos nos limites de seus saldos, serão incorporados ao orçamento do exercício financeiro subsequente.
>
> 3) Para a maioria da doutrina, a prorrogação não é obrigatória, mas, se reaberto, será incorporado ao exercício financeiro subsequente.
>
> 4) Quando reabertos, esses créditos são denominados plurienais ou plurianuais, por vigerem em mais de um exercício financeiro.

4.2.5. *Indicação de fonte de recursos*

Necessária.

Ao se abrir um crédito adicional especial é necessário a indicação da fonte do recurso que financiará aquela despesa, isso em função do princípio do equilíbrio orçamentário.

> **Lei nº 4.320/64**
>
> **Art. 43.** A abertura dos créditos suplementares e especiais depende da existência de recursos disponíveis para ocorrer a despesa e será precedida de exposição justificativa.

> ▸ **OBSERVAÇÃO IMPORTANTE:**
>
> Considere que determinada ação orçamentária não tenha sido prevista na Lei Orçamentária Anual e tenha sido incluída nesta em momento posterior, por meio de crédito especial. Nessa situação, se for necessário reforçar a dotação da ação orçamentária mencionada, deverá ser utilizado um novo crédito especial e não suplementar. Créditos especiais e extraordinários conservam sua especificidade. Nesse sentido, entende-se que o reforço de um crédito especial ou de um crédito extraordinário deve se dar, na devida ordem, pela regra prevista nos respectivos créditos ou, no caso de omissão, pela abertura de novos créditos especiais e extraordinários.

4.3. Créditos Adicionais Extraordinários

São créditos adicionais destinados a atender, segundo a Constituição Federal, despesas imprevisíveis e urgentes, como as decorrentes de guerra, comoção interna ou calamidade pública. Assim, ocorrendo uma dessas situações, estará o chefe do Poder Executivo autorizado a abrir crédito extraordinário para que se possa cobrir as despesas que surjam em razão de tais situações. Essa relação, prevista no texto constitucional é exemplificativa, importando mais a situação que torna a despesa urgente e que tenha sido imprevisível.

Importante entender que, para justificar a abertura de créditos extraordinários, as condições (imprevisibilidade e urgência) devem se cumular, pois, se for urgente, mas for previsível, deveria constar na LOA. Da mesma forma, se a despesa for imprevisível, mas não for urgente, é possível a realização por outro modo, como, por exemplo, por um crédito especial ou, ainda, esperar o próximo exercício financeiro para, então, inserir a despesa na próxima LOA.

Outra questão a ser considerada é a diferença entre as expressões "imprevisíveis" e "imprevistas". A Constituição se refere às despesas IMPREVISÍVEIS, aquelas cuja previsão é impossível. Já a Lei nº 4.320/64 usa a expressão imprevista, aquelas que poderiam ser previstas, mas por algum fator não o foram.

Lei nº 4.320/64

Art. 41. Os créditos adicionais classificam-se em:

III - extraordinários, os destinados a despesas urgentes e imprevistas, em caso de guerra, comoção intestina ou calamidade pública.

Constituição Federal

Art. 167 ...

(...)

§ 3º - A abertura de crédito extraordinário somente será admitida para atender a despesas imprevisíveis e urgentes, como as decorrentes de guerra, comoção interna ou calamidade pública, observado o disposto no art. 62.

O mais correto seria a utilização da expressão imprevisível, mas isso somente deve ser considerado se a questão versar especificamente sobre essa diferenciação.

A título de exemplo seguem duas questões elaboradas pelo CESPE mencionando os conceitos de imprevisto e imprevisível.

(CESPE - Tec APU (TC-DF)/TC-DF/2014) Acerca do processo, das normas aplicáveis, dos métodos, técnicas e instrumentos do orçamento público, julgue o item subsequente.

Caso o governo federal precise realizar gasto urgente e imprevisto, decorrente, por exemplo, da necessidade de atendimento às vítimas do desabamento de uma ponte em rodovia federal, poderá ser aberto crédito extraordinário por meio de medida provisória.

Gabarito: Certo

COMENTÁRIO:

Quando a Administração Pública se encontra diante de uma situação de emergência que não poderia ser prevista, deve-se resolver o problema da maneira mais rápida possível. Por esse motivo, a própria Constituição Federal permite que sejam realizadas despesas públicas independentemente de autorização parlamentar prévia. Isso ocorre com a abertura créditos extraordinários por meio, em regra, de medida provisória.

Fique atento que, apesar de a questão trazer o termo "imprevisto" (tecnicamente seria mais correto o termo imprevisível), ela permanece correta, pois esse termo atende a contendo o contexto trazido, além de estar previsto na Lei nº 4.320/64.

(CESPE - TA (ANTT)/ANTT/2013) À luz da legislação vigente, julgue o item a seguir, relativo a créditos adicionais.

É admitida a abertura de créditos extraordinários somente para atender as despesas imprevisíveis e urgentes, como as resultantes de guerra, comoção interna ou calamidade pública.

Gabarito: Certo

COMENTÁRIO:

Questão que traz expresso o texto constitucional (art. 167, § 3º), o qual prevê que a abertura de crédito extraordinário somente será admitida para atender a despesas imprevisíveis e urgentes, como as decorrentes de guerra, comoção interna ou calamidade pública.

4.3.1. *Finalidade*

São créditos adicionais destinados a atender, segundo a Constituição Federal, despesas imprevisíveis e urgentes (alteração qualitativa), como as decorrentes de guerra, comoção interna ou calamidade pública. Assim, ocorrendo uma dessas situações, estará o chefe do Poder Executivo autorizado a abrir crédito extraordinário para que se possa cobrir as despesas que surjam em razão de tais situações. Essa relação, prevista no texto constitucional é exemplificativa, importando mais a situação que torna a despesa urgente e que tenha sido imprevisível.

Lei nº 4.320/64

Art. 41. Os créditos adicionais classificam-se em:

III - extraordinários, os destinados a despesas urgentes e imprevistas, em caso de guerra, comoção intestina ou calamidade pública.

Constituição Federal

Art. 167 ...

(...)

§ 3º - A abertura de crédito extraordinário somente será admitida para atender a despesas imprevisíveis e urgentes, como as decorrentes de guerra, comoção interna ou calamidade pública, observado o disposto no art. 62.

4.3.2. *Autorização legislativa para abertura (Lei)*

Não é necessária.

Realmente não há uma apreciação prévia por parte do Poder Legislativo, a autorização por lei. Porém, o ato que abrir o crédito orçamentário passará, a *posteriori*, pelo crivo do Poder Legislativo, ou com a apreciação da medida provisória ou do decreto que abrir o crédito.

4.3.3. *Abertura*

O ato que abrir crédito adicional indicará a importância, a sua espécie e a classificação da despesa, até onde for possível. A abertura poderá ser dar de duas formas, a depender do ente federativo.

1) União e entes federativos que tem a Medida Provisória em seu ordenamento Jurídico

Segundo o § 3º do art. 167, no âmbito da União, a abertura dos créditos extraordinários será por medida provisória.

> **Constituição Federal**
>
> **Art. 167**
>
> § 3º A abertura de crédito extraordinário somente será admitida para atender a despesas imprevisíveis e urgentes, como as decorrentes de guerra, comoção interna ou calamidade pública, observado o disposto no art. 62.
>
> **Art. 62.** Em caso de relevância e urgência, o Presidente da República poderá adotar medidas provisórias, com força de lei, devendo submetê-las de imediato ao Congresso Nacional. (Redação dada pela Emenda Constitucional nº 32, de 2001).
>
> (...)
>
> d) planos plurianuais, diretrizes orçamentárias, orçamento e créditos adicionais e suplementares, ressalvado o previsto no art. 167, § 3º; (Incluído pela Emenda Constitucional nº 32, de 2001).

Não há previsão expressa na Constituição Federal sobre a abertura de créditos extraordinários por parte dos outros entes federados, mas, segundo os maiores doutrinadores, nos entes federativos que existe a Medida Provisória prevista em suas constituições estaduais (Estados) e leis orgânicas (Municípios), esta é a forma de abertura.

Segundo Valdecir Pascoal[1], em caso de créditos extraordinários, por serem abertos por medida provisória, no caso da União, o rito a ser seguido é o mesmo de uma medida provisória qualquer, com apreciação posterior das duas casas em separado, Câmara e Senado..

> ▸ **ATENÇÃO:**
>
> Caso determinado crédito extraordinário seja autorizado por medida provisória que, posteriormente, tenha perdido a eficácia por não ter sido votada no prazo legal pelo Congresso Nacional, as despesas realizadas com base no referido crédito deverão ser disciplinadas, por decreto legislativo, juntamente das relações jurídicas delas decorrentes.
>
> Art. 62
>
> (...)
>
> § 3º As medidas provisórias, ressalvado o disposto nos §§ 11 e 12 perderão eficácia, desde a edição, se não forem convertidas em lei no

1. PASCOAL, Valdecir. **Direito Financeiro e Controle Externo**. 7. ed. Rio de Janeiro: Editora Método, 2009.

> prazo de sessenta dias, prorrogável, nos termos do § 7º, uma vez por igual período, devendo o Congresso Nacional disciplinar, por decreto legislativo, as relações jurídicas delas decorrentes.
>
> (...)
>
> § 11. Não editado o decreto legislativo a que se refere o § 3º até sessenta dias após a rejeição ou perda de eficácia de medida provisória, as relações jurídicas constituídas e decorrentes de atos praticados durante sua vigência conservar-se-ão por ela regidas.

2) Entes federativos que não têm a Medida Provisória em seu ordenamento Jurídico

No âmbito dos outros entes federados a abertura será por decreto que será levado imediatamente à apreciação do Poder Legislativo.

> **Lei nº 4.320/64**
>
> **Art. 44** – Os créditos extraordinários serão abertos por decreto do Poder Executivo, que deles dará imediato conhecimento ao Poder Legislativo.

> ▸ **OBSERVAÇÃO:**
>
> Fique atento para a forma como a questão pode cobrar este assunto:
>
> - Se citar a Constituição é Medida Provisória;
> - Se citar a Lei nº 4.320/64 é Decreto Executivo.

Veja abaixo o entendimento do CESPE sobre esse tema:

▸ **QUESTÃO COMENTADA**

(CESPE - 2013 – ANTT - Analista Administrativo) A respeito de orçamento público e Lei de Responsabilidade Fiscal (LRF), julgue os itens a seguir.

Quando inexistir, na Constituição de um ente federado, previsão de medida provisória, os créditos extraordinários deverão ser abertos por meio de decreto do Poder Executivo, que dele dará imediato conhecimento ao Poder Legislativo. No caso de haver, na Constituição desse ente federado, previsão de medida provisória, tal operação será feita por esse instrumento legal.

Gabarito: Certo

> **COMENTÁRIO:**
>
> Dois mandamentos legais que versam sobre o tema:
>
> 1) Constituição Federal: medida provisória
>
> **Constituição Federal**
>
> Art. 167

§ 3º A abertura de crédito extraordinário somente será admitida para atender a despesas imprevisíveis e urgentes, como as decorrentes de guerra, comoção interna ou calamidade pública, observado o disposto no art. 62.

Art. 62. Em caso de relevância e urgência, o Presidente da República poderá adotar medidas provisórias, com força de lei, devendo submetê-las de imediato ao Congresso Nacional. (Redação dada pela Emenda Constitucional nº 32, de 2001).

(...)

d) planos plurianuais, diretrizes orçamentárias, orçamento e créditos adicionais e suplementares, ressalvado o previsto no art. 167, § 3º; (Incluído pela Emenda Constitucional nº 32, de 2001).

2) Lei nº 4.320/64: Decreto do Poder Executivo

Art. 44. Os créditos extraordinários serão abertos por decreto do Poder Executivo, que deles dará imediato conhecimento ao Poder Legislativo.

A regra será medida provisória. Porém, se o ente federativo não possuir Medida Provisória em seu ordenamento jurídico local, a abertura do crédito extraordinário será mediante decreto.

4.3.4. Vigência

A vigência deste tipo de crédito, como regra, ocorrerá durante o exercício financeiro em que for aberto, podendo ser reaberto (prorrogado) no exercício seguinte. Se o ato de autorização for promulgado nos últimos quatro meses daquele exercício, caso em que, reabertos nos limites de seus saldos, serão incorporados ao orçamento do exercício financeiro subsequente.

▸ FIQUE ATENTO ÀS SEGUINTES OBSERVAÇÕES:

1) O texto constitucional versa sobre "promulgação" e não sobre aprovação. Por esse motivo, mesmo que um crédito especial tenha sido aprovado antes dos quatro últimos meses do término do exercício financeiro, este poderá ser prorrogado, desde que o ato de autorização (lei) seja promulgado nos últimos quatro meses.
2) Somente haverá a reabertura se existir saldo remanescente por ocasião do término do exercício.

Constituição Federal

Art. 167

(...)

§ 2º - Os créditos especiais e extraordinários terão vigência no exercício financeiro em que forem autorizados, salvo se o ato de autorização for promulgado nos últimos quatro meses daquele exercício, caso em que, reabertos nos limites de seus saldos, serão incorporados ao orçamento do exercício financeiro subsequente.

3) Para a maioria da doutrina, a prorrogação não é obrigatória, mas, se reaberto, será incorporado ao exercício financeiro subsequente.

4) Quando reabertos, esses créditos são denominados plurienais ou plurianuais, por vigerem em mais de um exercício financeiro.

4.3.5. *Indicação de fonte de recursos*

Não é necessária.

Em razão da urgência, importância e imprescindibilidade com que a despesa deva ser realizada, não há a necessidade de indicação de fonte de recursos. A regra é simples: primeiro se resolve a situação emergencial e, depois, verifica-se como pagar.

▸ OBSERVAÇÃO:

Fique atento, pois, não é vedada a indicação de fonte de recursos. Assim, se houver fonte de recursos disponíveis, pode haver a indicação.

> **Lei nº 4.320/64**
>
> **Art. 43.** A abertura dos créditos suplementares e especiais depende da existência de recursos disponíveis para ocorrer a despesa e será precedida de exposição justificativa.

4.4. Fontes de Recursos para os Créditos Adicionais Suplementares e Especiais

Privilegiando o equilíbrio orçamentário, a abertura de créditos suplementares e especiais depende de indicação de fonte de recursos. São vários os mandamentos que estabelecem quais fontes de recursos podem ser utilizadas para este fim:

1) Constituição Federal

A Constituição, no § 8º do seu art. 166, versa sobre a disponibilidade de recursos para abertura de créditos adicionais suplementares e especiais, estabelecendo que os recursos que, em decorrência de veto, emenda ou rejeição do projeto de lei orçamentária anual, ficarem sem despesas correspondentes poderão ser utilizados, conforme o caso, mediante créditos especiais ou suplementares, com prévia e específica autorização legislativa.

2) Lei nº 4.320/64

A Lei nº 4.320/64 também versa sobre a matéria em seu art. 43 indicando expressamente quais são as fontes de recursos para abertura de créditos adicionais. Segundo esse dispositivo legal, a abertura dos créditos suplementares e especiais depende da existência de recursos disponíveis para ocorrer a despesa e será precedida de exposição justificativa.

Consideram-se recursos para o fim desse artigo, desde que não comprometidos:

- **O superávit financeiro apurado em balanço patrimonial do exercício anterior**

Entende-se por superávit financeiro a diferença positiva entre o ativo financeiro e o passivo financeiro, conjugando-se, ainda, os saldos dos créditos adicionais transferidos e as operações de crédito a eles vinculadas.

SF = AF – PF – (CAR + OCVñAr)

SF: Superávit financeiro (líquido).

AF: Ativo Financeiro.

PF: Passivo Financeiro.

CAR: Créditos adicionais reabertos (transferidos).

OCVñAr: Operações de crédito vinculadas aos créditos reabertos e ainda não arrecadadas.

- **Os provenientes de excesso de arrecadação**

Entende-se por excesso de arrecadação, para este fim, o saldo positivo das diferenças acumuladas mês a mês entre a arrecadação prevista e a realizada, considerando-se, ainda, a tendência do exercício.

Para o fim de apurar os recursos utilizáveis, provenientes de excesso de arrecadação, deduzir-se-á a importância dos créditos extraordinários abertos no exercício.

- **Os resultantes de anulação parcial ou total de dotações orçamentárias ou de créditos adicionais, autorizados em lei;**
- **O produto de operações de crédito autorizadas, em forma que juridicamente possibilite ao Poder Executivo realizá-las.**

> **Lei nº 4.320/64**
>
> **Art. 43.** A abertura dos créditos suplementares e especiais depende da existência de recursos disponíveis para ocorrer a despesa e será precedida de exposição justificativa. (Veto rejeitado no D.O. 05/05/1964)
>
> § 1º Consideram-se recursos para o fim deste artigo, desde que não comprometidos: (Veto rejeitado no D.O. 05/05/1964)
>
> I – o superávit financeiro apurado em balanço patrimonial do exercício anterior; (Veto rejeitado no D.O. 05/05/1964)
>
> II – os provenientes de excesso de arrecadação; (Veto rejeitado no D.O. 05/05/1964)

III – os resultantes de anulação parcial ou total de dotações orçamentárias ou de créditos adicionais, autorizados em Lei; (Veto rejeitado no D.O. 05/05/1964)

IV – o produto de operações de crédito autorizadas, em forma que juridicamente possibilite ao poder executivo realiza-las. (Veto rejeitado no D.O. 05/05/1964)

§ 2º Entende-se por superávit financeiro a diferença positiva entre o ativo financeiro e o passivo financeiro, conjugando-se, ainda, os saldos dos créditos adicionais transferidos e as operações de crédito a eles vinculadas. (Veto rejeitado no D.O. 05/05/1964)

§ 3º Entende-se por excesso de arrecadação, para os fins deste artigo, o saldo positivo das diferenças acumuladas mês a mês entre a arrecadação prevista e a realizada, considerando-se, ainda, a tendência do exercício. (Veto rejeitado no D.O. 05/05/1964) (Vide Lei nº 6.343, de 1976)

§ 4º Para o fim de apurar os recursos utilizáveis, provenientes de excesso de arrecadação, deduzir-se-á a importância dos créditos extraordinários abertos no exercício. (Veto rejeitado no D.O. 05/05/1964).

3) Decreto-lei nº 200/67

Segundo o art. 91 do Decreto-lei nº 200/67, sob a denominação de Reserva de Contingência, o orçamento anual poderá conter dotação global não especificamente destinada a determinado órgão, unidade orçamentária, programa ou categoria econômica, cujos recursos serão utilizados para abertura de créditos adicionais.

Assim, a reserva de contingência é uma fonte de recursos para abertura de créditos adicionais.

4.5. Quadro Resumo Sobre Créditos Adicionais

	▶ SUPLEMENTARES	▶ ESPECIAIS	▶ EXTRAORDINÁRIOS
Objetivo	Reforçar dotação já prevista no orçamento, mas insuficientemente dotadas.	Atender despesas não previstas no orçamento.	Atender às despesas imprevisíveis e urgentes.
Autorização legislativa	Necessária, podendo ser: Na própria LOA; ou em lei Específica.	Necessária, devendo constar em lei específica.	Independe de autorização legislativa prévia.
Abertura	Por intermédio de Decreto do Poder Executivo.	Por intermédio de Decreto do Poder Executivo.	Na União e entes com Medida Provisória, por intermédio de Medida Provisória. Nos demais entes, por intermédio de Decreto do Executivo.
Origem de recursos	• Superávit financeiro; • Excesso de arrecadação; • Anulação total ou parcial de dotação orçamentária ou crédito adicional; • Operações de crédito autorizadas e viáveis juridicamente; • Recursos que, em decorrência de veto, emenda ou rejeição do projeto de lei orçamentária, ficaram sem despesas correspondentes; • Reserva de Contingência; • Veto, emenda ou rejeição à LOA.	• Superávit financeiro; • Excesso de arrecadação; • Anulação total ou parcial de dotação orçamentária ou crédito adicional; • Operações de crédito autorizadas e viáveis juridicamente; • Recursos que, em decorrência de veto, emenda ou rejeição do projeto de Lei orçamentária, ficaram sem despesas correspondentes; • Reserva de Contingência; • Veto, emenda ou rejeição à LOA.	Não é necessária a indicação de recursos para a abertura de créditos extraordinários.
Vigência	No exercício financeiro vigente.	No exercício financeiro vigente, podendo ser reaberto no próximo exercício se a autorização for promulgada nos últimos quatro meses do exercício em que for aberto, no limite dos seus saldos e incorporados ao orçamento do exercício subsequente.	No exercício financeiro vigente, podendo ser reaberto no próximo exercício se a autorização for promulgada nos últimos quatro meses do exercício em que for aberto, no limite dos seus saldos e incorporados ao orçamento do exercício subsequente.

5. PROCESSO DE SOLICITAÇÃO E ANÁLISE DAS ALTERAÇÕES ORÇAMENTÁRIAS (MTO/2019 – MANUAL TÉCNICO DE ORÇAMENTO)

Como visto, durante a execução do orçamento, as dotações inicialmente aprovadas na LOA podem se revelar insuficientes para realização dos *programas de trabalho*, ou pode ocorrer a necessidade de realização de despesa não autorizada inicialmente. Assim, a LOA poderá ser alterada no decorrer da sua execução por meio de créditos adicionais, que são autorizações de despesa não computadas ou insuficientemente dotadas na LOA. Os créditos adicionais são classificados em:

a) **créditos especiais:** destinados às despesas, para as quais não haja dotação orçamentária específica, devendo ser autorizados por lei. Observe que sua abertura depende da existência de recursos disponíveis. Os créditos especiais não poderão ter vigência além do exercício em que forem autorizados, salvo se o ato de autorização for promulgado nos últimos quatro meses, caso em que, reabertos nos limites dos seus saldos, serão incorporados ao orçamento do exercício financeiro subsequente;

b) **créditos extraordinários:** destinados às despesas urgentes e imprevisíveis, como as decorrentes de guerra, comoção interna ou calamidade pública, conforme art. 167 da CF. Na União, serão abertos por medida provisória. Os créditos extraordinários não poderão ter vigência além do exercício em que forem autorizados, salvo se o ato de autorização for promulgado nos últimos quatro meses daquele exercício, caso em que, reabertos nos limites dos seus saldos, serão incorporados ao orçamento do exercício financeiro subsequente; e

c) **créditos suplementares:** destinado ao reforço de dotação orçamentária. A LOA poderá conter autorização para abertura de créditos suplementares, limitados a determinada importância ou percentual, sem a necessidade de submissão ao Poder Legislativo. Os créditos suplementares terão vigência no exercício em que forem abertos.

5.1. Alterações orçamentárias qualitativas

Nos casos de abertura de créditos especiais ou extraordinários, em que há necessidade de criação de um novo *programa de trabalho*, deve-se proceder à solicitação de uma alteração orçamentária qualitativa. Tal alteração implica na criação de uma nova *ação* com todos os seus *atributos*, ou no desdobramento de uma *ação* existente em novo *subtítulo*. A solicitação de alteração qualitativa pode partir da UO, do órgão setorial ou mesmo da SOF.

Ao identificar a necessidade de criação de *programa de trabalho* para créditos especiais ou extraordinários, a UO, ou o órgão setorial, deve fazer a solicitação por meio do módulo qualitativo do SIOP.

A UO solicitante, ou o órgão setorial, deve prestar informações claras e precisas para o entendimento e análise do pedido.

5.2. Alterações orçamentárias quantitativas

As alterações quantitativas do orçamento viabilizam a realização anual dos *programas* mediante a alocação de recursos para as *ações orçamentárias* e são de responsabilidade conjunta dos órgãos central e setoriais e das UO's.

A necessidade de alteração orçamentária pode ser identificada pela UO ou pelo órgão setorial. Em qualquer caso, a solicitação de alteração deverá ser elaborada de forma a atender as condições dispostas nas portarias editadas pela SOF.

As solicitações que tiverem início nas UO's deverão ser elaboradas mediante acesso ao SIOP, no momento específico para as UO's, as quais, em seguida, deverão ser encaminhadas para o respectivo órgão setorial. O órgão setorial correspondente procederá a uma avaliação global da necessidade dos créditos solicitados e das possibilidades de oferecer recursos compensatórios. Após a verificação do crédito e aprovação da sua consistência, os órgãos setoriais deverão encaminhar à SOF as solicitações de créditos adicionais de suas unidades.

As solicitações que tiverem início nos órgãos setoriais também deverão ser elaboradas mediante acesso ao SIOP, no momento específico para o órgão setorial e nos prazos estabelecidos pela portaria da SOF. Em seguida, deverão ser encaminhadas à SOF para análise.

Ao recebê-las, a SOF, por meio de uma análise criteriosa, decidirá por atendê-las ou não. Caso sejam aprovadas, serão preparados os atos legais necessários à formalização das respectivas alterações no orçamento.

6. PRATICANDO – QUESTÕES DE CONCURSOS ANTERIORES COMENTADAS

1) **(FCC- Analista Judiciário – Área Judiciária- TRF – 4ª REGIÃO/2019)** À luz da disciplina constitucional do processo de elaboração de leis orçamentárias,

a) as emendas ao projeto de lei do orçamento anual serão apresentadas e apreciadas perante a Comissão mista permanente de Deputados e Senadores responsável por exercer o acompanhamento e a fiscalização da execução orçamentária.

b) o projeto de lei de diretrizes orçamentárias será acompanhado de demonstrativo regionalizado do efeito, sobre as receitas e despesas, decorrente de isenções, anistias, remissões, subsídios e benefícios de natureza financeira, tributária e creditícia.

c) o Presidente da República poderá propor modificação nos projetos de lei relativos ao plano plurianual, às diretrizes orçamentárias e ao orçamento anual, desde que não iniciada a votação do projeto respectivo, na Comissão mista parlamentar permanente.

d) as emendas individuais ao projeto de lei orçamentária serão aprovadas no limite de 1,2% da receita corrente líquida prevista no projeto encaminhado pelo

Poder Executivo, sendo que metade deste percentual será destinada a ações de desenvolvimento e manutenção do ensino.

e) os recursos que, em decorrência de veto ao projeto de lei orçamentária anual, ficarem sem despesas correspondentes poderão ser utilizados, conforme o caso, mediante créditos especiais ou suplementares, com prévia e específica autorização legislativa.

Gabarito: e

COMENTÁRIO:

a) Art. 166, § 2º, CF: "As emendas serão apresentadas na Comissão mista, que sobre elas emitirá parecer, e apreciadas, na forma regimental, pelo Plenário das duas Casas do Congresso Nacional."

b) Art. 165, § 6º, CF: "O projeto de lei orçamentária será acompanhado de demonstrativo regionalizado do efeito, sobre as receitas e despesas, decorrente de isenções, anistias, remissões, subsídios e benefícios de natureza financeira, tributária e creditícia."

c) Art. 166, § 5º, CF: "O Presidente da República poderá enviar mensagem ao Congresso Nacional para propor modificação nos projetos a que se refere este artigo enquanto não iniciada a votação, na Comissão mista, da parte cuja alteração é proposta."

d) Art. 166, § 9º, CF: "As emendas individuais ao projeto de lei orçamentária serão aprovadas no limite de 1,2% (um inteiro e dois décimos por cento) da receita corrente líquida prevista no projeto encaminhado pelo Poder Executivo, sendo que a metade deste percentual será destinada a ações e serviços públicos de saúde."

e) Art. 166, § 8º, CF: "Os recursos que, em decorrência de veto, emenda ou rejeição do projeto de lei orçamentária anual, ficarem sem despesas correspondentes poderão ser utilizados, conforme o caso, mediante créditos especiais ou suplementares, com prévia e específica autorização legislativa."

2) **(VUNESP – Adm Jud (TJ SP)/TJ SP/2019)** É correto afirmar que a atividade financeira do Estado deverá respeitar à seguinte regra no Brasil:

a) é permitido o início de programas ou projetos não incluídos na lei orçamentária anual, desde que constem do Plano Plurianual.

b) é facultado ao Poder Executivo a instituição de fundos públicos especiais mediante decreto.

c) é vedada a realização de operações de créditos que excedam o montante das despesas de capital, ressalvadas as autorizadas pelo Poder Legislativo por maioria simples.

d) nenhum investimento cuja execução ultrapasse um exercício financeiro poderá ser iniciado sem prévia inclusão no plano setorial, sob pena de crime de responsabilidade.

e) é vedada a abertura de crédito suplementar ou especial sem prévia autorização legislativa e sem indicação dos recursos correspondentes.

Gabarito: E

COMENTÁRIO:

Questão completamente baseada no art. 167 da Constituição Federal

a) Errada: segundo o art. 167, inciso I da Constituição Federal, são vedados o início de programas ou projetos não incluídos na lei orçamentária anual;

b) Errada: segundo o art. 167, inciso IX, é vedada a instituição de fundos de qualquer natureza, sem prévia autorização legislativa.

c) Errada: segundo o art. 167, inciso III, é vedada a realização de operações de créditos que excedam o montante das despesas de capital, ressalvadas as autorizadas mediante créditos suplementares ou especiais com finalidade precisa, aprovados pelo Poder Legislativo por maioria absoluta;

d) Errada: segundo o § 1º do art. 167, nenhum investimento cuja execução ultrapasse um exercício financeiro poderá ser iniciado sem prévia inclusão no plano plurianual, ou sem lei que autorize a inclusão, sob pena de crime de responsabilidade..

e) Certa: segundo o art. 167, inciso V, é vedada a abertura de crédito suplementar ou especial sem prévia autorização legislativa e sem indicação dos recursos correspondentes.

3) **(VUNESP – ContJ (TJ SP)/TJ SP/2019)** Suportado pelo preconizado em Lei específica, o administrador público, ao necessitar de recursos a fim de atender despesas para as quais não haja dotação orçamentária específica, deverá

a) optar por solicitar um adiantamento com empenho próprio.
b) solicitar crédito especial.
c) utilizar dos suprimentos de fundos.
d) obter crédito adicional extraordinário.
e) utilizar do crédito suplementar.

Gabarito: B

COMENTÁRIO:

Segundo o art. 40 da lei 4320/64, são créditos adicionais, as autorizações de despesa não computadas ou insuficientemente dotadas na Lei de Orçamento.

Já o art. 41 determina que os créditos adicionais classificam-se em:

I – suplementares, os destinados a reforço de dotação orçamentária;

II – especiais, os destinados a despesas para as quais não haja dotação orçamentária específica;

III – extraordinários, os destinados a despesas urgentes e imprevistas, em caso de guerra, comoção intestina ou calamidade pública.

A questão se refere a uma despesa para a qual não haja dotação orçamentária específica, ou seja, um crédito especial.

4) **(CESPE - MPU - Técnico – Administração - 2018)** A respeito dos instrumentos de planejamento da gestão pública, julgue o item a seguir.

Caso o Poder Executivo abra um crédito suplementar, os recursos correspondentes ao referido crédito serão excluídos do cômputo total de créditos orçamentários.

Gabarito: errado

COMENTÁRIOS

Veja que o orçamento é único, valendo para o mesmo o cômputo único de receitas e despesas. Os créditos orçamentários são a junção dos créditos ordinários (aprovados inicialmente na LOA) e pelos créditos adicionais (ajustes orçamentários), dentre eles o suplementar citado na questão. Desse modo, os créditos adicionais são créditos orçamentários também, não podendo, assim, serem excluídos do seu cômputo total.

5) **(CESPE - MPU - Técnico – Administração - 2018)** A respeito dos instrumentos de planejamento da gestão pública, julgue o item a seguir.

Se determinado recurso ficar sem a despesa correspondente em decorrência de veto parcial ao projeto de lei orçamentária anual, será vedada a utilização do referido recurso ainda que na forma de fonte para a abertura de créditos adicionais.

Gabarito: errado

COMENTÁRIO

Questão que contraria o texto constitucional. Segundo o § 8º do art. 166 da Constituição Federal, os recursos que, em decorrência de veto, emenda ou rejeição do projeto de Lei Orçamentária Anual, ficarem sem despesas correspondentes PODERÃO ser utilizados, conforme o caso, mediante créditos especiais ou suplementares, com prévia e específica autorização legislativa.

6) **(FCC – Analista Judiciário – Área Administrativa – TRT 2/2018)** Considere hipoteticamente que determinado Tribunal Regional do Trabalho constatou, em novembro de 2017, que seria necessária a abertura de crédito adicional no valor de R$ 500.000,00 para reforço da dotação orçamentária referente a auxílio-moradia a agentes públicos. Assim, de acordo com a Lei nº 4.320/1964, o crédito adicional utilizado pelo Tribunal Regional do Trabalho foi

a) autorizado por lei e aberto por decreto do Poder Legislativo, sendo sua vigência adstrita aos exercícios financeiros de 2017 e 2018.
b) autorizado por lei e aberto por decreto do Poder Executivo, sendo sua vigência adstrita aos exercícios financeiros de 2017 e 2018.
c) autorizado por lei e aberto por decreto do Poder Executivo, sendo sua vigência adstrita ao exercício financeiro de 2017.
d) aberto por decreto do Poder Executivo, que dele deu imediato conhecimento ao Poder Legislativo, sendo sua vigência adstrita ao exercício financeiro de 2017.

e) aberto por decreto do Poder Executivo, que dele deu imediato conhecimento ao Poder Legislativo, sendo sua vigência adstrita aos exercícios financeiros de 2017 e 2018.

Gabarito: C

COMENTÁRIOS

Alternativa "A": errada. Autorizado por lei e aberto por decreto do Poder ~~Legislativo~~ Executivo, sendo sua vigência adstrita aos exercícios financeiros de 2017 ~~e 2018~~.

Alternativa "B": errada. Autorizado por lei e aberto por decreto do Poder Executivo, sendo sua vigência adstrita aos exercícios financeiros de 2017 ~~e 2018~~.

Alternativa correta: letra "C". Se o crédito se destina ao reforço da dotação orçamentária, conforme o caso apresentado, então este crédito é suplementar.

Segundo o art. 42 da Lei nº 4.320/64, os créditos suplementares e especiais serão autorizados por lei e abertos por decreto executivo. Já o art. 45 da mesma Lei estabelece que os créditos adicionais terão **vigência adstrita ao exercício financeiro em que forem abertos, salvo expressa disposição legal em contrário, quanto aos especiais e extraordinários**.

Alternativa "D": errada. Autorizado por lei e aberto por decreto do Poder Executivo~~, que dele deu imediato conhecimento ao Poder Legislativo~~, sendo sua vigência adstrita ao exercício financeiro de 2017.

Alternativa "E": errada. Autorizado por lei e aberto por decreto do Poder Executivo~~, que dele deu imediato conhecimento ao Poder Legislativo~~, sendo sua vigência adstrita ao exercício financeiro de 2017 ~~e 2018~~.

7) **(FCC – Analista Judiciário – Área Administrativa – TRT 6/2018)** Suponha que o Chefe do Executivo do Estado tenha decidido contemplar determinada carreira de servidores com a concessão de benefícios pecuniários, encaminhando ao Poder Legislativo projeto de lei nesse sentido. Ocorre que, estando no meio do exercício financeiro, constatou-se a insuficiência das dotações orçamentárias correspondentes para suportar a majoração de gastos. Diante de tal cenário, a solução para viabilizar, do ponto de vista orçamentário, a concessão e pagamento dos benefícios consiste em

a) abertura de crédito adicional especial, independente de autorização legislativa, desde que fundado em excesso de arrecadação.
b) remanejamento de outras dotações de custeio ou de capital, mediante decreto.
c) abertura de crédito adicional extraordinário, mediante cancelamento de outras dotações de custeio.
d) utilização de restos a pagar, desde que ainda não processados, mediante ato próprio.
e) abertura de crédito adicional suplementar, necessitando de autorização legislativa.

Gabarito: E

COMENTÁRIOS

Letra de lei, essencial para resolver muitas questões.

> **Lei nº 4.320/64**
>
> **Art. 40.** São créditos adicionais, as autorizações de despesa não computadas ou insuficientemente dotadas na Lei de Orçamento.
>
> Art. 41. Os créditos adicionais classificam-se em:
>
> I - suplementares, os destinados a reforço de dotação orçamentária;
>
> II - especiais, os destinados a despesas para as quais não haja dotação orçamentária específica;
>
> III - extraordinários, os destinados a despesas urgentes e imprevistas, em caso de guerra, comoção intestina ou calamidade pública.
>
> Art. 42. Os créditos suplementares e especiais serão autorizados por lei e abertos por decreto executivo.
>
> Art. 43. A abertura dos créditos suplementares e especiais depende da existência de recursos disponíveis para ocorrer a despesa e será precedida de exposição justificativa.

Alternativa correta: letra "E" (responde as alternativas "A e C"). A questão se refere a uma dotação orçamentária existente, mas que necessita de reforço. Assim, o crédito a ser utilizado é o suplementar. Segundo o art. 42 da Lei nº 4.320/64 os créditos suplementares e especiais serão autorizados por lei e abertos por decreto executivo.

Alternativa "B": errada. Constituição Federal

> **Art. 167.** São vedados:
>
> [...]
>
> VI - a transposição, o remanejamento ou a transferência de recursos de uma categoria de programação para outra ou de um órgão para outro, sem prévia autorização legislativa.

Alternativa "D": errada. Segundo o art. 36 da Lei nº 4.320/64, consideram-se Restos a Pagar as despesas empenhadas, mas não pagas até o dia 31 de dezembro, distinguindo-se as processadas das não processadas.

8) **(FCC – Analista Judiciário – Área Administrativa – TRT 15/2018)** Um dado Ministério do Governo Federal conseguiu obter autorização legal que permite acesso a uma operação de crédito que viabilizará projeto estratégico. Para tanto, fará uso de crédito adicional especial com finalidade precisa, por não existir dotação específica. Nesse caso, é correto afirmar que, de acordo com a Constituição Federal e a Lei nº 4.320/1964,

a) seu uso estará restrito a uma vigência de aproximadamente 60 dias caso o ato de autorização legislativa para abertura do crédito seja promulgado nos últimos 2 meses do exercício, devido à aplicação da regra de que o crédito possui vigência no próprio exercício financeiro.

b) por serem créditos derivados de operação de crédito, dispensa-se a indicação dos recursos disponíveis para ocorrer a despesa.

c) a regra de que as operações de crédito não devem exceder o montante das despesas de capital pode ser ressalvada no caso de créditos especiais com finalidade precisa, desde que aprovados pelo Legislativo por maioria absoluta.

d) o projeto de lei relativo ao crédito especial será apreciado apenas no Senado Federal, na forma do seu regimento.

e) caberá à Comissão Permanente da Câmara dos Deputados examinar o projeto de lei do crédito especial e, no caso de aprovação, promulgar o ato de autorização.

Gabarito: C

COMENTÁRIOS

Alternativa "A": errada.

> **Constituição Federal**
>
> **Art. 167**
>
> [...]
>
> § 2º Os créditos especiais e extraordinários terão vigência no exercício financeiro em que forem autorizados, salvo se o ato de autorização for promulgado nos últimos quatro meses daquele exercício, caso em que, reabertos nos limites de seus saldos, serão incorporados ao orçamento do exercício financeiro subsequente.

Alternativa "B": errada.

> Lei nº 4.320/64
>
> Art. 43. A abertura dos créditos suplementares e especiais depende da existência de recursos disponíveis para ocorrer a despesa e será precedida de exposição justificativa.

Alternativa correta: letra "C". O item se refere à regra de ouro expressa na Constituição.

> Lei nº 4.320/64

Segundo o art. 43 da Lei nº 4.320/64, a abertura dos créditos suplementares e especiais depende da existência de recursos disponíveis para ocorrer a despesa e será precedida de exposição justificativa. Além do determinado pelo art. 43 da Lei nº 4.320/64, deve-se atentar à regra constitucional (Regra de ouro abaixo transcrita) para evitar o endividamento com despesas correntes. Assim, autoriza-se a realização de operações de crédito, mas em montante que não ultrapasse as despesas de capital. Para a quebra dessa regra é necessária a autorização mediante créditos suplementares ou especiais com finalidade precisa, aprovados pelo Poder Legislativo por maioria absoluta.

> **Constituição federal**
>
> **Art. 167.** São vedados:
>
> [...]
>
> III - a realização de operações de créditos que excedam o montante das despesas de capital, ressalvadas as autorizadas mediante créditos suplementares ou especiais com finalidade precisa, aprovados pelo Poder Legislativo por maioria absoluta;

Alternativa "D": errada.

Constituição Federal

Art. 166. Os projetos de lei relativos ao plano plurianual, às diretrizes orçamentárias, ao orçamento anual e aos créditos adicionais serão apreciados pelas duas Casas do Congresso Nacional, na forma do regimento comum.

Alternativa "E": errada.

Constituição Federal

Art. 166

§ 1º Caberá a uma Comissão mista permanente de Senadores e Deputados:

I - examinar e emitir parecer sobre os projetos referidos neste artigo e sobre as contas apresentadas anualmente pelo Presidente da República;

Art. 84. Compete privativamente ao Presidente da República:

[...]

IV - sancionar, promulgar e fazer publicar as leis, bem como expedir decretos e regulamentos para sua fiel execução.

9) **(FCC - Técnico Judiciário - Área Administrativa - TRT 6/2018)** Suponha que, em face da ocorrência de diversos casos de doença infectocontagiosa, o Ministério da Saúde tenha sido obrigado a adquirir grandes lotes de vacinas produzidas por fornecedor estrangeiro, não dispondo, contudo, de dotações consignadas na Lei Orçamentária Anual (LOA) para a cobertura dessas novas despesas. Diante de tal cenário, considerando as disposições aplicáveis da Lei nº 4.320/1964, a solução para tal situação consiste em

a) abertura de crédito adicional suplementar, por decreto do Chefe do Executivo.
b) abertura de crédito adicional especial, que necessita de autorização legislativa.
c) transposição de dotações orçamentárias, desde que destinadas a custeio ou investimento na área da Saúde.
d) utilização de créditos especiais extraordinários, constantes da reserva de contingência que integra a LOA.
e) aditamento à LOA, por lei específica ou decreto do Chefe do Executivo, com cancelamento de outras dotações de custeio.

Gabarito: B

COMENTÁRIOS

Questão que pode confundir, mas, se o candidato prestar atenção, encontrará somente uma solução efetivamente possível.

A possibilidade de confusão é em razão de a situação hipotética não ter deixado claro se seria uma situação de urgência, o que poderia demandar créditos extraordinários. Porém, veja que, dentre as alternativas, não existe menção correta aos créditos extraordinários, restando somente o crédito especial e a conclusão de que a despesa não foi considerada urgente. Vejamos cada alternativa.

Alternativa "A": errada. Segundo o art. 41, inciso I, Lei nº 4.320/64, os créditos adicionais suplementares são os destinados ao reforço de dotação orçamentária. Veja que não é o caso de reforço de dotação, mas, sim, uma despesa sem dotação orçamentária específica.

Alternativa correta: letra "B". Segundo o art. 40 da Lei nº 4.320/64, são créditos adicionais as autorizações de despesa não computadas (que não foram previstas) ou insuficientemente dotadas (que houve previsão, mas o valor necessário ultrapassou o limite previsto) na Lei de Orçamento. Já o art. 41, inciso II, da mesma lei, classifica como especiais os créditos destinados às despesas para as quais não haja dotação orçamentária específica. Esse é o caso descrito na situação hipotética trazida pela questão.

Alternativa "C": errada. Esse procedimento é vedado pela Constituição Federal.

> **Constituição Federal**
>
> **Art. 167.** São vedados:
>
> [...]
>
> VI - a transposição, o remanejamento ou a transferência de recursos de uma categoria de programação para outra ou de um órgão para outro, sem prévia autorização legislativa;

Alternativa "D": errada. Não existe crédito "especial extraordinário". Ou o crédito é especial, ou o crédito é extraordinário.

> **Art. 41.** Os créditos adicionais classificam-se em:
>
> I - suplementares, os destinados a reforço de dotação orçamentária;
>
> II - especiais, os destinados a despesas para as quais não haja dotação orçamentária específica;
>
> III - extraordinários, os destinados a despesas urgentes e imprevistas, em caso de guerra, comoção intestina ou calamidade pública.

Alternativa "E": errada. Não existe previsão constitucional ou legal de aditamento à LOA, por lei específica ou decreto do Chefe do Executivo, com cancelamento de outras dotações de custeio.

10) (FCC - Técnico Judiciário - Área Judiciária - TRT 15/2018) Sobre os créditos adicionais:

a) é vedada a edição de decreto executivo para a abertura de créditos adicionais suplementares.

b) o produto de operações de crédito pode ser usado como fonte de recurso apenas para o crédito adicional especial.

c) um crédito adicional suplementar, cujo ato de autorização for promulgado em agosto de determinado ano, poderá viger até dezembro do ano seguinte, caso seja reaberto nos limites dos seus saldos.

d) por expressa disposição, somente os créditos especiais e extraordinários possuem hipóteses de exceção à regra da vigência adstrita ao exercício financeiro da abertura do crédito adicional.

e) os recursos que, em decorrência de veto, emenda ou rejeição do projeto de lei orçamentária anual, ficarem sem despesas correspondentes poderão ser automaticamente utilizados para créditos adicionais especiais ou suplementares.

Gabarito: D

COMENTÁRIOS

Alternativa "A": errada. Segundo o art. 42 da Lei nº 4.320/64, os créditos suplementares e especiais serão autorizados por lei e **abertos por decreto executivo**.

Alternativa "B": errada. Operações de crédito podem servir de fonte de recursos para créditos especiais e suplementares.

> **Lei nº 4.320/64**
>
> Art. 43. A abertura dos créditos **suplementares e especiais** depende da existência de recursos disponíveis para ocorrer a despesa e será precedida de exposição justificativa.
>
> § 1º **Consideram-se recursos para o fim deste Artigo, desde que não comprometidos**:
>
> I - o superávit financeiro apurado em balanço patrimonial do exercício anterior;
>
> II - os provenientes de excesso de arrecadação;
>
> III - os resultantes de anulação parcial ou total de dotações orçamentárias ou de créditos adicionais, autorizados em Lei;
>
> **IV – o produto de operações de crédito autorizadas, em forma que juridicamente possibilite ao poder executivo realiza-las.**

Alternativa "C": errada. Somente os créditos especiais e extraordinários podem ser reabertos e se a promulgação do ato de autorização ocorrer a partir de 01 de setembro, ou seja, últimos quatro meses do exercício financeiro. Segundo o § 2º do art. 167, CF, os créditos **especiais e extraordinários** terão vigência no exercício financeiro em que forem autorizados, salvo se o ato de autorização for promulgado **nos últimos quatro meses** daquele exercício, caso em que, reabertos nos limites de seus saldos, serão incorporados ao orçamento do exercício financeiro subsequente.

Alternativa correta: letra "D". São os denominados créditos plurienais. Segundo o § 2º do art. 167, CF, os créditos especiais e extraordinários terão vigência no exercício financeiro em que forem autorizados, salvo se o ato de autorização for promulgado nos últimos quatro meses daquele exercício, caso em que, reabertos nos limites de seus saldos, serão incorporados ao orçamento do exercício financeiro subsequente.

Alternativa "E": errada. Segundo o 8º do art. 166 da Constituição Federal, os recursos que, em decorrência de veto, emenda ou rejeição do projeto de lei orçamentária anual, ficarem sem despesas correspondentes poderão ser utilizados, conforme o caso, mediante créditos especiais ou suplementares, com prévia e específica autorização legislativa.

11) **(FGV – Analista Judiciário – Área Administrativa – TRT 12/2017)** Em um dado exercício, a Lei Orçamentária Anual (LOA) de um ente público autorizava a abertura

de créditos adicionais suplementares até o limite de 25% da despesa prevista naquele orçamento.

Para fins de cumprimento desse limite:

a) dispensa-se a indicação de fonte de recursos;
b) incluem-se os créditos adicionais abertos para fazer face a novas despesas;
c) não se incluem os créditos abertos com recursos de reserva de contingência;
d) não são consideradas as alterações na modalidade de aplicação do crédito orçamentário;
e) são considerados os créditos para despesas imprevisíveis e urgentes.

Gabarito: d

COMENTÁRIO:

A utilização do crédito em questão, não altera a modalidade de aplicação do crédito orçamentário, pois a despesa já estava prevista, faltava apenas a suplementação da dotação.

Alternativa "a": a indicação de recurso somente é dispensada para o crédito extraordinário destinado às despesas urgentes e imprevisíveis.

Alternativa "b": para as novas despesas, o crédito aberto é o especial e não o suplementar.

Alternativa "c": a reserva de contingência pode ser fonte de recursos nessa situação.

Alternativa correta: letra "d". Se já havia uma previsão anterior, esse será um crédito suplementar. Esses são créditos utilizados para reforçar dotações já previstas na LOA original, mas que não foram suficientemente dotados. Isso quer dizer que a despesa foi prevista, mas a dotação (limite máximo) é menor que o efetivamente necessário. Normalmente isso ocorre com despesas varáveis em que fica difícil prever exatamente quanto vai ser gasto, como despesas com energia elétrica, água, combustível, etc., ou ainda em razão da variação dos preços.

Alternativa "e": para despesas imprevisíveis e urgentes é utilizado o crédito extraordinário.

12) **(FCC – Analista Judiciário – Área Administrativa – TRT 3/2015)** Durante a execução do orçamento houve a necessidade de aquisição de 500 litros de água, além do que estava previsto originalmente. A solução para esse problema é a abertura de crédito adicional

a) suplementar, que depende da existência de recursos disponíveis para ocorrer a despesa.
b) suplementar, que independe da existência de recursos disponíveis para ocorrer a despesa.
c) especial, que depende da existência de recursos disponíveis para ocorrer a despesa.
d) especial, que independe da existência de recursos disponíveis para ocorrer a despesa.

e) extraordinário, que depende da existência de recursos disponíveis para ocorrer a despesa.

Gabarito: a

COMENTÁRIOS:

Alternativa correta: letra "a". Segundo o texto da questão, a despesa já estava prevista, porém, houve a necessidade de ser adquirido mais 500 litros, gerando a necessidade de se "reforçar" a dotação que já existia. Sendo assim, o crédito é o suplementar. Para preservar o equilíbrio, o art. 43 da Lei nº 4.320/64, determina que a abertura dos créditos suplementares e especiais depende da existência de recursos disponíveis para ocorrer a despesa e será precedida de exposição justificada.

Alternativa "b": como visto na alternativa anterior, a abertura dos créditos suplementares e especiais depende da existência de recursos disponíveis.

Alternativa "c": os Especiais são destinados às despesas para as quais não haja dotação orçamentária específica, o que não é o caso apresentado.

Alternativa "d": mesma justificativa da alternativa anterior, além da abertura dos créditos suplementares e especiais dependerem da existência de recursos disponíveis.

Alternativa "e": O crédito extraordinário é destinado às despesas imprevisíveis e urgentes, como as decorrentes de guerra, comoção interna ou calamidade pública.

13) (FCC – 2016 – TRF – 3ª REGIÃO – Analista Judiciário – Área Administrativa) A Lei nº 4.320/1964 determina que os créditos adicionais terão vigência adstrita ao exercício financeiro em que forem abertos. Essa regra é absoluta em relação

a) ao crédito adicional especial, apenas.
b) ao crédito adicional suplementar, apenas.
c) ao crédito adicional extraordinário, apenas.
d) aos créditos adicionais especial e suplementar.
e) aos créditos adicionais especial e extraordinário.

Gabarito: b

COMENTÁRIO:

Esta questão se refere à característica "vigência".

O único crédito que não pode ser reaberto, ou seja, que tem vigência adstrita ao exercício financeiro (ano civil) é o crédito suplementar.

14) (FCC – Técnico Judiciário – Área Administrativa – TRT 9/2015) O reforço de uma dotação que já existe na LOA – Lei Orçamentária Anual deve ser efetuado com

a) a abertura de um crédito adicional suplementar.
b) a anulação parcial de dotação.
c) o excesso de arrecadação da receita.
d) a abertura de um crédito adicional extraordinário.

e) a abertura de um crédito adicional especial.

Gabarito: a

COMENTÁRIO:

Créditos suplementares são utilizados para reforçar dotações já previstas na LOA original, mas que não foram suficientemente dotados. Isso quer dizer que a despesa foi prevista, mas a dotação (limite máximo) é menor que o efetivamente necessário. Normalmente isso ocorre com despesas variáveis em que fica difícil prever exatamente quanto será gasto, como despesas com energia elétrica, água, combustível, etc., ou ainda em razão da variação dos preços.

15) **(FCC – Técnico Judiciário – Área Administrativa – TRT 14/2016)** Determinado ente público pretende abrir crédito adicional para reforçar o saldo da dotação orçamentária destinada a aquisição de computadores. Segundo a Lei Federal nº 4.320/1964, o crédito adicional a ser aberto é classificado como

a) especial.

b) suplementar.

c) extraordinário.

d) extraorçamentário.

e) capital.

Gabarito: B

COMENTÁRIO:

Alternativa correta: letra "b". Créditos suplementares são créditos utilizados para reforçar dotações já previstas na LOA original, mas que não foram suficientemente dotados. Isso quer dizer que a despesa foi prevista, mas a dotação (limite máximo) é menor que o efetivamente necessário. Normalmente isso ocorre com despesas variáveis em que fica difícil prever exatamente quanto será gasto, como despesas com energia elétrica, água, combustível, etc., ou ainda em razão da variação dos preços.

> **Lei nº 4.320/64**
>
> Art. 41. Os créditos adicionais classificam-se em:
>
> I – **suplementares, os destinados a reforço de dotação orçamentária;**
>
> II – especiais, os destinados a despesas para as quais não haja dotação orçamentária específica;
>
> III – extraordinários, os destinados a despesas urgentes e imprevistas, em caso de guerra, comoção intestina ou calamidade pública.

16) **(CESPE – 2010 – ABIN – OFICIAL TÉCNICO DE INTELIGÊNCIA)** A respeito da execução da receita e da despesa orçamentárias, e dos créditos que alteram o orçamento e suas movimentações, julgue os itens.

A abertura de crédito especial depende de prévia autorização legislativa. No âmbito da União, tais créditos prescindem de decreto do Poder Executivo, pois eles são considerados autorizados e abertos pela própria lei que os aprovar.

Gabarito: certo

COMENTÁRIO:

Segundo o que determinam os mandamentos legais, os créditos especiais e suplementares deverão ser abertos por decreto. Porém, no âmbito da União, as LDO's vêm trazendo a determinação de que, aprovados pelo Congresso Nacional, serão considerados automaticamente abertos com a sanção e publicação da respectiva lei.

> **Lei nº 13.408, de 26 de dezembro de 2016.**
>
> Art. 44. Os projetos de lei relativos a créditos suplementares e especiais serão encaminhados pelo Poder Executivo ao Congresso Nacional, também em meio magnético, por Poder, sem prejuízo do disposto no § 11 deste artigo, e, preferencialmente, consolidados de acordo com as áreas temáticas definidas no art. 26 da Resolução nº 1, de 2006-CN, ajustadas a reformas administrativas supervenientes...
>
> (...)
>
> § 10. Os créditos de que trata este artigo, aprovados pelo Congresso Nacional, serão considerados automaticamente abertos com a sanção e publicação da respectiva lei.

17) **(CESPE – Tec APU (TC-DF)/TC-DF/2014)** Acerca do processo, das normas aplicáveis, dos métodos, técnicas e instrumentos do orçamento público, julgue o item subsequente.

Caso o governo federal precise realizar gasto urgente e imprevisto, decorrente, por exemplo, da necessidade de atendimento às vítimas do desabamento de uma ponte em rodovia federal, poderá ser aberto crédito extraordinário por meio de medida provisória.

Gabarito: Certo

COMENTÁRIO:

Quando a Administração Pública se encontra diante de uma situação de emergência que não poderia ser prevista, deve-se resolver o problema da maneira mais rápida possível. Por esse motivo, a própria Constituição Federal permite que sejam realizadas despesas públicas independentemente de autorização parlamentar prévia. Isso ocorre com a abertura créditos extraordinários por meio, em regra, de medida provisória.

Fique atento que, apesar de a questão trazer o termo "imprevisto" (tecnicamente seria mais correto o termo imprevisível), ela permanece correta, pois este termo atende a contendo o contexto trazido, além de estar previsto na Lei nº 4.320/64.

18) **(CESPE – TA (ANTT)/ANTT/2013) À luz da legislação vigente, julgue o item a seguir, relativo a créditos adicionais.**

É admitida a abertura de créditos extraordinários somente para atender as despesas imprevisíveis e urgentes, como as resultantes de guerra, comoção interna ou calamidade pública.

Gabarito: Certo

COMENTÁRIO:

Questão que traz expresso o texto constitucional (art. 167, § 3º), o qual prevê que a abertura de crédito extraordinário somente será admitida para atender às despesas imprevisíveis e urgentes, como as decorrentes de guerra, comoção interna ou calamidade pública.

19) **(CESPE – 2013 – ANTT – Analista Administrativo)** A respeito de orçamento público e Lei de Responsabilidade Fiscal (LRF), julgue os itens a seguir.

Quando inexistir, na Constituição de um ente federado, previsão de medida provisória, os créditos extraordinários deverão ser abertos por meio de decreto do Poder Executivo, que dele dará imediato conhecimento ao Poder Legislativo. No caso de haver, na Constituição desse ente federado, previsão de medida provisória, tal operação será feita por esse instrumento legal.

Gabarito: Certo

COMENTÁRIO:

Dois mandamentos legais que versam sobre o tema:

1) Constituição Federal: medida provisória

Constituição Federal

Art. 167

§ 3º A abertura de crédito extraordinário somente será admitida para atender a despesas imprevisíveis e urgentes, como as decorrentes de guerra, comoção interna ou calamidade pública, observado o disposto no

Art. 62. Em caso de relevância e urgência, o Presidente da República poderá adotar medidas provisórias, com força de lei, devendo submetê-las de imediato ao Congresso Nacional. (Redação dada pela Emenda Constitucional nº 32, de 2001)

(...)

d) planos plurianuais, diretrizes orçamentárias, orçamento e créditos adicionais e suplementares, ressalvado o previsto no art. 167, § 3º; (Incluído pela Emenda Constitucional nº 32, de 2001)

2) Lei nº 4.320/64: Decreto do Poder Executivo

Art. 44. Os créditos extraordinários serão abertos por decreto do Poder Executivo, que deles dará imediato conhecimento ao Poder Legislativo.

A regra será medida provisória. Porém, se o ente federativo não possuir medida provisória em seu ordenamento jurídico local, a abertura do crédito extraordinário será mediante decreto.

20) **(FGV/TJ-RO/Administrador/2015)** O orçamento do Município de Brevidade para o exercício de 2x12 foi estimado em R$ 198.000.000.

Durante o exercício de 2x12, a arrecadação mensal estava superando, em média, 2,5% do previsto, de forma que no mês de agosto havia um excesso de arrecadação acumulado de R$ 3.300.000.

O balanço patrimonial do exercício de 20x11 apresentou um superávit financeiro de R$ 950.000.

Os dados da execução orçamentária ainda revelam que houve abertura de créditos adicionais extraordinários, no montante de R$ 780.000 e reabertura de créditos adicionais especiais do exercício anterior, no total de R$ 425.000.

Foi apurado ainda, no mês de agosto que havia despesas fixadas passíveis de anulação, totalizando R$ 390.000.

Além de uma dotação genérica (reserva de contingência) de R$ 10.000.000,00, passível de destinação para abertura de créditos adicionais.

Os recursos totais disponíveis para abertura de créditos adicionais no Município de Brevidade no mês de agosto de 2x12, a partir das informações do Texto I, somam:

a) 14.660.000;
b) 14.640.000;
c) 14.215.000;
d) 13.435.000;
e) 13.010.000.

Gabarito: d

COMENTÁRIO:

Segundo os mandamentos legais que versam sobre o tema, o cálculo deve ser feito da seguinte forma:

1) Excesso de arrecadação: R$ 3.300.000 – R$ 780.000 (créditos extraordinários abertos no exercício) = R$ 2.520.000
2) Superávit financeiro de do ano anterior (X11) = R$ 950.000 – (créditos adicionais transferidos) R$ 425.000 = R$ 525.000
3) Anulação de dotações orçamentárias = R$ 390.000
4) Reserva de contingência: R$ 10.000.000

2.520.000 + 525.000 + 390.000 + 10.000.000 = 13.435.000

RECURSO TOTAL DISPONÍVEL = 13.435.000

21) **(CESPE - 2015 - CGE-PI)** Em relação a lei orçamentária anual (LOA), planejamento governamental no estado do Piauí e créditos adicionais, julgue o tem a seguir.

Créditos especiais e extraordinários são abertos para inserir novas dotações orçamentárias na LOA, podendo ser transferidos para a continuidade da execução no exercício seguinte, se a autorização do Poder Legislativo ocorrer no mês de novembro.

Gabarito: Certo

COMENTÁRIO:

Com a LOA vigendo, certamente serão necessários ajustes. Quando houver a necessidade de realizar uma nova despesa, algo que não estava anteriormente previsto, com a criação de um novo *programa de trabalho*, deve-se proceder à solicitação de uma alteração orçamentária qualitativa.

Se a despesa for urgente e imprevisível, será por crédito extraordinário. Se não, será por crédito especial.

7. PRATICANDO - QUESTÕES DE CONCURSOS ANTERIORES GABARITADAS

1) **(FCC - AJ TRE SP/TRE SP/Administrativa/"Sem Especialidade"/2017)**

Atenção: Para responder à questão, considere as seguintes informações relativamente à execução da Lei Orçamentária de determinado ente público, no exercício de 2016, segundo a Lei Federal nº 4.320/1964.

Receitas Arrecadadas	(Valores em R$)
Cota-Parte do Fundo de Participação dos Estados	180.000
Transferência de Capital destinada à construção de hospitais públicos	160.000
Rendimentos de Aplicações Financeiras	45.000
Aluguel de Imóvel de Propriedade do ente público	15.000
Operações de Crédito de Longo Prazo	320.000
Alienação de Bens Imóveis	210.000
Cota-Parte do Imposto Sobre a Propriedade Territorial Rural	75.000
Indenizações e Restituições	25.000
Multas e Juros de Mora	10.000
Dívida Ativa do ICMS	110.000
Impostos e Taxas	95.000

Despesas Empenhadas	(Valores em R$)
Água, Luz e Telefone	35.000
Construção de Ginásio Poliesportivo	180.000

Manutenção de Veículos	55.000
Aquisição de um terreno destinado à construção de duas escolas públicas	240.000
Amortização de parcela de empréstimo de longo prazo	120.000
Juros e encargos da dívida de longo prazo	25.000
Aquisição de Material de Expediente	65.000
Folha de Pagamento dos servidores ativos	390.000

Informações complementares

- Não havendo dotação orçamentária específica, no mês de outubro de 2016, foi aberto um crédito adicional no valor de R$ 120.000, destinado à aquisição de dois veículos novos, utilizando recursos por anulação parcial de dotação orçamentária.
- Do total das despesas correntes empenhadas no exercício de 2016 foi pago no próprio exercício o valor de R$ 480.000.
- O total das Receitas de Capital previstas na Lei Orçamentária para o exercício de 2016 foi de R$ 650.000.

O crédito adicional aberto no valor de R$ 120.000, nos termos da Lei Federal no 4.320/1964, classifica-se na modalidade

a) suplementar.
b) reforço de dotação.
c) especial.
d) extraordinário.
e) despesas de capital.

2) **(CESPE/TCE-PA/Auditor de Controle Externo – Área Administrativa)** Para reformar, em 2009, um estádio de futebol situado em Belém – PA, o governo estadual contratou uma empresa que estimou o orçamento para a execução das obras em R$ 18 milhões.

A partir dessa situação hipotética, julgue o item subsequente.

Caso os recursos para a execução da reforma tivessem ultrapassado o orçamento inicial previsto na LOA, poderiam ter sido abertos créditos suplementares para a conclusão da obra.

3) **(CESPE – AJ TRT8/TRT 8/Administrativa/Contabilidade/2016)** Caso precise abrir um crédito suplementar para cobrir despesa com a folha de pagamentos dos servidores públicos, o governo poderá utilizar como fonte de recursos

a) o saldo em caixa apurado em trinta e um de dezembro do exercício anterior.
b) a diferença a maior entre despesas e receitas.
c) parte dos recursos consignados na reserva de contingência.
d) os recursos livres provenientes de crédito extraordinário.
e) o resultado da anulação parcial ou total de dotações orçamentárias.

4) **(FCC - AJ TRF3/TRF 3/Administrativa/2016)** A Lei nº 4.320/1964 determina que os créditos adicionais terão vigência adstrita ao exercício financeiro em que forem abertos. Essa regra é absoluta em relação

a) ao crédito adicional especial, apenas.
b) ao crédito adicional suplementar, apenas.
c) ao crédito adicional extraordinário, apenas.
d) aos créditos adicionais especial e suplementar.
e) aos créditos adicionais especial e extraordinário.

5) **(CESPE - TJ STJ/STJ/Administrativa/2015)** Julgue o item subsequente, relativo a conceitos e mecanismos técnicos de gestão dos recursos orçamentários.

O único crédito adicional que pode ser aberto sem a indicação da fonte dos recursos a serem utilizados é o crédito extraordinário.

6) **(CESPE - TJ STJ/STJ/Administrativa/2015)** Julgue o item subsequente, relativo a conceitos e mecanismos técnicos de gestão dos recursos orçamentários.

Caso determinado crédito extraordinário seja autorizado por medida provisória que, posteriormente, tenha perdido a eficácia por não ter sido votada no prazo legal pelo Congresso Nacional, as despesas realizadas com base no referido crédito deverão ser canceladas.

7) **(FGV - AJ (TJ RO)/TJ RO/Contador/2015)** Os créditos adicionais são dispositivos previstos na lei para retificar orçamentos em decorrência de despesas não incluídas ou que não foram adequadamente estimadas. E, dependendo do tipo de despesa que visam incluir, apresentam diferentes características. Uma característica dos créditos adicionais especiais é que:

a) a autorização para sua abertura pode ser incluída na Lei Orçamentária;
b) dispensam indicação de fonte de recurso, quando autorizado por lei;
c) retificam dotações com erro de previsão;
d) são destinados à cobertura de despesas não previstas;
e) não podem ser prorrogados para além do exercício em que foram abertos.

8) **(FGV - AJ (TJ RO)/TJ RO/Contador/2015)** Uma das fontes de recursos para abertura de créditos adicionais é o superávit financeiro, que, de acordo com as disposições da Lei nº 4.320/1964:

a) consiste na diferença positiva entre o ativo financeiro e o passivo financeiro, apurada no balanço financeiro;
b) deve excluir créditos extraordinários abertos para apuração do valor utilizável;
c) deve considerar as operações de crédito vinculadas a créditos adicionais reabertos na sua apuração;
d) decorre das diferenças apuradas mês a mês durante a execução da programação financeira de desembolso;

e) se não houver restos a pagar, corresponde ao valor das disponibilidades financeiras no balanço patrimonial.

9) **(FCC - AJ TRT3/TRT 3/Administrativa/"Sem Especialidade"/2015)** Durante a execução do orçamento houve a necessidade de aquisição de 500 litros de água, além do que estava previsto originalmente. A solução para esse problema é a abertura de crédito adicional

a) suplementar, que depende da existência de recursos disponíveis para ocorrer a despesa.
b) suplementar, que independe da existência de recursos disponíveis para ocorrer a despesa.
c) especial, que depende da existência de recursos disponíveis para ocorrer a despesa.
d) especial, que independe da existência de recursos disponíveis para ocorrer a despesa.
e) extraordinário, que depende da existência de recursos disponíveis para ocorrer a despesa.

10) **(CONSULPLAN - TJ TRE MG/TRE MG/Administrativa/Contabilidade/2015)** Os créditos do orçamento são definidos pela combinação da classificação institucional, funcional, programática e econômica, tendo um valor definido para a execução orçamentária anual, na forma adotada pelo planejamento. Os créditos destinados a cobrir despesas imprevisíveis e urgentes como decorrentes de guerra, comoção e subversão interna ou calamidade pública são chamados de créditos

a) especiais.
b) adicionais.
c) suplementares.
d) extraordinários.

8. GABARITO FUNDAMENTADO

1) C	Art. 41, I da Lei nº 4.320/64.
2) Certo	Art. 41, I da Lei nº 4.320/64.
3) E	Art. 43, § 1º, III da Lei nº 4.320/64.
4) B	Art. 167, § 3º da CF/88 e art. 45 da Lei nº 4.320/64.
5) Certo	Art. 43 da Lei nº 4.320/64.
6) Errado	Art. 62, § 3º da CF/88.
7) D	Art. 41, II da Lei nº 4.320/64.
8) C	Art. 43, § 2º da Lei nº 4.320/64.
9) A	Art. 41, I e art. 43 da Lei nº 4.320/64.
10) D	Art. 167, § 3º da CF/88 e art. 41, III da Lei nº 4.320/64.

CAPÍTULO VI

CICLO ORÇAMENTÁRIO (PROCESSO ORÇAMENTÁRIO)

1. INTRODUÇÃO

1.1. Contextualização

Lendo esta obra, você já deve ter percebido que a Atividade Financeira do Estado é extremamente sensível para qualquer país e determina sua própria existência e desenvolvimento, interferindo diretamente na segurança e qualidade de vida de toda população, porque dela depende a disponibilização de bens essenciais e atendimento das necessidades públicas. Outro ponto a ser considerado, é que os valores movimentados na Atividade financeira do Estado são públicos, ou seja, pertencem a todos, o que requer zelo com sua captação e dispêndio na forma de despesas públicas. Deve-se buscar eficiência, eficácia e efetividade para se fazer o máximo com os recursos disponíveis.

Em função da adoção do orçamento-programa, surgiu, no Brasil, a necessidade de se estabelecer um planejamento voltado para atividade orçamentária, onde, a partir da Constituição de 1988, este processo se consolidou com a vinculação entre execução e planejamento.

O ciclo orçamentário existe em razão da necessidade de organização da Atividade Financeira do Estado, buscando bem administrar os recursos públicos.

1.2. Questões de concursos

Pelo fato de o ciclo orçamentário envolver toda a Atividade Financeira do Estado, são muitas as questões relacionadas direta ou indiretamente a este tópico, confundindo-se, algumas vezes, inclusive, com outros assuntos. É, provavelmente, o assunto mais amplo e com a maior variedade de questões, pois se refere a quase todos os outros conteúdos, de uma forma ou de outra.

Com uma variedade tão grande de formas de se elaborar questões, resta-nos citar algumas das principais que mais aparecem nos concursos.

1) Questões sobre o conceito e definição de ciclo orçamentário

Questões que aparecem com certa frequência e que buscam testar o conhecimento do candidato em relação ao que venha ser ciclo orçamentário, normalmente com grau de dificuldade baixo. Uma vez entendidas as diversas formas, tais como essas definições e conceitos que podem ser construídos, fica fácil identificar os erros e acertos das questões.

► **QUESTÃO COMENTADA:**

(CESPE – Cont (DPU)/2016) Com relação às disposições constantes na LRF a respeito da lei orçamentária anual (LOA), à lei de diretrizes orçamentárias (LDO) e ao plano plurianual (PPA), julgue o item subsecutivo.

O ciclo orçamentário pode ser definido como um rito legalmente estabelecido, com etapas que se repetem periodicamente e que envolvem elaboração, discussão, votação, controle e avaliação do orçamento.

Gabarito: Certo

COMENTÁRIO:

Par acertar esta questão você precisaria saber que o ciclo orçamentário é:

- Um rito legalmente estabelecido, ou seja, estabelecido em lei e, se você leu com atenção os capítulos anteriores, você viu que toda atividade orçamentária é regida pela legalidade, com suas bases estabelecidas, inclusive, na própria Constituição Federal;
- Dividido em etapas: apesar de o assunto já ter sido abordado de forma superficial em capítulo anterior, estudando este capítulo, você verá de forma mais aprofundada quais são as diversas etapas que compõe o ciclo orçamentário e quais são elas.

- Etapas que se repetem periodicamente a cada novo ciclo: a expressão ciclo já traz a ideia de reinício, repetição. Essa repetição é periódica, já que o orçamento é elaborado anualmente.
- Elaboração, discussão, votação, controle e avaliação do orçamento: o ciclo orçamentário é instrumentalizado pelos instrumentos orçamentários (PPA, LDO e LOA), cujos detalhes foram vistos em capítulo anterior. São leis e, assim, devem ser elaborados sob responsabilidade do Poder Executivo e votados pelo Poder Legislativo. Controle e avaliação são elementos que compõe qualquer processo de planejamento e neste capítulo você verá isso detalhadamente.

2) Questões sobre as etapas do ciclo orçamentário

Estas questões versam sobre etapas específicas do Ciclo Orçamentário, questionando o significado de cada uma, a ordem em que ocorrem, o órgão responsável por ela (competência), dentre outros. Esse tipo de questão pode ser exigida em diversos graus de dificuldade, conforme abaixo:

- **Questões simples, relacionadas às etapas mais amplas do ciclo orçamentário**

São as mais frequentes e exigidas tanto em nível de técnico quanto em nível de analista. Para facilitar seu acerto, basta saber as "cinco" ou "oito" etapas do ciclo orçamentário (dependendo do autor e da forma como é exigida), a sequência em que ocorrem e "quem" é o responsável.

► **QUESTÃO COMENTADA:**

(CESPE – TJ STJ/STJ/Administrativa/2015) Acerca de técnicas e princípios relacionados com o orçamento público, julgue o item a seguir.

O ciclo orçamentário da despesa pública é concluído com a autorização de gasto dada pelo Poder Legislativo por meio da lei orçamentária anual (LOA), ressalvadas as eventuais aberturas de créditos adicionais no decorrer da vigência do orçamento.

Gabarito: Errado

COMENTÁRIO:

Para acertar esta questão bastava saber:

- Que a autorização de gasto dada pelo Poder Legislativo por meio da lei orçamentária anual (LOA) é a aprovação da LOA, ou seja, aprovando o Projeto de Lei Orçamentário Anual o Poder legislativo está, em nome do povo, autorizando à Administração Pública a realizar as despesas contidas no projeto; e
- Que após a autorização dada por intermédio da aprovação da LOA, ainda tem a execução da Lei Orçamentária Anual, o controle e a avaliação da execução.

- **Questões mais complexas, relacionadas às subetapas do ciclo**

Estas questões se referem às situações bem específicas que demandam um conhecimento mais aprofundado, normalmente, encontrado no MTO – Manual Técnico de Orçamento, publicado todos os anos pela SOF – Secretaria de Orçamento Federal do Ministério da Economia.

Bem mais raras, são exigidas, normalmente, para cargos diretamente relacionados à atividade orçamentária ou contábil.

► **QUESTÃO COMENTADA:**

(CESPE – TRE-GO/Analista Judiciário – Área Administrativa/2015) Julgue o item a seguir, referentes a administração orçamentária.

Caso o processo orçamentário de determinado ente público se encontre na fase de definição dos limites para as propostas setoriais, a fase de revisão da estrutura programática já terá sido executada.

Gabarito: Certo

COMENTÁRIO:

A resposta para essa questão está disposta na tabela transcrita na página 80 do MTO/2019[1] em que, em sua primeira coluna, estão relacionadas as etapas do processo de elaboração, os responsáveis e os produtos gerados. Essa tabela você verá completa no decorrer deste capítulo. Veja que a "Revisão da Estrutura Programática" é o item 3, enquanto que o "Estudo, Definição e Divulgação de Limites para a Proposta Setorial" é o item 5, ou seja, vem depois.

São as seguintes etapas:

1) Planejamento do Processo de Elaboração;
2) Definição de Macrodiretrizes;
3) Revisão da Estrutura Programática;
4) Avaliação da NFGC para a Proposta Orçamentária;
5) Estudo, Definição e Divulgação de Limites para a Proposta Setorial;
6) Captação da Proposta Setorial;
7) Análise e Ajuste da Proposta Setorial;
8) Consolidação da Proposta Orçamentária;
9) Elaboração e Formalização da Mensagem Presidencial e do Projeto de Lei Orçamentária;
10) Elaboração e Formalização das Informações Complementares ao PLOA.

1. BRASIL. Ministério do Planejamento, Desenvolvimento e Gestão Secretaria de Orçamento Federal. **Manual Técnico de Orçamento para o exercício de 2019.** Disponível em: ‹https://www1.siop.planejamento.gov.br/mto/lib/exe/fetch.php/mto.pdf›. Acesso em: 20 ago. 2018.

3) Questões que versam sobre os prazos dos instrumentos orçamentários e as competências relacionadas a eles

Muito comuns, tanto para os cargos de técnico quanto para analista, estas questões exigem conhecimento da matéria constitucional (letra do texto legal), normalmente das regras gerais estabelecidas para os responsáveis pelo ciclo orçamentário e os prazos relacionados a eles, podendo vir de forma isolada, somente responsáveis ou prazos, ou de forma conjunta, responsáveis e prazos, conforme a questão abaixo.

▸ **QUESTÃO COMENTADA:**

(FCC/TRT – 16ª REGIÃO (MA) – Analista Judiciário – 2014) Entendendo o ciclo orçamentário como a sequência das etapas desenvolvidas pelo processo orçamentário, com relação ao projeto de lei orçamentária, nos termos da Constituição Federal, no âmbito da União, é correto afirmar que

a) será elaborado pelo Poder Legislativo e apreciado até quatro meses antes do encerramento do exercício financeiro e remetido ao Executivo para sanção até o encerramento da sessão legislativa.
b) será encaminhado até quatro meses antes do encerramento do exercício financeiro e devolvido para sanção até o encerramento da sessão legislativa.
c) será encaminhado até oito meses e meio antes do encerramento do exercício financeiro e devolvido para sanção até o encerramento do primeiro período da sessão legislativa.
d) estabelecerá, de forma regionalizada, as diretrizes, objetivos e metas da Administração pública federal para as despesas de capital e outras delas decorrentes e para as relativas aos programas de duração continuada.
e) os recursos que, em decorrência de veto, emenda ou rejeição do projeto de lei orçamentária anual, ficarem sem despesas correspondentes poderão ser utilizados, para atender somente as despesas imprevisíveis e urgentes.

Gabarito: b

COMENTÁRIO:

Todas alternativas possuem por fonte de reposta o texto da Constituição Federal.

Vejamos cada alternativa

Alternativa "a": Errado: será elaborado pelo PODER EXECUTIVO e ENCAMINHADO para apreciação do Poder Legislativo até quatro meses antes do encerramento do exercício financeiro e remetido ao Executivo para sanção até o encerramento da sessão legislativa.

Alternativa correta: letra "b".

Constituição Federal – ADCT

Art. 35...

(...)

§ 2º Até a entrada em vigor da lei complementar a que se refere o art. 165, § 9º, I e II, serão obedecidas as seguintes normas:

(...)

III – o projeto de lei orçamentária da União será encaminhado até quatro meses antes do encerramento do exercício financeiro e devolvido para sanção até o encerramento da sessão legislativa.

Alternativa "c": Errado: o projeto de lei da LDO será encaminhado até oito meses e meio antes do encerramento do exercício financeiro e devolvido para sanção até o encerramento do primeiro período da sessão legislativa.

Alternativa "d": Errado: A lei que instituir o PPA (Plano Plurianual) estabelecerá, de forma regionalizada, as diretrizes, objetivos e metas da Administração Pública Federal para as despesas de capital e outras delas decorrentes e para as relativas aos programas de duração continuada.

Alternativa "e": Errado: Os recursos que, em decorrência de veto, emenda ou rejeição do projeto de lei orçamentária anual, ficarem sem despesas correspondentes poderão ser utilizados, conforme o caso, MEDIANTE CRÉDITOS ESPECIAIS OU SUPLEMENTARES, COM PRÉVIA E ESPECÍFICA AUTORIZAÇÃO LEGISLATIVA.

Constituição Federal

Art. 166.

(...)

§ 8º Os recursos que, em decorrência de veto, emenda ou rejeição do projeto de lei orçamentária anual, ficarem sem despesas correspondentes poderão ser utilizados, conforme o caso, mediante créditos especiais ou suplementares, com prévia e específica autorização legislativa.

2. CONCEITO DE CICLO ORÇAMENTÁRIO

Pode-se definir o Ciclo Orçamentário como uma sequência de fases ou etapas que devem ser cumpridas. Assim, esse é um processo gerencial que se inicia com o planejamento, passa pela elaboração dos planos, apreciação legislativa, execução orçamentária, controle e, por fim, a avaliação, quando então se inicia o ciclo seguinte. Corresponde ao período de tempo em que se processam as atividades típicas do orçamento público, desde sua concepção até a apreciação final.

Esse ciclo ocorre de forma autônoma em todos os entes da federação, ou seja, cada município, estado membro, Distrito Federal e União, deverá, em suas respectivas esferas, elaborar seus instrumentos orçamentários, executar suas respectivas leis orçamentárias, controlar execução e avaliar esta execução, cumprindo, então, a legislação nacional, complementada pela legislação local.

No Brasil, o ciclo orçamentário é definido como processo contínuo, dinâmico e flexível, em que são avaliados os aspectos físicos e financeiros dos programas do setor público em fases encadeadas, articuladas e interdependentes.

Considerando as várias perspectivas, pode-se definir ciclo orçamentário como:

- Período de tempo em que se processam as atividades típicas do orçamento público, desde sua concepção até a apreciação final.
- Processo gerencial que se inicia com o planejamento, passa pela elaboração dos planos, pela apreciação legislativa, execução orçamentária, controle e, por fim, a avaliação, quando então se inicia o ciclo seguinte.
- Processo contínuo, dinâmico e flexível, em que são avaliados os aspectos físicos e financeiros dos programas do setor público em fases encadeadas, articuladas e interdependentes.
- Conjunto de etapas encadeadas, articuladas e interdependentes, que visam a elaboração das peças orçamentárias e execução.

3. CICLO ORÇAMENTÁRIO EM SENTIDO AMPLO

Observa-se que o ciclo orçamentário é mais amplo que a execução do orçamento em si, mais amplo que o exercício financeiro, envolvendo toda fase de planejamento e continuando até a posterior avaliação e julgamento das contas. A questão está em determinar didaticamente em quantas fases se divide este ciclo. Além disso, os autores também variam nas teorias em relação a esta interpretação. De acordo com as normas contábeis brasileiras, o ciclo da Administração Pública é composto das seguintes etapas: planejamento (elaboração dos instrumentos orçamentários), execução, controle e avaliação. O Ciclo orçamentário ampliado, previsto na Constituição Federal, é composto de três instrumentos principais: pelo Plano Plurianual - PPA; pela Lei de Diretrizes Orçamentárias - LDO e pela Lei Orçamentária Anual - LOA.

Vejamos alguns exemplos de ciclos em sentido amplo.

Uma representação estática do processo integrado de planejamento e orçamento é apresentada por Giacomoni (2007 *apud* SOUZA, 2008, p. 209)[2] em que o autor adiciona os planos nacionais, regionais e setoriais dos artigos 21, IX e 165, § 4º, da Constituição Federal à estrutura do sistema PPA/LDO/LOA.

2. **SOUSA,** Francisco Hélio. **Orçamentos e Sistemas de Informação sobre a Administração Financeira Pública.** 2008. Disponível em: ‹http://www.tesouro.fazenda.gov.br/documents/10180/137713/Premio2008_Tema_3_2.pdf›. Acesso em: 25 ago. 2018.

Já para Vander Gontijo[3], em trabalho publicado do site da Câmara dos Deputados, o ciclo integrado de planejamento e orçamento é como o que segue representado abaixo:

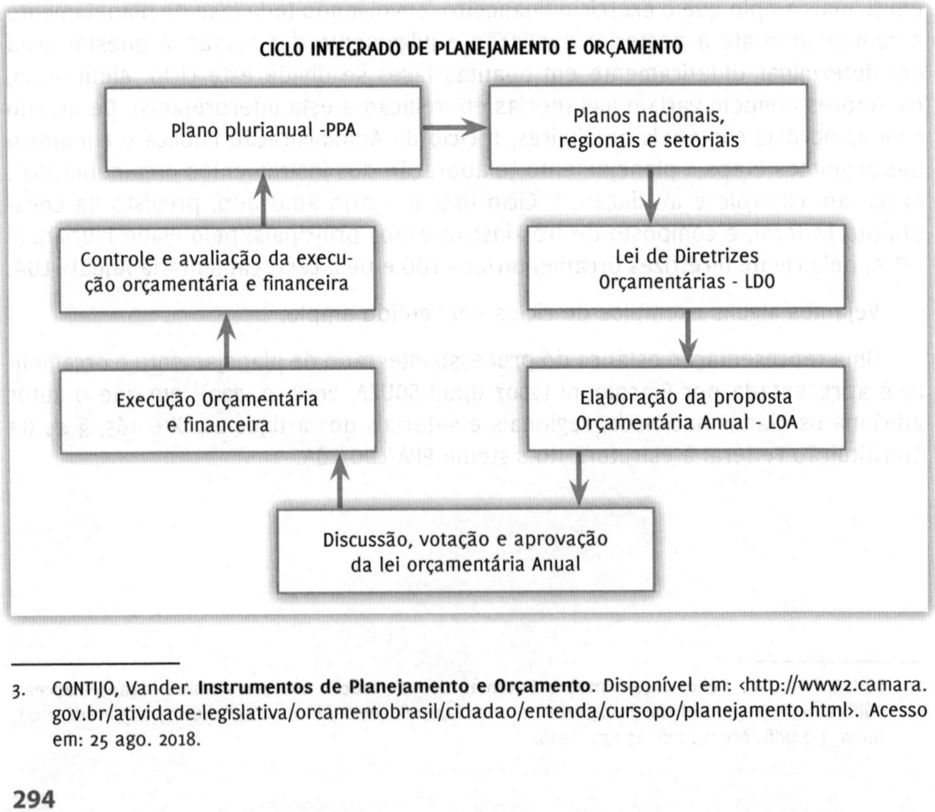

3. GONTIJO, Vander. **Instrumentos de Planejamento e Orçamento**. Disponível em: ‹http://www2.camara.gov.br/atividade-legislativa/orcamentobrasil/cidadao/entenda/cursopo/planejamento.html›. Acesso em: 25 ago. 2018.

Para Osvaldo Maldonado Sanches[4], o ciclo orçamentário – dadas as amarrações articuladas pelo texto constitucional, em especial no art. 166, § 3º, I e § 4º, passa a se desdobrar em oito fases, cada uma com um ritmo próprio, finalidade distinta e periodicidade definida, as quais sejam:

1) Formulação do planejamento plurianual, pelo Executivo;

2) Apreciação e adequação do plano, pelo Legislativo;

3) Proposição de metas e prioridades para a administração e da política de alocação de recursos pelo Executivo;

4) Apreciação e adequação da LDO, pelo Legislativo;

5) Elaboração da proposta de orçamento, pelo Executivo;

6) Apreciação, adequação e autorização legislativa;

7) Execução dos orçamentos aprovados;

8) Avaliação da execução e julgamento das contas.

> **Constituição Federal**
>
> **Art. 166.** Os projetos de lei relativos ao plano plurianual, às diretrizes orçamentárias, ao orçamento anual e aos créditos adicionais serão apreciados pelas duas Casas do Congresso Nacional, na forma do regimento comum.
>
> (...)
>
> § 3º – As emendas ao projeto de lei do orçamento anual ou aos projetos que o modifiquem somente podem ser aprovadas caso:
>
> I – sejam compatíveis com o plano plurianual e com a lei de diretrizes orçamentárias;
>
> (...)
>
> § 4º – As emendas ao projeto de lei de diretrizes orçamentárias não poderão ser aprovadas quando incompatíveis com o plano plurianual.

Para o autor, tais fases são insuscetíveis de aglutinação, dado que cada uma possui ritmo próprio, finalidade distinta e periodicidade definida.

4. SANCHES, Osvaldo Maldonado. **O Ciclo Orçamentário**: uma reavaliação à luz da Constituição de 1988. 1993. Disponível em: <http://bibliotecadigital.fgv.br/ojs/index.php/rap/article/view/8549/7290>. Acesso em: 20 ago. 2018.

4. CICLO ORÇAMENTÁRIO EM SENTIDO ESTRITO

Em sentido estrito o ciclo orçamentário se desenvolve em quatro fases, envolvendo somente a Lei Orçamentária Anual:

1) Elaboração;
2) Apreciação (aprovação) pelo Poder Legislativo;
3) Execução;
4) Controle e avaliação (julgamento de contas).

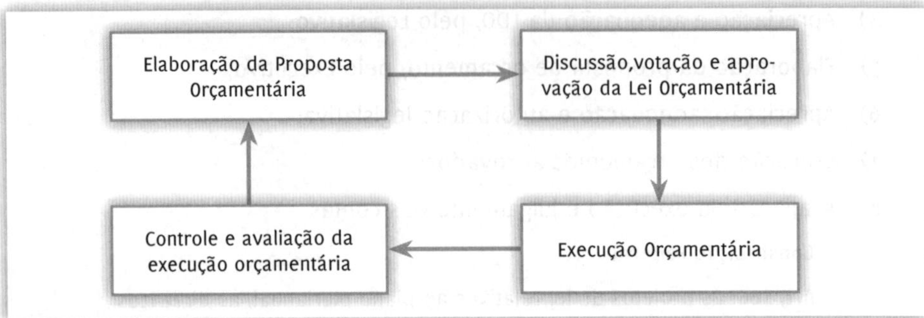

5. ELABORAÇÃO/INICIATIVA DOS INSTRUMENTOS DE PLANEJAMENTO E ORÇAMENTO

A elaboração dos três instrumentos de planejamento e orçamento (PPA, LDO e LOA) segue uma mesma lógica com algumas regras e competências comuns para os três:

1) **Elaboração: Poderes** e órgãos com autonomia (MPU, DPU). Atenção que a responsabilidade é do Chefe do Poder Executivo.

2) **Iniciativa do processo legislativo:** Chefe do Poder Executivo.

   O encaminhamento dos instrumentos orçamentários ao Poder Legislativo, no caso da União, é de iniciativa privativa e indelegável do Presidente da República, mas este poder é vinculado aos prazos determinados pela legislação.

   - **PPA:** quatro meses antes do término do primeiro exercício financeiro (31 de agosto do primeiro ano de mandato);
   - **LDO:** oito meses e meio antes do término de cada exercício financeiro (15 de abril);
   - **LOA:** quatro meses antes do término de cada exercício financeiro (31 de agosto);

3) **Apreciação (aprovação ou rejeição):** Poder Legislativo (na União o Congresso Nacional);

Prazos previsto na constituição para devolução ao poder Legislativo:

- **PPA:** até o encerramento da sessão legislativa do primeiro ano de mandato (22 de dezembro);
- **LDO:** até o encerramento do primeiro período da sessão legislativa (17 de julho);
- **LOA:** até o encerramento da sessão legislativa (22 de dezembro);

4) **Execução (LOA):** responsabilidade do Poder Executivo;

5) **Controle (LOA):** Poder Legislativo no controle externo, mas é responsabilidade de todos os órgãos e poderes internamente;

6) **Avaliação:** Responsabilidade do Poder Executivo e deve ser feita por todos os órgãos executores em seus respectivos níveis de atuação.

Com o fito de organizar a atividade de planejamento e orçamento no âmbito da União, a Lei nº 10.180/01 estruturou o Sistema de Planejamento e Orçamento de Governo Federal, dividindo as atribuições entre os órgãos integrantes do sistema:

1) Ministério do Planejamento, Orçamento e Gestão (incorporado ao Ministério da Economia), como órgão central;
2) Órgãos setoriais, unidades de planejamento e orçamento dos Ministérios, da advocacia-geral da União, da vice-presidência e da casa civil da presidência da república.
3) Órgãos específicos: vinculados ou subordinados ao órgão central do sistema, cuja missão está voltada para as atividades de planejamento e orçamento.

> ▸ **FIQUE ATENTO:**
>
> Tem-se observado, no Brasil, que o calendário das matérias orçamentárias e a falta de rigor no cumprimento dos prazos comprometem a integração entre planos plurianuais e leis orçamentárias anuais.

Outro ponto a ser destacado está na determinação legal para realização de audiências públicas. Segundo a Lei de Responsabilidade Fiscal, no inciso I do art. 48, a transparência será assegurada também mediante incentivo à participação popular e à realização de audiências públicas, durante os processos de elaboração e discussão dos planos, lei de diretrizes orçamentárias e orçamentos. A participação popular deve ser constante em todas as etapas do ciclo orçamentário.

5.1. Elaboração do PPA

O Plano Plurianual (PPA) traz as metas definidas em conjunto pelo governo e pela sociedade para desenvolvimento político, econômico e social do país. Sob coordenação, orientação e supervisão da Subsecretaria de Planejamento Governamental da Secretaria Especial da Fazenda, a elaboração do PPA é realizada em um processo coordenado entre o órgão central de planejamento e os outros Ministérios, órgãos e Poderes.

Cada PPA enfrenta uma realidade diferente, pois é elaborado em cenários diferentes. No PPA 2016-2019, por exemplo, os Eixos e as Diretrizes Estratégicas são os elementos centrais para a elaboração e estão diretamente relacionados ao modelo de desenvolvimento inclusivo em curso no Brasil, marcado pela perspectiva do crescimento econômico com redução das desigualdades sociais e regionais.

5.2. Elaboração da LDO

Sob coordenação da SOF (Secretaria de Orçamento Federal), a elaboração da LDO é feita com a participação de todos os interessados (Poderes, MPU, ministérios etc.), cada um elaborando a parte que lhe cabe. Por ser mais complexo e cobrado em prova, é importante discorrer de forma aprofundada sobre a elaboração do PLOA (Projeto de Lei Orçamentária Anual).

5.3. Elaboração da LOA

Você já viu que a apresentação do Projeto de Lei Orçamentária Anual, no caso da União, é de iniciativa privativa e indelegável do Presidente da República, mas este poder é vinculado aos prazos determinados pela legislação e o não cumprimento destes prazos de forma intencional e deliberada, prejudicando o processo orçamentário, pode constituir, até mesmo, crime de responsabilidade.

Como responsável por coordenar, consolidar e supervisionar a elaboração da Lei Orçamentária Anual da União – LOA, a SOF estabelece as normas necessárias à elaboração e à implementação dos orçamentos federais sob sua responsabilidade, além disso, procede, sem prejuízo da competência atribuída a outros órgãos, ao acompanhamento da execução orçamentária.

No âmbito da União, com o fim de orientar a elaboração do PLOA (Projeto de Lei Orçamentária Anual), a SOF elabora anualmente o MTO (Manual Técnico de Orçamento). Como esclarece esse documento, o processo de elaboração do PLOA (Projeto de Lei Orçamentária Anual) se desenvolve no âmbito do Sistema de Planejamento e de Orçamento Federal e envolve um conjunto articulado de tarefas complexas e um cronograma gerencial e operacional com especificação de etapas, de produtos e da participação dos agentes.

Esse processo compreende a participação dos órgãos central, setoriais e das UO's (Unidades Orçamentárias), o que pressupõe a constante necessidade de tomada de decisões nos seus vários níveis. Para nortear o desenvolvimento do seu processo de trabalho, a SOF utiliza as seguintes premissas:

- Orçamento visto como instrumento de viabilização do planejamento do Governo;

- Ênfase na análise da finalidade do gasto da Administração Pública, transformando o Orçamento em instrumento efetivo de programação, de modo a possibilitar a implantação da avaliação das ações;
- Acompanhamento das despesas que constituem obrigações constitucionais e legais da União, nos termos do art. 9º, § 2º, da LRF;

Art. 9º (...)

§ 2º Não serão objeto de limitação as despesas que constituam obrigações constitucionais e legais do ente, inclusive aquelas destinadas ao pagamento do serviço da dívida, e as ressalvadas pela lei de diretrizes orçamentárias.

- Ciclo orçamentário desenvolvido como processo contínuo de análise e decisão ao longo de todo o exercício;
- Avaliação da execução orçamentária com o objetivo de subsidiar a elaboração da proposta orçamentária, com base em relatórios gerenciais, conferindo racionalidade ao processo;
- Atualização das projeções de receita e de execução das despesas e de elaboração da proposta orçamentária, com o intuito de se atingir as metas fiscais fixadas na LDO;
- Elaboração do projeto e execução da LOA, realizadas de modo a evidenciar a transparência da gestão fiscal, permitindo o amplo acesso da sociedade.

5.3.1. *Previsão da receita segundo o MTO 2018*[5]

O orçamento é instrumento de planejamento de qualquer entidade, seja pública ou privada, e representa o fluxo previsto dos ingressos e das aplicações de recursos em determinado período. Assim, antes de fixar quais despesas serão realizadas, é necessário fazer a previsão de receita.

A matéria pertinente à receita é disciplinada, em linhas gerais, pelos arts. 2º, 3º, 6º, 9°, 11, 35, 56 e 57 da Lei nº 4.320, de 1964.

Efetuar a previsão implica em planejar e estimar a arrecadação das receitas que constarão na proposta orçamentária. Isso deverá ser realizado em conformidade com as normas técnicas e legais correlatas e, em especial, com as disposições constantes na LRF.

5. BRASIL. Ministério do Planejamento, Desenvolvimento e Gestão. **Manual Técnico de Orçamento para o exercício de 2018** – veiculado pela portaria nº 23, de 04 de maio de 2017. Disponível em: ‹http://www.planejamento.gov.br/assuntos/orcamento-1/informacoes-orcamentarias/arquivos/MTOs/mto_atual.pdf›. Acesso em: 18 ago. 2018.

Lei de Responsabilidade Fiscal

Art. 12. As previsões de receita observarão as normas técnicas e legais, considerarão os efeitos das alterações na legislação, da variação do índice de preços, do crescimento econômico ou de qualquer outro fator relevante e serão acompanhadas de demonstrativo de sua evolução nos últimos três anos, da projeção para os dois seguintes àquele a que se referirem, e da metodologia de cálculo e premissas utilizadas.

No âmbito federal, a metodologia de projeção de receitas busca assimilar o comportamento da arrecadação de determinada receita em exercícios anteriores, a fim de projetá-la para o período seguinte, com o auxílio de modelos estatísticos e matemáticos. O modelo dependerá do comportamento da série histórica de arrecadação e de informações fornecidas pelos órgãos orçamentários ou unidades arrecadadoras envolvidas no processo.

A previsão de receitas é a etapa que antecede a fixação do montante de despesas que irá constar nas leis de orçamento, além de ser base para se estimar as necessidades de financiamento do governo.

O assunto receita pública será tratado com mais detalhes em capítulo específico, principalmente no que tange às suas classificações. Será abordado neste subtópico somente o que for relevante para o entendimento do ciclo orçamentário.

Para tanto, faz-se necessário entender dois conceitos trazidos pelo MTO 2019, sendo estes:

1) Ingressos Extraorçamentários

Recursos financeiros que apresentam caráter temporário e não integram a LOA. O Estado é mero depositário desses recursos, que constituem passivos exigíveis e cujas restituições não se sujeitam à autorização legislativa. Exemplos: Depósitos em Caução, Fianças, Operações de Crédito por ARO, emissão de moeda e outras entradas compensatórias no ativo e passivo financeiros.

2) Receitas Orçamentárias

São as disponibilidades de recursos financeiros que ingressam durante o exercício e constituem elemento novo para o patrimônio público, caracterizando-se como um instrumento por meio do qual se viabiliza a execução das políticas públicas. Essas são as fontes de recursos utilizadas pelo Estado em programas e ações cuja finalidade precípua é atender às necessidades públicas e demandas da sociedade.

Essas receitas pertencem ao Estado, integram o patrimônio do Poder Público, aumentam-lhe o saldo financeiro e, via de regra, por força do princípio da universalidade, estão previstas na LOA.

Em suma, receita orçamentária é aquela cujo gestor público pode utilizar para atender despesas públicas, como tributos, contribuições, doações, indenizações, aluguéis recebidos, empréstimos realizados, recursos advindos da venda de bens e direitos, etc.

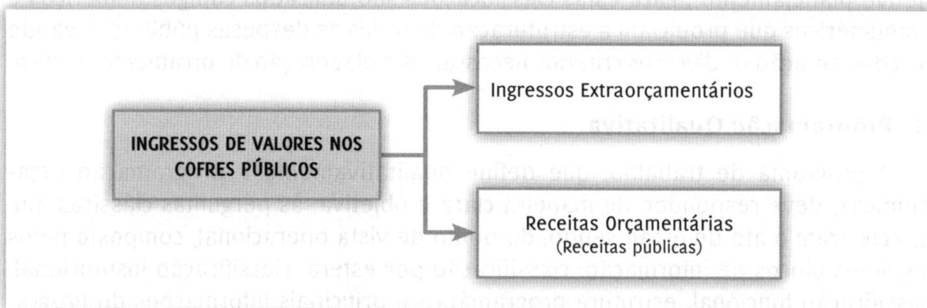

Em sentido estrito, são públicas apenas as receitas orçamentárias.

Nesse contexto, embora haja obrigatoriedade de a LOA registrar a previsão de arrecadação das receitas, a mera ausência formal deste registro não retira da receita o caráter orçamentário, visto que o art. 57 da Lei nº 4.320 de 1964, classifica como receita orçamentária toda receita arrecadada que represente o ingresso financeiro orçamentário, inclusive os que provenham de operações de crédito.

Segundo o MTO/2018, na LOA as receitas serão classificadas segundo os seguintes critérios[6]:

1) Natureza de receita;
2) Indicador de resultado primário;
3) Fonte/destinação de recursos; e
4) Esfera orçamentária.

5.3.2. Fixação da despesa segundo o MTO 2018

Feita a previsão a receita, torna-se necessário fazer a fixação da despesa para então submeter o Projeto de Lei Orçamentária Anual ao Poder Legislativo.

A compreensão do orçamento exige o conhecimento de sua estrutura e sua organização, implementadas por meio de um sistema de classificação estruturado. Este sistema tem o propósito de atender às exigências de informação demandadas por todos os interessados nas questões de finanças públicas, como os poderes públicos, as organizações públicas e privadas e a sociedade em geral.

Na estrutura atual do orçamento público, as programações orçamentárias estão organizadas em programas de trabalho, que contêm informações qualitativas e quantitativas, sejam físicas ou financeiras.

---

6. Este assunto será melhor explorado em capítulo específico sobre a receita.

Essas informações são propiciadas pelas diversas classificações de despesa utilizadas para obtenção das informações qualitativas e quantitativas necessárias ao efetivo planejamento[7]. Para estas classificações são utilizados códigos numéricos e alfanuméricos que propiciam a estruturação de todas as despesas públicas, levando em consideração os diversos critérios necessários à elaboração do orçamento público.

1) Programação Qualitativa

O programa de trabalho, que define qualitativamente a programação orçamentária, deve responder, de maneira clara e objetiva, às perguntas clássicas que caracterizam o ato de orçar, sendo, do ponto de vista operacional, composto pelos seguintes blocos de informação: classificação por esfera, classificação institucional, classificação funcional, estrutura programática e principais informações do Programa e da Ação, conforme detalhado a seguir, cujos detalhes serão vistos no capítulo destinado à despesa:

▸ BLOCOS DA ESTRUTURA	▸ ITEM DA ESTRUTURA	▸ PERGUNTA A SER RESPONDIDA
Classificação por Esfera	Esfera Orçamentária	Em qual Orçamento?
Classificação Institucional	Órgão Unidade Orçamentária	Quem é o responsável por fazer?
Classificação Funcional	Função Subfunção	Em que áreas de despesa a ação governamental será realizada?
Estrutura Programática	Programa	Qual o tema da Política Pública?
Informações Principais do Programa	Objetivo	O que se pretende alcançar com a implementação da Política Pública?
	Iniciativa	O que será entregue pela Política Pública?
Informações Principais da Ação	Ação	O que será desenvolvido para alcançar o objetivo do programa?
	Descrição	O que é feito? Para que é feito?
	Forma de Implementação	Como é feito?
	Produto	O que será produzido ou prestado?
	Unidade de Medida	Como é mensurado?
	Subtítulo	Onde é feito? Onde está o beneficiário do gasto?

7. Este assunto será melhor explorado em capítulo específico sobre a receita.

2) Programação Quantitativa

A programação orçamentária quantitativa tem duas dimensões: a física e a financeira.

A dimensão física define a quantidade de bens e serviços a serem entregues.

▸ ITEM DA ESTRUTURA	▸ PERGUNTA A SER RESPONDIDA
Meta Física	Quanto se pretende entregar no exercício?

A dimensão financeira estima o montante necessário para o desenvolvimento da ação orçamentária de acordo com os seguintes classificadores:

▸ ITEM DA ESTRUTURA	▸ PERGUNTA A SER RESPONDIDA
Natureza da Despesa	
Categoria Econômica da Despesa	Qual o efeito econômico da realização da despesa?
Grupo de Natureza de Despesa (GND)	Em qual classe de gasto será realizada a despesa?
Modalidade de Aplicação	De que forma serão aplicados os recursos?
Elemento de Despesa	Quais os insumos que se pretende utilizar ou adquirir?
Identificador de Uso (IDUSO)	Os recursos são destinados para contrapartida?
Fonte de Recursos	De onde virão os recursos para realizar a despesa?
Identificador de Doação e de Operação de Crédito (IDOC)	A que operação de crédito ou doação os recursos se relacionam?
Identificador de Resultado Primário	Qual o efeito da despesa sobre o Resultado Primário da União?
Dotação	Qual o montante alocado?

- **Código-exemplo da estrutura completa da programação**

CÓDIGO COMPLETO*			10.	39.	252.	26.	782.	2075.	7M64.	0043,	9999.	0.	100.	4490.	2
QUALITATIVA	Esfera: Orçamento Fiscal		10												
QUALITATIVA	CLASSIFICAÇÃO INSTITUCIONAL	Órgão: Ministério dos Transportes		39											
QUALITATIVA	CLASSIFICAÇÃO INSTITUCIONAL	Unidade Orçamentária: Departamento Nacional de Infraestrutura de Transportes - DNIT			252										
QUALITATIVA	CLASSIFICAÇÃO FUNCIONAL	Função: Transporte				26									
QUALITATIVA	CLASSIFICAÇÃO FUNCIONAL	Subfunção: Transporte Rodoviário					782								
QUALITATIVA	CLASSIFICAÇÃO PROGRAMÁTICA	PROGRAMA: Transporte Terrestre						2075							
QUALITATIVA	CLASSIFICAÇÃO PROGRAMÁTICA	AÇÃO: Construção de Trecho Rodoviário							7M64						
QUALITATIVA	CLASSIFICAÇÃO PROGRAMÁTICA	SUBTÍTULO: Rio Grande do Sul								0043					
QUANTITATIVA	IDOC: Outros recursos										9999				
QUANTITATIVA	IDUSO: Recursos não destinados à contrapartida											0			
QUANTITATIVA	Fonte de Recursos: Recursos do Tesouro - Exercício Corrente (1) Recursos Ordinários (00)												100		
QUANTITATIVA	Natureza da Despesa: Categoria Econômica: Despesas de Capital (4); Grupo de Natureza: Investimentos (4); Modalidade de Aplicação: Aplicação Direta (90)													4490	
QUANTITATIVA	Identificador de Resultado Primário: Primária Discricionária														2

(*) Código como seria visualizado no SIAF, exemplo meramente ilustrativo.

5.3.3. *Etapas e produtos do processo de elaboração (MTO 2019)*

Segundo o MTO 2019, as etapas e os produtos do processo de elaboração, os responsáveis e os produtos gerados são os que seguem abaixo:

As etapas do processo de elaboração, os responsáveis e os produtos gerados estão relacionados na tabela a seguir:

▶ ETAPAS	▶ RESPONSÁVEIS	▶ PRODUTO
Planejamento do Processo de Elaboração	- SOF	- Definição da estratégia do processo de elaboração
		- Etapas, produtos e agentes responsáveis no processo
		- Papel dos agentes
		- Metodologia de projeção de receitas e despesas
		- Fluxo do processo
		- Instruções para detalhamento da proposta setorial
		- Publicação de Portaria unificada de prazos do processo
Definição de Macrodiretrizes	- SOF - Assessoria Econômica/ME - Órgãos Setoriais - ME - Casa Civil/Presidência da República	- Diretrizes para a elaboração do PLOA: LDO - Parâmetros Macroeconômicos
		- Metas fiscais
		- Riscos fiscais
		- Objetivos das políticas monetária, creditícia e cambial
		- Demonstrativo da estimativa da margem de expansão das despesas obrigatórias de caráter continuado
Revisão da Estrutura Programática	- SOF, SPG e SEST - Órgãos Setoriais - UO's	- Estrutura programática do orçamento
Elaboração de Pré-proposta	- SOF - ME - Órgãos Setoriais - UO's	- Elaboração de estudos e projeções fiscais para 2019 – cenário PLDO
		- Definição e validação dos pré-limites
		- Divulgação dos referenciais monetários prévios
		- Exercício de elaboração de versão de pré-proposta pela SOF
		- Captação no SIOP da proposta Qualitativa
		- Captação da pré-proposta por órgão, análise e discussão com órgãos setoriais
Avaliação da NFGC para a Proposta Orçamentária	- SOF - Assessoria Econômica/ME - Órgãos Setoriais - ME - Casa Civil/ Presidência da República	- Estimativa das receitas e das despesas que compõem a NFGC*, para a proposta orçamentária
Estudo, Definição e Divulgação de Limites para a Proposta Setorial	- SOF - ME - Casa Civil/ Presidência da República	- Referencial monetário para apresentação da proposta orçamentária dos órgãos setoriais
Captação da Proposta Setorial	- UO's - Órgãos Setoriais	- Proposta orçamentária dos órgãos setoriais, detalhada no SIOP

▶ ETAPAS	▶ RESPONSÁVEIS	▶ PRODUTO
Análise e Ajuste da Proposta Setorial	- SOF	- Proposta orçamentária analisada, ajustada e definida
Fechamento, Compatibilização e Consolidação da Proposta Orçamentária	- SOF - ME - Casa Civil/ Presidência da República	- Proposta orçamentária aprovada pelo MP e pela Presidência da República, fonteada, consolidada e compatibilizada em consonância com a CF, o PPA, a LDO e a LRF
Elaboração e Formalização da Mensagem Presidencial e do Projeto de Lei Orçamentária	- SOF e SEST - Assessoria Econômica/ME - Órgãos Setoriais - Casa Civil/ Presidência da República	- Mensagem presidencial, texto e anexos do PLOA, elaborados e entregues ao Congresso Nacional
Elaboração e Formalização das Informações Complementares ao PLOA	- SOF e SEST - Área Econômica - Órgãos Setoriais - Casa Civil/ Presidência da República	- Informações complementares ao PLOA, elaboradas e entregues ao Congresso Nacional

* NFGC - Necessidade de Financiamento do Governo Federal

5.3.4. Fluxo do processo de elaboração

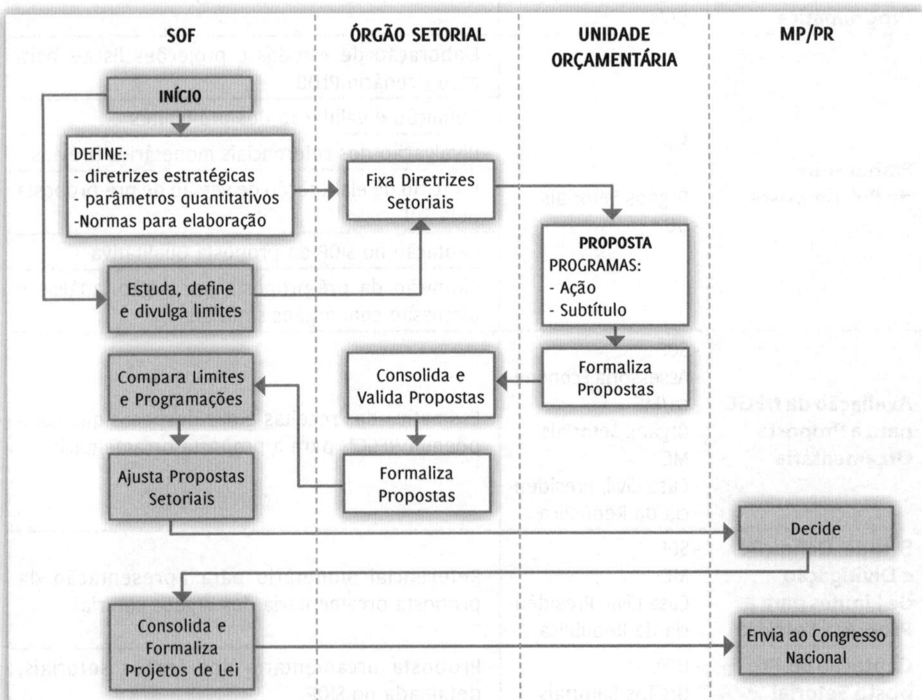

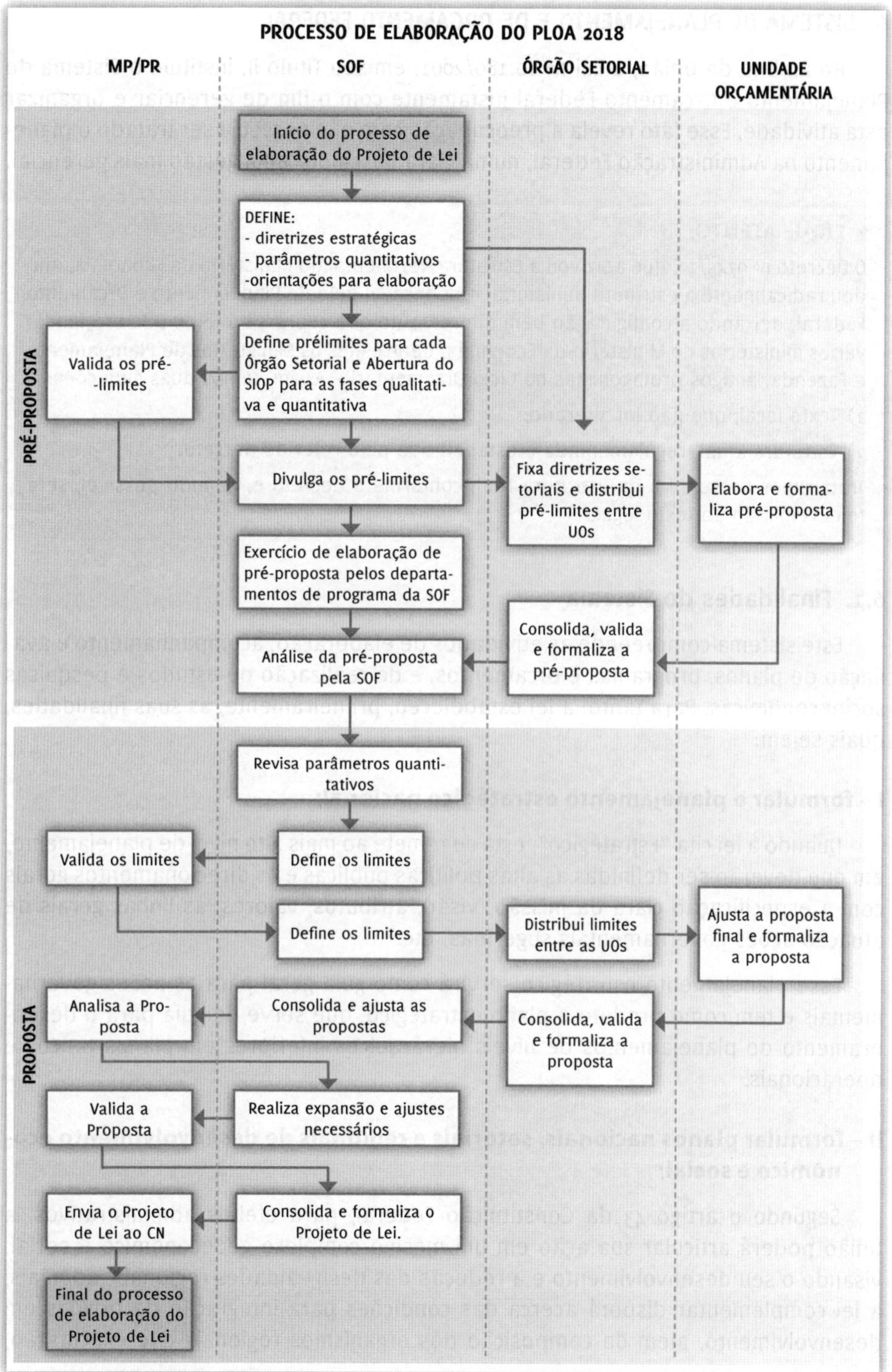
PROCESSO DE ELABORAÇÃO DO PLOA 2018
MP/PR
SOF
ÓRGÃO SETORIAL
UNIDADE ORÇAMENTÁRIA
PRÉ-PROPOSTA
Início do processo de elaboração do Projeto de Lei
DEFINE:
- diretrizes estratégicas
- parâmetros quantitativos
-orientações para elaboração
Define prélimites para cada Órgão Setorial e Abertura do SIOP para as fases qualitativa e quantitativa
Valida os pré-limites
Divulga os pré-limites
Fixa diretrizes setoriais e distribui pré-limites entre UOs
Elabora e formaliza pré-proposta
Exercício de elaboração de pré-proposta pelos departamentos de programa da SOF
Consolida, valida e formaliza a pré-proposta
Análise da pré-proposta pela SOF
PROPOSTA
Revisa parâmetros quantitativos
Define os limites
Valida os limites
Define os limites
Distribui limites entre as UOs
Ajusta a proposta final e formaliza a proposta
Consolida, valida e formaliza a proposta
Consolida e ajusta as propostas
Analisa a Proposta
Realiza expansão e ajustes necessários
Valida a Proposta
Consolida e formaliza o Projeto de Lei.
Envia o Projeto de Lei ao CN
Final do processo de elaboração do Projeto de Lei

6. SISTEMA DE PLANEJAMENTO E DE ORÇAMENTO FEDERAL

No âmbito da União, a Lei nº 10.180/2001, em seu Título II, instituiu o Sistema de Planejamento e Orçamento Federal justamente com o fim de gerenciar e organizar esta atividade. Esse fato revela a preocupação com que passou a ser tratado o planejamento na Administração Federal, numa clara busca por uma gestão mais gerencial.

> ▸ **FIQUE ATENTO:**
>
> O Decreto nº 9745/19, que aprovou a Estrutura Regimental do Ministério da Economia, mudou radicalmente a estrutura ministerial responsável pelo de Planejamento e Orçamento Federal, deixando a configuração bem diferente do que expressa a lei. O Decreto fundiu vários ministérios no Ministério da Economia, dentre eles os Ministérios do Planejamento e Fazenda, antigos protagonistas no Ciclo Orçamentário. Assim, temos duas situações:
>
> 1) Texto legal, que não foi alterado;
>
> 2) Estrutura atual, regulamentada e estabelecida pelo referido decreto.
>
> Trataremos nesse livro da estrutura real, conforme o decreto e, quando possível, será feita remissão ao texto legal.

6.1. Finalidades do Sistema

Este sistema compreende as atividades de elaboração, acompanhamento e avaliação de planos, programas e orçamentos, e de realização de estudos e pesquisas socioeconômicas. Para tanto, a lei estabeleceu, primeiramente, as suas finalidades, quais sejam:

I – formular o planejamento estratégico nacional;

Quando a lei cita "Estratégico", esta se remete ao mais alto nível de planejamento, em que deverão ser definidas as altas políticas públicas e os direcionamentos gerais com a especificação clara da missão, visão, atributos, valores, as linhas gerais de atuação ações governamentais sugeridas, etc.

Esse planejamento estratégico servirá como guia geral para as ações governamentais e tem como produto o plano estratégico, que serve de guia para o desdobramento de planejamentos de níveis hierárquicos inferiores em planos táticos e operacionais.

II – formular planos nacionais, setoriais e regionais de desenvolvimento econômico e social;

Segundo o artigo 43 da Constituição Federal, para efeitos administrativos, a União poderá articular sua ação em um mesmo complexo geoeconômico e social, visando o seu desenvolvimento e a redução das desigualdades regionais, ademais, a lei complementar disporá acerca das condições para integração de regiões em desenvolvimento, além da composição dos organismos regionais que executarão, na forma da lei, os planos regionais, integrantes dos planos nacionais de desenvolvimento econômico e social, aprovados juntamente com estes.

Prevê ainda a Constituição, no § 4º do art. 165, que os planos e programas nacionais, regionais e setoriais nela previstos serão elaborados em consonância com o plano plurianual e apreciados pelo Congresso Nacional. A elaboração desses planos é uma das finalidades do Sistema de Planejamento e Orçamento Federal.

III – formular o plano plurianual, as diretrizes orçamentárias e os orçamentos anuais;

Segundo o art. 165 da Constituição, leis de iniciativa do Poder Executivo estabelecerão:

1) O plano plurianual, PPA;

2) As diretrizes orçamentárias, LDO;

3) Os orçamentos anuais, LOA.

Tais leis são instrumentos desse Sistema de Planejamento e Orçamento Federal, em que se planeja (PPA e LDO) e se executa (LOA) as ações orçamentárias. Importante citar que a elaboração da LOA também é um processo essencial de planejamento, porém de cunho mais operacional.

IV – gerenciar o processo de planejamento e orçamento federal;

O Sistema de Planejamento e Orçamento Federal, capitaneado por seu órgão central, o Ministério do Planejamento (incorporado ao Ministério da Economia), desempenha o papel fundamental de gerenciamento do processo de planejamento e orçamento, utilizando, para tanto, secretarias especializadas e com funções definidas dentro do sistema. Juntamente o órgão central e específicos, as unidades setoriais de planejamento e orçamento e todas as unidades orçamentárias federais, inclusive dos outros poderes e do Ministério Público, formam um sistema complexo que tem por fim a elaboração do planejamento e orçamento no âmbito da União.

V – promover a articulação com os Estados, o Distrito Federal e os Municípios, visando a compatibilização de normas e tarefas afins aos diversos Sistemas, nos planos federal, estadual, distrital e municipal.

A despeito de ser dividido em entes federativos, com competências distintas e esferas orçamentárias individuais, o Estado Brasileiro é único e tem por fim zelar pelo bem-estar de sua população. Assim, apesar de individualizada em cada ente federativo, a atividade de planejamento e orçamento deve ser pautada pelos mesmos princípios e objetivos, buscando o máximo de eficiência, eficácia e efetividade no gasto dos recursos públicos. Outro ponto a ser considerado é que existe um inter-relacionamento orçamentário entre os entes, já que muitos programas federais e estaduais são realizados por municípios, mas financiados por estados e pela União, havendo a necessidade de transferência de recursos entres eles, ou ainda programas federais desenvolvidos pelos Estados e que também recebem recursos federais.

Sendo o ente federativo com mais recursos e maior influência, cabe à esfera federal promover a articulação com os Estados, o Distrito Federal e os Municípios, visando a compatibilização de normas e tarefas afins aos diversos Sistemas, nos planos federal, estadual, distrital e municipal, garantindo maior interação entre os entes federativos.

6.2. Organização

Segundo a Lei nº 10.180/01, integram o Sistema de Planejamento e de Orçamento Federal:

I – O Ministério do Planejamento, Orçamento e Gestão (MPOG), como órgão central (incorporado pelo Ministério da Economia);

Sendo órgão central de planejamento e orçamento o Ministério tem por função orientar normativamente e supervisionar tecnicamente:

1) **Órgãos setoriais;**
2) **Órgãos específicos;**
3) **As unidades de planejamento e orçamento das entidades vinculadas ou subordinadas aos Ministérios e órgãos setoriais;**

As unidades responsáveis pelos orçamentos dos outros Poderes (Poder Judiciário, Legislativo e Ministério Público) e órgãos do Poder Executivo ficam sujeitas à orientação normativa do órgão central. Todos mantêm seus vínculos hierárquicos com os órgãos e poderes a que pertençam. Isso quer dizer que o exercício das orientações realizadas pelo órgão central ocorrerá sem prejuízo da subordinação destes órgãos ao órgão em cuja estrutura administrativa estiverem integrados e sem prejuízo, das competências constitucionais e legais, no caso de órgãos de orçamento de outros Poderes.

II – Órgãos setoriais;

São as unidades de planejamento e orçamento dos Ministérios, da Advocacia-Geral da União, da Vice-Presidência e da Casa Civil da Presidência da República cuja função é sujeitar, no que couber, as unidades de planejamento e orçamento das entidades a eles vinculadas.

Segundo o § 5º do art. 4, da Lei nº 10.180/01, o órgão setorial da Casa Civil da Presidência da República tem como área de atuação todos os órgãos integrantes da Presidência da República, ressalvados outros determinados em legislação específica.

Os órgãos setoriais integram o Sistema de Planejamento e Orçamento Federal e atuam verticalmente no processo decisório, integrando os produtos gerados no nível subsetorial, coordenado pelas unidades. Estes órgãos setoriais ficam sujeitos à orientação normativa e à supervisão técnica do Ministério do Planejamento, Orçamento e Gestão (***incorporado pelo Ministério da Economia)***.

III – Órgãos específicos.

São aqueles vinculados ou subordinados ao órgão central do Sistema, cuja missão está voltada para as atividades de planejamento e orçamento.

Os principais órgãos específicos são:

1) Subsecretaria de Planejamento Governamental da Secretaria Especial da Fazenda;

2) Secretaria de Orçamento de Federal (SOF);

3) Secretaria de Coordenação e Governança das Empresas Estatais (SEST).

Por fim, o art. 6º da Lei nº 10.180/01 estabelece que, sem prejuízo das competências constitucionais e legais de outros Poderes e órgãos da Administração Pública Federal, os órgãos integrantes do Sistema de Planejamento e de Orçamento Federal e as unidades responsáveis pelo planejamento e orçamento dos demais Poderes realizarão o acompanhamento e a avaliação dos planos e programas respectivos[8].

> **▸ OBSERVAÇÃO:**
> Fique atento, pois, as unidades orçamentárias e Administrativas não são citadas pela lei como integrantes do Sistema de Planejamento e Orçamento Federal, mas desempenham papel fundamental no ciclo orçamentário.

6.3. Competências das unidades responsáveis pelas atividades de planejamento

O art. 7º da Lei nº 10.180/01 estabelece que, de forma genérica, as competências das unidades responsáveis pelas atividades de planejamento são as de:

I - elaborar e supervisionar a execução de planos e programas nacionais e setoriais de desenvolvimento econômico e social;

II - coordenar a elaboração dos projetos de lei do plano plurianual e o item, metas e prioridades da Administração Pública Federal, integrantes do projeto de lei de diretrizes orçamentárias, bem como de suas alterações, compatibilizando as propostas de todos os Poderes, órgãos e entidades integrantes

8. BRASIL. Secretaria da Orçamento Federal. **PORTARIA SOF Nº 103, DE 19 DE OUTUBRO DE 2012.** Estabelece o acompanhamento da execução orçamentária das ações constantes na programação das Leis Orçamentárias Anuais – LOA's. Disponível em: ‹http://www.orcamentofederal.gov.br/orcamentos-anuais/orcamento-2012-1/portaria-sof/PortariaSOF103de191012.pdf›. Acesso em: 16 ago. 2018.

da Administração Pública Federal com os objetivos governamentais e os recursos disponíveis;

III – acompanhar física e financeiramente o plano plurianual e os planos e programas nacionais e setoriais de desenvolvimento econômico e social, bem como avaliá-los, quanto à eficácia e efetividade, com vistas a subsidiar o processo de alocação de recursos públicos, a política de gastos e a coordenação das ações do governo;

IV – assegurar que as unidades administrativas responsáveis pela execução dos programas, projetos e atividades da Administração Pública Federal mantenham rotinas de acompanhamento e avaliação da sua programação;

V – manter sistema de informações relacionados a indicadores econômicos e sociais, assim como mecanismos para desenvolver previsões e informação estratégica sobre tendências e mudanças no âmbito nacional e internacional;

VI – identificar, analisar e avaliar os investimentos estratégicos do Governo, suas fontes de financiamento e sua articulação com os investimentos privados, bem como prestar o apoio gerencial e institucional à sua implementação;

VII – realizar estudos e pesquisas socioeconômicas e análises de políticas públicas;

VIII – estabelecer políticas e diretrizes gerais para a atuação das empresas estatais, ou seja, as empresas públicas, as sociedades de economia mista, suas subsidiárias e controladas e demais empresas em que a União, direta ou indiretamente, detenha a maioria do capital social com direito a voto.

6.4. Competências das unidades do sistema responsáveis pelas atividades de orçamento

De forma genérica, o art. 8º estabelece as competências de todas as unidades do sistema responsáveis pelas atividades de orçamento. São elas:

I – coordenar, consolidar e supervisionar a elaboração dos projetos da lei de diretrizes orçamentárias e da lei orçamentária da União, compreendendo os orçamentos fiscal, da seguridade social e de investimento das empresas estatais;

II – estabelecer normas e procedimentos necessários à elaboração e à implementação dos orçamentos federais, harmonizando-os com o plano plurianual;

III – realizar estudos e pesquisas concernentes ao desenvolvimento e ao aperfeiçoamento do processo orçamentário federal;

IV – acompanhar e avaliar a execução orçamentária e financeira, sem prejuízo da competência atribuída a outros órgãos;

V – estabelecer classificações orçamentárias, tendo em vista as necessidades de sua harmonização com o planejamento e o controle;

VI – propor medidas que objetivem a consolidação das informações orçamentárias das diversas esferas de governo.

6.5. Órgãos de planejamento e orçamento

6.5.1. *Ministério do Planejamento, Orçamento e Gestão (incorporado ao Ministério da Economia)*

Segundo a Lei nº 10.180/01, o Ministério do Planejamento, Orçamento e Gestão (incorporado ao Ministério da Economia) é o órgão central de planejamento e orçamento do Governo Federal e tem por função planejar a administração governamental, planejar custos, analisar a viabilidade de projetos, controlar orçamentos, liberar fundos para estados e projetos do governo.

O Órgão Central tem como área de competência os seguintes assuntos:

I - participação na formulação do planejamento estratégico nacional;

II - avaliação dos impactos socioeconômicos das políticas e programas do Governo Federal e elaboração de estudos especiais para a reformulação de políticas;

III - realização de estudos e pesquisas para acompanhamento da conjuntura socioeconômica e gestão dos sistemas cartográficos e estatísticos nacionais;

IV - elaboração, acompanhamento e avaliação das leis de iniciativa do Poder Executivo Federal previstas no art. 165 da Constituição;

V - viabilização de novas fontes de recursos para os planos de governo;

VI - coordenação da gestão de parcerias público-privadas;

VII - formulação de diretrizes, coordenação das negociações, acompanhamento e avaliação dos financiamentos externos de projetos públicos com organismos multilaterais e agências governamentais;

VIII - coordenação e gestão dos sistemas de planejamento e orçamento federal, de pessoal civil, de administração de recursos da informação e informática e de serviços gerais, bem como das ações de organização e modernização administrativa do Governo federal;

IX - formulação de diretrizes, coordenação e definição de critérios de governança corporativa das empresas estatais federais;

X - administração patrimonial; e

XI - política e diretrizes para modernização da Administração Pública Federal.

6.5.2. *Subsecretaria de Planejamento Governamental da Secretaria Especial da Fazenda*

O propósito maior do Plano Plurianual é expandir e assegurar os direitos individuais e sociais, a redução das desigualdades, combater a pobreza, a fome, a marginalização e a discriminação, efetivar um desenvolvimento soberano e garantir a ordem econômico-social voltada ao bem-estar da população, conforme os objetivos da República, expressos na Constituição Federal. Segundo o art. 43 do Decreto nº 9745/19, à Subsecretaria de Planejamento Governamental compete:

> I – participar, no âmbito do Ministério, da elaboração de estudos ou propostas relacionados à modernização do Estado e ao planejamento e orçamento governamental;
>
> II - coordenar as ações de planejamento de governo, em articulação com os órgãos setoriais integrantes do Sistema de Planejamento e de Orçamento Federal;
>
> III - elaborar e coordenar mecanismos e processos de participação social no planejamento;
>
> IV - estabelecer diretrizes e normas, coordenar, orientar e supervisionar a elaboração, a implementação, o monitoramento e a avaliação do plano plurianual e do planejamento territorial;
>
> V - sistematizar e disponibilizar informações sobre a execução dos programas e das ações do Governo federal integrantes do plano plurianual;
>
> VI - realizar a avaliação de políticas públicas;
>
> VII - assessorar os dirigentes do Ministério na discussão das opções estratégicas do País, considerada a conjuntura atual e o planejamento nacional de longo prazo, em articulação com outros órgãos;
>
> VIII - fornecer subsídios ao planejamento nacional de longo prazo, em articulação com outros órgãos;
>
> IX - articular-se com o Governo Federal e com a sociedade para formular a estratégia nacional de desenvolvimento de longo prazo, em articulação com outros órgãos;
>
> X - elaborar subsídios para a preparação de ações de governo, em articulação com outros órgãos;
>
> XI - orientar, coordenar e supervisionar a elaboração, o monitoramento e a avaliação de programas e políticas relacionados a temas econômicos e sociais, inclusive no âmbito do plano plurianual.
>
> XII - apoiar a produção de conhecimento sobre planejamento, políticas públicas e desenvolvimento;
>
> XIII - promover e coordenar mecanismos e processos de participação social no plano plurianual;
>
> XIV - desenvolver estudos e propor aprimoramentos na metodologia de elaboração, revisão, monitoramento e avaliação do plano plurianual e de políticas públicas;
>
> XV - estabelecer as diretrizes para elaboração, revisão, monitoramento e avaliação do plano plurianual;
>
> XVI - coordenar o desenvolvimento e a manutenção de sistemas de informação relacionados ao planejamento necessários às atividades da Secretaria de Planejamento e Assuntos Econômicos;

XVII - propor diretrizes para melhoria da eficiência e da efetividade dos programas e das ações governamentais, em articulação com os demais órgãos envolvidos;

XVIII - apoiar e desenvolver avaliação das políticas, dos planos e dos programas selecionados;

XIX - elaborar propostas, acompanhar e analisar os aspectos transversais e territoriais das políticas públicas;

XX - orientar, coordenar e supervisionar a elaboração, o monitoramento e a avaliação dos programas do plano plurianual relacionados a temas transversais, territoriais e de aperfeiçoamento da gestão da política pública;

XXI - apoiar a formulação e o monitoramento de políticas, planos, programas e investimentos relacionados a temas transversais, territoriais e de aperfeiçoamento da gestão da política pública;

XXII - desenvolver estudos e propor melhorias para a implementação de programas e políticas públicas em temas transversais, territoriais e de aperfeiçoamento da gestão da política pública, em articulação com os demais órgãos; e

XXIII - promover e coordenar a elaboração de estudos e pesquisas com vistas à elaboração de subsídio para o planejamento nacional de longo prazo.

6.5.3. Secretaria de Orçamento Federal – SOF

Secretaria de Orçamento Federal (SOF/MP) é subordinada ao Ministério da Economia. À SOF compete o papel de coordenar, consolidar e supervisionar a elaboração da Lei de Diretrizes Orçamentárias- LDO e da Lei Orçamentária Anual da União – LOA; estabelecer as normas necessárias à elaboração e à implementação dos orçamentos federais sob sua responsabilidade; e proceder, sem prejuízo da competência atribuída a outros órgãos, ao acompanhamento da execução orçamentária.

A Secretaria de Orçamento de Federal – SOF tem como missão racionalizar o processo de alocação de recursos, zelando pelo equilíbrio das contas públicas, com foco em resultados para a sociedade. É no Orçamento que o cidadão identifica a alocação dos recursos que o governo recolhe sob a forma de tributos. Nenhuma despesa pública pode ser realizada sem estar fixada no Orçamento.

A Secretaria de Orçamento Federal – SOF desempenha papel importante no Sistema de Planejamento e Orçamento Federal. Suas atribuições são norteadas pelas competências descritas no art. 17 do Anexo I do Decreto nº 7.675, de 20 de janeiro de 2012, e amparado no art. 8º da Lei nº 10.180, de 2001, assim relacionadas:

I – coordenar, consolidar e supervisionar a elaboração da lei de diretrizes orçamentárias e da proposta orçamentária da União, compreendendo os orçamentos fiscais e da seguridade social;

Importante estar atento ao fato de que o § 2º do art. 195 da Constituição Federal determina que a proposta de orçamento da seguridade social será elaborada de forma integrada pelos órgãos responsáveis pela saúde, previdência social e assistência social, tendo em vista as metas e prioridades estabelecidas na lei de diretrizes orçamentárias, assegurada a cada área a gestão de seus recursos.

> **Constituição Federal**
>
> **Art. 195.**
> (...)
>
> § 2º A proposta de orçamento da seguridade social será elaborada de forma integrada pelos órgãos responsáveis pela saúde, previdência social e assistência social, tendo em vista as metas e prioridades estabelecidas na lei de diretrizes orçamentárias, assegurada a cada área a gestão de seus recursos.

II - estabelecer as normas necessárias à elaboração e à implementação dos orçamentos federais sob sua responsabilidade;

III - acompanhar a execução orçamentária, sem prejuízo da competência atribuída a outros órgãos;

IV - realizar estudos e pesquisas concernentes ao desenvolvimento e ao aperfeiçoamento do processo orçamentário federal;

V - orientar, coordenar e supervisionar tecnicamente os órgãos setoriais de orçamento;

VI - exercer a supervisão da Carreira de Analista de Planejamento e Orçamento, em articulação com as demais unidades interessadas, observadas as diretrizes do Comitê de Gestão das Carreiras da Economia;

VII - estabelecer as classificações orçamentárias da receita e da despesa;

VIII - acompanhar e avaliar o andamento da despesa pública e de suas fontes de financiamento e desenvolver e participar de estudos econômico-fiscais voltados ao aperfeiçoamento do processo de alocação de recursos;

IX - acompanhar, avaliar e realizar estudos sobre as políticas públicas e a estrutura do gasto público; e

X - acompanhar e propor, no âmbito de suas atribuições, normas reguladoras e disciplinadoras relativas às políticas públicas em suas diferentes modalidades.

A missão da Secretaria de Orçamento Federal necessita de uma constante articulação com os agentes envolvidos na tarefa de elaboração das propostas orçamentárias setoriais das diversas instâncias da Administração Pública Federal e dos demais Poderes da União.

6.5.4. *Órgãos setoriais (nível ministerial)*

Segundo o mesmo manual, o órgão setorial desempenha o papel de articulador no âmbito da sua estrutura, coordenando o processo decisório no nível subsetorial (UO). Sua atuação no processo orçamentário envolve:

I - Estabelecimento de diretrizes setoriais para elaboração e alterações orçamentárias;

II - Definição e divulgação de instruções, normas e procedimentos a serem observados no âmbito do órgão durante o processo de elaboração e alteração orçamentária;

III - Avaliação da adequação da estrutura programática e mapeamento das alterações necessárias;

IV - Coordenação do processo de atualização e aperfeiçoamento das informações constantes do cadastro de programas e ações;

V - Fixação, de acordo com as prioridades setoriais, dos referenciais monetários para apresentação das propostas orçamentárias e dos limites de movimentação e empenho e de pagamento de suas respectivas UO;

VI - Análise e validação das propostas e das alterações orçamentárias de suas UO's; e

VII- Consolidação e formalização da proposta e das alterações orçamentárias do órgão.

As propostas apresentadas pelos órgãos setoriais de planejamento e orçamento são consolidadas por programas, com o detalhamento das atividades, projetos e operações especiais.

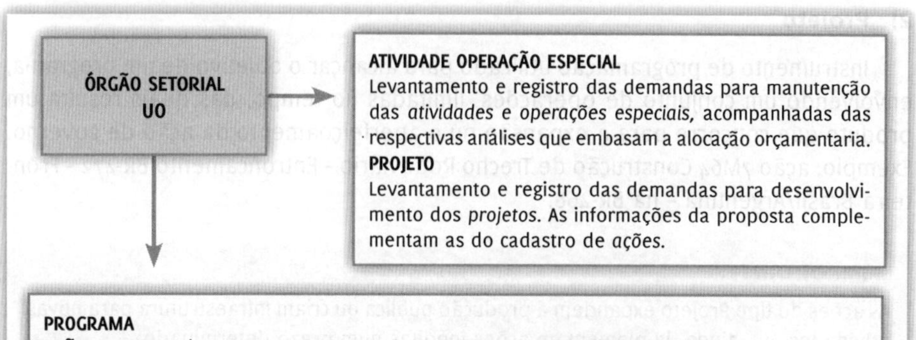

Mas o que vêm a ser atividades, projetos e operações especiais?

Quando detalharmos a despesa em capítulo próprio, mais especificamente quando versarmos sobre a estrutura programática, você verá que, segundo o MTO 2019, toda ação do Governo está estruturada em programas orientados para a realização dos objetivos estratégicos definidos para o período do PPA, ou seja, quatro anos.

Ação orçamentária é a operação da qual resultam os produtos (bens ou serviços) que contribuem para atender ao objetivo de um programa. Incluem-se também no conceito de ação as transferências obrigatórias ou voluntárias a outros entes da Federação e a pessoas físicas e jurídicas, na forma de subsídios, subvenções, auxílios, contribuições, entre outros, e os financiamentos.

As ações orçamentárias podem ser assim classificadas:

1) Atividade

Instrumento de programação utilizado para alcançar o objetivo de um programa, envolvendo um conjunto de operações que se realizam de modo contínuo e permanente, das quais resulta um produto ou serviço necessário à manutenção da ação de governo. Exemplo: ação 4339 – Qualificação da Regulação e Fiscalização da Saúde Suplementar.

> ▸ **IMPORTANTE:**
>
> As ações do tipo Atividade mantêm o mesmo nível da produção pública.

2) Projeto

Instrumento de programação utilizado para alcançar o objetivo de um programa, envolvendo um conjunto de operações, limitadas no tempo, das quais resulta um produto que concorre para a expansão ou o aperfeiçoamento da ação de governo. Exemplo: ação 7M64 Construção de Trecho Rodoviário – Entroncamento BR-472 – Fronteira Brasil/Argentina – na BR-468.

> ▸ **IMPORTANTE:**
>
> As ações do tipo Projeto expandem a produção pública ou criam infraestrutura para novas atividades, ou, ainda, implementam ações inéditas num prazo determinado.

3) Operação Especial

Despesas que não contribuem para a manutenção, expansão ou aperfeiçoamento das ações de governo, das quais não resulta um produto e não geram contraprestação direta sob a forma de bens ou serviços.

> ▶ **IMPORTANTE:**
>
> As operações especiais caracterizam-se por não retratar a atividade produtiva no âmbito federal, podendo, entretanto, contribuir para a produção de bens ou serviços à sociedade, quando caracterizada por transferências a outros entes.
>
> Desde 2015, o processo de revisão das ações envolve a identificação, quando possível, útil ou desejável, de unidades de mensuração (volume de operação, carga de trabalho, produtos/serviços gerados a partir das transferências, etc.) para as operações especiais.

6.5.5. *Unidades orçamentárias (subsetorial)*

Segundo o MTO 2019, as UO's, apesar de não integrarem o Sistema de Planejamento e Orçamento previsto no *caput* do art. 4º da Lei nº 10.180, de 2001, ficam sujeitas à orientação normativa e à supervisão técnica do órgão central e também, no que couber, do respectivo órgão setorial, e desempenham o papel de coordenação do processo de elaboração da proposta orçamentária no seu âmbito de atuação, integrando e articulando o trabalho das suas unidades administrativas, tendo em vista a consistência da programação de sua unidade.

As UO's são responsáveis pela apresentação da programação orçamentária detalhada da despesa por programa, ação e subtítulo. Sua atuação no processo orçamentário compreende:

I - Estabelecimento de diretrizes no âmbito da UO para elaboração da proposta e alterações orçamentárias;

II - Estudos de adequação da estrutura programática;

III - Formalização, ao órgão setorial, da proposta de alteração da estrutura programática sob a responsabilidade de suas unidades administrativas;

IV - Coordenação do processo de atualização e aperfeiçoamento das informações constantes do cadastro de ações orçamentárias;

V - Fixação dos referenciais monetários para apresentação das propostas orçamentárias e dos limites de movimentação e empenho e de pagamento de suas respectivas unidades administrativas;

VI - Análise e validação das propostas orçamentárias das unidades administrativas; e

VII - Consolidação e formalização de sua proposta orçamentária.

> ▶ **OBSERVAÇÃO:**
>
> Fique atento, pois, as unidades orçamentárias não são citadas pela Lei como integrantes do Sistema de Planejamento e Orçamento Federal, mas desempenham papel fundamental no ciclo orçamentário.

6.5.6. *Unidade Administrativa*

Segmento da administração direta o qual a Lei Orçamentária Anual não consigna recursos e que depende de destaques ou provisões para executar seus programas de trabalho.

6.5.7. *Secretaria de Coordenação e Governança das Empresas Estatais (SEST)*

Segundo o art. 92 do Decreto nº 9745/19, a Secretaria de Coordenação e Governança das Empresas Estatais compete:

I - coordenar a elaboração do Programa de Dispêndios Globais - PDG, do orçamento de investimento das empresas estatais e do demonstrativo da política de aplicação das instituições financeiras oficiais de fomento e compatibilizá-los com o plano plurianual e com as metas de resultado primário fixadas;

II - acompanhar as execuções orçamentárias e da meta de resultado primário das empresas estatais e requerer, quando julgar convenientes e necessárias, ações corretivas por parte destas empresas;

III - promover a articulação e a integração das políticas das empresas estatais e propor diretrizes e parâmetros de atuação sobre políticas de pessoal, de governança e de orçamento;

IV - processar e disponibilizar informações econômico-financeiras encaminhadas pelas empresas estatais;

V - participar das atividades relativas a processos de modelagem e desenvolvimento de operações que tenham como objetivo a desestatização, a reestruturação, a fusão, a incorporação, a cisão e a liquidação de empresas estatais federais;

VI - manifestar-se sobre os seguintes assuntos relacionados às empresas estatais:

a) criação de empresa estatal ou assunção, pela União ou por empresa estatal, do controle acionário de empresas;

b) operações de reestruturação societária que envolvam fusão, cisão ou incorporação;

c) alteração do capital social e emissão de debêntures, conversíveis ou não em ações, ou de quaisquer outros títulos e valores mobiliários;

d) estatutos sociais e suas alterações;

e) destinação dos lucros e das reservas;

f) patrocínio de planos de benefícios administrados por entidades fechadas de previdência complementar, quanto à alteração de estatuto da entidade, à instituição e à alteração de planos de benefícios, ao convênio de adesão, ao contrato de confissão e assunção de dívidas, à fusão, cisão e incorporação de planos e de entidades de previdência complementar, à alteração de plano de custeio que implique elevação da contribuição de patrocinadores, ao plano de equacionamento de déficit e à retirada de patrocínio;

g) propostas, encaminhadas pelos Ministérios setoriais, de quantitativo de pessoal próprio, acordo ou convenção coletiva de trabalho, programa de desligamento de empregados, planos de cargos e salários, benefícios de empregados, criação e remuneração de funções gratificadas e cargos comissionados e participação dos empregados nos lucros ou resultados das empresas;

h) custeio de benefício de assistência à saúde;

i) remuneração dos administradores, dos liquidantes e dos Conselheiros e participação dos dirigentes nos lucros ou nos resultados das empresas;

j) constituição de subsidiária sediada no exterior, inclusive por meio de aquisição ou assunção de controle acionário majoritário; e

k) celebração de acordo de acionistas que contenha cláusulas que permitam, de qualquer forma, a assunção da maioria do capital votante por empresas estatais;

VII - operacionalizar a indicação, coordenar e orientar a atuação de representantes do Ministério nos conselhos de administração de empresas e dos liquidantes de empresas públicas e sociedades de economia mista, mediante designação em ato próprio;

VIII - coordenar o Grupo Executivo da Comissão Interministerial de Governança Corporativa e de Administração de Participações Societárias da União - CGPAR e exercer as atribuições de Secretaria-Executiva da Comissão;

IX - planejar e coordenar os processos de liquidação de empresas públicas e sociedades de economia mista e orientar a organização do acervo documental até a sua entrega aos órgãos efetivamente responsáveis pela guarda e manutenção;

X - contribuir para o aumento da eficiência e da transparência das empresas estatais, para o aperfeiçoamento e a integração dos sistemas de monitoramento econômico-financeiro e para o aperfeiçoamento da gestão destas empresas;

XI - acompanhar o patrocínio dos planos de benefícios previdenciários das empresas estatais;

XII - instruir o voto da União em assembleia geral sobre a fixação da remuneração dos diretores das empresas estatais federais, inclusive dos honorários mensais, dos benefícios e da remuneração variável, observado o disposto no art. 16 da Lei nº 13.303, de 30 de junho de 2016, e as diretrizes da CGPAR; e

XIII - solicitar a elaboração e acompanhar a execução de planos de ação para melhoria da gestão e da eficiência das empresas estatais.

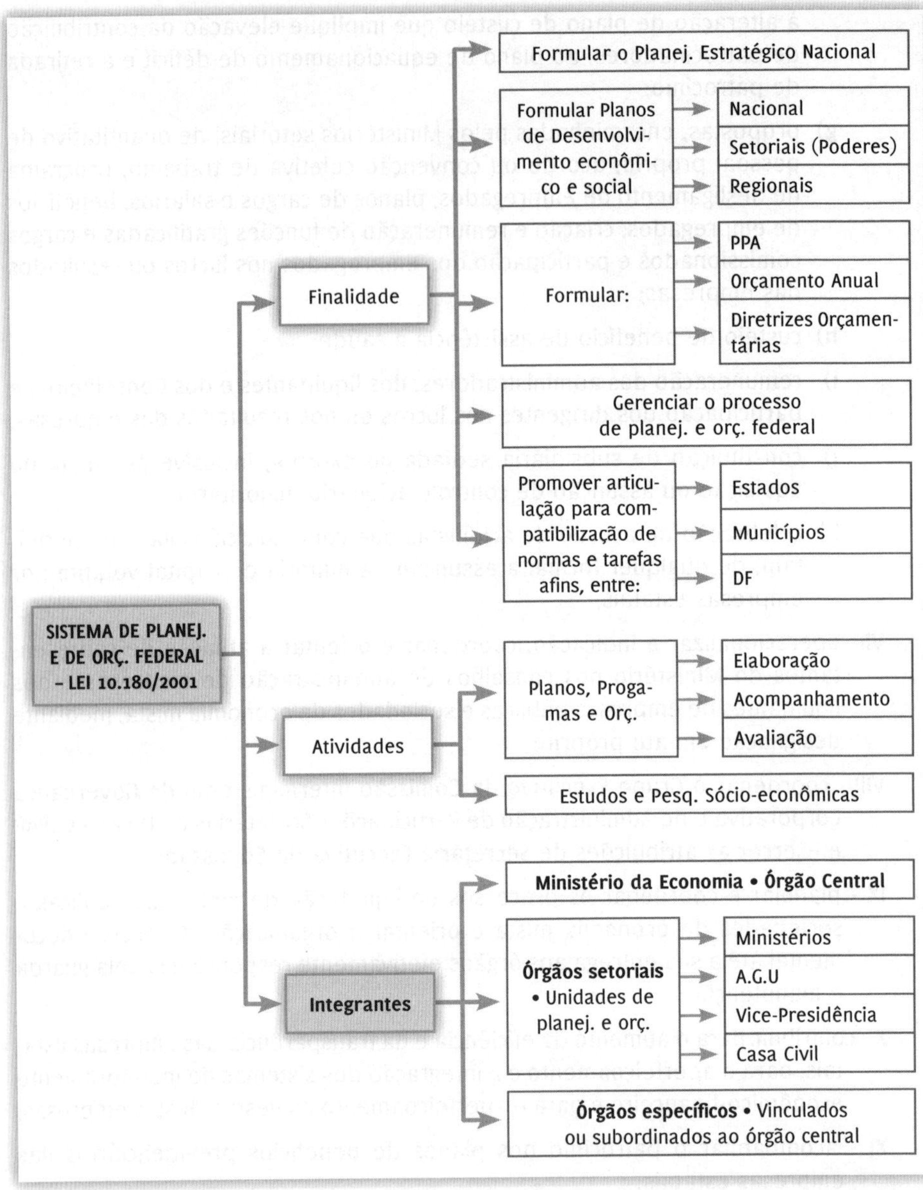

6.5.8. Unidades responsáveis pelo planejamento e orçamento dos outros Poderes e Ministério Público da União

Em razão da autonomia administrativa e financeira dos Poderes Legislativo e Judiciário e do Ministério Público, estes ficam responsáveis pela elaboração da parte dos planos e orçamentos que lhes competem, cabendo à Secretaria de Orçamento

Federal coordenar o processo como um todo. Os órgãos responsáveis pela elaboração ficam equiparados às setoriais de planejamento e unidades orçamentárias do Poder Executivo.

Por esse motivo, sem prejuízo das competências constitucionais e legais de outros Poderes, as unidades responsáveis pelos seus orçamentos ficam sujeitas à orientação normativa do órgão central do Sistema. Os órgãos integrantes do Sistema de Planejamento e de Orçamento Federal e as unidades responsáveis pelo planejamento e orçamento dos demais Poderes realizarão o acompanhamento e a avaliação dos planos e programas respectivos.

7. APRECIAÇÃO DOS INSTRUMENTOS ORÇAMENTÁRIOS/PROCESSO LEGISLATIVO DOS INSTRUMENTOS ORÇAMENTÁRIOS (TRAMITAÇÃO)

Após a elaboração dos instrumentos orçamentários, o Poder Legislativo, em cada ente federativo (União, estados, Distrito Federal e municípios), passa a exercer a sua competência específica, a competência de dispor (aprovação/rejeição) sobre os projetos de lei referentes aos instrumentos de planejamento e orçamento.

No caso da União, é o Congresso Nacional que tem a atribuição de apreciar os instrumentos orçamentários; já nos Estados esta função é desenvolvida pelas assembleias legislativas; no Distrito Federal pela Câmara Legislativa e nos Municípios pelas câmaras municipais.

Mas o que é o Congresso Nacional?

Segundo o art. 44 da Constituição, o Poder Legislativo, no âmbito da União é exercido pelo Congresso Nacional, que se compõe da Câmara dos Deputados e do Senado Federal.

Já o art. 48 estabelece ao Congresso Nacional, com a sanção do Presidente da República, dispor sobre todas as matérias de competência da União, especialmente sobre:

1) Plano plurianual;
2) Diretrizes orçamentárias;
3) Orçamento anual;
4) Planos e programas nacionais, regionais e setoriais de desenvolvimento;

O processo legislativo referente aos instrumentos orçamentários é bem específico, e pode ser dividido em etapas.

Mais uma vez, é importante destacar a determinação legal para a realização de audiências públicas. Segundo a Lei de Responsabilidade Fiscal, no inciso I do art. 48, a transparência será assegurada também mediante incentivo à participação popular e realização de audiências públicas, durante os processos de elaboração e discussão dos planos, lei de diretrizes orçamentárias e orçamentos. A participação popular deve ser constante em todas as etapas do ciclo orçamentário.

> ▶ **OBSERVAÇÃO IMPORTANTE:**
>
> Conforme cada processo legislativo, para cada ciclo orçamentário, é necessário a realização de diversas "sub-etapas" como audiências públicas, votações específicas de determinados relatórios, apresentação e votação de pareceres preliminares, apresentação e votação de relatórios setoriais, votação do relatório geral na CMO, dentre outras.
>
> Segue abaixo, como exemplo, a figura representativa do processo orçamentário da União referente ao PLOA de 2015 segundo a Escola Nacional de Administração Pública.

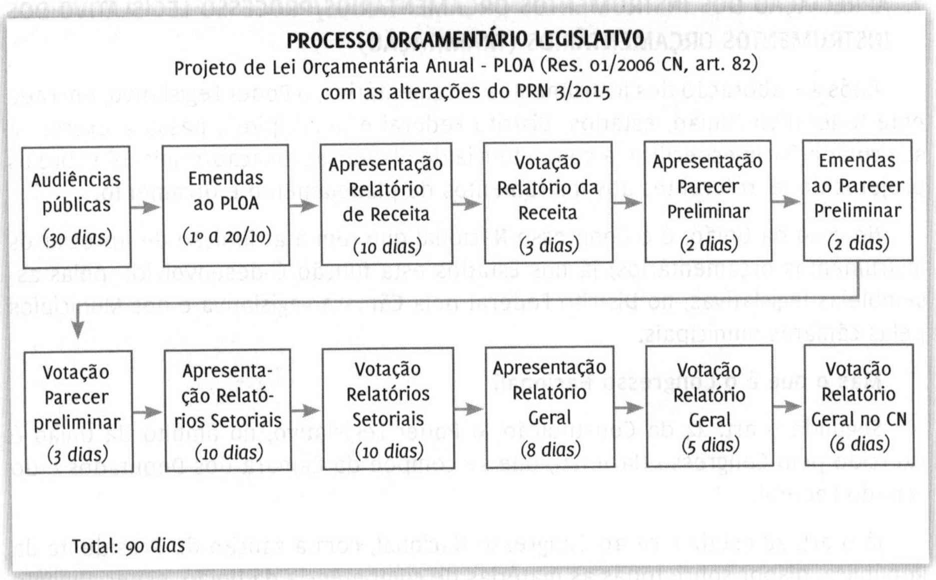

7.1. Iniciativa do processo legislativo

Como já visto, segundo a Constituição Federal, cabe ao Chefe do Poder Executivo (Presidente, Prefeito ou Governador de Estado ou Distrito Federal), de forma privativa e indelegável, a apresentação dos instrumentos orçamentários ao Poder Legislativo. O texto constitucional, estabelece os seguintes prazos para os instrumentos:

- **PPA:** quatro meses antes do término do primeiro exercício financeiro (31 de agosto do primeiro ano de mandato);
- **LDO:** oito meses e meio antes do término de cada exercício financeiro (15 de abril);
- **LOA:** quatro meses antes do término de cada exercício financeiro (31 de agosto).

> ▶ **OBSERVAÇÃO:**
>
> Os prazos acima estabelecidos constam no Ato das Disposições Constitucionais Transitórias e serão válidos até a aprovação de lei que regule tal matéria. Assim, para Estados e Municípios que já tenham realizado essa regulamentação, valem os prazos estabelecidos pela legislação local.

7.2. Recebimento, exame e parecer preliminar

Segundo o § 1º do art. 166 da Constituição Federal, caberá a uma Comissão Mista Permanente de Senadores e Deputados (Comissão Mista de Planos, Orçamentos Públicos e Fiscalização – CMO):

1) Examinar e emitir parecer sobre os projetos relativos ao plano plurianual, às diretrizes orçamentárias, ao orçamento anual e aos créditos adicionais e sobre as contas apresentadas anualmente pelo Presidente da República;
2) Examinar e emitir parecer sobre os planos e programas nacionais, regionais e setoriais previstos na Constituição e exercer o acompanhamento e a fiscalização orçamentária, sem prejuízo da atuação das demais comissões do Congresso Nacional e de suas casas, criadas de acordo com o art. 58.

Assim, no Congresso Nacional, os projetos de lei referentes aos instrumentos orçamentários são recebidos pela Comissão Mista Permanente de Orçamento (Comissão Mista de Planos, Orçamentos Públicos e Fiscalização), composta de deputados e senadores que tem a função fazer uma análise sobre diversos aspectos constitucionais, legais e técnicas.

Serve de exemplo o exame da compatibilidade do projeto de Lei Orçamentária Anual com LDO e PPA, além do cumprimento de limites legalmente estabelecidos.

Fique atento que os projetos de lei dos instrumentos orçamentários não passam pelas comissões que, geralmente, um projeto de lei "comum" passaria, como a Comissão de Constituição e Justiça, CCJ.

7.3. Alterações nos Projetos de Lei originais enviados pelo Poder Executivo

As alterações propostas aos projetos de leis dos instrumentos orçamentários podem ocorrer pelos mais diversos motivos, tanto pelo próprio chefe do Poder Executivo, quanto pelo Poder Legislativo, por intermédio de emendas parlamentares. Assim, é possível a alteração nos projetos de lei dos instrumentos orçamentários basicamente de duas formas:

1) Pelo Chefe do Poder Executivo

Em razão da necessidade de ajustes, é possível que o Presidente da República (Prefeito ou Governador) decida alterar os projetos de lei enviados por ele mesmo ao Congresso Nacional (assembleias legislativas, Câmara Legislativa, câmaras de vereadores). Segundo o § 5º do art. 166 da CF, o Presidente da República poderá enviar mensagem ao Congresso Nacional para propor modificação nos projetos a que se refere este artigo enquanto não iniciada a votação, na Comissão Mista, da parte cuja alteração é proposta.

Insta ressaltar que, desde que atenda às exigências constitucionais citadas no parágrafo anterior (até o início da votação na Comissão Mista da parte cuja alteração é proposta), não há discricionariedade na decisão da comissão em aceitar ou não as alterações enviadas pelo Poder Executivo. Outro ponto a ser citado, é que, no que se refere às alterações no PLOA, diferente das emendas parlamentares que têm limitações relacionadas ao equilíbrio e a alguns tipos de despesa, não há limitações para as alterações feitas pelo chefe do Poder Executivo que não sejam as legais, as constitucionalmente estabelecidas e as devidas adequações ao PPA e a LDO.

Isso porque a iniciativa desse tipo de projeto de lei é privativa e indelegável do chefe do Poder Executivo, cabendo a ele o julgamento sobre a necessidade de alteração. Veja que essas modificações passarão ainda pela análise da comissão que fará tudo constar em relatório. Assim, qualquer irregularidade poderá ser constatada.

2) Emendas parlamentares

É possível para os parlamentares, Deputados Federais e Senadores, no âmbito do orçamento federal, assim como deputados estaduais, distritais e vereadores em suas respectivas esferas, proporem emendas aos projetos de lei referentes aos instrumentos orçamentários, propondo modificações. As emendas serão apresentadas na Comissão mista, que sobre elas emitirá parecer, e apreciadas, na forma regimental, no caso da União, pelo Plenário das duas Casas do Congresso Nacional. Segundo a Constituição Federal, estas emendas devem estar de acordo com as seguintes regras:

2.1) Emendas ao PLPPA (Projeto de Lei do Plano Plurianual)

O PPA poderá sofrer alterações por intermédio de emendas parlamentares. As limitações parlamentares são estabelecidas, em regra, com base na legislação e em regulamento interno da casa legislativa para cada PPA. Serve de exemplo o Manual de Elaboração de Emendas Projeto de Lei do Plano Plurianual[9].

2.2) Emendas ao PLDO (Projeto de Lei de Diretrizes Orçamentárias):

Segundo o § 4º do art. 166 da Constituição, as emendas ao projeto de Lei de Diretrizes Orçamentárias não poderão ser aprovadas quando incompatíveis com o plano plurianual.

9. BRASIL. Congresso Nacional. Senado Federal. **Projeto de Lei do Plano Plurianual para o período 2012/2015**. 2011. Disponível em: ‹http://www.camara.leg.br/internet/comissao/index/mista/orca/ppa/PPA_2012_2015/emendas/manual_emendas.pdf›. Acesso em: 15 jul. 2018.

2.3) Emendas ao PLOA (Projeto de Lei Orçamentária Anual):

Com relação especificamente às alterações parlamentares propostas para o PLOA, a Constituição Federal e a Lei nº 4.320/64 estabelecem limitações aos parlamentares. A título ilustrativo, a Câmara dos Deputados elaborou um Manual de Emendas Orçamento da União para 2016[10].

- ***Constituição Federal (§ 3º do art. 166):***

Segundo a Constituição, as emendas ao projeto de lei do orçamento anual ou aos projetos que o modifiquem (créditos adicionais) somente podem ser aprovadas caso:

I. **Sejam compatíveis com o plano plurianual e com a Lei de Diretrizes Orçamentárias;**

O orçamento-programa, como atualmente concebido, é instrumento do planejamento e, deste modo, deve se integrar aos planos e aos programas governamentais. Sendo assim, uma das condições para a aprovação de emendas aos projetos de lei do orçamento anual e de suas alterações é a de que sejam compatíveis com o Plano Plurianual e com a Lei de Diretrizes Orçamentárias.

II. **Indiquem os recursos necessários, admitidos apenas os provenientes de anulação de despesa, excluídas as que incidam sobre:**

a) dotações para pessoal e seus encargos;

b) serviço da dívida;

c) transferências tributárias constitucionais para Estados, Municípios e Distrito Federal.

A manutenção do equilíbrio orçamentário é essencial, sendo assim, novas despesas inseridas por parlamentares no orçamento devem ter uma fonte de recursos para financiá-las como contrapartida. A Constituição estabeleceu a anulação de outras despesas como regra geral, estabelecendo as limitações vistas anteriormente.

III. **Sejam relacionadas:**

a) **com a correção de erros ou omissões; ou**

Com relação à correção de erros, cabe ressaltar que se o erro estiver relacionado à estimativa de receita e se esta reestimativa for para mais, o

10. BRASIL. Congresso Nacional. Senado Federal. **Manual de Emendas Orçamento da União para 2016.** 2015. Disponível em: ‹http://www.camara.leg.br/internet/comissao/index/mista/orca/orcamento/or2016/emendas/Manual_emendas_Atualizado_8-10.pdf›. Acesso em: 15 jul. 2018.

valor maior poderá servir de fonte de recursos de despesa constante de emenda parlamentar. Assim, o parlamentar poderá apresentar emenda prevendo despesa tendo como fonte de receita o valor encontrado a mais na reestimativa, desde que seja efetivamente comprovado erro ou omissão de ordem técnica ou legal.

Sobre esse assunto, versa a Lei de Responsabilidade Fiscal:

Lei de Responsabilidade Fiscal

Art. 12 – As previsões de receita observarão as normas técnicas e legais, considerarão os efeitos das alterações na legislação, da variação do índice de preços, do crescimento econômico ou de qualquer outro fator relevante e serão acompanhadas de demonstrativo de sua evolução nos últimos três anos, da projeção para os dois seguintes àquele a que se referirem, e da metodologia de cálculo e premissas utilizadas.

§ 1º – Reestimativa de receita por parte do Poder Legislativo só será admitida se comprovado erro ou omissão de ordem técnica ou legal.

b) **com os dispositivos do texto do projeto de lei.**

- ***Lei nº 4320/64 (art. 33):***

Segundo a Lei nº 4.320/64, não se admitirão emendas ao projeto de Lei de Orçamento que visem a:

a) alterar a dotação solicitada para despesa de custeio, salvo quando provada, neste ponto a inexatidão da proposta;

b) conceder dotação para o início de obra cujo projeto não esteja aprovado pelos órgãos competentes;

c) conceder dotação para instalação ou funcionamento de serviço que não esteja anteriormente criado;

d) conceder dotação superior aos quantitativos previamente fixados em resolução do Poder Legislativo para concessão de auxílios e subvenções.

A título de exemplo, segundo Túlio Cambraia (2011)[11], consultor de Orçamento da Câmara dos Deputados, afirma que durante a tramitação no Congresso Nacional, o projeto da lei orçamentária anual (PLOA), encaminhado pelo Poder Executivo, sofre inúmeras emendas. Grande parte delas se destinam às modificações na programação da despesa. Os recursos para tal finalidade advêm das seguintes fontes:

11. CAMBRAIA, Tulio. **Emendas ao Projeto de Lei Orçamentária Anual**: Algumas Distorções. 2011. Disponível em: <http://www2.camara.gov.br/atividadelegislativa/orcamentobrasil/orcamentouniao/estudos/2011/artigo022011.pdf>. Acesso em: 14 jun. 2018.

- Reserva de contingência;
- Reestimativa de receitas, fundamentada em erros e omissões;
- Cancelamento de dotações, observadas as restrições constitucionais e outras estabelecidas no Relatório Preliminar.

As limitações são necessárias para que a proposta inicial não seja completamente desfigurada pelos parlamentares.

Perceba que estas limitações têm, dentre outras funções, garantir a manutenção do equilíbrio ao determinar a indicação de recursos para as novas despesas oriundas daquelas emendadas, bem como não permitir a anulação de despesa com pessoal e serviços da dívida e, ademais, primar pela preservação de despesas importantes para o pacto federativo (transferências tributárias constitucionais para Estados, Municípios e Distrito Federal).

A título de curiosidade, atualmente, segundo o Regimento Interno[12], cada Deputado Federal (513 no total) e cada Senador (81) podem apresentar até 20 emendas individuais para modificar a programação de despesa do orçamento da União. Além das emendas individuais, existem também:

- Emendas de bancada, ou seja, as emendas de cada Estado:

  ✦ *O número de alterações – de 18 a 23 – é proporcional ao número de deputados do estado que, por sua vez, é proporcional à população da unidade da federação;*

- Emendas das bancadas regionais:

  ✦ *Cada região brasileira pode apresentar até duas emendas de seu interesse;*

- Emendas das comissões permanentes do Senado Federal e da Câmara, que podem chegar a cinco para cada comissão:

  ✦ *Essas emendas devem abordar despesas relacionadas às áreas temáticas (à jurisdição) de cada comissão.*

7.4. Votação em plenário

Segundo o art. 166 do mandamento constitucional, os projetos de lei relativos ao Plano Plurianual, às diretrizes orçamentárias, ao orçamento anual e aos créditos adicionais serão apreciados pelas duas Casas do Congresso Nacional, na forma do regimento comum.

---

12. Fique atento, pois o Regimento interno pode ser alterado, então, os quantitativos e referenciais podem não ser mais os mesmos quando você ler este livro. Outro ponto a ser observado é que em cada ente federativo, essas regras podem ser completamente diversas.

Assim, depois de passar pela Comissão de Orçamento, os projetos referentes aos instrumentos orçamentários, devidamente ajustados e apreciados por essa comissão, são enviados ao plenário da respectiva casa legislativa para votação de cada dispositivo. Os integrantes da casa legislativa votam conforme o regimento interno respectivo, posteriormente os dispositivos serão considerados aprovados se houver mais que cinquenta por cento dos votos dos presentes favoráveis. Após envio para o plenário, não é mais permitida a apresentação de emendas, somente de destaques.

O plenário é o órgão legislativo com a "última palavra" no que tange aos instrumentos orçamentários e suas alterações.

8. SANÇÃO OU VETO

Com a aprovação do projeto pelo plenário do Congresso Nacional, este será devolvido ao Presidente da República (Governado, Prefeito) que, como qualquer outra lei, poderá sancioná-la ou vetá-la, no todo ou em partes.

> **Art. 84.** Compete privativamente ao Presidente da República:
>
> (...)
>
> IV – sancionar, promulgar e fazer publicar as leis, bem como expedir decretos e regulamentos para sua fiel execução;
>
> V – vetar projetos de lei, total ou parcialmente;

9. PROGRAMAÇÃO FINANCEIRA

A execução orçamentária é uma atividade complexa e demanda planejamento. A entrada das receitas que o governo arrecada dos contribuintes nem sempre coincide, no tempo, com as necessidades de realização de despesas públicas, já que a arrecadação de tributos e outras receitas não se concentram apenas no início do exercício financeiro, mas estão distribuídas ao longo de todo o ano civil e de forma irregular.

Então, é necessário um conjunto de atividades que tenha por objetivo ajustar o ritmo da execução do Orçamento ao fluxo provável de entrada de recursos financeiros que vão assegurar a realização dos programas anuais de trabalho e, consequentemente, impedir eventuais insuficiências de tesouraria (dinheiro em caixa para honrar compromissos). A esse conjunto de atividades chamamos de Programação Financeira.

A programação financeira consiste na compatibilização do fluxo dos pagamentos com o fluxo dos recebimentos, visando o ajuste da despesa fixada às novas projeções de resultados e da arrecadação. Durante a execução orçamentária, as receitas e despesas não se realizam de forma perfeitamente ajustada, para isso a Lei de Responsabilidade Fiscal dispõe sobre o estabelecimento da programação financeira e do cronograma de desembolsos. De acordo com as disposições legais, o cronograma de desembolsos é de execução mensal.

Determina a Lei de Responsabilidade Fiscal que, em até trinta dias após a publicação dos orçamentos, nos termos em que dispuser a Lei de Diretrizes Orçamentárias e observado o disposto na alínea c do inciso I do art. 4º, o Poder Executivo estabelecerá a programação financeira e o cronograma de execução mensal de desembolso. Este dispositivo atende ao princípio da Programação e será efetivado por meio de decreto do Poder Executivo. Nesse decreto estará contida a forma que se desenvolverá os desembolsos durante o exercício financeiro. Esse dispositivo é de extrema importância para que sejam planejados os desembolsos conforme as entradas de recursos, evitando, assim, que ocorra insuficiência de caixa.

> **Lei de Responsabilidade Fiscal**
>
> **Art. 4º** A lei de diretrizes orçamentárias atenderá o disposto no § 2º do art. 165 da Constituição e:
>
> I – disporá também sobre:
>
> a) equilíbrio entre receitas e despesas;
>
> b) critérios e forma de limitação de empenho, a ser efetivada nas hipóteses previstas na alínea b do inciso II deste artigo, no art. 9º e no inciso II do § 1º do art. 31;
>
> c) (VETADO)
>
> d) (VETADO)
>
> e) normas relativas ao controle de custos e à avaliação dos resultados dos programas financiados com recursos dos orçamentos;
>
> f) demais condições e exigências para transferências de recursos a entidades públicas e privadas;
>
> **Art. 8º** – Até trinta dias após a publicação dos orçamentos, nos termos em que dispuser a lei de diretrizes orçamentárias e observado o disposto na alínea c do inciso I do art. 4º, o Poder Executivo estabelecerá a programação financeira e o cronograma de execução mensal de desembolso.

O decreto de programação financeira estabelece normas específicas de execução para o exercício em curso, constituindo-se em instrumento do processo de execução financeira que tem por finalidade a formulação de diretrizes para:

1) Elaboração das propostas de cronogramas de desembolso;
2) Estabelecimento do fluxo de caixa;
3) Fixação de limites de saques periódicos contra a conta única do Tesouro Nacional;
4) Assegurar às unidades, em tempo oportuno, a soma de recursos necessários e suficientes à melhor execução do seu programa anual de trabalho;

5) Manter, durante o exercício, o equilíbrio entre receita arrecadada e a despesa realizada, de modo a reduzir eventuais insuficiências financeiras.

Pode o Governo, ainda, editar decretos, fixando, se necessário, limites ou percentuais de contenção de despesa, objetivando ajustar o fluxo de caixa do tesouro à execução orçamentária, e também ao atendimento de programas prioritários e a redução do déficit público.

O §1º do art. 3º do Decreto nº 3.590/00 explicita que as atividades de programação financeira compreendem a formulação de diretrizes para descentralização de recursos financeiros nos órgãos setoriais de programação financeira e destes para as unidades gestoras sob sua jurisdição e a gestão da Conta Única do Tesouro Nacional, objetivando:

1) Assegurar às unidades gestoras, nos limites da programação financeira aprovada, disponibilidade de recursos para execução de seus programas de trabalho;

2) Manter o equilíbrio entre a receita arrecadada e a despesa realizada.

Para tanto, segundo o art. 20 do Decreto nº 825/93, os limites de saque de recursos do Tesouro Nacional restringir-se-ão aos cronogramas aprovados pelo órgão central de programação financeira.

Segundo os arts. 17 e 18 do Decreto nº 825/93, serão objeto de programação financeira, as fontes cujos recursos transitem pelo órgão central de programação financeira. A programação financeira correspondente às dotações descentralizadas, quando decorrentes de termo de convênio ou similar, será da responsabilidade do órgão descentralizador do crédito.

Pode o Governo, ainda, editar decretos fixando, se necessário, limites ou percentuais de contenção de despesa, objetivando ajustar o fluxo de caixa do tesouro à execução orçamentária e, também, ao atendimento de programas prioritários e à redução do déficit público.

10. EXECUÇÃO

A execução da lei orçamentária anual se desenvolve em dois campos distintos, o orçamentário e o financeiro.

Em relação à União, os órgãos que atuam na execução do orçamento são os próprios ministérios, por intermédio das setoriais, sendo que o gerenciamento da execução financeira é feito pela Secretaria do Tesouro Nacional do Ministério da Economia.

A execução orçamentária e financeira é tarefa de extrema complexidade e importância, depende do desenvolvimento de várias funções desempenhadas por diversos órgãos e entidades públicas. Cada um, neste complexo sistema de administração orçamentária e financeira, desempenha as atividades relacionadas de acordo com as suas competências.

Mas qual a diferença entre financeiro e orçamentário?

1) Orçamentário

A expressão "orçamentário" se refere às autorizações orçamentárias para a despesa pública, ou seja, aquilo que foi anteriormente planejado para ser realizado e inserido na Lei Orçamentária Anual. Estas autorizações para o gasto são denominadas de crédito orçamentário. Nenhum órgão ou entidade pública poderá realizar despesas orçamentárias se não houver a devida autorização contida no orçamento, ou seja, se não for contemplado com créditos orçamentários, direta ou indiretamente. A Elaboração e Execução Orçamentária compreendem as fases de compilação, organização, consolidação, destinação e aplicação dos créditos estabelecidos pela programação orçamentária para um determinado período.

2) Financeiro

A expressão "financeiro" se refere aos recursos monetários que farão frente à despesa gerada pelos créditos orçamentários. Estes recursos adentrarão aos cofres públicos advindos de diversas fontes, como a tributária, de contribuições, patrimoniais, industriais, alienação de bens e direitos, operações de crédito, etc.

Assim, de nada adianta ter créditos orçamentários (autorização para realizar a despesa pública), disponibilidade orçamentária, se não há recursos financeiros para fazer frente a eles. Do mesmo modo, de nada adianta ter recursos financeiros se não houver crédito orçamentário disponível autorizando a realização da despesa.

> ▸ **OBSERVAÇÃO:**
>
> Importante estar atento ao fato de que a *unidade gestora ao utilizar seus próprios créditos passa a ser, ao mesmo tempo, unidade gestora executora e unidade gestora responsável.*

10.1. Movimentação de créditos orçamentários (Descentralização de créditos)

A movimentação de créditos, a que chamamos habitualmente de Descentralização de Créditos, consiste na transferência do poder de utilizar créditos orçamentários que lhes tenham sido consignados no orçamento ou lhes venham a ser transferidos posteriormente.

É com a operação descentralizadora de crédito orçamentário que a unidade orçamentária de origem possibilita a realização de seus programas de trabalho por parte de unidade administrativa diretamente subordinada, ou por outras unidades orçamentárias ou administrativas não subordinadas. Na descentralização do crédito orçamentário, devem ser respeitadas a classificação funcional e a estrutura programática da despesa orçamentária, classificações da despesa que serão vistas com mais detalhes no capítulo sobre a despesa pública.

▶ **OBSERVAÇÃO:**

Fique atento, pois, a descentralização orçamentária representa uma transferência do direito de uso do crédito pela unidade cedente, que continua detentora do crédito, não se confundindo com transferências e transposição de dotações orçamentárias. Determina o art. 167, VI e VIII, da Constituição Federal que são vedados:

1) A transposição, o remanejamento ou a transferência de recursos de uma categoria de programação para outra ou de um órgão para outro, sem prévia autorização legislativa;
2) A utilização, sem autorização legislativa específica, de recursos dos orçamentos fiscais e da seguridade social para suprir necessidade ou cobrir déficit de empresas, fundações e fundos, inclusive dos mencionados no art. 165, § 5º;

10.1.1. *Estrutura da descentralização de créditos*

A descentralização de crédito ocorre mediante a ação dos seguintes órgãos:

1) **SOF (Secretaria de Orçamento Federal):** no topo do Sistema de Orçamento Federal está a SOF (Secretaria de Orçamento Federal), órgão pertencente ao Ministério Economia, responsável por coordenar a elaboração dos orçamentos e leis de créditos adicionais. No orçamento são aprovados créditos orçamentários e a eles consignadas dotações às **Unidades Setoriais De Orçamento.**
2) **Unidade Setoriais de Orçamento**: são as unidades de planejamento e orçamento dos Ministérios, da Advocacia-Geral da União, da Vice-Presidência e da Casa Civil da Presidência da República cuja função é sujeitar, no que couber, as unidades de planejamento e orçamento das entidades a eles vinculadas. Essas unidades são responsáveis por descentralizar os créditos orçamentários, destaque e dotação, no âmbito da sua jurisdição ou não.
3) **Unidades gestoras - UG's:** dentro de suas respectivas estruturas e sob jurisdição das setoriais estão outras as Unidades Gestoras - UG's, unidade orçamentária ou administrativa investida do poder de gerir recursos orçamentários e financeiros, próprios ou sob descentralização. Existem basicamente dois tipos de UG's:

   - **Unidade Orçamentária:** esta constitui o agrupamento de serviços subordinados ao mesmo órgão ou repartição a que serão consignadas dotações próprias.
   - **Unidade Administrativa:** segmento da administração direta o qual a lei orçamentária anual não consigna recursos e que depende de descentralização (destaques ou provisões) para executar seus programas de trabalho.

▸ **OBSERVAÇÃO:**

Importante estar atento ao fato de que, apesar de integrarem seus respectivos ministérios, demais órgãos e entidades, sendo a eles diretamente subordinados, as unidades orçamentárias, inclusive as setoriais, estão também sujeitos à orientação normativa e à supervisão técnica da SOF, no que se refere à execução orçamentária.

10.1.2. *Mecanismos de descentralização de crédito*

Para que uma despesa seja realizada é necessária sua previsão na LOA (crédito orçamentário) com sua respectiva dotação. Havendo dotação, poderá haver a descentralização de créditos pelos mecanismos a seguir.

1) **Internamente:** mediante a descentralização de créditos entre unidades gestoras de um mesmo órgão/ministério ou entidades integrantes dos orçamentos fiscais e da seguridade social, designando-se este procedimento de descentralização interna.
2) **Externamente:** entre unidades gestoras de órgão/ministério ou entidade de estruturas diferentes, designar-se-á descentralização externa.

Dependendo do âmbito em que ocorra, se interna ou externamente, a descentralização de crédito será denominada:

- **Provisão:** Operação descentralizadora de crédito orçamentário em que a unidade orçamentária de origem possibilita a realização de seus programas de trabalho por parte de unidade administrativa diretamente subordinada, ou por outras unidades orçamentárias ou administrativas não subordinadas, dentro de um mesmo Ministério ou Órgão. É a descentralização interna, em sentido vertical, de créditos orçamentários, ou seja, dentro do mesmo órgão. Será utilizada nos casos de descentralização de créditos das unidades orçamentárias para as unidades administrativas sob a sua jurisdição ou entre estas, no âmbito de próprio Ministério ou Órgãos diferentes (IN/STN nº 012/87). A descentralização interna de créditos (provisão) é a realizada entre Unidades Gestoras de um mesmo Órgão ou Entidades integrantes do Orçamento Fiscal e da Seguridade Social, respeitada, fielmente, a classificação funcional e por programas.

- **Destaque de Crédito:** Operação descentralizadora de crédito orçamentário em que um Ministério ou Órgão transfere para outro Ministério ou Órgão o poder de utilização dos recursos que lhe foram dotados. É a descentralização externa, em sentido horizontal de créditos orçamentários. A descentralização externa de créditos (destaque) é efetivada entre Unidades Gestoras de Órgãos ou Entidades de estrutura diferente, respeitada, fielmente, a classificação funcional e por programas.

O destaque é utilizado quando se tratar de atribuição de créditos destinados a atender Encargos Gerais da União, e outros não consignados especificamente a Ministérios ou Órgão, em favor de Ministério ou Órgão equivalente, inclusive daquele a que estiver afeta a supervisão do crédito (IN/STN nº 012/87).

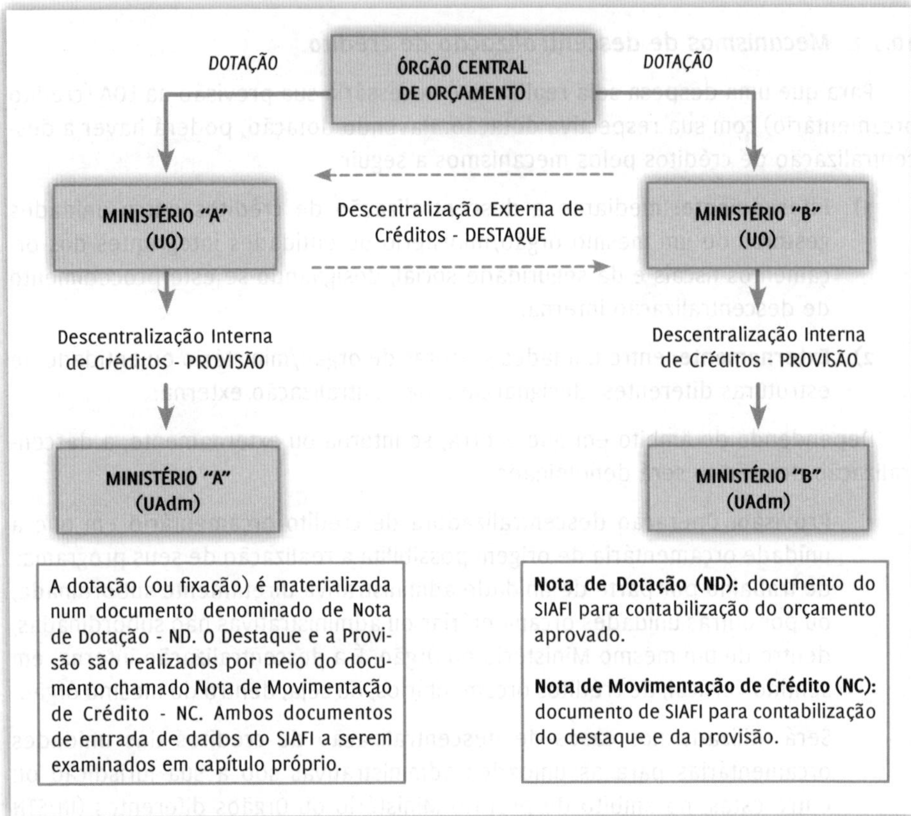

- **Nota de Dotação (ND):** registro de desdobramento, por plano interno e/ou fonte, quando detalhada, dos créditos previstos na Lei Orçamentária Anual, bem como a inclusão dos créditos nela não considerados. Esse documento é utilizado no registro das informações produzidas pela SOF relacionadas aos créditos previstos no Orçamento Geral da União (OGU) e às alterações por créditos adicionais.
- **Nota de Movimentação de Crédito (NC):** registro dos eventos vinculados à transferência de créditos entre Unidades Gestoras dentro da mesma esfera de governo, tais como destaque (descentralizações externas), provisão (descentralizações internas), anulação de provisão e anulação de destaque.

Encerrada a descentralização **orçamentária**, é importante citar, por fim, o tratamento diferenciado que recebem as empresas públicas federais que não integram os orçamentos fiscais e da seguridade social, mas que executam as atividades de agente financeiro governamental. Segundo o que reza o art. 4° do Decreto nº 825/93, essas empresas poderão receber créditos em descentralização para viabilizar a consecução de objetivos previstos na lei orçamentária. Quando a execução dos programas de trabalho for confiada a entidade ou órgão gestor de créditos integrantes dos orçamentos fiscal e da seguridade social da União, será adotado o critério de descentralização utilizado para os demais integrantes da Administração e disciplinado pelo decreto citado. Aplicam-se a estas entidades, no tocante à execução dos créditos descentralizados, as disposições da Lei n° 4.320, de 17 de março de 1964, as do Decreto nº 825/93 e demais normas pertinentes à administração orçamentário-financeira do Governo Federal.

10.2. Movimentação de recursos financeiros (Descentralização de recursos financeiros)

Bem, agora que já sabemos quem autoriza os gastos, é importante responder a outras questões: de que forma estes gastos são pagos?

E mais: como os recursos saem da Conta Única do Tesouro?

Para onde foram recolhidas de suas fontes, patrimônio do cidadão na forma de tributos, atividade empresarial desempenhada pelo próprio Estado, exploração, pelo Estado, do seu próprio patrimônio, dentre outras, e chegam às UG's para serem gastos?

Para suprir a despesa anteriormente autorizada na LOA ou em um crédito adicional, as unidades executoras utilizam os recursos financeiros anteriormente recolhidos ao Caixa Único do Tesouro Nacional, CUTN e disponibilizados para fazer frente aos créditos orçamentários. Essa atividade denomina-se descentralização recursos financeiros.

10.2.1. *Estrutura de descentralização de recursos financeiros*

A Lei nº 10.180/01 criou, dentre outros, o Sistema de Administração Financeira Federal que, segundo art. 9º, visa ao equilíbrio financeiro do Governo Federal, dentro dos limites da receita e despesa públicas.

Para tanto, o art. 10º da citada lei estabelece, dentre outras, que o Sistema de Administração Financeira Federal compreende a atividade de **PROGRAMAÇÃO financeira da União.**

Segundo o art. 8º da LRF, a execução se inicia após o estabelecimento da programação financeira e do cronograma de execução mensal de desembolso que ocorrerá por meio de um decreto executivo.

O Sistema de Administração Financeira Federal está estruturado da seguinte maneira:

1) **Secretaria do Tesouro Nacional, STN:** órgão central de Administração Financeira Federal, a STN, secretaria integrante do Ministério da Economia, tem por função gerir a descentralização dos recursos financeiros a partir das Propostas de Programação Financeira dos **Órgãos Setoriais de Programação Financeira – OSPF**. Tem, ainda, por função orientar normativamente e supervisionar tecnicamente os órgãos setoriais.

Segundo o Decreto nº 3.590/00, em seu art. 5º, suas competências relacionadas à programação financeira são:

> (...)
>
> III – elaborar a programação financeira do Tesouro Nacional, gerenciar a Conta Única do Tesouro Nacional e subsidiar a formulação da política de financiamento da despesa pública;
>
> (...)
>
> VIII – editar normas sobre a programação financeira e a execução orçamentária e financeira, bem como promover o acompanhamento, a sistematização e a padronização da execução da despesa pública;

2) **Órgãos Setoriais de Programação Financeira – OSPF:** são as unidades de programação financeira dos Ministérios, da Advocacia-Geral da União, da Vice-Presidência e da Casa Civil da Presidência da República, dentre outros. São os chamados órgãos setoriais de programação financeira – OSPF, distribuídos horizontalmente dentro desta estrutura, estes órgãos têm por função consolidar as Propostas de Programação Financeira das unidades gestoras e, quando disponibilizados os recursos por parte do órgão central, distribuí-los entre as unidades gestoras, subordinadas ou não.

Segundo o Decreto nº 3.590/00, em seu art. 6º, suas competências relacionadas à programação financeira são:

> I – propor ao órgão central do Sistema a programação financeira setorial;
>
> II – em relação ao órgão cuja estrutura administrativa integre:
>
> a) estabelecer sua programação financeira e a dos demais órgãos e entidades a ele vinculados;
>
> b) coordenar, orientar e acompanhar suas atividades de programação e execução orçamentária e financeira, bem como dos demais órgãos e entidades a ele vinculados;
>
> III – prestar informações demandadas pelo órgão central do Sistema; e
>
> IV – apoiar o órgão central do Sistema na gestão do SIAFI.

Caberá aos órgãos setoriais de programação financeira fixar os limites vistos acima, referentes às suas unidades subordinadas.

> ▶ **OBSERVAÇÃO:**
>
> Importante estar atento ao fato de que os órgãos setoriais mantêm seus vínculos hierárquicos com os órgãos a que pertençam. Isso quer dizer que o exercício das orientações realizadas pelo órgão central ocorrerá sem prejuízo da subordinação destes órgãos ao órgão em cuja estrutura administrativa estiverem integrados.
>
> Compondo as Unidades Setoriais, na base, estão as Unidades Gestoras que receberão os recursos financeiros descentralizados da Conta Única do Tesouro.

10.2.2. *Operacionalização da programação financeira*[13]

Após a aprovação e a publicação da Lei Orçamentária Anual - LOA, a Secretaria do Tesouro Nacional - STN, por meio de fita magnética elaborada pela Secretaria de Orçamento Federal - SOF, registra no SIAFI os créditos orçamentários iniciais em contas do sistema orçamentário e financeiro dos órgãos integrantes do sistema de programação financeira.

Também são registrados no SIAFI, pelo órgão central do sistema de programação financeira, os subtetos estabelecidos aos valores da Lei Orçamentária Anual e fixados pelo Decreto de Programação Financeira do exercício.

A Proposta de Programação Financeira - PPF, constitui o registro pelo qual as Unidades Gestoras, mediante o seu registro no SIAFI, solicitam os correspondentes recursos financeiros para o pagamento de suas despesas aos respectivos órgãos setoriais e estes ao órgão central do sistema de programação financeira.

As PPF's são apresentadas com as seguintes informações:

- Categorias de Gasto;
- Tipo de Despesa (do Exercício ou Restos a Pagar);
- Código de Vinculação de Pagamento;
- Fonte de Recursos;
- Mês de referência;
- Valor.

A Coordenação-Geral de Programação Financeira da Secretaria do Tesouro Nacional - COFIN/STN, de posse das PPF dos órgãos setoriais, elabora a Proposta de Programação Financeira, com observância dos critérios indicados a seguir, por ordem de prioridade:

- Volume de arrecadação dos recursos, de forma que o montante a ser liberado fique imitado ao efetivo ingresso dos recursos no caixa do Tesouro Nacional;
- Existência de dotação orçamentária nas categorias de gasto para utilização dos recursos nos órgãos setoriais;

---

13. Texto consultado no endereço eletrônico http://www.esaf.fazenda.gov.br/cursos/IV-semana-AOFP-2007/oficina/Of51-APS-Descentralizao_de_recursos_e_Programao.pdf

- Vinculações constitucionais e legais das receitas arrecadadas, bem como os respectivos prazos legais de repasse dos recursos;
- Prioridades de gasto, previamente estabelecidas por Decreto do Presidente da República;
- Demanda apresentada pelos órgãos;
- Sazonalidades específicas de alguns gastos; e
- Política fiscal estabelecida para o período (déficit ou superávit fiscal).

A STN, após as considerações e os ajustes necessários, registra a Programação Financeira Aprovada – PFA. Os OSPF, em função do teto fixado na PFA, estabelecerão os limites para suas unidades gestoras.

10.2.3. *Mecanismos de descentralização de recursos financeiros*

Agora que sabemos quem são os responsáveis pela descentralização de recursos financeiros, é importante conhecer os mecanismos que permitem essa descentralização, para tanto, começaremos pelas figuras de descentralização utilizadas no âmbito do Poder Executivo Federal. São elas:

1) Cota:

Segundo os arts. 47 e 48 da Lei nº 4.320/64, estes dispõem que:

> **Lei nº 4.320/64**
>
> **Art. 47.** Imediatamente após a promulgação da Lei de Orçamento e com base nos limites nela fixados, já levando em conta os créditos adicionais e as operações extraorçamentárias, o Poder Executivo aprovará um quadro de cotas trimestrais da despesa que cada unidade orçamentária fica autorizada a utilizar.
>
> **Art. 48.** A fixação das cotas atenderá aos seguintes objetivos:
>
> a) assegurar às unidades orçamentárias, em tempo útil a soma de recursos necessários e suficientes a melhor execução do seu programa anual de trabalho;
>
> b) manter, durante o exercício, na medida do possível o equilíbrio entre a receita arrecadada e a despesa realizada, de modo a reduzir ao mínimo eventuais insuficiências de tesouraria.

A Secretaria de Orçamento Federal define Cota Orçamentária como sendo "a parcela dos créditos orçamentários totais constantes do orçamento para cada projeto/atividade de orçamentário, que cada unidade orçamentária fica autorizada a utilizar em cada trimestre (cota trimestral), definida, normalmente, pela Secretaria da Fazenda ou do Planejamento. As cotas poderão ser alteradas durante o exercício e devem assegurar aos órgãos a soma de recursos necessários e suficientes à realização de seu programa de trabalho e manter o equilíbrio entre receita arrecadada e despesa realizada[14]".

14. BRASIL. Ministério do Planejamento, Desenvolvimento e Gestão. **Orçamento.** Disponível em: ‹http://www.orcamentofederal.gov.br/macro_lista_glossario?letra=*&b_start:int=20›. Acesso em: 13 ago. 2018.

É a primeira fase da movimentação dos recursos, realizada em consonância com o cronograma de desembolso aprovado pelo Secretário do Tesouro Nacional. Estes recursos são colocados à disposição dos órgãos setoriais de programação financeira – OSPF mediante movimentação Intra-SIAFI dos recursos da conta única do Tesouro Nacional.

2) Repasse:

É a liberação de recursos realizada pelo órgão setorial de programação financeira para entidades da administração indireta, e entre estas; e, ainda, da entidade da administração indireta para órgão da administração direta, ou entre estas, se de outro órgão ou ministério.

Em outras palavras, o repasse é a importância em recursos financeiros que a unidade orçamentária transfere a outra unidade orçamentária, seja para outro Ministério, órgão entidade, que esteja associado ao destaque orçamentário, sendo a sua contrapartida do lado financeiro.

3) Sub-Repasse:

É a liberação de recursos dos órgãos setoriais de programação financeira para as unidades gestoras de um ministério, órgão ou entidade. O sub-repasse é a importância que a unidade orçamentária transfere a outra unidade orçamentária ou administrativa do mesmo Ministério ou Órgão cuja figura está ligada à provisão, sendo a sua contrapartida do lado financeiro.

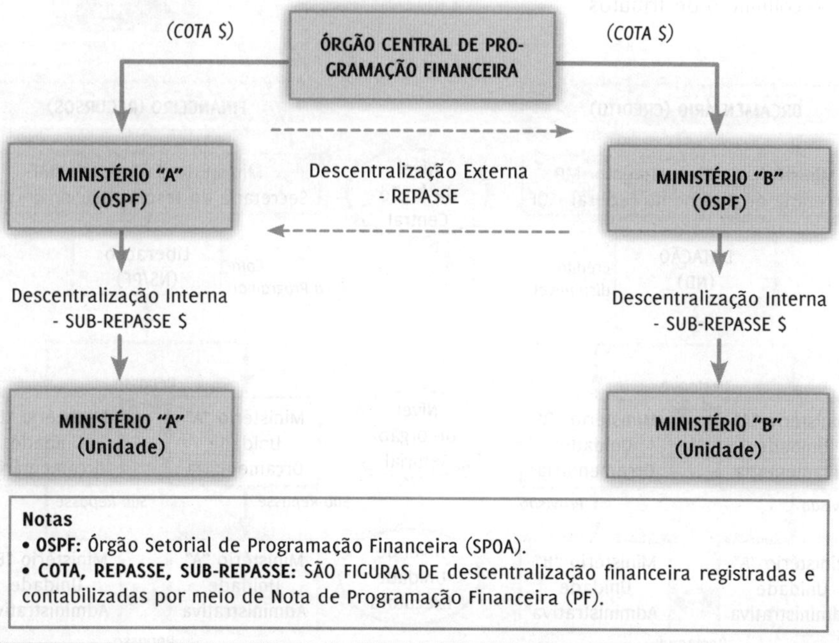

Notas
- **OSPF:** Órgão Setorial de Programação Financeira (SPOA).
- **COTA, REPASSE, SUB-REPASSE:** SÃO FIGURAS DE descentralização financeira registradas e contabilizadas por meio de Nota de Programação Financeira (PF).

- **Documentos do SIAFI que propiciam a descentralização financeira**

Nota de Sistema (NS): documento utilizado para registro no SIAFI para movimentação financeira efetuada pelo Banco Central do Brasil na Conta Única, mediante autorização da Secretaria do Tesouro Nacional.

É importante entender que a execução orçamentária e a execução financeira, apesar de serem institutos distintos, são partes de um mesmo processo. Este processo se aperfeiçoa na realização da despesa. As Unidades Gestoras – UG realizam a despesa em todas as suas fases, ou seja, a licitação, a contratação, o empenho, a liquidação e o pagamento, cabendo-lhes encaminhar aos OSPF a proposta de cronograma de desembolso para os projetos e atividades a seu cargo. Pode-se associar as fases da despesa à descentralização orçamentária e financeira como na figura abaixo.

Temos então paralelamente os dois processos.

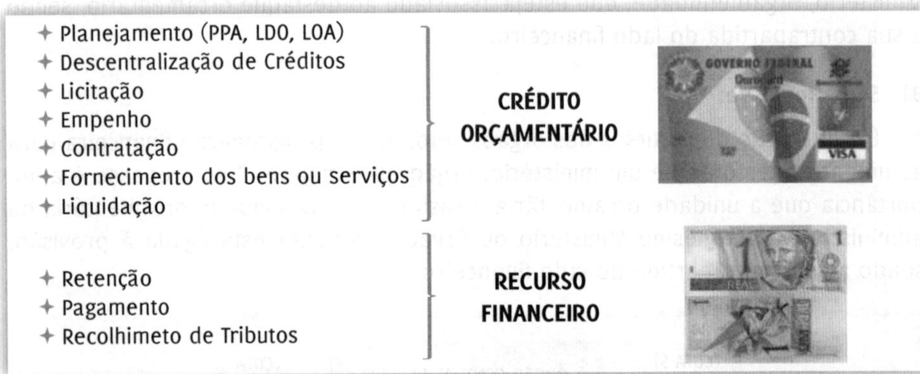

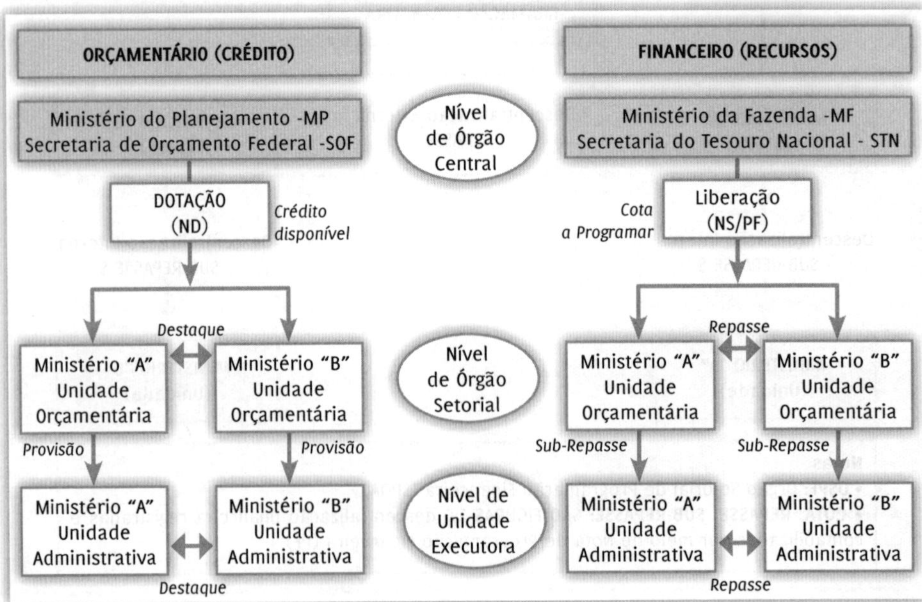

Da análise da figura, chega-se à conclusão que a dotação orçamentária está para cota financeira e destaque orçamentário está para repasse financeiro, assim como provisão orçamentária está para sub-repasse financeiro, sendo, cada uma, faces da mesma moeda.

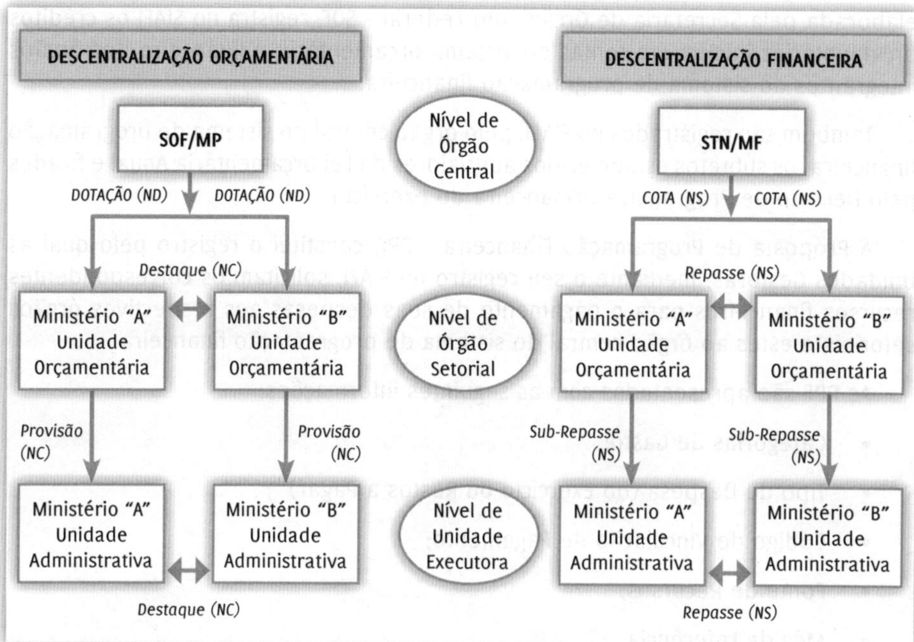

▸ **OBSERVAÇÃO:**

- A unidade orçamentária que recebe créditos orçamentários sob a forma de dotação (fixação) receberá sob a forma de cota os recursos financeiros;
- A unidade administrativa que recebe créditos orçamentários por descentralização de uma U.O. sob a forma de destaque receberá os recursos financeiros sob a forma de repasse;
- A unidade administrativa que recebe créditos orçamentários por descentralização de uma U.O. sob a forma de provisão receberá os recursos financeiros sob a forma de sub-repasse.

10.2.4. Operacionalização da programação financeira[15]

Conforme trabalho elaborado por ocasião da V Semana de Administração, Orçamentária, Financeira e de Contratações Públicas do Governo Federal, e organizado por, Paulo Henrique Feijó, após a aprovação e a publicação da Lei Orçamentária Anual – LOA, a Secretaria do Tesouro Nacional – STN, por meio de fita magnética elaborada pela Secretaria de Orçamento Federal – SOF, registra no SIAFI os créditos orçamentárias iniciais em contas do sistema orçamentário e financeiro dos órgãos integrantes do sistema de programação financeira.

Também são registrados no SIAFI, pelo órgão central do sistema de programação financeira, os subtetos estabelecidos aos valores da Lei Orçamentária Anual e fixados pelo Decreto de Programação Financeira do exercício.

A Proposta de Programação Financeira – PPF, constitui o registro pelo qual as Unidades Gestoras, mediante o seu registro no SIAFI, solicitam os correspondentes recursos financeiros para o pagamento de suas despesas aos respectivos órgãos setoriais e estes ao órgão central do sistema de programação financeira.

As PPF são apresentadas com as seguintes informações:

- Categorias de Gasto;
- Tipo de Despesa (do Exercício ou Restos a Pagar)[16];
- Código de Vinculação de Pagamento;
- Fonte de Recursos;
- Mês de referência;
- Valor.

Atualmente, a totalização dos valores apresentados nas PPF não pode exceder as dotações aprovadas no Orçamento Geral da União – OGU, sendo o controle realizado por meio do SIAFI, em conta contábil específica.

A Coordenação-Geral de Programação Financeira da Secretaria do Tesouro Nacional – COFIN/STN, de posse das PPF dos órgãos setoriais, elabora a Proposta de Programação Financeira, com observância dos critérios indicados a seguir, por ordem de prioridade:

---

15. Texto consultado no endereço eletrônico http://www.esaf.fazenda.gov.br/cursos/IV-semana-AOFP-2007/oficina/Of51-APS-Descentralizao_de_recursos_e_Programao.pdf
16. Despesas empenhadas, mas não pagas até o dia 31 de dezembro, que não tenham sido canceladas pelo processo de análise e depuração e que atendam aos requisitos previstos na Lei nº 4.320/1964, podendo ser inscritas como tal por constituírem encargos incorridos no exercício vigente.

- Volume de arrecadação dos recursos, de forma que o montante a ser liberado fique limitado ao efetivo ingresso dos recursos no caixa do Tesouro Nacional;
- Existência de dotação orçamentária nas categorias de gasto, para utilização dos recursos nos órgãos setoriais;
- Vinculações constitucionais e legais das receitas arrecadadas, bem como os respectivos prazos legais de repasse dos recursos;
- Prioridades de gasto, previamente estabelecidas por Decreto do Presidente da República;
- Demanda apresentada pelos órgãos;
- Sazonalidades específicas de alguns gastos; e
- Política fiscal estabelecida para o período (déficit ou superávit fiscal).

A STN, após as considerações e os ajustes necessários, registra a Programação Financeira Aprovada – PFA. Os OSPF, em função do teto fixado na PFA, estabelecerão os limites para suas unidades gestoras.

Segue abaixo a representação do fluxo da programação financeira elaborado por Paulo Henrique Feijó.

- 1º PASSO: As unidades executoras elaboram a PPF solicitando ao OSPF o montante de recursos financeiros que necessitam para atender seus gastos;
- 2º PASSO: Os OSPF consolidam as solicitações das suas unidades executoras e encaminham uma única solicitação referente ao ministério ao órgão central (STN/MF) por meio de nova PPF;
- 3º PASSO: A STN/MF, após examinar cada solicitação dos OSPF, emite a PFA dentro do subsistema CPR – Contas a Pagar e a Receber, aprovando o montante de recursos financeiros que serão liberados para cada OSPF;
- 4º PASSO: Os OSPF, em face do montante individual aprovado pela STN/MF, redistribuem o valor as suas unidades executoras, emitindo nova PFA dentro do subsistema CPR – Contas a Pagar e a Receber, onde fica indicado o montante aprovado a ser liberado;
- 5º PASSO: A STN/MF, finalizando suas atribuições, emite uma Nota de Sistema – NS, dentro do subsistema CPR – Contas a Pagar e a Receber, transferindo para os OSPF, os recursos financeiros cuja liberação anteriormente tinha sido aprovada;
- 6º PASSO: Os OSPF, finalizando todo o processo de programação financeira e depois de receberem os recursos financeiros da STN/MF, fazem nova transferência destes, destinando a cada uma de suas unidades executoras o valor antes aprovado pelo próprio OSPF. Com isso, o dinheiro necessário

ao pagamento da despesa chega até as unidades executoras, encerrando o processo de execução da despesa, que começou com a autorização dada na lei orçamentária.

FLUXO DE ETAPAS DA PROGRAMAÇÃO FINANCEIRA

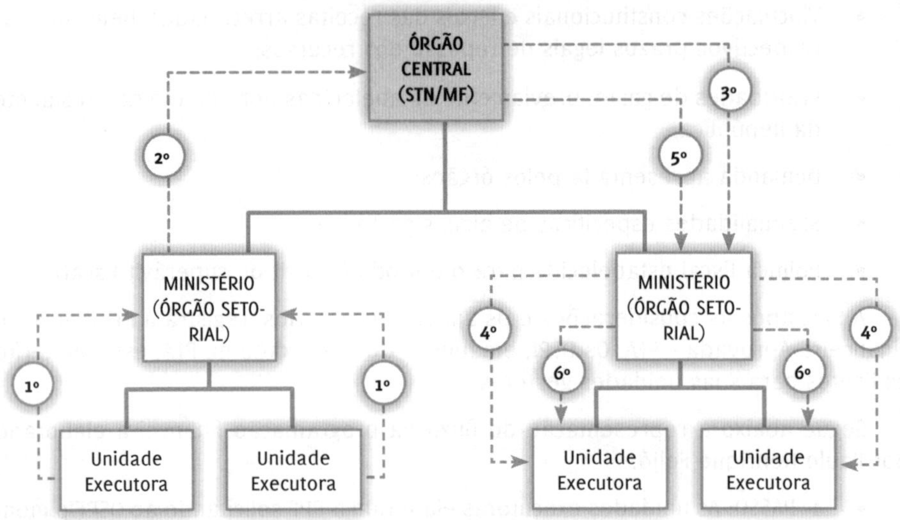

11. CONTROLE E AVALIAÇÃO DA EXECUÇÃO DO ORÇAMENTO

Controle da execução orçamentária é a verificação da execução física e financeira das ações, envolvendo a legalidade e a correção na aplicação dos recursos orçamentários. Esta etapa objetiva preservar a probidade do gestor e a eficiência da gestão.

Segundo o art. 70 da Constituição Federal, a fiscalização contábil, financeira, orçamentária, operacional e patrimonial da União e das entidades da administração direta e indireta, quanto à legalidade, legitimidade, economicidade, aplicação das subvenções e renúncia de receitas, será exercida pelo Congresso Nacional, mediante controle externo, e pelo sistema de controle interno de cada Poder.

> ▸ **OBSERVAÇÃO:**
>
> Fique atento, pois, dentre várias, uma das características do ciclo orçamentário é que ele prevê o acompanhamento do controle interno, externo e social.

Já a Lei nº 4.320/64, estabeleceu em seu Título VII, normas específicas relacionadas ao Controle da Execução Orçamentária.

Segundo o art. 75 dessa lei, o Controle da Execução Orçamentária compreenderá:

1) A legalidade dos atos de que resultem a arrecadação da receita ou a realização da despesa, o nascimento ou a extinção de direitos e obrigações;
2) A fidelidade funcional dos agentes da administração, responsáveis por bens e valores públicos;
3) O cumprimento do programa de trabalho expresso em termos monetários e em termos de realização de obras e prestação de serviços.

11.1. Espécies de controle segundo órgão responsável

Segundo o órgão responsável e sua relação com o objeto da fiscalização, pode-se classificar o controle como interno ou externo.

11.1.1. Interno

1) Finalidade

Segundo o art. 74 da Constituição Federal, os Poderes Legislativo, Executivo e Judiciário manterão, de forma integrada, o sistema de controle interno com a finalidade de:

> I – avaliar o cumprimento das metas previstas no plano plurianual, a execução dos programas de governo e dos orçamentos da União;
>
> II – comprovar a legalidade e avaliar os resultados, quanto à eficácia e eficiência, da gestão orçamentária, financeira e patrimonial nos órgãos e entidades da administração federal, bem como da aplicação de recursos públicos por entidades de direito privado;
>
> III – exercer o controle das operações de crédito, avais e garantias, bem como dos direitos e haveres da União;
>
> IV – apoiar o controle externo no exercício de sua missão institucional.

O controle interno administrativo é desenvolvido no âmbito interno do Poder. Segundo o art. 70 da Constituição, a fiscalização contábil, financeira, orçamentária, operacional e patrimonial da União e das entidades da administração direta e indireta, quanto à legalidade, legitimidade, economicidade, aplicação das subvenções e renúncia de receitas, será exercida pelo Congresso Nacional, mediante controle externo, e pelo sistema de controle interno de cada Poder.

Ainda, segundo a Constituição, os responsáveis pelo controle interno, ao tomarem conhecimento de qualquer irregularidade ou ilegalidade, dela darão ciência ao Tribunal de Contas da União, sob pena de responsabilidade solidária. Qualquer cidadão, partido político, associação ou sindicato é parte legítima para, na forma da lei, denunciar irregularidades ou ilegalidades perante o Tribunal de Contas da União.

No Poder Executivo Federal essa função é de responsabilidade do Sistema de Controle Interno, estabelecida pela Lei nº 10.180/01 em seu Título V. Esse sistema pertence o Poder Executivo Federal, devendo os outros Poderes instituir os seus próprios meios de controle. Outro ponto a ser abordado é que o controle realizado pelos integrantes desse sistema é considerado interno, isso porque são órgãos do Poder Executivo fiscalizando órgãos do Poder Executivo. Segundo o art. 19 da lei mencionada, o Sistema de Controle Interno do Poder Executivo Federal visa à avaliação da ação governamental e da gestão dos administradores públicos federais, por intermédio da fiscalização contábil, financeira, orçamentária, operacional e patrimonial, e a apoiar o controle externo no exercício de sua missão institucional.

Assim, esse sistema tem por função a avaliação da ação governamental e da gestão dos administradores públicos federais, por intermédio da fiscalização contábil, financeira, orçamentária, operacional e patrimonial, e a apoiar o controle externo no exercício de sua missão institucional.

Segundo o art. 20 da Lei nº 10.180, de 6 de fevereiro de 2001 e o art. 2º do Decreto 3.591 de 6 de setembro de 2000, o Sistema de Controle Interno do Poder Executivo Federal tem as seguintes finalidades:

I - avaliar o cumprimento das metas previstas no Plano Plurianual, a execução dos programas de governo e dos orçamentos da União;

A avaliação do cumprimento das metas do Plano Plurianual busca a comprovar a conformidade da sua execução. Já a avaliação da execução dos programas de governo visa a comprovar o nível de execução das metas, o alcance dos objetivos e a adequação do gerenciamento. A avaliação da execução dos orçamentos da União visa a comprovar a conformidade da execução com os limites e destinações estabelecidos na legislação pertinente.

II - comprovar a legalidade e avaliar os resultados, quanto à eficácia e à eficiência da gestão orçamentária, financeira e patrimonial nos órgãos e nas entidades da Administração Pública Federal, bem como da aplicação de recursos públicos por entidades de direito privado;

A avaliação da gestão dos administradores públicos federais visa a comprovar a legalidade e a legitimidade dos atos e a examinar os resultados quanto à economicidade, à eficiência e à eficácia da gestão orçamentária, financeira, patrimonial, de pessoal e demais sistemas administrativos e operacionais.

III - exercer o controle das operações de crédito, avais e garantias, bem como dos direitos e haveres da União;

O controle das operações de crédito, avais, garantias, direitos e haveres da União visa a aferir a sua consistência e a adequação dos controles internos.

IV - apoiar o controle externo no exercício de sua missão institucional.

2) Organização

Por meio de ferramentas como auditoria e fiscalização, o Sistema de Controle Interno do Poder Executivo Federal desempenhará suas funções desenvolvendo as atividades vistas no tópico anterior, avaliando, inclusive, a gestão dos administradores públicos federais.

Segundo a lei, integram o Sistema de Controle Interno do Poder Executivo Federal:

I – A Secretaria Federal de Controle Interno, como órgão central;

Órgão pertencente à estrutura da Controladoria Geral da União – CGU, a Secretaria Federal de Controle – SFC abrange todos os órgãos do Poder Executivo Federal, com exceção dos órgãos setoriais, aqueles de controle interno que integram a estrutura do Ministério das Relações Exteriores, do Ministério da Defesa, da Advocacia-Geral da União e da Casa Civil.

O órgão central pode se subdividir em unidades setoriais e regionais, como segmentos funcionais e espaciais, respectivamente.

II – Órgãos setoriais.

A exemplo dos outros sistemas, os órgãos setoriais ficam sujeitos à orientação normativa e à supervisão técnica do órgão central do Sistema, sem prejuízo da subordinação ao órgão em cuja estrutura administrativa estiverem integrados. Tais órgãos também podem se subdividir em unidades setoriais e regionais, como segmentos funcionais e espaciais, respectivamente.

Órgãos setoriais são aqueles de controle interno que integram a estrutura:

1) Do Ministério das Relações Exteriores;
2) Do Ministério da Defesa;
3) Da Advocacia-Geral da União; e
4) Da Casa Civil.

Determina o § 3º do art. 22 que o órgão de controle interno da Casa Civil tem como área de atuação todos os órgãos integrantes da Presidência da República e da Vice-Presidência da República, além de outros determinados em legislação específica.

A Controladoria-Geral da União (CGU) é o órgão do Governo Federal responsável por assistir direta e imediatamente ao Presidente da República quanto aos assuntos que, no âmbito do Poder Executivo, sejam relativos à defesa do patrimônio público e ao incremento da transparência da gestão, por meio das atividades de controle interno, auditoria pública, correição, prevenção e combate à corrupção e ouvidoria.

A CGU também deve exercer, como órgão central, a supervisão técnica dos órgãos que compõem o Sistema de Controle Interno e o Sistema de Correição e das unidades de ouvidoria do Poder Executivo Federal, prestando a orientação normativa necessária.

A CGU está estruturada em quatro unidades finalísticas, que atuam de forma articulada, em ações organizadas entre si: Secretaria de Transparência e Prevenção da Corrupção (STPC), Secretaria Federal de Controle Interno (SFC), Corregedoria-Geral da União (CRG) e Ouvidoria-Geral da União (OGU).

A estrutura constante do Decreto nº 3.591/00, em seu art. 8º estabelece que integram o Sistema de Controle Interno do Poder Executivo Federal:

I - a Controladoria-Geral da União, como Órgão Central, incumbido da orientação normativa e da supervisão técnica dos órgãos que compõem o Sistema;

II - as Secretarias de Controle Interno (CISET) da Casa Civil, da Advocacia-Geral da União, do Ministério das Relações Exteriores e do Ministério da Defesa, como órgãos setoriais;

III - as unidades de controle interno dos comandos militares, como unidades setoriais da Secretaria de Controle Interno do Ministério da Defesa;

Segundo os §§ 1º, 2º 3º e 4º do Decreto 3.591/00, este ainda estabelece que:

1) A Secretaria Federal de Controle Interno desempenhará as funções operacionais de competência do Órgão Central do Sistema, na forma definida no regimento interno, além das atividades de controle interno de todos os órgãos e entidades do Poder Executivo Federal, excetuados aqueles jurisdicionados aos órgãos setoriais constantes do inciso II visto acima.

2) As unidades regionais de controle interno exercerão as competências da Controladoria-Geral da União que lhes forem delegadas ou estabelecidas no regimento interno, nas respectivas unidades da federação, além daquelas previstas no § 1º do art. 11 deste Decreto.

3) A Secretaria de Controle Interno da Casa Civil tem como área de atuação todos os órgãos integrantes da Presidência da República e da Vice-Presidência da República, além de outros determinados em legislação específica.

4) A Secretaria de Controle Interno da Casa Civil é responsável pelas atividades de controle interno da Advocacia-Geral da União, até a criação do seu órgão próprio.

A Lei nº 4.320/64, também traz disposições específicas sobre o controle interno nos artigos 77 a 80. Segundo esses dispositivos legais, o Poder Executivo exercerá os três tipos de Controle a que se refere o artigo 75, sem prejuízo das atribuições do Tribunal de Contas ou órgão equivalente.

Lei nº 4.320/64

Art. 75. O controle da execução orçamentária compreenderá:

I - a legalidade dos atos de que resultem a arrecadação da receita ou a realização da despesa, o nascimento ou a extinção de direitos e obrigações;

II - a fidelidade funcional dos agentes da administração, responsáveis por bens e valores públicos;

III - o cumprimento do programa de trabalho expresso em termos monetários e em termos de realização de obras e prestação de serviços.

Ainda segundo a lei, art. 77 e 78, a verificação da legalidade dos atos de execução orçamentária será prévia, concomitante e subsequente. Além da prestação ou tomada de contas anual, quando instituída em lei, ou por fim de gestão, poderá haver, a qualquer tempo, levantamento, prestação ou tomada de contas de todos os responsáveis por bens ou valores públicos.

Ao órgão incumbido da elaboração da proposta orçamentária ou a outro indicado na legislação, caberá o Controle estabelecido no inciso III do artigo 75 visto acima. Este controle far-se-á, quando for o caso, em termos de unidades de medida, previamente estabelecidos para cada atividade.

Compete aos serviços de contabilidade ou órgãos equivalentes verificar a exata observância dos limites das cotas trimestrais atribuídas a cada unidade orçamentária, dentro do sistema que for instituído para este fim.

11.1.2. *Controle externo*

O controle externo, função atribuída pela Constituição Federal ao Poder Legislativo, é desempenhado, no âmbito da União, pelo Congresso Nacional, diretamente por intermédio da Comissão Mista de Orçamento ou com auxílio do Tribunal de Contas da União (TCU). É importante citar que, apesar de ser normalmente citado como uma das últimas fases do ciclo orçamentário, o controle deve acontecer também anteriormente e concomitantemente à execução, principalmente no que se refere ao controle interno.

O art. 71 da Constituição Federal estabelece que o controle externo, a cargo do Congresso Nacional, será exercido com o auxílio do Tribunal de Contas da União, ao qual compete:

I - apreciar as contas prestadas anualmente pelo Presidente da República, mediante parecer prévio que deverá ser elaborado em sessenta dias a contar de seu recebimento;

II - julgar as contas dos administradores e demais responsáveis por dinheiros, bens e valores públicos da administração direta e indireta, incluídas as fundações e sociedades instituídas e mantidas pelo Poder Público federal, e as contas daqueles que derem causa a perda, extravio ou outra irregularidade de que resulte prejuízo ao erário público;

III - apreciar, para fins de registro, a legalidade dos atos de admissão de pessoal, a qualquer título, na administração direta e indireta, incluídas as fundações instituídas e mantidas pelo Poder Público, excetuadas as nomeações para cargo de provimento em comissão, bem como a das concessões de aposentadorias, reformas e pensões, ressalvadas as melhorias posteriores que não alterem o fundamento legal do ato concessório;

IV - realizar, por iniciativa própria, da Câmara dos Deputados, do Senado Federal, de Comissão técnica ou de inquérito, inspeções e auditorias de natureza contábil, financeira, orçamentária, operacional e patrimonial, nas unidades administrativas dos Poderes Legislativo, Executivo e Judiciário, e demais entidades referidas no inciso II;

V - fiscalizar as contas nacionais das empresas supranacionais de cujo capital social a União participe, de forma direta ou indireta, nos termos do tratado constitutivo;

VI - fiscalizar a aplicação de quaisquer recursos repassados pela União mediante convênio, acordo, ajuste ou outros instrumentos congêneres, a Estado, ao Distrito Federal ou a Município;

VII - prestar as informações solicitadas pelo Congresso Nacional, por qualquer de suas Casas, ou por qualquer das respectivas Comissões, sobre a fiscalização contábil, financeira, orçamentária, operacional e patrimonial e sobre resultados de auditorias e inspeções realizadas;

VIII - aplicar aos responsáveis, em caso de ilegalidade de despesa ou irregularidade de contas, as sanções previstas em lei, que estabelecerá, entre outras cominações, multa proporcional ao dano causado ao erário.

1) Comissão mista

A Comissão Mista de Planos, Orçamentos Públicos e Fiscalização - CMO, órgão legislativo do Congresso Nacional, composta por Deputados e Senadores, foi instituída pelo art. 166, § 1º. Esse dispositivo determina que cabe à CMO examinar e emitir parecer sobre os projetos referidos nesse artigo e sobre as contas apresentadas anualmente pelo Presidente da República. Segundo o inciso II, segunda parte do mesmo dispositivo, cabe à comissão exercer o acompanhamento e a fiscalização orçamentária, sem prejuízo da atuação das demais comissões do Congresso Nacional e de suas Casas, criadas de acordo com o art. 58.

2) Tribunal de Contas da União - TCU

A despeito de ser um tribunal, TCU não é integrante do Poder Judiciário. Segundo o art. 73 da Constituição Federal, o Tribunal de Contas da União, integrado por nove Ministros, tem sede no Distrito Federal, quadro próprio de pessoal e jurisdição em todo o território nacional, exercendo, no que couber, as atribuições previstas no art. 96.

A Lei nº 4.320/64 também traz dispositivos específicos sobre o controle externo, especificamente em seus Capítulos 81 e 82. Segundo esses dispositivos legais, o controle da execução orçamentária, pelo Poder Legislativo, terá por objetivo verificar a probidade da administração, a guarda e legal emprego do dinheiro público e o cumprimento da Lei de Orçamento.

O Poder Executivo, anualmente, prestará contas ao Poder Legislativo, no prazo estabelecido nas Constituições ou nas Leis Orgânicas dos Municípios. As contas do Poder Executivo serão submetidas ao Poder Legislativo, com parecer prévio do Tribunal de Contas ou órgão equivalente. Quando, no Município não houver Tribunal de Contas ou órgão equivalente, a Câmara de Vereadores poderá designar peritos contadores para verificarem as contas do prefeito e sobre elas emitirem parecer.

11.2. Espécies de controle segundo momento

O controle pode ocorrer em momentos distintos, estes se classificam como controle prévio (*a priori*), concomitante ou posterior (*a posteriori*).

11.2.1. *Prévio ou preventivo (a priori)*

É o controle que se dá antes da edição do ato visando a impedir que seja praticado ato ilegal ou contrário ao interesse público. Como exemplo de tal controle, podemos citar a sujeição de determinados atos do Poder Executivo à aprovação ou autorização prévia do Congresso Nacional ou uma de suas Casas, por determinação constitucional, insculpida no art. 49, X, entre outros.

> **Constituição Federal**
>
> **Art. 49.** É da competência exclusiva do Congresso Nacional:
>
> (...)
>
> X – fiscalizar e controlar, diretamente, ou por qualquer de suas Casas, os atos do Poder Executivo, incluídos os da administração indireta;

O controle prévio é o mais antigo, contudo, emperra a máquina pública suspendendo a eficácia do ato até sua análise pelo órgão competente.

11.2.2. *Concomitante*

É o controle realizado durante a atuação administrativa. Como exemplo, podemos citar o controle exercido sobre escolas, hospitais e outros órgãos prestadores de serviços públicos, bem como as auditorias do Tribunal de Contas.

Tal controle é considerado o mais eficaz, visto que o ato tido como irregular pode ser sobrestado durante a sua consecução, evitando maior dispêndio para o erário.

11.2.3. *Posterior ou subsequente (a posteriori)*

É o realizado após a edição do ato. Presta-se para rever os atos já praticados, objetivando corrigi-los, desfazê-los ou confirmá-los. Como exemplo, temos os atos de aprovação, homologação, anulação, revogação e convalidação.

É a forma mais comum de controle e, também, a mais ineficaz, porque a revisão posterior de um ato ilegal já praticado torna difícil a reparação de danos daí advindos, assim como a restauração do *status quo ante*.

> **Constituição Federal**
>
> **Art. 49.** É da competência exclusiva do Congresso Nacional:
>
> (...)
>
> IX – julgar anualmente as contas prestadas pelo Presidente da República e apreciar os relatórios sobre a execução dos planos de governo;

12. AVALIAÇÃO GERAL DA EXECUÇÃO ORÇAMENTÁRIA

A avaliação é o diagnóstico e a análise dos resultados e da efetividade da execução das ações de governo, um processo que é processo coordenado pela Subsecretaria de Planejamento Governamental da Secretaria Especial da Fazenda do Ministério da Economia. Instituições como Instituto de Pesquisa Econômica Aplicada (IPEA) também participam dessa etapa, no que concerne à avaliação das políticas públicas, avaliação que exige um período de tempo maior que um exercício financeiro.

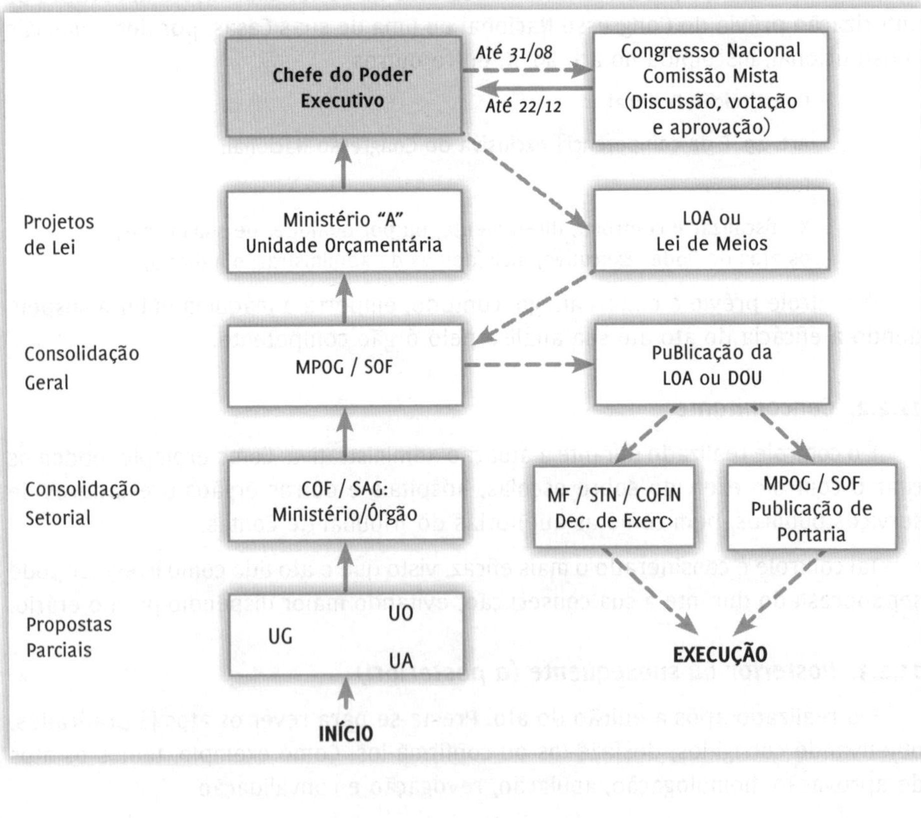

13. RESUMO DO PROCESSO ORÇAMENTÁRIO[17]

O fluxo a seguir representa a tramitação do projeto LOA

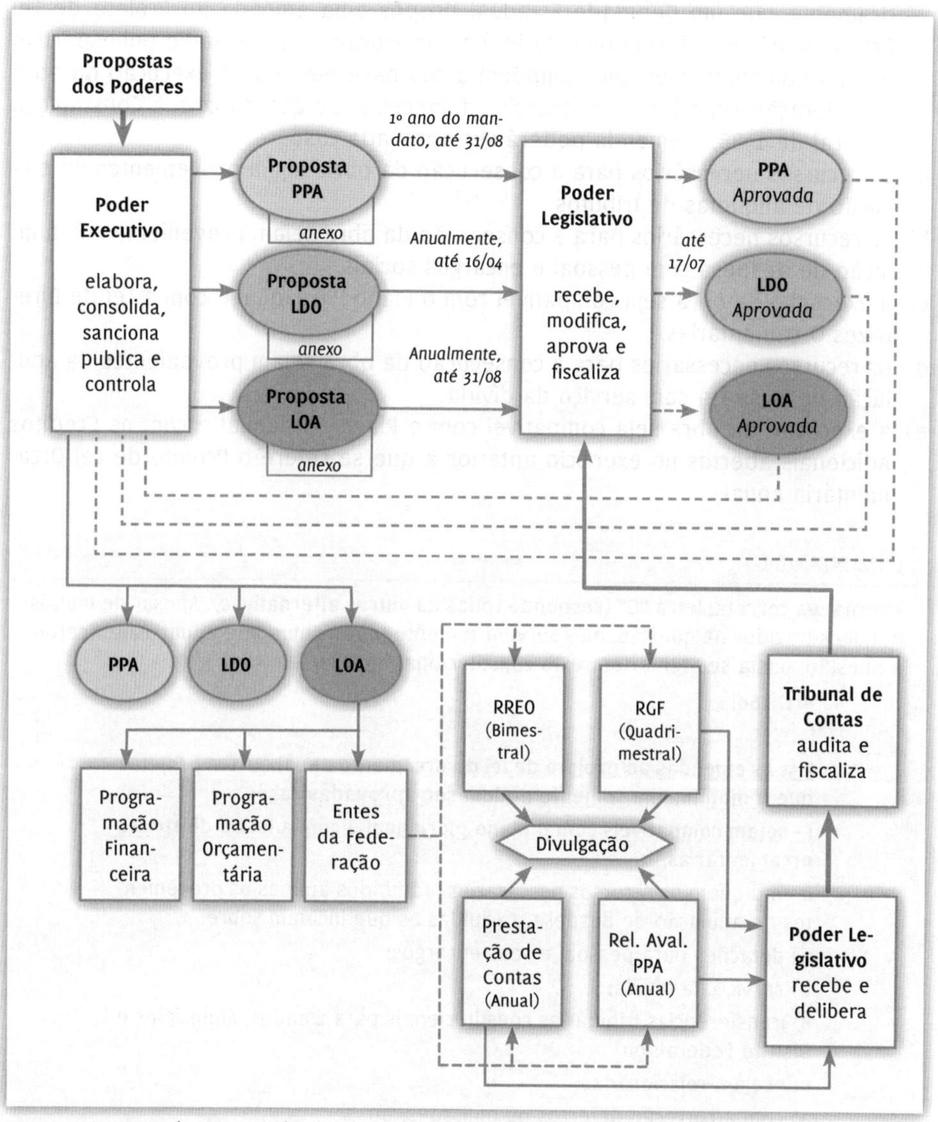

Fonte: MOGNATTI (2005, p. 19)

17. MOGNATTI, Marcos César de Farias. **A Efetividade dos Instrumentos de Transparência Previstos na Lei de Responsabilidade Fiscal**. 2005. 49 f. Dissertação (Graduação em Ciências Contábeis) – Faculdade de Economia, Administração, Contabilidade e Ciência da Informação e Documentação – FACE, Universidade de Brasília, Brasília, 2005.

14. PRATICANDO – QUESTÕES DE CONCURSOS ANTERIORES COMENTADAS

1) **(FCC – Analista Judiciário – Área Administrativa – TRT 2/2018)** Considere hipoteticamente que um Deputado Estadual propôs uma emenda ao Projeto de Lei Orçamentária Anual, cuja finalidade é a construção de um estádio poliesportivo em um dos municípios que compõem a sua base eleitoral. A execução da obra terá duração superior a um exercício financeiro. De acordo com a Constituição Federal de 1988, a emenda poderá ser aprovada caso

a) os recursos necessários para a consecução da obra sejam provenientes da elevação de alíquotas de tributos.
b) os recursos necessários para a consecução da obra sejam provenientes da anulação de despesa com pessoal e encargos sociais.
c) a execução da obra seja compatível com o Plano Plurianual e com a Lei de Diretrizes Orçamentárias.
d) os recursos necessários para a consecução da obra sejam provenientes da anulação de despesa com serviço da dívida.
e) a execução da obra seja compatível com o Plano Plurianual e com os Créditos Adicionais abertos no exercício anterior a que se refere o Projeto de Lei Orçamentária Anual.

COMENTÁRIOS

Alternativa correta: letra "C" (responde todas as outras alternativas). Apesar de muitos detalhes trazidos na questão, eles servem somente para confundir o aluno. Para acertar a questão, basta se atentar ao texto constitucional.

> **Art. 166...**
>
> [...]
>
> **§ 3º As emendas ao projeto de lei do orçamento anual ou aos projetos que o modifiquem somente podem ser aprovadas caso:**
>
> **I - sejam compatíveis com o plano plurianual e com a lei de diretrizes orçamentárias;**
>
> II - indiquem os recursos necessários, admitidos apenas os provenientes de anulação de despesa, excluídas as que incidam sobre:
>
> a) dotações para pessoal e seus encargos;
>
> b) serviço da dívida;
>
> c) transferências tributárias constitucionais para Estados, Municípios e Distrito Federal; ou
>
> III - sejam relacionadas:
>
> a) com a correção de erros ou omissões; ou
>
> b) com os dispositivos do texto do projeto de lei.

2) **(FCC – Técnico Judiciário – Área Judiciária – TRT 15/2018)** Um projeto de lei orçamentária teve tramitação pelo Poder Legislativo, ocasião em que foram apresentadas três emendas parlamentares:

I. A primeira indicou recurso proveniente de anulação de despesa destinada a serviços da dívida.
II. A segunda indicou recurso proveniente de anulação de despesa relacionada a dotação para encargos de pessoal.
III. A terceira indicou recurso proveniente de anulação de despesa para construção de escola de ensino fundamental.

De acordo com a Constituição Federal, está em condições de ser aprovado o que consta APENAS de

a) I.
b) I e III.
c) II.
d) II e III.
e) III.

COMENTÁRIOS

Nota do autor. Questão que versa sobre texto constitucional.

> At. 166...
>
> [...]
>
> § 3º As emendas ao projeto de lei do orçamento anual ou aos projetos que o modifiquem somente podem ser aprovadas caso:
>
> I - sejam compatíveis com o plano plurianual e com a lei de diretrizes orçamentárias;
>
> II - indiquem os recursos necessários, admitidos apenas os provenientes de anulação de despesa, excluídas as que incidam sobre:
>
> a) dotações para pessoal e seus encargos;
>
> b) serviço da dívida;
>
> c) transferências tributárias constitucionais para Estados, Municípios e Distrito Federal; ou
>
> III - sejam relacionadas:
>
> a) com a correção de erros ou omissões; ou
>
> b) com os dispositivos do texto do projeto de lei.

Vejamos cada item:

I. A primeira indicou recurso proveniente de anulação de despesa destinada a serviços da dívida.

Errou, segundo a alínea "b" do inciso II do § 3º do art. 166.

II. A segunda indicou recurso proveniente de anulação de despesa relacionada à dotação para encargos de pessoal.

Errou, segundo a alínea "a" do inciso II do § 3º do art. 166.

III. A terceira indicou recurso proveniente de anulação de despesa para construção de escola de ensino fundamental.

Acertou, segundo o inciso II do § 3º do art. 166.

Alternativa correta: letra "E" (responde todas as outras alternativas).

3) **(FCC – Analista Judiciário – Área administrativa – TRT 11/2017)** Com a finalidade de aperfeiçoar os serviços prestados por um Tribunal Regional do Trabalho, está sendo pleiteada a construção de um prédio, cujo prazo de execução será três anos. Para isso, uma emenda ao Projeto de Lei Orçamentária Anual poderá ser aprovada desde que

a) indique os recursos necessários para a construção do prédio que podem ser provenientes da anulação da dotação de despesas com pessoal e seus encargos.

b) indique os recursos necessários para construção do prédio que podem ser provenientes da anulação das despesas com serviços da dívida.

c) seja compatível com o Plano Plurianual e a Lei de Diretrizes Orçamentárias.

d) seja proposta pelo Poder Judiciário e atenda ao limite de 1,5% da Receita Corrente Líquida prevista no projeto encaminhado pelo Poder Executivo.

e) seja proposta pelo Poder Legislativo e indique que os recursos necessários para a construção do prédio serão provenientes de operações de crédito.

COMENTÁRIOS

Nota do autor: nessa questão, a partir de um hipotético pleito de construção de um prédio para determinado TRT, a banca explora os conhecimentos do candidato sobre o § 3º do artigo 166 da CF/88, que dispõe sobre as condições para aprovação de emendas ao projeto de lei do orçamento anual ou aos projetos que o modifiquem somente podem ser aprovadas.

Alternativa correta: letra "c". De fato, uma emenda ao Projeto de Lei Orçamentária Anual, para ser aprovada, deve ser compatível com o Plano Plurianual e a Lei de Diretrizes Orçamentárias (CF, art. 166, § 3º, I).

Alternativas "a" e "b": é verdade que indicar os recursos necessários para construção do prédio constitui uma condição para aprovação de emendas ao projeto de lei do orçamento anual. Verdade também que os recursos indicados podem ser provenientes da anulação de despesas (CF, art. 166, § 3º, II). Todavia, nesse caso ficam expressamente excluídas as dotações orçamentárias que incidam sobre pessoal e seus encargos ou serviço da dívida (CF, art. 166, § 3º, II, "a" e "b").

Alternativas "d" e "e": as emendas ao Projeto de Lei Orçamentária Anual serão enviadas ao Congresso Nacional pelo Presidente da República (CF, art. 166, § 6º). Portanto, não são de iniciativa do Poder Judiciário, nem do Poder Legislativo, diversamente do que afirmado pela banca nas duas alternativas. Além disso, deverão atender ao limite de **1,2%** da Receita Corrente Líquida prevista no projeto encaminhado pelo Poder Executivo (CF, art. 166, § 9º), e não 1,5%, conforme equivocadamente afirma o examinador. Por fim, não se exige a indicação de que os recursos necessários sejam provenientes de operações de crédito, até porque o inciso II do § 1º do artigo 166 restringe a origem desses recursos a anulações de despesas.

4) **(CESPE – AJ TRE MT/TRE MT/Administrativa/"Sem Especialidade"/2015)** Cada uma das opções seguintes apresenta algumas das fases do ciclo orçamentário ampliado previsto na CF em vigor. Assinale a opção em que as fases apresentadas,

embora não estejam em ordem de sucessão imediata, estejam em ordem lógica progressiva de acontecimentos no referido ciclo. Nesse sentido, considere que as siglas PPA e LDO, sempre que utilizadas, se referem ao plano plurianual e à lei de diretrizes orçamentárias.

a) proposição de metas e prioridades para a administração e da política de alocação de recursos pelo Poder Executivo; elaboração da proposta de orçamento pelo Poder Executivo; execução dos orçamentos aprovados
b) formulação do PPA pelo Poder Executivo; apreciação, adequação e autorização legislativa para a formulação da LDO; proposição de metas e prioridades para a administração e da política de alocação de recursos pelo Poder Executivo
c) elaboração da proposta de orçamento pelo Poder Executivo; apreciação e adequação do planejamento plurianual pelo Poder Legislativo; execução dos orçamentos aprovados
d) formulação do PPA pelo Poder Executivo; avaliação da execução e julgamento das contas; apreciação e adequação da LDO pelo Poder Legislativo.
e) elaboração da proposta de orçamento pelo Poder Executivo; apreciação, adequação e autorização legislativa; proposição de metas e prioridades para a administração e da política de alocação de recursos pelo Poder Executivo

Gabarito: A

COMENTÁRIO:

Questão interessante.

Busca-se identificar o conhecimento nos seguintes aspectos:

1) Função e conteúdo dos instrumentos orçamentários;
2) Sequência da elaboração dos instrumentos orçamentários e outras etapas do Ciclo orçamentário.

Perceba que a banca não trouxe todas as etapas em todas as alternativas, ou seja, busca-se uma fração do conhecimento.

Vejamos em cada alternativa qual seria ordem correta:

Alternativa correta: letra "a": proposição de metas e prioridades para a administração e da política de alocação de recursos pelo Poder Executivo (elaboração da LDO); elaboração da proposta de orçamento pelo Poder Executivo (elaboração da LOA); execução dos orçamentos aprovados (execução da LOA).

Essa é ordem que melhor se enquadra nos conceitos de ciclo orçamentário.

Alternativa "b" - Errado: esta seria a sequência correta:

Formulação do PPA pelo Poder Executivo (elaboração do PPA); proposição de metas e prioridades para a administração e da política de alocação de recursos pelo Poder Executivo (elaboração da LDO); apreciação, adequação e autorização legislativa para a formulação da LDO (apreciação da LDO).

Alternativa "c" - Errado: esta seria a sequência correta:

Apreciação e adequação do planejamento plurianual pelo Poder Legislativo; elaboração da proposta de orçamento pelo Poder Executivo; execução dos orçamentos aprovados.

Alternativa "d" - Errado: formulação do PPA pelo Poder Executivo; apreciação e adequação da LDO pelo Poder Legislativo; avaliação da execução e julgamento das contas (última etapa).

Alternativa "e" - Errado: proposição de metas e prioridades para a administração e da política de alocação de recursos pelo Poder Executivo (elaboração da LDO pelo Poder Executivo); elaboração da proposta de orçamento pelo Poder Executivo (elaboração da LOA pelo Poder Executivo); apreciação, adequação e autorização legislativa (não se referiu a qual instrumento, se PPA, se LDO ou se LOA).

5) **(CESPE – STF – Analista Judiciário – Área Administrativa/2013)** A respeito do ciclo orçamentário, que é uma premissa utilizada pela SOF para nortear o desenvolvimento do seu processo de trabalho de elaboração da proposta orçamentária em cada exercício, e das técnicas orçamentárias disponíveis para elaboração do orçamento público, julgue os itens subsecutivos.
Nos termos da CF, o ciclo orçamentário desdobra-se em oito fases, cada uma com ritmo próprio, finalidade distinta e periodicidade definida.

Gabarito: Certo

COMENTÁRIO:

Como se pode observar, a banca adota o entendimento de Osvaldo Maldonado Sanches, conforme visto anteriormente:

1) Formulação do planejamento plurianual, pelo Executivo;
2) Apreciação e adequação do plano, pelo Legislativo;
3) Proposição de metas e prioridades para a administração e da política de alocação de recursos pelo Executivo;
4) Apreciação e adequação da LDO, pelo Legislativo;
5) Elaboração da proposta de orçamento, pelo Executivo;
6) Apreciação, adequação e autorização legislativa;
7) Execução dos orçamentos aprovados;
8) Avaliação da execução e julgamento das contas.

6) **(CESPE – AJ TRT10/TRT 10/Administrativa/Contabilidade/2013)** Com relação às normas brasileiras de contabilidade aplicadas ao setor público e sua inter-relação com a contabilidade pública, julgue o item que se segue.
De acordo com as normas contábeis brasileiras, o ciclo da Administração Pública é composto das seguintes etapas: planejamento, execução, controle e avaliação.

Gabarito: Certo

COMENTÁRIO:

Nesta questão, levou-se em consideração, de forma genérica, a elaboração e revisão dos instrumentos orçamentários (PPA, LDO e LOA), denominada de "planejamento". Feito o planejamento, resta executar, controlar e avaliar a execução.

7) **(CESPE – AJ CNJ/CNJ/Administrativa/Contabilidade/2013)** Acerca de orçamento público, julgue o item que se segue.

As programações orçamentárias estão organizadas em programas de trabalho com informações qualitativas e quantitativas, físicas ou financeiras. No orçamento público, o programa de trabalho, no aspecto qualitativo, é composto da classificação por esfera, classificação institucional, classificação funcional e estrutura programática.

Gabarito: Certo

COMENTÁRIO:

Segundo o MTO 2018, as programações orçamentárias estão organizadas em programas de trabalho com informações qualitativas e quantitativas, físicas ou financeiras.

A estrutura qualitativa é estruturada conforme quadro abaixo:

▶ BLOCOS DA ESTRUTURA	▶ ITEM DA ESTRUTURA	▶ PERGUNTA A SER RESPONDIDA
Classificação por Esfera	Esfera Orçamentária	Em qual Orçamento?
Classificação Institucional	Órgão Unidade Orçamentária	Quem é o responsável por fazer?
Classificação Funcional	Função Subfunção	Em que áreas de despesa a ação governamental será realizada?
Estrutura Programática	Programa	Qual o tema da Política Pública?
Informações Principais do Programa	Objetivo	O que se pretende alcançar com a implementação da Política Pública?
	Iniciativa	O que será entregue pela Política Pública?
Informações Principais da Ação	Ação	O que será desenvolvido para alcançar o objetivo do programa?
	Descrição	O que é feito? Para que é feito?
	Forma de Implementação	Como é feito?
	Produto	O que será produzido ou prestado?
	Unidade de Medida	Como é mensurado?
	Subtítulo	Onde é feito? Onde está o beneficiário do gasto?

▶ **OBSERVAÇÃO:**

Fique atento, pois Informações Principais do Programa e Informações Principais da Ação são desdobramentos da estrutura programática, por este motivo não houve necessidade de serem citadas na questão.

8) **(FCC – AJ TRE RR/TRE RR/Administrativa/2015)** O processo de elaboração da Lei Orçamentária Anual – LOA inicia-se com a formulação das propostas orçamentárias, observados o Plano Plurianual – PPA e a Lei de Diretrizes Orçamentária – LDO. No âmbito da União, o projeto de lei orçamentária anual é enviado:

a) pelo Presidente da República ao Congresso Nacional, até 31 de agosto de cada ano.
b) pelo Ministro do Planejamento Orçamento e Gestão ao Congresso Nacional, até 30 de setembro de cada ano.
c) pelo Poder Executivo ao Senado Federal, até 31 de agosto de cada ano.
d) pela Controladoria Geral da União ao Congresso Nacional, até 30 de setembro de cada ano.
e) pelo Poder Executivo à Câmara dos Deputados, até 31 de agosto de cada ano.

Gabarito: a

COMENTÁRIO:

Segundo a Constituição Federal, § 2º do art. 35 do ADCT, até a entrada em vigor da lei complementar a que se refere o art. 165, § 9º, I e II, o projeto de lei orçamentária da União será encaminhado até quatro meses antes do encerramento do exercício financeiro (31 de agosto) e devolvido para sanção até o encerramento da sessão legislativa (22 de dezembro).

9) **(CESPE – Ana MPU/MPU/Apoio Técnico Especializado/Finanças e Controle/2015)** No que diz respeito aos sistemas e processos orçamentários e à evolução do planejamento no Brasil, julgue o item seguinte. Segundo a Lei nº 10.180/01, os órgãos setoriais integram o Sistema de Planejamento e Orçamento Federal e atuam verticalmente no processo decisório, integrando os produtos gerados no nível subsetorial, coordenado pelas unidades. Esses órgãos setoriais ficam sujeitos à orientação normativa e à supervisão técnica do Ministério do Planejamento, Orçamento e Gestão (incorporado ao Ministério da Economia).

Gabarito: Certo

COMENTÁRIO:

A estrutura do Sistema de Planejamento e Orçamento é verticalizada, de forma que no topo está o órgão central (Ministério do Planejamento Orçamento e Gestão, incorporado ao Ministério da Economia), logo abaixo os órgãos setoriais (ministeriais). O sistema ainda é composto pelas unidades específicas pertencentes ao Ministério da Economia.

Como órgão central, para padronização de procedimentos, as unidades de planejamento e orçamento das entidades vinculadas ou subordinadas aos Ministérios e órgãos setoriais ficam sujeitas à orientação normativa e à supervisão técnica do órgão central e também, no que couber, do respectivo órgão setorial

Lei nº 10.180/01

Art. 4º

(...)

§ 3º Os órgãos setoriais e específicos ficam sujeitos à orientação normativa e à supervisão técnica do órgão central do Sistema, sem prejuízo da subordinação ao órgão em cuja estrutura administrativa estiverem integrados.

§ 4º As unidades de planejamento e orçamento das entidades vinculadas ou subordinadas aos Ministérios e órgãos setoriais ficam sujeitas à orientação normativa e à supervisão técnica do órgão central e também, no que couber, do respectivo órgão setorial.

(...)

Art. 5º Sem prejuízo das competências constitucionais e legais de outros Poderes, as unidades responsáveis pelos seus orçamentos ficam sujeitas à orientação normativa do órgão central do Sistema.

10) **(CESPE – AJ STJ/STJ/Apoio Especializado/Contadoria/2015)** Com relação aos conceitos introdutórios da administração financeira e orçamentária, julgue o item a seguir.

As propostas apresentadas pelos órgãos setoriais de planejamento e orçamento são consolidadas por programas, com o detalhamento das atividades, projetos e operações especiais.

Gabarito: Certo

COMENTÁRIO:

Segundo o Manual Técnico de Orçamento para 2019 (MTO 2019), o órgão setorial desempenha o papel de articulador no âmbito da sua estrutura, coordenando o processo decisório no nível subsetorial (UO). Sua atuação no processo orçamentário envolve, dentre outras, consolidação e formalização da proposta e das alterações orçamentárias do órgão.

Segundo o mesmo manual, em consonância com a estrutura programática, a proposta orçamentária setorial para 2018 foi consolidada por programa, com detalhamento das respectivas atividades, projetos e operações especiais.

11) **(FGV – Ana (MPE RJ)/MPE RJ/Administrativa/2016)** Durante a fase de discussão da proposta orçamentária, o Poder Legislativo pode apresentar emendas, com vistas a incluir novas despesas ou alterar despesas da proposta.

De acordo com as normas da Constituição da República Federativa do Brasil, as emendas à proposta orçamentária devem:

a) apresentar incompatibilidade com as diretrizes orçamentárias;
b) indicar os recursos necessários, exceto os provenientes de anulação de despesa;
c) ser apreciadas pela Comissão Mista;

d) ser independentes dos dispositivos do texto do projeto de lei;

e) ser relacionadas com a correção de erros ou omissões.

Gabarito: e

COMENTÁRIO:

Alternativa "a" - Errado:

SER COMPATÍVEIS com as diretrizes orçamentárias.

> **Constituição Federal**
>
> **Art. 166...**
>
> (...)
>
> § 3º As emendas ao projeto de lei do orçamento anual ou aos projetos que o modifiquem somente podem ser aprovadas caso:
>
> I – sejam compatíveis com o plano plurianual e com a lei de diretrizes orçamentárias;
>
> b) Errado

Indicar os recursos necessários, ADMITIDOS APENAS os provenientes de anulação de despesa.

> **Constituição Federal**
>
> **Art. 166...**
>
> (...)
>
> § 3º As emendas ao projeto de lei do orçamento anual ou aos projetos que o modifiquem somente podem ser aprovadas caso:
>
> II – indiquem os recursos necessários, admitidos apenas os provenientes de anulação de despesa, excluídas as que incidam sobre:
>
> a) dotações para pessoal e seus encargos;
>
> b) serviço da dívida;
>
> c) transferências tributárias constitucionais para Estados, Municípios e Distrito Federal; ou

Alternativa "c" - Errado:

Ser apreciadas pelo PLENÁRIO DAS DUAS CASAS DO CONGRESSO NACIONAL.

> **Constituição Federal**
>
> **Art. 166...**
>
> (...)
>
> § 2º As emendas serão apresentadas na Comissão mista, que sobre elas emitirá parecer, e apreciadas, na forma regimental, pelo Plenário das duas Casas do Congresso Nacional.

Alternativa "d" - Errado:

Ser relacionadas com os dispositivos do texto do projeto de lei e compatíveis com PPA e LDO.

Alternativa correta: letra "e".

> **Constituição Federal**
> **Art. 166...**
> (...)
> § 3º As emendas ao projeto de lei do orçamento anual ou aos projetos que o modifiquem somente podem ser aprovadas caso:
> (...)
> III – sejam relacionadas:
> a) com a correção de erros ou omissões; ou
> b) com os dispositivos do texto do projeto de lei.

12) **(FCC – AJ TRT2/TRT 2/Administrativa/2014)** Após o envio do Projeto de Lei Orçamentária Anual da União pelo Poder Executivo para discussão e votação pelo Poder Legislativo, a inclusão de uma obra, compatível com o Plano Plurianual e com a Lei de Diretrizes Orçamentárias, no Projeto de Lei Orçamentária Anual poderá ocorrer por meio

a) do envio de mensagem pelo Presidente da República ao Congresso Nacional para propor modificações no Projeto de Lei enquanto não iniciada a votação, na Comissão Mista, da parte cuja alteração é proposta.
b) de Emenda proposta pelo Poder Legislativo, cujo recurso necessário para a execução da obra seja decorrente de anulação de despesa com pessoal e seus encargos.
c) de Emenda proposta pelo Poder Legislativo, cujo recurso necessário para a execução da obra seja decorrente de anulação de despesa com serviço da dívida.
d) de Emenda proposta pelo Poder Executivo, cujo recurso necessário para a execução da obra seja decorrente de anulação de despesa com aquisição de imóveis.
e) de Emenda proposta pelo Poder Legislativo, cujo recurso necessário para execução da obra seja decorrente de anulação de despesa com transferências tributárias constitucionais para municípios.

Gabarito: a

COMENTÁRIO:

Alternativa correta: letra "a".

> **Constituição Federal**
> **Art. 166...**
> (...)
> § 5º O Presidente da República poderá enviar mensagem ao Congresso Nacional para propor modificação nos projetos a que se refere este artigo enquanto não iniciada a votação, na comissão mista, da parte cuja alteração é proposta.

Alternativa "b" - Errado: de Emenda proposta pelo Poder Legislativo, cujo recurso necessário para a execução da obra seja decorrente de anulação de despesa que NÃO PODERÃO INCORRER sobre pessoal e seus encargos.

Constituição Federal

Art. 166...

(...)

§ 3º As emendas ao projeto de lei do orçamento anual ou aos projetos que o modifiquem somente podem ser aprovadas caso:

I – sejam compatíveis com o plano plurianual e com a lei de diretrizes orçamentárias;

II – indiquem os recursos necessários, admitidos apenas os provenientes de anulação de despesa, excluídas as que incidam sobre:

a) dotações para pessoal e seus encargos;

b) serviço da dívida;

c) transferências tributárias constitucionais para Estados, Municípios e Distrito Federal; ou

III – sejam relacionadas:

a) com a correção de erros ou omissões; ou

b) com os dispositivos do texto do projeto de lei.

Alternativa "c" - Errado: de Emenda proposta pelo Poder Legislativo, cujo recurso necessário para a execução da obra NÃO PODERÁ SER decorrente de anulação de despesa com serviço da dívida.

Constituição Federal

Art. 166...

(...)

§ 3º As emendas ao projeto de lei do orçamento anual ou aos projetos que o modifiquem somente podem ser aprovadas caso:

(...)

II – indiquem os recursos necessários, admitidos apenas os provenientes de anulação de despesa, excluídas as que incidam sobre:

(...)

b) serviço da dívida;

Alternativa "d" - Errado: o Poder Executivo não apresenta emenda, suas propostas de alteração são encaminhadas por mensagem.

Alternativa "e" - Errado: de Emenda proposta pelo Poder Legislativo, cujo recurso necessário para execução da obra NÃO PODERÃO SER decorrentes de anulação de despesa com transferências tributárias constitucionais para municípios.

Constituição Federal

Art. 166...

(...)

§ 3º As emendas ao projeto de lei do orçamento anual ou aos projetos que o modifiquem somente podem ser aprovadas caso:

(...)

II – indiquem os recursos necessários, admitidos apenas os provenientes de anulação de despesa, excluídas as que incidam sobre:

(...)

c) transferências tributárias constitucionais para Estados, Municípios e Distrito Federal; ou

13) **(CESPE - Ana MPU/MPU/Apoio Técnico Administrativo/Atuarial/2015)** Acerca da elaboração da proposta orçamentária e da execução do orçamento, julgue o item subsecutivo, conforme disposições da Lei nº 4.320/1964.

Desde que devidamente justificada, será admitida emenda ao projeto de lei de orçamento que vise conceder dotação para instalação o funcionamento de serviço que não esteja anteriormente criado.

Gabarito: Errado

COMENTÁRIO:

A afirmação contida na questão contraria expressamente a Lei nº 4.320/64, mais especificamente, a alínea "c" do seu art. 33.

Lei nº 4.320/64

Art. 33. Não se admitirão emendas ao projeto de Lei de Orçamento que visem a:

(...)

c) conceder dotação para instalação ou funcionamento de serviço que não esteja anteriormente criado;

14) **(CESPE/TCE-PA/Auditor de Controle Externo - 2016)** Com relação ao orçamento público brasileiro, julgue o item a seguir.

No processo orçamentário, depois de o Congresso Nacional apreciar o projeto de lei orçamentária, cabe ao presidente da República aprová-lo ou vetá-lo integralmente. Nesse processo, vetos parciais não são cabíveis.

Gabarito: Errado

COMENTÁRIO:

A questão contraria os incisos IV e V do art. 84 da Constituição Federal.

Seria então correto afirmar que "no processo orçamentário, depois de o Congresso Nacional apreciar o projeto de lei orçamentária, cabe ao presidente da República SANCIONÁ-LO ou vetá-lo. Neste processo, vetos parciais SÃO CABÍVEIS".

15) **(CESPE - Ana MPU/MPU/Apoio Técnico Especializado/Finanças e Controle/2015)** Julgue o item que se segue, a respeito do plano plurianual (PPA).

A programação financeira tem o objetivo de ajustar o ritmo de execução do PPA ao fluxo provável de recursos financeiros, de modo a executar os programas de trabalho.

Gabarito: Errado

COMENTÁRIO:

A programação financeira tem o objetivo de ajustar o ritmo de execução da Lei Orçamentária Anual ao fluxo provável de recursos financeiros, de modo a executar os programas de trabalho.

16) **(CESPE – TJ STJ/STJ/Administrativa/2015)** Com referência a programação e execução orçamentária e financeira, julgue o item que se segue.

Caso seja necessário fazer-se um destaque da programação orçamentária de determinado órgão, deverão ser autorizadas a modificação e a classificação programática da despesa conforme a necessidade.

Gabarito: Errado

COMENTÁRIO:

A autorização para o gasto é dada em lei, inclusive sua finalidade. Assim, o fato de se transferir um crédito orçamentário não deverá alterar suas principais características. Por esse motivo, na descentralização do crédito orçamentário, devem ser respeitadas a classificação funcional e a estrutura programática da despesa orçamentária.

17) **(CESPE – AJ TRE GO/TRE GO/Administrativa/2015)** À luz das normas legais vigentes, julgue o próximo item, a respeito do orçamento público.

O destaque consiste na descentralização externa de recursos financeiros realizada no nível de órgão setorial entre unidades gestoras de órgãos ou entidades de estruturas administrativas diferentes.

Gabarito: Errado

COMENTÁRIO:

O destaque consiste na descentralização externa de CRÉDITOS ORÇAMENTÁRIOS realizada no nível de órgão setorial entre unidades gestoras de órgãos ou entidades de estruturas administrativas diferentes.

18) **(CESPE – AJ STJ/STJ/Administrativa/"Sem Especialidade"/2015)** Com respeito a programação e execução orçamentária e financeira, julgue o item que se segue.

A transferência por parte do STJ de um crédito e de seu respectivo recurso para o CNJ, com vistas à realização de treinamento de seus servidores, representa uma descentralização caracterizada, respectivamente, por um destaque e por um repasse.

Gabarito: Certo

COMENTÁRIO:

Sendo órgãos distintos do ponto de vista orçamentário, sem hierarquia, as descentralizações de créditos orçamentários e financeiros são "horizontais", ou seja, para descentralização de créditos ocorre um destaque e para a descentralização financeira, um repasse.

Se o CNJ pertencesse à estrutura do STJ, as descentralizações ocorreriam de forma "vertical", ou seja, para descentralização de créditos ocorre uma provisão e para a descentralização financeira um sub-repasse.

19) **(FCC – Ana (CNMP)/CNMP/Apoio Técnico Especializado/Contabilidade/2015)** A fiscalização contábil, financeira, orçamentária, operacional e patrimonial da União e das entidades da Administração direta e indireta, quanto à legalidade, legitimidade, economicidade, aplicação das subvenções e renúncia de receitas, de acordo com a Constituição Federal, será exercida:

I. pelo Congresso Nacional, mediante controle externo.
II. pela Controladoria Geral da União, mediante auditorias internas.
III. pelo sistema de controle interno de cada Poder.
IV. pela Comissão de Fiscalização Financeira e Controle da Câmara, mediante controle externo.
V. pelo Tribunal de Contas da União, mediante auditorias externas.

Está correto o que se afirma APENAS em

a) III e IV.
b) I e III.
c) I, III e IV.
d) II e V.
e) I, II e V.

Gabarito: B

COMENTÁRIO:

Questão com resposta questionável e bem decoreba que levou em conta somente o texto constitucional. Porém, fique atento ao pedido na questão: "de acordo com a Constituição Federal".

Segundo o art. 70 da Constituição Federal, a fiscalização contábil, financeira, orçamentária, operacional e patrimonial da União e das entidades da administração direta e indireta, quanto à legalidade, legitimidade, economicidade, aplicação das subvenções e renúncia de receitas, será exercida pelo Congresso Nacional, mediante controle externo, e pelo sistema de controle interno de cada Poder.

Levando em consideração somente o texto constitucional, somente as alternativas I e III estariam certas.

15. PRATICANDO – QUESTÕES DE CONCURSOS ANTERIORES GABARITADAS

1) **(FCC/TRF – 3ª REGIÃO/Analista Judiciário – Área Administrativa/2016)** Quanto ao processo de elaboração, discussão, votação e aprovação da proposta orçamentária, a Constituição Federal estabelece que

a) o projeto de lei relativo ao orçamento anual será apreciado pela Câmara dos Deputados, cabendo ao Senado apenas o acompanhamento do atendimento aos limites constitucionais.

b) uma das fontes de recursos admitida para emendas ao projeto de lei do orçamento anual é a anulação de despesa que incida sobre dotações de pessoal e encargos.

c) no caso de emendas ao projeto da lei do orçamento anual, somente são admitidas as indicações de recursos advindos de anulação de despesa.

d) as emendas ao projeto da lei do orçamento anual serão apresentadas ao Presidente da República, responsável por sua apreciação.

e) em qualquer momento o Presidente da República pode enviar mensagem ao Congresso Nacional para propor modificações no projeto da lei orçamentária anual.

2) **(CESPE/SEDF/Analista de Gestão Educacional – Administração – 2017)** A respeito do orçamento público, julgue o item a seguir.

As etapas que compõem o processo orçamentário no DF incluem a elaboração da proposta orçamentária pela Câmara Legislativa e a aprovação pelo governador do DF.

3) **(CESPE/TCE-PR/Conhecimentos Básicos/2016)** Com relação ao ciclo orçamentário, assinale a opção correta.

a) O plano plurianual estabelece diretrizes para as despesas de capital.

b) A lei de diretrizes orçamentárias apresenta os recursos que serão mobilizados para a execução das políticas públicas.

c) A lei de orçamento anual inclui as alterações na legislação tributária do exercício financeiro.

d) São duas as leis que instituem o ciclo orçamentário: a lei de diretrizes orçamentárias e a lei do orçamento anual.

e) As leis que instituem o ciclo orçamentário são de proposição exclusiva do Poder Legislativo.

4) **(CESPE/TCE-PA/Auditor de Controle Externo – Área Administrativa – Administração/2016)** Com relação ao orçamento público, julgue o item a seguir.

As fases do processo orçamentário incluem previsões, fixação de valores, determinação de limites e processo legislativo.

5) **(CESPE/TCE-PA/Auditor de Controle Externo - Procuradoria-2016)** Julgue o item seguinte, relativos ao orçamento público.
O processo orçamentário é concluído com a aprovação das diversas leis orçamentárias que, em seu decorrer, foram elaboradas.

6) **(FGV/TJ-SC/Analista Administrativo - 2015)** As competências dos poderes em matéria orçamentária, os conteúdos e os prazos dos instrumentos de planejamento são tratados na Constituição, na Lei de Responsabilidade Fiscal (LRF) e na Lei nº 4.320/1964. O Poder Executivo envia a proposta orçamentária no prazo estabelecido no ADCT, mas poderá propor modificações:
a) antes do início do exercício a que o orçamento se refere;
b) antes de iniciada a discussão do orçamento;
c) antes de encerrada a votação do orçamento;
d) antes de iniciada a votação da parte a que se refere a alteração;
e) antes da proposição de emendas pelos parlamentares.

7) **(FGV/TJ-BA/Analista Judiciário - Área Administrativa - 2015)** A competência pela inciativa da Lei Orçamentária é:
a) circunscrita a cada Poder;
b) concorrente dos Poderes Executivo e Legislativo;
c) exclusiva do Poder Executivo;
d) exclusiva do Poder Legislativo;
e) partilhada pela administração direta e indireta

8) **(CESPE - Aud Gov (CGE PI)/CGE PI/Geral/2015)** À luz dos dispositivos constitucionais que regem a elaboração da proposta orçamentária bem como das normas gerais de direito financeiro, julgue o item que se segue.
As emendas ao projeto de lei orçamentária anual que tenham por propósito a modificação das despesas nele previstas deverão demonstrar a sua compatibilidade com o plano plurianual e a lei de diretrizes orçamentárias e, ainda, indicar os recursos necessários à sua satisfação, admitindo-se, nessa hipótese, a adoção de medidas para aumento permanente de receita.

9) **(CESPE - Ana MPU/MPU/Apoio Técnico Administrativo/Atuarial/2015)** Com relação às classificações e técnicas de execução do orçamento público, julgue o item que se segue.
A transferência de créditos orçamentários de um órgão público a outro órgão que esteja em ministério ou estrutura administrativa diferente deve ser feita por meio de repasse.

10) **(FCC/TCE-CE/Técnico de Controle Externo-Administração/2015)** A iniciativa para a elaboração do Plano Plurianual - PPA, da Lei de Diretrizes Orçamentárias - LDO e da Lei Orçamentária Anual - LOA é
a) do Poder Executivo.

b) do Poder Legislativo.
c) do Poder Judiciário.
d) dos Poderes Executivo e Legislativo.
e) dos Poderes Executivo, Legislativo e Judiciário.

16. GABARITO FUNDAMENTADO

1) C	Art. 166, § 3º, III da CF/88.
2) Errado	Interpretação dos diversos dispositivos constitucionais relacionados, por exemplo, art. 165 a 167 da CF/88.
3) A	Art. 165, § 1º da CF/88.
4) Certo	Interpretação dos diversos dispositivos constitucionais e legais relacionados, por exemplo, art. 165 a 167 da CF/88.
5) Errado	Ainda existem as etapas de execução, avaliação e controle Interpretação dos diversos dispositivos constitucionais relacionados, por exemplo, art. 165 a 167 da CF/88.
6) D	Art. 166, § 4º da CF/88.
7) C	Art. 84, XXIII e parágrafo único da CF/88.
8) Errado	Art. 166, § 3º da CF/88.
9) Errado	Manual Técnico de Orçamento.
10) A	Art. 165 da CF/88.

Capítulo VII

Princípios Orçamentários

Sumário: 1. Introdução; 1.1. Contextualização; 1.2. Questões de concursos; 2. Princípio da Legalidade (Legalidade Orçamentária); 2.1. Desenvolvimento das atividades orçamentárias; 2.2. Vinculação dos instrumentos orçamentários; 2.3. Vinculação da atividade orçamentária (receita e despesa) à Lei Orçamentária Anual; 3. Princípio da Unidade (Totalidade); 4. Princípio da Exclusividade; 5. Princípio da Universalidade; 6. Princípio da Anualidade (Periodicidade); 7. Princípio do Orçamento Bruto; 8. Princípio do Equilíbrio Orçamentário (Equilíbrio Formal); 9. Princípio da Publicidade; 10. Princípio da Transparência; 11. Princípio da Clareza ou Inteligibilidade; 12. Princípio da Não Afetação ou Não Vinculação da Receita de impostos; 13. Princípio da Especificação, Especificidade, Especialização, Discriminação; 14. Princípio da Programação ou Planejamento; 15. Princípio do não Estorno de Verba (Proibição do Estorno de Verbas); 16. Princípio da Unidade de Caixa (Unidade de Tesouraria); 17. Princípio da Uniformidade ou Consistência; 18. Quadro Resumo dos Princípios Orçamentários; 19. Praticando – Questões de Concursos Anteriores Comentadas; 20. Praticando – Questões de Concursos Anteriores Gabaritadas; 21. Gabarito Fundamentado.

1. INTRODUÇÃO

1.1. Contextualização

Segundo Sanches (2004, p.277)[1], princípios orçamentários são "um conjunto de proposições orientadoras que balizam os processos e as práticas orçamentárias, com vistas a dar-lhe estabilidade e consistência, sobretudo ao que se refere a sua transparência e ao seu controle pelo Poder Legislativo e demais instituições da sociedade".

Os princípios orçamentários visam estabelecer regras básicas a fim de conferir racionalidade, eficiência e transparência aos processos de elaboração, execução e controle do orçamento público. Porém, em regra, suas formulações originais não atendem ao universo econômico-financeiro do Estado moderno, isso porque a rápida evolução das técnicas orçamentárias gera a obrigação de se realizar adaptações. Além disso, é também constante a necessidade de adaptar a Atividade Financeira do Estado à conjuntura econômica e, muitas vezes, à conveniência política, o que gera mutilações nos princípios na forma de exceções à sua observância. Por tais motivos, os princípios orçamentários estão sujeitos às transformações de conceito e significação, pois não têm caráter absoluto ou dogmático.

São diversos os princípios orçamentários, havendo divergência doutrinária quanto à quantidade, estrutura e conceitos. Tais princípios derivam da Constituição Federal,

1. SANCHES, Osvaldo Maldonado. **Dicionário de orçamento, planejamento e áreas afins**. 2. ed. Brasília: OMS, 2004.

de mandamentos infraconstitucionais e da doutrina e, a despeito de alguns serem mais citados que outros, não há hierarquia entre eles.

De acordo com as normas gerais de orçamento, Lei nº 4.320/64, um dos principais mandamentos que estabelece regras gerais de direito financeiro no Brasil, é importante saber, de antemão, que tal mandamento inicialmente se refere expressamente a três princípios (art. 2º) como norteadores da lei do orçamento: unidade, anualidade e universalidade (UAU).

▸ **QUESTÕES COMENTADAS:**

(CESPE - AJ TRF1/TRF 1/Administrativa/2017) Os princípios orçamentários norteiam a elaboração e a execução do orçamento público e são válidos para todos os poderes e todos os níveis de governo. A respeito desses princípios, julgue o item subsequente.

Os princípios orçamentários surgiram com a necessidade de se estabelecer regras para a instituição orçamentária, e alguns deles foram incorporados à legislação brasileira há mais de cinco décadas.

Gabarito: Certo

COMENTÁRIOS:

Serve de exemplo os princípios instituídos pela Lei nº 4.320/64, a qual estabelece em seu art. 2º que a Lei do Orçamento conterá a discriminação da receita e despesa de forma a evidenciar a política econômica financeira e o programa de trabalho do Governo, obedecidos os **princípios de unidade universalidade e anualidade.**

(FGV/CGE-MA/Auditor/2014) A Lei Orçamentária Anual, na forma prevista no Art. 2º da Lei n. 4320/64, obedecerá aos seguintes princípios orçamentários:

a) unidade, exclusividade e compreensibilidade.
b) unidade, legalidade e continuidade.
c) unidade, materialidade e entidade.
d) unidade, legitimidade e economicidade.
e) unidade, universalidade e anualidade.

Gabarito: e

COMENTÁRIOS:

> Lei nº 4.320/64
>
> Art. 2° A Lei do Orçamento conterá a discriminação da receita e despesa de forma a evidenciar a política econômica financeira e o programa de trabalho do Governo, obedecidos os princípios de unidade universalidade e anualidade.

No art. 56 da Lei nº 4.320/64 existe, ainda, a determinação de que o recolhimento de todas as receitas far-se-á em estrita observância ao princípio de unidade de tesouraria, vedada qualquer fragmentação para criação de caixas especiais.

1.2. Questões de concursos

As questões sobre princípios são abundantes e relativamente pouco complexas, sendo, provavelmente, o assunto mais exigido em concursos públicos.

Entre os princípios mais tradicionais (badalados) e exigidos, estão: Universalidade, Unidade, Exclusividade, Orçamento Bruto, Discriminação, Legalidade, Anualidade, Não Vinculação de Impostos. Existem outros com menor incidência, tais como: Inteligibilidade (clareza), Transparência, Precedências e outros que a doutrina acaba criando.

Quanto à forma, as questões podem surgir com duas configurações:

1) Questões que trazem análise de caso concreto, questionando qual princípio a situação se refere ou qual princípio foi ou não foi observado

São questões que exigem o conhecimento da aplicabilidade do princípio para a identificação deste na situação apresentada. Normalmente são fáceis, bastando perspicácia e conhecimento sobre o conteúdo do princípio para identificação.

▶ QUESTÃO COMENTADA:

(FCC/TRE-SP/Analista Judiciário – Área Administrativa-2017) A Lei Orçamentária Anual, para o exercício de 2017, de determinado ente público previu receitas e fixou despesas no valor de R$ 2.750.600.000. Não constou na Lei Orçamentária as despesas com pessoal a serem realizadas pelo respectivo Poder Legislativo, sob a alegação de que muitos servidores seriam demitidos a partir de janeiro de 2017, portanto, não seria possível fixar o montante exato de tais despesas. Nestas condições, a Lei Orçamentária NÃO atendeu ao princípio orçamentário da

a) universalidade.
b) moralidade.
c) transparência.
d) exclusividade.
e) unidade.

Gabarito: a

COMENTÁRIOS:

Para responder esta questão, facilitaria se o candidato obtivesse os seguintes conhecimentos:

- Não há a possibilidade de realização de despesa orçamentária sem a devida autorização prévia, salvo os créditos extraordinários;
- Esta autorização se dá na Lei Orçamentária Anual ou nos créditos orçamentários adicionais, em que devem ser previstas todas as despesas orçamentárias;
- O motivo alegado acima (demissão de servidores), não justifica a falta de previsão, pois não ocorrendo a despesa, os recursos destinados serão remanejados para outras despesas, mediante nova previsão em crédito adicional;

- Que isso significa que todas as despesas devem ser previamente previstas na LOA ou créditos adicionais;
- Que essa obrigatoriedade representa um princípio, o da Universalidade.

2) Questões que versam sobre um determinado princípio e que traz uma situação ou situações a serem julgadas para o devido enquadramento deste

Também fáceis, nestas questões a lógica é invertida, trazendo-se no enunciado um princípio e entre as alternativas as situações para o enquadramento.

► **QUESTÃO COMENTADA:**

(FCC/TRF – 3ª REGIÃO/Analista Judiciário – Área Administrativa – 2016) Um analista judiciário examinou o orçamento previsto para o Poder Judiciário referente ao exercício de 2015 e verificou que a peça orçamentária abordou aspecto relacionado ao cumprimento do princípio orçamentário da exclusividade. Ele chegou a essa conclusão porque a peça orçamentária

a) foi elaborada para um período determinado.
b) autorizou a contratação de operação de crédito.
c) conteve dotações específicas para despesas com pessoal.
d) foi autorizada pelo Poder Legislativo.
e) incluiu todas as receitas e todas as despesas.

Gabarito: b

COMENTÁRIOS:

Para acertar esta questão, você vai aprender neste capítulo que:

- Segundo o Princípio da Exclusividade, conforme estabelecido na Constituição Federal, a Lei Orçamentária Anual não conterá dispositivo estranho à previsão da receita e à fixação da despesa, não se incluindo na proibição a autorização para abertura de créditos suplementares e contratação de operações de crédito, ainda que por antecipação de receita, nos termos da lei;
- Apesar de não se referir à previsão da receita e à fixação da despesa, a contratação de operação de crédito é uma das exceções previstas na Constituição Federal que poderão estar contidas na LOA, conforme visto no item imediatamente.

Alternativa "a": Errado: Princípio da Periodicidade.
Alternativa correta: letra "b".
Alternativa "c": Errado: Princípio da Especificidade.
Alternativa "d": Errado: Princípio da Legalidade.
Alternativa "e": Errado: Princípio da Universalidade.

3) Questões que exigem conhecimento sobre os princípios expressos ou não expressos (doutrinários)

Bem mais raras, nestas questões, o examinador busca saber se o candidato sabe quais são os princípios expressos nas leis e na Constituição Federal.

▶ **QUESTÃO COMENTADA:**

(FCC/MPCM/Analista – Administração/2015) São princípios expressos na lei que instituiu normas gerais de direito financeiro para elaboração e controle dos orçamentos e balanços:

a) Entidade; Continuidade; Oportunidade; Registro pelo Valor Original; Competência; e Prudência.

b) Legalidade; Impessoalidade; Moralidade; Prudência; Entidade.

c) Unidade; Universalidade e Anualidade.

d) Unidade de Tesouraria; Oportunidade; Entidade.

e) Da Concorrência; Unidade de Tesouraria; Impessoalidade e Entidade.

Gabarito: c

COMENTÁRIOS:

Lei nº 4.320/64

Art. 2° A Lei do Orçamento conterá a discriminação da receita e despesa de forma a evidenciar a política econômica financeira e o programa de trabalho do Governo, obedecidos os princípios de unidade universalidade e anualidade.

2. PRINCÍPIO DA LEGALIDADE (LEGALIDADE ORÇAMENTÁRIA)

Segundo o inciso II do art. 5º da Constituição Federal de 1988, "ninguém será obrigado a fazer ou deixar de fazer alguma coisa senão em virtude de lei". Esse dispositivo estabelece o Princípio da Legalidade em nosso ordenamento jurídico, em que o que não for proibido está permitido.

No âmbito da Administração Pública, o Princípio da Legalidade é mais restrito, em que só é permitido ao agente público fazer o que a legislação permite, ou seja, só se pode fazer o que é autorizado em "lei". No âmbito orçamentário este princípio visa a combater as arbitrariedades e é uma derivação específica do princípio da legalidade genérica prevista na Constituição.

O Princípio da "Legalidade Orçamentária" tem o mesmo condão e deve ser observado sob os seguintes aspectos:

2.1. Desenvolvimento das atividades orçamentárias

As atividades orçamentárias envolvem o seu planejamento e concepção, discussão e aprovação, execução, controle e avaliação. Trata-se de atividade estatal e extremamente sensível à sociedade, pois envolvem recursos financeiros que pertencem a todos e determinam os rumos da nação, dela dependendo o desenvolvimento socioeconômico do país. Diante de tanta importância, essas atividades devem ser devidamente regulamentadas para que se possa garantir eficiência, eficácia, efetividade, maximização na utilização dos recursos, o máximo de ganho para a sociedade, padronização, etc.

Para que tudo isso seja possível, ao longo do tempo foi desenvolvido um arcabouço normativo complexo formado por leis, decretos, portarias, manuais e outros normativos que passou a ter, a partir de 1988, como grande balizador, a Constituição Federal. Assim, para que o gestor elabore instrumentos orçamentários válidos no Brasil ele deve ter conhecimento de todos esses normativos.

2.2. Vinculação dos instrumentos orçamentários

A aplicação do Princípio da Legalidade no Brasil determina que os instrumentos orçamentários sejam veiculados por lei, havendo uma verdadeira "reserva legal", pois, esta veiculação só pode ocorrer, em regra, por lei em sentido estrito, cuja iniciativa é privativa e indelegável do chefe do Poder Executivo. Sendo lei, o gestor fica adstrito a ela, não podendo executar gastos que não estejam autorizados.

Apresenta o mesmo fundamento do Princípio da Legalidade aplicado à Administração Pública, segundo o qual cabe ao Poder Público fazer ou deixar de fazer somente aquilo que a lei expressamente autorizar, ou seja, subordina-se aos ditames da lei. A Constituição Federal de 1988, no art. 37, estabelece os princípios da Administração Pública, dentre os quais o da legalidade e, no seu art. 165, estabelece a necessidade de formalização legal das leis orçamentárias.

Tal obrigatoriedade é necessária para que haja um controle por parte do Poder Legislativo de todos os gastos planejados pelo Poder Executivo. Assim, sendo uma lei, a sua aprovação garantirá que o orçamento será apreciado pelo Poder Legislativo, onde estão os representantes do povo, permitindo que todos os atos estejam coadunados com os interesses da sociedade, em especial, a arrecadação de receitas e a realização de despesas, isso em função da indisponibilidade das receitas pública, que por serem recursos pertencentes à coletividade só podem ser aplicados em despesas que beneficiem a todos.

Tal obrigatoriedade encontra amparo constitucional, mais especificamente no art. 165 o qual dispõe que as leis de iniciativa do Poder Executivo estabelecerão:

I - o plano plurianual;

II - as diretrizes orçamentárias;

III - os orçamentos anuais.

O art. 166 da Constituição Federal também determina que os projetos de lei relativos ao plano plurianual, às diretrizes orçamentárias, ao orçamento anual e aos créditos adicionais serão apreciados pelas duas Casas do Congresso Nacional, na forma do regimento comum.

A alínea "d" do inciso I do art. 62, também da Constituição, informa que é vedada a edição de medida provisória para PPA, LDO, LOA e créditos adicionais, com a ressalva de situações de despesas urgentes e imprevisíveis, quando é, em regra, editada medida provisória para abertura de créditos adicionais extraordinários.

> ▶ § OBS.:
>
> Fique atento, pois a possibilidade de tratar de matéria orçamentária por medida provisória não é uma exceção ao princípio da legalidade genérica prevista na CF, afinal, a Medida Provisória é um ato normativo de mesma hierarquia da lei, ou seja, é um mandamento normativo primário, que retira seus fundamentos de validade diretamente da Constituição.
>
> Art. 62. Em caso de relevância e urgência, o Presidente da República poderá adotar medidas provisórias, com força de lei, devendo submetê-las de imediato ao Congresso Nacional. (Redação dada pela Emenda Constitucional nº 32, de 2001)
>
> § 1º É vedada a edição de medidas provisórias sobre matéria: (Incluído pela Emenda Constitucional nº 32, de 2001)
>
> I – relativa a: (Incluído pela Emenda Constitucional nº 32, de 2001)
>
> (...)
>
> d) planos plurianuais, diretrizes orçamentárias, orçamento e créditos adicionais e suplementares, ressalvado o previsto no art. 167, § 3º; (Incluído pela Emenda Constitucional nº 32, de 2001)

O inciso III do § 1º do art. 68 da Constituição Federal reforça a ideia proibindo que a edição desses instrumentos orçamentários seja realizada por meio de lei delegada.

> **Art. 68.** As leis delegadas serão elaboradas pelo Presidente da República, que deverá solicitar a delegação ao Congresso Nacional.
>
> § 1º – Não serão objeto de delegação os atos de competência exclusiva do Congresso Nacional, os de competência privativa da Câmara dos Deputados ou do Senado Federal, a matéria reservada à lei complementar, nem a legislação sobre:
>
> III – planos plurianuais, diretrizes orçamentárias e orçamentos.

Assim, só resta lei ordinária e complementar como instrumentos normativos primários para a edição dessas normas e, como não há exigência específica para que seja lei complementar, os instrumentos orçamentários serão leis ordinárias, ou seja, com quórum de maioria simples, salvo a exceção citada acima e em caso de quebra da regra de ouro, em que o quórum necessário para aprovação é de maioria absoluta.

> ▶ § OBS.:
>
> Fique atento, pois, apesar de ser mais restritivo, em matéria orçamentária, o Princípio da Legalidade se refere à legalidade estrita aplicável aos atos da Administração Pública. Por esse motivo, se uma questão de concurso afirmar de forma genérica que, em matéria orçamentária, o Princípio da Legalidade se refere à legalidade estrita aplicável aos atos da Administração Pública, ela estará correta. Por outro lado, se uma questão

afirmar que os instrumentos orçamentários só podem ser editados em lei ordinária, lei em sentido estrito (reserva legal) e que a iniciativa privativa indelegável é do Chefe do Poder Executivo, esta afirmação também estará correta.

2.3. Vinculação da atividade orçamentária (receita e despesa) à Lei Orçamentária Anual

As atividades orçamentárias estão vinculadas às autorizações legais previstas na Lei Orçamentária Anual. Porém, existem diferenciações entre receita e despesa.

1) Receita

Com relação à autorização legal para que o Estado realize a arrecadação de receitas, é importante ressaltar que no Brasil o valor previsto para receita é simplesmente um parâmetro para fixação de despesa. Isso porque desde que legais, valores não previstos inicialmente na LOA poderão ser arrecadados, como um tributo novo ou à majoração de um antigo não prevista, por exemplo, ou ainda uma doação. O entendimento é de que a autorização dada na lei orçamentária é para uma arrecadação do máximo valor possível, baseado na legislação vigente na época desta arrecadação, não sendo causa de invalidação a não previsão na lei orçamentária.

Assim, por exemplo, se no momento da elaboração do PLOA (2019) for calculada a previsão de receita em 100.000.000 e, na arrecadação (2020), for obtido um valor maior, 110.000.000 (doações, sentenças judiciais favoráveis, excesso de arrecadação, por exemplo), esse valor a mais (10.000.000) é considerado receita orçamentária, mesmo não tendo sido previsto.

▸ **OBSERVAÇÃO:**

Fique atento, pois isso não quer dizer que não exista a anterioridade tributária e que a arrecadação de tributos seja desregrada. Ao contrário, existem vários normativos que regulam esta matéria. A questão é que as regras que determinam quais tributos e alíquotas respectivas deverão ser base para a arrecadação devem estar contidas no regramento tributário e não no orçamentário, que não se confundem. Serve de exemplos de regramentos tributários o princípio da anterioridade tributária e a noventena.

> Constituição Federal de 1988
>
> Art. 150. Sem prejuízo de outras garantias asseguradas ao contribuinte, é vedado à União, aos Estados, ao Distrito Federal e aos Municípios:
>
> (...)
>
> III – cobrar tributos:
>
> (...)
>
> b) no mesmo exercício financeiro em que haja sido publicada a lei que os instituiu ou aumentou;
>
> c) antes de decorridos noventa dias da data em que haja sido publicada a lei que os instituiu ou aumentou, observado o disposto na alínea b; (Incluído pela Emenda Constitucional nº 42, de 19.12.2003)

Nesse mesmo entendimento já se manifestou o STF por meio da súmula 66 abaixo.

> **Súmula nº 66 do STF**
>
> É legítima a cobrança do tributo que houver sido aumentado após o orçamento, mas antes do início do respectivo exercício financeiro.

No ordenamento jurídico brasileiro, levando em consideração tudo que foi explanado, o entendimento sobre a autorização para a arrecadação contida na LOA é o seguinte:

1) **É o regramento tributário e outros elementos e não o regramento orçamentário que** influencia no quanto será arrecadado a título de receita tributária.

2) O PLOA a ser aprovado pelo Poder Legislativo conterá previsão para arrecadar receitas tributárias e não tributárias, baseadas no regramento tributário e em outros elementos de previsão do exercício financeiro subsequente, vigente à época de sua execução, quando já será uma LOA.

3) **Apesar de haver disposições balizadoras na LDO,** não é possível prever com total e exata certeza como será o regramento tributário do exercício subsequente e, muito menos, a arrecadação de tributos e outras receitas, que depende de diversos fatores que fogem ao controle estatal. Por esse motivo, no momento da elaboração do PLOA, o Poder Executivo tem por base o regramento tributário atual e projeções de mercado para prever o quanto poderá ser arrecadado no exercício financeiro subsequente, considerando ainda o valor das adições e subtrações geradas pelas alterações nas leis tributárias que foram planejadas para o futuro (LDO);

4) No exercício subsequente, durante a vigência da LOA, cumpre-se o que foi autorizado nela, ou seja, arrecadar as receitas tributárias com base no que está previsto na legislação tributária vigente e outras formas de se obter receita. Porém, esta legislação poderá ter sofrido alterações diversas daquilo que foi planejado. Por ter sofrido alterações diferentes daquelas planejadas, a base para arrecadação agora está diferente da base utilizada na previsão.

5) Mas a previsão contida na LOA tem por base a lei tributária vigente e outros elementos atuais. Desta forma, o órgão fazendário deve "olhar" para a legislação tributária vigente e, se verificar a existência de um tributo novo ou de uma majoração não computada, deverá fazer aquilo que lhe foi autorizado na LOA, ou seja, arrecadar o que está previsto no regramento tributário. A existência de um novo tributo ou a majoração não computada nada mais é que uma desconformidade entre aquilo que foi objeto de mera previsão e aquilo que efetivamente ocorreu. Essas desconformidades são da natureza da previsão e serão tão menores quanto forem as mudanças conjunturais e melhor for o planejamento.

Mas se a previsão de receitas, em um determinado montante, **não impede a Administração de arrecadar além do previsto (desde que cumpridas às regras tributárias)**, por que fazê-la?

Por vários motivos, dentre eles, para que se possa ter parâmetros para a fixação da despesa.

Este entendimento também vale para o excesso de arrecadação de um tributo previsto no orçamento, no qual o montante arrecadado a mais será uma mera desconformidade na previsão.

2) Despesa

Com relação à despesa o regramento é rígido. É vedada a realização de despesa que não esteja prevista na Lei Orçamentária Anual ou em créditos adicionais.

Atenção: a proibição à realização de despesas que excedam os créditos orçamentários ou adicionais decorre do Princípio da Legalidade.

3. PRINCÍPIO DA UNIDADE (TOTALIDADE)

O Princípio da Unidade determina que todas as receitas e despesas orçamentárias de todos os poderes e órgãos devem estar contidas em apenas uma lei orçamentária, isso para que seja possível um controle concentrado do orçamento, evitando orçamentos paralelos que dificultam a fiscalização, melhorando o controle e o gerenciamento de todas as receitas e despesas.

Esse princípio é modernamente chamado de Totalidade, já que há uma imposição (necessidade) aos entes federativos para elaborarem suas próprias peças orçamentárias de acordo com sua possibilidade e necessidade. Assim, cada Ente da Federação (União, Estados/DF e Municípios) deve elaborar e aprovar uma única Lei Orçamentária Anual. Em razão também da necessidade de adaptação às demandas cada vez maiores e mais complexas que exigem eficiência, eficácia e efetividade no gasto público, é possível a divisão dessa única lei em orçamentos setoriais, desde que se consolidem em uma única lei que possibilite ao governo ter uma visão geral e global do conjunto das finanças públicas e ao Poder Legislativo concentrar os esforços em um orçamento unificado, permitindo um controle e avaliação melhores.

Quanto às receitas, correlaciona-se com o Princípio da Unidade de Caixa, posto que as disponibilidades de caixa da União devam ser acolhidas em um único caixa, ou seja, no Banco Central do Brasil, e nas contas única dos outros entes federativos em instituições financeiras oficiais (art. 164, § 3º, da CF).

> Constituição federal
>
> **Art. 165** – (...)
>
> § 3º – As disponibilidades de caixa da União serão depositadas no banco central; as dos Estados, do Distrito Federal, dos Municípios e dos órgãos ou entidades do Poder Público e das empresas por ele controladas, em instituições financeiras oficiais, ressalvados os casos previstos em lei.

Lei nº. 4.320/64:

> **Art. 2º** – A Lei de Orçamento conterá a discriminação da receita e despesa, de forma a evidenciar a política econômico-financeira e o programa de trabalho do Governo, obedecidos os princípios da unidade, universalidade e anualidade.

Mas e a chamada autonomia financeira e administrativa dos outros Poderes?

Cada Poder não deveria elaborar sua lei orçamentária, garantindo assim recursos para o desempenho de suas funções?

Esta autonomia se concretiza pela prerrogativa de cada Poder elaborar sua parte nesta única lei, restando ao Poder Executivo, a Consolidação de todas as propostas parciais em uma única proposta, adequando-as, segundo os limites legais (LDO), e encaminhando ao Poder Legislativo para que este possa dispor sobre o texto deste projeto, aprovando, alterando e rejeitando aquilo que não for do interesse público.

Assim, mesmo diante desta autonomia, as propostas orçamentárias de todos os órgãos e Poderes devem estar contidas numa só lei orçamentária, mesmo considerando a independência e a autonomia administrativa e financeira dos Poderes. Corrobora com esta afirmação o mandamento constitucional que estabelece a iniciativa privativa e indelegável do Presidente da República (Governadores e Prefeitos) com relação às Leis Orçamentárias, pois mais ninguém poderá iniciar o processo legislativo destas leis.

Este dispositivo garante que não haverá mais ninguém iniciando o processo legislativo deste tipo de lei que não seja o Chefe do Poder Executivo.

- **Princípio da Unidade e os orçamentos previstos na CF**

O § 5º do art. 165 da CF prevê que a Lei Orçamentária Anual compreenderá os seguintes orçamentos:

- O orçamento fiscal referente aos Poderes da União, seus fundos, órgãos e entidades da administração direta e indireta, inclusive fundações instituídas e mantidas pelo Poder Público;
- O orçamento de investimento das empresas em que a União, direta ou indiretamente, detenha a maioria do capital social com direito a voto;
- O orçamento da seguridade social, abrangendo todas as entidades e órgãos a ela vinculados, da administração direta ou indireta, bem como os fundos e fundações instituídos e mantidos pelo Poder Público.

Por determinação constitucional, esses três orçamentos (fiscal, de investimentos e da seguridade social) são partes integrantes do todo e estão contidos numa só lei orçamentária, ou seja, não são leis distintas. Essa divisão existe para propiciar gerenciamento de receitas e despesas por parte da Administração com a divisão em três esferas orçamentárias, não sendo então exceção ao Princípio da Unidade.

4. PRINCÍPIO DA EXCLUSIVIDADE

Previsto na Constituição Federal (§ 8º do art. 165), o Princípio da Exclusividade determina que a lei orçamentária anual não poderá conter dispositivos estranhos à fixação das despesas e previsão das receitas, *ressalvada a autorização para a abertura de créditos suplementares e contratação de operações de crédito, ainda que por antecipação da receita.*

Esta previsão visa a preservar a Lei Orçamentária Anual das denominadas "caudas orçamentárias", prática corriqueira no Brasil há tempos atrás e consistia em inserções na Lei orçamentária de matérias que não se configuravam em previsão de receita e fixação de despesa. Essas manobras políticas tinham o intuito de aproveitar o rito mais célere da Lei Orçamentária Anual, determinado pelo ciclo orçamentário para este tipo de lei, que garantiria a aprovação rápida de matérias que poderiam levar anos se seguissem o rito ordinário.

Assim, os interessados nesta manobra ganhavam tempo na aprovação de matérias que, na maioria das vezes, não eram do interesse da sociedade. Esta prática foi extremamente criticada por Rui Barbosa que a batizou de "rabilongos".

- **Previsão do princípio:**

  Constituição Federal

  Art. 165...

  (...)

  § 8º - A lei orçamentária anual não conterá dispositivo estranho à previsão da receita e à fixação da despesa, não se incluindo na proibição a autorização para abertura de créditos suplementares e contratação de operações de crédito, ainda que por antecipação de receita, nos termos da lei.

- **Exceções ao Princípio da Exclusividade:**

Duas exceções estão previstas. São autorizações que podem ser dadas ao Chefe do Poder Executivo com o fim de flexibilizar a execução orçamentária, tornando-a mais ágil, ao possibilitar operações que, se dependessem de autorização específica do Poder Legislativo a cada vez que surgisse a necessidade, poderiam gerar entraves à execução orçamentária. Desse modo, a própria Constituição, ao efetivar a exclusividade orçamentária, também estabeleceu suas exceções ao prever que a Lei de Orçamento poderá conter:

1) **Autorização (dada ao Chefe do Poder Executivo) para abertura de crédito adicional suplementar, obedecidas às disposições do artigo 43 da Lei nº 4.320/64;**

Créditos adicionais são ajustes ao Orçamento. Crédito Adicional é o gênero e suas espécies são: Suplementar, Especial e Extraordinário. A CF/88 autoriza que seja incluída na LOA (autorizado pelo Legislativo) somente a abertura de crédito adicional SUPLEMENTAR.

Normalmente, a autorização para abertura de crédito suplementar na LOA estará limitada a determinado percentual, que pode ser da despesa ou da receita corrente ou, ainda, da receita corrente líquida. Esse percentual será fruto de pedido do Poder Executivo que poderá ser alterado ou, até mesmo, totalmente recusado pelo Legislativo.

> **Lei nº 4.320/64**
>
> **Art. 43** – A abertura dos créditos suplementares e especiais depende da existência de recursos disponíveis para ocorrer a despesa e será precedida de exposição justificativa.
>
> § 1º – Consideram-se recursos para o fim deste artigo, desde que não comprometidos:
>
> I. o superávit financeiro apurado em balanço patrimonial do exercício anterior;
>
> II. os provenientes de excesso de arrecadação;
>
> III. os resultantes de anulação parcial ou total de dotações orçamentárias ou de créditos adicionais, autorizados em Lei;
>
> IV. o produto de operações de crédito autorizadas, em forma que juridicamente possibilite ao Poder Executivo realiza-las.
>
> § 2º – Entende-se por superávit financeiro a diferença positiva entre o ativo financeiro e o passivo financeiro, conjugando-se, ainda, os saldos dos créditos adicionais transferidos e as operações de crédito a eles vinculadas.
>
> § 3º – Entende-se por excesso de arrecadação, para os fins deste artigo, o saldo positivo das diferenças acumuladas mês a mês entre a arrecadação prevista e a realizada, considerando-se, ainda, a tendência do exercício.
>
> § 4º – Para o fim de apurar os recursos utilizáveis, provenientes de excesso de arrecadação, deduzir-se-á a importância dos créditos extraordinários abertos no exercício.

2) Autorização para contratação de operações de crédito (empréstimos ou financiamentos), ainda que por antecipação de receita, nos termos da lei.

É autorização que pode ser dada na própria LOA para que o Poder Executivo realize empréstimos e financiamentos destinados a suprir despesa, possibilitando à obtenção de recursos necessários ao atendimento das despesas e equilíbrio de caixa. As formas de captação de recursos por meio de constituição de dívida podem ser realizadas tanto com uma instituição financeira nacional ou internacional, em que todo montante de recursos é financiado por uma única instituição ou grupo de instituições, quanto com emissão de títulos de dívida pública, que são valores mobiliários em que o poder público, no momento da emissão, arrecada um valor de montante pequeno por cada título, repassado às pessoas físicas ou jurídicas que investem voluntariamente. Após um determinado prazo, o investidor poderá resgatá-los com juros, conforme as regras estabelecidas.

É uma autorização para abertura de crédito na própria LOA, isso porque poderá haver uma autorização específica, em lei específica, como fonte de recurso de um crédito adicional suplementar ou especial.

Essa autorização poderá ser para:

1.1) Autorização para empréstimo:

Refere-se a empréstimos contratuais, interno ou externo, normalmente de médio e longo prazo que comporá a dívida fundada (consolidada), configurando-se em uma receita orçamentária de capital.

> § 2º, art. 115, Dec. nº 93.872/86
>
> *Considera-se dívida fundada ou consolidada àquela que compreende os compromissos de exigibilidade superior a 12 (doze) meses contraídos mediante emissão de títulos ou celebração de contratos para atender a desequilíbrio orçamentário, ou a financiamento de obras e serviços públicos, que dependam de autorização legislativa para amortização ou resgate.*

Este dispositivo considera como operação de crédito as dívidas de longo prazo, ou seja, com prazo para pagamento maior que doze meses.

Já para a Lei de Responsabilidade Fiscal – LC n° 101/00 – que ampliou o conceito da dívida fundada, também se incluem neste conceito algumas operações de curto prazo (inferiores a doze meses):

1. As operações de crédito de **prazo inferior a doze meses** cujas receitas tenham constado do orçamento (§ 3°, art. 29, LC 101/00).
2. Os **precatórios judiciais** emitidos a partir de 5 de maio de 2000 e não pagos durante a execução do orçamento em que houverem sido incluídos (§7°, art. 30, LC 101/00).

A Constituição e a Lei nº 4.320/64 trazem alguns dispositivos legais bem importantes que vedam a designação de casos ou de pessoas nas dotações orçamentárias e nos créditos adicionais abertos para esse fim.

> **Constituição Federal**
>
> **Art. 100.** Os pagamentos devidos pelas Fazendas Públicas Federal, Estaduais, Distrital e Municipais, em virtude de sentença judiciária, far-se-ão exclusivamente na ordem cronológica de apresentação dos precatórios e à conta dos créditos respectivos, proibida a designação de casos ou de pessoas nas dotações orçamentárias e nos créditos adicionais abertos para este fim. (Redação dada pela Emenda Constitucional nº 62, de 2009).

Lei nº 4.320/64

Art. 67. Os pagamentos devidos pela Fazenda Pública, em virtude de sentença judiciária, far-se-ão na ordem de apresentação dos precatórios e à conta dos créditos respectivos, sendo proibida a designação de casos ou de pessoas nas dotações orçamentárias e nos créditos adicionais abertos para esse fim.

1.2) Dívida mobiliária:

É a captação de recursos feita por intermédio da emissão de títulos de dívida pública, que são valores mobiliários em que o poder público, no momento da emissão, arrecada um valor de montante pequeno por cada título repassado ("vendido") a investidores, que, após um determinado prazo, poderão resgatá-los com juros, conforme as regras estabelecidas. Como estes papéis são emitidos em grande quantidade e o total de recursos arrecadados também é alto, por consequência o poder público terá como credores várias pessoas, que poderão alienar esses títulos durante o período estabelecido entre a emissão e o resgate. Esse tipo de dívida é chamada mobiliária e são representadas pela emissão de títulos com as OTN (Obrigações do Tesouro Nacional) e LTN (Letras do Tesouro Nacional).

1.3) Contratação de operações de crédito por antecipação da receita orçamentária – ARO:

Este tipo de empréstimo é uma espécie do gênero "operações de crédito". Esta operação é, em realidade, um adiantamento de receitas que ainda não foram arrecadas, mas que estão previstas na LOA. Essas captações ocorrem em instituições financeiras, cuja autorização para tal podem ser previstas na lei orçamentária. Realizam-se geralmente quando o governo não possui dinheiro em caixa suficiente para pagamento de determinadas despesas, ou seja, objetiva cobrir, momentaneamente, insuficiência de caixa durante o exercício financeiro, os chamados "débitos de tesouraria". São operações extraorçamentários de curto prazo e compõem a dívida flutuante.

> ▸ **OBSERVAÇÃO:**
>
> Fique atento, pois este tipo de operação está proibida:
>
> - Enquanto existir operação anterior da mesma natureza não integralmente resgatada;
> - No último ano de mandato do Presidente, Governador ou Prefeito Municipal.

O Banco Central é o responsável por manter o sistema de acompanhamento e controle do saldo dos créditos abertos e aplicará as sanções cabíveis à instituição credora quando houver infringência das regras por ele estabelecidas, principalmente no que tange aos limites.

Essa modalidade de operação é regrada pelo art. 38 da LRF que limitou sua utilização com o estabelecimento de diversos requisitos.

Art. 38 – A operação de crédito por antecipação de receita destina-se a atender insuficiência de caixa durante o exercício financeiro e cumprirá as exigências mencionadas no art. 32 e mais as seguintes:

I. realizar-se-á somente a partir do décimo dia do início do exercício;

II. deverá ser liquidada, com juros e outros encargos incidentes, até o dia dez de dezembro de cada ano;

III. não será autorizada se forem cobrados outros encargos que não a taxa de juros da operação, obrigatoriamente prefixada ou indexada à taxa básica financeira, ou à que vier a esta substituir;

IV. estará proibida:

a) enquanto existir operação anterior da mesma natureza não integralmente resgatada;

b) no último ano de mandato do Presidente, Governador ou Prefeito Municipal.

§ 1º – As operações de que trata este artigo não serão computadas para efeito do que dispõe o inciso III do art. 167 da Constituição, desde que liquidadas no prazo definido no inciso II do caput.

§ 2º – As operações de crédito por antecipação de receita realizadas por Estados ou Municípios serão efetuadas mediante abertura de crédito junto à instituição financeira vencedora em processo competitivo eletrônico promovido pelo Banco Central do Brasil.

§ 3º – O Banco Central do Brasil manterá sistema de acompanhamento e controle do saldo do crédito aberto e, no caso de inobservância dos limites, aplicará as sanções cabíveis à instituição credora.

5. PRINCÍPIO DA UNIVERSALIDADE

Previsto nos parágrafos 3º e 4º da Lei nº 4.320/64, o Princípio da Universalidade informa que todas as receitas e despesas, de qualquer natureza, procedência ou destino, inclusive a dos fundos, dos empréstimos e dos subsídios, devem estar contidas na Lei Orçamentária Anual, ou seja, nenhuma receita ou despesa pode fugir ao controle do Legislativo. Isso propicia um controle social e político mais abrangente sobre a atividade Financeira do Estado ao permitir que representantes do povo (Poder Legislativo) exerçam o poder de dispor da forma como a Atividade Financeira do Estado será realizada no exercício subsequente.

Lei nº 4.320/64

Art. 3º – A Lei de Orçamentos compreenderá todas as receitas, inclusive as de operações de crédito autorizadas em lei.

Parágrafo único – Não se consideram para os fins deste artigo as operações de crédito por antecipação da receita, as emissões de papel-moeda

> e outras entradas compensatórias, no ativo e passivo financeiros. (Veto rejeitado no D.O. 05/05/1964)
>
> **Art. 4º** – A Lei de Orçamento compreenderá todas as despesas próprias dos órgãos do Governo e da administração centralizada, ou que, por intermédio deles se devam realizar, observado o disposto no artigo 2°.
>
> [...]
>
> **Art. 6º** Todas as receitas e despesas constarão da lei de orçamento pelos seus totais, vedadas quaisquer deduções.

Em suma, todas as receitas previstas para serem arrecadadas no ano seguinte e também as despesas públicas fixadas para o exercício subsequente devem estar inseridas na lei orçamentária anual.

Importante frisar que a parte final do art. 6º da Lei nº 4.320/64 menciona a expressão *"pelos seus totais, vedadas quaisquer deduções"*. Esta parte do dispositivo legal é denominada pelo Princípio do Orçamento Bruto. Este princípio determina que todas as receitas e despesas devem constar na LOA pelos seus totais, vedando-se qualquer dedução. Isso quer dizer que o Orçamento Bruto dá suporte à universalidade, já que, se houvessem deduções, nem todas as receitas e despesas constariam no orçamento.

Ainda, em decorrência desse princípio, a Constituição Federal determina no § 6º do art. 165, que o projeto da lei orçamentária deve ser acompanhado do demonstrativo regionalizado dos efeitos sobre as receitas e despesas, decorrentes de isenções, anistias, remissões, subsídios e benefícios de natureza financeira, tributária e creditícia.

- **Exceções ao Princípio da Universalidade**

Mesmo com a forma peremptória com que o dispositivo legal trata o assunto, existem exceções ao Princípio da Universalidade, tanto em relação à receita, quanto em relação à despesa.

1) Receitas:

1.1) Orçamentárias

Receita orçamentária são todos os ingressos de caráter não devolutivos, auferidos pelo poder público, em qualquer esfera governamental, para alocação e cobertura das despesas públicas, independente de previsão orçamentária. Assim, o que define uma receita como sendo orçamentária é a possibilidade de utilização desta para fazer frente às despesas públicas. Isso quer dizer que existem receitas orçamentárias que podem não ser previstas na Lei Orçamentária Anual em razão da impossibilidade (uma doação, por exemplo). Quer dizer ainda que estar ou não prevista no orçamento não é o melhor critério para diferenciar receitas como sendo orçamentárias ou extraorçamentárias.

Vejamos alguns exemplos de quais receitas podem não estar previstas no orçamento, mas, mesmo assim, quando arrecadadas, podem ser consideradas receitas públicas:

- **Receitas originadas de tributos novos ou majorações de tributos e contribuições já existentes, mas não computadas**

  ✦ *São receitas que, quando não for possível prever, serão mesmo assim arrecadas e, consequentemente, empregadas em despesas públicas.*

- **Excesso de arrecadação tributária e de contribuições**

  ✦ *Se havia a previsão para arrecadação de determinado montante com um tributo e esta arrecadação supera a previsão, este excesso mantém a característica de receita orçamentária, estando o ente público "autorizado" a arrecadá-lo (na realidade, obrigado, segundo princípio de Responsabilidade Fiscal previsto na LRF).*

- **Multas**

  ✦ *A despeito de se poder fazer uma estimativa e, consequentemente, prever um montante aproximado de quanto será arrecadado de multa, da mesma forma que não é possível prever quantas infrações ocorrerão com exatidão. Assim, a arrecadação das multas não previstas também é exemplo de receita orçamentária que pode não constar no orçamento.*

- **Doações**

  ✦ *Em sua maior parte, as doações não são previsíveis, mas o ente público está autorizado a arrecadá-las, sendo receitas orçamentárias.*

- **Valores ganhos em ações judiciais**

  ✦ *O desfecho de uma ação judicial pode ser uma incógnita, pois depende da interpretação do juiz que profere a sentença. As indenizações dessa natureza não têm, em regra, como serem previstas, mas são receitas orçamentárias.*

1.2) **Receitas Extraorçamentárias**

Diferente das receitas orçamentárias, para as receitas extraorçamentárias a não previsão na Lei Orçamentária Anual é uma certeza. Os ingressos de recursos, em regra, são temporários e, ao adentrarem nos cofres públicos, geram um passivo, uma obrigação de devolução, fazendo aumentar o Passivo Exigível do ente, mais precisamente a dívida flutuante.

O art. 3º da Lei nº 4.320/64 traz receitas consideradas extraorçamentárias:

- Operações de crédito por antecipação da receita;
- Emissões de papel-moeda;
- Outras entradas compensatórias, no ativo e passivo financeiros

Porém, a doutrina identifica outras fontes de receita extraorçamentária, abaixo transcritas.

- Consignações em folha de pagamento;
- Caução recebida em dinheiro;
- Receitas operacionais das empresas públicas e sociedades de economia mista independentes (Pascoal, 2010)[2];
- Retenções em folha de pagamento;
- Inscrição em restos a pagar

Decorrente dos Princípios da Competência e Anualidade (Periodicidade), os Restos a Pagar são despesas, ao menos, empenhadas, liquidadas ou não, não pagas até dia 31 de dezembro do ano em que ocorreu o empenho e regularmente inscritas. Decorrem também do princípio contábil da competência, pois o art. 35, inciso II, da Lei nº 4.320/64, estabelece que pertencem ao exercício financeiro as despesas nele legalmente empenhadas. Ou seja, para que uma despesa seja considerada de um exercício, não há a necessidade de efetivo pagamento, basta que ela seja legalmente empenhada e que, ao final do exercício financeiro, seja regularmente inscrita em Restos a Pagar.

Segundo o parágrafo único do art. **103 da Lei nº 4.320/64, os Restos a Pagar do exercício serão computados na receita extra orçamentária para compensar sua inclusão na despesa orçamentária.**

O assunto Restos a Pagar será tratado em capítulo específico.

- **SOC (Superávit do Orçamento Corrente)**

O superávit do Orçamento Corrente é o resultante do balanceamento dos totais das receitas e despesas correntes.

Apesar de alguns doutrinadores a fazerem como certa, é controversa a inclusão do superávit do orçamento corrente (SOC) entre as receitas extra orçamentárias, isso em função da interpretação dada ao § 3º do art. 11 da Lei nº 4.320/64, abaixo transcrito:

> (...)
>
> § 3º – O superávit do Orçamento Corrente resultante do balanceamento dos totais das receitas e despesas correntes, apurado na demonstração a que se refere o Anexo nº 1, não constituirá item de receita orçamentária.

O mandamento legal afirma que o SOC não poderá ser considerado receita orçamentária, afinal, por ocasião de sua arrecadação ele já foi assim considerado e

2. PASCOAL, Valdecir. **Direito Financeiro e Controle Externo**. São Paulo: Método, 2010.

um novo reconhecimento implicaria em dupla contagem. Isso não quer dizer que o SOC seja receita extraorçamentária, para eles esse superávit nada mais é que um saldo financeiro gerado pelo resultado positivo do balanceamento entre receitas e despesas correntes, ou seja, o resultado positivo do orçamento corrente.

Complicando a questão, o § 2º do mesmo artigo classifica esse mero saldo orçamentário como uma receita de capital. Ora, como será visto, a classificação econômica da receita, que divide as receitas em correntes e de capital, é utilizada para receitas orçamentárias.

> § 2º – São Receitas de Capital as provenientes da realização de recursos financeiros oriundos de constituição de dívidas; da conversão, em espécie, de bens e direitos; os recursos recebidos de outras pessoas de direito público ou privado, destinados a atender despesas classificáveis em Despesas de Capital e, ainda, o superávit do Orçamento Corrente (Redação dada pelo Decreto Lei nº 1.939, de 20.5.1982)

2) Despesas

Com relação às despesas, o critério da previsão orçamentária melhor se coaduna com a diferenciação entre orçamentárias e extraorçamentárias.

Assim, com relação às despesas, somente serão exceções ao Princípio da Universalidade as despesas extraorçamentárias que, em regra, são as devoluções dos valores que adentraram aos cofres públicos como ingressos extraorçamentários. Segundo o Manual de Contabilidade Aplicada ao Setor Público da Secretaria do Tesouro Nacional, despesas extraorçamentárias são aqueles decorrentes de:

2.1) Saídas compensatórias no ativo e no passivo financeiro – representam desembolsos de recursos de terceiros em poder do ente público, tais como:

- **Devolução e entrega de valores de terceiros (cauções/depósitos)**
- Entrega de **Consignações/Retenções**
- Pagamento das operações de crédito por Antecipação de Receita Orçamentária (ARO);
- Pagamentos de Salário-Família, Salário-Maternidade e Auxílio-Natalidade – os benefícios da Previdência Social adiantados pelo empregador, por força de lei, têm natureza extraorçamentária e, posteriormente, serão objeto de compensação ou restituição.

2.2) Pagamento de Restos a Pagar – são as saídas para pagamentos de despesas empenhadas em exercícios anteriores.

2.3) Despesas operacionais das empresas públicas e sociedades de economia mista independentes (Pascoal, 2010)[3].

3. PASCOAL, Valdecir. **Direito Financeiro e Controle Externo**. São Paulo: Método, 2010.

6. PRINCÍPIO DA ANUALIDADE (PERIODICIDADE)

O Princípio da Periodicidade estabelece que o orçamento deve ter vigência limitada no tempo, tal princípio garante que o planejamento possa ser renovado periodicamente e que haja um constante controle, por parte do Poder Legislativo, da Atividade Financeira do Estado que é desenvolvida pelo Poder Executivo, ou seja, a autorização legislativa do gasto deve ser renovada a cada período determinado pela legislação.

No Brasil esse período é de um ano, daí também o porquê de sua nomenclatura ser denominada de Princípio da Anualidade. Esse princípio se fundamenta em critérios relacionados com o controle político exercido pelo Poder Legislativo sobre o orçamento elaborado pelo Poder Executivo, afinal, em razão da periodicidade, ano a ano, o orçamento é novamente autorizado pelo Poder Legislativo. A Lei nº 4.320/64, em seu art. 2º determina que a Lei do Orçamento conterá a discriminação da receita e da despesa de forma a evidenciar a política econômica financeira e o programa de trabalho do Governo, obedecidos os Princípios de Unidade, Universalidade e Anualidade. A expressão anualidade nos remete ao período de um ano.

Previsão do princípio

> **Lei nº 4.320/64**
>
> **Art. 2º** – A Lei do Orçamento conterá a discriminação da receita e despesa de forma a evidenciar a política econômica financeira e o programa de trabalho do Governo, obedecidos os princípios de unidade universalidade e anualidade.

A expressão "anualidade" também tem referência no texto constitucional, em que se menciona o termo "anual" em alguns dispositivos relacionados à Lei Orçamentária (art. 166, § 3º, art. 165, parágrafos 5º e 8º e o art. 167, inciso I, CF).

Definida a duração, um ano (exercício financeiro), falta ainda definir o período em que a LOA vigerá, ou seja, a definição de início e de término do exercício financeiro.

Está explícito no art. 34 da Lei nº 4.320/64, que exercício financeiro coincida com o ano civil, ou seja, inicia no dia 01 de janeiro e termina no dia 31 de dezembro. Desta forma, as dotações orçamentárias constantes na LOA somente poderão ser executadas de 1º de janeiro a 31 de dezembro do exercício financeiro a que se refere, não podendo, em regra, haver despesas previstas dessa LOA realizadas (empenhadas) fora desse período. Por ser uma regra legal, esta coincidência do exercício financeiro com o ano civil poderá ser alterada, desde que por lei complementar.

▸ OBSERVAÇÃO 1:

Fique atento, pois essa regra só é peremptória em relação aos créditos orçamentários contidos na LOA e nos créditos adicionais suplementares. Isso porque, para os créditos adicionais Especiais e Extraordinários, existe a possibilidade de reabertura (prorrogação) até o término do exercício subsequente, desde que cumprindo os requisitos (promulgação do ato que autorizou a abertura nos últimos quatro meses do exercício financeiro e se houver saldo), regra contida no art. 167 § 2º da CF/88. Por esse motivo, tais créditos, quando reabertos, podem ser classificados como plurianuais.

▸ **OBSERVAÇÃO 2:**

Fique atento, pois a reabertura desses créditos é uma exceção ao Princípio da Anualidade, pois esse crédito transferido deverá ser incorporado ao exercício subsequente.

7. PRINCÍPIO DO ORÇAMENTO BRUTO

Determina o Princípio do Orçamento Bruto que as receitas e despesas devem constar na LOA pelos seus valores totais, sendo vedadas deduções ou compensações.

Previsto na parte final do art. 6º da Lei nº 4.320/64, este artigo traz dois princípios em seu bojo: na primeira parte está previsto o Princípio da Universalidade, e na segunda o orçamento bruto. Esse artigo determina que todas as receitas e despesas constarão da Lei de Orçamento pelos seus totais, vedadas quaisquer deduções.

> **Lei nº 4.320/64**
>
> **Art. 6º** Todas as receitas e despesas constarão da Lei de Orçamento pelos seus totais, vedadas quaisquer deduções.

Ao vedar as deduções, esse princípio possibilita a aplicação plena do Princípio da Universalidade, pois as receitas e despesas referentes a estas deduções não apareceriam no orçamento. Complementarmente, o Princípio do Orçamento Bruto torna o orçamento mais transparente (Princípio da Transparência), propiciando maior controle das destinações de recursos, pois torna público os valores totais de receita de despesa.

8. PRINCÍPIO DO EQUILÍBRIO ORÇAMENTÁRIO (EQUILÍBRIO FORMAL)

Este princípio determina que o orçamento deve ser elaborado de forma que haja equilíbrio entre receita e despesa, ou seja, somente poderá ser fixada a despesa em montante igual a previsão da receita.

O estudo desse princípio ganha força à medida que ocorre crescimento dos gastos públicos e o consequente aumento do peso do governo na economia tornam o planejamento da ação governamental cada vez mais importante. A maneira como a legislação observa o Princípio do Equilíbrio Orçamentário é útil para a compreensão dos instrumentos de intervenção econômica disponíveis ao governo, principalmente no tocante à geração de déficits. Na abordagem desse princípio, a CF, ao limitar as possíveis razões de endividamento do governo, interferiu na questão do déficit das operações correntes.

A relação entre receita e despesa pode gerar três resultados possíveis:

Resultado = Receita – Despesa

1) Superávit = Receita › Despesa.
2) Déficit = Receita ‹ Despesa.
3) Equilíbrio = Receita = Despesa.

Em razão da necessidade de obter popularidade, realizando o máximo de despesa pública para gerar também o máximo de satisfação popular, os governos acabam por gastar muito mais do que arrecadam, gerando déficits públicos que deverão ser financiados por empréstimos que, por sua vez, geram mais despesa (pagamento do principal + juros), fazendo aumentar ainda mais o déficit, como uma bola de neve.

O déficit público é extremamente prejudicial a todos, principalmente aos mais necessitados. Seus efeitos podem ser sentidos com a alta dos juros, inflação e, quando esse déficit fica insustentável, outras medidas extremas acabam por serem tomadas para que se possa retomar o equilíbrio, como corte de benefícios sociais, demissão de parte do funcionalismo público, calote em credores, etc.

O equilíbrio orçamentário pode ser visto sob dois pontos de vista:

1) Equilíbrio Real

Do ponto de vista real, o total de despesas públicas deve ser igual ao total de receitas próprias, geradas pelo Estado, ou seja, aquelas que têm impacto positivo no patrimônio líquido dos entes públicos. Para tanto, exclui-se do cômputo as receitas oriundas de operações de crédito.

2) Equilíbrio Formal:

Do ponto de vista formal, o total das receitas deve ser igual ao das despesas, independentemente de quais fontes as receitas surjam, considerando como fonte inclusive o crédito público.

O equilíbrio é obtido pela complementação das receitas com operações de crédito, tornando oculto um desequilíbrio real (déficit), afinal, concomitantemente ao registro da receita (entrada de dinheiro em caixa) é efetuado do registro de uma obrigação que deverá ser honrada em algum momento.

O descontrole das operações de crédito que, por sua vez, agrava o déficit orçamentário, configura-se um grande problema para qualquer ente federativo. Por esse motivo, são necessárias regras que limitem as operações de crédito ao efetivamente necessário.

Equilíbrio no Brasil

1) No Brasil, a partir da Constituição de 1988, passou-se a tratar o equilíbrio orçamentário com mais seriedade. Inicialmente, a Carta Magna adotou uma postura mais responsável ao limitar as possíveis razões de endividamento

do governo, interferindo na questão do déficit das operações correntes, estabelecendo a chamada "Regra de Ouro". Mais recentemente, a Emenda Constitucional nº 95, de 15 de dezembro de 2016, que altera o Ato das Disposições Constitucionais Transitórias, instituiu o Novo Regime Fiscal, que limita por vinte anos os gastos públicos, Regra de Ouro.

Em seu art. 167, inciso III, a Constituição determina que a elaboração do Orçamento deve manter o equilíbrio entre operações de crédito e as despesas de capital, vedando a realização de operações de créditos que excedam o montante das despesas de capital. É a chamada Regra de Ouro.

> **Art. 167** – São vedados:
>
> (...)
>
> III. a realização de operações de créditos que excedam o montante das despesas de capital, ressalvadas as autorizadas mediante créditos suplementares ou especiais com finalidade precisa, aprovados pelo Poder Legislativo por maioria absoluta;

Tal dispositivo ataca o déficit das operações corrente e se refere ao controle de um tipo de receita de capital, as operações de crédito. Como veremos em breve, a classificação econômica da receita e da despesa as divide em correntes ou capital, objetivando propiciar elementos para uma avaliação do efeito econômico das transações do setor público. Vejamos o conceito de cada uma:

- Receitas Correntes são receitas que, em regra, quando auferidas, não tem como contrapartida o registro de uma obrigação ou uma baixa patrimonial. Desta forma, não geram para o Estado nem aumento do seu endividamento nem redução de seus bens e direitos. Compreendem as receitas tributárias, patrimoniais, industriais e outras de natureza semelhante, bem como as provenientes de transferências correntes.
- Receitas de Capital são receitas que, em regra, quando auferidas, tem como contrapartida o registro de uma obrigação ou uma baixa patrimonial. Desta forma, geram para o Estado ou um aumento do seu endividamento ou uma redução de seus bens e direitos (exceção é a transferência de capital). Compreendem, assim, a constituição de dívidas, a conversão em espécie de bens e direitos, reservas, bem como as transferências de capital.
- Despesas Correntes são despesas realizadas para a manutenção da máquina pública e que se repetem a cada exercício financeiro. Compreendem as despesas com pessoal, consumo de bens e serviços, pagamentos de salários, água, energia elétrica, telefone, transferências correntes, dentre outros.
- Despesas de Capital são despesas relacionadas à expansão ou aperfeiçoamento do patrimônio público, com o propósito de formar e/ou adquirir ativos reais, ou ainda o pagamento de parcelas do principal de empréstimos, abrangendo, entre outras ações, o planejamento e a execução de obras,

a aquisição de instalações, equipamentos, material permanente, títulos representativos do capital de empresas ou entidades de qualquer natureza, bem como as amortizações de dívida e concessões de empréstimos.

Porém, no mesmo dispositivo em que a Constituição traz a regra também traz a exceção ao estabelecer que poderá haver operações de crédito que excedam as despesas de capital, desde que sejam autorizadas mediante créditos suplementares ou especiais com finalidade precisa, aprovados pelo Poder Legislativo por maioria absoluta. Essa exceção, além de relativizar a Regra de Ouro, traz uma exceção também ao quórum necessário para se aprovar leis orçamentárias, a maioria absoluta.

Além da Constituição, a LRF foi um verdadeiro marco na busca pelo equilíbrio real, tendo em diversos dispositivos, instrumentos que versam sobre o equilíbrio orçamentário real. Para tanto, estabeleceu a LDO como instrumento nesta busca ao determinar que ela disporá sobre o *equilíbrio entre receita e despesa (art. 4º, inciso I, alínea "a').*

Outro dispositivo importante na busca pelo equilíbrio real está no art. 9º, em que a LRF determina que se verificado, ao final de um bimestre, que a realização da receita poderá não comportar o cumprimento das metas de resultado primário ou nominal estabelecidas no Anexo de Metas Fiscais, os Poderes e o Ministério Público promoverão, por ato próprio e nos montantes necessários, nos trinta dias subsequentes, limitação de empenho e movimentação financeira, segundo os critérios fixados pela lei de diretrizes orçamentárias.

> **Art. 9º** – Se verificado, ao final de um bimestre, que a realização da receita poderá não comportar o cumprimento das metas de resultado primário ou nominal estabelecidas no Anexo de Metas Fiscais, os Poderes e o Ministério Público promoverão, por ato próprio e nos montantes necessários, nos trinta dias subsequentes, limitação de empenho e movimentação financeira, segundo os critérios fixados pela lei de diretrizes orçamentárias.

No § 3º do mesmo artigo, houve uma tentativa por parte da LRF em estabelecer condições para o Executivo garantir essa limitação de empenho em caso de omissão dos outros Poderes e do Ministério Público.

> § 3º – No caso de os Poderes Legislativo e Judiciário e o Ministério Público não promoverem a limitação no prazo estabelecido no caput, é o Poder Executivo autorizado a limitar os valores financeiros segundo os critérios fixados pela lei de diretrizes orçamentárias.

Porém, o Egrégio STF suspendeu a eficácia do § 3º do aludido artigo 9º da LC nº 101/2000 (Medida Cautelar na ADIN 2.238-5, decisão de 22.2.2001), por entender que o comando representa interferência indevida do Executivo nos outros Poderes.

Com efeito, o Poder Executivo pode apenas sinalizar aos demais Poderes a necessidade de limitação, cabendo a estes adotar as medidas para restrição dos valores correspondentes na sua execução orçamentária.

A LRF também tentou regulamentar o inciso III do art. 167 da Constituição (Regra de Ouro), e no § 2º do art. 12 previu que:

> § 2º – O montante previsto para as receitas de operações de crédito não poderá ser superior ao das despesas de capital constantes do projeto de lei orçamentária. *(Vide ADIN 2.238-5)*

Porém, tal dispositivo também está com eficácia suspensa pelo STF em virtude da ADIN 2.238-5. A suspensão da aplicabilidade desta regra se deu com o fundamento de que essa norma, ao repetir parcialmente a regra constitucional, foi mais restritiva do que a CF, já que Carta Magna prevê que **"ressalvadas as autorizadas mediante créditos suplementares ou especiais com finalidade precisa, aprovados pelo Poder Legislativo por maioria absoluta"**, as operações de crédito poderão ultrapassar o montante das despesas de capital. A LRF não previu esta exceção, sendo assim, mais restritiva.

Entretanto, a aplicabilidade da Regra de Ouro ainda é obrigatória, haja vista que esta também está inserida na Constituição Federal.

2) Novo Regime Fiscal

Esse novo regime estabelece um teto de gastos com as despesas denominadas "primárias". Esse teto é estabelecido com base no gasto com despesas primárias no exercício anterior, corrigido pelo índice de inflação.

Vejamos os detalhes estabelecidos no texto da emenda Constitucional nº 95, de 15 de dezembro de 2016.

✓ Abrangência orçamentária

Orçamentos Fiscal e da Seguridade Social da União, ficando de fora o orçamento de investimento das empresas em que a União, direta ou indiretamente, detenha a maioria do capital social com direito a voto, previsto no incido II do § 5º do art. 165 da Constituição Federal.

✓ Período de vigência

Vinte anos, ou seja, por vinte exercícios financeiros, nos termos dos arts. 107 a 114 deste Ato das Disposições Constitucionais Transitórias.

> Art. 106. Fica instituído o Novo Regime Fiscal no âmbito dos Orçamentos Fiscal e da Seguridade Social da União, que vigorará por vinte exercícios financeiros, nos termos dos arts. 107 a 114 deste Ato das Disposições Constitucionais Transitórias."

✓ Forma de limitação de gasto

Individualizados, levando em consideração, além dos gastos do Poder Executivo, os gastos com funcionamento dos Poderes e órgãos com autonomia funcional e administrativa:

a) Do Poder Executivo;

b) Do Supremo Tribunal Federal, do Superior Tribunal de Justiça, do Conselho Nacional de Justiça, da Justiça do Trabalho, da Justiça Federal, da Justiça Militar da União, da Justiça Eleitoral e da Justiça do Distrito Federal e Territórios, no âmbito do Poder Judiciário;

> Art. 99. Ao Poder Judiciário é assegurada autonomia administrativa e financeira.
>
> § 1º Os tribunais elaborarão suas propostas orçamentárias dentro dos limites estipulados conjuntamente com os demais Poderes na lei de diretrizes orçamentárias.

c) Do Senado Federal, da Câmara dos Deputados e do Tribunal de Contas da União, no âmbito do Poder Legislativo;

> Art. 51. Compete privativamente à Câmara dos Deputados:
>
> [...]
>
> IV - dispor sobre sua organização, funcionamento, polícia, criação, transformação ou extinção dos cargos, empregos e funções de seus serviços, e a iniciativa de lei para fixação da respectiva remuneração, observados os parâmetros estabelecidos na lei de diretrizes orçamentárias;
>
> Art. 52. Compete privativamente ao Senado Federal:
>
> [...]
>
> XIII - dispor sobre sua organização, funcionamento, polícia, criação, transformação ou extinção dos cargos, empregos e funções de seus serviços, e a iniciativa de lei para fixação da respectiva remuneração, observados os parâmetros estabelecidos na lei de diretrizes orçamentárias;

d) Do Ministério Público da União e do Conselho Nacional do Ministério Público; e

> Art. 127. O Ministério Público é instituição permanente, essencial à função jurisdicional do Estado, incumbindo-lhe a defesa da ordem jurídica, do regime democrático e dos interesses sociais e individuais indisponíveis.
>
> [...]
>
> § 3º O Ministério Público elaborará sua proposta orçamentária dentro dos limites estabelecidos na lei de diretrizes orçamentárias.

e) Da Defensoria Pública da União.

> Art. 134. A Defensoria Pública é instituição permanente, essencial à função jurisdicional do Estado, incumbindo-lhe, como expressão e instrumento do regime democrático, fundamentalmente, a orientação jurídica, a promoção dos direitos humanos e a defesa, em todos os graus, judicial e extrajudicial, dos direitos individuais e coletivos, de forma integral e gratuita, aos necessitados, na forma do inciso LXXIV do art. 5º desta Constituição Federal.

[...]

§ 3º Aplica-se o disposto no § 2º às Defensorias Públicas da União e do Distrito Federal.

✓ Referência para limitação

O valor utilizado como referência para limitação é o total de despesas primárias do Exercício Anterior, corrigido pelo IPCA.

Também conhecida como despesa não-financeira, a despesa primária corresponde ao conjunto de gastos que possibilita a oferta de serviços públicos à sociedade, deduzidas as despesas financeiras. São exemplos: os gastos com pessoal, custeio e investimento. Pode ser de natureza obrigatória ou discricionária. É a despesa que o governo realiza e que não advém de operações de crédito. É a despesa utilizada para executar suas políticas públicas. A despesa primária é um gasto que não reduz o endividamento público, pois não se refere ao pagamento do principal e juros de uma operação de crédito.

Cada um dos limites equivalerá:

a) Para o exercício de 2017, à despesa primária paga no exercício de 2016, incluídos os restos a pagar pagos e demais operações que afetam o resultado primário, corrigida em 7,2% (sete inteiros e dois décimos por cento); e

b) Para os exercícios posteriores, ao valor do limite referente ao exercício imediatamente anterior, corrigido pela variação do Índice Nacional de Preços Ao Consumidor Amplo - IPCA, publicado pelo instituto brasileiro de geografia e estatística, ou de outro índice que vier a substituí-lo, para o período de doze meses encerrado em junho do exercício anterior a que se refere a lei orçamentária.

Segundo o § 3º, a mensagem que encaminhar o projeto de lei orçamentária demonstrará os valores máximos de programação compatíveis com os limites individualizados observados os seguintes aspectos:

a) Nos três primeiros exercícios financeiros da vigência do Novo Regime Fiscal, o Poder Executivo poderá compensar com redução equivalente na sua despesa primária, consoante os valores estabelecidos no projeto de lei orçamentária encaminhado pelo Poder Executivo no respectivo exercício, o excesso de despesas primárias em relação aos limites dos outros Poderes e órgãos citados com autonomia funcional e administrativa vistos acima (Poder Legislativo, Poder Judiciário MPU/CNMP, DPU).

b) A compensação acima 0,25% (vinte e cinco centésimos por cento) do limite do Poder Executivo.

c) Respeitado o somatório em cada um dos outros poderes e órgãos citados com autonomia funcional e administrativa vistos acima (Poder Legislativo,

Poder Judiciário MPU/CNMP, DPU), a Lei de Diretrizes Orçamentárias poderá dispor sobre a compensação entre os limites individualizados dos órgãos elencados.

Conforme expressa o § 4º do art. 107 do ADCT, as despesas primárias autorizadas na Lei Orçamentária Anual sujeitas aos limites de que trata este artigo não poderão exceder os valores máximos demonstrados nos termos da mensagem que encaminhar o projeto de lei orçamentária em que foram demonstrados os valores máximos de programação compatíveis com os limites individualizados calculados, conforme visto acima (despesa primária do exercício anterior reajustada com base no IPCA).

Para que não se burle o limite estabelecido na elaboração do Projeto de Lei Orçamentária Anual e encaminhado por mensagem, é vedada a abertura de crédito suplementar ou especial que amplie o montante total autorizado de despesa primária sujeita aos limites estabelecidos pelo novo regime fiscal.

> ▸ **ATENÇÃO:**
>
> Segundo o § 10º do art. 107 do ADCT, para fins de verificação do cumprimento dos limites de que trata este artigo, serão consideradas as despesas primárias pagas, incluídos os restos a pagar pagos e demais operações que afetam o resultado primário no exercício.

✓ Exclusão da base de cálculo dos limites estabelecidos

Conforme determina o § 6º do art. 107 do ADCT, não se incluem na base de cálculo e nos limites estabelecidos neste artigo:

a) Transferências constitucionais estabelecidas no § 1º do art. 20, no inciso III, parágrafo único do art. 146, § 5º do art. 153, no art. 157, nos incisos I e II do art. 158, no art. 159 e no § 6º do art. 212, as despesas referentes ao inciso XIV do caput do art. 21, todos da Constituição Federal, e as complementações de que tratam os incisos V e VII do caput do art. 60, deste Ato das Disposições Constitucionais Transitórias;

Vejamos cada um dos itens citados como exceção nesse dispositivo:

i. Royalty pela exploração de recursos naturais;

> Art. 20...
>
> § 1º É assegurada, nos termos da lei, aos Estados, ao Distrito Federal e aos Municípios, bem como a órgãos da administração direta da União, participação no resultado da exploração de petróleo ou gás natural, de recursos hídricos para fins de geração de energia elétrica e de outros recursos minerais no respectivo território, plataforma continental, mar territorial ou zona econômica exclusiva, ou compensação financeira por essa exploração.

Como visto no texto constitucional, esse dispositivo se refere aos royalties obtidos como compensação da exploração de recursos naturais (petróleo ou gás natural, de recursos hídricos para fins de geração de energia elétrica e de outros recursos minerais) ou compensação financeira por essa exploração.

ii. **Distribuição da parcela de recursos pertencentes aos respectivos entes federados referente a regime único de arrecadação dos impostos e contribuições da União, dos Estados, do Distrito Federal e dos Municípios que vier a ser instituído por lei.**

> Art. 146....
>
> Parágrafo único. A lei complementar de que trata o inciso III, d, também poderá instituir um regime único de arrecadação dos impostos e contribuições da União, dos Estados, do Distrito Federal e dos Municípios, observado que:
>
> [...]
>
> III - o recolhimento será unificado e centralizado e a distribuição da parcela de recursos pertencentes aos respectivos entes federados será imediata, vedada qualquer retenção ou condicionamento;

iii. **Repartição, entre os entes federativos, de imposto sobre o ouro, ouro, quando definido em lei como ativo financeiro ou instrumento cambial.**

> Art. 153
>
> [...]
>
> § 5º O ouro, quando definido em lei como ativo financeiro ou instrumento cambial, sujeita-se exclusivamente à incidência do imposto de que trata o inciso V do "caput" deste artigo, devido na operação de origem; a alíquota mínima será de um por cento, assegurada a transferência do montante da arrecadação nos seguintes termos:
>
> I - trinta por cento para o Estado, o Distrito Federal ou o Território, conforme a origem;
>
> II - setenta por cento para o Município de origem.

iv. **Repartição das receitas tributárias.**

> Art. 157. Pertencem aos Estados e ao Distrito Federal:
>
> I - o produto da arrecadação do imposto da União sobre renda e proventos de qualquer natureza, incidente na fonte, sobre rendimentos pagos, a qualquer título, por eles, suas autarquias e pelas fundações que instituírem e mantiverem;
>
> II - vinte por cento do produto da arrecadação do imposto que a União instituir no exercício da competência que lhe é atribuída pelo art. 154, I.
>
> Art. 158. Pertencem aos Municípios:
>
> I - o produto da arrecadação do imposto da União sobre renda e proventos de qualquer natureza, incidente na fonte, sobre rendimentos

pagos, a qualquer título, por eles, suas autarquias e pelas fundações que instituírem e mantiverem;

II - cinquenta por cento do produto da arrecadação do imposto da União sobre a propriedade territorial rural, relativamente aos imóveis neles situados, cabendo a totalidade na hipótese da opção a que se refere o art. 153, § 4º, III;

Art. 159. A União entregará:

I - do produto da arrecadação dos impostos sobre renda e proventos de qualquer natureza e sobre produtos industrializados, 49% (quarenta e nove por cento), na seguinte forma:

a) vinte e um inteiros e cinco décimos por cento ao Fundo de Participação dos Estados e do Distrito Federal;

b) vinte e dois inteiros e cinco décimos por cento ao Fundo de Participação dos Municípios;

c) três por cento, para aplicação em programas de financiamento ao setor produtivo das Regiões Norte, Nordeste e Centro-Oeste, através de suas instituições financeiras de caráter regional, de acordo com os planos regionais de desenvolvimento, ficando assegurada ao semi-árido do Nordeste a metade dos recursos destinados à Região, na forma que a lei estabelecer;

d) um por cento ao Fundo de Participação dos Municípios, que será entregue no primeiro decêndio do mês de dezembro de cada ano;

e) 1% (um por cento) ao Fundo de Participação dos Municípios, que será entregue no primeiro decêndio do mês de julho de cada ano;

II - do produto da arrecadação do imposto sobre produtos industrializados, dez por cento aos Estados e ao Distrito Federal, proporcionalmente ao valor das respectivas exportações de produtos industrializados.

III - do produto da arrecadação da contribuição de intervenção no domínio econômico prevista no art. 177, § 4º, 29% (vinte e nove por cento) para os Estados e o Distrito Federal, distribuídos na forma da lei, observada a destinação a que se refere o inciso II, c, do referido parágrafo

§ 1º Para efeito de cálculo da entrega a ser efetuada de acordo com o previsto no inciso I, excluir-se-á a parcela da arrecadação do imposto de renda e proventos de qualquer natureza pertencente aos Estados, ao Distrito Federal e aos Municípios, nos termos do disposto nos arts. 157, I, e 158, I.

§ 2º A nenhuma unidade federada poderá ser destinada parcela superior a vinte por cento do montante a que se refere o inciso II, devendo o eventual excedente ser distribuído entre os demais participantes, mantido, em relação a esses, o critério de partilha nele estabelecido.

§ 3º Os Estados entregarão aos respectivos Municípios vinte e cinco por cento dos recursos que receberem nos termos do inciso II, observados os critérios estabelecidos no art. 158, parágrafo único, I e II.

§ 4º Do montante de recursos de que trata o inciso III que cabe a cada Estado, vinte e cinco por cento serão destinados aos seus Municípios, na forma da lei a que se refere o mencionado inciso.

v. **Cotas estaduais e municipais da arrecadação da contribuição social do salário-educação.**

Art. 212...

[...]

§ 6º As cotas estaduais e municipais da arrecadação da contribuição social do salário-educação serão distribuídas proporcionalmente ao número de alunos matriculados na educação básica nas respectivas redes públicas de ensino.

vi. **Organização e manutenção da polícia civil, a polícia militar e o corpo de bombeiros militar do Distrito Federal, bem como assistência financeira ao Distrito Federal para a execução de serviços públicos.**

Art. 21. Compete à União:

[...]

XIV - organizar e manter a polícia civil, a polícia militar e o corpo de bombeiros militar do Distrito Federal, bem como prestar assistência financeira ao Distrito Federal para a execução de serviços públicos, por meio de fundo próprio;

Art. 60. Até o 14º (décimo quarto) ano a partir da promulgação desta Emenda Constitucional, os Estados, o Distrito Federal e os Municípios destinarão parte dos recursos a que se refere o caput do art. 212 da Constituição Federal à manutenção e desenvolvimento da educação básica e à remuneração condigna dos trabalhadores da educação, respeitadas as seguintes disposições:

[...]

V - a União complementará os recursos dos Fundos a que se refere o inciso II do caput deste artigo sempre que, no Distrito Federal e em cada Estado, o valor por aluno não alcançar o mínimo definido nacionalmente, fixado em observância ao disposto no inciso VII do caput deste artigo, vedada a utilização dos recursos a que se refere o § 5º do art. 212 da Constituição Federal;

[...]

VII - a complementação da União de que trata o inciso V do caput deste artigo será de, no mínimo: (Incluído pela Emenda Constitucional nº 53, de 2006).

a) R$ 2.000.000.000,00 (dois bilhões de reais), no primeiro ano de vigência dos Fundos; (Incluído pela Emenda Constitucional nº 53, de 2006).

b) R$ 3.000.000.000,00 (três bilhões de reais), no segundo ano de vigência dos Fundos; (Incluído pela Emenda Constitucional nº 53, de 2006).

c) R$ 4.500.000.000,00 (quatro bilhões e quinhentos milhões de reais), no terceiro ano de vigência dos Fundos; (Incluído pela Emenda Constitucional nº 53, de 2006).

d) 10% (dez por cento) do total dos recursos a que se refere o inciso II do caput deste artigo, a partir do quarto ano de vigência dos Fundos;

b) Créditos extraordinários a que se refere o § 3º do art. 167 da Constituição Federal;

Art. 167

[...]

§ 3º A abertura de crédito extraordinário somente será admitida para atender a despesas imprevisíveis e urgentes, como as decorrentes de guerra, comoção interna ou calamidade pública, observado o disposto no art. 62.

c) Despesas não recorrentes da Justiça Eleitoral com a realização de eleições; e

d) Despesas com aumento de capital de empresas estatais não dependentes.

✓ Norma temporária para Restos a pagar

Conforme estabelece o § 11 do art. 107 do ADCT, o pagamento de restos a pagar inscritos até 31 de dezembro de 2015 poderá ser excluído da verificação do cumprimento dos limites de que trata este artigo, até o excesso de resultado primário dos Orçamentos Fiscal e da Seguridade Social do exercício em relação à meta fixada na lei de diretrizes orçamentárias."

✓ Possibilidade de revisão do método de correção dos limites

Conforme estabelece o art. 108 do ADCT, o Presidente da República poderá propor, a partir do décimo exercício da vigência do Novo Regime Fiscal, projeto de lei complementar para alteração do método de correção dos limites (IPCA) a que se refere o inciso II do § 1º do art. 107 do Ato das Disposições Constitucionais Transitórias.

Art. 107...

§ 1º Cada um dos limites a que se refere o caput deste artigo equivalerá: (Incluído pela Emenda Constitucional nº 95, de 2016)

[...]

II - para os exercícios posteriores, ao valor do limite referente ao exercício imediatamente anterior, corrigido pela variação do Índice Nacional de Preços ao Consumidor Amplo - IPCA, publicado pelo Instituto Brasileiro de Geografia e Estatística, ou de outro índice que vier a substituí-lo, para o período de doze meses encerrado em junho do exercício anterior a que se refere a lei orçamentária.

▶ **FIQUE ATENTO:**

Será admitida apenas uma alteração do método de correção dos limites por mandato presidencial.

✓ Medidas a serem tomadas em caso de descumprimento dos limites estabelecidos

Visando manter o equilíbrio das contas públicas e a obrigação de se manter o teto estabelecido para despesas primárias, conforme o art. 109 do ADCT, no caso de descumprimento de limite individualizado, aplicam-se, até o final do exercício de retorno das despesas aos respectivos limites, ao Poder Executivo ou a outro Poder (Legislativo e Judiciário) ou órgão (MPU e DPU) que o descumpriu, sem prejuízo de outras medidas, as seguintes vedações:

I. Concessão, a qualquer título, de vantagem, aumento, reajuste ou adequação de remuneração de membros de Poder ou de órgão, de servidores e empregados públicos e militares, exceto dos derivados de sentença judicial transitada em julgado ou de determinação legal decorrente de atos anteriores à entrada em vigor desta Emenda Constitucional;

II. Criação de cargo, emprego ou função que implique aumento de despesa;

III. Alteração de estrutura de carreira que implique aumento de despesa;

IV. Admissão ou contratação de pessoal, a qualquer título, ressalvadas as reposições de cargos de chefia e de direção que não acarretem aumento de despesa e aquelas decorrentes de vacâncias de cargos efetivos ou vitalícios;

V. Realização de concurso público, exceto para as reposições de vacâncias previstas no inciso IV;

VI. Criação ou majoração de auxílios, vantagens, bônus, abonos, verbas de representação ou benefícios de qualquer natureza em favor de membros de Poder, do Ministério Público ou da Defensoria Pública e de servidores e empregados públicos e militares;

VII. Criação de despesa obrigatória; e

VIII. Adoção de medida que implique reajuste de despesa obrigatória acima da variação da inflação, observada a preservação do poder aquisitivo referida no inciso IV do caput do art. 7º da Constituição Federal.

> ▸ **FIQUE ATENTO:**
> Segundo o § 1º do art. 109 do ADCT, as vedações previstas nos incisos I (de vantagem, aumento, reajuste ou adequação de remuneração), III (alteração de estrutura de carreira que implique aumento de despesa) e VI (admissão ou contratação de pessoal), quando descumprido qualquer dos limites individualizados dos órgãos elencados nos incisos II (Tribunais do Poder Judiciário), III (Senado e Câmara Federal) e IV (MPU/CNMP) do *caput* do art. 107 do Ato das Disposições Constitucionais Transitórias, aplicam-se ao conjunto dos órgãos referidos em cada inciso.

Isso quer dizer que o limite será considerado no total da soma de despesas primárias desses órgãos.

Para o Poder Executivo a norma é mais rígida. Adicionalmente ao disposto anteriormente como vedações, no caso de descumprimento do limite por parte do Poder Executivo, ficam vedadas:

> **Art. 109 (ADCT)**
>
> §2º...
>
> I - a criação ou expansão de programas e linhas de financiamento, bem como a remissão, renegociação ou refinanciamento de dívidas que impliquem ampliação das despesas com subsídios e subvenções; e
>
> II - a concessão ou a ampliação de incentivo ou benefício de natureza tributária.

Segundo o § 3º do art. 109, no caso de descumprimento de qualquer dos limites individualizados de que trata o *caput* do art. 107 deste Ato das Disposições Constitucionais Transitórias, fica vedada a concessão da revisão geral prevista no inciso X do *caput* do art. 37 da Constituição Federal.

> Art. 37. A administração pública direta e indireta de qualquer dos Poderes da União, dos Estados, do Distrito Federal e dos Municípios obedecerá aos princípios de legalidade, impessoalidade, moralidade, publicidade e eficiência e, também, ao seguinte:
>
> [...]
>
> X - a remuneração dos servidores públicos e o subsídio de que trata o § 4º do art. 39 somente poderão ser fixados ou alterados por lei específica, observada a iniciativa privativa em cada caso, assegurada revisão geral anual, sempre na mesma data e sem distinção de índices;

As vedações vistas também se aplicam às proposições legislativas.

✓ Aplicações mínimas em ações e serviços públicos de saúde e em manutenção e desenvolvimento do ensino constitucionalmente determinadas

Existe a determinação de aplicação mínima de recursos públicos com saúde e educação. Com o Novo Regime Fiscal, como fica essa situação?

Conforme o art. 110 do ADCT, na vigência do Novo Regime Fiscal, as aplicações mínimas em ações e serviços públicos de saúde e em manutenção e desenvolvimento do ensino equivalerão:

> I - no exercício de 2017, às aplicações mínimas calculadas nos termos do inciso I do § 2º do art. 198 e do caput do art. 212, da Constituição Federal; e
>
> II - nos exercícios posteriores, aos valores calculados para as aplicações mínimas do exercício imediatamente anterior, corrigidos na forma estabelecida pelo inciso II do § 1º do art. 107 deste Ato das Disposições Constitucionais Transitórias, ou seja, pelo IPCA.

✓ O orçamento impositivo e o Novo Regime Fiscal

Orçamento Impositivo ocorre quando o Poder Executivo é obrigado a realizar despesa.

E como fica a impositividade orçamentária prevista na Constituição Federal e no Novo Regime Fiscal?

Segundo o art. 111 do ADCT, a partir do exercício financeiro de 2018, até o último exercício de vigência do Novo Regime Fiscal, a aprovação e a execução previstas nos §§ 9º e 11 do art. 166 da Constituição Federal (impositividade da despesa) corresponderão ao montante de execução obrigatória para o exercício de 2017, corrigido na forma estabelecida pelo inciso II do § 1º do art. 107 do Ato das Disposições Constitucionais Transitórias (IPCA).

✓ Disposições finais

Visando não gerar nenhum tipo de respaldo constitucional para que se deixasse de cumprir o que já estava estabelecido em relação às metas destinadas ao equilíbrio fiscal, o art. 112 determina que as disposições introduzidas pelo Novo Regime Fiscal:

a) Não constituirão obrigação de pagamento futuro pela União ou direitos de outrem sobre o erário; e

b) Não revogam, dispensam ou suspendem o cumprimento de dispositivos constitucionais e legais que disponham sobre metas fiscais ou limites máximos de despesas.

Além disso, a exemplo do que determina a Lei de Responsabilidade Fiscal, a proposição legislativa que cria ou altera despesa obrigatória ou renúncia de receita deverá ser acompanhada da estimativa do seu impacto orçamentário e financeiro.

> **▸ FIQUE ATENTO:**
>
> A Constituição Federal de 1988 prevê a possibilidade de aprovação, pelo Poder Legislativo, de desequilíbrio entre despesa e receita no projeto de lei orçamentária?

Sim, veja que, se alguma despesa for rejeitada pelo Poder Legislativo sem a destinação do recurso para outra despesa ou ainda vetada pelo Chefe do Poder Executivo, o orçamento estará em desequilíbrio, afinal, haverá um montante maior de receita prevista que de despesa fixada.

9. PRINCÍPIO DA PUBLICIDADE

Em matéria orçamentária, o Princípio da Publicidade é o mesmo previsto no art. 37 da CF, relacionando-se, neste caso específico, com o controle social das ações orçamentárias, notadamente as que se referem à receita e despesa.

A aplicação desse princípio torna obrigatória a divulgação de atos, contratos e outros instrumentos celebrados pela Administração Pública direta ou indireta, para conhecimento, controle, início e eficácia de seus efeitos.

Assim, não basta que os instrumentos orçamentários sejam veiculados por lei ordinária, para que haja publicidade esses instrumentos devem ser publicados pelos órgãos oficiais de imprensa, de forma que seu acesso seja disponibilizado a qualquer cidadão. Esse princípio também determina a necessidade de se franquear acesso à execução orçamentária naquilo que for possível, para que a sociedade possa controlar e avaliar a atividade Financeira do Estado.

Dispositivo importante previsto na Constituição Federal é o RREO (Relatório Resumido da Execução Orçamentária). O § 3º do art. 165 determina que o Poder Executivo deve publicar esse instrumento de prestação de controle social, até trinta dias após o encerramento de cada bimestre.

Outro instrumento de publicidade e transparência está previsto no § 6º, determinado que o projeto da lei orçamentária deve vir acompanhado de demonstrativo regionalizado do efeito, sobre as receitas e despesas, decorrentes de isenções, anistias, remissões, subsídios e benefícios de natureza financeira, tributária e creditícia.

> **Constituição Federal**
>
> **Art. 165...**
>
> (...)
>
> § 3º O Poder Executivo publicará, até trinta dias após o encerramento de cada bimestre, relatório resumido da execução orçamentária.
>
> (...)
>
> § 6º O projeto de lei orçamentária será acompanhado de demonstrativo regionalizado do efeito, sobre as receitas e despesas, decorrente de isenções, anistias, remissões, subsídios e benefícios de natureza financeira,

10. PRINCÍPIO DA TRANSPARÊNCIA

Para que haja um maior controle das atividades orçamentárias, todas as informações referentes à Atividade Financeira do Estado devem ser apresentadas e disponibilizadas para a sociedade. O Princípio da Transparência determina que, em todo processo orçamentário (ciclo), todas as informações referentes a todos os instrumentos orçamentários (elaboração e execução) devem ser disponibilizadas e devem estar acessíveis a toda sociedade, com ferramentas propiciadas pela internet, por exemplo.

A Lei de Responsabilidade Fiscal estabelece mecanismos de transparência. O § 1º do art. 4º da LRF determinará que integrará o projeto de Lei de Diretrizes Orçamentárias o Anexo de Metas Fiscais, em que serão estabelecidas:

1) Metas anuais, em valores correntes e constantes, relativas à receitas, despesas;
2) Resultados nominal e primário e montante da dívida pública, para o exercício a que se referirem e para os dois seguintes, ou seja, três exercícios financeiros.

O § 2º do art. 4º da LRF menciona que o Anexo de Metas Fiscais conterá, ainda:

1) Avaliação do cumprimento das metas relativas ao ano anterior;
2) Demonstrativo das metas anuais, instruído com memória e metodologia de cálculo que justifiquem os resultados pretendidos, comparando-as com as fixadas nos três exercícios anteriores, e evidenciando a consistência delas com as premissas e os objetivos da política econômica nacional;
3) Evolução do patrimônio líquido, também nos últimos três exercícios, destacando a origem e a aplicação dos recursos obtidos com a alienação de ativos;
4) Avaliação da situação financeira e atuarial:
   - Dos regimes geral de previdência social e próprio dos servidores públicos e do Fundo de Amparo ao Trabalhador;
   - Dos demais fundos públicos e programas estatais de natureza atuarial;
   - Demonstrativo da estimativa e compensação da renúncia de receita e da margem de expansão das despesas obrigatórias de caráter continuado.

O § 3º do art. 4º da LRF determina que a lei de diretrizes orçamentárias contenha **Anexo de Riscos Fiscais, em que serão avaliados:**

1) Os passivos contingentes;
2) Outros riscos capazes de afetar as contas públicas, informando as providências a serem tomadas, caso se concretizem.

O § 4º do art. 4º da LRF, propugna que a mensagem que encaminhar o projeto da União apresentará, em **anexo específico:**

1) Os objetivos das políticas monetária, creditícia e cambial;

2) Os parâmetros e as projeções para seus principais agregados e variáveis;

3) As metas de inflação, para o exercício subsequente.

11. PRINCÍPIO DA CLAREZA OU INTELIGIBILIDADE

É um princípio doutrinário (não está expresso em lei) e determina que o orçamento deve ser expresso de forma clara, ordenada e completa. O seu entendimento, sempre que possível, deve ser acessível à sociedade e não só aos técnicos que o elaboram. Está relacionado aos Princípios da Publicidade e Transparência.

Isso não quer dizer que o orçamento não seja elaborado de forma técnica, ao contrário, nem é possível fazer orçamento se não for assim. Desta forma, tal princípio deve ser entendido como uma suavização do processo técnico, tornando-o acessível não somente aos técnicos.

12. PRINCÍPIO DA NÃO AFETAÇÃO OU NÃO VINCULAÇÃO DA RECEITA DE IMPOSTOS

O Princípio da Não Afetação de Receitas determina que a receita orçamentária de impostos não pode ser vinculada a órgãos, fundos ou despesas, ressalvados os casos permitidos pela própria Constituição Federal. Isso quer dizer que, dentre as receitas, as que forem oriundas dos impostos não devem ser previamente vinculadas a determinadas despesas, a fim de que estejam livres para sua alocação racional, no momento oportuno, conforme as prioridades públicas.

> **Constituição Federal**
>
> **Art. 167** – São vedados:
>
> (...)
>
> IV. a vinculação de receita de impostos a órgão, fundo ou despesa, ressalvadas a repartição do produto da arrecadação dos impostos a que se referem os arts. 158 e 159, a destinação de recursos para as ações e serviços públicos de saúde, para manutenção e desenvolvimento do ensino e para realização de atividades da administração tributária, como determinado, respectivamente, pelos arts. 198, § 2º, 212 e 37, XXII, e a prestação de garantias às operações de crédito por antecipação de receita, previstas no art. 165, § 8º, bem como o disposto no § 4º deste artigo; (Redação dada pela Emenda Constitucional nº 42, de 19.12.2003)

A proibição de vinculação, que inicialmente foi idealizada para toda receita, foi sendo mitigada ao longo do tempo. Em razão de problemas e situações conjunturais, esse princípio é hoje extremamente mutilado, isso porque a própria Constituição Federal de 1988, restringiu a aplicação do Princípio da **Não-Afetação ou Não-Vinculação**

da Receita aos Impostos somente, permitindo a vinculação de outras receitas. Além disso, a própria Constituição estabeleceu diversas vinculações para receitas de impostos também. A relação de vinculações pode ainda ser ampliada por emenda constitucional.

Dentre as ressalvas a esse princípio, previstas na própria CF, estão:

1) Recursos destinados para a manutenção e desenvolvimento do ensino fundamental - FUNDEF - art. 212, parágrafos 1º, 2º e 3º;

2) Recursos destinados às atividades da administração tributária, (art. 37, XXII, da CF - EC 42/03);

3) Fundo de participação dos Municípios - FPM - art. 159, inciso I, b;

4) Fundo de participação dos Estados - FPE - art. 159, inciso I, a;

5) Recursos destinados à prestação de contragarantia à União e para pagamento de débitos para com esta - art. 167, § 4º, CF;

6) Recursos vinculados às operações de antecipação de receita (ARO);

7) Recursos destinados para as ações e serviços públicos de saúde - art. 198, § 2º, incisos I, II e III;

8) Recursos destinados à prestação de garantia às operações de crédito por antecipação da receita - ARO, previsto no parágrafo 8º do art. 165, da CF - art. 167, IV;

Vale lembrar que este princípio não afeta a receita de outros tributos que podem ser vinculados por lei.

✦ *Exemplos de vinculação de receita de outros tributos (impostos, taxas, contribuições sociais e contribuições de melhoria etc.):*

1) Recursos destinados a programas de apoio à inclusão e promoção social, extensivos somente a Estados e ao Distrito Federal – até cinco décimos por cento de sua receita tributária líquida (art. 204, parágrafo único – EC 42/03).

2) Recursos destinados ao fundo estadual de fomento à cultura, para o financiamento de programas e projetos culturais, extensivos somente a Estados e o Distrito Federal – até cinco décimos por cento de sua receita tributária líquida (art. 216, § 6º, CF – EC 42/03).

3) Recursos destinados à seguridade social – contribuições sociais. Art.195, I, a e II da CF.

✦ *Exemplos específicos de vinculações orçamentárias:*

1) Quarenta e oito por cento (48%) da arrecadação do imposto de renda e proventos de qualquer natureza e do imposto sobre produtos industrializados serão destinados:

2) *21,5% ao fundo de participação dos Estados – FPE;*

3) *22,5% ao fundo de participação dos Municípios – FPM;*

4) *3,0% para aplicação em programas de financiamento ao setor produtivo das Regiões Norte, Nordeste e Centro-Oeste, através de suas instituições financeiras de caráter regional, de acordo com os planos regionais de desenvolvimento, ficando assegurada ao semiárido do Nordeste a metade dos recursos destinados à Região;*

5) *1% ao Fundo de Participação dos Municípios, que será entregue no primeiro decêndio do mês de dezembro de cada ano (EC nº. 55/2007);*

6) *A União aplicará, anualmente, nunca menos de dezoito, e os Estados, o Distrito Federal e os Municípios vinte e cinco por cento, no mínimo, da receita resultante de impostos, compreendida a proveniente de transferências, na manutenção e desenvolvimento do ensino (art. 212, CF).*

O parágrafo único do art. 8º da LRF regulamenta a regra constitucional do art. 167 da CF, a qual estabeleceu que os recursos legalmente vinculados à finalidade específica serão utilizados exclusivamente para atender ao objeto de sua vinculação, ainda que em exercício diverso daquele em que ocorrer o ingresso.

A Lei nº 11.079/2004, que institui as parcerias público-privada – PPP, previu em seu art. 8º que a Administração Pública poderá oferecer garantia ao parceiro privado por meio da vinculação de receitas, porém, proíbe a vinculação de receitas de impostos.

Como efeito do alto grau de vinculações de receitas públicas no Brasil, temos um processo orçamentário extremamente rígido, afinal, pouco sobra para que o gestor exercite sua discricionariedade no momento de decidir qual despesa será realizada em determinado momento. Tanto que existe no ADCT, mais especificamente nos arts. 76, 76-A e 76-B, um mecanismo chamado Desvinculação das Receitas, que permite a desvinculação de órgão, fundo ou despesa, até 31 de dezembro de 2023, 30% (trinta por cento) da arrecadação de parte das receitas da União, conforme texto constitucional abaixo:

Constituição federal – ADCT

> **Art. 76.** São desvinculados de órgão, fundo ou despesa, até 31 de dezembro de 2023, 30% (trinta por cento) da arrecadação da União relativa às contribuições sociais, sem prejuízo do pagamento das despesas do Regime Geral da Previdência Social, às contribuições de intervenção no domínio econômico e às taxas, já instituídas ou que vierem a ser criadas até a referida data. (Redação dada pela Emenda constitucional nº 93).
>
> § 1º (Revogado). (Redação dada pela Emenda constitucional nº 93) Produção de efeitos.
>
> § 2º Excetua-se da desvinculação de que trata o caput a arrecadação da contribuição social do salário-educação a que se refere o § 5º do art. 212 da Constituição Federal. (Redação dada pela Emenda Constitucional nº 68, de 2011).

§ 3º (Revogado). (Redação dada pela Emenda constitucional nº 93) Produção de efeitos.

Art. 76-A. São desvinculados de órgão, fundo ou despesa, até 31 de dezembro de 2023, 30% (trinta por cento) das receitas dos Estados e do Distrito Federal relativas a impostos, taxas e multas, já instituídos ou que vierem a ser criados até a referida data, seus adicionais e respectivos acréscimos legais, e outras receitas correntes. (Incluído dada pela Emenda constitucional nº 93) Produção de efeitos

Parágrafo único. Excetuam-se da desvinculação de que trata o caput: (Incluído dada pela Emenda constitucional nº 93) Produção de efeitos.

I – recursos destinados ao financiamento das ações e serviços públicos de saúde e à manutenção e desenvolvimento do ensino de que tratam, respectivamente, os incisos II e III do § 2º do art. 198 e o art. 212 da Constituição Federal; (Incluído dada pela Emenda constitucional nº 93) Produção de efeitos.

II – receitas que pertencem aos Municípios decorrentes de transferências previstas na Constituição Federal; (Incluído dada pela Emenda constitucional nº 93) Produção de efeitos.

III – receitas de contribuições previdenciárias e de assistência à saúde dos servidores; (Incluído dada pela Emenda constitucional nº 93) Produção de efeitos.

IV – demais transferências obrigatórias e voluntárias entre entes da Federação com destinação especificada em lei; (Incluído dada pela Emenda constitucional nº 93) Produção de efeitos.

V – fundos instituídos pelo Poder Judiciário, pelos Tribunais de Contas, pelo Ministério Público, pelas Defensorias Públicas e pelas Procuradorias-Gerais dos Estados e do Distrito Federal. (Incluído dada pela Emenda constitucional nº 93) Produção de efeitos.

Art. 76-B. São desvinculados de órgão, fundo ou despesa, até 31 de dezembro de 2023, 30% (trinta por cento) das receitas dos Municípios relativas a impostos, taxas e multas, já instituídos ou que vierem a ser criados até a referida data, seus adicionais e respectivos acréscimos legais, e outras receitas correntes. (Incluído dada pela Emenda constitucional nº 93) Produção de efeitos.

Parágrafo único. Excetuam-se da desvinculação de que trata o caput: (Incluído dada pela Emenda constitucional nº 93) Produção de efeitos.

I – recursos destinados ao financiamento das ações e serviços públicos de saúde e à manutenção e desenvolvimento do ensino de que tratam, respectivamente, os incisos II e III do § 2º do art. 198 e o art. 212 da Constituição Federal; (Incluído dada pela Emenda constitucional nº 93) Produção de efeitos;

II – receitas de contribuições previdenciárias e de assistência à saúde dos servidores; (Incluído dada pela Emenda constitucional nº 93) Produção de efeitos;

III – transferências obrigatórias e voluntárias entre entes da Federação com destinação especificada em lei; (Incluído dada pela Emenda constitucional nº 93) Produção de efeitos;

IV – fundos instituídos pelo Tribunal de Contas do Município. (Incluído dada pela Emenda constitucional nº 93) Produção de efeitos.

13. PRINCÍPIO DA ESPECIFICAÇÃO, ESPECIFICIDADE, ESPECIALIZAÇÃO, DISCRIMINAÇÃO

Este princípio impõe a classificação e designação dos itens que devem constar na LOA. Este está previsto na Lei nº 4.320/64 nos artigos 5º, 20º *caput* e § 1º do art. 15.

Art. 5º – A Lei de Orçamento não consignará dotações globais destinadas a atender indiferentemente a despesas de pessoal, material, serviços de terceiros, transferências ou quaisquer outras, ressalvado o disposto no artigo 20 e seu parágrafo único.

(...)

Art. 15 – Na Lei de Orçamento a discriminação da despesa far-se-á no mínimo por elementos.

§ 1º – Entende-se por elementos o desdobramento da despesa com pessoal, material, serviços, obras e outros meios de que se serve a administração pública para consecução dos seus fins.

(...)

Art. 20 – Os investimentos serão discriminados na Lei de Orçamento segundo os projetos de obras e de outras aplicações.

Esse princípio se opõe à inclusão de valores globais de forma genérica, ilimitados e sem discriminação e, ainda, ao início de programas ou projetos não incluídos na LOA ou créditos adicionais, mandamentos contidos no art. 167, incisos I, II e VI da Constituição Federal.

Art. 167 – São vedados:

I. o início de programas ou projetos não incluídos na lei orçamentária anual (princípio da Legalidade e da programação);

II. a realização de despesas ou a assunção de obrigações diretas que excedam os créditos orçamentários ou adicionais (princípio equilíbrio orçamentário);

VI. a transposição, o remanejamento ou a transferência de recursos de uma categoria de programação para outra ou de um órgão para outro, sem prévia autorização legislativa (princípio da legalidade);

A Constituição Federal também impõe uma regra pautada neste princípio ao estabelecer que é vedada a concessão ou utilização de créditos ilimitados (art. 167, inciso VII).

Os recursos (dotação orçamentária) sem destinação específica, excepcionados pela CF, serão utilizados para abertura de créditos adicionais, destinados à realização de determinados gastos.

- **Exceções ao Princípio da Especificação:**

1) **Reserva de contingência**

A reserva de contingência está prevista no art. 91 do Decreto-Lei nº 200/67 e no artigo 5º, inciso III da LRF. Tal dotação é global e será determinado segundo um percentual da Receita Corrente Líquida estabelecida pela LDO, além de determinar sua forma de utilização.

> **Art. 5º** – O projeto de lei orçamentária anual, elaborado de forma compatível com o plano plurianual, com a lei de diretrizes orçamentárias e com as normas desta Lei Complementar:
>
> (...)
>
> III. conterá reserva de contingência, cuja forma de utilização e montante, definido com base na receita corrente líquida, serão estabelecidos na lei de diretrizes orçamentárias, destinada ao:
>
> a) (VETADO)
>
> b) atendimento de passivos contingentes e outros riscos e eventos fiscais imprevistos.

2) **Programas especiais de trabalho**

Dotações para programas especiais de trabalho, estabelecido no art. 20 da Lei nº 4.320/64.

> **Art. 20** –
>
> (...)
>
> **Parágrafo único** – Os programas especiais de trabalho que, por sua natureza, não possam cumprir-se subordinadamente às normas gerais de execução da despesa poderão ser custeadas por dotações globais, classificadas entre as Despesas de Capital.

O Princípio da Especialização abrange tanto os aspectos qualitativo quanto os quantitativos dos créditos orçamentários, vedando, assim, a concessão de créditos ilimitados.

- **Outros dispositivos que corroboram com esse princípio**

O art. 23 da Lei nº 4.320/64 determina que o Poder Executivo deverá estabelecer um quadro de detalhamento das receitas e das despesas de capital.

O art. 8º da LRF estabelece que até trinta dias após a publicação dos orçamentos, nos termos em que dispuser a Lei de Diretrizes Orçamentárias e observado o disposto na alínea "c" *do inciso I do art.* 4º, o Poder Executivo estabelecerá a programação financeira e o cronograma de execução mensal de desembolso.

Este instrumento se insere dentro da sistemática de programação e controle de recursos orçamentários e financeiros como instrumento de controle de tesouraria ou caixa onde serão previstos as receitas e os pagamentos das obrigações.

14. PRINCÍPIO DA PROGRAMAÇÃO OU PLANEJAMENTO

A evolução ocorrida nas funções do orçamento público, que deixou de ser um mero instrumento de autorização para se tornar ferramenta de auxílio efetivo da Administração, gerou o Princípio da Programação ou Planejamento. No Brasil, com o surgimento do Plano Plurianual na Constituição Federal de 1988 e ainda com a Lei de Responsabilidade Fiscal, ganhou força o Princípio da Programação. Além de atender à legalidade, a programação determina que todos os gastos públicos devem estar programados na LOA ou em leis de créditos adicionais, ou seja, para que haja um gasto é necessária a definição de um objetivo a ser alcançado.

> **Constituição Federal**
>
> **Art. 167.** São vedados:
>
> I – o início de programas ou projetos não incluídos na lei orçamentária anual;

No que diz respeito ao orçamento público, programar significa planejar, que consiste na formulação de objetivos e estudos das possibilidades para ações futuras que tenham por fim alcançar os resultados esperados da atividade governamental. Diante das várias possibilidades que possam surgir, é necessária, então, a redução dessas alternativas e, finalmente, decidir o curso da ação adotada.

Enfatizando este princípio, existe previsão na LRF que a responsabilidade na gestão fiscal pressupõe ação planejada e transparente e, ainda, há previsão de que até trinta dias após a publicação dos orçamentos, nos termos em que dispuser a LDO o Poder Executivo estabelecerá a *programação financeira* e o *cronograma de execução mensal de desembolso* (*art.* 1º, § 1º e art. 8º da LRF).

Ação planejada significa administrar a coisa pública baseada em planos previamente traçados e sujeitos à apreciação e aprovação da instância legislativa, garantindo-lhes a necessária legitimidade, característica do nosso regime democrático de governo. **Esse planejamento está expresso nos instrumentos orçamentários e se materializa nas ações programadas na Lei Orçamentária Anual que, em regra, está compatível com PPA e LDO.**

O princípio do planejamento na LRF está originariamente traçado no § 1º do art. 1º ao estabelecer que:

> "A responsabilidade na gestão fiscal pressupõe a ação planejada e transparente, em que se previnem riscos e corrigem desvios capazes de afetar o equilíbrio das contas públicas, mediante o cumprimento de

> metas de resultados entre receitas e despesas e a obediência a limites e condições no que tange a renúncia de receita, geração de despesas com pessoal, da seguridade social e outras, dívidas consolidada e mobiliária, operações de crédito, inclusive por antecipação de receita, concessão de garantia e inscrição em Restos a Pagar".

Basicamente os instrumentos de planejamento para o gasto público preconizados pela LRF são os mesmos previstos na Constituição Federal:

O Plano Plurianual - PPA, a Lei de Diretrizes Orçamentárias - LDO e a Lei Orçamentária Anual - LOA.

Exemplos de observância a este princípio pela LRF é a adoção de mecanismos capazes de neutralizar o impacto de situações contingentes. Tais eventualidades serão atendidas com a dotação orçamentária denominada reserva de contingência.

15. PRINCÍPIO DO NÃO ESTORNO DE VERBA (PROIBIÇÃO DO ESTORNO DE VERBAS)

Visando proteger o interesse público, este princípio prestigia a função parlamentar no ciclo orçamentário ao determinar que não poderá haver transposição, remanejamento ou transferência de recursos de uma categoria de programação para outra sem prévia autorização legislativa.

Tal princípio está contido na Constituição nos seguintes dispositivos:

> **Art. 167** – São vedados (...)
>
> VI. a transposição, o remanejamento ou a transferência de recursos de uma categoria de programação para outra ou de um órgão para outro, sem prévia autorização legislativa;
>
> VIII. a utilização, sem autorização legislativa específica, de recursos dos orçamentos fiscal e da seguridade social para suprir necessidade ou cobrir déficit de empresas, fundações e fundos, inclusive dos mencionados no art. 165, § 5º;

- **Exceção ao princípio:**

Segundo o § 5º do art. 167 da Constituição Federal, a transposição, o remanejamento ou a transferência de recursos de uma categoria de programação para outra poderão ser admitidos, no âmbito das atividades de ciência, tecnologia e inovação, com o objetivo de viabilizar os resultados de projetos restritos a estas funções, mediante ato do Poder Executivo, sem necessidade da prévia autorização legislativa.

16. PRINCÍPIO DA UNIDADE DE CAIXA (UNIDADE DE TESOURARIA)

É representado pelo controle centralizado dos recursos arrecadados em cada Ente Federado. Dessa forma, em obediência a esse princípio, serão depositados, em regra, todos os recursos financeiros no ente a que se referir, tanto as receitas orçamentárias quanto as extraorçamentárias. O Princípio da Unidade Orçamentária é reforçado pelo Princípio da Unidade de Caixa, segundo o qual todas as receitas e despesas convergem para um fundo geral, denominado Conta Única.

Tal princípio se refere à arrecadação das receitas e foi citado pela Lei nº 4.320/64, determinando que todo recurso será recolhido em Conta Única do Tesouro. Também previsto no § 3º do art. 164 de Constituição Federal.

> **Lei nº 4.320/64**
>
> **Art. 56** – O recolhimento de todas as receitas far-se-á em estrita observância ao princípio de unidade de tesouraria, vedada qualquer fragmentação para criação de caixas especiais.
>
> **Constituição Federal**
>
> **Art. 165** – (...)
>
> § 3º – As disponibilidades de caixa da União serão depositadas no banco central; as dos Estados, do Distrito Federal, dos Municípios e dos órgãos ou entidades do Poder Público e das empresas por ele controladas, em instituições financeiras oficiais, ressalvados os casos previstos em lei.

A obediência a tal princípio facilita o controle dos recursos, tornando possível o gerenciamento das receitas recolhidas à conta Única do Tesouro. No caso da União, tal conta é mantida no Banco Central e operacionalizada pelo Banco do Brasil. Suas movimentações por parte das unidades orçamentárias são registradas e controladas pelo Sistema Integrado de Administração Financeira (SIAFI).

Tal princípio não é absoluto, existindo exceções à sua observância como:

- Empresas estatais independentes;
- Unidades gestoras off-line;
- Contas em moeda estrangeira;
- Convênios;
- Receitas de aplicação financeiras de fundos e de convênios.
- Possibilidade de depósito no Banco do Brasil S.A. ou na Caixa Econômica Federal (parágrafo único, art. 1º, MP n.º 2.170-36/2001) na seguinte situação:
  - ➢ Casos extraordinários;
  - ➢ Características operacionais específicas não permitam a movimentação financeira pelo sistema de caixa único do Tesouro Nacional;
  - ➢ A critério do Ministro de Estado da Fazenda;

17. PRINCÍPIO DA UNIFORMIDADE OU CONSISTÊNCIA

Segundo o Princípio da Uniformidade, os orçamentos devem apresentar e conservar, ao longo dos diversos exercícios financeiros, uma estrutura uniforme, ou seja, devem ser minimamente homogêneos.

Referindo-se ao aspecto formal, deve haver uma padronização, possibilitando comparações ao longo do tempo, permitindo uma análise gerencial dos aspectos orçamentários e suas mutações.

Em suma, para a obediência a esse princípio, os dados apresentados devem ser homogêneos nos exercícios, no que se refere à classificação e demais aspectos envolvidos na metodologia de elaboração do orçamento, permitindo comparações ao longo do tempo. Refere-se, assim, ao aspecto formal, padronizado, possibilitando ser comparado ao longo do tempo e sem autorizações globais.

> ▶ **ATENÇÃO:**
>
> A Uniformidade se refere aos sucessivos Orçamentos Públicos de um mesmo ente federativo. Assim, o princípio orçamentário da Uniformidade pode ser cumprido ainda que dois entes federativos classifiquem uma mesma despesa de formas diferentes.

18. QUADRO RESUMO DOS PRINCÍPIOS ORÇAMENTÁRIOS

▶ PRINCÍPIO	▶ DESCRIÇÃO SUCINTA
Legalidade (Legalidade Orçamentária)	A atividade orçamentária deve estar autorizada em lei.
Unidade (Totalidade)	Todas as receitas e despesas orçamentárias de todos os Poderes e órgãos devem estar contidas em apenas uma lei orçamentária em cada Ente Federativo.
Exclusividade	A Lei Orçamentária Anual não poderá conter dispositivos estranhos à fixação das despesas e previsão das receitas, ressalvada a autorização para a abertura de créditos suplementares e contratação de operações de crédito, ainda que por antecipação da receita.
Universalidade	Todas as receitas e despesas, de qualquer natureza, procedência ou destino, inclusive a dos fundos, dos empréstimos e dos subsídios, devem estar contidas na Lei Orçamentária Anual, ou seja, nenhuma receita ou despesa pode fugir ao controle do Legislativo.
Anualidade (Periodicidade)	O Orçamento deve ter vigência limitada no tempo. No Brasil, esse período é de um ano.
Orçamento Bruto	As receitas e despesas devem constar na LOA pelos seus valores totais, sendo vedadas deduções ou compensações.
Equilíbrio Orçamentário	Orçamento deve ser elaborado de forma que haja equilíbrio entre receita e despesa, ou seja, somente poderá ser fixada a despesa em montante igual a previsão da receita.
Publicidade	Obrigatória a divulgação dos instrumentos orçamentários, além de atos, contratos e outros instrumentos celebrados pela Administração Pública direta ou indireta, para conhecimento, controle, início e eficácia de seus efeitos.

▸ PRINCÍPIO	▸ DESCRIÇÃO SUCINTA
Transparência	Todas as informações referentes à Atividade Financeira do Estado devem ser apresentadas e disponibilizadas para a sociedade. Em todo processo orçamentário (ciclo), todas as informações referentes a todos os instrumentos orçamentários (elaboração e execução) devem ser disponibilizadas e devem estar acessíveis a toda sociedade.
Clareza ou Inteligibilidade	Determina que o orçamento deve ser expresso de forma clara, ordenada e completa. O seu entendimento, sempre que possível, deve ser acessível à sociedade e não só aos técnicos que o elaboram. Está relacionado ao princípio da publicidade.
Não Afetação ou Não Vinculação da Receita de impostos	A receita orçamentária de impostos não pode ser vinculada a órgãos, fundos ou despesas, ressalvados os casos permitidos pela própria Constituição Federal.
Especificação, Especificidade, Especialização, Discriminação	A Lei de Orçamento não consignará dotações globais destinadas a atender indiferentemente a despesas de pessoal, material, serviços de terceiros, transferências ou quaisquer outras, exceto as ressalvas.
Programação ou Planejamento	A programação determina que todos os projetos de gastos devem ser planejados, ou seja, estar programados na LOA ou em leis de créditos adicionais, ou seja, para que haja um gasto é necessário a definição de um objetivo a ser alcançado.
Não Estorno de Verba (Proibição do Estorno de Verbas)	São vedados (...) VI. a transposição, o remanejamento ou a transferência de recursos de uma categoria de programação para outra ou de um órgão para outro, sem prévia autorização legislativa.
Unidade de Caixa (Unidade de Tesouraria)	Lei nº 4.320/64 Art. 56 – O recolhimento de todas as receitas far-se-á em estrita observância ao princípio de unidade de tesouraria, vedada qualquer fragmentação para criação de caixas especiais. Constituição federal Art. 165 – (...) § 3º – As disponibilidades de caixa da União serão depositadas no banco central; as dos Estados, do Distrito Federal, dos Municípios e dos órgãos ou entidades do Poder Público e das empresas por ele controladas, em instituições financeiras oficiais, ressalvados os casos previstos em lei.
Uniformidade ou Consistência	Os orçamentos devem apresentar e conservar, ao longo dos diversos exercícios financeiros, uma estrutura uniforme, ou seja, devem ser minimamente homogêneos. Referindo-se ao aspecto formal, deve haver uma padronização, possibilitando comparações ao longo do tempo, permitindo uma análise gerencial dos aspectos orçamentários e suas mutações.

19. PRATICANDO – QUESTÕES DE CONCURSOS ANTERIORES COMENTADAS

1) **(FGV – TSE (DPE RJ)/DPE RJ/Economia/2019)** A determinação de que a Lei Orçamentária Anual não deve consignar dotações globais destinadas a atender indiferentemente a despesas de pessoal, material, serviços de terceiros, transferências ou quaisquer outras refere-se ao princípio do(a):

a) exclusividade;
b) especificação;
c) transparência;
d) universalidade;
e) orçamento bruto.

Gabarito: B

COMENTÁRIO:

a) Errado.

Exclusividade. determina que na Lei Orçamentária Anual só podem ser inseridas receitas e despesas, salvo exceções constitucionais.

b) Certo

Especificação: determina que deve haver um detalhamento para que haja um melhor controle. Assim, a Lei Orçamentária Anual não deve consignar dotações globais destinadas a atender indiferentemente a despesas de pessoal, material, serviços de terceiros, transferências ou quaisquer outras

c) Errado:

Transparência: determina que, em todo processo orçamentário (ciclo), todas as informações referentes a todos os instrumentos orçamentários (elaboração e execução) devem ser disponibilizadas e devem estar acessíveis a toda sociedade, com ferramentas propiciadas pela internet, por exemplo.

d) Errado

Universalidade: determina que todas as receitas e despesas devem constar na Lei Orçamentária Anual, salvo as exceções previstas.

e) Errado

Orçamento bruto: as receitas e despesas devem constar na LOA pelos seus valores totais, sendo vedadas deduções ou compensações.

2) **(FGV – TJ (TJ CE)/TJ CE/Técnico-Administrativa/"Sem Especialidade"/2019)** Em relação à elaboração e execução do orçamento público, a Constituição da República de 1988 veda a vinculação de receita de impostos a órgão, fundo ou despesa, porém há uma série de ressalvas a essa vedação.

Uma dessas ressalvas refere-se à:

a) concessão de transferências voluntárias de recursos por meio de convênios;
b) dedução de valores para apuração da receita corrente líquida;

c) destinação de recursos para realização de atividades da administração tributária;
d) impossibilidade de contingenciamento de despesas que constituem obrigações legais;
e) limitação de recursos para execução impositiva de emendas parlamentares ao orçamento.

Gabarito: C

COMENTÁRIO:

Segundo o art. 167 da Constituição Federal, é vedada a vinculação de receita de impostos a órgão, fundo ou despesa, ressalvadas a repartição do produto da arrecadação dos impostos a que se referem os arts. 158 e 159, a destinação de recursos para as ações e serviços públicos de saúde, para manutenção e desenvolvimento do ensino e para REALIZAÇÃO DE ATIVIDADES DA ADMINISTRAÇÃO TRIBUTÁRIA, como determinado, respectivamente, pelos arts. 198, § 2º, 212 e 37, XXII, e a prestação de garantias às operações de crédito por antecipação de receita, previstas no art. 165, § 8º, bem como o disposto no § 4º deste artigo

3) **(FCC – Analista Judiciário – Área Administrativa – TRT 2/2018)** Suponha que o chefe do Poder Executivo de um Estado brasileiro incluiu no Projeto de Lei Orçamentária Anual um dispositivo que determina a forma de utilização da Reserva de Contingência para o atendimento dos passivos contingentes e outros riscos e eventos fiscais imprevistos. Entretanto, a inclusão de tal dispositivo na Lei Orçamentária Anual

a) não deve ser aprovada porque fere o princípio orçamentário da exclusividade.
b) não deve ser aprovada porque deve constar na Lei do Plano Plurianual.
c) deve ser aprovada para atender o princípio orçamentário do orçamento bruto.
d) deve ser aprovada e o montante da Reserva de Contingência deve ser autorizado pelo Poder Judiciário.
e) deve ser aprovada, desde que o texto seja exatamente igual ao que consta na Lei de Diretrizes Orçamentárias.

Gabarito: A

COMENTÁRIOS:

"Princípios orçamentários" são também muito exigidos em prova, é quase que uma regra serem cobrados em concursos. Normalmente, as questões versam sobre o conceito de algum princípio, situações, questionando sua infringência ou não, bem como as suas exceções. Apesar da diversidade de princípios, o assunto, em tese, é fácil, bastando ter atenção aos detalhes, principalmente porque alguns princípios são mais "tradicionais", mais frequentes em prova, tais como o da Exclusividade, da Unidade, da Anualidade, da Universalidade, dentre outros.

Alternativa correta: letra "A" (responde as alternativas B, D e E). O que o prefeito fez foi inconstitucional e não deve ser aprovado, pois, segundo o § 8º do art. 165 da

Constituição Federal, a lei orçamentária anual não conterá dispositivo estranho à previsão da receita e à fixação da despesa, não se incluindo na proibição a autorização para abertura de créditos suplementares e contratação de operações de crédito, ainda que por antecipação de receita, nos termos da lei. Esse dispositivo constitucional se refere ao Princípio da Exclusividade.

Veja que "determinar a forma de utilização da Reserva de Contingência para o atendimento dos passivos contingentes e outros riscos e eventos fiscais imprevistos" é matéria que não está contemplada no dispositivo constitucional acima, ou seja, não é previsão da receita ou fixação da despesa e também não se enquadra nas exceções previstas no texto constitucional. Essa matéria deve estar contida na LDO (Lei de Diretrizes Orçamentárias), segundo determina a Lei de Responsabilidade Fiscal.

> LRF
>
> Art. 4º...
>
> [...]
>
> § 3º A lei de diretrizes orçamentárias conterá Anexo de Riscos Fiscais, onde serão avaliados os passivos contingentes e outros riscos capazes de afetar as contas públicas, informando as providências a serem tomadas, caso se concretizem.

Alternativa "C": errada. O princípio do Orçamento Bruto determina que todas as receitas e despesas constarão da Lei de Orçamento pelos seus totais, vedadas quaisquer deduções (Lei nº 4.320/64, art. 6º).

4) **(FCC – Analista Judiciário – Área Administrativa – TRT 6/2018)** Os princípios orçamentários, extraídos da Constituição Federal e da legislação infraconstitucional que disciplina a matéria, contemplam, entre outros, o

a) da universalidade, de acordo com o qual o orçamento deve compreender obrigatoriamente as despesas e receitas relativas a todos os Poderes, órgãos, fundos, tanto da administração direta quanto da indireta, excluídas apenas as entidades que não recebam subvenções ou transferências à conta do orçamento.

b) da não afetação, de acordo com o qual o orçamento não pode consignar destinação de tributos, incluídas taxas, a fundos de despesa, vedando também a vinculação de produto de imposto a garantias perante a União.

C) do equilíbrio, que proíbe a aprovação de orçamento com previsão de déficit, salvo em comprovada situação de constrição econômica, condicionada a realizações de operações de antecipação de receita orçamentária;

d) da exclusividade, que proíbe a inclusão no orçamento de matéria estranha à previsão de receita e fixação de despesas para o exercício, determinando, assim, que as operações de crédito e receitas extraordinárias estejam previstas em peça autônoma.

e) da discriminação, que determina a alocação das receitas orçamentárias às despesas correspondentes, mediante empenho previsto na peça orçamentária, realizado de acordo com a categoria funcional correspondente.

Gabarito: A

COMENTÁRIOS:

Alternativa correta: letra "A". Previsto nos parágrafos 3º e 4º da Lei nº 4.320/64, o Princípio da Universalidade informa que todas as receitas e despesas, de qualquer natureza, procedência ou destino, inclusive a dos fundos, dos empréstimos e dos subsídios, devem estar contidas na Lei Orçamentária Anual, ou seja, nenhuma receita ou despesa pode fugir ao controle do Legislativo. Isso propicia um controle social e político mais abrangente sobre a atividade Financeira do Estado ao permitir que representantes do povo (Poder Legislativo) exerçam o poder de dispor da forma como a Atividade Financeira do Estado será realizada no exercício subsequente.

> Lei nº 4.320/64
>
> Art. 3º A Lei de Orçamentos compreenderá todas as receitas, inclusive as de operações de crédito autorizadas em lei.
>
> Parágrafo único. Não se consideram para os fins deste artigo as operações de crédito por antecipação da receita, as emissões de papel-moeda e outras entradas compensatórias, no ativo e passivo financeiros.
>
> Art. 4º A Lei de Orçamento compreenderá todas as despesas próprias dos órgãos do Governo e da administração centralizada, ou que, por intermédio deles se devam realizar, observado o disposto no artigo 2°.

Atenção às exceções, dentre elas as receitas e despesas das empresas estatais independentes, ou seja, aquelas que não recebem recurso para custeio e pessoal (Banco do Brasil, Petrobrás, etc.).

Alternativa "B": errada. Da não afetação, de acordo com o qual o orçamento não pode consignar destinação de ~~tributos, incluídas taxas,~~ impostos a fundos de despesa, vedando também a vinculação de produto de imposto a garantias perante a União.

> Constituição Federal
>
> Art. 167. São vedados:
>
> [...]
>
> IV - a vinculação de receita de **impostos** a órgão, fundo ou despesa, ressalvadas a repartição do produto da arrecadação dos impostos a que se referem os arts. 158 e 159, a destinação de recursos para as ações e serviços públicos de saúde, para manutenção e desenvolvimento do ensino e para realização de atividades da administração tributária, como determinado, respectivamente, pelos arts. 198, § 2º, 212 e 37, XXII, e a prestação de garantias às operações de crédito por antecipação de receita, previstas no art. 165, § 8º, bem como o disposto no § 4º deste artigo;
>
> **Alternativa "C": errada.** Do equilíbrio: este princípio determina que o orçamento deve ser elaborado de forma que haja equilíbrio entre a receita e a despesa, ou seja, em regra, somente poderá fixar a despesa em montante igual ao da previsão da receita.
>
> LRF
>
> Art. 4º A lei de diretrizes orçamentárias atenderá o disposto no § 2º do art. 165 da Constituição e:

I - disporá também sobre:

a) equilíbrio entre receitas e despesas;

Alternativa "D": errada. Segundo o art. 165, § 8º da Constituição Federal, a lei orçamentária anual não conterá dispositivo estranho à previsão da receita e à fixação da despesa, não se incluindo na proibição a autorização para abertura de créditos suplementares e contratação de operações de crédito, ainda que por antecipação de receita, nos termos da lei.

Alternativa "E": errada. Para um melhor controle social, segundo o art. 15 da Lei nº 4.320/64, na Lei de Orçamento a discriminação da despesa far-se-á no mínimo por elementos.

O Princípio da Discriminação impõe a classificação e designação dos itens que devem constar na LOA, o qual está previsto na Lei nº 4.320/64 nos artigos 5º, 20 *caput* e § 1º do art. 15.

> Art. 5º – A Lei de Orçamento não consignará dotações globais destinadas a atender indiferentemente a despesas de pessoal, material, serviços de terceiros, transferências ou quaisquer outras, ressalvado o disposto no artigo 20 e seu parágrafo único.
>
> (...)
>
> Art. 15 – Na Lei de Orçamento a discriminação da despesa far-se-á no mínimo por elementos.
>
> § 1º – Entende-se por elementos o desdobramento da despesa com pessoal, material, serviços, obras e outros meios de que se serve a administração pública para consecução dos seus fins.
>
> (...)
>
> Art. 20 – Os investimentos serão discriminados na Lei de Orçamento segundo os projetos de obras e de outras aplicações.
>
> Parágrafo único. Os programas especiais de trabalho que, por sua natureza, não possam cumprir-se subordinadamente às normas gerais de execução da despesa poderão ser custeadas por dotações globais, classificadas entre as Despesas de Capital.

5) **(FCC – Analista Judiciário – Área Administrativa – TRT 15/2018)** Um servidor investido em cargo da área de orçamento deverá observar os vários princípios norteadores do orçamento público, pelos quais fica estabelecido que

a) todos os órgãos e entidades do ente governamental, em obediência ao princípio da universalidade, deverão estar compreendidos, junto com os Poderes desse mesmo ente, em uma só lei de orçamento anual.

b) a Lei Orçamentária Anual (LOA) deverá conter a previsão de todas as receitas e de todas as despesas, em obediência ao princípio do orçamento bruto.

c) a previsão de deduções legais é necessária na Lei Orçamentária Anual (LOA) apenas nos casos de exceção legal ao princípio da exclusividade.

d) o princípio da exclusividade não exclui a possibilidade de a Lei Orçamentária Anual (LOA) conter autorização para contratação de operação de crédito.

e) o princípio da não vinculação determina que as receitas de impostos constem da Lei Orçamentária Anual (LOA) pelos seus totais.

Gabarito: D

COMENTÁRIOS:

Alternativa correta: letra "D":

> Constituição Federal
>
> Art. 165. Leis de iniciativa do Poder Executivo estabelecerão:
>
> [...]
>
> § 8º A lei orçamentária anual não conterá dispositivo estranho à previsão da receita e à fixação da despesa, não se incluindo na proibição a autorização para abertura de créditos suplementares e contratação de operações de crédito, ainda que por antecipação de receita, nos termos da lei.

Veja que o Princípio da Exclusividade, apesar vedar matérias estranhas à previsão de receita e fixação de despesa na Lei Orçamentária Anual, admite duas exceções, sendo elas:

1) Autorização para abertura de créditos suplementares; e
2) Contratação de operações de crédito, ainda que por antecipação de receita, nos termos da lei, conforme afirma a alternativa.

Alternativa "A": errada. A alternativa se refere ao Princípio da Unidade/Totalidade. Esse princípio determina que, em cada Ente Federado, só pode existir uma lei orçamentária a cada período de referência.

Alternativa "B": errada. A alternativa se refere ao Princípio da Universalidade, o qual determina que, em regra, todas as receitas e despesas devem estar contidas no orçamento.

Alternativa "C": errada. Princípio do Orçamento Bruto. Previsto pelo art. 6º da Lei nº 4.320/ 1964, determina que todas as receitas e despesas constarão da Lei de Orçamento pelos seus totais, vedadas quaisquer deduções.

Alternativa "E": errada. O Princípio do Orçamento Bruto determina que as receitas de impostos constem da Lei Orçamentária Anual (LOA) pelos seus totais. Segundo o art. 167, inciso IV, da Constituição Federal, o Princípio da não Vinculação de Impostos determina que é vedada a vinculação de receita de impostos ao órgão, fundo ou despesa, ressalvadas a repartição do produto da arrecadação dos impostos a que se referem os arts. 158 e 159 da Carta Magna, a destinação de recursos para as ações e serviços públicos de saúde, para a manutenção e desenvolvimento do ensino e para a realização de atividades da administração tributária, como determinado, respectivamente, pelos arts. 198, § 2º, 212 e 37, XXII, CF, e a prestação de garantias às operações de crédito por antecipação de receita, previstas no art. 165, § 8º, CF, bem como o disposto no § 4º deste artigo.

6) **(FCC – Técnico Judiciário – Área Administrativa – TRT 6/2018)** Um dos princípios orçamentários consagrados na Constituição Federal é o da não afetação de receitas de impostos. Constitui exemplo de violação ao referido princípio:

a) oferecimento, por determinado Estado, de produto de IPVA para garantia à União de empréstimo concedido.
b) criação de taxa dirigida ao custeio de determinada atividade administrativa (poder de polícia).
c) criação de fundo de despesa com vinculação de receitas provenientes da cobrança de tarifa por serviços prestados aos usuários.
d) fixação em lei que institui programa habitacional de destinação de percentual de ICMS para consecução de seus objetivos.
e) destinação de produto de imposto estadual a Fundo de Participação dos Municípios.

Gabarito: D

COMENTÁRIOS:

Nota do autor. Segundo o art. 167, inciso 40 da Constituição Federal, são vedados, dentre outros, a vinculação de receita de impostos a órgão, fundo ou despesa, ressalvadas a repartição do produto da arrecadação dos impostos a que se referem os arts. 158 e 159 da Carta Magna, a destinação de recursos para as ações e serviços públicos de saúde, para manutenção e desenvolvimento do ensino e para realização de atividades da administração tributária, como determinado, respectivamente, pelos arts. 198, § 2º, 212 e 37, XXII, CF, e a prestação de garantias às operações de crédito por antecipação de receita, previstas no Art. 165, § 8º, CF, bem como o disposto no § 4º deste artigo.

Com base no texto constitucional, têm-se como exceções:

1) Repartição constitucional das receitas tributárias (Fundo de Participação).
2) Programa de ensino em que a União e Estados não poderão aplicar menos do que 18% da receita corrente líquida e os Municípios nunca menos de 25%.
3) Garantias e contragarantias à União.
4) Serviços da saúde.
5) Fundo de combate à pobreza.
6) Administração Tributária.
7) Programa de apoio à inclusão e promoção social para verbas estaduais - até cinco décimos por cento de sua receita tributária líquida
8) Fomento à cultura para verbas estaduais - até cinco décimos por cento de sua receita tributária líquida.

Alternativa correta: letra "D". A vinculação de um imposto para programas habitacionais viola o Princípio da Não Afetação, pois não está previsto entre as exceções constitucionais.

Alternativa "A": errada. Garantia, contragarantia à União e pagamento de débitos para com esta é exceção prevista no texto constitucional.

Alternativa "B e C": errada. O Princípio da Não Afetação se refere apenas aos impostos, logo taxas e tarifas vinculadas não violam o referido princípio.

Alternativa "E": errada. Fundo de participação é uma das exceções previstas na Constituição Federal.

7) **(FCC – Técnico Judiciário – Área Judiciária – TRT 15/2018)** Todo o processo do orçamento público está orientado por princípios sobre os quais é correto afirmar que:

a) As deduções devem ser consideradas apenas para o balanceamento das transferências intragovernamentais por força do princípio do orçamento bruto.

b) A proibição à realização de despesas que excedam os créditos orçamentários ou adicionais decorre do princípio da legalidade.

c) Segundo o princípio da discriminação, a lei de orçamento não consignará dotações globais destinadas a atender indiferentemente a despesas de pessoal, material, programas especiais de trabalho que não possam ser cumpridos subordinadamente às normas gerais de execução de despesa, serviços de terceiros e transferências.

d) Pelo princípio da exclusividade, a lei de orçamento anual não conterá dispositivo estranho à previsão da receita e à fixação da despesa, excetuando-se, porém, a autorização para abertura de créditos suplementares e especiais.

e) Deverá existir um único orçamento para o ente da Federação por força do princípio da universalidade.

Gabarito: B

COMENTÁRIOS:

Alternativa correta: letra "B". No âmbito da Administração Pública, segundo o Princípio da Legalidade, só é permitido ao agente público fazer o que a legislação permite, ou seja, só se pode fazer o que é autorizado em "lei". No âmbito orçamentário este princípio visa a combater as arbitrariedades e é uma derivação específica do princípio da legalidade genérica prevista na Constituição.

Com relação à despesa o regramento é rígido, sendo vedada a realização de despesa que não esteja prevista na Lei Orçamentária Anual ou em créditos adicionais. Assim, a proibição à realização de despesas que excedam os créditos orçamentários ou adicionais decorre desse princípio.

Alternativa "A": errada. Questão que se refere ao Princípio do Orçamento Bruto. Previsto no art. 6º da Lei nº 4.320/64, esse princípio estabelece que todas as receitas e despesas constarão da Lei de Orçamento pelos seus totais, vedadas quaisquer deduções.

Alternativa "C": errada. Segundo o Princípio da Discriminação, a Lei de Orçamento não consignará dotações globais destinadas a atender indiferentemente as despesas de pessoal, material, serviços de terceiros, transferências ou quaisquer outras, ressalvados os programas especiais de trabalho que, por sua natureza, não possam cumprir subordinadamente as normas gerais de execução da despesa as quais poderão ser custeadas por dotações globais, classificadas entre as despesas de capital.

Alternativa "D": errada. Pelo Princípio da Exclusividade, a Lei de Orçamento Anual não conterá dispositivo estranho à previsão da receita e à fixação da despesa, excetuando-se, porém, a autorização para abertura de créditos suplementares somente ~~e especiais~~.

Alternativa "E": errada. Deverá existir um único orçamento para o ente da Federação por força do princípio da ~~universalidade~~ unidade/totalidade.

8) **(FCC – Técnico Judiciário – Área Administrativa – TRT 6/2018)** De acordo com as disposições da Constituição Federal que disciplinam os Orçamentos, a realização de operações de crédito que excedam o montante das despesas de capital

a) é permitida apenas para suprir déficit de regime previdenciário próprio do ente, quando esgotadas outras fontes alternativas de receitas ordinárias ou extraordinárias.

b) é vedada no último ano do mandato do Chefe do Executivo, salvo se necessária para fazer frente ao pagamento de folha de pessoal ou inativos.

c) é vedada, salvo quando aprovada mediante créditos suplementares ou especiais com finalidade precisa, aprovados pelo Poder Legislativo por maioria absoluta.

d) deve ser computada como dívida fundada do ente, onerando o limite de endividamento fixado pelo Senado Federal, correspondente a, no máximo, duas vezes a receita corrente líquida do exercício.

e) somente é permitida para fazer frente a investimentos em saúde, educação e segurança pública, mediante autorização legislativa específica e limitada a dois exercícios financeiros.

Gabarito: C

COMENTÁRIOS:

Nota do autor. Questão que versa sobre a Regra de Ouro. Mecanismo constitucional que visa controlar a realização e operações de crédito por parte do Estado para financiar despesas correntes e o, consequente, desequilíbrio fiscal.

Alternativa correta: letra "C" (responde todas as outras alternativas). Segundo o que determina o art. 167, inciso III da Constituição Federal, é vedada a realização de operações de créditos que excedam o montante das despesas de capital, ressalvadas as autorizadas mediante créditos suplementares ou especiais com finalidade precisa, aprovados pelo Poder Legislativo por maioria absoluta.

9) **(FCC – Técnico Judiciário – Área Judiciária – TRT 15/2018)** A Constituição Federal traz vários dispositivos que regulam o processo orçamentário da Administração, dentre os quais consta que

a) a assunção de obrigações que exceda o crédito orçamentário correspondente deverá ser objeto de crédito adicional extraordinário aberto até o encerramento do exercício.

b) não é necessária a prévia autorização legislativa na transposição de recursos de uma categoria de programação para outra no âmbito de ciência, tecnologia e inovação, com o objetivo de viabilizar os resultados de projetos restritos a essas funções.

c) a autorização específica nas respectivas leis de diretrizes orçamentárias e leis orçamentárias anuais é requisito exigido pela Constituição Federal a investimento cuja execução adentre 3 exercícios financeiros.

d) as despesas decorrentes de guerra ou comoção interna deverão ser atendidas por crédito adicional especial, cuja finalidade é dar suporte a despesas para as quais não haja dotação orçamentária específica.

e) a lei orçamentária anual compreenderá o orçamento fiscal dos Poderes da União, enquanto lei específica tratará do orçamento da seguridade social, abrangendo todas as entidades e órgãos a ela vinculados.

Gabarito: B

COMENTÁRIOS:

Nota do autor. Questão inteiramente baseada no texto constitucional, daí a importância da leitura atenta dos dispositivos constitucionais.

Alternativa correta: letra "B". Versa a alternativa sobre o Princípio do Não Estorno de Verbas, ancorado no inciso VI do art. 167 da Constituição Federal, o qual determina que é vedado a transposição, o remanejamento ou a transferência de recursos de uma categoria de programação para outra ou de um órgão para outro, sem prévia autorização legislativa.

Porém, o § 5º do mesmo artigo traz uma exceção a esse princípio, determinando que **a transposição, o remanejamento ou a transferência de recursos de uma categoria de programação** para outra **poderão ser admitidos, no âmbito das atividades de ciência, tecnologia e inovação**, com o objetivo de viabilizar os resultados de projetos restritos a essas funções, mediante ato do Poder Executivo, sem necessidade da prévia autorização legislativa prevista no inciso VI deste artigo.

Alternativa "A": errada. Art. 167, CF. São vedados: II - a realização de despesas ou a assunção de obrigações diretas que **excedam os créditos orçamentários ou adicionais**;

Alternativa "C": errada. Art. 167, § 1º, CF. Nenhum investimento cuja execução ultrapasse um exercício financeiro poderá ser iniciado sem prévia inclusão no plano plurianual, ou **sem lei que autorize a inclusão, sob pena de crime de responsabilidade.**

Alternativa "D": errada. Art. 167, § 3º, CF. **A abertura de crédito extraordinário** somente será admitida para atender as despesas imprevisíveis e urgentes, tais **como as decorrentes de guerra, comoção interna ou calamidade pública**, observado o disposto no art. 62.

Alternativa "E": errada. Art. 165

> § 5º A lei orçamentária anual compreenderá:
>
> I - o orçamento fiscal referente aos Poderes da União, seus fundos, órgãos e entidades da administração direta e indireta, inclusive fundações instituídas e mantidas pelo Poder Público;
>
> II - o orçamento de investimento das empresas em que a União, direta ou indiretamente, detenha a maioria do capital social com direito a voto;
>
> III - o orçamento da seguridade social, abrangendo todas as entidades e órgãos a ela vinculados, da administração direta ou indireta, bem como os fundos e fundações instituídos e mantidos pelo Poder Público.

10) **(FGV – Analista Judiciário – Área Administrativa – TRT 12/2017) Em um determinado ente** público foram levantadas algumas alternativas para economia de recursos em decorrência da queda na arrecadação, e uma delas foi a junção de matérias para publicação no Diário Oficial. Assim, para a publicação do orçamento para o exercício seguinte, foram agregados, na mesma lei, autorizações para concessão de isenções e incentivos fiscais para fomentar a economia local.

Apesar da intenção de promover economia de recursos, essa decisão está em desacordo com o princípio do(a):

a) equilíbrio;
b) exclusividade;
c) orçamento bruto;
d) publicidade;
e) transparência.

Gabarito: B

COMENTÁRIOS:

Alternativa "a": Esse princípio determina que o orçamento deve ser elaborado de forma que haja equilíbrio entre receita e despesa, ou seja, somente poderá ser fixada a despesa em montante igual a previsão da receita.

Alternativa correta: "b". Estabelecido na Constituição Federal (§ 8º do art. 165), o Princípio da Exclusividade determina que a Lei Orçamentária Anual não poderá conter dispositivos estranhos à fixação das despesas e previsão das receitas, ressalvada a autorização para a abertura de créditos suplementares e contratação de operações de crédito, ainda que por antecipação da receita.

Vê-se que não se poderia inserir matéria estranha no orçamento, como ocorreu na situação apresentada.

Alternativa "c": Art. 6º da Lei nº 4.320/64. Todas as receitas e despesas constarão da Lei de Orçamento pelos seus totais, vedadas quaisquer deduções.

Alternativa "d": A aplicação desse princípio torna obrigatória a divulgação de atos, contratos e outros instrumentos celebrados pela Administração Pública direta ou indireta, para conhecimento, controle, início e eficácia de seus efeitos.

Alternativa "e": O Princípio da Transparência determina que, em todo processo orçamentário (ciclo), todas as informações referentes a todos os instrumentos orçamentários (elaboração e execução) devem ser disponibilizadas e devem estar acessíveis a toda sociedade, com ferramentas propiciadas pela internet, por exemplo.

11) **(CESPE – AJ TRT8/TRT 8/Judiciária/"Sem Especialidade"/2016)** Assinale a opção que corresponde ao princípio da unidade orçamentária, um dos princípios que norteiam a elaboração e a execução do orçamento público.

a) O exercício financeiro do orçamento será de 1.º de janeiro a 31 de dezembro, coincidente com o ano civil.

b) O orçamento deve registrar as receitas e as despesas pelos seus valores brutos, ou seja, pelo total, sem evidenciar qualquer forma de dedução de seus valores.
c) A receita e a despesa, na lei orçamentária anual, devem ser discriminadas de forma detalhada, não se admitindo dotações globais.
d) À lei orçamentária anual não caberá inclusão de qualquer dispositivo diferente à previsão das receitas e à fixação das despesas.
e) O orçamento da União deve reunir, em única lei, os orçamentos referentes aos Poderes Executivo, Legislativo e Judiciário.

Gabarito: E

COMENTÁRIOS:

Alternativa "a" - Errado: Princípio da Anualidade.

Alternativa "b" - Errado: Princípio do Orçamento Bruto.

Alternativa "c" - Errado: Princípio da Discriminação.

Alternativa "d" - Errado: Princípio da Exclusividade.

Alternativa correta: letra "e". O orçamento da União deve reunir, em única lei, os orçamentos referentes aos Poderes Executivo, Legislativo e Judiciário, ou seja, o Princípio da Unidade determina que todas as receitas e despesas orçamentárias, devem estar contidas em apenas uma lei orçamentária, isso para que seja possível o controle concentrado do orçamento, evitando orçamentos paralelos que dificultam a fiscalização, o controle e o gerenciamento de todas as receitas e despesa.

12) (FGV – AJ/TJ RO/Contador/2015) Em um determinado município, após a aprovação da proposta orçamentária pela Câmara de Vereadores, a Lei Orçamentária Anual foi sancionada e publicada no Diário Oficial. Porém, por ocasião da execução de procedimentos de controle pelo tribunal de contas, os auditores constataram que a Lei Orçamentária publicada não era a mesma que fora aprovada pelos vereadores.

O princípio orçamentário explicitamente descumprido nesse caso foi:

a) exclusividade;
b) legalidade;
c) publicidade;
d) transparência;
e) unidade.

Gabarito: B

COMENTÁRIOS:

As despesas orçamentárias devem ser autorizadas pelo "povo", que a faz por intermédio de seus representantes, os parlamentares. Essa autorização se dá por intermédio da aprovação da Lei Orçamentária Anual e as despesas orçamentárias somente poderão ser realizadas se estiverem autorizadas nesta lei. Isso representa a legalidade da despesa.

Por esse motivo, a lei aprovada deve ser a lei executada, ou não haverá a autorização para realização da despesa, ofendendo o Princípio da Legalidade.

13) **(FCC – Ana/CNMP/Apoio Técnico Administrativo/Controle Interno/2015)** É permitido incluir na Lei Orçamentária Anual – LOA autorização para o Poder Executivo abrir créditos

a) especiais e extraordinários.
b) adicionais.
c) suplementares e especiais.
d) extraordinários.
e) suplementares.

Gabarito: E

COMENTÁRIOS:

O Princípio da Exclusividade determina que a Lei Orçamentária Anual não poderá conter dispositivos estranhos à fixação das despesas e previsão das receitas. Porém, existem exceções, a autorização para a abertura de créditos suplementares e a contratação de operações de crédito, ainda que por antecipação da receita.

14) **(FGV – Ana/MPE RJ/Administrativa/2016)** Na elaboração do orçamento de um órgão da administração pública direta, os técnicos da área de planejamento estavam realizando o levantamento dos recursos financeiros que seriam obtidos pela entidade no próximo exercício, a fim de identificar prioridades de alocação.

Os técnicos decidiram não incluir uma das receitas na previsão de arrecadação, em decorrência da falta de comprovação de que esta seria de fato arrecadada no exercício. Essa decisão contrapõe o princípio orçamentário da:

a) anualidade;
b) especificação;
c) não afetação das receitas;
d) prudência;
e) universalidade.

Gabarito: E

COMENTÁRIOS:

Alternativa "a" - Errado: Determina que o orçamento deve ser elaborado anualmente.

Alternativa "b" - Errado: Determina que as despesas devem ser especificadas, discriminadas.

Alternativa "c" - Errado: Determina que não deve haver afetação das receitas de impostos, salvo exceções constitucionais.

Alternativa "d" - Errado: Princípio mais ligado à Contabilidade, determina que, dentre duas opções igualmente válidas, perante os outros princípios contábeis, deve-se optar pela interpretação que resulte um menor Patrimônio Líquido, ou seja, um menor Ativo (soma de bens e direitos) ou um maior Passivo (soma das obrigações).

Alternativa correta: letra "e". Determina que todas as receitas e despesas orçamentárias devem estar contidas na LOA.

15) **(FCC – Ana (CNMP)/CNMP/Apoio Técnico Administrativo/Controle Interno/2015)** A Lei Orçamentária Anual – LOA do exercício de 2015 de um determinado ente federativo contém dotações orçamentárias suficientes para suportar 24 meses de despesas com pessoal e encargos. Este procedimento

a) contraria o princípio orçamentário da unidade.
b) não atende o princípio orçamentário da universalidade.
c) não atende o princípio orçamentário da competência.
d) contraria o princípio orçamentário da anualidade.
e) está em consonância com o princípio orçamentário da oportunidade.

Gabarito: D

COMENTÁRIOS:

Alternativa "a" - Errado: Unidade, se houvesse mais de uma lei orçamentária.

Alternativa "b" - Errado: Universalidade, se as receitas orçamentárias previsíveis ou despesa orçamentária não tivessem sido inseridas na LOA.

Alternativa "c" - Errado: Competência, se não houvesse sido respeitada o período de reconhecimento de alguma despesa orçamentária.

Alternativa Correta letra "d": A previsão para período maior que um ano é contrária ao princípio orçamentário da anualidade.

Alternativa "e" - Errado: o Princípio da Oportunidade, que tem relação com a Contabilidade, refere-se ao processo de mensuração e apresentação dos componentes patrimoniais para produzir informações íntegras e tempestivas.

16) **(CESPE – AJ TRE GO/TRE GO/Administrativa/2015)** Julgue o item a seguir, referente a administração orçamentária.

De acordo com o princípio do orçamento bruto, o montante total de despesas orçamentárias deve ser igual ao montante total de receitas orçamentárias.

Gabarito: Errado

COMENTÁRIOS:

De acordo com o Princípio do Orçamento Bruto, todas as receitas e despesas constarão da Lei de Orçamento pelos seus totais, vedadas quaisquer deduções.

De acordo com o Princípio do Equilíbrio, o montante total de despesas orçamentárias deve ser igual ao montante total de receitas orçamentárias.

17) **(CESPE – TJ TRT8/TRT 8/Administrativa/2016)** Os valores estabelecidos para a efetivação das despesas autorizadas deverão ser proporcionais aos valores previstos para a arrecadação das receitas. Essa afirmativa faz referência ao princípio orçamentário do (a)

a) equilíbrio.
b) exclusividade.
c) orçamento bruto.
d) proibição e estorno.
e) programação.

Gabarito: A

COMENTÁRIOS:

Como o próprio nome expressa, o equilíbrio orçamentário se obtém quando as receitas previstas forem iguais as despesas fixadas. Esse princípio é um ideal a ser buscado, já que, na prática, na execução orçamentária, normalmente o equilíbrio não é alcançado.

18) **(CESPE – AJ STJ/STJ/Administrativa/"Sem Especialidade"/2015)** Tendo como referência os conceitos e as normas aplicáveis ao orçamento público, julgue o item a seguir.

A transferência da contabilização de uma obrigação resultante de despesa realizada no exercício atual para o subsequente está associada à quebra dos princípios da totalidade e da publicidade.

Gabarito: Errado

COMENTÁRIOS:

A transferência da contabilização de uma obrigação resultante de despesa realizada no exercício atual para o subsequente está associada à quebra dos Princípios da Anualidade e da Competência.

19) **(CESPE – AJ CNJ/CNJ/Administrativa/"Sem Especialidade"/2013)** Julgue o próximo item, relativo a orçamento público.

O princípio da transparência choca-se, em algumas situações, com o princípio do orçamento bruto. De acordo com o princípio da transparência, a peça orçamentária deve ser clara e simples, não contendo informações desnecessárias, ao passo que, segundo o princípio do orçamento bruto, a peça orçamentária deve conter muitas informações — que, inclusive, poderiam ser eliminadas, se fossem usados dados líquidos sobre receitas e despesas –, uma vez que não há ganho efetivo originado do uso de informações brutas.

Gabarito: Errado

COMENTÁRIOS:

O Princípio da Transparência determina que a atividade orçamentária deve ser transparente, ou seja, dentre outros (acessibilidade, por exemplo), deve levar ao conhecimento da população, tudo em relação à receita e despesa. Ao contrário do que afirma a questão, o Princípio do Orçamento Bruto contribui com a Transparência, expondo todas as receitas e despesas, já que veda os valores líquidos, propiciando assim, a Universalidade.

20) **(CESPE – Ana MPU/MPU/Técnico-Especializado/Finanças e Controle/2013)** Com base nos fundamentos das contabilidades pública e comercial, julgue o item a seguir.

De acordo com as normas gerais de orçamento, a lei orçamentária deve obedecer aos princípios de universalidade, anualidade e clareza.

Gabarito: Errado

COMENTÁRIOS:

A questão se refere às normas gerais de orçamento, Lei nº 4.320/64, o principal mandamento que estabelece regras gerais de direito financeiro no Brasil. Esta lei se refere expressamente a três princípios (art. 2º) como norteadores da lei do orçamento: unidade, anualidade e universalidade. Veja que, dentre eles, não está previsto o Princípio da Clareza.

> Art. 2º A Lei do Orçamento conterá a discriminação da receita e despesa de forma a evidenciar a política econômica financeira e o programa de trabalho do Governo, obedecidos os princípios de unidade universalidade e anualidade.

21) **(FCC/TRE-APP/Analista Judiciário – Contabilidade/2015)** Com o intuito de reduzir a população em situação de extrema pobreza, o chefe do Poder Executivo de um governo estadual decidiu incluir, na Lei Orçamentária Anual, um dispositivo que determina a destinação de 5% (cinco por cento) das receitas de impostos para as despesas na função Trabalho. Entretanto, a inclusão deste dispositivo na Lei Orçamentária Anual não é permitida porque fere os princípios orçamentários

a) da universalidade e da não vinculação da receita de impostos.
b) do orçamento bruto e da exclusividade.
c) da exclusividade e da não afetação da receita de impostos.
d) da anualidade e da universalidade.
e) da unidade e do orçamento bruto.

Gabarito: c

COMENTÁRIOS:

Ao inserir matéria estranha à previsão de receita e fixação de despesa, o gestor ofendeu a Exclusividade. A regulamentação dessa destinação de impostos deveria estar prevista em outra lei e não no PLOA (Projeto de Lei Orçamentário Anual). A partir da regulamentação, a fixação das despesas relacionadas é que deverá constar no PLOA ou em projeto de lei de crédito adicional. Ao vincular receita de impostos a uma despesa fora das exceções já previstas na Constituição, houve ofensa ao Princípio da Não Afetação da Receita de Impostos.

22) **(CESPE - Ana MPU/MPU/Apoio Técnico Administrativo/Atuarial/2015)** À luz do disposto na Lei nº 4.320/1964, julgue o próximo item.

As despesas contratuais e outras sujeitas a parcelamento podem ser consignadas na lei orçamentária anual em dotações globais.

Gabarito: Errado

COMENTÁRIOS:

O Princípio da Discriminação determina que os itens que devem constar na LOA devem ser classificados e discriminados para um efetivo controle das despesas. Porém, existem exceções, a reserva de contingência e os programas especiais de trabalho que permitem a classificação em dotações globais.

A despesa citada na questão não é uma exceção a esse princípio.

23) **(CESPE - AJ TRT5/TRT 5/Técnico-Administrativa/Engenharia Civil/2008)** Leis específicas estabelecem os princípios e disciplinam o planejamento do orçamento público federal. Acerca desse tema, julgue o item a seguir.

É vedado o início de programas ou projetos que não estejam incluídos na lei orçamentária anual federal.

Gabarito: Certo

COMENTÁRIOS:

O planejamento é feito por intermédio dos instrumentos orçamentários, cuja execução é realizada com por intermédio da LOA e dos créditos adicionais. Assim, o que é planejado deve ser respeitado. Por este motivo, determina a Constituição Federal (I, art. 167) que é vedado o início de programas ou projetos que não estejam incluídos na Lei Orçamentária Anual.

24) **(CESPE/Prefeitura de Salvador/Procurador/2015)** Assinale a opção correta no que diz respeito aos princípios orçamentários.

a) A criação de créditos adicionais — suplementares ou especiais — está sujeita a previsão na lei orçamentária, em razão do princípio da unidade.
b) A divisão do orçamento em três peças — LOA, LDO e lei do PPA — constitui exceção ao princípio da unidade orçamentária.

c) Conforme o princípio da exclusividade de matéria orçamentária, somente pode constar do orçamento matéria pertinente às previsões de receitas e despesas, não se admitindo as chamadas caudas orçamentárias nem a previsão de operações de crédito por antecipação de receita.

d) Os orçamentos e créditos adicionais somente poderão ser aprovados por lei formal, sendo vedada a edição de medida provisória que verse sobre matéria orçamentária.

e) O orçamento deve atender a determinados princípios, entre os quais os da unidade, da universalidade, da anualidade, da proibição de estorno, da não afetação de receita e da exclusividade de matéria orçamentária.

Gabarito: e

COMENTÁRIOS:

Alternativa "a" - Errado: A criação de créditos adicionais — suplementares ou especiais — está sujeita a previsão na lei orçamentária, em razão do princípio da LEGALIDADE.

Alternativa "b" - Errado: A divisão do orçamento em três peças — LOA, LDO e lei do PPA — NÃO constitui exceção ao Princípio da Unidade Orçamentária.

Alternativa "c" - Errado: Conforme o Princípio da Exclusividade de matéria orçamentária, somente pode constar do orçamento matéria pertinente às previsões de receitas e despesas, não se admitindo as chamadas caudas orçamentárias EXCETO a previsão de operações de crédito por antecipação de receita.

Alternativa "d" - Errado: Os orçamentos e créditos adicionais somente poderão ser aprovados por lei formal, SALVO A EDIÇÃO DE MEDIDA PROVISÓRIA PARA ABERTURA DE CRÉDITOS EXTRAORDINÁRIOS.

Alternativa correta: letra "e". O orçamento deve atender a determinados princípios, entre os quais os da Unidade, da Universalidade, da Anualidade, da Proibição de Estorno, da Não Afetação de Receita e da Exclusividade de Matéria Orçamentária.

25) (CESPE/FUB/Auxiliar de Administração/2013) Ainda a respeito dos princípios que norteiam o orçamento público, julgue os seguintes itens.

O princípio da unidade orçamentária é reforçado pelo princípio da unidade de caixa, segundo o qual todas as receitas e despesas convergem para um fundo geral, denominado conta única.

Gabarito: Certo

COMENTÁRIOS:

A unidade de caixa visa um melhor controle e gerenciamento das disponibilidades orçamentárias, além de um melhor controle por parte dos responsáveis e da sociedade, reforçando assim o Princípio da Unidade. Segundo a Lei nº 4.320/64, art. 56, o recolhimento de todas as receitas far-se-á em estrita observância ao Princípio de Unidade de tesouraria, vedada qualquer fragmentação para criação de caixas especiais.

Reforçando esse conceito/necessidade, a Constituição Federal, § 3º do art. 165, estabelece que as disponibilidades de caixa da União serão depositadas no Banco Central; as dos Estados, do Distrito Federal, dos Municípios e dos órgãos ou entidades do Poder Público e das empresas por ele controladas, em instituições financeiras oficiais, ressalvados os casos previstos em lei.

26) **(CESPE – TJ STJ/STJ/Administrativa/2015)** Acerca de técnicas e princípios relacionados com o orçamento público, julgue o item a seguir.

Se todos os entes da Federação elaborassem e executassem um único orçamento, essa ação seria embasada pelo princípio orçamentário da uniformidade.

Gabarito: Errado

COMENTÁRIOS:

É o Princípio da Unidade que determina a elaboração de um único orçamento por exercício Financeiro. Porém, modernamente, em razão da falta de aplicabilidade prática de um único orçamento para todos os entes federativos, cada um deles (União, Estados, Distrito Federal e Municípios) elabora seu único orçamento (instrumentos orçamentários, PPA, LDO e LOA).

A uniformidade tem a ver com o aspecto formal exigindo uma padronização das estruturas que permitam uma comparação ao longo do tempo entre diversos exercícios.

20. PRATICANDO – QUESTÕES DE CONCURSOS ANTERIORES GABARITADAS

1) **(FCC/TRT – 20ª REGIÃO (SE)/Analista Judiciário – Área Administrativa/2016)** O orçamento público, um dos instrumentos de planejamento previstos na Constituição Federal, deve atender as regras básicas dos princípios orçamentários, a fim de conferir racionalidade, eficiência e transparência aos processos de elaboração, execução e controle. Quanto aos princípios orçamentários, é certo afirmar:

a) A não afetação das receitas – veda a vinculação da receita de impostos a órgão, fundo ou despesa, exceto para reajuste de servidores e pagamento da dívida pública.

b) O orçamento bruto – preconiza o registro das receitas e despesas na Lei Orçamentária Anual – LOA pelo valor total e bruto, permitindo apenas as deduções de receitas pertencentes a outras entidades públicas.

c) A exclusividade – estabelece que a LOA não conterá dispositivo estranho à previsão da receita e à fixação da despesa. Ressalvam-se dessa proibição a autorização para abertura de créditos suplementares e a contratação de operações de crédito, ainda que por Antecipação de Receitas Orçamentárias – ARO, nos termos da lei.

d) A anualidade ou periodicidade – apregoa que a previsão das receitas e a fixação das despesas deve referir a um período de tempo que corresponda, pelo menos, um exercício financeiro.

e) A universalidade – determina que nos orçamentos dos entes públicos a despesa fixada não pode ser superior a receita prevista.

2) **(FCC – AJ TRT23/TRT 23/Administrativa/Contabilidade/2016)** Um analista judiciário – especialidade contabilidade do TRT da 23ª Região foi incumbido de analisar a proposta orçamentária do Tribunal para 2016. Para tanto, sabe que o orçamento

I. não deve consignar dotações globais destinadas a atender indiferentemente a serviços de terceiros.

II. conterá todas as receitas e despesas.

III. não conterá matéria estranha à previsão de receita e à fixação de despesa, consideradas as exceções legais.

IV. deve ser fundamentado em uma única política orçamentária.

V. deve compreender um único período orçamentário.

Considerando essas orientações, os itens

a) I e II se referem ao princípio orçamentário da universalidade.

b) III, IV e V se referem ao princípio orçamentário da unidade.

c) II e III se referem, respectivamente, aos princípios orçamentários da universalidade e exclusividade.

d) I e IV se referem, respectivamente, aos princípios orçamentários da especificação e anualidade.

e) IV e V se referem ao princípio orçamentário da exclusividade.

3) **(UFMT – DCP (TJ MT)/TJ MT/2016)** O Orçamento quando aprovado: "consigna todas as receitas previstas e todas as despesas fixadas das entidades da Administração Direta e Indireta (excluídas as entidades não dependentes), no aspecto formal, padronizado, possibilitando ser comparado ao longo do tempo e sem autorizações globais". Quais Princípios Orçamentários, na sequência correta, estão contidos no texto acima?

a) Universalidade, Especificação e Exclusividade.

b) Unidade, Uniformidade e Especificação.

c) Unidade, Especialização e Universalidade.

d) Universalidade, Uniformidade e Exclusividade.

4) **(CESPE – AJ TRT8/TRT 8/Administrativa/Contabilidade/2016)** De acordo com a Constituição Federal de 1988, a lei orçamentária anual deve compreender o orçamento fiscal, o qual conterá receitas e despesas referentes a todas as entidades da administração direta e indireta; o orçamento de investimento das empresas estatais; e o orçamento da seguridade social. Esse mandamento constitucional relaciona-se aos princípios orçamentários da

a) uniformidade e da unidade.

b) universalidade e da especificação.

c) universalidade e da unidade.

d) unidade e da especificação.
e) universalidade e da programação.

5) **(CESPE – AJ TRT8/TRT 8/Judiciária/"Sem Especialidade"/2016)** Assinale a opção que corresponde ao princípio da unidade orçamentária, um dos princípios que norteiam a elaboração e a execução do orçamento público.

a) O exercício financeiro do orçamento será de 1.º de janeiro a 31 de dezembro, coincidente com o ano civil.
b) O orçamento deve registrar as receitas e as despesas pelos seus valores brutos, ou seja, pelo total, sem evidenciar qualquer forma de dedução de seus valores.
c) A receita e a despesa, na lei orçamentária anual, devem ser discriminadas de forma detalhada, não se admitindo dotações globais.
d) À lei orçamentária anual não caberá inclusão de qualquer dispositivo diferente à previsão das receitas e à fixação das despesas.
e) O orçamento da União deve reunir, em única lei, os orçamentos referentes aos Poderes Executivo, Legislativo e Judiciário.

6) **(FGV – Ana (TJ SC)/TJ SC/Administrativo/2015)** A prática de subestimar a previsão de receitas ou ainda de não incluir receitas que se espera arrecadar na proposta orçamentária, com vistas a obter maior flexibilidade na alocação de recursos durante a execução orçamentária, está em desacordo com o princípio do(a):

a) anualidade;
b) legalidade;
c) orçamento bruto;
d) unidade;
e) universalidade.

7) **(FGV – Anal Jud (TJ GO)/TJ GO/Especializada/Administrador de Empresas/2014)** A atividade financeira do Estado consiste no conjunto de atos voltados para a obtenção e a administração de recursos financeiros com o objetivo de viabilizar a satisfação das necessidades públicas. A Constituição de 1988 tornou obrigatória a elaboração de planos plurianuais abrangendo as despesas de capital e demais programas de duração continuada.

Entre os princípios orçamentários contemplados pela legislação brasileira, o princípio da universalidade diz que o orçamento deve:

a) ser uno para cada unidade governamental;
b) conter todas as despesas e receitas do Estado;
c) conter a receita e a despesa como valor total, sem deduções;
d) ser elaborado e autorizado para um período específico, chamado de exercício financeiro;

e) ser apresentado em linguagem clara e compreensível para permitir a participação da sociedade civil na discussão e controle.

8) **(FGV – ADP/DPE RO/Analista Contábil/2015)** Em decorrência da falta de pessoal capacitado para elaborar as peças orçamentárias e de falta de recursos para contratar esse serviço de terceiros, uma prefeitura apresentou uma proposta orçamentária ao Poder Legislativo com dotações globais destinadas a atender indistintamente a despesas de pessoal, material, serviços de terceiros e investimentos, comprometendo-se a prestar contas ao final do exercício financeiro.
Não obstante as razões apresentadas e a obrigação inequívoca de prestar contas, esta situação está em desacordo com o princípio orçamentário da:
a) especificação;
b) exclusividade;
c) legalidade;
d) publicidade;
e) universalidade.

9) **(FCC – AM/MPE PB/Analista Ministerial/Auditor de Contas Públicas/2015)** O orçamentista de uma Prefeitura do Estado da Paraíba recebeu orientação para consignar no orçamento dotação para programa especial de trabalho que, por sua natureza, não poderia cumprir-se subordinadamente às normas gerais de execução da despesa. Assim, esse programa foi consignado em dotação global, classificado como despesa de capital. Esse fato representou uma exceção legal ao princípio orçamentário da
a) clareza.
b) especificação.
c) exclusividade.
d) não-vinculação.
e) universalidade.

10) **(AJ/TRE AP/Administrativa/"Sem Especialidade"/2006)** No que diz respeito ao orçamento público, a formulação de objetivos e o estudo das alternativas da ação futura para alcançar os fins da atividade governamental; assim como a redução dessas alternativas de um número muito amplo a um pequeno e, finalmente, a prossecução do curso da ação adotada, referem-se ao princípio da
a) programação.
b) unidade.
c) universalidade.
d) estabilidade orçamentária.
e) exclusividade.

21. GABARITO FUNDAMENTADO

1. C	Inciso IV do art. 167 da Constituição Federal. Art. 6º da Lei nº 4.320/ 1964. § 8º do art. 165 da Constituição Federal. Art. 2º da Lei nº 4.320/1964. Art. 34 da Lei nº 4.320/1964. §5º do art. 165 da Constituição Federal.
2. C	Art. 5º da Lei nº 4.320/64. Art. 3º Lei nº 4.320/64. Art. 165, § 8º, Constituição Federal. Lei nº 4.320/64, art. 2º. Art. 165, §9º, Constituição Federal. Lei nº 4.320/64, art. 2º.
3. B	Lei nº 4.320/64, art. 2º. Lei 4.320/64 art. 5º e art. 20, § único.
4. C	Lei nº 4.320/64, arts. 2º e 3º.
5. E	Art. 2º da Lei nº 4.320/1964. Art. 165, § 5º da Constituição Federal.
6. E	Art. 3º Lei nº 4.320/64.
7. B	Art. 3º Lei nº 4.320/64.
8. A	Lei nº 4.320/64 art. 5º.
9. B	Lei nº 4.320/64 art. 5º.
10. A	Lei nº 4.320/64 art. 2º, LRF 8º.

CAPÍTULO VIII
RECEITA PÚBLICA

1. INTRODUÇÃO

1.1. Contextualização

Segundo o MCASP – Manual de Contabilidade Aplicada ao Setor Público[1], o orçamento é um importante instrumento de planejamento de qualquer entidade, seja pública ou privada, e representa o fluxo previsto de ingressos e de aplicações de recursos em determinado período.

A receita pública é componente essencial, pois, sem ela, não haveria como realizar despesas públicas e, consequentemente, não haveria como resolver os problemas sociais. É por meio da obtenção de receitas que os cofres públicos são abastecidos.

1.2. Questões de concursos

São fartas as questões de concursos relacionadas à receita pública, sendo um assunto bastante exigido tanto em provas para técnico quanto para analista.

São basicamente dos seguintes tipos:

---

1. Manual de Contabilidade Aplicada ao Setor Público – Aplicado à União, aos Estados, ao Distrito Federal e aos Municípios – Válido a partir do exercício de 2017. Portaria Conjunta STN/SOF nº 02, de 22 de dezembro de 2016 – Portaria STN nº 840, de 21 de dezembro de 2016.

1) Questões sobre os estágios da receita

Questões, normalmente fáceis e razoavelmente cobradas sobre este assunto. Em regra, exigem conhecimento sobre a sequência correta dos estágios, o significado de cada estágio ou outra característica relacionada à sequência dos elementos.

► **QUESTÃO COMENTADA:**

(CESPE – AGE (SEDF)/SEDF/Administração/2017) A respeito do orçamento público, julgue o item a seguir.

O lançamento tributário, um dos estágios da receita pública, compreende os procedimentos de determinação da matéria tributável, cálculo do imposto, identificação do sujeito passivo e notificação.

Gabarito: Certo

COMENTÁRIOS

Para acertar a questão, basta saber que a execução da receita se processa em três estágios, sendo estes: lançamento, arrecadação e recolhimento. Segundo o art. 53 da Lei nº 4.320/64, o lançamento da receita é ato da repartição competente, que verifica a procedência do crédito fiscal e a pessoa que lhe é devedora e inscreve o débito desta.

No que concerne ao lançamento tributário, o Código Tributário Nacional, CTN, define lançamento como o estágio da receita orçamentária que se caracteriza por um o procedimento administrativo tendente a verificar a ocorrência do fato gerador da obrigação correspondente, determinar a matéria tributável, calcular o montante do tributo devido, identificar o sujeito passivo e, sendo o caso, propor a aplicação da penalidade cabível.

É um estágio meramente administrativo e ocorrerá principalmente em relação às receitas de natureza tributárias.

2) Questões para identificação das espécies de receita (normalmente relacionada à natureza da receita/categoria econômica), com ou sem cálculo

São várias as espécies de receitas segundo as diversas classificações possíveis. Em regra, basta conhecer as classificações e a que elas se referem, sabendo distinguir quais espécies de despesa compõe a classificação exigida na questão.

► **QUESTÃO COMENTADA:**

(FCC – AJ TRE SP/TRE SP/Administrativa/Contabilidade/2017) Atenção: Para responder à questão, considere, abaixo, as informações e transações, realizadas por determinada entidade do setor público no exercício de 2016.

- Lei Orçamentária – Previsão da Arrecadação das Receitas para o exercício de 2016
- Receitas Correntes R$ 1.750.000
- Receitas de Capital R$ 1.200.000

(=) Total R$ 2.950.000

Transações realizadas pela entidade durante o exercício de 2016 (janeiro a dezembro)	(em R$)
Despesas Orçamentárias Empenhadas (Corrente e de Capital)	2.750.000
Arrecadação referente à Remuneração de Depósitos Bancários	**14.000**
Arrecadação de Multas de Juros de Mora dos Tributos	**22.000**
Arrecadação de Contribuição para o Custeio do Serviço de Iluminação Pública	**39.000**
Arrecadação aluguéis de imóveis de propriedade do ente público	**36.000**
Arrecadação de Imposto de Renda Retido nas Fontes Sobre Rendimentos do Trabalho	**45.500**
Arrecadação referente a Operações de Crédito Internas de Longo Prazo	395.000
Consignações em folha de pagamento (empréstimos consignados)	**18.000**
Arrecadação de Taxas pelo Poder de Polícia	**24.500**
Arrecadação da Cota Parte do ICMS	140.000
Recebimento, em doação, de dois imóveis destinados a construção de escolas públicas	110.000
Arrecadação de Impostos Sobre a Propriedade Predial e Territorial Urbana	650.000
Cancelamento de Dívidas Passivas	**25.000**
Arrecadação referente à Alienação de Bens Imóveis	346.000
Arrecadação referente à Amortização de Empréstimos Concedidos	**89.000**
Arrecadação referente à Concessões e permissões do direito de exploração de serviços públicos	**55.000**
Arrecadação referente à Cessão do Direito de Operacionalização da Folha de Pagamento de Pessoal	**29.000**
Ganho com Alienação de Bens Imóveis	**15.000**
Arrecadação da Cota Parte do IPVA	115.000
Arrecadação de Multas e Juros de Mora da Dívida Ativa dos Tributos	**28.000**
Arrecadação referente a Dívida Ativa do Imposto Sobre a Propriedade Predial e Territorial Urbano	**75.000**
Arrecadação de valor transferido pela União – destinada a construção de Hospitais.	270.000
Arrecadação de Imposto Sobre Serviços de Qualquer Natureza	490.000
Arrecadação da Cota Parte do Fundo de Participação dos Municípios	**65.000**

As receitas patrimoniais arrecadadas no exercício de 2016 totalizam, em R$:

a) 134.000.

b) 152.000.

c) 149.000.

d) 105.000.

e) 173.000.

Gabarito: a

COMENTÁRIOS:

Para acertar esta questão você precisa conhecer a classificação da receita segundo a sua "Natureza" (Categoria Econômica) com o fim de identificar quais as fontes de receitas são consideradas patrimoniais.

Receitas Patrimoniais são aquelas oriundas da exploração do patrimônio (conjunto de bens, direitos e obrigações), notadamente da exploração do Ativo (Soma de bens e direitos), ou seja, recursos financeiros que entram nos cofres públicos em função da exploração de bens e direitos pertencentes ao Estado. Podem ser classificadas como receitas imobiliárias (aluguel, foro, laudêmio), receitas mobiliárias, dividendos, juros decorrentes das aplicações de disponibilidades em opções de mercado, e outros rendimentos oriundos de renda de ativos permanentes, delegação remunerada de serviços públicos (concessão e permissão para exploração de serviços públicos) cessão de direitos, dentre outros.

Considerando a explicação acima, conseguimos identificar quais são as receitas patrimoniais:

- Arrecadação referente à Remuneração de Depósitos Bancários: 14.000;
- Arrecadação de aluguéis de imóveis de propriedade do ente público: 36.000;
- Arrecadação referente às concessões e permissões do direito de exploração de serviços públicos: 55.000;
- Arrecadação referente à cessão do direito de operacionalização da folha de pagamento de pessoal: 29.000

A soma das receitas patrimoniais é de 134.000.

Veja que, mesmo se referindo ao patrimônio de certa forma, estas movimentações (citadas abaixo) não se referem à exploração, o que significa manter o patrimônio e arrecadar receitas com a exploração deste.

- Recebimento, em doação, de dois imóveis destinados à construção de escolas públicas: 110.000
- Arrecadação referente à Alienação de Bens Imóveis: 346.000
- Ganho com Alienação de Bens Imóveis: 15.000

3) Questões que se referem à composição das classificações, principalmente aquelas que se expressam por códigos e, dentre elas, aquelas que tratam da classificação por natureza da despesa

► **QUESTÃO COMENTADA:**

(FCC – AJ TRE SP/TRE SP/Administrativa/Contabilidade/2017) No âmbito da União, quando o imposto de renda pessoa física é recolhido, aloca-se a receita pública correspondente na natureza de receita código "1.1.1.3.01.1.1". No que tange o código de classificação da receita orçamentária, os três primeiros dígitos: "1.1.1.", referem-se, respectivamente, à

a) categoria econômica, rubrica e alínea.
b) receita corrente, tributária e imposto sobre a produção e a circulação.
c) categoria econômica, origem e alínea.
d) categoria econômica, origem e espécie.
e) receita corrente, tributária e imposto sobre ganhos de capital.

Gabarito: d

COMENTÁRIOS:

Para responder à questão, basta sabermos a composição do código da classificação por Natureza da Receita.

A classificação orçamentária por natureza de receita é estabelecida pelo § 4º do art. 11 da Lei nº 4.320, de 1964. No âmbito da União, sua codificação é normatizada por meio de Portaria da SOF, órgão do Ministério da Economia. A normatização da codificação válida para União, estados, Distrito Federal e municípios é feita por meio de Portaria Interministerial (SOF e STN).

▸ DÍGITO:	1º	2º	3º	4º a 7º	8º
▸ SIGNIFICADO:	Categoria Econômica	Origem	Espécie	Desdobramentos para identificação de peculiaridades da receita	Tipo

Veja que, seguindo a sequência do código "1.1.1.3.01.1.1", os três primeiros dígitos se referem à categoria econômica, origem e espécie.

2. CONCEITO DE RECEITA PÚBLICA

A depender do ponto de vista, a receita pública pode ser vista sob dois aspectos, sendo estes explanados abaixo:

2.1. Receita em sentido amplo

Em sentido amplo, receita pública é qualquer recurso financeiro que se adentra nos cofres públicos, independentemente de qualquer condição. Neste diapasão, receita pública em sentido amplo representa o somatório de todos os recursos que são introduzidos nos cofres públicos, ou seja, todos os fluxos financeiros, abrangendo o campo das receitas correntes e de capital, bem como receitas orçamentárias e extraorçamentárias. Dentre as extraorçamentárias, envolve também os registros compensatórios nos balanços.

Segundo o MTO 2018 – Manual Técnico de Orçamento 2018, em sentido amplo, receitas públicas são ingressos de recursos financeiros nos cofres do Estado, que se desdobram em receitas orçamentárias, quando representam disponibilidades de recursos financeiros para o erário, e em ingressos extra orçamentários, quando representam apenas entradas compensatórias.

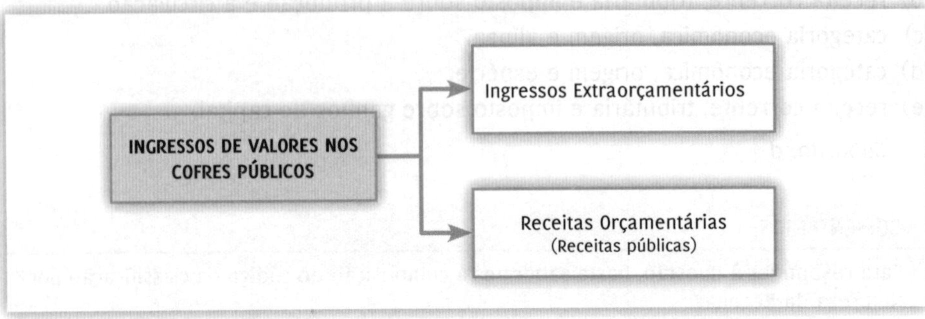

Envolvem, então, dois tipos de receita:

2.1.1. *Receitas Extraorçamentárias*

Receitas extraorçamentárias podem ou não representar a entrada de recursos financeiros. Assim, podem ser divididas em:

- **Ingressos extraorçamentários:** é a entrada de recursos financeiros que não decorrem do Orçamento ou de lei de crédito adicional e não ingressam definitivamente no patrimônio público, tendo, assim, caráter temporário e devolutivo. Pode-se utilizar como exemplo, as cauções e os depósitos em garantias. Recursos financeiros que apresentam caráter temporário e não integram a LOA. O Estado é mero depositário desses recursos, que constituem passivos exigíveis e cujas restituições não se sujeitam à autorização legislativa. Exemplos: Depósitos em Caução, Fianças, as operações de crédito por ARO[2] (antecipação de receita orçamentária), as emissões de papel-moeda e outras entradas compensatórias, no Ativo e passivo financeiros, emissão de moeda e outras entradas compensatórias no Ativo e Passivo financeiros.

Segundo o MCASP – Manual de Contabilidade Aplicada ao Setor Público – Ingressos extraorçamentários são recursos financeiros de caráter temporário, do qual o Estado é mero agente depositário. Sua devolução não se sujeita à autorização legislativa, portanto, não integra a Lei Orçamentária Anual (LOA). Por serem constituídos por ativos e passivos exigíveis, os ingressos extraorçamentários, em geral, não têm reflexos

2. Operações de crédito, via de regra, classificam-se como receita orçamentária. Aqui se fala sobre uma exceção à regra dessas operações, intitulada ARO. Classificam-se como receita extraorçamentária, conforme o art. 3º da Lei nº 4.320, de 1964, por não representarem novas receitas ao orçamento. A matéria pertinente à ARO é disciplinada, em linhas gerais, pelo art. 38 da Lei nº 101, de 2000 – LRF; pelo parágrafo único do art. 3º da Lei nº 4.320, de 1964, e pelos arts. 165, §8º, e 167, X, da CF.

no Patrimônio Líquido da Entidade[3], são fatos permutativos e fazem aumentar as obrigações de curto prazo do ente (Passivo Flutuante).

- A inscrição em Restos a Pagar não gera a entrada efetiva de recursos, mas será registrada como receita extraorçamentária para compensar sua inclusão na despesa orçamentária.

2.1.2. *Receita Orçamentária*

Recursos que entram nos cofres públicos de forma definitiva, não devolutiva, e que, portanto, devem ser utilizadas para cobrir despesas públicas.

Para parte da doutrina, receita não se confunde com ingresso, porque ingresso compreende toda quantia recebida pelos cofres públicos, seja como depositário ou não, enquanto que receita pública é toda entrada ou ingresso definitivo de dinheiro aos cofres públicos.

A Lei nº 4.320/1964 não acatou tal doutrina, na medida em que considera receitas públicas as receitas de capital como ingressos ou entradas de dinheiro de forma definitiva ou não, assim como as receitas correntes e as de capital, sendo estas provenientes de recursos financeiros oriundos, inclusive, de constituição de dívidas, empréstimos e outros ingressos.

Segundo o MCASP, receitas orçamentárias são disponibilidades de recursos financeiros que ingressam durante o exercício e que aumentam o saldo financeiro da instituição. Instrumento por meio do qual se viabiliza a execução das políticas públicas, as receitas orçamentárias são fontes de recursos utilizadas pelo Estado em programas e ações cuja finalidade precípua é atender às necessidades públicas e demandas da sociedade.

Essas receitas pertencem ao Estado, transitam pelo patrimônio do Poder Público e, via de regra, por força do princípio orçamentário da Universalidade, estão previstas na Lei Orçamentária Anual – LOA.

Nesse contexto, embora haja obrigatoriedade de a LOA registrar a previsão de arrecadação, a mera ausência formal do registro desta previsão, no citado documento legal, não lhes retira o caráter de orçamentárias, considerando que o art. 57 da Lei nº 4.320, de 1964, determina como receita orçamentária toda receita arrecadada que porventura represente ingressos financeiros orçamentários, inclusive se provenientes de operações de crédito, excetuando as operações de crédito por antecipação de receita – ARO (antecipação de receita orçamentária), as emissões de papel moeda e outras entradas compensatórias no Ativo e Passivo Financeiros.

3. Manual de Contabilidade Aplicada ao Setor Público – Aplicado à União, aos Estados, ao Distrito Federal e aos Municípios – Válido a partir do exercício de 2017. Portaria Conjunta STN/SOF nº 02, de 22 de dezembro de 2016 – Portaria STN nº 840, de 21 de dezembro de 2016.

2.2. Receita em sentido estrito

Não existe consenso em relação ao conceito de receita pública em sentido estrito, isto pelo fato de existir divergência em incluir dentre essas receitas, aquelas provenientes de operações de crédito e alienação de bens.

O conceito mais aceito entende a Receita Pública em sentido estrito como sendo a entrada de recursos financeiros nos cofres públicos de forma definitiva.

Incluem-se neste conceito as receitas tributárias, de contribuições, patrimoniais, oriundas de operações de crédito, com exceção das antecipações de receitas-ARO, e alienação de ativos. Em outras palavras, é o ingresso de dinheiro nos cofres públicos efetivado de modo permanente, não devolutivo. Esse conceito se confunde com o conceito de receita orçamentária dado pela Lei nº 4.320/64 em seu art. 3º.

É importante citar que, sob o ponto de vista orçamentário, o conceito legal de receita pública não corresponde ao conceito de receita sob o aspecto patrimonial, contábil. Esta considera uma venda a prazo, por exemplo, como receita ocorrida no momento da operação, por fazer variar positivamente o Patrimônio Líquido com o mero registro, no Ativo, do direito de receber o valor em prazo determinado. Já sob o aspecto orçamentário público, fatos semelhantes somente são considerados receita no momento da efetiva arrecadação dos valores financeiros (regime de caixa).

Segundo o Manual Técnico de Orçamento 2018, são públicas apenas as receitas orçamentárias. Este Manual Técnico de Orçamento adota a definição no sentido estrito; desta forma, quando houver citação ao termo "receita pública", implica referência às "receitas orçamentárias".

Pode-se observar que esse manual também adotou o conceito legal para definir receita pública, ou seja, considerou receita pública a receita orçamentária, excluindo somente as entradas de recursos de caráter devolutivo, incluindo, ainda, como elemento definidor, a finalidade para a qual será empregado o recurso arrecadado, qual seja, "*atender às despesas públicas*".

► **OBSERVAÇÃO:**

O conceito "legal" de receita pública é o mais exigido em prova, dificilmente questões trazem desconsideram como receitas orçamentárias as relacionadas à alienação de bens e operações de crédito. Assim, como regra geral leve em consideração o que expressa o Art. 3º da lei 430/64.

Lei 4.320/64

Art. 3º A Lei de Orçamentos compreenderá todas as receitas, inclusive as de operações de crédito autorizadas em lei.

Parágrafo único. Não se consideram para os fins deste artigo as operações de credito por antecipação da receita, as emissões de papel-moeda e outras entradas compensatórias, no ativo e passivo financeiros.

1) Outros conceitos de Receita pública

Para que possamos entender que a receita pública pode ser vista sob diversas óticas e, assim, ter várias definições consideradas corretas, vejamos os seguintes conceitos:

- A entrada de recursos que, integrando-se ao patrimônio público sem quaisquer reservas, condições ou correspondência no passivo, vem acrescer o seu vulto como elemento novo e positivo;
- Toda arrecadação de rendas autorizadas pela Constituição Federal, leis e títulos creditórios à Fazenda Pública;
- De acordo com o Regulamento Geral de Contabilidade Pública, a receita pública engloba todos os créditos de qualquer natureza que o Governo tem direito de arrecadar em virtude de leis gerais e especiais de contrato e de quaisquer títulos de que derivem direitos a favor do Estado.

▶ **OBSERVAÇÕES IMPORTANTES**

1) Receitas extraorçamentárias não se submetem aos estágios da receita pública

Os ingressos extraorçamentários não são incluídos na LOA e não se submetem aos estágios da receita orçamentária, geram desembolsos extraorçamentários, têm caráter temporário e fazem aumentar o Passivo (obrigações).

2) Conceituação do que seja público ou não na receita extraorçamentária

As bancas examinadoras e parte da doutrina não trazem, com consistência, uma definição sobre a denominação "pública" ou não para a receita extraorçamentária. Ora as bancas trazem a nomenclatura "pública" para toda receita, orçamentária ou não, ora atribuem esta nomenclatura somente para as receitas orçamentárias, o que, do meu ponto de vista, seria mais adequado.

Assim, para acertar as questões, deve-se analisar o contexto em que estas expressões são inseridas, e não somente a existência ou não das palavras "pública", "orçamentária" e "extraorçamentária".

2) Receitas extraorçamentárias podem se tornar orçamentárias

▶ **OBSERVAÇÃO:**

Fique atento que um ingresso extraorçamentário pode se tornar uma receita orçamentária. Serve de exemplo um depósito em garantia para construção de uma obra pública no âmbito de um contrato administrativo. No momento do depósito a receita é extraorçamentária, pois, se o contrato for regularmente cumprido, este valor será devolvido. Porém, se houver alguma irregularidade, a Administração Pública poderá reter tal valor a título de multa contratual. Multa arrecadada é receita orçamentária, passando então tal valor a ser orçamentário, já que poderá ser usado agora em despesas públicas.

3. REGIME PARA O RECONHECIMENTO DA RECEITA

Existem diversas diferenças fundamentais entre os objetivos do setor público e do setor privado, principalmente no que tange às entidades com fins lucrativos. Enquanto o setor privado visa, em regra, o lucro, o setor público visa o bem-estar social, o atendimento das necessidades públicas. Isso faz com que a gestão do patrimônio (bens, direitos e obrigações) de ambos sejam regidos por parâmetros diversos, com paradigmas distintos.

Apesar de não visar essencialmente o lucro, o setor público também deve visar eficiência, efetividade e eficácia na gestão patrimonial, pois do patrimônio depende a satisfação da imensa maioria das necessidades públicas e, quanto melhor for gerido, maiores serão as possibilidades de proporcionar bem-estar social em maior nível a toda população.

Vejamos, segundo o MCASP, os aspectos orçamentário, patrimonial e fiscal da contabilidade aplicada ao setor público.

1) Aspecto orçamentário

Compreende o registro e a evidenciação do orçamento público, tanto quanto a sua aprovação quanto a sua execução. Os registros de natureza orçamentária são a base para a elaboração do Relatório Resumido da Execução Orçamentária (RREO) e dos Balanços Orçamentário e Financeiro (BOF), que representam os principais instrumentos para refletir este aspecto.

2) Aspecto patrimonial

Compreende o registro e a evidenciação da composição patrimonial do ente público. Nesse aspecto, devem ser atendidos os princípios e as normas contábeis voltadas para o reconhecimento, a mensuração e a evidenciação dos ativos e passivos e de suas variações patrimoniais. O Balanço Patrimonial (BP) e a Demonstração das Variações Patrimoniais (DVP) representam os principais instrumentos para refletir esse aspecto. O processo de convergência às normas internacionais de contabilidade aplicada ao setor público (CASP) visa a contribuir, primordialmente, para o desenvolvimento desse aspecto.

3) Aspecto fiscal

Compreende a apuração e evidenciação, por meio da contabilidade, dos indicadores estabelecidos pela LRF, dentre os quais se destacam os da despesa com pessoal, das operações de crédito e da dívida consolidada, além da apuração da disponibilidade de caixa, do resultado primário e do resultado nominal, a fim de que seja verificado o equilíbrio das contas públicas. O Relatório de Gestão Fiscal (RGF) e o Relatório Resumido da Execução Orçamentária (RREO) representam os principais instrumentos para evidenciar este aspecto.

As demonstrações contábeis e os relatórios fiscais têm muito em comum. Ambas estruturas de relatórios estão voltadas para ativos, passivos, receitas e despesas governamentais e informações abrangentes sobre os fluxos de caixa. Há uma considerável sobreposição entre as duas estruturas que sustentam essas informações.

No entanto, as demonstrações contábeis e as diretrizes para relatórios fiscais têm objetivos diferentes. O objetivo das demonstrações contábeis das entidades do setor público é o fornecimento de informações úteis sobre a entidade que reporta a informação, voltadas para fins de prestação de contas e responsabilização (*accountability*) e para a tomada de decisão. Os relatórios fiscais são utilizados, principalmente, para:

(a) analisar opções de política fiscal, definir essas políticas e avaliar os seus impactos;

(b) determinar o impacto sobre a economia; e

(c) comparar os resultados fiscais nacional e internacionalmente.

Dessa maneira, cabe aos responsáveis pelos serviços de contabilidade, em cada Ente da Federação, compreender os eventos e seus efeitos na evidenciação contábil e buscar, sempre que possível, o alinhamento entre essas informações, a partir do entendimento das normas e dos conceitos inerentes a cada aspecto.

4) Relacionamento do regime orçamentário com o regime contábil

Contabilidade é uma ciência cuja finalidade é produzir e prestar informações sobre o patrimônio das pessoas (físicas e jurídicas) e suas alterações a todos aqueles que, de alguma forma, dependam dela para tomar decisões.

A Ciência Contábil no Brasil vem passando por significativas transformações rumo à convergência aos padrões internacionais. O processo de evolução da Contabilidade do Setor Público deve ser analisado de forma histórica, contextualizando-o com o próprio processo de evolução das finanças públicas.

Toda organização, seja pública ou privada, para atingir seus fins, em regra, acaba por constituir um patrimônio, ou seja, um conjunto de bens, direitos e obrigações. Esse patrimônio surge como resultado das relações de cunho econômico, patrimonial e financeiro que a entidade ou ente público desenvolve. Dessa forma, para que se obtenha êxito e cumpra com a sua finalidade, busca-se, então, um resultado positivo na gestão patrimonial.

No setor privado, em regra, a gestão patrimonial visa o lucro (obter mais receitas que realizar despesas) entregando o excedente aos proprietários, enriquecendo-os. Já no setor público, a gestão patrimonial visa o atendimento das necessidades públicas, com o fim de propiciar à população o bem-estar social (saúde, educação, segurança), desenvolvimento econômico, dentre outros, ou seja, usar todos os recursos da melhor maneira possível para atender o máximo de necessidades públicas possíveis.

A finalidade da Contabilidade é produzir e prestar informações contábeis relativas ao patrimônio e a sua administração, assegurando o controle do patrimônio administrativo. Diante dos dados produzidos pela Contabilidade, o administrador deve se apoiar nestes para tomar decisões que envolvam bens, direitos e obrigações da organização, bem como para apurar os resultados positivos (lucros) ou negativos (prejuízos).

Dessa forma, como função contábil, a apuração do resultado é essencial para se determinar o desempenho de uma entidade privada ou pública. Apurar o resultado econômico significa confrontar receitas e despesas visando atingir, da melhor maneira possível, os objetivos de cada um em um período determinado, em regra, anual.

Para se apurar o resultado é necessário:

1) Definir o que é receita e o que é despesa;

2) Definir um marco temporal que determine a qual período pertence a receita e a despesa para que se possa confrontá-las.

✦ *Por exemplo:*

Um imposto foi devidamente lançado e deveria ter sido arrecadado em 2025, mas, por atraso por parte do contribuinte, só foi arrecadado em 2026. O valor desse imposto, pertence (deve ser reconhecida a receita) a qual período de apuração: 2025 ou 2026?

✦ *Um outro exemplo:*

A remuneração de um empregado de uma empresa deveria ter sido paga em novembro de 2025, mas, por falta de dinheiro, foi paga somente em 2026. O valor dessa remuneração paga pertence (deve ser reconhecida a despesa) a qual período de apuração, 2025 ou 2026?

Para essa apuração, sob o ponto de vista contábil, existem dois regimes básicos:

1) Regime de caixa

Esse regime de apuração considera a efetiva entrada e saída de recursos financeiros. No regime de caixa, tanto a receita quanto as despesas dos exemplos acima pertenceriam ao período de apuração de 2026, afinal foi neste período que houve a efetiva entrada (Receita) e saída (Despesa) de recursos.

2) Regime de competência

Este regime de apuração define a receita como variação positiva do Patrimônio Líquido (Variações Patrimoniais Aumentativas) e a despesa como variação negativa do Patrimônio Líquido (Variações Patrimoniais Diminutivas), independentemente de entrada ou saída de recursos financeiros, ou seja, independentemente de efetivos recebimentos e pagamentos.

Patrimônio Líquido (PL) é o resultado da subtração entre a parte positiva do patrimônio (bens e direitos) e a negativa (as obrigações). Em outras palavras, é o resíduo, o que "sobra" (em valor), depois de somados todos os bens e direitos, subtraindo as obrigações exigíveis. É a parcela de bens e direitos que ficaria com o proprietário caso a empresa fosse extinta, pois, caso isso ocorresse, seriam liquidados todos os seus bens e direitos e, após serem pagas todas as obrigações exigíveis, o restante lhe seria entregue.

Ativo = Passivo Exigível + PL

Assim, PL = Ativo – Passivo Exigível.

Veja que, pelo regime de competência, ao se registrar o tributo a receber do contribuinte (2025), surge um direito do ente federativo contra esse contribuinte. Esse direito é um elemento patrimonial que compõe o Ativo, fazendo-o aumentar. Assim, esse aumento gera um reflexo positivo no PL, gerando, então, a receita, mesmo sem haver a arrecadação do recurso. Logo, sob esse regime, a receita desse tributo seria considerada pertencente ao exercício de 2025.

Isso vale para qualquer fato que faça aumentar o PL, como a doação de um terreno (que aumenta o Ativo) ou o perdão de uma dívida (que reduz o Passivo Exigível).

Já no caso da remuneração não paga, quando o servidor termina o mês regularmente trabalhado, surge para ele um direito contra a entidade. Veja que um direito do empregado é também uma obrigação da entidade. O conjunto de obrigações (Passivo Exigível) é o elemento negativo na equação patrimonial. Quando se registra a obrigação (ao final de cada mês), aumenta-se o Passivo Exigível, reduzindo o PL e gerando despesa em 2025, mesmo sem a saída efetiva dos recursos financeiros.

Isso vale para qualquer fato que faça reduzir o PL, como o furto de um automóvel da organização (que reduz o Ativo) ou a penalização com uma multa a ser paga no futuro (que aumenta o Passivo Exigível).

No Setor Público, algumas denominações foram padronizadas. Essas variações patrimoniais são definidas como:

- Variações Patrimoniais Aumentativas (VPA): correspondem a aumentos na situação patrimonial líquida (Patrimônio Líquido) da entidade. São as receitas.
- Variações Patrimoniais Diminutivas (VPD): correspondem às diminuições na situação patrimonial líquida (Patrimônio Líquido) da entidade. São as despesas.

Importante:

O Conselho Federal de Contabilidade determina a adoção do regime de competência patrimonial como padrão, tanto para entes públicos, quanto para entes privados.

Entendidas as formas de regime sob o aspecto contábil, faz-se necessário compreender agora o aspecto orçamentário público. A função do Estado é garantir a paz social. Para tanto, dentre outras atividades, cabe ao Estado atender as necessidades públicas (saúde, educação, estabilidade, segurança, etc.). Como a demanda por recursos cresce conforme surgem as necessidades sociais e, por consequência, necessita-se de estrutura adequada para desenvolver as atividades estatais, as quais se tornam cada vez mais complexas, torna-se imprescindível para o Estado bem gerir as receitas que têm para que possa maximizar a sua aplicação, buscando o máximo de eficiência, eficácia e efetividade.

Visando realizar esse gerenciamento, é indispensável a utilização de uma ferramenta que auxilie o gestor público no planejamento e controle de todas as atividades relacionadas à captação de recursos, receita pública, e seu dispêndio, despesa pública. O conjunto de ações voltadas para essa atividade é denominada Atividade Financeira do Estado – AFE, que consiste em obter e aplicar o dinheiro indispensável às necessidades cuja satisfação está sob sua responsabilidade. De forma ampla, em razão da complexidade das relações sociais e do consequente papel do Estado, a Atividade Financeira do Estado, em sua maior parte, compreende o desenvolvimento das atividades políticas, sociais, econômicas e administrativas, que constituem sua finalidade precípua.

O instrumento que viabiliza o gerenciamento dessa atividade é o Orçamento Público. O Orçamento Público se constitui em instrumento legal que estabelece as possibilidades de despesas do Poder Público, com base em estimativa de receita.

Diante desse cenário extremamente complexo, visando viabilizar a atividade financeira do Estado, com a finalidade de atender suas especificidades, faz-se necessário um regime de execução "paralelo" ao regime patrimonial, denominado regime orçamentário, em que o reconhecimento de receita e despesa ocorrem de forma diversa do regime patrimonial.

O regime orçamentário está ancorado no art. 35 da Lei nº 4.320/64.

O primeiro marco histórico no processo de evolução da Contabilidade do Setor Público no Brasil foi a edição da Lei nº 4.320/1964, esta estabeleceu importantes regras para propiciar o controle das finanças públicas, bem como a construção de uma administração financeira e contábil sólida no País, tendo como principal instrumento o Orçamento Público.

Desse modo, o Orçamento Público ganhou significativa importância no Brasil. Como consequência, as normas relativas a registros e demonstrações contábeis, vigentes até hoje, acabaram por dar enfoque, sobretudo, aos conceitos orçamentários, em detrimento da evidenciação dos aspectos patrimoniais.

Vejamos o art. 35 da referida lei:

Lei nº 4.320/64

Art. 35. Pertencem ao exercício financeiro:

I - as receitas nele arrecadadas;

II - as despesas nele legalmente empenhadas.

O art. 35 se refere ao regime orçamentário. Esse regime tem parâmetros diversos do regime patrimonial para o reconhecimento da receita e da despesa; nesse dispositivo fica estabelecido que pertencem ao exercício financeiro:

- As receitas nele arrecadadas;

  É o estágio em que as pessoas, físicas ou jurídicas, entregam os recursos financeiros aos agentes arrecadadores, tais como bancos, lotéricas, etc.

  Nesse momento os valores ainda não foram disponibilizados para o ente público, pois estão na posse do agente arrecadador, porém, é nesse momento que se deve processar o lançamento orçamentário dessa receita.

  Assim, uma receita prevista e lançada para recebimento em 2025, mas que somente é arrecadada em 2026, será registrada como pertencente ao exercício de 2026. Sob o aspecto orçamentário, considera-se a receita na arrecadação, a qual representa a adoção do regime de caixa para o ingresso das receitas públicas.

- As despesas nele legalmente empenhadas.

  Tecnicamente, pode-se definir o empenho como uma reserva de dotação prevista no Orçamento para fazer frente a uma despesa específica. É o comprometimento de determinada dotação orçamentária como forma de garantia de futuro pagamento ao credor da Administração Pública. É, em realidade, um instrumento de programação financeira que permite ao Estado ter o controle do montante referente aos compromissos já assumidos e, por consequência, o montante das dotações ainda não utilizadas, pois, segundo o art. 60 da Lei nº 4.320/64, "é vedada a realização de despesa sem prévio empenho."

Veja que não há a necessidade de efetivo pagamento para que uma despesa seja considerada realizada, bastando o empenho. Assim, uma despesa empenhada em 2025 e paga em 2026, será considerada pertencente ao ano de 2025. Sob o aspecto orçamentário, isso representa a adoção do regime de competência para as despesas públicas tendo como marco de realização o empenho.

> ▶ **ATENÇÃO:**
>
> Diante do exposto, o regime orçamentário é considerado misto, ou seja, as receitas são reconhecidas no regime de caixa (arrecadação) e as despesas, no regime de competência (empenho).

Para a gestão do setor público, utiliza-se o Regime da Contabilidade Aplicada ao Setor Público composto pelo regime orçamentário e regime patrimonial.

Conforme o Manual de Contabilidade Aplicada ao Setor Público, a contabilidade aplicada ao setor público deve manter um processo de registro apto para sustentar o dispositivo legal do regime da receita orçamentária, de forma que atenda a todas as demandas de informações da execução orçamentária, conforme dispõe o art. 35 da Lei nº 4.320/1964.

> **Lei 4.320/64**
>
> Título IX – Da Contabilidade [...]
>
> Art. 85. Os serviços de contabilidade serão organizados de forma a permitirem o acompanhamento da execução orçamentária, o conhecimento da composição patrimonial, a determinação dos custos dos serviços industriais, o levantamento dos balanços gerais, a análise e a interpretação dos resultados econômicos e financeiros. [...]
>
> Art. 89. A contabilidade evidenciará os fatos ligados à administração orçamentária, financeira, patrimonial e industrial. [...]
>
> Art. 100. As alterações da situação líquida patrimonial, que abrangem os resultados da execução orçamentária, bem como as variações independentes dessa execução e as superveniências e insubsistências ativas e passivas, constituirão elementos da conta patrimonial. [...]
>
> Art. 104. A Demonstração das Variações Patrimoniais evidenciará as alterações verificadas no patrimônio, resultantes ou independentes da execução orçamentária, e indicará o resultado patrimonial do exercício.

Observa-se nos artigos da lei transcritos acima que, além do registro dos fatos ligados à execução orçamentária, deve-se proceder à evidenciação dos fatos ligados à administração financeira e patrimonial, de maneira que os fatos modificativos (variações patrimoniais ativas e passivas) sejam levados à conta de resultado e que as informações contábeis permitam o conhecimento da composição patrimonial e dos resultados econômicos e financeiros de determinado exercício.

Nesse sentido, a contabilidade deve evidenciar, tempestivamente, os fatos ligados à administração orçamentária, financeira e patrimonial, gerando informações que permitam o conhecimento da composição patrimonial e dos resultados econômicos e financeiros.

Resumindo, no que concerne à receita, o reconhecimento será:

- **Regime orçamentário:** Arrecadação.
- **Regime contábil:** Variação patrimonial ativa.

4. ETAPAS DA RECEITA ORÇAMENTÁRIA

A obtenção de receita orçamentária por parte do Estado é um processo complexo que pode ser dividido. Segundo o Manual Técnico de Orçamento 2019, estas etapas seguem a ordem de ocorrência dos fenômenos econômicos, considerando o modelo de orçamento existente no país e a tecnologia utilizada.

O estágio da receita orçamentária evidencia o comportamento da receita, o que facilita o conhecimento e a gestão dos ingressos de recursos.

Este processo de obtenção de receitas orçamentárias pode ser visualizado em quatro estágios: previsão, lançamento, arrecadação e recolhimento, sendo os três últimos denominados como estágios de execução da receita.

Assim, segundo o Manual Técnico de Orçamento 2019, tem-se a seguinte divisão:

Dessa forma, a ordem sistemática se inicia com a etapa de previsão e termina com a de recolhimento. Porém, os estágios da receita são processos que levam à realização da receita em si e ocorrerão conforme as características de cada receita, tanto que existirão receitas que não passarão pelos estágios de previsão e lançamento, mas mesmo assim serão arrecadadas e recolhidas. Vejamos cada um deles a seguir.

Fique atento que, enquanto etapa da despesa, a previsão, por vezes não considerada como legalmente estabelecida pelas bancas. Deve-se então, ficar atento ao contexto da questão.

4.1. Planejamento (previsão, projeção)

Compreende a previsão de arrecadação da receita orçamentária constante no PLOA (Projeto de Lei Orçamentária Anual) que é encaminhado ao Poder Legislativo, resultante de metodologias de projeção usualmente adotadas, observadas as disposições constantes na Lei de Responsabilidade Fiscal (LRF).

Como é da natureza da previsão, sempre existirá desconformidade entre aquilo que foi previsto e aquilo que é efetivamente arrecadado, assim, tal procedimento é feito para servir de parâmetro. Porém, mesmo entendendo que é da natureza da previsão existir desconformidades, esta previsão deve ser feita com total responsabilidade, utilizando-se de métodos eficientes e eficazes de projeção e observando as disposições constantes na Lei de Responsabilidade Fiscal – LRF, afinal a previsão servirá de parâmetro para a fixação da despesa, e por isso a antecede.

É importante ressaltar que nem toda receita pública é prevista, tal como a receita advinda de um tributo criado após a elaboração do PLOA ou, ainda, uma doação em dinheiro. Porém, mesmo não constando na LOA, tais receitas são consideradas orçamentárias.

Com relação à previsão legal, vale aqui abordar alguns detalhes sobre os principais elementos que envolvem a metodologia de projeção conforme previsão dos arts. 29 e 30 da Lei nº 4.320/64.

> **Art. 29** – Caberá aos órgãos de contabilidade ou de arrecadação organizar demonstrações mensais da receita arrecadada, segundo as rubricas, para servirem de base a estimativa da receita, na proposta orçamentária.
>
> **Parágrafo único** – Quando houver órgão central de orçamento, essas demonstrações ser-lhe-ão remetidas mensalmente.
>
> **Art. 30** – A estimativa da receita terá por base as demonstrações a que se refere o artigo anterior à arrecadação dos três últimos exercícios, pelo menos bem como as circunstâncias de ordem conjuntural e outras, que possam afetar a produtividade de cada fonte de receita.

Já que a previsão implica planejar e estimar a arrecadação das receitas orçamentárias que constarão na proposta orçamentária, segundo o Princípio da Legalidade, isso deverá ser realizado em conformidade com as normas técnicas e legais correlatas e, em especial, com as disposições constantes na LRF. Sobre o assunto, vale citar o art. 12 da referida norma:

> **Art. 12.** As previsões de receita observarão as normas técnicas e legais, considerarão os efeitos das alterações na legislação, da variação do índice de preços, do crescimento econômico ou de qualquer outro fator relevante e serão acompanhadas de demonstrativo de sua evolução nos últimos três anos, da projeção para os dois seguintes àquele a que se referirem, e da metodologia de cálculo e premissas utilizadas.

Interpretando a LRF, tem-se: Projeção = Base de Cálculo x (índice de preço) x (índice de quantidade) x (efeito legislação).

Analisemos o mandamento legal:

> "Art. 30. A estimativa da receita terá por base as demonstrações a que se refere o artigo anterior à arrecadação dos três últimos exercícios, pelo menos..."

- **Projeção (Estimativa)**

É o valor a ser projetado para uma determinada receita, de forma mensal para atender à execução orçamentária, cuja programação é feita mensalmente.

Seguindo um modelo incremental, na previsão da receita para o exercício subsequente, é utilizado um valor como base de cálculo. Este valor é obtido com base na receita arrecada em exercícios anteriores, aplicando-se fatores de multiplicação que leva em conta os fatores como taxa de inflação e crescimento do PIB, variações de produção e efeito da legislação na arrecadação.

- **Base de cálculo**

É obtida por meio da série histórica de arrecadação da receita e dependerá do seu comportamento mensal. A base de cálculo pode ser:

1) A arrecadação de cada mês (arrecadação mensal) do ano anterior;
2) A média de arrecadação mensal do ano anterior (arrecadação anual do ano anterior dividido por doze);
3) A média de arrecadação mensal dos últimos doze meses ou média móvel dos últimos doze meses (arrecadação total dos últimos doze meses dividido por doze);
4) A média trimestral de arrecadação ao longo de cada trimestre do ano anterior;
5) A média de arrecadação dos últimos meses do exercício.

A lei cita um número mínimo de exercícios anteriores que devem ter seus valores inseridos nessa série histórica para o cálculo do valor que servirá como base dessa previsão, sendo neste caso: três exercícios anteriores. Porém, nada impede que sejam utilizados os valores de mais exercícios, desde que esta inserção efetivamente contribua para que a previsão se aproxime o máximo próxima possível do que efetivamente será arrecadado.

> **Lei nº 4.320/1964:**
>
> **Art. 30** [...] bem como as circunstâncias de ordem conjuntural e outras, que possam afetar a produtividade de cada fonte de receita.

A conjuntura local, nacional e mundial deve ser sempre considerada no momento em que for realizada qualquer tipo de previsão. No caso da receita pública, muitos são os fatores que podem influenciar no montante que se espera arrecadar, tais como: crises econômicas, projeção de crescimento da economia, projeção para o crescimento do PIB, índices de inflação, taxas de juros, alterações na legislação tributária, dentre outros aspectos influenciadores.

- **Índice de preços**

É o índice que fornece a variação média dos preços de uma determinada cesta de produtos (inflação). Existem diversos índices de preços nacionais ou mesmo regionais, tais como o IGP-DI, o INPC, o IPCA. Existe também, como referenciais a variação cambial, a taxa de juros, a variação da taxa de juros, dentre outros. Esses índices são divulgados mensalmente por órgãos oficiais, como: IBGE, Fundação Getúlio Vargas e Banco Central, sendo utilizados pelo Governo Central para projeção de índices futuros.

- **Índice de quantidade**

É o índice que fornece a projeção da variação média na quantidade de produção de seguimentos da economia. Está relacionado à variação física de fatores de produção. Como exemplos, cita-se o Produto Interno Bruto Real do Brasil – PIB real; o crescimento real das importações ou das exportações, dentre outros.

- **Efeito legislação**

Considera a mudança na alíquota ou na base de cálculo de alguma receita, em geral, tarifas públicas e receitas tributárias, decorrentes de ajustes na legislação ou nos contratos públicos. Por exemplo, se uma taxa de polícia aumentar a sua alíquota em 30%, decorrente de alteração na legislação, deve-se considerar este aumento como efeito da legislação, o qual será parte integrante da projeção da taxa para o ano seguinte. Deve-se verificar, nesses casos, se o aumento obedecerá ou não o Princípio da Anterioridade, estabelecido na Constituição Federal, art. 150, inciso III, alínea b.

Vale lembrar que a Lei de Diretrizes Orçamentárias também dispõe sobre as alterações na legislação tributária.

4.2. Execução da Receita

4.2.1. *Lançamento*

Segundo o art. 53 da Lei nº 4.320/64, o lançamento da receita é ato da repartição competente, que verifica a procedência do crédito fiscal e a pessoa que lhe é devedora, inscrevendo o débito desta.

Segundo o art. 52 da lei 4.320/64, são objeto de lançamento os impostos diretos e quaisquer outras rendas com vencimento determinado em lei, regulamento ou contrato. Dessa forma, as receitas que não possuírem essas características não passarão por esse estágio. No que se refere às receitas de natureza tributária, segundo o Código Tributário Nacional, CTN, lançamento é o estágio da receita orçamentária que se caracteriza por um procedimento administrativo tendente a verificar a ocorrência do fato gerador da obrigação correspondente, determinar a matéria tributável, calcular o montante do tributo devido, identificar o sujeito passivo e, sendo o caso, propor a aplicação da penalidade cabível.

É um estágio meramente administrativo e ocorrerá principalmente em relação às receitas de natureza tributárias.

Porém, a lei só se refere a um tipo de lançamento, o lançamento direto ou de ofício, existindo ainda outros dois. Para que se possa verificar esta diferenciação, basta entender que o lançamento é um estágio de levantamento de informações e a forma como esta informação é obtida e é determinada pelas características do tipo de receita que, por sua vez, determina o tipo de lançamento adequado ao caso, sendo estes:

- **Lançamento de ofício ou direto**

É o chamado lançamento fiscal, neste tipo de lançamento a iniciativa compete ao fisco que tomará todas as medidas cabíveis para fazer com que o contribuinte pague o valor devido, tal como a identificação do sujeito passivo da relação tributária, a verificação do fato gerador, a apuração do valor, etc.

- **Lançamento por declaração ou misto**

Este tipo de lançamento é feito pelo órgão fazendário com auxílio do sujeito passivo ou de terceira pessoa obrigada por lei, pois a Administração depende da prestação destas informações para a efetivação do lançamento. Exemplo: ITR.

- **Lançamento por homologação, indireto ou auto lançamento**

É o lançamento feito pelo próprio contribuinte, o qual toma iniciativa de todos os procedimentos necessários ao pagamento do tributo. A validade de tal procedimento está sujeita a homologação posterior por parte da administração. Exemplo: IPI, ICMS.

4.2.2. *Arrecadação*

É o estágio em que as pessoas, físicas ou jurídicas, entregam os recursos financeiros aos agentes arrecadadores, tais como bancos, lotéricas, etc.

Nesse momento os valores ainda não foram disponibilizados para o ente público, pois estão na posse do agente arrecadador, porém sob o prisma orçamentário, é neste momento que se deve processar o reconhecimento dessa receita no exercício em que ocorrer.

4.2.3. *Recolhimento*

É o estágio da receita em que o agente arrecadador transfere os recursos arrecadados junto à conta única do tesouro, no caso da União à Conta Única do Tesouro Nacional. Podemos, então, concluir que o que difere este estágio com o da arrecadação é a posse do recurso que, após o recolhimento, será efetivamente do ente público.

Tal procedimento é de observância obrigatória em função do que prevê o § 3º do art. 165 da Constituição Federal e o art. 56 da Lei nº 4.320/64, os quais determinam a observância ao Princípio da Unidade de Caixa.

> **Lei nº 4.320/64**
>
> **Art. 56** – O recolhimento de todas as receitas far-se-á em estrita observância ao princípio de unidade de tesouraria, vedada qualquer fragmentação para criação de caixas especiais.
>
> **Constituição federal**
>
> **Art. 165** – (...)
>
> (...)
>
> § 3º – As disponibilidades de caixa da União serão depositadas no banco central; as dos Estados, do Distrito Federal, dos Municípios e dos órgãos

ou entidades do Poder Público e das empresas por ele controladas, em instituições financeiras oficiais, ressalvados os casos previstos em lei.

Dependendo da sistematização dos processos dos estágios da arrecadação e do recolhimento, no momento da classificação da receita deverão ser compatibilizadas as arrecadações classificadas com o recolhimento efetivado.

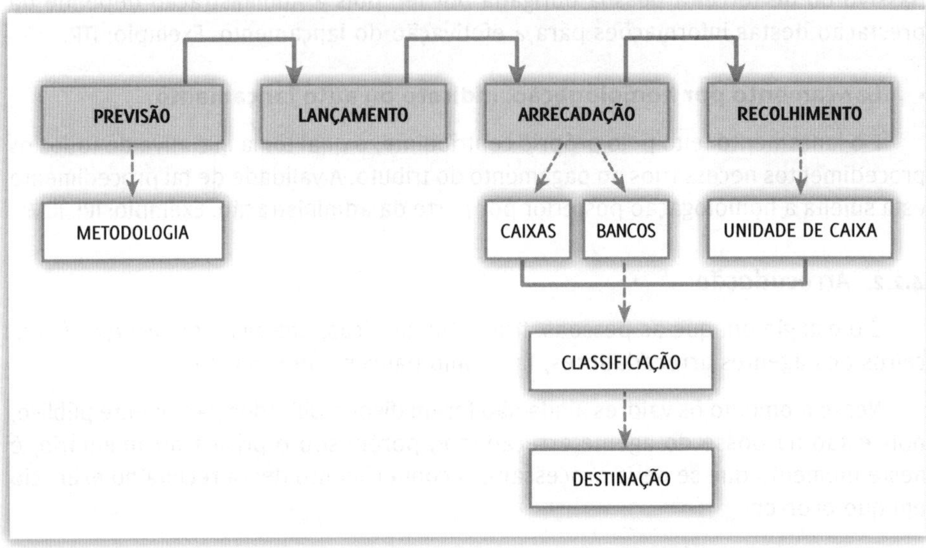

5. CLASSIFICAÇÃO DA RECEITA

Entender as fontes de recursos é essencial para o devido gerenciamento do orçamento dos recursos públicos. Para tanto, importante se faz classificar a receita para que se possa entender os aspectos relevantes e necessários ao planejamento e gerenciamento das fontes de recursos que financiam as despesas públicas.

Vejamos, então, quais os principais aspectos a serem considerados.

5.1. Classificação quanto à possibilidade de servir de fontes de recursos para atender despesas públicas

1) Orçamentárias (não devolutivas)

Segundo Valdecir Pascoal (2009)[4],receitas orçamentárias são recursos que decorrem da lei orçamentária ou de Créditos Adicionais. Porém, apesar de haver a necessidade de fazer essa previsão, esta serve somente de parâmetro para fixação

4. PASCOAL, Valdecir. **Direito Financeiro e Controle Externo**. 7. ed. Rio de Janeiro: Editora Forense, 2009.

da despesa, pois haverá receitas que não foram previstas na LOA e que, mesmo assim, serão consideradas orçamentárias.

> ▸ § OBSERVAÇÃO:
>
> Fique atento porque a LOA não cria recursos, ela somente prevê sua arrecadação.

Receitas orçamentárias são recursos que se destinam à realização de despesas públicas. A própria Lei nº 4.320/64 em seu art. 57 corrobora com o entendimento ora apresentado, quando classifica como orçamentárias também as receitas não previstas no orçamento.

Lei nº 4.320/64

> **Art. 57.** Ressalvado o disposto no parágrafo único do artigo 3º desta lei serão classificadas como receita orçamentária, sob as rubricas próprias, todas as receitas arrecadadas, inclusive as provenientes de operações de crédito, ainda que não previstas no Orçamento.

Segundo o Manual de Contabilidade Aplicada ao Setor Público – 7ª Edição (válido a partir de 2017)[5], são disponibilidades de recursos financeiros que ingressam durante o exercício e que aumentam o saldo financeiro da instituição. Instrumento por meio do qual se viabiliza a execução das políticas públicas, as receitas orçamentárias são fontes de recursos utilizadas pelo Estado em programas e ações cuja finalidade precípua é atender às necessidades públicas e demandas da sociedade. Essas receitas pertencem ao Estado, transitam pelo patrimônio do Poder Público e, via de regra, por força do princípio orçamentário da universalidade, e estão previstas na Lei Orçamentária Anual – LOA.

✦ *Exemplo: impostos, taxas, contribuições, operações de crédito, alienação de bens, receitas de serviço, receitas patrimoniais, doações, indenizações judiciais ou não, excesso de arrecadação, multas, confiscos, receitas de concessões e permissões do direito de exploração de serviços públicos, cessão de direitos, ganho com alienação de bens imóveis, juros e outros rendimentos, etc.*

A regra para definição de uma receita como orçamentária é simples: se puder ser utilizada para custear despesas públicas, a receita é orçamentária.

2) Extra orçamentárias (devolutivas)

São recursos que não serão destinados ao atendimento de despesas públicas por, em regra, ter caráter transitório. Essas receitas podem ou não representar entrada de recursos financeiros.

---

5. BRASIL. Ministério da Fazenda. **Manual de Contabilidade Aplicada ao Setor Público.** 2017. Disponível em: <http://www.tesouro.fazenda.gov.br/documents/10180/456785/MCASP+7%C2%AA%20edi%C3%A7%C3%A3o+Vers%C3%A3o+Final.pdf/6e874adb-44d7-490c-8967-b0acd3923f6d>. Acesso em: 02 ago. 2018.

São Ingressos extraorçamentários, como recursos financeiros que apresentam caráter temporário e não integram a LOA. O Estado é mero depositário desses recursos, que constituem passivos exigíveis e cujas restituições não se sujeitam à autorização legislativa. Exemplos: Depósitos em Caução, Fianças, Operações de Crédito por ARO (Antecipação de Receita Orçamentária), emissão de moeda e outras entradas compensatórias no Ativo e passivo financeiros. Os depósitos, cauções e fianças recolhidos ao Tesouro são espécies de movimento de caixa.

A inscrição em Restos a Pagar é registrada como receita extraorçamentária para compensar sua inclusão na despesa orçamentária.

São exemplos de receita extra orçamentária:

- **Consignações em folha de pagamento;**
- **Caução recebida em dinheiro.**

São recursos financeiros recebidos em função de prestação de garantias, como as previstas no art. 56 da Lei nº 8.666/93.

> **Art. 56** – A critério da autoridade competente, em cada caso, e desde que prevista no instrumento convocatório, poderá ser exigida prestação de garantia nas contratações de obras, serviços e compras.

- **Operações de crédito por antecipação de Receita Orçamentária (ARO)**

É a entrada de recursos referente à antecipação de receita orçamentária, essa antecipação deve ter uma finalidade especificada, qual seja, a destinação para a cobertura momentânea de insuficiência de caixa, ou seja, débitos de tesouraria. Nesse caso, o ente federativo, normalmente o município, antecipa, junto às instituições financeiras, parte de suas receitas orçamentárias previstas para serem arrecadadas naquele exercício financeiro, mas em meses subsequentes.

Embora possa haver autorização para abertura desse tipo de crédito na LOA, essa entrada de recurso será sempre uma receita extra orçamentária, isso porque não passa de uma mera antecipação de recursos que já são originalmente orçamentários e que entrarão nos cofres públicos em meses subsequentes, assim, se este aporte também fosse considerado orçamentário, haveria uma dupla contagem.

É importante citar que somente essa modalidade de operação de crédito se configura receita extraorçamentária, sendo as demais orçamentárias.

- **Retenções em folha de pagamento**
- **Inscrição em restos a pagar**
- **Superávit do orçamento corrente**

É controversa a inclusão do superávit do orçamento corrente (SOC) entre as receitas extraorçamentárias, isso em função da interpretação dada aos §§ 2º e 3º do art. 11 da Lei nº 4.320/64, abaixo transcrito.

> **Lei nº 4.320/64**
>
> **Art. 11...**
>
> (...)
>
> § 2º - São Receitas de Capital as provenientes da realização de recursos financeiros oriundos de constituição de dívidas; da conversão, em espécie, de bens e direitos; os recursos recebidos de outras pessoas de direito público ou privado, destinados a atender despesas classificáveis em Despesas de Capital e, ainda, o superávit do Orçamento Corrente.
>
> § 3º – O superávit do Orçamento Corrente resultante do balanceamento dos totais das receitas e despesas correntes, apurado na demonstração a que se refere o Anexo nº 1, não constituirá item de receita orçamentária.

Segundo o § 3º do art. 11 da Lei nº 4.320/64 o SOC não poderá ser considerado receita orçamentária, afinal, por ocasião de sua arrecadação ele já foi assim considerado, e um novo reconhecimento implicaria em dupla contagem.

Porém, para alguns doutrinadores, não ser orçamentária não significa ser extraorçamentária, para eles, este superávit nada mais é que um saldo financeiro gerado pelo resultado positivo do balanceamento entre receitas e despesas correntes, ou seja, o resultado positivo do orçamento corrente.

Esse entendimento é corroborado pelo § 2º do mesmo artigo, afinal esse dispositivo determina inclusão do COC entre as receitas de Capital. Se é receita de Capital, deveria ser orçamentária.

Essa aparente contradição reforça a ideia de que esse procedimento nada mais é que uma "jogada" contábil/orçamentária para permitir um melhor controle e aproveitamento desse tipo de receita.

5.2. Classificação quanto à categoria econômica ou origem (econômico-legal)

Esta classificação demonstra a origem dos recursos e o impacto da receita, legal e economicamente. Segundo a Lei nº 4.320/64, as receitas orçamentárias são classificadas em dois grandes grupos ou categorias econômicas: Receitas Correntes e Receitas de Capital (art. 11, da Lei nº 4.320/64). A classificação da receita por origem permite fazer o detalhamento das subcategorias econômicas.

5.2.1. *Receita Corrente*

Segundo o MTO 2018, estas receitas são arrecadadas dentro do exercício, aumentam as disponibilidades financeiras do Estado, em geral com efeito positivo sobre o Patrimônio Líquido, e constituem instrumento para financiar os objetivos definidos nos programas e ações correspondentes às políticas públicas.

Vejamos cada uma das fontes:

1) Tributária

São receitas derivadas, advindas do poder de império do Estado. O art. 3º do Código Tributário Nacional (CTN) define tributo da seguinte forma:

> **Lei nº 5.172/66 (CTN)**
>
> **Art. 3º.** Tributo é toda prestação pecuniária compulsória, em moeda ou cujo valor nela se possa exprimir, que não constitua sanção de ato ilícito, instituída em lei e cobrada mediante atividade administrativa plenamente vinculada.

É importante ressaltar que a classificação orçamentária, diferente da tributária, segue a Lei nº 4.320/64, que considera somente as três espécies tributárias constantes do Código Tributário Nacional, ou seja, impostos, taxas e contribuições de melhoria.

> **Lei nº 4.320/64**
>
> **Art. 5º** – Os tributos são impostos, taxas e contribuições de melhoria.

Fique atento, pois a importância auferida pela União em decorrência da cobrança do imposto sobre operações de crédito, câmbio, seguro, ou relativas a títulos ou valores mobiliários (IOF) é considerada receita corrente.

1.1) Impostos

Conforme art. 16 do Código Tributário Nacional, imposto é o tributo cuja obrigação tem por fato gerador uma situação independentemente de qualquer atividade estatal específica, relativa ao contribuinte.

1.2) Taxas

De acordo com o art. 77 do Código Tributário Nacional, as taxas cobradas pela União, pelos Estados, pelo Distrito Federal ou pelos Municípios, no âmbito de suas respectivas atribuições, têm como fato gerador o exercício regular do poder de polícia, ou a utilização, efetiva ou potencial, de serviço público específico e divisível, prestado ao contribuinte ou posto a sua disposição.

Segundo art. 78 do Código Tributário Nacional, considera-se poder de polícia a atividade da Administração Pública que, limitando ou disciplinando direito, interesse ou liberdade, regula a prática de ato ou abstenção de fato, em razão de interesse público concernente à segurança, à higiene, à ordem, aos costumes, à disciplina da produção e do mercado, ao exercício de atividades econômicas dependentes de concessão ou autorização do poder público, à tranquilidade pública ou ao respeito à propriedade e aos direitos individuais e coletivos.

1.3) Contribuições de Melhoria

De acordo com o art. 81 do CTN (Código Tributário Nacional), a contribuição de melhoria cobrada pela União, pelos Estados, pelo Distrito Federal ou pelos Municípios, no âmbito de suas respectivas atribuições, é instituída para fazer face ao custo de obras públicas de que decorra valorização imobiliária, tendo como limite total a despesa realizada e como limite individual o acréscimo de valor que da obra resultar para cada imóvel beneficiado.

À luz do Direito Financeiro, a contribuição de melhoria é receita derivada da espécie corrente e serve para recompor despesa de capital da espécie investimento.

Faz-se necessário citar que, para que seja legítima a cobrança desse tributo, deve haver nexo causal entre a obra pública e a valorização do imóvel.

2) Contribuições

Segundo o Manual Técnico de Orçamento 2019, reúnem-se nessa origem as contribuições não classificadas pela lei orçamentária como tributos. Apesar de haver controvérsia doutrinária sobre o tema, suas espécies podem ser assim definidas:

2.1) Contribuições Sociais

São receitas destinadas ao custeio da previdência social, saúde, educação, etc. Enquadram-se nessa categoria as contribuições que visam o custeio dos serviços sociais autônomos: Serviço Social da Indústria – SESI, Serviço Social do Comércio – SESC e Serviço Nacional de Aprendizagem Industrial – SENAI.

Importante ficar atento que tais receitas não se referem somente à seguridade social, referem-se a todas as áreas consideradas sociais.

Constituição Federal

Art. 149. Compete exclusivamente à União instituir contribuições sociais, de intervenção no domínio econômico e de interesse das categorias profissionais ou econômicas, como instrumento de sua atuação nas respectivas áreas, observado o disposto nos arts. 146, III, e 150, I e III, e sem prejuízo do previsto no art. 195, § 6º, relativamente às contribuições a que alude o dispositivo.

2.2) CIDE – Contribuições de Intervenção no Domínio Econômico

A Contribuição de Intervenção no Domínio Econômico – CIDE é a contribuição que visa um determinado setor da economia com finalidade específica e determinada. São receitas que derivam da contraprestação à atuação estatal exercida em favor de determinado grupo ou coletividade, como a CIDE – Combustíveis.

Essa intervenção se dá pela fiscalização e por atividades de fomento, como, por exemplo, desenvolvimento de pesquisas para crescimento do setor e oferecimento de linhas de crédito para expansão da produção. Um exemplo de CIDE é o Adicional sobre Tarifas de Passagens Aéreas Domésticas, voltado à suplementação tarifária de linhas aéreas regionais de passageiros, de baixo e médio potencial de tráfego.

Constituição Federal

Art. 149. Compete exclusivamente à União instituir contribuições sociais, de intervenção no domínio econômico e de interesse das categorias profissionais ou econômicas, como instrumento de sua atuação nas

> respectivas áreas, observado o disposto nos arts. 146, III, e 150, I e III, e sem prejuízo do previsto no art. 195, § 6º, relativamente às contribuições a que alude o dispositivo.

2.3) Contribuições de Interesse das categorias profissionais ou econômicas

Receitas destinadas a atender determinadas categorias profissionais ou econômicas, vinculando sua arrecadação às entidades que as instituíram. Diante disso, esses valores não transitam pelo orçamento da União.

São exemplos de entidades representativas de categorias profissionais contempladas com esse tipo de contribuição: conselho Regional de Engenharia e Arquitetura – CREA, Conselho Regional de Medicina – CRM, entre outros.

É preciso esclarecer que existe uma diferença entre as contribuições aludidas acima e as contribuições confederativas. Conforme o art. 8 da CF: é livre a associação profissional ou sindical, observado o seguinte: [...] IV – a assembleia geral fixará a contribuição que, em se tratando de categoria profissional, será descontada em folha, para custeio do sistema confederativo da representação sindical respectiva, independentemente da contribuição prevista em lei. Assim, há a previsão constitucional de uma contribuição confederativa, fixada pela assembleia geral da categoria, além da contribuição sindical, prevista em lei. A primeira não é tributo, pois será instituída pela assembleia geral e não por lei. A segunda é instituída por lei, portanto compulsória, e encontra sua regra no art. 149 da CF, possuindo, assim, natureza de tributo.

2.4) Contribuição para o custeio de serviço de iluminação pública

Contribuição criada em 2002 com a finalidade específica de custear o serviço de iluminação pública. A competência para instituição é dos Municípios e do Distrito Federal.

> **Art. 149-A** – Os Municípios e o Distrito Federal poderão instituir contribuição, na forma das respectivas leis, para o custeio do serviço de iluminação pública, observado o disposto no art. 150, I e III. 32
>
> Parágrafo único. É facultada a cobrança da contribuição a que se refere o caput, na fatura de consumo de energia elétrica.

3) Receita Patrimonial

São as receitas oriundas da exploração do patrimônio do ente público, ou seja, recursos financeiros que entram nos cofres públicos em função da exploração de bens e direitos pertencentes ao Estado. Podem ser Receitas Imobiliárias, como as receitas de aluguel, foros laudêmios, e Receitas Mobiliárias, como dividendos, juros decorrentes das aplicações de disponibilidades em opções de mercado, e outros rendimentos oriundos de renda de ativos permanentes, como juros decorrentes de aplicações financeiras feitas pelo ente público.

✦ *Exemplos:*

- *Exploração do Patrimônio Imobiliário do Estado;*
- *Valores Mobiliários;*
- *Delegação de Serviços Públicos Mediante Concessão, Permissão, Autorização ou Licença;*
- *Exploração de Recursos Naturais;*
- *Exploração do Patrimônio Intangível;*
- *Cessão de Direitos;*
- *Demais Receitas Patrimoniais.*

▶ **FIQUE ATENTO:**

A vedação de um bem ou direito não representa uma receita patrimonial, é receita de alienação. Receita patrimonial se refere à exploração do bem.

4) Receita Agropecuária

São as receitas provenientes de atividades relacionadas à agropecuária. São exemplos desse tipo de receita as advindas da agricultura, da pecuária além das atividades de beneficiamento ou transformação de produtos agropecuários em instalações existentes nas próprias propriedades.

5) Receita Industrial

São as receitas provenientes da atividade industrial, definidas como tal pela Fundação Instituto Brasileiro de Geografia e Estatística - IBGE. São exemplos de atividade industrial as advindas da construção, da transformação, dos produtos alimentícios, etc.

6) Receita de Serviços

São as receitas provenientes da atividade de prestação de serviços por parte do Estado. São exemplos desse tipo de receitas os recursos advindos do desenvolvimento pelo Estado de serviços como os financeiros, de transporte, saúde, comunicação, portuário, armazenagem, de inspeção e fiscalização, juros decorrentes da concessão de empréstimos, processamento de dados, vendas de mercadorias e produtos inerentes à atividade da entidade, outros serviços.

✦ *Exemplos:*

- *Receita de Serviços;*
- *Serviços Administrativos e Comerciais Gerais;*
- *Serviços e Atividades Referentes à Navegação e ao Transporte;*
- *Serviços e Atividades Referentes à Saúde;*

– *Serviços e Atividades Financeiros;*

– *Outros Serviços.*

Dentre as receitas de serviços, merece destaque uma de suas formas de remuneração, a tarifa, a qual é denominada por alguns como preço público.

Distinção importante traz o MTO 2019 entre Taxa e Preço Público:

Taxas são compulsórias (decorrem de lei). O que legitima o Estado a cobrar a taxa é a prestação ou a disponibilização de serviços públicos específicos e divisíveis ou o regular exercício do Poder de Polícia. A relação decorre de lei, sendo regida por normas de direito público.

Preço Público é sinônimo de tarifa, decorre da utilização de serviços facultativos que a Administração Pública, de forma direta ou por delegação (concessão ou permissão), coloca à disposição da população, que poderá escolher se os contratará ou não. São serviços prestados em decorrência de uma relação contratual regida pelo direito privado.

7) Transferência Corrente

São recursos financeiros recebidos de outras pessoas de direito público ou privado, quando destinadas a atender despesas classificáveis em Despesas Correntes.

Servem de exemplo os fundos constitucionais previstos no art. 158 da Constituição, que, para o ente que recebe, representa uma receita corrente cuja fonte é uma transferência corrente. Já para o ente que envia o recurso financeiro, essa transferência será considerada em seu orçamento como uma despesa corrente, denominada também de Transferência Corrente.

Como exemplo de Transferência Corrente, quarenta e oito por cento (48%) da arrecadação do imposto de renda e proventos de qualquer natureza e do imposto sobre produtos industrializados serão destinados:

- 21,5% ao Fundo de Participação dos Estados – FPE;
- 22,5% + 1% ao Fundo de Participação dos Municípios – FPM;
- 3,0% para aplicação em programas de financiamento ao setor produtivo das Regiões Norte, Nordeste e Centro-Oeste, através de suas instituições financeiras de caráter regional, de acordo com os planos regionais de desenvolvimento, ficando assegurada ao semiárido do Nordeste a metade dos recursos destinados à Região.

✦ *Exemplos:*

– *Transferências da União e de suas Entidades;*

– *Transferências dos Estados e do Distrito Federal e de suas Entidades;*

– *Transferências dos Municípios e de suas Entidades;*

- *Transferências de Instituições Privadas;*
- *Transferências de Outras Instituições Públicas;*
- *Transferências do Exterior;*
- *Transferências de Pessoas Físicas;*
- *Transferências Provenientes de Depósitos Não Identificados.*

8) Outras Receitas Correntes

São os ingressos provenientes de outras origens não classificáveis nas subcategorias econômicas anteriores como recebimento de dívida ativa, receitas de doações, receitas de restituições, receitas de juros de mora.

> ▸ **OBSERVAÇÃO:**
>
> Os juros recebidos merecem um cuidado especial no momento de classificá-lo dentre as fontes de receitas correntes. É certo que ele sempre será receita corrente, mas, a depender de sua natureza, ele poderá ser de fontes distintas. Vamos a elas:

- Juros decorrentes de aplicações financeiras: receita patrimonial;
- Juros de empréstimos: receitas de serviços;
- Juros de mora: outras receitas correntes.

✦ *Exemplos:*

- *Multas Administrativas, Contratuais e Judiciais;*
- *Indenizações, Restituições e Ressarcimentos;*
- *Bens, Direitos e Valores Incorporados ao Patrimônio Público;*
- *Demais Receitas Correntes.*

5.2.2. *Receita de Capital*

Segundo o MTO 2019, são receitas que aumentam as disponibilidades financeiras do Estado. Porém, de forma diversa das Receitas Correntes, as Receitas de Capital não provocam, em regra, efeito sobre o Patrimônio Líquido. De acordo com o § 2º do art. 11 da Lei nº 4.320/64, são Receitas de Capital as provenientes da realização de recursos financeiros oriundos de constituição de dívidas; da conversão, em espécie, de bens e direitos; os recursos recebidos de outras pessoas de direito público ou privado, destinados a atender despesas classificáveis em Despesas de Capital e, ainda, o Superávit do Orçamento Corrente.

Vejamos cada uma das fontes:

1) Constituição de dívida (Operações de Crédito)

São os recursos obtidos em função das operações de crédito por meio de empréstimo ou financiamentos obtidos, ou seja, a captação de recursos junto a terceiros com o compromisso de pagamento no futuro. Tais captações têm o objetivo de financiar o desequilíbrio orçamentário, sendo fonte de recursos, em regra, para despesas de capital, como obras, investimento, ou rolagem de dívidas anteriores.

A LRF traz um sentido mais amplo para o termo operações de crédito, segundo este mandamento operações de crédito são compromissos financeiros assumidos em razão de mútuo, abertura de crédito, emissão e aceite de título, aquisição financiada de bens, recebimento antecipado de valores provenientes da venda a termo de bens e serviços, arrendamento mercantil e outras operações assemelhadas, inclusive com o uso de derivativos financeiros.

No sentido da Lei nº 4.320/64, operações de créditos são receitas orçamentárias, ao contrário das operações de crédito para antecipação de receita orçamentária (ARO) que são extraorçamentárias e servem para cobrir, momentaneamente, insuficiência de caixa, ou seja, débitos de tesouraria.

Dentre estas receitas estará também a oriunda de empréstimo compulsório que, mesmo sendo uma receita tributária, se configura uma receita de capital. Os empréstimos compulsórios são considerados de natureza tributária por boa parte da doutrina e jurisprudência, estando o produto de sua arrecadação vinculado à despesa que lhe fundamentou a instituição. Dependendo de sua modalidade, estarão ou não sujeitos ao Princípio da Anterioridade.

No caso de investimento público de caráter urgente e de relevante interesse nacional, deverá ser observado o princípio tributário da Anterioridade. Já em casos para atender despesas extraordinárias, decorrentes de guerra externa ou sua iminência ou calamidade pública, não há a necessidade de observar tal princípio.

2) Alienação de bens e direitos (conversão em espécies de bens e direitos)

São as receitas provenientes da alienação de componentes do Ativo permanente, como a venda de bens, privatizações, etc.

Sendo uma receita de capital, em regra, o produto da alienação de bens e direitos não deveria financiar despesas correntes. Porém, o art. 43 da LRF admite alienação de bens e direitos para o financiamento de despesas correntes, desde que a alienação do bem seja destinada por lei aos regimes de previdência social, geral e próprio dos servidores públicos.

> **Art. 44** – É vedada a aplicação da receita de capital derivada da alienação de bens e direitos que integram o patrimônio público para o financiamento de despesa corrente, salvo se destinada por lei aos regimes de previdência social, geral e próprio dos servidores públicos.

3) Amortização de Empréstimos

São recursos que entram nos cofres públicos em função de amortizações de empréstimos feitos para outras pessoas, ou seja, são as pessoas que devem ao ente público pagando a parte principal do que lhes foi emprestado. São parcelas de empréstimos concedidos, seja qual forma tenha.

Importante ficar atento em questões de prova com os termos utilizados, a fim de identificar se a dívida que está sendo amortizada é referente a empréstimos concedidos, pois, neste caso é receita de capital, do contrário, se viesse a se referir a empréstimos capitados, neste caso seria despesa de capital. Dessa forma, temos as seguintes situações:

- **Empréstimos concedidos:**
  - Despesa de Capital (inversões financeiras) na entrega do valor emprestado ao devedor.
  - Receita de capital (amortização de empréstimos) pelo recebimento do principal e receita corrente (de serviços) pelos juros referentes ao mesmo empréstimo.
- **Empréstimos obtidos:**
  - Receita de Capital pelo recebimento do valor emprestado pelo credor.
  - Despesa de Capital, pelo pagamento do principal, e despesa corrente, pelos juros referentes ao mesmo empréstimo.

Normalmente, se a questão não deixar clara que a amortização se refere à operação de crédito concedida ou obtida, esta será tratada como "amortização da dívida" e aquela como "amortização de empréstimo".

4) Transferências de Capital

São recursos financeiros provenientes de pessoas de direito público ou privado para uma função específica, a de cobrir despesas de capital.

Segundo a Lei nº 4.320/64, são Transferências de Capital os recursos recebidos de outras pessoas de direito público ou privado, destinados a atender despesas classificáveis em Despesas de Capital. São dotações para investimentos ou inversões financeiras que outras pessoas de direito público ou privado devam realizar, independentemente de contraprestação direta em bens ou serviços, constituindo essas transferências auxílios ou contribuições, segundo derivem diretamente da Lei de Orçamento ou de lei especialmente anterior, bem como as dotações para amortização da dívida pública. São exemplos mais comuns os valores resultantes de convênios em que o ente que recebe tem por finalidade aplicar tais valores em Despesas de Capital.

5) Outras Receitas de Capital

São os ingressos provenientes de outras origens não classificáveis nas subcategorias econômicas anteriores, como o resultado do Banco Central do Brasil, apurado após a constituição ou reversão de reservas (art. 7º da LRF), o superávit do orçamento corrente, dentre outros.

Superávit do Orçamento Corrente

O superávit do orçamento corrente, que resulta de uma eventual diferença positiva entre todas as receitas correntes e as despesas correntes do ente público, não pode constituir item de receita orçamentária do respectivo ente, sendo parte da categoria econômica das receitas de capital, como forma de evitar a contagem dobrada de recursos públicos.

Atenção também para os recebimentos da Dívida Ativa Proveniente de Amortização de Empréstimos e Financiamentos e Receita da Dívida Ativa da Alienação de Estoques de Café - FUNCAFÉ, isso porque, em regra, o recebimento da dívida ativa é classificado como receita corrente. Porém, por se originarem de uma Receita de Capital que não foi arrecadada tempestivamente, estas receitas são consideradas receitas de Capital também.

> ▸ **OBSERVAÇÃO:**
>
> O Recebimento de Dívida Ativa da Amortização de Empréstimo e Financiamentos e empréstimo compulsório são Receitas de Capital.

5.3. Classificação por natureza da receita

A classificação orçamentária por natureza de receita visa identificar a origem do recurso que ingressa nos cofres públicos segundo o fato gerador, servindo para análise do impacto dos investimentos governamentais na economia, codificando a natureza econômica vista anteriormente.

Na classificação quanto à categoria econômica, estabelecida no art. 11 da Lei 4.320/64, as receitas são divididas de acordo com duas categorias econômicas, sendo: Receitas Correntes e Receitas de Capital, determinando ainda no § 1º do art. 8º que os itens da discriminação da receita, mencionados no art. 11 serão identificados por números de código decimal. A essa discriminação da receita, segundo os códigos decimais, convencionou-se denominar de "natureza da receita", visando identificar a origem do recurso por intermédio de códigos numéricos, segundo o fato gerador: acontecimento real que ocasionou o ingresso da receita nos cofres públicos.

> **Art. 8º** - A discriminação da receita geral e da despesa de cada órgão do Governo ou unidade administrativa, a que se refere o artigo 2º, § 1º, incisos III e IV obedecerá à forma do Anexo n. 2.
>
> § 1° - Os itens da discriminação da receita e da despesa, mencionados nos artigos 11, § 4°, e 13, serão identificados por números de códigos decimal, na forma dos Anexos nº 3 e 4.

A natureza da receita representa, então, uma "codificação" do que foi estabelecido pela lei. Instituída pela Portaria Interministerial nº 163, de 4 de maio de 2001, da Secretaria de Orçamento Federal e da Secretaria do Tesouro Nacional, essa codificação é o menor nível de detalhamento das informações orçamentárias sobre as receitas públicas, por isso contém as informações necessárias para as devidas alocações no orçamento.

Importante destacar que a edição da Portaria Interministerial nº 163, de 4 de maio de 2001, da Secretaria de Orçamento Federal e da Secretaria do Tesouro Nacional, é, atualmente, o marco para a padronização da classificação de receitas e é utilizada por todos os entes da Federação.

Tendo por base o MTO, Manual Técnico de Orçamento, a partir do exercício de 2016, incluindo a elaboração do Orçamento, passou a vigorar a nova estrutura de codificação das Naturezas de Receita, de forma a prover melhorias na estrutura de formação dos códigos da classificação, aplicando lógica integralmente voltada para a gestão das receitas orçamentárias. A nova proposta estrutura os códigos de forma a proporcionar a extração de informações imediatas, a fim de prover celeridade, simplicidade e transparência, sem a necessidade de qualquer procedimento paralelo para concatenar dados. Esta é a premissa que pauta a nova estrutura de codificação da classificação orçamentária.

A estrutura da nova codificação cria possibilidade de associar, de forma imediata, a receita principal com aquelas dela originadas: Multas e Juros, Dívida Ativa, Multas e Juros da Dívida Ativa. A associação é efetuada por meio de um código numérico de 8 dígitos, cujas posições ordinais passam a ter o seguinte:

▶ DÍGITO:	1º	2º	3º	4º a 7º	8º
▶ SIGNIFICADO:	Categoria Econômica	Origem	Espécie	Desdobramentos para identificação de peculiaridades da receita	Tipo

- **Significado:**

Estes níveis nada mais são do que o detalhamento das categorias econômicas antes estudadas, sendo cada nível o detalhamento do anterior se configurando em uma ramificação que permite a identificação da fonte do recurso até o detalhamento desejado pela Secretaria de Orçamento Federal e exigido por lei.

Vejamos agora o que significa cada um destes níveis segundo MTO 2019.

1) Categoria econômica

Esta classificação está presente no art. 11 da Lei nº 4.320/64 que divide as receitas em correntes e de capital, valendo aqui todas as observações vistas até o momento, principalmente no que se refere às diferenciações e características de cada uma delas, sendo utilizados os códigos "1" para Receita Corrente e "2" para Receita de Capital.

- **Receitas intraorçamentárias**[6]

Conforme explicita o MTO 2019, operações intraorçamentárias são aquelas realizadas entre órgãos e demais entidades da Administração Pública integrantes dos Orçamentos Fiscal e da Seguridade Social do mesmo ente federativo. Não representam novas entradas de recursos nos cofres públicos do ente, mas apenas remanejamento de receitas entre seus órgãos. As receitas intraorçamentárias são contrapartida de despesas classificadas na modalidade de aplicação 91 – Aplicação Direta Decorrente de Operação entre Órgãos, Fundos e Entidades Integrantes do Orçamento Fiscal e do Orçamento da Seguridade Social, que, devidamente identificadas, evitam a dupla contagem na consolidação das contas governamentais.

As contas de receitas intraorçamentárias têm a mesma função da receita original, o que há de diferente do que foi visto até agora é a inclusão na classificação orçamentária das receitas intraorçamentárias, cujos códigos são 7 para Receitas Correntes Intraorçamentárias e 8 para Receitas de Capital Intraorçamentárias. Tais receitas foram incluídas pela Portaria Interministerial STN/SOF nº 338, de 26 de abril de 2006, que alterou a Portaria Interministerial STN/SOF nº 163, de 4 de maio de 2001.

Por ocasião da classificação da receita orçamentária teremos os seguintes códigos:

▶ CÓDIGO	▶ CATEGORIA ECONÔMICA
1 7	Receitas Correntes Receitas Correntes Intraorçamentárias
2 8	Receitas de Capital Receitas de Capital Intraorçamentárias

2) Origem

Identificada a categoria econômica da receita, o próximo passo é a identificação da origem dos recursos, ou seja, fazer um detalhamento da categoria econômica, enquadrando a receita em uma das origens previstas no § 4º do art. 11 da Lei nº 4.320/64 vistas acima que para as quais valem as observações vistas anteriormente. São elas:

6. MTO 2018 – Manual Técnico de Orçamento 2018.

▸ CATEGORIA ECONÔMICA (1º DÍGITO)	▸ ORIGEM (2º DÍGITO)
1. Receitas Correntes **7. Receitas Correntes Intraorçamentárias**	1. Impostos, taxas e contribuições de melhoria 2. Contribuições 3. Receita Patrimonial 4. Receita Agropecuária 5. Receita Industrial 6. Receita de Serviços 7. Transferências Correntes 9. Outras Receitas de Capital
2. Receitas de Capital **8. Receitas de Capital Intraorçamentárias**	1. Operações de Crédito 2. Alienação de Bens 3. Amortização de Empréstimos 4. Transferências de Capital 9. Outras Receitas de Capital

▸ FIQUE ATENTO:

A origem (subcategoria econômica)"1" denominada "Impostos, taxas e contribuições de melhoria" é denominada pela lei de "Tributária". Porém, essa denominação dada pela lei não mais se coaduna com o entendimento atual, já que existem outras espécies tributárias não enquadradas nessa origem. Na classificação por Natureza da Receita, os impostos, taxas e contribuições de melhoria são classificados na espécie "Impostos, Taxas e Contribuições de Melhoria", diferente da lei que os denomina "tributária".

A atual codificação amplia o escopo de abrangência do conceito de *origem* e passa a explorá-lo na sequência lógico-temporal na qual ocorrem naturalmente atos e fatos orçamentários codependentes. Nesse contexto, considera-se que a arrecadação das receitas ocorre de forma concatenada e sequencial no tempo, sendo que, por regra, existem arrecadações inter-relacionadas que dependem da existência de um fato gerador inicial a partir do qual, por decurso de prazo sem pagamento, originam-se outros, na ordem lógica dos acontecimentos jurídicos:

a) primeiro, o fato gerador da *Receita Orçamentária Propriamente Dita*, que ocorre quando da subsunção do fato, no mundo real, à norma jurídica;

b) segundo, a obrigação de recolher multas e juros incidentes sobre a *Receita Orçamentária Propriamente Dita*, cujo fato gerador é o decurso do prazo estipulado por lei para pagamento, sem que isso tenha ocorrido. (Este fato gerador depende, nos primórdios – na *origem* –, da existência da *Receita Orçamentária Propriamente Dita*);

c) terceiro, a obrigação de pagar a dívida ativa referente à *Receita Orçamentária Propriamente Dita* e às multas e aos juros desta receita, cujo fato gerador é a inscrição em dívida ativa, que decorre do transcurso de novo prazo e da permanência do não pagamento da receita e das multas e juros que lhe são afetos. (Novamente, ao remetermos para o início do processo – a *origem* – há dependência da existência do fato gerador primeiro, inicial: a existência da *Receita Orçamentária Propriamente Dita*); e

d) quarto, a obrigação de recolher multas e juros incidentes sobre a dívida ativa *da Receita Orçamentária Propriamente Dita*, cujo fato gerador é o decurso do prazo estipulado por lei para pagamento da dívida ativa, sem que o pagamento tenha ocorrido. (Ao buscar-se o marco inicial desta obrigação, conclui-se, novamente, que, na *origem*, há dependência da existência da *Receita Orçamentária Propriamente Dita*).

Nesse diapasão, insta salutar que o ponto de partida – a *origem* – de todo o processo relatado no parágrafo anterior foi a existência da *Receita Orçamentária Propriamente Dita*, e as demais arrecadações que se originaram a partir do não pagamento desta receita foram, na sequência temporal dos acontecimentos, *multas e juros* da receita, *dívida ativa* da receita e *multas e juros da dívida ativa* da receita. O raciocínio estruturado acima explora o fato de que se a existência de *multas, juros, dívida ativa e multas e juros da dívida ativa* decorrem do não pagamento da *Receita Orçamentária Propriamente Dita* dentro dos prazos estabelecidos em lei, então dependem da existência desta receita e nela tiveram *origem*.

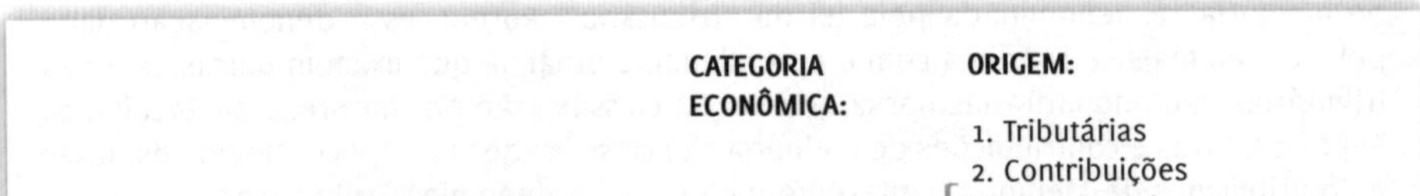

3) Espécie

Este nível de classificação detalha a origem a qual é vinculada e permite qualificar com maior detalhe o fato gerador das receitas. A tabela-resumo abaixo apresenta exemplos com os códigos relacionados às *origens* e *espécies de receitas*.

Em regra, não se cobra conhecimento sobre o código completo da despesa, podendo haver, porém, exigência em relação às categorias econômicas vistas anteriormente.

Seguem abaixo alguns exemplos de codificação:

▶ 1- RECEITA CORRENTE (CATEGORIA ECONÔMICA)	▶ NATUREZAS DE RECEITA
1- Impostos, Taxas e Contribuições de Melhoria (Origem)	
1- Impostos (Espécie)	De 1.1.1.0.00.0.0 até 1.1.1.9.01.1.0
2- Taxas (Espécie)	De 1.1.2.0.00.0.0 até 1.1.2.2.01.1.0
3- Contribuição de Melhoria (Espécie)	De 1.1.3.0.00.0.0 até 1.1.3.0.00.1.0
2- Contribuições (Origem)	
1- Contribuições Sociais (Espécie)	De 1.2.1.0.00.0.0 até 1.2.1.0.99.1.0
2- Contribuições Econômicas (Espécie)	De 1.2.2.0.00.0.0 até 1.2.2.0.99.1.0
3- Contribuições para Entidades Privadas de Serviço Social e de Formação Profissional (Espécie)	De 1.2.3.0.00.0.0 até 1.2.3.0.01.1.0
3- Receita Patrimonial (Origem)	
1- Exploração do Patrimônio Imobiliário do Estado (Espécie)	De 1.3.1.0.00.0.0 até 1.3.1.0.99.1.0
2- Valores Mobiliários (Espécie)	De 1.3.2.0.00.0.0 até 1.3.2.9.00.1.0
3- Delegação de Serviços Públicos Mediante Concessão, Permissão, Autorização ou Licença (Espécie)	De 1.3.3.0.00.0.0 até 1.3.3.9.99.1.0
4- Exploração de Recursos Naturais (Espécie)	De 1.3.4.0.00.0.0 até 1.3.4.9.99.1.0
5- Exploração do Patrimônio Intangível (Espécie)	De 1.3.5.0.00.0.0 até 1.3.5.0.03.1.0
6- Cessão de Direitos (Espécie)	De 1.3.6.0.00.0.0 até 1.3.6.0.01.1.0
9- Demais Receitas Patrimoniais (Espécie)	De 1.3.9.0.00.0.0 até 1.3.9.0.00.1.0
4- Receita Agropecuária (Origem)	De 1.4.0.0.00.0.0 até 1.4.0.0.00.1.0
5- Receita Industrial (Origem)	De 1.5.0.0.00.0.0 até 1.5.0.0.00.1.0
6- Receita de Serviços (Origem)	
1- Serviços Administrativos e Comerciais Gerais (Espécie)	De 1.6.1.0.00.0.0 até 1.6.1.0.04.1.0
2- Serviços e Atividades Referentes à Navegação e ao Transporte (Espécie)	De 1.6.2.0.00.0.0 até 1.6.2.0.04.3.0
3- Serviços e Atividades Referentes à Saúde (Espécie)	De 1.6.3.0.00.0.0 até 1.6.3.0.02.2.0
4- Serviços e Atividades Financeiras (Espécie)	De 1.6.4.0.00.0.0 até 1.6.4.0.03.1.0
9- Outros Serviços (Espécie)	De 1.6.9.0.00.0.0 até 1.6.9.0.99.1.0
7- Transferências Correntes (Origem)	De 1.7.0.0.00.0.0 até 1.7.0.0.08.1.0

▶ 1- RECEITA CORRENTE (CATEGORIA ECONÔMICA)	▶ NATUREZAS DE RECEITA
9- Outras Receitas Correntes (Origem)	
1- Multas Administrativas, Contratuais e Judiciais (Espécie)	De 1.9.1.0.00.0.0 até 1.9.1.0.11.1.0
2- Indenizações, Restituições e Ressarcimentos (Espécie)	De 1.9.2.0.00.0.0 até 1.9.2.2.99.1.0
3- Bens, Direitos e Valores Incorporados ao Patrimônio Público (Espécie)	De 1.9.3.0.00.0.0 até 1.9.3.0.04.1.0
9- Demais Receitas Correntes (Espécie)	De 1.9.9.0.00.0.0 até 1.9.9.0.99.2.0

▶ 2- RECEITA DE CAPITAL (CATEGORIA ECONÔMICA)	▶ NATUREZAS DE RECEITA
1- Operações de Crédito (Origem)	
1- Operações de Crédito – Mercado Interno (Espécie)	De 2.1.1.0.00.0.0 até 2.1.1.9.00.1.0
2- Operações de Crédito – Mercado Externo (Espécie)	De 2.1.2.0.00.0.0 até 2.1.2.9.00.1.0
2- Alienação de Bens (Origem)	
1- Alienação de Bens Móveis (Espécie)	De 2.2.1.0.00.0.0 até 2.2.1.3.00.1.0
2- Alienação de Bens Imóveis (Espécie)	De 2.2.2.0.00.0.0 até 2.2.2.0.00.1.0
3- Alienação de Bens Intangíveis (Espécie)	De 2.2.3.0.00.0.0 até 2.2.3.0.00.1.0
3- Amortização de Empréstimos (Origem)	De 2.3.0.0.00.0.0 até 2.3.0.0.80.1.0
4- Transferências de Capital (Origem)	De 2.4.0.0.00.0.0 até 2.4.0.0.08.1.0
9- Outras Receitas de Capital (Origem)	
1- Integralização de Capital Social (Espécie)	De 2.9.1.0.00.0.0 até 2.9.1.0.00.1.0
2- Resultado do Banco Central (Espécie)	De 2.9.2.0.00.0.0 até 2.9.2.0.00.2.0
3- Remuneração das Disponibilidades do Tesouro (Espécie)	De 2.9.3.0.00.0.0 até 2.9.3.0.00.1.0
4- Resgate de Títulos do Tesouro (Espécie)	De 2.9.4.0.00.0.0 até 2.9.4.0.00.1.0
9- Demais Receitas de Capital (Espécie)	De 2.9.9.0.00.0.0 até 2.9.9.0.00.1.0

4) Desdobramentos para identificação de peculiaridades da receita

Foram reservados 4 dígitos para desdobramentos com a finalidade de identificar peculiaridades de cada receita, caso seja necessário. Assim, esses dígitos podem ou não ser utilizados conforme a necessidade de especificação do recurso.

No caso de receitas exclusivas de Estados e Municípios, o quarto dígito utilizará o número "8" (Ex.: 1.9.0.8.xx.x.x – Outras Receitas Correntes exclusivas de Estados e Municípios).

5) Tipo

O tipo, correspondente ao último dígito na natureza de receita, tem a finalidade de identificar o tipo de arrecadação a que se refere aquela natureza, sendo:

- "0", quando se tratar de natureza de receita não valorizável ou agregadora;
- "1", quando se tratar da arrecadação *Principal* da receita;
- "2", quando se tratar de *Multas e Juros de Mora* da respectiva receita;
- "3", quando se tratar de *Dívida Ativa* da respectiva receita; e
- "4", quando se tratar de *Multas e Juros de Mora da Dívida Ativa* da respectiva receita.

Nesse contexto, todo código de natureza de receita será finalizado com um dos dígitos mencionados, e as arrecadações de cada recurso – sejam elas da receita propriamente dita ou de seus acréscimos legais – ficarão agrupadas sob um mesmo código, sendo diferenciadas apenas no último dígito, conforme detalhamento a seguir:

Dígito:	**1º**	**2º**	**3º**	**4º a 7º**	**8º**	
Significado:	Cat. Econômica	Origem	Espécie	Desdobramentos	Tipo	Descrição- Padrão dos Códigos de Tipo:
Código:	x	x	x	x. xx. x	0	Natureza Agregadora
					1	Receita Principal
					2	Multa e Juros da Receita Principal
					3	Dívida Ativa da Receita Principal
					4	Multa e Juros da Dívida Ativa da Receita Principal

▸ **IMPORTANTE!**

Conforme o MCASP, 7ª edição[7], ressalta-se que, para fins de observância da classificação orçamentária em "Receita Corrente" e "Receita de Capital" estipulada pela Lei nº 4.320/64, deve-se considerar os seguintes códigos:

Receita Corrente:

1) Todos os códigos cujo o primeiro dígito seja "1" (categoria econômica "receitas correntes"); e
2) Códigos cujo o primeiro dígito seja "2" (categoria econômica "receitas de capital") e cujo o oitavo dígito, tipo de natureza de receita, seja "2" (Multas e Juros) ou "4" (Multas e Juros da Dívida Ativa).

7. BRASIL. Ministério da Fazenda. **Manual de Contabilidade Aplicada ao Setor Público.** 2017. Disponível em: ‹http://www.tesouro.fazenda.gov.br/documents/10180/456785/MCASP+7%C2%AA%20edi%C3%A7%C3%A3o+Vers%C3%A3o+Final.pdf/6e874adb-44d7-490c-8967-b0acd3923f6d›. Acesso em: 02 ago. 2018.

Receita de Capital:

Códigos cujo primeiro dígito seja "2" (categoria econômica "receitas de capital") e cujo oitavo dígito, tipo de natureza de receita, seja "1" (Principal) ou "3" (Dívida Ativa).

✦ *Exemplo de classificação completa segundo a natureza da receita: Quando o imposto de renda pessoa física é recolhido, aloca-se a receita pública correspondente na natureza de receita código "1.1.1.3.01.1.1*

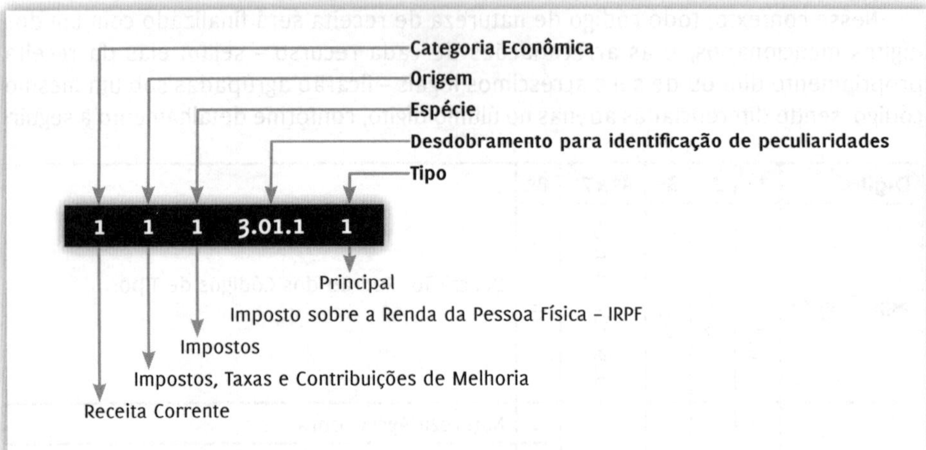

5.4. Classificação por Identificador de Resultado Primário

A classificação por identificador de resultado primário tem por objetivo identificar as receitas que compõem o resultado primário do Governo no conceito acima da linha. Essa classificação é de caráter indicativo, e tem como finalidade auxiliar a apuração do resultado primário previsto para o exercício. Para tanto, essa classificação divide as receitas em Receita Primária e Não-Primárias ou Financeiras. Costuma-se atribuir para essa classificação os códigos (P) ou (F).

Vejamos cada uma delas.

1) Receita Primária (P)

As receitas são consideradas primárias quando seus valores são inclusos na apuração do resultado primário (diferença entre as receitas primárias e as despesas primárias). Segundo o Manual Técnico de Orçamento 2019, Receita Primária é o somatório das receitas fiscais líquidas (aquelas que não geram obrigatoriedade de contraprestação financeira, como ônus, encargos e devolução). O cálculo da Receita Primária é efetuado quando são somadas as Receitas Correntes com as de Capital e, depois, excluindo da conta as receitas: de operações de crédito e seus retornos (juros e amortizações), de aplicações financeiras, de empréstimos concedidos e do superávit financeiro.

As Receitas Primárias se referem, predominantemente, às receitas correntes que advêm dos tributos, das contribuições sociais, das concessões, dos dividendos recebidos pela União, da cota-parte das compensações financeiras, das decorrentes do próprio esforço de arrecadação das UO's (Unidades Orçamentárias), das provenientes de doações e convênios e outras também consideradas primárias.

2) Não-Primárias ou Financeiras (F)

As receitas são consideradas Não-Primária ou Financeira (F) quando não são inclusas na apuração do resultado primário.

As Receitas Financeiras são aquelas que não alteram o endividamento líquido do Governo (setor público não financeiro) no exercício financeiro correspondente, uma vez que criam uma obrigação ou extinguem um direito, ambos de natureza financeira, junto ao setor privado interno e/ou externo. São adquiridas junto ao mercado financeiro, decorrentes da emissão de títulos, da contratação de operações de crédito por organismos oficiais, das receitas de aplicações financeiras da União (juros recebidos, por exemplo), das privatizações e outras.

Assim, as Receitas Financeiras são basicamente as provenientes de operações de crédito (endividamento), de aplicações financeiras e de juros, em consonância com o Manual de Estatísticas de Finanças Públicas do Fundo Monetário Internacional - FMI, de 1986.

5.5. Classificação por Fonte/Destinação de Recursos

Antes de classificarmos as receitas segundo suas fontes de recursos, é importante entender a conceituação de fonte de recursos segundo o prisma desta classificação, pois, quando estudamos as receitas quanto a Categoria Econômica/ Natureza da Receita, vimos que esta classificação pode ter uma denominação similar, "classificação por fonte de recursos", de "onde vem o recurso", o que pode gerar confusão. Enquanto a natureza de receita orçamentária busca identificar a origem do recurso segundo seu fato gerador, a fonte/destinação de recursos possui a finalidade precípua de identificar o destino dos recursos arrecadados, vinculando-os a despesas determinadas.

Assim, esta classificação se relaciona, simultaneamente, à receita e à despesa pública. O controle da destinação de recursos deve ser feito por todos os entes da federação, haja vista a vinculação para todos eles. A metodologia de destinação da receita constitui instrumento que interliga todo o processo orçamentário-financeiro, desde a previsão da receita até a execução da despesa.

Giacomoni (2010)[8], atento a esta dificuldade, denomina a classificação vista anteriormente (Natureza da Receita) como "fonte de receita" e esta de "fonte de

8. GIACOMONI, James. **Orçamento Público.** São Paulo: Atlas, 2010.

recursos". Porém, mais que saber uma mera nomenclatura, segundo o mesmo autor, o diferenciador importante é entender a função das duas classificações, enquanto uma traz a estimativa de arrecadação por fonte de receita ou a arrecadação efetiva de determinado imposto ou contribuição, por exemplo (fonte vista anteriormente), a outra traz a parcela de receita que se vincula a uma determinada despesa, que servirá de fonte de financiamento para esta despesa (por fonte de recursos).

Essa classificação busca atender ao parágrafo único do art. 8º, e do art. 50, inciso I, da Lei de Responsabilidade Fiscal.

> **Lei de Responsabilidade Fiscal**
>
> **Art. 8º –**
>
> (...)
>
> **Parágrafo único** – Os recursos legalmente vinculados à finalidade específica serão utilizados exclusivamente para atender ao objeto de sua vinculação, ainda que em exercício diverso daquele em que ocorrer o ingresso.
>
> (...)
>
> **Art. 50** – Além de obedecer às demais normas de contabilidade pública, a escrituração das contas públicas observará as seguintes:
>
> I. A disponibilidade de caixa constará de registro próprio, de modo que os recursos vinculados a órgão, fundo ou despesa obrigatória fiquem identificados e escriturados de forma individualizada;

Segundo o MTO 2019, o registro da arrecadação dos recursos é efetuado por meio de códigos de natureza de receita, sendo que cada receita possui normas específicas de aplicação. Essas normas, por sua vez, podem especificar tanto "quem" deverá aplicar a receita quanto "qual" atividade estatal (qual política pública, qual despesa) deverá ser financiada por meio desta receita.

Dessa forma, uma mesma atividade estatal pode ser financiada por recursos de diferentes receitas, tornando necessário, portanto, agrupar e catalogar, sob o mesmo código comum, as diferentes origens de receitas que porventura devam ser aplicadas da mesma forma, no financiamento da mesma atividade estatal.

Denomina-se "Fonte/Destinação de Recursos" a cada agrupamento de receitas que possuem as mesmas normas de aplicação. A Fonte, nesse contexto, é instrumento de Gestão da Receita e da Despesa ao mesmo tempo, pois tem como objetivo assegurar que determinadas receitas sejam direcionadas para financiar atividades (despesas) do governo em conformidade com as Leis que regem o tema.

Um ponto negativo é que essa vinculação pode, eventualmente, provocar ociosidade ou escassez de recursos para financiar determinadas ações, já que recursos com destinação específica, não poderiam, em tese, ser utilizados para outra destinação, gerando risco desta ociosidade.

Como mecanismo integrador entre a receita e a despesa, o código de fonte/destinação de recursos exerce duplo papel no processo orçamentário: na receita, indica o destino de recursos para o financiamento de determinadas despesas; na despesa, identifica a origem dos recursos que estão sendo utilizados. Assim, o mesmo código utilizado para controle das destinações da receita também é utilizado na despesa, para controle das fontes financiadoras.

Destinação de Recursos é o processo pelo qual os recursos públicos são correlacionados a uma aplicação, desde a previsão da receita até a efetiva utilização dos recursos. Ainda segundo o MTO 2019, pode-se dividir as receitas, de forma geral, em duas categorias:

a) destinação vinculada: processo de vinculação entre a origem e a aplicação de recursos, em atendimento às finalidades específicas estabelecidas pela norma[9].

b) destinação não vinculada (ou ordinária): é o processo de alocação livre entre a origem e a aplicação de recursos, para atender a quaisquer finalidades, desde que dentro do âmbito das competências de atuação do órgão ou entidade.

A criação de vinculações para as receitas deve ser pautada em mandamentos legais que regulamentam a aplicação de recursos, seja para funções essenciais, seja para entes, órgãos, entidades e fundos. Outro tipo de vinculação é aquela derivada de convênios e contratos de empréstimos e financiamentos, em que os recursos são obtidos com finalidade específica.

- **Mecanismo de utilização das destinações de recursos**

Este mecanismo possibilita a transparência no gasto público e o controle das fontes de financiamento das despesas, por motivos estratégicos e pela legislação que estabelece vinculações para as receitas. Na execução orçamentária, a codificação da destinação da receita indica a vinculação, evidenciando, a partir do ingresso, as destinações dos valores.

No momento do registro contábil do orçamento, devem ser utilizadas contas do sistema orçamentário para o controle da receita prevista e da despesa fixada por destinação/fonte de recursos.

Na arrecadação, além do registro da receita e do respectivo ingresso dos recursos financeiros, deverá ser lançado, em contas de controle, o valor classificado na destinação correspondente (disponibilidade a utilizar), bem como o registro da realização da receita por destinação. Também, na execução orçamentária da

9. Há ingressos de recursos em decorrência de convênios ou de contratos de empréstimos e de financiamentos. Esses recursos também são vinculados, pois foram obtidos com finalidade específica – e à realização dessa finalidade deverão ser direcionados.

despesa, no momento do empenho, deve haver a baixa do crédito disponível de acordo com a destinação.

Na liquidação da despesa deverá ser registrada a transferência da disponibilidade a utilizar para a comprometida, e na saída deste recurso deve ser adotado procedimento semelhante, tal como o registro de baixa do saldo da conta de destinação comprometida e lançamento na de destinação utilizada.

Atualmente, a classificação de fontes de recursos consiste de um código de três dígitos:

▶ 1º DÍGITO	▶ 2º E 3º DÍGITOS
Grupo da Fonte de Recurso	**Especificação da Fonte de Recurso**

1) 1º dígito: Grupo de Fonte de Recursos

O primeiro dígito apresenta o maior nível de agregação, ou seja, o grupo a que determinada fonte pertence desta classificação e ficam assim distribuídos:

▶ CÓD.	▶ GRUPO DA FONTE DE RECURSO (1º DÍGITO)
1	Recursos do Tesouro – Exercício Corrente
2	Recursos de Outras Fontes – Exercício Corrente
3	Recursos do Tesouro – Exercícios Anteriores
6	Recursos de Outras Fontes – Exercícios Anteriores
9	Recursos Condicionados

1 – Recursos do Tesouro – Exercício Corrente

Compreendem todos os recursos do exercício corrente oriundos das principais fontes, sendo o critério mais fácil de identificação o da exclusão, pois todos os recursos que não estiverem classificados nas outras fontes estarão nesta. Compreendem a fonte tributária as contribuições, operações de crédito, dentre outras.

Assim, chega-se à conclusão que a maior parte dos recursos pertencerá a essa fonte.

2 – Recursos de Outras Fontes – Exercício Corrente

Envolve os recursos os quais têm como fonte entidades com autonomia e que integram o orçamento, como autarquias fundações, sociedades de economia mistas, etc.

3 – Recursos do Tesouro – Exercícios Anteriores

6 – Recursos de Outras Fontes – Exercícios Anteriores; e

Estas duas fontes se referem às fontes anteriormente descritas, só que de exercícios anteriores. Essas fontes permitem a utilização dos recursos de exercícios anteriores ao exercício corrente, principalmente em função de alterações na programação da despesa.

9 – Recursos Condicionados

Referem-se aos recursos que dependem de aprovação legal e que, para tanto, ficam suspensos até que a pendência seja sanada. Antes da criação deste classificador, esses recursos ficavam classificados na fonte 1.

2) 2º e 3º dígito: Especificação das Fontes de Recursos

O segundo e o terceiro dígitos se referem ao detalhamento do grupo ao qual pertencem, é a fonte propriamente dita e é composta por três dígitos.

✦ *Exemplos*[10]:

▶ 1º DÍGITO (GRUPO DA FONTE)	▶ 2º E 3º DÍGITOS (ESPECIFICAÇÃO DA FONTE)	▶ FONTE
1 – Recursos do Tesouro – Exercício Corrente	**01** – Transferências do Imposto sobre a Renda e sobre Produtos Industrializados	**101**
2 – Recursos de Outras Fontes – Exercício Corrente	**93** – Produto da Aplicação dos Recursos à Conta do Salário-Educação	**293**
3 – Recursos do Tesouro – Exercícios Anteriores	**01** – Transferências do Imposto sobre a Renda e sobre Produtos Industrializados	**301**
6 – Recursos de Outras Fontes – Exercícios Anteriores	**93** – Produto da Aplicação dos Recursos à Conta do Salário-Educação	**693**
9 – Recursos Condicionados	**00** – Recursos Ordinários	**900**

3) DRU – Desvinculação de Receitas da União

Um excessivo processo de vinculação acaba por enrijecer a execução orçamentária, pois tira do administrador a possibilidade de decidir sobre a conveniência e oportunidade de realizar ou não determinada despesa, já que a maior parte dos recursos fica vinculado. Como são diversas as leis que vinculam receitas a determinadas despesas, sobram poucos recursos para o governo financiar as políticas públicas discricionárias, para minimizar este efeito, periodicamente o governo tem aprovado emendas constitucionais que autorizam a desvinculação de receitas da União.

A última foi a Emenda Constitucional nº 93/2016, que alterou o art. 76 do Ato das Disposições Constitucionais Transitórias – ADCT da Constituição Federal de 1988 – CF/88, estabelecendo, até 31 de dezembro de 2023, a desvinculação de 30% dos recursos arrecadados a título de taxas, contribuições econômicas e contribuições

10 O Ementário de Receitas Orçamentárias da União evidencia as fontes e respectivas naturezas de receita e pode ser obtido em: http://www.orcamentofederal.gov.br/informacoes-orcamentarias/arquivos-receitas-publicas/receitas-publicas.

sociais (exceto as contribuições sociais do empregador e a do trabalhador para os Regimes de Previdência Social Geral e Próprio do Servidor Público, bem como a contribuição social do salário educação).

> **ADCT, Constituição Federal de 1988**
>
> **Art. 76.** São desvinculados de órgão, fundo ou despesa, até 31 de dezembro de 2023, 30% (trinta por cento) da arrecadação da União relativa às contribuições sociais, sem prejuízo do pagamento das despesas do Regime Geral da Previdência Social, às contribuições de intervenção no domínio econômico e às taxas, já instituídas ou que vierem a ser criadas até a referida data. (Redação dada pela Emenda constitucional nº 93)
>
> § 1º (Revogado)
>
> § 2º Excetua-se da desvinculação de que trata o caput a arrecadação da contribuição social do salário-educação a que se refere o § 5º do art. 212 da Constituição Federal.

Estes recursos desvinculados poderão ser aplicados livremente, sendo agregados sob o código de Fonte de Recursos "00 – Recursos Ordinários".

5.6. Classificação por esfera orçamentária

Segundo o § 5º do art. 165 da Constituição Federal, a lei orçamentária é dividida em três orçamentos:

- Orçamento fiscal referente aos Poderes da União, seus fundos, órgãos e entidades da Administração Direta e Indireta, inclusive fundações instituídas e mantidas pelo Poder Público;
- Orçamento de investimento das empresas em que a União, direta ou indiretamente, detenha a maioria do capital social com direito a voto;
- Orçamento da seguridade social, abrangendo todas as entidades e órgãos a ela vinculados, da Administração Direta ou Indireta, bem como os fundos e fundações instituídos e mantidos pelo Poder Público.

Esta classificação tem por finalidade identificar a qual orçamento pertence determinada receita.

5.7. Classificação quanto à coercitividade (origem)

Quanto à procedência, origem ou coercitividade, a doutrina classifica as receitas públicas em Originárias e Derivadas. Tem relação com a forma com que o Estado obtém suas receitas, seja por seus esforços, explorando seu próprio patrimônio, por exemplo, ou obtendo de seu povo. Essa classificação possui uso acadêmico e não é normatizada, portanto, não é utilizada como classificador oficial da receita pelo Poder Público.

1) Receita pública originária, de economia privada ou de direito privado

São os recursos obtidos pelo Estado em função do desenvolvimento de atividades características de economia privada. Para obter tais recursos o Estado explora seu patrimônio e atua como empresário, seja no âmbito comercial, industrial ou de prestação de serviço, cobrando tarifas, preços públicos, etc.

As receitas originárias também são denominadas de receitas de direito privado e podem ser divididas em:

1.1) **Patrimoniais:** são as receitas oriundas da exploração do patrimônio estatal mobiliário e imobiliário, tais como aluguéis, dividendos, foros, laudêmios, rendimentos em aplicações, juros, etc.

1.2) **Empresariais:** são receitas oriundas de atividades empresariais desenvolvida pelo Estado, como receitas agropecuárias, receitas comerciais, receitas de serviço, dentre outras.

Cabe aqui ressaltar uma observação feita por Valdecir Pascoal em sua obra Direito Financeiro e Controle Externo[11]. O eminente professor lembra que a doutrina divide o preço público em:

1.3) **Preço quase-privado: são valores cobrados tendo como base a concorrência do mercado e visando o lucro, quando o Estado se equipara a um particular.**

1.4) **Preço público: valores cobrados pelo Estado que visam o custeamento total do serviço prestado.**

1.5) **Preço político: valores cobrados abaixo do preço de custo, haja vista, precipuamente, o desenvolvimento de atividades sociais.**

2) Receita pública derivada, de economia pública ou de direito público

São receitas que derivam do patrimônio da sociedade. O Governo obtém tais receitas exercendo seu poder de tributar os rendimentos, atividades ou o patrimônio da população.

São exemplo de receitas derivadas as receitas tributárias, de contribuições, taxas, multas, etc.

5.8. Classificação quanto ao impacto no PL - Patrimônio Líquido (enfoque patrimonial)

Este critério diferencia as receitas orçamentárias conforme o impacto no PL (Patrimônio Líquido) do ente público que as recebe, isso dentro de uma visão contábil, dentro de um enfoque patrimonial segundo um regime de competência.

11. PASCOAL, Valdecir. **Direito Financeiro e Controle Externo**. 7. ed. Rio de Janeiro: Atlas, 2009.

Para quem não entende a visão contábil, patrimonial, patrimônio é o conjunto de bens, direitos e obrigações de uma pessoa, com o somatório de bens e direitos representando o Patrimônio Bruto ou Ativo e o conjunto das obrigações, o Passivo. Por sua vez, Patrimônio Líquido é a riqueza da pessoa a que pertence um patrimônio, é o resultado da subtração entre a soma dos bens e direitos, o Ativo (elementos positivos do patrimônio) com as somas das obrigações, o Passivo (elementos negativos do patrimônio). Assim, PL = A – P.

Pelo enfoque patrimonial, em regra, receita são as variações positivas do PL, enquanto que despesa são as variações negativas, independentemente da entrada ou saída de recursos financeiros.

É um enfoque diferenciado do enfoque orçamentário, já que existem fatos considerados receita pela ótica do orçamento, mas que não impactam positivamente no PL, ou seja, para o enfoque patrimonial, são fatos permutativos. Por outro lado, existem fatos que são considerados receita para o enfoque patrimonial, mas, mesmo assim, não são receita sob o ponto de vista orçamentário.

Pelo enfoque patrimonial, receita é a variação positiva no Patrimônio Líquido, ou seja, mesmo não havendo entrada de recurso financeiro, um fato pode gerar uma receita, desde que faça variar o Patrimônio líquido positivamente, por exemplo, o perdão de uma dívida no valor de 10.

Vejamos o efeito deste fato contábil:

Nós sabemos que **PL (30) = A (100) – P (70)**. Sabemos também que a dívida compõe o Passivo, pois lá estão as obrigações. Assim, quando ela é perdoada o valor do Passivo como um todo é reduzido (70-10=60). Como nessa operação o Ativo (100) não é reduzido, o impacto dessa redução do Passivo ocorre positivamente no Patrimônio Líquido (40=100-60), e esse aumento (40-30=10), segundo o enfoque patrimonial do regime de competência, é uma receita, um fato modificativo aumentativo. Esse tipo de fato pode ocorrer também com uma variação positiva no Ativo, quando, por exemplo, o ente público recebe uma doação de um bem no valor de 10 que não tenha natureza monetária, que não seja dinheiro.

Como no Ativo é que ficam classificados os bens (100+10=110), o Ativo sofre uma variação positiva e, como não há aumento do Passivo em função deste fato (60), o impacto desta variação será refletida positivamente no Patrimônio Líquido (50=110-60).

Por outro lado, a realização de uma operação de crédito, um empréstimo, por exemplo, apesar de ser considerado receita sob o aspecto orçamentário, não é sob o aspecto patrimonial, pois não altera positivamente o PL.

Com um empréstimo no valor de 10, por exemplo, concomitantemente ao aumento do Ativo, com a entrada do dinheiro na conta bancária do ente público para realizar despesa (110 +10 = 120), surge também uma obrigação de mesmo valor, afinal este empréstimo terá que ser pago e esta obrigação integra o patrimônio do ente público que contraiu o empréstimo, fazendo aumentar o Passivo (60+10=70). Sendo assim, apesar de ter entrado recursos financeiros no Ativo do ente federativo, o PL não se alterou (50 = 120-70).

Da mesma forma a alienação de um bem pelo valor que este estava registrado ou o recebimento de um direito (recebimento do principal de um empréstimo concedido) não altera o PL, pois, concomitantemente ao aumento do Ativo pela entrada do recurso financeiro ou do registro do direito a receber em razão da venda, o Ativo também é diminuído pela entrega do bem que foi vendido e o integrava ou a redução do direito pelo recebimento do principal do empréstimo, por exemplo.

Já a despesa, pelo enfoque patrimonial do regime de competência, é a redução do patrimônio líquido, mesmo que não haja saída de recursos, ou pela redução do Ativo, ou pelo aumento do Passivo.

Pelo exposto, é fácil supor que o controle do Ativo, do Passivo e, consequentemente, do Patrimônio Líquido de um ente público está diretamente relacionado a sua capacidade para bem cumprir suas finalidades e, assim, atender as demandas sociais, pois o ente público deve controlar seus bens direitos e obrigações para que possa manter seu Patrimônio Líquido estável e, se possível, melhorá-lo, afinal ele pertence a toda sociedade.

Dessa forma, a manutenção e a evolução do Patrimônio Líquido deve ser motivo de monitoramento por parte das autoridades responsáveis pelo orçamento público, pois, a depender da maneira como é conduzida, a execução do orçamento o afeta positiva ou negativamente, afinal, esta execução implica necessariamente na realização da receita e na ocorrência de despesa também sob o aspecto patrimonial, como visto anteriormente.

Por esse motivo, no inciso III do § 2º do art. 4º da LRF está previsto que integrará o projeto de Lei de Diretrizes Orçamentárias o Anexo de Metas Fiscais, e este anexo deverá conter, para o exercício a que se referirem e para os dois seguintes, a evolução do Patrimônio Líquido do ente público, além da demonstração desta variação nos últimos três exercícios, destacando a origem e a aplicação dos recursos obtidos com a alienação de ativos.

> **Art. 4º – A lei de diretrizes orçamentárias atenderá o disposto no § 2º do art. 165 da Constituição e:**
>
> **(...)**
>
> **§ 2º O Anexo conterá, ainda: (...)**
>
> III. Evolução do patrimônio líquido, também nos últimos três exercícios, destacando a origem e a aplicação dos recursos obtidos com a alienação de ativos;

Diverso do enfoque patrimonial do regime de competência, o enfoque orçamentário leva em consideração a realização de receita no momento da entrada de recursos financeiros, considerando como receita orçamentária todo recurso que tenha duas características, não ter caráter devolutivo e esteja disponível para ser utilizado no financiamento de despesas públicas, independentemente da variação provocada no PL. Por esse motivo, o enfoque orçamentário da receita pública é conforme o regime de caixa, pois, segundo o inciso I do art. 35 da Lei nº 4.320/64, pertencem ao exercício financeiro as receitas nele arrecadadas.

> **Art. 35 – Pertencem ao exercício financeiro:**
>
> I. As receitas nele arrecadadas;

Entendo que a receita orçamentária é um dos elementos que podem ou não afetar o Patrimônio Líquido, temos, então, mais um critério de classificação que divide as receitas em:

1) Receita Efetiva

Receitas efetivas são aquelas entradas de recursos financeiros que provocam impacto positivo no Patrimônio Líquido do ente a que pertencem.

O impacto positivo no Patrimônio Líquido ocorre em função de tal entrada não ter como reflexo uma redução imediata, relacionada e proporcional no próprio Ativo (venda de um bem ou recebimento de direito), ou ainda, um aumento imediato, relacionado e proporcional no Passivo (assunção de uma obrigação). Assim, receitas efetivas são consideradas receitas, tanto sob o aspecto patrimonial do regime de competência, quanto sob o enfoque orçamentário.

Por esse motivo, é importante estar atento ao efeito que uma receita corrente provoca no Patrimônio Líquido do ente. Tais receitas, em sua maioria, são fatos modificativos aumentativos, já que os recursos financeiros obtidos entram para fazer parte do Ativo em função do aumento das disponibilidades financeiras, ou seja, aumento no valor de um dos elementos do Ativo, os recursos financeiros. Essa entrada geralmente não provoca nenhuma contrapartida no Ativo, reduzindo-o, ou no Passivo, aumentando-o.

Exceção a essa regra é o recebimento de dívida ativa (de receita corrente). Tal dívida representa os valores que o particular deve ao Estado e que foram anteriormente inscritos no Ativo do ente público como um direito a receber. Esses valores podem ser classificados conforme sua natureza em tributária e não tributária. Dessa forma, mesmo sendo classificado como corrente, tal recebimento não provoca impacto positivo no Patrimônio Líquido, pois, concomitantemente ao recebimento do recurso financeiro que faz aumentar o Ativo, tal fato provoca também uma redução imediata, proporcional e relacionada do próprio Ativo, qual seja, o desaparecimento do direito de receber tal valor, pois é no Ativo que os direitos são classificados.

Outra exceção a ser citada, só que agora incluindo entre as receitas efetivas, é a Transferência de Capital, que apesar de não ser corrente, ser de capital, também será uma receita efetiva.

Assim, temos:

Receita efetiva = (receitas correntes – recebimento da dívida ativa) + transferências de capital.

2) Não-efetiva ou por mutação patrimonial

Receitas não-efetivas são entradas de recursos que não afetam o Patrimônio Líquido sendo classificados como fatos permutativos.

São ditos permutativos pelo fato de a entrada de recursos provocar uma contrapartida que anula o aumento que ocorreria no PL.

Tais contrapartidas podem ocorrer de duas formas:

1) Redução concomitante, relacionada e proporcional do próprio Ativo

Serve de exemplo a alienação de um Ativo, que se caracteriza como uma conversão, em espécie, de bens e direitos. Nessa situação, ocorre o aumento do Ativo com a entrada do recurso financeiro ou com o registro de direito a receber, mas, também, ocorre de forma concomitante, relacionada e proporcional à redução do próprio Ativo com a saída do bem, afinal o bem vendido deverá ser entregue ao comprador. Dessa forma, como o aumento no Ativo foi anulado por sua própria redução, tal transação não alterará o Patrimônio Líquido.

2) Aumento concomitante, relacionado e proporcional do Passivo

Serve de exemplo uma operação de crédito, que nada mais é que a constituição de uma dívida. Nessa situação, ocorre o aumento do Ativo com a entrada do recurso financeiro, mas ocorre de forma concomitante, relacionada e proporcional ao aumento do Passivo com o registro da obrigação a pagar. Dessa forma, como o impacto do aumento no Ativo foi anulado pelo aumento do Passivo, tal transação não alterará o Patrimônio Líquido. Nesse sentido, esse conceito se confunde com o conceito de receita não-efetiva.

Segundo o Manual Técnico de Orçamento de 2019, Receitas de Capital aumentam as disponibilidades financeiras do Estado. Porém, de forma diversa das Receitas Correntes, as Receitas de Capital, em regra, não provocam efeito sobre o Patrimônio Líquido, ou seja, apesar de serem considerados como receitas sob o enfoque orçamentário do regime de caixa, não o são sob o enfoque patrimonial do regime de competência, isso porque, concomitantemente à entrada de recursos no Ativo, ocorre uma contrapartida que acaba por anular o efeito positivo que ocorreria no Patrimônio Líquido, gerando uma permuta patrimonial. Por esse motivo, são classificadas como fatos permutativos.

É importante estar atento ao efeito que uma receita de capital provoca no Patrimônio Líquido do ente. Tais receitas, em sua maioria, são fatos permutativos, já que os recursos financeiros obtidos entram para fazer parte do Ativo em função do aumento das disponibilidades financeiras, ou seja, aumento no valor de um dos elementos do Ativo, os recursos financeiros. Como visto, esta entrada geralmente provoca contrapartida no Ativo, reduzindo-o, ou no Passivo, aumentando-o.

Observação importante deve ser feita em relação a um tipo de receita de capital muito particular, a chamada Transferência de Capital. Tal receita ocorre com a transferência de recursos financeiros a um ente público para que seja aplicado exclusivamente em despesas de capital.

Quando ocorre a transferência deste recurso, o ente que o recebe terá seu Patrimônio Líquido alterado para mais, afinal concomitante à entrada do recurso financeiro não ocorrerá nenhum dos dois efeitos descritos acima, com esta entrada refletindo integralmente de forma positiva no Patrimônio Líquido do ente que a recebe. Porém, apesar de refletir positivamente no Patrimônio Líquido do ente público que recebe o recurso, por força de determinação legal, tal receita é considerada uma Receita de Capital.

Assim, para identificar se uma transferência é corrente ou de capital de nada adianta observar seu efeito no Patrimônio Líquido, deve-se, então, observar sua destinação, se for para realizar despesas correntes será uma receita corrente (Transferência Corrente), se for para realizar despesas de capital será uma receita de capital (Transferência de Capital).

Diante do exposto, temos:

Receita não-efetiva = (receitas de capital – transferências de capital) + recebimento da dívida ativa.

5.9. Classificação quanto à regularidade, uniformidade, continuidade, constância ou ingresso

São as receitas classificadas como Ordinárias e Extraordinárias.

1) Ordinária

São valores cuja entrada ocorre periodicamente, ou seja, novamente a cada novo período, sempre se renovando, sempre ocorrendo em cada exercício financeiro. Assim, é possível que o administrador possa contar com esta fonte de receita a cada novo exercício.

Temos como exemplo a receita de tributos (com exceção dos empréstimos compulsórios) e receita de contribuições.

2) Extraordinária

São valores cujas entradas podem não ocorrer periodicamente, ou seja, não ocorre novamente a cada novo período, são esporádicas. Assim, é possível que o administrador não possa contar com esta fonte de receita a cada novo exercício.

Temos, como exemplo, a receita de alienação de bens, de operações de crédito e de empréstimos compulsórios.

5.10. Classificação Institucional

Esta classificação visa expor as unidades orçamentárias, notadamente aquelas que possuem autonomia financeira e administrativa, detentoras de receitas e que respondem pela arrecadação destas. Tal classificação também atingirá aquelas unidades da Administração Direta que detém receitas próprias.

O fundamento legal da classificação está na disposição constitucional que estabelece que o orçamento fiscal e o da seguridade social se referem aos poderes da União, seus fundos, órgãos e entidades da Administração Direta e Indireta. No detalhamento dessa classificação, utiliza-se o mesmo classificador institucional empregado para a despesa e do classificador por fonte de receita (GIACOMONI, 2010).

Ainda, segundo o nobre autor, são as seguintes modalidades de receita conforme essa classificação:

1) **Receitas do Tesouro**

Refere-se às Receitas arrecadadas diretamente pelo Tesouro, como as tributárias.

2) **Receitas diretamente arrecadadas por órgãos, unidades e fundos da Administração Direta**

São recursos arrecadados pela unidade orçamentária, como alienação de bens, taxas, operações de crédito, etc. É importante citar que, mesmo não sendo arrecadadas diretamente pela unidade orçamentária a que pertencem, haja vista que algumas podem ser arrecadadas pelo Tesouro, essas receitas não perdem o vínculo com a unidade orçamentária que é sua responsável.

3) **Receitas de entidades, unidades e fundos da Administração Indireta**

Tem praticamente as mesmas características da modalidade anterior, com o diferencial de pertencerem a entidades da Administração Indireta.

5.11. Classificação quanto à competência do ente da federação

Valdecir Pascoal (Direito Financeiro e Controle Externo, 2010) diferencia receitas públicas quanto à competência em:

1) **Federal – Receitas pertencentes ao Governo Federal.**

   ✦ *Receitas arrecadadas pela União, tal como o IPI.*

2) **Estadual – Receitas pertencentes ao Governo dos Estados e ao Distrito Federal.**

   ✦ *Receitas arrecadadas pelos Estados, tal como o ICMS.*

3) **Municipal – Receitas pertencentes aos Governos Municipais.**

   ✦ *Receitas arrecadadas pelos municípios, tal como o IPTU.*

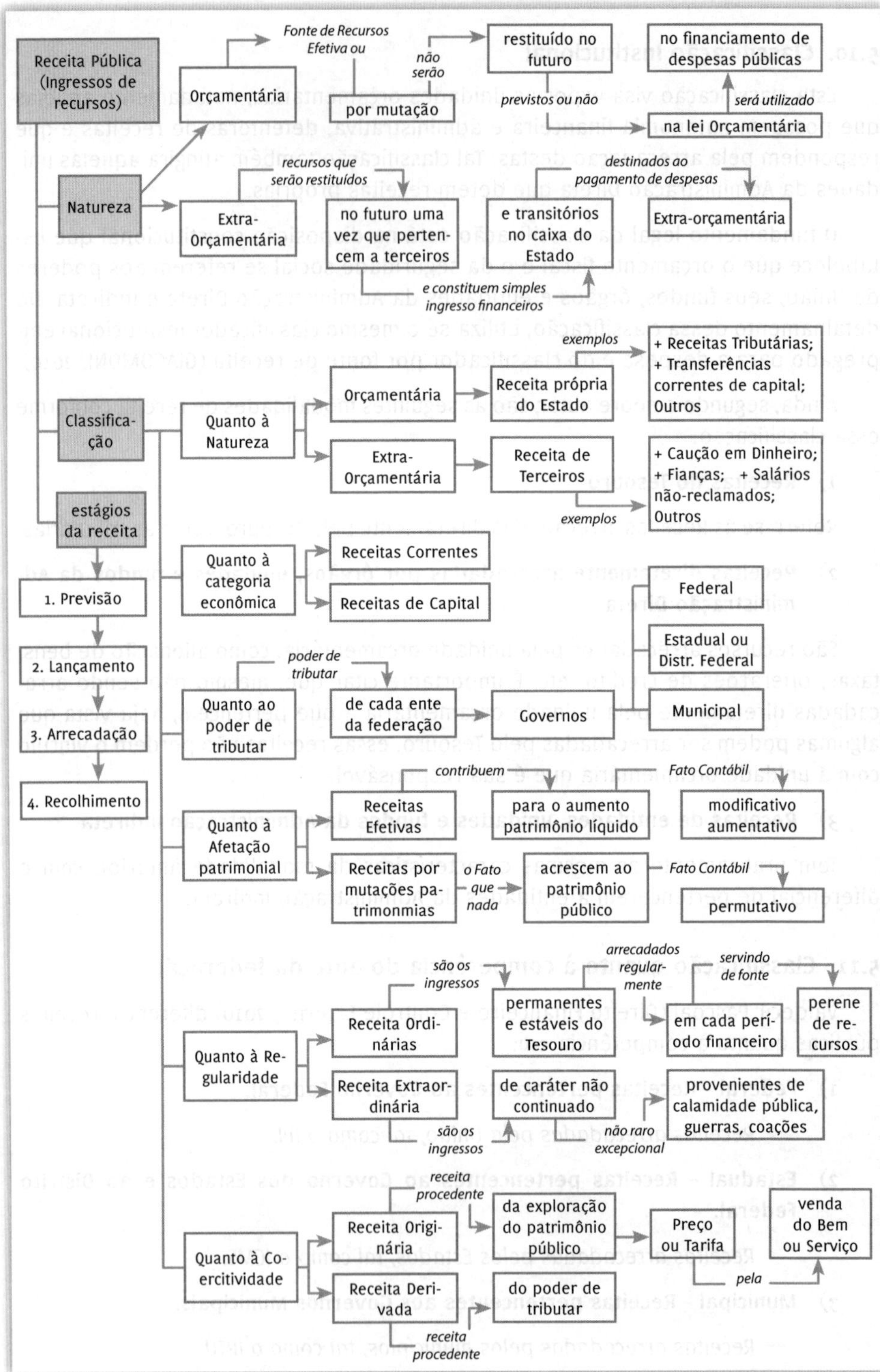
Receita Pública (Ingressos de recursos)
Orçamentária
Fonte de Recursos Efetiva ou
por mutação
não serão
restituído no futuro
previstos ou não
na lei Orçamentária
será utilizado
no financiamento de despesas públicas
Natureza
Extra-Orçamentária
recursos que serão restituídos
no futuro uma vez que pertencem a terceiros
e constituem simples ingresso financeiros
e transitórios no caixa do Estado
destinados ao pagamento de despesas
Extra-orçamentária
Classificação
Quanto à Natureza
Orçamentária
Receita própria do Estado
exemplos
+ Receitas Tributárias; + Transferências correntes de capital; Outros
Extra-Orçamentária
Receita de Terceiros
exemplos
+ Caução em Dinheiro; + Fianças; + Salários não-reclamados; Outros
estágios da receita
1. Previsão
2. Lançamento
3. Arrecadação
4. Recolhimento
Quanto à categoria econômica
Receitas Correntes
Receitas de Capital
Quanto ao poder de tributar
poder de tributar
de cada ente da federação
Governos
Federal
Estadual ou Distr. Federal
Municipal
Quanto à Afetação patrimonial
Receitas Efetivas
contribuem
para o aumento patrimônio líquido
Fato Contábil
modificativo aumentativo
Receitas por mutações patrimonmias
o Fato que nada
acrescem ao patrimônio público
Fato Contábil
permutativo
Quanto à Regularidade
Receita Ordinárias
são os ingressos
permanentes e estáveis do Tesouro
arrecadados regularmente
em cada período financeiro
servindo de fonte
perene de recursos
Receita Extraordinária
de caráter não continuado
são os ingressos
não raro excepcional
provenientes de calamidade pública, guerras, coações
Quanto à Coercitividade
Receita Originária
receita procedente
da exploração do patrimônio público
Preço ou Tarifa
pela
venda do Bem ou Serviço
Receita Derivada
receita procedente
do poder de tributar

5.12. Quadro resumo da classificação da receita

<table>
<tr><th>▶ CRITÉRIOS DE CLASSIFICAÇÃO</th><th>▶ ESPÉCIES DE RECEITA</th></tr>
<tr><td>Quanto à possibilidade de servir de fontes de recursos para atender despesas públicas</td><td>• Orçamentário
• Extraorçamentária</td></tr>
<tr><td>Quanto à categoria econômica ou origem (econômico-legal)</td><td>• Corrente
• Capital</td></tr>
<tr><td>Por natureza da receita</td><td><table>
<tr><th>Dígito:</th><th>1º</th><th>2º</th><th>3º</th><th>4º a 7º</th><th>8º</th></tr>
<tr><td>Significado:</td><td>Categoria Econômica</td><td>Origem</td><td>Espécie</td><td>Desdobramentos para identificação de peculiaridades da receita</td><td>Tipo</td></tr>
</table></td></tr>
<tr><td>Por identificador de resultado primário</td><td>• Primária
• Não primária/financeira</td></tr>
<tr><td>Por fonte/destinação de recursos</td><td>• 1º DÍGITO (Grupo da Fonte)
• 2º e 3º DÍGITOS (Especificação da Fonte)</td></tr>
<tr><td>Por esfera orçamentária</td><td>• Orçamento Fiscal
• Orçamento de Investimento
• Orçamento da Seguridade Social</td></tr>
<tr><td>Quanto à coercitividade (origem)</td><td>• Originária
• Derivada</td></tr>
<tr><td>Quanto ao impacto no patrimônio líquido (enfoque patrimonial)</td><td>• Efetiva
• Não efetiva/por mutação</td></tr>
<tr><td>Quanto à regularidade, uniformidade, continuidade, constância ou ingresso</td><td>• Ordinárias
• Extraordinária</td></tr>
<tr><td>Institucional</td><td>• Receitas do Tesouro
• Receitas diretamente arrecadas por órgãos, unidades e fundos da Administração Direta
• Receitas de entidades, unidades e fundos da Administração Indireta</td></tr>
<tr><td>Quanto à competência do ente da federação</td><td>• Federal
• Estadual
• Municipal</td></tr>
</table>

6. CLASSIFICAÇÕES ORÇAMENTÁRIA DA RECEITA

A classificação da receita orçamentária, a exemplo do que ocorre na despesa, determina quais critérios de classificação serão utilizados para elaboração da Lei Orçamentária Anual. Em regra, é de utilização obrigatória por todos os entes da Federação, sendo facultado o seu desdobramento para atendimento das respectivas necessidades. A doutrina classifica as receitas públicas, por exemplo, quanto à procedência, em Originárias e Derivadas. Essa classificação possui uso acadêmico e não é normatizada; portanto, não é utilizada como classificador oficial da receita pelo Poder Público.

Duas são fontes em relação à composição da classificação orçamentária da receita:

1) O MTO/2019

Segundo o Manual Técnico de Orçamento para o exercício de 2018 , as receitas orçamentárias são classificadas segundo os seguintes critérios:

- Natureza de receita;
- Indicador de resultado primário;
- Fonte/destinação de recursos; e
- Esfera orçamentária.

2) MCASP (7ª edição)

Segundo o Manual de Contabilidade Aplicada ao Setor Público de Orçamento, válido a partir do exercício de 2017, as receitas orçamentárias são classificadas segundo os seguintes critérios:

- Natureza;
- Fonte/Destinação de Recursos; e
- Indicador de Resultado Primário.

Veja que, enquanto o MTO/2019 determina a classificação da receita orçamentária por esfera orçamentária, o MCAPS não.

7. DÍVIDA ATIVA

A Contabilidade conceitua patrimônio como sendo o conjunto de bens, direitos e obrigações de uma pessoa, seja física ou jurídica, pública ou privada. A soma de bens e direitos formam o Ativo, elemento positivo do patrimônio, enquanto as obrigações formam o Passivo Exigível, elemento negativo do Patrimônio. O que sobra da subtração entre Ativo e Passivo é o Patrimônio Líquido.

Dentre os elementos patrimoniais está o direito de receber valores de outras pessoas. A Administração Pública, sendo uma pessoa jurídica, também é capaz de obter direitos contra terceiros.

Quando estes direitos se vencem sem terem sido pagos ou, ao menos, renegociados, surge a figura da Dívida Ativa.

7.1. Definição

Dívida Ativa é o conjunto de obrigações de cunho financeiro, vencidas e não negociadas, de terceiros com um ente Público. Classificada como um direito, no grupo contas a receber, dentre os elementos integrantes do Patrimônio dos Entes Públicos, o elemento patrimonial representado pela Dívida Ativa são créditos que tal ente tem contra terceiros, são valores exigíveis em função do transcurso do prazo para pagamento.

Segundo o Manual de Procedimentos da Dívida Ativa, a Dívida Ativa, regulamentada a partir da legislação pertinente, abrange os créditos a favor da Fazenda Pública, cuja certeza e liquidez foram apuradas, por não terem sido efetivamente recebidos nas datas aprazadas. É, portanto, uma fonte potencial de fluxos de caixa, com impacto positivo pela recuperação de valores, espelhando créditos a receber, sendo contabilmente alocada no Ativo.

A base legal da dívida ativa está em diversos regramentos, sendo um dos principais a Lei nº 4.320/64 em que apresenta a sua definição no art. 39.

> **Art. 39.** Os créditos da Fazenda Pública, de natureza tributária ou não tributária, serão escriturados como receita do exercício em que forem arrecadados, nas respectivas rubricas orçamentárias. (Redação dada pelo Decreto Lei nº 1.735, de 20.12.1979)
>
> § 1º – Os créditos de que trata este artigo, exigíveis pelo transcurso do prazo para pagamento, serão inscritos, na forma da legislação própria, como Dívida Ativa, em registro próprio, após apurada a sua liquidez e certeza, e a respectiva receita será escriturada a este título. (Incluído pelo Decreto Lei nº 1.735, de 20.12.1979)
>
> § 2º – Dívida Ativa Tributária é o crédito da Fazenda Pública dessa natureza, proveniente de obrigação legal relativa a tributos e respectivos adicionais e multas, e Dívida Ativa não Tributária são os demais créditos da Fazenda Pública, tais como os provenientes de empréstimos compulsórios, contribuições estabelecidas em lei, multa de qualquer origem ou natureza, exceto as tributárias, foros, laudêmios, alugueis ou taxas de ocupação, custas processuais, preços de serviços prestados por estabelecimentos públicos, indenizações, reposições, restituições, alcances dos responsáveis definitivamente julgados, bem assim os créditos decorrentes de obrigações em moeda estrangeira, de sub-rogação de hipoteca, fiança, aval ou outra garantia, de contratos em

> geral ou de outras obrigações legais. (Incluído pelo Decreto Lei nº 1.735, de 20.12.1979)
>
> § 3º – O valor do crédito da Fazenda Nacional em moeda estrangeira será convertido ao correspondente valor na moeda nacional à taxa cambial oficial, para compra, na data da notificação ou intimação do devedor, pela autoridade administrativa, ou, a sua falta, na data da inscrição da Dívida Ativa, incidindo, a partir da conversão, a atualização monetária e os juros de mora, de acordo com preceitos legais pertinentes aos débitos tributários. (Incluído pelo Decreto Lei nº 1.735, de 20.12.1979)
>
> § 4º – A receita da Dívida Ativa abrange os créditos mencionados nos parágrafos anteriores, bem como os valores correspondentes à respectiva atualização monetária, à multa e juros de mora e ao encargo de que tratam o art. 1º do Decreto-Lei nº 1.025, de 21 de outubro de 1969, e o art. 3º do Decreto-Lei nº 1.645, de 11 de dezembro de 1978. (Incluído pelo Decreto Lei nº 1.735, de 20.12.1979)
>
> § 5º – A Dívida Ativa da União será apurada e inscrita na Procuradoria da Fazenda Nacional. (Incluído pelo Decreto Lei nº 1.735, de 20.12.1979)

7.2. Composição

Segundo o § 2º da Lei nº 6.830/80, a Dívida Ativa da Fazenda Pública, compreendendo a tributária e a não tributária, abrange atualização monetária, juros e multa de mora e demais encargos previstos em lei ou contrato. Segundo o Manual de Procedimentos da Dívida Ativa, o pagamento de custas e emolumentos foi dispensado para os atos judiciais da Fazenda Pública.

7.3. Classificação segundo a composição

Segundo os créditos que a compõem, a Dívida Ativa pode ser dividida em:

- **Dívida Ativa Tributária**

Reúne os débitos de terceiros referentes a tributos e todos os seus encargos.

- **Dívida Ativa Não-Tributária**

Engloba todos os demais créditos da Fazendo Pública contra terceiros, juntamente com seus encargos.

7.4. Inscrição

Para que seja considerada, a Dívida Ativa precisa ser devidamente inscrita. Segundo o § 1º do art. 39, da Lei nº 4.320/64, a inscrição ocorrerá na forma da legislação própria, em registro próprio, após apurada a sua liquidez e certeza. A respectiva receita será escriturada a este título.

Uma vez inscrita, a Dívida Ativa passa a gozar de presunção de certeza e liquidez relativa. Tal presunção equivale a uma prova pré-constituída contra o devedor, podendo ser derrogada por prova inequívoca, cuja apresentação cabe ao sujeito passivo. Assim, tal presunção é denominada *Júris Tantum*.

Como visto, para que tenha validade, a inscrição é ato indispensável, pois é esta que confere legalidade ao crédito como dívida passível de cobrança, facultando ao ente público, representado pelos respectivos órgãos competentes, a iniciativa do processo judicial de execução. O órgão competente para realizar esta inscrição, no âmbito da União, é a Procuradoria da Fazenda Nacional.

7.5. Efeito na inscrição e no recebimento

Com relação aos efeitos provocados pela dívida ativa, consideram-se dois enfoques: o patrimonial e o orçamentário, em dois momentos distintos, a inscrição e o recebimento.

1) Enfoque patrimonial

- **Inscrição**

A inscrição representa uma receita, pois faz aumentar o Ativo sem uma contrapartida negativa correspondente e relacionada no próprio Ativo ou no Passivo. Assim, esse aumento se refletirá positivamente no Patrimônio Líquido. Por esse motivo, sob esse enfoque, a mera inscrição da Dívida Ativa já caracteriza uma receita.

A inscrição de créditos na Dívida Ativa representa contabilmente um fato modificativo que tem como resultado um acréscimo patrimonial no órgão ou unidade competente para inscrição em dívida ativa e um decréscimo patrimonial no órgão ou entidade originadora do crédito.

- **Recebimento**

Sob o enfoque patrimonial a entrada de recursos decorrente do recebimento da Dívida Ativa é um mero fato permutativo, não gerando receita, pois, apesar da entrada de recursos que faz aumentar o Ativo, ocorre de maneira concomitante, relacionada e proporcional uma redução dentro do próprio Ativo, com o desaparecimento do direito de receber os créditos anteriormente inscritos e que agora foram recebidos.

2) Enfoque orçamentário

- **Inscrição**

Como visto, este enfoque considera a arrecadação do recurso que não tenha caráter devolutivo e que possa ser empregado em despesas públicas, a inscrição em Dívida Ativa não gera receita sob este enfoque, porque não houve ainda nenhuma arrecadação, nenhuma entrada de recursos.

- **Recebimento**

Este regime considera a arrecadação do recurso que não tenha caráter devolutivo e que possa ser empregado em despesas públicas. Assim, o recebimento da

Dívida Ativa gera receita sob este enfoque, mais precisamente no subgrupo de outras receitas correntes, porque agora houve arrecadação.

> ▶ **FIQUE ATENTO:**
>
> A dívida ativa de receita de capital (alienação de bens e direitos e amortização da dívida) é classificada como receita de Capital.

7.6. Baixa na Dívida Ativa[12]

A baixa da Dívida Ativa pode ocorrer por:

a) Recebimento em espécie, bens ou direitos;

b) Abatimento ou anistia;

c) Cancelamento administrativo ou judicial da inscrição; ou

d) Compensação de créditos inscritos em dívida ativa com créditos contra a Fazenda Pública.

As formas de recebimento da dívida ativa são definidas em lei, destacando-se o recebimento em espécie e o recebimento na forma de bens, tanto pela adjudicação quanto pela dação em pagamento, sendo que o recebimento na forma de bens também poderá corresponder a uma receita orçamentária no momento do recebimento do bem, efetuando-se o registro da execução orçamentária da despesa com a sua aquisição, mesmo que não tenha havido fluxo financeiro. Esse procedimento permite a observância da legislação quanto à destinação dos recursos recebidos de Dívida Ativa.

Observe-se que, mesmo que não se efetue a execução orçamentária da receita e da despesa decorrente desse procedimento, a Administração deve propiciar os meios para que a destinação dos recursos recebidos em Dívida Ativa, mesmo que na forma de bens, seja garantida.

> ▶ **ATENÇÃO:**
>
> O registro das receitas orçamentárias oriundas do recebimento da dívida ativa deve ser discriminado em contas contábeis de acordo com a natureza do crédito original. Também devem ser identificados em classificações específicas os recebimentos referentes às multas, juros e outros encargos.

12. Manual de Contabilidade Aplicada ao Setor Público – 7ª Edição – Exercício 2017 – Aplicado à União, aos Estados, ao Distrito Federal e aos Municípios. Válido a partir do exercício de 2017. Portaria Conjunta STN/SOF nº 02, de 22 de dezembro de 2016/Portaria STN nº 840, de 21 de dezembro de 2016.

8. PRATICANDO – QUESTÕES DE CONCURSOS ANTERIORES COMENTADAS

1) **(FGV – TJ (TJ CE)/TJ CE/Técnico-Administrativa/"Sem Especialidade"/2019)** Em geral entende-se receita pública como todo ingresso de recurso nos cofres públicos, mas nem todo ingresso corresponde a uma receita orçamentária que pode ser utilizada como fonte de financiamento das ações públicas.

Uma das características dos chamados ingressos extraorçamentários é que:

a) constituem dívida fundada do ente;
b) possuem caráter compensatório e não devolutivo;
c) podem ser destinados à cobertura de créditos extraordinários;
d) são registrados como excesso de arrecadação;
e) suas restituições não se sujeitam à autorização legislativa.

Gabarito: E

COMENTÁRIO:

Ingressos extraorçamentários são recursos financeiros que apresentam caráter temporário e não integram a LOA.

O Estado é mero depositário desses recursos, que constituem passivos exigíveis e cujas restituições não se sujeitam à autorização legislativa por não serem despesas orçamentárias. Exemplos: Depósitos em Caução, Fianças, Operações de Crédito por ARO4, emissão de moeda e outras entradas compensatórias no ativo e passivo financeiros.

2) **(VUNESP – Adm Jud (TJ SP)/TJ SP/2019)** As receitas, cuja arrecadação ocorre dentro do exercício financeiro, contribuem para o aumento das disponibilidades financeiras do Estado e constituem instrumento para financiar os objetivos definidos nos programas e nas ações orçamentários, com vistas a satisfazer finalidades públicas, e provenientes de tributos, contribuições, exploração do patrimônio, entre outras, são classificadas como

a) financeiras.
b) intraorçamentárias.
c) de transferência.
d) arrecadatórias.
e) correntes.

Gabarito: E

COMENTÁRIO:

a) Assim, as Receitas Financeiras são basicamente as provenientes de operações de crédito (endividamento), de aplicações financeiras e de juros, em consonância com o Manual de Estatísticas de Finanças Públicas do Fundo Monetário Internacional – FMI, de 1986.

b) Conforme explicita o MTO 2019, operações intraorçamentárias são aquelas realizadas entre órgãos e demais entidades da Administração Pública integrantes dos Orçamentos

Fiscal e da Seguridade Social do mesmo ente federativo. Não representam novas entradas de recursos nos cofres públicos do ente, mas apenas remanejamento de receitas entre seus órgãos.

c) Classificam-se como Transferências Correntes as dotações para despesas as quais não corresponda contraprestação direta em bens ou serviços, inclusive para contribuições e subvenções destinadas a atender à manutenção de outras entidades de direito público ou privado.

São Transferências de Capital as dotações para investimentos ou inversões financeiras que outras pessoas de direito público ou privado devam realizar, independentemente de contraprestação direta em bens ou serviços, constituindo essas transferências auxílios ou contribuições, segundo derivem diretamente da Lei de Orçamento ou de lei especialmente anterior, bem como as dotações para amortização da dívida pública.

d) A expressão "receitas arrecadatórias" é um termo não muito usual, representa as receitas arrecadas.

e) Receitas correntes, em sua maioria, são fatos modificativos aumentativos, já que os recursos financeiros obtidos entram para fazer parte do Ativo em função do aumento das disponibilidades financeiras, ou seja, aumento no valor de um dos elementos do Ativo, os recursos financeiros. Essa entrada geralmente não provoca nenhuma contrapartida no Ativo, reduzindo-o, ou no Passivo, aumentando-o.

3) **(VUNESP – ContJ (TJ SP)/TJ SP/2019)** Assinale a alternativa que apresenta um exemplo de receita corrente.

a) Alienação de bens.
b) Resgate de títulos do tesouro.
c) Operações de crédito de longo prazo.
d) Integralização de capital social.
e) Multas administrativas e contratuais ativas.

Gabarito: E

COMENTÁRIO:

Lei 420/64

Art. 11 – A receita classificar-se-á nas seguintes categorias econômicas: Receitas Correntes e Receitas de Capital.

§ 1º – São Receitas Correntes as receitas tributária, de contribuições, patrimonial, agropecuária, industrial, de serviços e outras e, ainda, as provenientes de recursos financeiros recebidos de outras pessoas de direito público ou privado, quando destinadas a atender despesas classificáveis em Despesas Correntes.

§ 2º – São Receitas de Capital as provenientes da realização de recursos financeiros oriundos de constituição de dívidas; da conversão, em espécie, de bens e direitos; os recursos recebidos de outras pessoas de direito público ou privado, destinados a atender despesas classificáveis em Despesas de Capital e, ainda, o superávit do Orçamento Corrente.

a) Alienação de bens: receita de capital

b) Resgate de títulos do tesouro: despesa

c) Operações de crédito de longo prazo: receita de capital

d) Integralização de capital social: despesa de capital

e) Multas administrativas e contratuais ativas: receita corrente

4) **(FGV – TJ (TJ CE)/TJ CE/Técnico-Administrativa/"Sem Especialidade"/2019)** No processo de registro dos estágios da receita orçamentária, os procedimentos que envolvem a verificação da procedência do crédito fiscal e a pessoa que lhe é devedora e a inscrição do débito desta corresponde a:

a) previsão;
b) liquidação;
c) lançamento;
d) arrecadação;
e) inscrição em dívida ativa.

Gabarito: C

COMENTÁRIO:

a) Errado: prever é projetar, no caso da receita, é projetar o valor que estará disponível no orçamento do exercício seguinte para fazer frente às despesas públicas.

b) Errado: Liquidação é uma etapa da despesa e consiste na verificação física e documental por parte da Administração Pública da efetiva entrega do bem, conclusão da obra, ou, ainda, da prestação do serviço dentro do estabelecido em processo licitatório, se for o caso. É a conferência por parte da Administração Pública, que atestará a despesa após verificar a adequação das mercadorias entregues ou dos serviços prestados e o processamento pela Contabilidade que, de posse de toda a documentação, viabilizará o pagamento. Em algumas situações, o servidor da Administração fica responsável por atestar, no verso do documento apresentado, desde que atendidas todas as condições contratadas, o recebimento de bens, a execução de obras ou a prestação de serviços. ;

c) Certo: lançamento

Segundo o art. 53 da Lei nº 4.320/\64, o lançamento da receita é ato da repartição competente, que verifica a procedência do crédito fiscal e a pessoa que lhe é devedora, inscrevendo e inscreve o débito desta.

Segundo o art. 52 da lei 4320/64, são objeto de lançamento os impostos diretos e quaisquer outras rendas com vencimento determinado em lei, regulamento ou contrato. Dessa forma, as receitas que não possuírem essas características não passarão por esse estágio.

d) Errado: arrecadação é o estágio em que as pessoas, físicas ou jurídicas, entregam os recursos financeiros aos agentes arrecadadores, tais como bancos, lotéricas, etc.

e) Errado: para que seja considerada, a Dívida Ativa precisa ser devidamente inscrita. que, Segundo o § 1º do Art. 39, da Lei nº 4.320/64, a inscrição ocorrerá na forma da legislação própria, como Dívida Ativa, em registro próprio, após apurada a sua liquidez e certeza., e a A respectiva receita será escriturada a este título.

5) **(FCC – Analista Judiciário – Área Administrativa – TRT 2/2018)** Considere hipoteticamente que em abril de 2018, um determinado Tribunal Regional do Trabalho arrecadou R$ 350.000,00 referentes a receitas imobiliárias (Exploração do Patrimônio Imobiliário) e empenhou R$ 900.000,00 com o planejamento e a execução de obras. De acordo com as determinações da Lei no 4.320/1964, a receita arrecadada e a despesa empenhada pelo Tribunal Regional do Trabalho, em abril de 2018, devem ser classificadas, respectivamente, como

a) Receitas de Capital - Alienação de Bens e Despesas Correntes - Despesas de Custeio.
b) Receitas Correntes - Receita Patrimonial e Despesas de Capital - Investimentos.
c) Receitas de Capital - Alienação de Bens e Despesas de Capital - Investimentos.
d) Receitas Correntes - Transferências Correntes e Despesas Correntes - Despesas de Custeio.
e) Receitas de Capital - Receita Patrimonial e Despesas Correntes - Inversões Financeiras.

Gabarito: B

COMENTÁRIOS:

Nota do autor. As classificações orçamentárias são frequentemente exigidas em prova. Os editais, muitas vezes, não são claros nas definições, por vezes trazem as expressões "receita e despesa", por vezes trazem a expressão "classificações orçamentárias" (que engloba os dois conceitos).

Em regra, as questões se referem aos conceitos de receita e despesa ou aos diversos critérios de classificação. Mas, raramente, é possível que haja a exigência de cálculos com a identificação das espécies de receita e despesa. A questão se refere à classificação econômica da receita e despesa, a mais exigida em provas dentre as classificações.

Alternativa correta: letra "B" (Responde todas as outras alternativas):

A classificação Econômica se refere ao impacto econômico da receita e despesa e está expressa na Lei nº 4.320/64.

> **Art. 11.** A receita classificar-se-á nas seguintes categorias econômicas: Receitas Correntes e Receitas de Capital.
>
> § 4º - A classificação da receita obedecerá ao seguinte esquema:
>
> Receitas correntes
> - Receita tributária;
> - Receita de contribuições;
> - Receita patrimonial => R$ 350.000,00 referentes a Receitas imobiliárias (Exploração do Patrimônio Imobiliário);
> - Receita agropecuária;
> - Receita industrial;
> - Receita de serviços;
> - Transferências correntes;
> - Outras receitas correntes.

Receitas de capital
- Operações de crédito;
- Alienação de bens;
- Amortização de empréstimos;
- Transferências de capital;
- Outras receitas de capital.

Art. 12. A despesa será classificada nas seguintes categorias econômicas: (Vide Decreto-lei nº 1.805, de 1980)

Despesas Correntes
- Despesas de Custeio;
- Transferências Correntes.

Despesas de Capital
- Investimentos => empenhou R$ 900.000,00 (novecentos mil reais) com o planejamento e a execução de obras.

§ 4º Classificam-se como investimentos as **dotações para o planejamento e a execução de obras**, inclusive as destinadas à aquisição de imóveis considerados necessários à realização destas últimas, bem como para os programas especiais de trabalho, aquisição de instalações, equipamentos e material permanente e constituição ou aumento do capital de empresas que não sejam de caráter comercial ou financeiro.

- Inversões Financeiras.
- Transferências de Capital.

6) **(CESPE – AJ (TRE PE)/TRE PE/Administrativa/Contabilidade/2017)** As etapas da receita orçamentária

a) seguem a ordem cronológica dos fenômenos econômicos.
b) consistem no planejamento das receitas orçamentárias que constarão na proposta orçamentária.
c) dependem do comportamento da série histórica de arrecadação.
d) ocorrem para todos os tipos de receitas orçamentárias.
e) incluem o empenho, a liquidação e o pagamento.

Gabarito: A

COMENTÁRIOS:

Segundo o MTO – 2019[13], Manual Técnico de Orçamento para o exercício 2019, as etapas da receita seguem a ordem de ocorrência dos fenômenos econômicos, considerando o

13. BRASIL. Ministério do Planejamento, Desenvolvimento e Gestão. **Manual Técnico de Orçamento para o exercício 2018** – Portaria Conjunta SOF/STN nº 23, de 04 de maio de 2017. Disponível em: <http://www.planejamento.gov.br/assuntos/orcamento-1/informacoes-orcamentarias/arquivos/MTOs/mto_atual.pdf/view>. Acesso em: 15 ago. 2018

modelo de orçamento existente no País. Dessa forma, a ordem sistemática se inicia com a etapa de previsão e termina com a de recolhimento. Isso significa que a sequência das etapas é determinada pelo que efetivamente ocorre entre os fenômenos econômicos que levam à obtenção da Receita Pública.

Importante entender que, em razão de suas características, nem todas as receitas passam por todas as etapas.

Vejamos o que tem de certo e errado em cada alternativa:

Alternativa correta: letra "a", como visto na explicação.

Alternativa "b": Errado: o planejamento é uma das etapas e não está inserido na execução.

Alternativa "c": Errado: A previsão (planejamento) depende do comportamento da série histórica de arrecadação, mas a execução não.

Alternativa "d": Errado: NÃO ocorrem para todos os tipos de receitas orçamentárias.

Alternativa "e": Errado: O empenho, a liquidação e o pagamento SÃO ETAPAS DA EXECUÇÃO DA DESPESA PÚBLICA.

7) **(CESPE – AJ (TRE PE)/TRE PE/Administrativa/"Sem Especialidade"/2017)** Com relação à receita pública, assinale a opção correta.

a) São receitas de capital os recursos financeiros recebidos por ente público para custear despesas com pessoal, com serviços de terceiros ou com material de consumo.

b) Um dos estágios da receita pública é o recolhimento, que consiste na entrega dos recursos devidos pelos contribuintes ou devedores ao Tesouro Nacional.

c) A classificação da receita pública por fonte de recursos indica a origem do recurso segundo o seu fato gerador, quer seja recurso do Tesouro Nacional, quer de outras fontes.

d) As dívidas da União dividem-se em dívidas ativas e dívidas passivas, conforme a etapa da execução orçamentária em que se encontre o pagamento da obrigação da União.

e) A receita pública origina-se tanto da exploração de patrimônio de pessoa jurídica de direito público quanto do poder do Estado de exigir prestações pecuniárias dos cidadãos.

Gabarito: E

COMENTÁRIOS:

Vejamos cada alternativa:

Alternativa "a" - Errado: são CORRENTES, MAIS ESPECIFICAMENTE, TRANSFERÊNCIAS CORRENTES, os recursos financeiros recebidos por ente público para custear despesas com pessoal, com serviços de terceiros ou com material de consumo.

Alternativa "b" - Errado: um dos estágios da receita pública é a ARRECADAÇÃO, que consiste na entrega dos recursos devidos pelos contribuintes ou devedores aos agentes arrecadadores.

Alternativa "c" - Errado: a classificação da receita pública por fonte de recursos indica a fonte/destinação de recursos e possui a finalidade precípua de identificar o destino dos recursos arrecadados, vinculando-os à despesa. Segundo o MTO 2019, enquanto a natureza de receita orçamentária busca identificar a origem do recurso segundo seu fato gerador, a fonte/destinação de recursos possui a finalidade precípua de identificar o destino dos recursos arrecadados.

Alternativa "d" - Errado: As dívidas da União se dividem em dívidas FLUTUANTE e FUNDADA OU CONSOLIDADA.

> **Lei de Responsabilidade Fiscal**
>
> Art. 29. Para os efeitos desta Lei Complementar, são adotadas as seguintes definições:
>
> I - dívida pública consolidada ou fundada: montante total, apurado sem duplicidade, das obrigações financeiras do ente da Federação, assumidas em virtude de leis, contratos, convênios ou tratados e da realização de operações de crédito, para amortização em prazo superior a doze meses;
>
> **Lei nº 4.320/64**
>
> Art. 92. A dívida flutuante compreende:
>
> I - os restos a pagar, excluídos os serviços da dívida;
>
> II - os serviços da dívida a pagar;
>
> III - os depósitos;
>
> IV - os débitos de tesouraria.
>
> Parágrafo único. O registro dos restos a pagar far-se-á por exercício e por credor distinguindo-se as despesas processadas das não processadas.

Alternativa correta: letra "e". A receita pública se origina tanto da exploração de patrimônio de pessoa jurídica de direito público (RECEITAS ORIGINÁRIAS) quanto do poder do Estado de exigir prestações pecuniárias dos cidadãos (RECEITAS DERIVADAS).

8) **(FCC - AJ TRE SP/TRE SP/Administrativa/"Sem Especialidade"/2017)** Atenção: Para responder à questão, considere as seguintes informações relativamente à execução da Lei Orçamentária de determinado ente público, no exercício de 2016, segundo a Lei Federal nº 4.320/1964.

Receitas Arrecadadas

Cota-Parte do Fundo de Participação dos Estados	180.000
Transferência de Capital destinada à construção de hospitais públicos	160.000
Rendimentos de Aplicações Financeiras	45.000
Aluguel de Imóvel de Propriedade do ente público	15.000
Operações de Crédito de Longo Prazo	320.000
Alienação de Bens Imóveis	210.000

Cota-Parte do Imposto Sobre a Propriedade Territorial Rural	75.000
Indenizações e Restituições	25.000
Multas e Juros de Mora	10.000
Dívida Ativa do ICMS	110.000
Impostos e Taxas	95.000

Despesas Empenhadas

Água, Luz e Telefone	35.000
Construção de Ginásio Poliesportivo	180.000
Manutenção de Veículos	55.000
Aquisição de um terreno destinado à construção de duas escolas públicas	240.000
Amortização de parcela de empréstimo de longo prazo	120.000
Juros e encargos da dívida de longo prazo	25.000
Aquisição de Material de Expediente	65.000
Folha de Pagamento dos servidores ativos	390.000

Informações complementares

Não havendo dotação orçamentária específica, no mês de outubro de 2016, foi aberto um crédito adicional no valor de R$ 120.000, destinado à aquisição de dois veículos novos, utilizando recursos por anulação parcial de dotação orçamentária.

Do total das despesas correntes empenhadas no exercício de 2016 foi pago no próprio exercício o valor de R$ 480.000.

O total das Receitas de Capital previstas na Lei Orçamentária para o exercício de 2016 foi de R$ 650.000.

As receitas correntes arrecadadas somam, em R$,

a) 555.000.
b) 510.000.
c) 540.000.
d) 530.000.
e) 480.000.

Gabarito: A.

COMENTÁRIOS:

Para responder à questão, basta identificar as receitas correntes e somar os valores. São elas:

Cota-Parte do Fundo de Participação dos Estados	180.000
Rendimentos de Aplicações Financeiras	45.000

Aluguel de Imóvel de Propriedade do ente público	15.000
Cota-Parte do Imposto Sobre a Propriedade Territorial Rural	75.000
Indenizações e Restituições	25.000
Multas e Juros de Mora	10.000
Dívida Ativa do ICMS	110.000
Impostos e Taxas	95.000
Total	555.000

9) **(CESPE – Analista Judiciário – Área Judiciária – Oficial de Justiça Avaliador – TRT 9/2016)** Com relação às receitas correntes e às receitas de capital, assinale a opção correta.

a) São receitas correntes as provenientes de empréstimo e de financiamento destinados a investimentos.
b) As receitas tributárias e de contribuições classificam-se como receitas correntes.
c) As operações de crédito são classificadas como receitas correntes.
d) São receitas correntes aquelas destinadas à inversão financeira.
e) As receitas de capital são classificadas em patrimonial e industrial.

Gabarito: b

COMENTÁRIOS:

Segundo § 4º do art. 11 da Lei nº 4.320/64, a classificação da receita obedecerá ao seguinte esquema:

RECEITAS CORRENTES

Receita tributária (impostos, taxas, contribuições de melhoria); receita de contribuições; receita patrimonial; receita agropecuária; receita industrial; receita de serviços; transferências correntes; outras receitas correntes.

RECEITAS DE CAPITAL

Operações de crédito; alienação de bens; amortização de empréstimos; transferências de capital; outras receitas de capital.

▶ **FIQUE ATENTO:**

A divisão acima é uma concepção da lei que não mais se coaduna com o entendimento atual, já que existem outras espécies tributárias. Na classificação por Natureza da Receita, os impostos, as taxas e as contribuições de melhoria são classificados na espécie "Impostos, Taxas e Contribuições de Melhoria", diferente da lei que os denomina "tributária".

10) **(FCC – Analista Judiciário – Área Administrativa – TRT 3/2015)** Durante o exercício houve a necessidade da realização de operação de crédito que não estava

prevista originalmente no orçamento. Essa operação não teve a natureza de antecipação de receita. Essa receita deverá ser classificada como

a) bruta.
b) paraorçamentária.
c) extraorçamentária.
d) orçamentária.
e) a classificar.

Gabarito: d

COMENTÁRIOS:

A questão versa sobre a identificação da receita como orçamentária ou extraorçamentária. Diferente da despesa, estar presente ou não no Orçamento não é o melhor critério para definição da natureza orçamentária de uma receita. Para esta identificação, o melhor critério é a possibilidade de utilização do recurso financeiro para fazer frente às despesas públicas, atendendo as necessidades públicas. A Administração Pública está autorizada a arrecadar toda receita que seja possível durante um exercício financeiro, de modo que a falta de previsão na LOA não inviabiliza tal possibilidade, mesmo que seja uma operação de crédito. Fique atento, pois, segundo o parágrafo único do art. 3º da Lei nº 4.320/64, não se consideram receitas orçamentárias para os fins deste artigo as operações de crédito por antecipação da receita, as emissões de papel-moeda e outras entradas compensatórias, no Ativo e passivo financeiros.

Alternativa correta: letra "d". As operações de crédito são consideradas receitas orçamentárias, pois serão utilizadas para atender necessidades públicas. Fique atento que as operações de crédito por antecipação de receita (ARO) não são receitas orçamentárias, parágrafo único do art. 3º da Lei nº 4.320/64.

Alternativas "a", "b" e "e": fora do contexto.

Alternativa "c": são receitas de caráter provisório. Segundo o MCASP – Manual de Contabilidade Aplicada ao Setor Público – Ingressos extraorçamentários são recursos financeiros de caráter temporário, do qual o Estado é mero agente depositário. Sua devolução não se sujeita a autorização legislativa, portanto, não integram a Lei Orçamentária Anual (LOA). Por serem constituídos por ativos e passivos exigíveis, os ingressos extraorçamentários, em geral, não têm reflexos no Patrimônio Líquido da Entidade.

11) **(FCC – AJ TRT4/TRT 4/Administrativa/2015)** No mês de agosto de 2015, a Prefeitura do Município de Pantanal do Sul arrecadou, concomitantemente ao momento do reconhecimento do crédito, os valores referentes a:

- alienações de bens imóveis 350
- rendimentos de aplicações financeiras............... 150
- operações de créditos de longo prazo................. 250
- impostos sobre a prestação de serviços – ISS..... 400
- concessões e permissões de serviços públicos.... 100

O montante das receitas efetivas arrecadadas em agosto de 2015 foi de

a) 700.
b) 650.
c) 500.
d) 750.
e) 550.

Gabarito: b

COMENTÁRIOS:

Esse critério diferencia as receitas orçamentárias conforme o impacto no PL (Patrimônio Líquido) do ente público que as recebe, isso dentro de uma visão contábil, dentro de um enfoque patrimonial segundo um regime de competência.

- alienações de bens imóveis .... 350: não-efetivas, pois, entra dinheiro (aumenta o Ativo) mas desaparece o bem (reduz o Ativo no mesmo valor), não havendo impacto positivo no PL.

- rendimentos de aplicações financeiras............... 150: efetiva, pois o rendimento faz aumentar o Ativo com a entrada do dinheiro referente aos juros, aumentando, assim, o PL.

- operações de créditos de longo prazo................. 250: não-efetivas, pois, entra dinheiro (aumenta o Ativo), mas surge uma dívida (aumenta o Passivo no mesmo valor), não havendo impacto positivo no PL.

- impostos sobre a prestação de serviços - ISS......400: efetiva, pois faz aumentar o Ativo com a entrada do dinheiro referente ao imposto, aumentando, assim, o PL.

- concessões e permissões de serviços públicos.... 100: efetiva, pois faz aumentar o Ativo com a entrada do dinheiro referente aos juros, aumentando, assim, o PL.

Assim, 150 + 400 + 100 = 650.

12) **(FCC - Analista Judiciário - Área Administrativa - TRT 9/2015)** É uma receita orçamentária:

a) Transferências Financeiras recebidas.
b) Transferências Correntes.
c) Superávit Financeiro.
d) Cancelamento de Restos a Pagar.
e) Antecipação de Receita Orçamentária.

Gabarito: b

COMENTÁRIOS:

Receitas orçamentárias são recursos que se destinam a realização de despesas públicas. A própria Lei nº 4.320/64 em seu art. 57 corrobora com o entendimento hora apresentado ao classificar como orçamentárias as receitas não previstas no orçamento e as advindas de operações de crédito e alienação de bens direitos.

As receitas extraorçamentárias são recursos que não serão destinados ao atendimento de despesas públicas por, em regra, ter caráter transitório. Essas receitas podem ou não representar entrada de recursos financeiros.

A receita orçamentária é classificada segundo a Categoria Econômica em Corrente e Capital.

A forma mais rápida para identificar qual receita é orçamentária dentre as alternativas apresentadas pela questão, é analisar a alternativa "b", a qual se refere a uma Transferência **Corrente**.

Assim, toda receita corrente e de capital é considerada orçamentária, com exceção do superávit do Orçamento Corrente, pois segundo o § 2º do art. 11 da Lei nº 4.320/64, são Receitas de Capital as provenientes da realização de recursos financeiros oriundos de constituição de dívidas; da conversão, em espécie, de bens e direitos; os recursos recebidos de outras pessoas de direito público ou privado, destinados a atender despesas classificáveis em Despesas de Capital **e, ainda, o superávit do Orçamento Corrente.**

Já o § 3º do mesmo dispositivo legal determina que o **superávit do Orçamento Corrente** resultante do balanceamento dos totais das receitas e despesas correntes, apurado na demonstração a que se refere o Anexo nº 1, **não constituirá item de receita orçamentária.**

13) **(FCC – AJ TRF5/TRF 5/Administrativa/"Sem Especialidade")** Receita pública classifica-se em dois grupos denominados receitas

a) correntes e de capital.
b) orçamentária e extraorçamentária.
c) patrimonial e extraorçamentária.
d) patrimonial e tributária.
e) orçamentária e de capital.

Gabarito: B

COMENTÁRIOS:

Para responder corretamente esta questão, deve-se considerar duas coisas:

1) A coerência das alternativas com hipóteses compatíveis (somente as alternativas "a" (categoria econômica) e "b" (caráter orçamentário da receita). As demais não apresentam hipóteses compatíveis dentro de uma mesma classificação.
2) Conhecer o critério de caráter mais geral. Dentre as alternativas possíveis ("a" e "b") a classificação mais geral é a que classifica a receita segundo o caráter orçamentário (orçamentária e extraorçamentária) já que a categoria econômica é uma classificação da receita orçamentária.

Assim, dentre as alternativas, a que apresenta coerência entre as hipóteses e a mais geral é a que classifica a receita segundo o caráter orçamentário.

Complementarmente, vale a observação que, segundo o enunciado, a banca considerou a receita extraorçamentária como uma receita pública, diferentemente do que considera o MTO.

14)(FCC – Proc (TCM-RJ)/TCM-RJ/2015) Para a doutrina, receita não se confunde com ingresso, porque ingresso compreende toda quantia recebida pelos cofres públicos, seja restituível ou não, enquanto que receita é toda entrada ou ingresso definitivo de dinheiro aos cofres públicos. Levando-se em consideração tal entendimento:

a) Lei nº 4.320/1964 consagrou tal doutrina, dispondo que somente as entradas definitivas de dinheiro aos cofres públicos são consideradas receitas públicas.

b) Lei nº 4.320/1964 não acatou tal doutrina, na medida em que considera receitas públicas as receitas de capital como ingressos ou entradas de dinheiros de forma definitiva ou não, assim como as receitas correntes e as de capital, sendo estas provenientes de recursos financeiros oriundos, inclusive, de constituição de dívidas, empréstimos e outros ingressos não definitivos.

c) Constituição Federal não acatou tal conceito doutrinário, porque considera receitas públicas somente as receitas originárias, ou seja, as receitas que têm origem no próprio patrimônio imobiliário do Estado.

d) Constituição Federal não acatou tal conceito doutrinário, porque considera receitas públicas somente aquelas arrecadadas compulsoriamente e que derivam do patrimônio dos particulares e, por isso, são denominadas receitas derivadas.

e) Lei de Responsabilidade Fiscal dispõe que somente as receitas tributárias, de ingresso definitivo aos cofres públicos, são consideradas receitas públicas, excluindo-se, assim, os empréstimos compulsórios e as receitas originárias.

Gabarito: b

COMENTÁRIOS:

A questão é confusa no que tange o entendimento do que seja "entrada definitiva de recursos". Na questão, os valores obtidos com empréstimos não são considerados como entradas definitivas em razão da necessidade de pagar, que seria entendida como uma "devolução dos recursos emprestados". O art. 3º da Lei nº 4.320/64 estabelece que a Lei de Orçamentos compreenderá todas as receitas, inclusive as de operações de crédito autorizadas em lei. Não se consideram para os fins deste artigo as operações de crédito por antecipação da receita, as emissões de papel-moeda e outras entradas compensatórias, no Ativo e passivo financeiros.

Isso quer dizer que, mesmo que a receita provoque um impacto negativo no patrimônio, como a baixa de um bem imóvel (receita pela venda de um bem imóvel, entra dinheiro, mas o bem é entregue ao comprador) ou a obtenção de um empréstimo, que faz surgir uma dívida, serão consideradas receitas públicas orçamentárias.

Porém, esse tipo de receita, de certo ponto de vista, pode ser considerada como uma entrada definitiva, já que devolver (valor que está retido, que é transitório) é diferente de pagar (pagar o empréstimo segundo as condições estabelecidas em contrato). Em todo caso, deve-se ater ao texto de lei.

15)(CESPE – PEB (SEDF)/SEDF/Administração/2017) Acerca do orçamento público, julgue o item seguinte.

No tocante à conceituação e à classificação da receita pública, as receitas tributária e patrimonial são classificadas como receitas de capital.

Gabarito: Errado

COMENTÁRIOS:

Segundo o § 1º do art. 11 da Lei nº 4.320/64, as receitas tributária e patrimonial são classificadas como receitas CORRENTES.

> **Lei nº 4.320/64**
>
> Art. 11 – A receita classificar-se-á nas seguintes categorias econômicas: Receitas Correntes e Receitas de Capital. (Redação dada pelo Decreto Lei nº 1.939, de 1982)
>
> § 1º – São Receitas Correntes as receitas TRIBUTÁRIA, de contribuições, PATRIMONIAL, agropecuária, industrial, de serviços e outras e, ainda, as provenientes de recursos financeiros recebidos de outras pessoas de direito público ou privado, quando destinadas a atender despesas classificáveis em Despesas Correntes. (Redação dada pelo Decreto Lei nº 1.939, de 1982)
>
> § 2º – São Receitas de Capital as provenientes da realização de recursos financeiros oriundos de constituição de dívidas; da conversão, em espécie, de bens e direitos; os recursos recebidos de outras pessoas de direito público ou privado, destinados a atender despesas classificáveis em Despesas de Capital e, ainda, o superávit do Orçamento Corrente. (Redação dada pelo Decreto Lei nº 1.939, de 1982)
>
> § 3º – O superávit do Orçamento Corrente resultante do balanceamento dos totais das receitas e despesas correntes, apurado na demonstração a que se refere o Anexo nº 1, não constituirá item de receita orçamentária

16) **(CESPE – Proc MPC (TCE-BA)/TCE-BA/2010)** Julgue o item subsecutivo, acerca do direito financeiro.

Será considerada receita pública a prestação de caução, mediante depósito em dinheiro, realizada pelo contratado em licitação pública, como garantia ao cumprimento do contrato, quando, na hipótese de inadimplemento do contrato, for imposta sanção pelo ente licitante, com a decretação da perda integral do depósito.

Gabarito: Certo

COMENTÁRIOS:

A caução é receita extraorçamentária, devolutiva, pois, sendo devidamente cumprido o contrato, o contratado terá o direito de receber este valor de volta no prazo acordado. Porém, havendo problemas na execução que sejam imputados ao contratado, poderá ser aplicada sanção contratual de perda da caução.

A partir da perda, o valor fica disponível para a Administração Pública que poderá utilizá-lo em despesas públicas, tornando-se uma receita orçamentária.

17) **(CESPE – Analista Judiciário – Área Administrativa – TRT 8/2016)** No que se refere às etapas e estágios das despesas e receitas públicas, assinale a opção correta.

a) O processo de fixação da despesa orçamentária estará concluído quando houver a verificação do direito adquirido pelo credor, comprovado por títulos e documentos do respectivo crédito.

b) Se o instrumento de contrato for facultativo, ele poderá ser substituído pela ordem bancária.

c) A previsão da receita é a base utilizada para estimar as necessidades de financiamento do governo.

d) No estágio da arrecadação da receita, é verificada a procedência do crédito fiscal e a pessoa que lhe é devedora.

e) As doações em espécie recebidas pelos entes públicos devem passar pelo estágio do lançamento.

Gabarito: c

COMENTÁRIOS:

Alternativa "a": conforme explicita o item 4.4.1.1 do MCASP, a fixação da despesa se refere aos limites de gastos, incluídos nas leis orçamentárias com base nas receitas previstas, a serem efetuados pelas entidades públicas. A fixação da despesa orçamentária se insere no processo de planejamento e compreende a adoção de medidas em direção a uma situação idealizada, tendo em vista os recursos disponíveis e observando as diretrizes e prioridades traçadas pelo governo.

Alternativa "b": a verificação do direito adquirido pelo credor se refere à Liquidação.

Segundo o item 4.4.2.2 do MCASP, 7ª edição, é recomendável constar no instrumento contratual o número da nota de empenho, visto que representa a garantia ao credor de que existe o crédito orçamentário disponível e suficiente para atender à despesa objeto do contrato. Nos casos em que o instrumento de contrato é facultativo, a Lei nº 8.666/1993 admite a possibilidade de substituí-lo **pela nota de empenho de despesa**, hipótese em que o empenho representa o próprio contrato.

Alternativa correta: letra "c". Conforme expressa o MCASP (item 3.5.1.), no âmbito federal, a metodologia de projeção de receitas orçamentárias busca assimilar o comportamento da arrecadação de determinada receita em exercícios anteriores, a fim de projetá-la para o período seguinte, com o auxílio de modelos estatísticos e matemáticos. A busca deste modelo dependerá do comportamento da série histórica de arrecadação e de informações fornecidas pelos órgãos orçamentários ou unidades arrecadadoras envolvidas no processo.

A previsão de receitas é a etapa que antecede à fixação do montante de despesas que irão constar nas leis de orçamento, além de ser **base para se estimar as necessidades de financiamento do governo**.

Alternativa "d": conforme determina o art. 53 da Lei nº 4.320/64, o **Lançamento** da receita é ato da repartição competente, que verifica a procedência do crédito fiscal e a pessoa que lhe é devedora e inscreve o débito desta.

Alternativa "e": conforme determina o art. 52 da Lei nº 4.320/64, são objeto de lançamento **os impostos diretos e quaisquer outras rendas com vencimento determinado em lei, regulamento ou contrato.**

18) (CESPE/TRT – 10ª REGIÃO (DF e TO)/Técnico Judiciário – Administrativo/2013) Com relação ao disposto na Lei n.º 4.320/1964, julgue os itens a seguir.

Diferenciar o regime orçamentário por meio do qual receitas e despesas são tratadas, pode ser útil para melhor evidenciar a situação fiscal do governo. Neste sentido, adota-se, no Brasil, o regime orçamentário misto: para a receita, adota-se o regime de caixa e, para a despesa, o regime de competência.

Gabarito: certo

COMENTÁRIOS:

Segundo o art. 35 da Lei nº 4.320/64, pertencem ao exercício financeiro:

- As receitas nele arrecadadas;

Sob o ponto de vista orçamentário, para que uma receita seja reconhecida, ela deve ser, ao menos, arrecadada. Isso caracteriza o regime de caixa para a receita orçamentária.

- As despesas nele legalmente empenhadas.

Sob o ponto de vista orçamentário, para que uma despesa seja reconhecida, ela deve ser, ao menos, empenhada. Veja que, para o reconhecimento da despesa, não houve necessidade de saída de recursos, bastando o empenho. Isso caracteriza o regime competência orçamentário.

19) (CESPE – AC TCE PR/TCE-PR/Administração/2016) No que se refere a receitas públicas, suas classificações e características, assinale a opção correta.

a) O primeiro estágio da receita, determinado pela previsão de receitas das unidades orçamentárias, não segue o modelo incremental.

b) Na elaboração da proposta orçamentária dos tribunais, a previsão das receitas econômicas é tão complexa quanto a definição das despesas a serem executadas no decorrer do exercício social seguinte.

c) Os ingressos extraorçamentários são considerados receitas públicas por serem utilizados na cobertura de despesas públicas a encargo do ente público que as arrecada.

d) Os tribunais não estão autorizados a arrecadar tributos nem contribuições como receitas correntes, por isso, na elaboração da proposta orçamentária dessas entidades, constam quase integralmente receitas de capital como obtenção de recursos.

e) Na elaboração de sua proposta orçamentária, as unidades devem considerar o histórico de arrecadação de períodos anteriores, associado a aspectos legais que possam afetar a previsão, os índices de preços e o crescimento econômico.

Gabarito: E

COMENTÁRIOS:

Alternativa "a" - Errado: Seguindo um modelo incremental, na previsão da receita para o exercício subsequente, é utilizado um valor como base de cálculo. Este valor é obtido com base na média, por exercício, da receita arrecada em exercícios anteriores, aplicando-se fatores de multiplicação que considera fatores como taxa de inflação e crescimento do PIB, variações de produção e efeito da legislação na arrecadação.

Alternativa "b" - Errado: Apesar de demandar um cálculo complexo e amparado em critérios técnicos, pois, deve-se buscar uma projeção o mais próximo da realidade possível, a fixação da despesa é bem mais complexa que a projeção da receita, já que esta envolve muitos outros aspectos, como políticos, sociais e, ainda, visa atender as necessidades pública da melhor forma possível.

Alternativa "c" - Errado: Os ingressos extraorçamentários NÃO são considerados receitas públicas por NÃO HAVER POSSIBILIDADE DE UTILIZAÇÃO na cobertura de despesas públicas a encargo do ente público que os arrecada.

Alternativa "d" - Errado: Não existe proibição para os tribunais arrecadarem receitas correntes. Os tribunais recolhem, por exemplo, taxas que são uma espécie de tributo e são classificadas como receitas correntes. Porém, é certo que a arrecadação de receitas se concentrada no Poder Executivo.

Alternativa correta: letra "e". Na elaboração de sua proposta orçamentária, as unidades devem considerar o histórico de arrecadação de períodos anteriores, associado a aspectos legais que possam afetar a previsão, os índices de preços e o crescimento econômico, é o que determina a Lei de Responsabilidade Fiscal em seu art. 12.

> Art. 12. As previsões de receita observarão as normas técnicas e legais, considerarão os efeitos das alterações na legislação, da variação do índice de preços, do crescimento econômico ou de qualquer outro fator relevante e serão acompanhadas de demonstrativo de sua evolução nos últimos três anos, da projeção para os dois seguintes àquele a que se referirem, e da metodologia de cálculo e premissas utilizadas.

20) (FCC – AJ TRF3/TRF 3/Administrativa/2016) No que se refere às receitas públicas, a Lei nº 4.320/1964 estabelece que

a) receita tributária e receita não tributária são espécies de categorias econômicas.

b) receitas tributária e patrimonial são espécies de receitas de capital.

c) o superávit do orçamento corrente resultante do balanceamento dos totais das receitas e despesas correntes não constitui item de receita orçamentária.

d) a receita proveniente da realização de recursos financeiros oriundos de constituição de dívidas é classificada como receita corrente.

e) a receita advinda de tributo tem seu produto destinado a custear apenas atividades gerais.

Gabarito: c

COMENTÁRIOS:

Vejamos cada alternativa:

Alternativa "a" - Errado: receita CORRENTE e receita DE CAPITAL são espécies de categorias econômicas.

Alternativa "b" - Errado: receitas tributária e patrimonial são espécies de receitas CORRENTES.

Alternativa correta: letra "c". o superávit do orçamento corrente resultante do balanceamento dos totais das receitas e despesas correntes não constituem item de receita orçamentária.

> **Lei nº 4.320/64**
>
> Art. 11...
>
> (...)
>
> § 3º – O superávit do Orçamento Corrente resultante do balanceamento dos totais das receitas e despesas correntes, apurado na demonstração a que se refere o Anexo nº 1, não constituirá item de receita orçamentária.

Alternativa "d" - Errado: a receita proveniente da realização de recursos financeiros oriundos de constituição de dívidas é classificada como receita DE CAPITAL.

Alternativa "e" - Errado: a receita advinda de tributo, EM REGRA, NÃO FICA VINCULA NA DESTINAÇÃO DE SEU produto, salvo exceções.

> **CTN – Código Tributário Nacional**
>
> Art. 3º. Tributo é toda prestação pecuniária compulsória, em moeda ou cujo valor nela se possa exprimir, que não constitua sanção de ato ilícito, instituída em lei e cobrada mediante atividade administrativa plenamente vinculada.
>
> **Constituição Federal**
>
> Art. 167. São vedados:
>
> [...]
>
> IV - a vinculação de receita de impostos a órgão, fundo ou despesa, ressalvadas a repartição do produto da arrecadação dos impostos a que se referem os arts. 158 e 159, a destinação de recursos para as ações e serviços públicos de saúde, para manutenção e desenvolvimento do ensino e para realização de atividades da administração tributária, como determinado, respectivamente, pelos arts. 198, § 2º, 212 e 37, XXII, e a prestação de garantias às operações de crédito por antecipação de receita, previstas no art. 165, § 8º, bem como o disposto no § 4º deste artigo;

21) **(FCC – Cont (ALMS)/ALMS/2016)** No exercício de 2017, o Estado pretende contrair um empréstimo de longo prazo, no valor de R$ 6.500.000,00, para construir dois hospitais em determinado município do interior. Na proposta orçamentária que será encaminhada à Assembleia Legislativa, a receita decorrente do empréstimo será classificada como

a) transferências de capital.
b) obras públicas.
c) receita de operações de crédito.
d) receita imobiliária.
e) receita patrimonial.

Gabarito: c

COMENTÁRIOS:

Segundo o inciso III do art. 29 da Lei de Responsabilidade Fiscal, para efeitos desta Lei Complementar, operação de crédito é compromisso financeiro assumido em razão de mútuo, abertura de crédito, emissão e aceite de título, aquisição financiada de bens, recebimento antecipado de valores provenientes da venda a termo de bens e serviços, arrendamento mercantil e outras operações assemelhadas, inclusive com o uso de derivativos financeiros.

Sendo assim, o empréstimo de longo prazo se classifica como operação de crédito e se enquadra como dívida fundada.

22) **(FCC – TJ TRT14/TRT 14/Administrativa/2016)** Com relação à classificação da receita orçamentária, a Origem é o detalhamento das Categorias Econômicas "Receitas Correntes" e "Receitas de Capital", com vistas a identificar a natureza da procedência das receitas no momento em que ingressam no Orçamento Público. São Origens de receitas orçamentárias, EXCETO

a) receita de impostos e de contribuições de melhoria.
b) receita de operações de crédito e patrimonial.
c) alienação de bens e amortização de empréstimos.
d) receita industrial e de serviços.
e) transferências correntes e transferências de capital.

Gabarito: a

COMENTÁRIOS:

A classificação segundo a natureza da receita representa uma "codificação" do que foi estabelecido pela lei. Instituída pela Portaria Interministerial nº 163, de 4 de maio de 2001, da Secretaria de Orçamento Federal e da Secretaria do Tesouro Nacional, esta codificação, composta por oito dígitos, é o menor nível de detalhamento das informações orçamentárias sobre as receitas públicas, por isso contém as informações necessárias para as devidas alocações no orçamento.

DÍGITO:	1º	2º	3º	4º a 7º	8º
SIGNIFICADO:	Categoria Econômica	Origem	Espécie	Desdobramentos para identificação de peculiaridades da receita	Tipo

Categoria econômica

▸ CÓDIGO	▸ CATEGORIA ECONÔMICA
1 7	Receitas Correntes Receitas Correntes Intraorçamentárias
2 8	Receitas de Capital Receitas de Capital Intraorçamentárias

Origem

Desdobramento da categoria econômica

▸ CATEGORIA ECONÔMICA (1º DÍGITO)	▸ ORIGEM (2º DÍGITO)
1. Receitas Correntes **7. Receitas Correntes Intraorçamentárias**	1. Impostos, taxas e contribuições de melhoria 2. Contribuições 3. Receita Patrimonial 4. Receita Agropecuária 5. Receita Industrial 6. Receita de Serviços 7. Transferências Correntes 9. Outras Receitas Correntes
2. Receitas de Capital **8. Receitas de Capital Intraorçamentárias**	1. Operações de Crédito 2. Alienação de Bens 3. Amortização de Empréstimos 4. Transferências de Capital 9. Outras Receitas de Capital

Espécie

Este nível de classificação detalha a origem a qual é vinculada e permite qualificar com maior detalhe o fato gerador das receitas.

Em regra, não se cobra conhecimento sobre o código completo da despesa, podendo haver, porém, exigência em relação às categorias econômicas vistas anteriormente.

Vejamos cada alternativa:

Alternativa correta: letra "a". receita de impostos e de contribuições de melhoria (espécie).

Alternativa "b" - Errado: receita de operações de crédito e patrimonial (origem).

Alternativa "c" - Errado: alienação de bens e amortização de empréstimos (origem).

Alternativa "d" - Errado: receita industrial e de serviços (origem).

Alternativa "e" - Errado: transferências correntes e transferências de capital (origem).

23) (CESPE – TJ STJ/STJ/Administrativa/2015) Julgue o item subsequente, relativo a conceitos e mecanismos técnicos de gestão dos recursos orçamentários.

A classificação destinada a identificar as receitas de acordo com sua inclusão no resultado fiscal do governo divide-se em receitas de resultado primário e secundário.

Gabarito: Errado

COMENTÁRIOS:

Conforme esta classificação, as receitas do Governo Federal podem ser divididas em:

a) primárias (P), quando seus valores são inclusos no cálculo do resultado primário; e

b) financeiras (F), quando não são inclusas no citado cálculo.

24) (CESPE – AJ STJ/STJ/Administrativa/"Sem Especialidade"/2015) Com relação ao sistema e processo de orçamentação, classificações orçamentárias, estrutura programática e créditos ordinários e adicionais, julgue o próximo item.

Um aspecto na classificação orçamentária por fontes de recursos é o estabelecimento de uma vinculação entre a origem e a aplicação de determinados recursos, de tal modo que estes tenham uma destinação exclusiva. Isso pode, eventualmente, provocar ociosidade ou escassez de recursos para financiar determinadas ações.

Gabarito: Certo

COMENTÁRIOS:

Segundo o MTO 2019, denomina-se "Fonte/Destinação de Recursos" a cada agrupamento de receitas que possui as mesmas normas de aplicação. A Fonte, neste contexto, é instrumento de Gestão da Receita e da Despesa ao mesmo tempo, pois tem como objetivo assegurar que determinadas receitas sejam direcionadas para financiar atividades (despesas) do governo em conformidade com Leis que regem o tema.

É uma forma de vincular a receita à despesa e, enquanto a despesa não é realizada, estes valores podem ficar ociosos, podendo haver momento em que falte recursos para outras despesas cujas receitas para financiamento ainda não arrecadadas.

25) (FCC – AJ TRT4/TRT 4/Administrativa/2015) No mês de agosto de 2015, a Prefeitura do Município de Pantanal do Sul arrecadou, concomitantemente ao momento do reconhecimento do crédito, os valores referentes a:

- alienações de bens imóveis 350
- rendimentos de aplicações financeiras.................. 150
- operações de créditos de longo prazo................. 250
- impostos sobre a prestação de serviços – ISS....... 400
- concessões e permissões de serviços públicos..... 100

O montante das receitas efetivas arrecadadas em agosto de 2015 foi de

a) 700.
b) 650.
c) 500.
d) 750.
e) 550.

Gabarito: B

COMENTÁRIOS:

Receitas efetivas são aquelas que alteram positivamente o Patrimônio Líquido de uma entidade.

Vejamos cada uma:

- alienações de bens imóveis .... 350: não-efetivas, pois, entra dinheiro (aumenta o Ativo), mas desaparece o bem (reduz o Ativo no Mesmo valor), não havendo impacto positivo no PL.
- rendimentos de aplicações financeiras............... 150: efetiva, pois o rendimento faz aumentar o Ativo com a entrada do dinheiro referente aos juros, aumentando, assim, o PL.
- operações de créditos de longo prazo................ 250: não-efetivas, pois, entra dinheiro (aumenta o Ativo), mas surge uma dívida (aumenta o Passivo o mesmo valor), não havendo impacto positivo no PL.
- impostos sobre a prestação de serviços – ISS..... 400: efetiva, pois faz aumentar o Ativo com a entrada do dinheiro referente ao imposto, aumentando, assim, o PL.
- concessões e permissões de serviços públicos.... 100: efetiva, pois faz aumentar o Ativo com a entrada do dinheiro referente aos juros, aumentando, assim, o PL.

Assim, 150 + 400 + 100 = 650.

26) (CESPE – AJ (TRE PI)/TRE PI/Administrativa/2016) Em relação a receitas públicas, assinale a opção correta.

a) A arrecadação é o estágio no qual os contribuintes liquidam suas obrigações junto ao Tesouro Nacional.
b) A baixa de dívida ativa pode ocorrer por recebimento, por abatimento e anistia, nos casos legalmente previstos, ou mesmo por cancelamento administrativo ou judicial da inscrição.
c) A inscrição em dívida ativa de natureza tributária da União compete à SOF.
d) Aos municípios não se admite ampliar os desdobramentos dos códigos das receitas com a adoção de códigos locais.
e) Depois de votado o orçamento, o primeiro estágio da execução da receita é a fixação, que se restringe à organização das estimativas.

Gabarito: b

COMENTÁRIOS:

Vejamos cada alternativa:

Alternativa "a" - Errado: segundo o MTO 2019, Manual Técnico de Orçamento para o exercício de 2019, a arrecadação corresponde à entrega dos recursos devidos ao Tesouro Nacional pelos contribuintes ou devedores, por meio dos agentes arrecadadores ou instituições financeiras autorizadas pelo ente.

Alternativa correta: letra "b". segundo o MCASP - Manual de Contabilidade Aplicado ao Setor Público - a baixa da Dívida Ativa pode ocorrer por:

a. Recebimento em espécie, bens ou direitos;

b. Abatimento ou anistia;

c. Cancelamento administrativo ou judicial da inscrição; ou

d. Compensação de créditos inscritos em dívida ativa com créditos contra a Fazenda Pública.

Alternativa "c" - Errado: A inscrição em dívida ativa de natureza tributária da União é realizada pela PFN – Procuradoria da Fazenda Nacional (art. 39 § 5º da Lei nº 4.320/64).

Alternativa "d" -: Conforme o item 4.2.1.4. DESDOBRAMENTOS PARA IDENTIFICAÇÃO DE PECULIARIDADES DA RECEITA do /MTO 2019, foram reservados 4 dígitos para desdobramentos com a finalidade de identificar as peculiaridades de cada receita, caso seja necessário. Deste modo, esses dígitos podem ou não ser utilizados conforme a necessidade de especificação do recurso.

No caso de receitas exclusivas de Estados e Municípios, o quarto dígito utilizará o número "8" (Ex.: 1.9.0.8.xx.x.x – Outras Receitas Correntes exclusivas de Estados e Municípios).

Alternativa "e" - Errado: Depois de votado o orçamento, o primeiro estágio da execução é o lançamento, para as despesas passíveis de serem lançadas. Fixação, tecnicamente, refere-se à despesa, já que a receita é prevista. A previsão é fazer constar, no Projeto de Lei Orçamentária Anual, o montante de receita que se espera arrecadar no exercício seguinte.

9. PRATICANDO – QUESTÕES DE CONCURSOS ANTERIORES GABARITADAS

1) **(FCC – AJ TRE SP/TRE SP/Administrativa/Contabilidade/2017)** Atenção: Para responder à questão, considere, abaixo, as informações e transações, realizadas por determinada entidade do setor público no exercício de 2016.

- Lei Orçamentária – Previsão da Arrecadação das Receitas para o exercício de 2016
- Receitas Correntes R$ 1.750.000
- Receitas de Capital R$ 1.200.000

(=) **Total R$ 2.950.000**

Transações realizadas pela entidade durante o exercício de 2016 (janeiro a dezembro)	**(em R$)**
Despesas Orçamentárias Empenhadas (Corrente e de Capital)	2.750.000
Arrecadação referente à Remuneração de Depósitos Bancários	14.000
Arrecadação de Multas de Juros de Mora dos Tributos	22.000
Arrecadação de Contribuição para o Custeio do Serviço de Iluminação Pública	39.000
Arrecadação aluguéis de imóveis de propriedade do ente público	36.000
Arrecadação de Imposto de Renda Retido nas Fontes Sobre Rendimentos do Trabalho	45.500
Arrecadação referente a Operações de Crédito Internas de Longo Prazo	395.000
Consignações em folha de pagamento (empréstimos consignados)	18.000
Arrecadação de Taxas pelo Poder de Polícia	24.500
Arrecadação da Cota Parte do ICMS	140.000
Recebimento, em doação, de dois imóveis destinados a construção de escolas públicas	110.000
Arrecadação de Impostos Sobre a Propriedade Predial e Territorial Urbana	650.000
Cancelamento de Dívidas Passivas	25.000
Arrecadação referente à Alienação de Bens Imóveis	346.000
Arrecadação referente à Amortização de Empréstimos Concedidos	89.000
Arrecadação referente a Concessões e permissões do direito de exploração de serviços públicos	55.000
Arrecadação referente à Cessão do Direito de Operacionalização da Folha de Pagamento de Pessoal	29.000
Ganho com Alienação de Bens Imóveis	15.000
Arrecadação da Cota Parte do IPVA	115.000
Arrecadação de Multas e Juros de Mora da Dívida Ativa dos Tributos	28.000
Arrecadação referente à Dívida Ativa do Imposto Sobre a Propriedade Predial e Territorial Urbano	75.000
Arrecadação de valor transferido pela União – destinada à construção de Hospitais.	270.000
Arrecadação de Imposto Sobre Serviços de Qualquer Natureza	490.000
Arrecadação da Cota Parte do Fundo de Participação dos Municípios	65.000

O montante das receitas de capital arrecadadas, no exercício de 2016, soma, em R$,

a) 1.175.000.

b) 1.115.000.

c) 1.100.000.

d) 830.000.
e) 845.000.

2) **(CESPE - Aud CE (TCE-PA)/TCE-PA/Administrativa/Administração/2016)** Julgue o item que se segue, acerca de receita pública.

O pagamento da anuidade do Conselho Regional de Medicina é exemplo de contribuição de intervenção no domínio econômico.

3) **(FCC - Proc (Campinas)/Pref Campinas/2016)** Em relação às receitas públicas, é correto afirmar:

a) Trata-se de classificação quanto à origem dos recursos, sendo receitas correntes quando não decorrem de fruição do patrimônio público ou de capital, e quando geradas pela exploração do patrimônio próprio.
b) O superávit do orçamento corrente, que resulta de uma eventual diferença positiva entre todas as receitas correntes e as despesas correntes do ente público ao final do exercício, não pode constituir item de receita orçamentária do respectivo ente, sendo parte da categoria econômica das receitas de capital, como forma de evitar a contagem dobrada de recursos públicos.
c) Segundo classificação legal das receitas, a receita de contribuições é espécie de receita tributária ao lado dos impostos, taxas e contribuições de melhoria.
d) Consoante o critério de natureza de receita na categoria econômica pode ser classificada como corrente ou de capital, sendo de capital as receitas tributárias, de contribuições, patrimonial, agropecuária, industrial, de serviços, dentre outras, e correntes as receitas provenientes da realização de recursos financeiros oriundos da constituição de dívidas, da conversão em espécie de bens e direitos, dentre outros.
e) Tanto as taxas, como as tarifas e preços públicos, e as compensações financeiras são classificadas como receitas originárias devidas ao ente a título de contraprestação por benefícios por ele proporcionados quando da utilização do patrimônio público em favor do particular, visando a remunerar o capital investido.

4) **(FCC - Aud (TCE-CE)/TCE-CE/2015)** A contribuição de melhoria é uma espécie de tributo que tem como fato gerador a valorização imobiliária decorrente de obra pública. À luz do Direito Financeiro, a contribuição de melhoria é receita

a) derivada da espécie corrente e serve para recompor despesa de capital da espécie investimento.
b) originária da espécie corrente e serve para custear despesa corrente da espécie custeio.
c) derivada da espécie de capital e serve para recompor despesa corrente da espécie transferência corrente.
d) corrente da espécie originária e serve para recompor despesa de custeio.

e) de capital da espécie derivada e serve para custear auxílios para obras públicas.

5) **(CESPE – AC TCE PR/TCE-PR/Contábil/2016)** Considere que determinado estado receba compensação financeira pela exploração de recursos hídricos para fins de geração de energia elétrica em seu território. Nesta situação hipotética, em sua contabilidade, o estado deverá lançar as receitas da compensação financeira como

a) receita de contribuição.
b) transferências correntes.
c) outras receitas correntes.
d) receita patrimonial.
e) receita industrial.

6) **(FCC – AT (ARSETE)/Pref Teresina/Administrativo/Técnico Contábil/2016)** O Município de Buriti Doce dos Lagos recebeu recursos financeiros do governo do Estado, destinados à construção de um hospital público municipal. Sob o aspecto orçamentário os recursos financeiros recebidos pelo Município são classificados como

a) receita de capital – transferências de capital.
b) despesa de capital – obras e instalações.
c) variações patrimoniais aumentativas.
d) receita corrente – transferências voluntárias.
e) receita de capital – investimentos.

7) **(FCC – Ana GFC (CREMESP)/CREMESP/Contábil/2016)** Em observância aos procedimentos contábeis orçamentários constantes no Manual de Contabilidade Aplicada ao Setor Público, constitui uma receita orçamentária realizada do exercício corrente

a) o superávit financeiro do exercício anterior.
b) a reabertura de crédito adicional extraordinário.
c) o lançamento de receitas de serviços.
d) a arrecadação de contribuições sociais.
e) o recebimento de um depósito caução.

8) **(CESPE – AnaTA MDIC/MDIC/2014)** Acerca da programação orçamentária, da receita e da despesa públicas, julgue o item.

Entre as receitas incluídas na lei orçamentária anual estão as operações de crédito por antecipação de receita.

9) **(FCC – AJ TRT3/TRT 3/Administrativa/"Sem Especialidade"/2015)** Durante o exercício houve a necessidade da realização de operação de crédito que não estava prevista originalmente no orçamento. Esta operação não teve a natureza de antecipação de receita. Esta receita deverá ser classificada como

a) bruta.
b) paraorçamentária.
c) extraorçamentária.
d) orçamentária.
e) a classificar.

10) **(FCC – Aud (TCE-AM)/TCE-AM/2015)** A prefeitura do Município de Ladeira Alta do Norte, no mês de julho de 2015, assinou um contrato com a empreiteira de serviços Vai-Vai Obras de Engenharia Ltda., objetivando a construção de duas escolas públicas, no valor de R$ 2.500.000,00. A empresa contratada depositou na conta bancária da prefeitura o valor de R$ 125.000,00 como garantia contratual. Na contabilidade da prefeitura, o depósito efetuado pela empresa contratada é considerado como
a) dispêndio extraorçamentário e diminui o passivo circulante.
b) ingresso extraorçamentário e não altera o Patrimônio Líquido.
c) receita imobiliária e altera o Patrimônio Líquido.
d) receita de capital e não altera o Patrimônio Líquido.
e) ingresso orçamentário e aumenta o passivo circulante.

10. GABARITO FUNDAMENTADO

1) C	Arts. 11 e 12 da Lei nº 4.320/64.
2) Errado	Art. 8º, IV e art. 149, ambos da CF/88.
3) B	Art. 11, § 3º da Lei nº 4.320/64.
4) A	Art. 81 do CTN.
5) D	Art. 11, § 4º da Lei nº 4.320/64 e doutrina.
6) A	Art. 11, § 4º e art. 12, § 6º da Lei nº 4.320/64.
7) D	Art. 35, I e art. 11, § 1º da Lei nº 4.320/64 e art. 149 da CF/88.
8) Errado	Art. 3º, Parágrafo único da Lei nº 4.320/64.
9) D	Art. 3º da Lei nº 4.320/64.
10) B	Art. 3º, Parágrafo único da Lei nº 4.320/64.

CAPÍTULO IX

DESPESA PÚBLICA

Sumário: 1. Introdução; 1.1. Contextualização; 1.2. Questões de concurso; 2. Conceito de Despesa Pública; Despesa sob o ponto de vista orçamentário; 3. Realização da despesa pública orçamentária; 4. Estágios da Despesa Orçamentária; 5. Etapas/Estágios da Despesa Orçamentária; 5.1. Planejamento da despesa orçamentária; 5.2. Execução da Despesa Orçamentária; 5.3. Quadro resumo das Etapas/estágios da despesa orçamentária; 6. Classificação das Despesas; 6.1. Introdução; 6.2. Classificação quanto à inclusão no orçamento (natureza orçamentária da despesa); 6.3. Classificação quanto à categoria econômica; 6.4. Classificação segundo a Natureza da Despesa; 6.5. Classificação institucional (quem?); 6.6. Classificação funcional (em quê?); 6.7. Classificação Programática (Estruturas Programáticas); 6.8. Classificação por esfera orçamentária; 6.9. Classificação por identificador de resultado primário; 6.10. Classificação segundo impacto no PL (Patrimônio Líquido); 6.11. Classificação quanto à competência do ente federativo; 6.12. Classificação quanto à regularidade; 6.13. Quadro resumo da classificação da receita; 7. Estrutura da Programação Orçamentária; 7.1. Programação qualitativa; 7.2. Programação quantitativa; 7.3. Código-exemplo da estrutura completa da programação; 8. Regime Contábil e Orçamentário; 9. Ordenador de Despesas; 10. Praticando – Questões de Concursos Anteriores Comentadas; 11. Praticando – Questões de Concursos Anteriores Gabaritadas; 12. Gabarito Fundamentado.

1. INTRODUÇÃO

1.1. Contextualização

Característica marcante da economia das últimas décadas é o crescente aumento das despesas públicas. Situação observada não somente em países nos quais o Estado é o grande agente econômico, mas, também, nos Estados capitalistas avançados de economia de mercado. Para efetivamente cumprir suas funções enquanto garantidor da paz social e do bem comum, o Estado necessita despender recursos financeiros, realizando a despesa pública.

Porém, por se tratar dos recursos de toda sociedade, esse dispêndio deve seguir regras estabelecidas para que haja eficiência, eficácia e efetividade no gasto e controle dos recursos. Daí a necessidade de se estudar a despesa pública.

1.2. Questões de concurso

São abundantes as questões sobre despesa pública e, pela complexidade de sua classificação e estágios, podem variar em diversidade e grau de dificuldade. Outro ponto a ser observado é que a maioria das questões envolvem, de alguma forma, algum tipo de classificação. Assim, saber a classificação da despesa é essencial para responder praticamente todos os tipos de questões sobre este tema.

Diferente de outros assuntos, não é possível definir em poucas espécies os tipos de questões que podem ser elaboradas sobre esse assunto, assim citaremos algumas delas:

1) Questões que versam sobre texto de lei

Questões que exigem conhecimento dos textos das leis, normalmente, Lei nº 4.320/64 e Lei nº 101/2000 (Lei de Responsabilidade fiscal). Para responder essas questões, estudar a "letra da lei" é essencial.

▶ **QUESTÃO COMENTADA:**

(FCC – AJ TRT11/TRT 11/Administrativa/"Sem Especialidade"/2017) De acordo com a Lei nº 4.320/64 e a Lei nº 101/2000, as despesas

a) relativas a incentivos à demissão voluntária são computadas como despesa com pessoal para fins de verificação dos limites estabelecidos pela Lei de Responsabilidade Fiscal.
b) com a aquisição de equipamentos de informática, com vida útil estimada de 3 anos, são despesas correntes.
c) com pessoal do Poder Judiciário Federal não poderão ultrapassar o limite de 3,6% da Receita Corrente Líquida em cada período de apuração.
d) com energia elétrica, combustível e material de consumo de um Tribunal Regional do Trabalho são despesas de custeio.
e) com aquisição de veículos que serão utilizados pelos servidores de um Tribunal Regional do Trabalho em suas atividades são despesas obrigatórias de caráter continuado.

Gabarito: D

COMENTÁRIO:

Para responder essa questão, é necessário conhecer o texto das duas leis.

Alternativa "a": Errado: relativas a incentivos à demissão voluntária NÃO são computadas como despesa com pessoal para fins de verificação dos limites estabelecidos pela Lei de Responsabilidade Fiscal.

> **Lei de Responsabilidade Fiscal**
>
> Art. 19...
>
> § 1º Na verificação do atendimento dos limites definidos neste artigo, não serão computadas as despesas:
>
> II – relativas a incentivos à demissão voluntária;

Alternativa "b": Errado: com a aquisição de equipamentos de informática, com vida útil estimada de 3 anos, são despesas DE CAPITAL.

Veja que, com vida útil superior a dois anos, o material é considerado permanente, segundo a lei. Sendo permanente a despesa é de capital e não corrente, mais especificamente, enquadra-se como um investimento.

Lei nº 4.320/64

Art. 12. A despesa será classificada nas seguintes categorias econômicas: (Vide Decreto-Lei nº 1.805, de 1980)

DESPESAS CORRENTES

Despesas de Custeio

Transferências Correntes

DESPESAS DE CAPITAL

Investimentos

Inversões Financeiras

Transferências de Capital

(...)

§ 4º Classificam-se como investimentos as dotações para o planejamento e a execução de obras, inclusive as destinadas à aquisição de imóveis considerados necessários à realização destas últimas, bem como para os programas especiais de trabalho, aquisição de instalações, equipamentos e material permanente e constituição ou aumento do capital de empresas que não sejam de caráter comercial ou financeiro.

Art. 15...

(...)

§ 2º Para efeito de classificação da despesa, considera-se material permanente o de duração superior a dois anos.

Alternativa "c": Errado: com pessoal do Poder Judiciário Federal não poderão ultrapassar o limite de 6% da Receita Corrente Líquida em cada período de apuração.

Lei de Responsabilidade Fiscal

Art. 20. A repartição dos limites globais do art. 19 não poderá exceder os seguintes percentuais:

I – na esfera federal:

(...)

b) 6% (seis por cento) para o Judiciário;

Alternativa correta: letra "d": energia elétrica, combustível e material de consumo são despesas de custeio.

Lei nº 4.320/64

Art. 12. A despesa será classificada nas seguintes categorias econômicas: (Vide Decreto-Lei nº 1.805, de 1980)

DESPESAS CORRENTES

Despesas de Custeio

Transferências Correntes

DESPESAS DE CAPITAL

Investimentos

Inversões Financeiras

Transferências de Capital

§ 1º Classificam-se como Despesas de Custeio as dotações para manutenção de serviços anteriormente criados, inclusive as destinadas a atender a obras de conservação e adaptação de bens imóveis.

Alternativa "e": Errado: aquisição de veículos que serão utilizados pelos servidores de um Tribunal Regional do Trabalho em suas atividades NÃO é despesa obrigatória de caráter continuado.

Aquisição de veículo é despesa de capital, mais especificamente, classificada como investimento. Segundo a lei, dentre outros requisitos, para ser considerada obrigatória de caráter continuado, a despesa deve ser corrente.

Lei de Responsabilidade Fiscal

Art. 17. Considera-se obrigatória de caráter continuado a despesa corrente derivada de lei, medida provisória ou ato administrativo normativo que fixem para o ente a obrigação legal de sua execução por um período superior a dois exercícios.

2) Questões que versem diretamente sobre classificação da despesa

É, sem dúvida, a espécie de questão sobre despesa com maior incidência em provas, sendo cobradas das mais variadas formas. Importante frisar que, dentre as questões relacionadas à despesa, as sobre a "categoria econômica" são as campeãs em recorrência.

Nesse contexto, as bancas buscam variadas formas para confundir o aluno. Seguem algumas formas de questões sobre classificação:

2.1) Questões que versam sobre a classificação de determinadas despesas segundo determinado critério, conforme a questão abaixo:

Normalmente, a questão cita uma ou duas despesas, ou faz a relação de uma despesa e questiona a classificação desta segundo determinado critério. Questões mais fáceis somente pedirão a classificação, questões mais complexas pedirão as subclassificações.

▶ **QUESTÃO COMENTADA:**

(FCC – AJ TRT23/TRT 23/Administrativa/Contabilidade/2016) Classificação por Natureza da Despesa

No Balanço Orçamentário do exercício financeiro de 2015 de determinada entidade do setor público, as despesas orçamentárias totalizaram R$ 5.400.000. Deste total, 25% referem-se às seguintes despesas orçamentárias realizadas no mês de dezembro de 2015:

- pessoal ativo... 145.000
- amortização da dívida de longo prazo 110.000
- aquisição de material de expediente.............. 50.000
- juros sobre a dívida por contrato 350.000
- aquisição de pneus para frota de veículos 40.000
- aluguel de veículo utilizado pelo chefe de gabinete do secretário .. 35.000
- obrigações patronais....................................... 120.000
- construção do Posto de Saúde 190.000
- aquisição de imóveis...................................... 230.000
- encargos sobre operações de crédito por antecipação da receita .. 60.000
- aquisição de livros didáticos para distribuição gratuita... 20.000

Total das despesas orçamentárias realizadas no mês de dezembro de 2015 .... 1.350.000

O total das despesas correntes e de capital realizadas no mês de dezembro de 2015 soma, respectivamente,

a) 785.000 e 565.000.
b) 470.000 e 880.000.
c) 725.000 e 625.000.
d) 820.000 e 530.000.
e) 780.000 e 570.000.

Gabarito: D

COMENTÁRIO:

Para resolver a questão basta separar as despesas correntes das despesas de capital.

- pessoal ativo... 145.000 (Corrente)
- amortização da dívida de longo prazo .... 110.000 (de Capital)
- aquisição de material de expediente.............. 50.000 (Corrente)
- juros sobre a dívida por contrato .... 350.000 (Corrente)
- aquisição de pneus para frota de veículos ...... 40.000 (Corrente)
- aluguel de veículo utilizado pelo chefe de gabinete do secretário 35.000 (Corrente)
- obrigações patronais....................................... 120.000 (Corrente)
- construção do Posto de Saúde .... 190.000 (de Capital)
- aquisição de imóveis...................................... 230.000 (de Capital)
- encargos sobre operações de crédito por antecipação da receita... 60.000 (Corrente)
- aquisição de livros didáticos para distribuição gratuita... 20.000 (Corrente)

Despesas Corrente = 145.000+50.000+350.000+35.000+120.000+60.000+20.000+40.000=820.000

Despesas de Capital= 110.000+190.000+230.000=530.000

2.2) Questões sobre desdobramento, conceito das classificações e suas respectivas funções

Questões um pouco mais complexas que exigirão o conhecimento sobre o desdobramento e o conceito das diversas classificações, bem como a função de cada uma, de forma que o candidato deverá saber sobre o que se refere a classificação e quais são os elementos que a compõe.

► **QUESTÃO COMENTADA:**

(CESPE – AJ TRT8/TRT 8/Judiciária/"Sem Especialidade"/2016) Com relação ao sistema de classificação orçamentária, composto pelas contas denominadas classificação institucional, classificação funcional e programática e classificação econômica, assinale a opção correta.

a) A classificação da despesa por subfunção é um desdobramento da ação administrativa do ponto de vista da classificação institucional.
b) A classificação econômica da despesa é feita desdobrando-se em função e subfunção.
c) O sistema de classificação orçamentária constitui um sistema de informação que possibilita aos interessados identificar e avaliar as origens e as destinações dos recursos que compõem os orçamentos públicos.
d) A classificação econômica explicita os gastos relacionados a cada órgão público e é fundamental para o estabelecimento da responsabilidade administrativa pela formulação, pela execução e pelo controle dos orçamentos.
e) A classificação funcional e programática apresenta o conjunto de receitas e despesas de forma discriminada, de acordo com a sua natureza.

Gabarito: C

COMENTÁRIO:

Alternativa "a": Errado: A classificação da despesa por subfunção é um desdobramento da classificação Funcional que classifica a despesa por Função e Subfução.

Alternativa "b": Errado: A classificação econômica da despesa é feita por desdobramento em categorias econômicas, denominadas de Corrente e De Capital.

Alternativa correta: letra "c". A classificação da despesa busca apresentar aspectos que possam melhor demonstrar as características dos dispêndios públicos com o fim de expor detalhes que venham a auxiliar com informações todos aqueles interessados no processo que envolve a despesa pública. Assim, conforme afirma a alternativa, o sistema de classificação orçamentária constitui um sistema de informação que possibilita aos interessados identificar e avaliar as origens e as destinações dos recursos que compõem os orçamentos públicos.

Alternativa "d": Errado: A classificação INSTITUCIONAL explicita os gastos relacionados a cada órgão público e é fundamental para o estabelecimento da responsabilidade administrativa pela formulação, pela execução e pelo controle dos orçamentos.

Alternativa "e": Errado: A classificação POR NATUREZA DA DESPESA apresenta o conjunto de receitas e despesas de forma discriminada (codificada), de acordo com a sua natureza.

2.3) Questões sobre elementos de determinadas classificações, funções, localização e formas de identificação

Estas questões serão mais complexas e raras, e exigirão um desdobramento maior conforme for a complexidade e especialidade do cargo, principalmente para cargos específicos para área contábil e orçamentária.

▸ **QUESTÃO COMENTADA:**

(FCC – TJ TRT14/TRT 14/Administrativa/2016) O Grupo da Natureza de Despesa – GND é um agregador de elementos de despesa com as mesmas características quanto ao objeto de gasto. A despesa com aquisição de veículo é classificada no GND, denominado de

a) bens móveis.
b) imobilizado.
c) investimentos.
d) material permanente.
e) Inversões Financeiras.

Gabarito: C

COMENTÁRIO:

Questão fácil, apesar de parecer complicada. Para respondê-la é necessário conhecer a classificação por natureza da despesa e conhecer seus elementos e funções.

Segundo a Portaria Interministerial nº 163, de 4 de maio de 2001, a classificação da despesa, segundo a sua natureza, compõe-se de:

- Categoria econômica;
- Grupo de natureza da despesa;
- Elemento de despesa.

A natureza da despesa será complementada pela informação gerencial denominada "modalidade de aplicação", a qual tem por finalidade indicar se os recursos são aplicados diretamente por órgãos ou entidades no âmbito da mesma esfera de Governo ou por outro ente da Federação e suas respectivas entidades, e objetiva, precipuamente, possibilitar a eliminação da dupla contagem dos recursos transferidos ou descentralizados. Além disso, a portaria faculta o desdobramento do elemento ficando a classificação desta forma:

1º	2º	3º	4º	5º	6º	7º	8º
Categoria Econômica	Grupo de Natureza da Despesa	Modalidade de Aplicação		Elemento de Despesa		Subelemento	

Entende-se por grupos de natureza de despesa a agregação de elementos de despesa que apresentam as mesmas características quanto ao objeto de gasto. Divide-se nos seguintes grupos com seus respectivos códigos:

1 - Pessoal e Encargos Sociais (despesa corrente);

2 - Juros e Encargos da Dívida (despesa corrente);

3 - Outras Despesas Correntes;

4 - Investimentos (Despesa de Capital);

Despesas orçamentárias com softwares e com o planejamento e a execução de obras, inclusive com a aquisição de imóveis considerados necessários à realização destas últimas, e com a aquisição de instalações, equipamentos e material permanente.

A aquisição do veículo se enquadra nesse GND.

5 - Inversões Financeiras (Despesa de Capital);

6 - Amortização da Dívida (Despesa de Capital),

2.4) Questões mais técnicas que se referem à prática específica da atividade orçamentária e que requer, normalmente, um conhecimento de normas específicas, como o Manual Técnico de Orçamento – MTO[1].

Questões mais raras e presentes em alguns concursos para cargos de nível superior ou específicos da área orçamentária ou contábil.

▶ **QUESTÃO COMENTADA:**

(CESPE - AJ TRE GO/TRE GO/Administrativa/2015) Julgue o item a seguir, referente à administração orçamentária.

A ação orçamentária é considerada padronizada quando, em decorrência da organização institucional existente, sua implementação é realizada em mais de um órgão orçamentário ou mais de uma unidade orçamentária.

Gabarito: Certo

COMENTÁRIO:

Vejamos o que expressa o MTO 2018:

> AÇÕES ORÇAMENTÁRIAS PADRONIZADAS NO ORÇAMENTO
>
> 5.5.4.1. CONCEITO
>
> A ação orçamentária é considerada padronizada quando, em decorrência da organização institucional da União, sua implementação

1. BRASIL. Ministério do Planejamento, Desenvolvimento e Gestão. **Manual Técnico de Orçamento para o exercício de 2018**. Disponível em: ‹http://www.planejamento.gov.br/assuntos/orcamento-1/informacoes-orcamentarias/arquivos/MTOs/mto_atual.pdf/@@download/file/mto_atual.pdf›. Acesso em: 14 jul. 2018.

costuma ser realizada em mais de um órgão orçamentário e/ou UO. Nesta situação, diferentes órgãos/UO's executam ações que têm em comum:

a) a subfunção a qual está associada;

b) a descrição (o que será feito no âmbito da operação e o objetivo a ser alcançado);

c) o produto[2] (bens e serviços) entregue à sociedade, bem como sua unidade de medida; e

d) o tipo de ação orçamentária.

3) Questões que versam sobre as etapas/estágios da despesa

Questões também recorrentes em concursos que exigem conhecimento sobre os estágios da despesa no que concerne aos seus conceitos, a ordem de ocorrência e as particularidades de cada um. Variam em grau de dificuldade, mas, normalmente, não são difíceis.

► **QUESTÃO COMENTADA:**

(FCC – AJ TRF3/TRF 3/Administrativa/2016) O TRF da 3ª Região realizou despesa para a aquisição de microcomputadores, *tablets* e *notebooks*. As notas de empenho foram emitidas no mês de setembro. Em outubro do mesmo ano foram entregues os microcomputadores. Após essa primeira entrega, o TRF promoveu o pagamento total da despesa. No mês seguinte os demais itens também foram entregues. Esse relato evidencia que houve descumprimento da Lei nº 4.320/1964, uma vez que foi constatada irregularidade

a) na fase de planejamento da despesa.
b) nas fases de empenhamento e liquidação da despesa.
c) na fase de pagamento da despesa.
d) nas fases de liquidação e pagamento da despesa.
e) nas fases de empenhamento, liquidação e pagamento da despesa.

Gabarito: c

COMENTÁRIO:

Questão fácil, bastando saber a sequência das etapas da execução da despesa pública. Os estágios da despesa pública orçamentária na forma prevista na Lei nº 4.320/1964, são: empenho, liquidação e pagamento, e devem ocorrer nesta ordem.

Pode-se definir o empenho como uma reserva de dotação prevista no Orçamento para fazer frente a uma despesa específica.

2. Quando existir produto associado à ação.

Liquidação da despesa consiste na verificação do direito adquirido pelo credor tendo por base os títulos e documentos comprobatórios do respectivo crédito.

Pagamento é a entrega do recurso financeiro ao credor da Administração Pública. É a transferência para a conta do fornecedor do valor apurado na liquidação.

Verifica-se que o pagamento de parte da despesa foi realizado antes da liquidação, já que o valor foi totalmente pago e ainda faltavam computadores a serem entregues. Assim, foi constatada irregularidade na fase de pagamento da despesa.

2. CONCEITO DE DESPESA PÚBLICA

Antes de definirmos despesa pública, temos que entender o que é despesa.

Sob o aspecto contábil, de acordo com a Resolução do Conselho Federal de Contabilidade (CFC) nº 1.121, de 28 de março de 2008, as despesas são decréscimos nos benefícios econômicos durante o período contábil sob a forma de saída de recursos ou redução de ativos ou incremento em passivos, que resultem em decréscimo do Patrimônio Líquido e que não sejam provenientes de distribuição aos proprietários da entidade. A depender da natureza jurídica da pessoa que sofre o impacto negativo no patrimônio, se pública ou privada, a despesa também terá essa denominação sendo chamada de despesa pública ou privada.

1) Despesa sob o ponto de vista orçamentário

Sob o ponto de vista orçamentário, é possível dois entendimentos distintos do que venha a ser despesa.

1.1) Despesa em sentido amplo

Em sentido amplo, despesa é qualquer gasto realizado pelo Estado, envolvendo dois tipos de gastos:

- **Despesa orçamentária:** é toda transação que depende de autorização legislativa, na forma de consignação de dotação orçamentária, para ser efetivada.
- **Dispêndio extraorçamentário:** é aquele que não consta na lei orçamentária anual, compreendendo determinadas saídas de numerários decorrentes de depósitos, pagamentos de restos a pagar[3], resgate de operações de crédito por antecipação de receita e recursos transitórios.

O conceito de despesa pública, em sentido amplo, é toda e qualquer saída de recursos dos cofres público, ou seja, engloba a despesa orçamentária e extra orçamentária.

---

3. São Restos a Pagar todas as despesas regularmente empenhadas, do exercício atual ou anterior, mas não pagas ou canceladas até 31 de dezembro do exercício financeiro vigente. Distingue-se dois tipos de restos a pagar: os processados (despesas já liquidadas); e os não processados (despesas a liquidar ou em liquidação).

1.2) Despesa em sentido estrito

Já em sentido estrito, o conceito de despesa pública se confunde com o de despesa orçamentária. De acordo com Aliomar Baleeiro *apud* Valdecir Pascoal (2010)[4], a despesa pública é a aplicação de certa quantia, por parte da autoridade ou do agente público competente, dentro de uma autorização legislativa, para a execução de um fim a cargo do governo. Outra definição deste célebre autor define despesa pública como o conjunto dos dispêndios do Estado, ou de outra pessoa de direito público, para o funcionamento dos serviços públicos.

Despesa Pública, objeto deste estudo, corresponde ao total dos dispêndios realizados pelo Estado na obtenção de bens e serviços com vistas à realização dos objetivos a cargo do governo.

3. REALIZAÇÃO DA DESPESA PÚBLICA ORÇAMENTÁRIA

Vejamos o inciso II do art. 35 da Lei nº 4.320/64:

> **Art. 35** – Pertencem ao exercício financeiro:
>
> I. As receitas nele arrecadadas;
>
> II. As despesas nele legalmente empenhadas.

Assim, para o reconhecimento da despesa, basta que ela seja legalmente empenhada, conceito que veremos adiante. Para que a despesa seja considerada legalmente empenhada, ela deve ser:

1) Previamente autorizada no orçamento;
2) Submetida ao processo licitatório, ou que tenha sido dispensada desta obrigação;
3) Que o empenho da despesa tenha sido ordenado por agente legalmente investido no poder de autorizar despesa, o ordenador de despesa.

Sob a ótica orçamentária, a realização da receita pública é conforme o regime de caixa, ou seja, para fins orçamentários, considera-se Receita Pública somente os valores arrecadados. No caso de um imposto, por exemplo, para que os recursos dele advindos sejam considerados Receita Pública de determinado exercício financeiro, devem ter, no mínimo, sido entregues pelo contribuinte ao agente arrecadador, ou seja, ter passado pelo estágio de arrecadação.

Já sobre a despesa orçamentária, ainda sob o aspecto orçamentário, o reconhecimento de sua ocorrência se dá conforme o regime de competência, pois, segundo a letra da lei, não é necessária a saída efetiva de recursos para que ela seja reconhecida, bastando, para isso, que a esta tenha percorrido o estágio do empenho (seu primeiro estágio de execução).

---

4. PASCOAL, Valdecir. **Direito Financeiro e Controle Externo**. Rio de Janeiro: Editora Método, 2010.

Já sob o aspecto patrimonial, tanto a receita quanto a despesa são reconhecidas segundo o regime de competência, ou seja, conforme o impacto no Patrimônio Líquido do ente, com a ocorrência das Variações Patrimoniais Aumentativas – VPA (receitas) e das Variações Patrimoniais Diminutivas – VPD (despesas).

Resumindo, pode-se identificar a realização da despesa sob dois aspectos:

1) **Orçamentário:**

Sob o Regime de Competência e ocorre com o empenho.

2) **Contábil/patrimonial**

Do ponto de vista patrimonial, a despesa é reconhecida pela Variação Patrimonial Diminutiva do Patrimônio Líquido, também sob o Regime de Competência.

4. ESTÁGIOS DA DESPESA ORÇAMENTÁRIA

Assim como a Receita Pública orçamentária, a Despesa Pública orçamentária ocorre por meio de um processo complexo que pode ser dividido em estágios e fases. Não há consenso doutrinário sobre quantos e quais são estes estágios, pois o que é considerado estágio para uns é desconsiderado por outros, cada qual com suas próprias razões.

Para a doutrina dominante, os estágios da despesa são quatro: fixação, que alguns autores também chamam de previsão, empenho, liquidação e pagamento, sendo estes três últimos chamados de estágios da execução. Valdecir Pascoal (2010), por exemplo, insere, entre a fixação e o empenho, a "realização do procedimento licitatório", outros autores inserem ainda a programação antes do empenho e a ordem de pagamento antes do pagamento.

> ▶ **OBSERVAÇÃO:**
>
> Fique atento que, apesar de controversa a afirmação, parte da doutrina, assim como algumas bancas, entendem que a fixação não é uma fase legalmente estabelecida.

5. ETAPAS/ESTÁGIOS DA DESPESA ORÇAMENTÁRIA

Visando uma melhor compreensão do processo orçamentário, o MCASP-2017[5] (Manual Contabilidade Aplicada ao Setor Público), a partir de uma análise um pouco mais técnica e profunda, dividiu o processo da despesa orçamentária em duas etapas:

- Planejamento; e
- Execução.

---

5. Manual de Contabilidade Aplicada ao Setor Público, 7ª edição, aplicável a partir do exercício de 2017.

5.1. Planejamento da despesa orçamentária

A etapa do planejamento abrange, de modo geral, toda a análise para a formulação do plano e ações governamentais que serviram de base para a fixação da despesa orçamentária, a descentralização/movimentação de créditos, a programação orçamentária e financeira, e o processo de licitação e contratação.

5.1.1. *Fixação da Despesa*

A fixação se refere à definição de quais despesas serão realizadas no exercício de referência e aos limites para esses gastos, que serão efetuados pelas entidades públicas, incluídos nas leis orçamentárias com base nas receitas previstas. A fixação da despesa orçamentária se insere no processo de planejamento e compreende a adoção de medidas em direção a uma situação idealizada, tendo em vista os recursos disponíveis e observando as diretrizes e prioridades traçadas pelo governo. Conforme art. 165 da Constituição Federal de 1988, os instrumentos de planejamento compreendem o Plano Plurianual, a Lei de Diretrizes Orçamentárias e a Lei Orçamentária Anual. O processo da fixação da despesa orçamentária é concluído com a autorização dada pelo Poder Legislativo intermédio da aprovação da Lei Orçamentária Anual, podendo ocorrer ainda eventuais aberturas de créditos adicionais no decorrer da vigência do orçamento, representando assim novas autorizações, com exceção do Crédito Extraordinário.

A Lei de Responsabilidade Fiscal dispõe sobre a criação da despesa pública e o relacionamento entre os instrumentos de planejamento, conforme o artigo abaixo:

> **Art. 16** – A criação, expansão ou aperfeiçoamento de ação governamental que acarrete aumento da despesa será acompanhado de:
>
> I. estimativa do impacto orçamentário – financeiro no exercício em que deva entrar em vigor e nos dois subsequentes;
>
> II. declaração do ordenador da despesa de que o aumento tem adequação orçamentária e financeira com a lei orçamentária anual e compatibilidade com o plano plurianual e com a lei de diretrizes orçamentárias.
>
> **§ 1º** – Para os fins desta Lei Complementar, considera-se:
>
> I. adequada com a lei orçamentária anual, a despesa objeto de dotação específica e suficiente, ou que esteja abrangida por crédito genérico, de forma que somadas todas as despesas da mesma espécie, realizadas e a realizar, previstas no programa de trabalho, não sejam ultrapassados os limites estabelecidos para o exercício;
>
> II. compatível com o plano plurianual e a lei de diretrizes orçamentárias, a despesa que se conforme com as diretrizes, objetivos, prioridades e metas previstos nesses instrumentos e não infrinja qualquer de suas disposições.

Portanto, a criação ou a expansão da despesa requer adequação orçamentária e compatibilidade com a LDO e o PPA. O artigo supracitado vem reforçar o planejamento, mencionado no artigo 1º da LRF e é um dos pilares da responsabilidade na gestão fiscal.

Despesas imprevisíveis e urgentes, como as decorrentes de guerra, comoção interna ou calamidade pública, não estão sujeitas ao comando do artigo 16 da LRF.

O processo da fixação da despesa orçamentária é concluído com a autorização dada pelo Poder Legislativo por meio da aprovação do Projeto de Lei Orçamentária Anual que, após sanção do chefe do Poder Executivo, torna-se a Lei Orçamentária Anual, o orçamento propriamente dito.

5.1.2. *Descentralizações de Créditos Orçamentários*

As descentralizações de créditos orçamentários ocorrem quando for efetuada a movimentação de parte do orçamento, mantidas as classificações institucional, funcional, programática e econômica, para que outras unidades administrativas possam executar a despesa orçamentária.

As descentralizações de créditos orçamentários não se confundem com transferências e transposição, pois:

- Não modificam o valor da programação ou de suas dotações orçamentárias (créditos adicionais);
- Não alteram a unidade orçamentária (classificação institucional) detentora do crédito orçamentário aprovado na lei orçamentária ou em créditos adicionais (transferência/transposição).

Quando a descentralização envolver unidades gestoras de um mesmo órgão, tem-se a descentralização interna, também chamada de provisão. Se, porventura, ocorrer entre unidades gestoras de órgãos ou entidades de estrutura diferente, ter-se-á uma descentralização externa, também denominada de destaque.

Na descentralização, as dotações serão empregadas obrigatória e integralmente na consecução do objetivo previsto pelo programa de trabalho pertinente, respeitada fielmente a classificação funcional e a estrutura programática. Portanto, a única diferença é que a execução da despesa orçamentária será realizada por outro órgão ou entidade.

A descentralização de crédito externa dependerá de celebração de convênio ou instrumento congênere, disciplinando a consecução do objetivo colimado e as relações e obrigações das partes.

5.1.3. *Programação Orçamentária e Financeira*

Apesar da necessidade de o orçamento estar em equilíbrio, receitas e despesas ocorrem de forma irregular durante todo o exercício, a receita e a despesa não são compatíveis em valores em cada período do ano, ou seja, determinado mês, por exemplo, poderá haver mais receita que despesa, enquanto em outro mês, poderá ocorrer o inverso.

A programação orçamentária e financeira consiste na compatibilização do fluxo dos pagamentos com o fluxo dos recebimentos, visando o ajuste da despesa fixada às novas projeções de resultados e da arrecadação da receita.

Se houver frustração da receita estimada no orçamento, deverá ser estabelecida limitação de empenho e movimentação financeira, com objetivo de atingir os resultados previstos na LDO e impedir a assunção de compromissos sem respaldo financeiro, o que acarretaria uma busca de socorro no mercado financeiro, situação que implica em encargos elevados.

A LRF definiu procedimentos para auxiliar a programação orçamentária e financeira nos artigos 8º e 9º:

> **Art. 8º** – Até trinta dias após a publicação dos orçamentos, nos termos em que dispuser a lei de diretrizes orçamentárias e observado o disposto na alínea c do inciso I do art. 4º, o Poder Executivo estabelecerá a programação financeira e o cronograma de execução mensal de desembolso.
>
> (...)
>
> **Art. 9º** – Se verificado, ao final de um bimestre, que a realização da receita poderá não comportar o cumprimento das metas de resultado primário ou nominal estabelecidas no Anexo de Metas Fiscais, os Poderes e o Ministério Público promoverão, por ato próprio e nos montantes necessários, nos trinta dias subsequentes, limitação de empenho e movimentação financeira, segundo os critérios fixados pela lei de diretrizes orçamentárias. "

5.1.4. *Processo de Licitação*

O processo de licitação compreende o conjunto de procedimentos administrativos que objetivam adquirir materiais, contratar obras e serviços, alienar ou ceder bens a terceiros, bem como fazer concessões de serviços públicos com as melhores condições para o Estado, observando os Princípios da Legalidade, da Impessoalidade, da Moralidade, da Igualdade, da Publicidade, da Probidade Administrativa, da Vinculação ao Instrumento Convocatório, do Julgamento Objetivo e de outros que lhe são correlatos.

A Constituição Federal de 1988 estabelece a observância do processo de licitação pela União, Estados, Distrito Federal e Municípios, conforme disposto no artigo 37, inciso XXI:

> **Art. 37** – A administração pública direta e indireta de qualquer dos Poderes da União, dos Estados, do Distrito Federal e dos Municípios

> obedecerá aos princípios de legalidade, impessoalidade, moralidade, publicidade e eficiência e, também, ao seguinte:
>
> (...)
>
> XXI. Ressalvados os casos especificados na legislação, as obras, serviços, compras e alienações serão contratados mediante processo de licitação pública que assegure igualdade de condições a todos os concorrentes, com cláusulas que estabeleçam obrigações de pagamento, mantidas as condições efetivas da proposta, nos termos da lei, o qual somente permitirá as exigências de qualificação técnica e econômica indispensáveis à garantia do cumprimento das obrigações.

A Lei nº 8.666, de 21 de junho de 1993, regulamenta o art. 37, inciso XXI, da Constituição Federal, estabelecendo normas gerais sobre licitações e contratos administrativos pertinentes a obras, serviços, inclusive de publicidade, compras, alienações e locações.

5.2. Execução da Despesa Orçamentária

Terminados os procedimentos licitatórios, inicia-se a execução efetiva da despesa. Os estágios da despesa pública orçamentária na forma prevista na Lei nº 4.320/1964 são: empenho, liquidação e pagamento.

> ▸ **OBSERVAÇÃO:**
>
> Fique atento, pois, em muitos casos, considera-se somente a execução, não havendo qualquer menção ao planejamento. Assim, essas questões considerarão somente a etapa da execução (empenho, liquidação e pagamento).

5.2.1. *Empenho*

Primeira fase da execução da despesa, tecnicamente, pode-se definir o empenho como uma reserva de dotação prevista no Orçamento para fazer frente a uma despesa específica. É o comprometimento de valores referentes a uma determinada dotação orçamentária como forma de garantia de futuro pagamento ao credor da Administração Pública. É, em realidade, um instrumento de programação financeira que permite ao Estado ter o controle do montante referente aos compromissos já assumidos e, por consequência, o montante das dotações ainda não utilizadas, pois, segundo o art. 60 da Lei nº 4.320/64, "é vedada a realização de despesa sem prévio empenho."

Porém, há uma exceção à regra que determina que o empenho seja prévio. O Decreto nº 93.872/86, em seu art. 24, assim como a Lei nº 4.320/64, estabelece que é vedada a realização de despesa sem prévio empenho. Mas, no parágrafo único desse artigo, existe a previsão de que, em caso de urgência caracterizada na legislação em vigor, admitir-se-á que o ato do empenho seja contemporâneo à realização da despesa.

Legalmente, nos termos do art. 58 da Lei nº 4.320/64, "empenho é o ato emanado de autoridade competente que cria para o Estado obrigação de pagamento pendente ou não de implemento de condição". A letra da lei pode trazer confusão sobre o que representa o empenho em termos de compromisso para a Administração, afinal, ela afirma que o empenho "cria para o Estado obrigação de pagamento pendente ou não de implemento de condição". Tal afirmação pode levar o leitor a entender que, uma vez empenhada, a despesa deve ser paga, independentemente de qualquer coisa, ou seja, o empenho garantiria direito líquido e certo de recebimento por parte do prestador de serviço ou fornecedor do bem. Por este prisma, o empenho, em todas as situações, seria o fato gerador da despesa.

Na realidade não é assim que tal artigo deve ser interpretado. O empenho é efetivamente um compromisso, porém é um compromisso somente de que o recurso para o pagamento estará garantido se o contrato for cumprido, ou seja: o serviço contratado for prestado, o bem adquirido for entregue, a obra contratada for realizada, etc., conforme especificação, normalmente, estabelecida em contrato no processo licitatório. A verificação da efetiva prestação do serviço ou entrega do bem em conformidade com o contrato é a próxima fase da despesa, a chamada liquidação. Dessa forma, mesmo a despesa tendo sido empenhada, se não houver a prestação do serviço, a entrega do bem e as demais fases desse procedimento, ou ainda, se o forem fora das especificações contratuais, não estará o Estado obrigado a realizar o pagamento.

Portanto, fique atento. Se uma questão vier afirmando o texto da lei, exatamente como está escrito, (art. 58. O empenho de despesa é o ato emanado de autoridade competente que cria para o Estado obrigação de pagamento pendente ou não de implemento de condição), a questão estará certa. Porém, se a questão fizer qualquer outra referência ao fato gerador ou outros elementos, a questão poderá afirmar que o empenho não gera obrigação efetiva de pagamento e poderá ser considerada certa.

Assim, desconsiderando a literalidade do texto legal, o empenho da despesa não cria obrigação (fato gerador da despesa) para o Estado, mas reserva dotação orçamentária para garantir o pagamento estabelecido em relação contratual existente.

Ter o empenho como gerador da despesa é o enfoque orçamentário, um enfoque de controle, em função do que reza o inciso II do art. 35 da Lei nº 4.320/64, pois no balanço orçamentário considerar-se-á executada a despesa empenhada. Porém, o ato de empenhar não traz impacto direto ao Patrimônio Líquido, sob o enfoque patrimonial, pelo menos na maioria das situações, quando a despesa é liquidada dentro do exercício financeiro em que foi empenhada. Nesse caso, o fato gerador da despesa, geralmente, coincide com a liquidação, pois é ela que efetivamente reconhece o impacto no patrimônio. Independentemente de estágios, é o cumprimento regular do contrato que faz surgir a obrigação para a Administração e, quando a despesa é liquidada, é a liquidação que atesta o efetivo reconhecimento do fato gerador.

Corrobora com esse entendimento o art. 62 da mesma lei, o qual prevê que "o pagamento da despesa só será efetuado quando ordenado após sua regular liquidação". Mas, se uma questão de prova cobrar a literalidade do art. 58 ela estará correta, pois contra a letra da lei, em regra, não há controvérsia.

Em termos de execução orçamentária, o empenho tem por efeito reduzir os créditos disponíveis (valor autorizado para gasto), pois o recurso ao qual ele se refere fica reservado para o pagamento daquela despesa, não podendo ser utilizado para outro fim. Vale lembrar que o valor do empenho respeitará o limite do crédito orçamentário a que se referir, podendo ser feito em valor menor, mas nunca poderá ultrapassá-lo, segundo o Princípio do Equilíbrio.

Assim, segundo o manual SIAFI[6], as despesas só podem ser empenhadas até o limite dos créditos orçamentários iniciais e créditos orçamentários adicionais, e de acordo com o cronograma de desembolso da Unidade Gestora, devidamente aprovado.

1) Etapas do empenho

O empenho possui duas etapas: a autorização, que consiste na verificação do orçamento e na existência de crédito orçamentário suficiente para a realização daquela despesa; e a formalização a qual se caracteriza a partir da elaboração da nota de empenho (NE), que possui os dados referentes à compra ou à contratação (dados do contratante, data da entrega, valor, objeto, classificação da despesa, etc.).

2) Nota de Empenho

A materialização documental do empenho ocorre com a emissão de um documento chamado Nota de Empenho, NE. Nesse documento deverá constar o nome do credor, a representação e a importância da despesa, bem como a dedução desta do saldo da dotação própria. Constará ainda outros dados, todos referentes à transação, como a classificação da despesa (especificação), a identificação do servidor responsável pela emissão da NE, data, dentre outros. Assim, para cada empenho haverá uma NE.

É importante ficar atento ao que reza o § 1º do art. 60 da Lei nº 4.320/64. Este mandamento prevê que em casos especiais previstos na legislação específica será dispensada a emissão da nota de empenho, porém, a lei não dispensa o empenho em si, que, normalmente, será prévio. A dispensa se refere então à nota de empenho.

6. BRASIL. Tesouro Nacional. **Manual SIAFI**. Disponível em: ‹http://manualsiafi.tesouro.fazenda.gov.br/pdf/020000/020300/020301›. Acesso em: 20 ago. 2018.

3) Modalidades de empenho

A depender de algumas características da despesa, temos três tipos de empenho:

3.1) Ordinário

Esta modalidade de empenho é destinada às despesas mais comuns, em que o montante é conhecido e o pagamento é feito em parcela única, tal como a compra de um bem móvel ou imóvel.

3.2) Estimativo

Esta modalidade de empenho é destinada às despesas em que não é possível conhecer-se, com precisão, o montante a que se refere, ou seja, aproximar-se do valor total por meio de uma estimativa. Para estes casos, são efetuados empenhos estimativos, contemplando uma projeção dos valores que se espera gastar durante o exercício financeiro.

Serve de exemplo as despesas com folha de pagamento: diárias, conta de luz, água, telefone. Nestes casos, não se sabe, no início do ano, por ocasião do empenho, o valor exato que será despendido, fazendo-se, assim, um empenho por estimativa para pagamento parcelado, conforme as despesas forem ocorrendo.

Em caso de falta de recursos, emite-se um empenho de reforço no valor que faltou. Em caso de excesso, o empenho deve ser parcialmente anulado, mais precisamente no valor exato que excedeu, estornando-se esse valor, revertendo-o à dotação originária quando a anulação ocorra no mesmo exercício financeiro em que ocorreu o empenho objeto de anulação. Se a anulação é em exercício anterior, o feito é diverso, como será visto.

3.3) Global

Também chamado de empenho contratual, essa modalidade é destinada às despesas que tenham valor conhecido, mas com pagamento parcelado. Nesse caso o empenho será pelo valor total do contrato, se este for cumprido dentro do exercício financeiro, ou no valor total previsto para ser entregue naquele exercício financeiro, se o contrato for executado em mais de um exercício financeiro. O que diferencia o empenho global do empenho ordinário é, principalmente, que em função de características do bem ou dos termos do contrato, a entrega será feita de forma parcelada, com o pagamento ocorrendo a cada etapa de cumprimento do contrato, na proporção entre o montante pactuado e o volume entregue, como no caso de obras, quando o pagamento se dá em função de seu andamento, sendo este atestado por uma comissão de servidores públicos.

Em caso de contratos com duração maior que um exercício financeiro, o empenho global deve abranger somente o exercício a que se refere e no valor previsto para realização naquele ano. A cada novo exercício social, repete-se o procedimento até que o contrato seja concluído.

Servem de exemplo os contratos de obras, de bens que, por sua natureza ou quantitativo, terão sua entrega parcelada, etc.

Resumindo temos:

- **ORDINÁRIO** – Valor conhecido – Um pagamento.
- **ESTIMATIVO** – Valor estimado – podendo ser em vários pagamentos e ajustado por empenhos de reforço, se o valor empenhado originalmente for menor, ou empenho de anulação, se o valor originalmente empenhado foi a maior.
- **GLOBAL** – Valor conhecido – Pagamento parcelado.

4) Tipos de empenho segundo a sua finalidade

A depender da finalidade para o qual o empenho é emitido, tem-se três tipos de empenho:

4.1) Original

Empenho original é o empenho emitido com a finalidade de inicialmente criar uma reserva da dotação prevista no Orçamento para fazer frente a uma despesa específica, ou seja, é o primeiro empenho emitido para fazer frente a uma despesa.

4.2) Anulação

Este empenho é emitido com a finalidade de anular, total ou parcialmente, um empenho original ou de reforço, anteriormente emitido, e tem por função recompor o saldo da dotação a que originalmente pertencia o valor referente ao empenho anulado. Porém, esta recomposição só ocorrerá se o empenho de anulação for emitido no mesmo exercício financeiro do empenho original objeto da anulação. Se a anulação ocorrer em exercício social diverso (Restos a Pagar), existem dois posicionamentos distintos:

O primeiro é o da Lei nº 4.320/64 em seu art. 38. Tal previsão estabelece que reverte à dotação a importância de despesa anulada no exercício e quando a anulação ocorrer após o encerramento deste considerar-se-á receita do ano em que se efetivar. Assim, para o mandamento legal citado, a anulação de empenho em exercício financeiro diverso daquele do empenho original será considerada receita orçamentária do exercício em que esta for anulada.

O segundo está no MCASP 7ª edição, o cancelamento de despesa em exercício diverso (Restos a Pagar) se trata de restabelecimento de saldo de disponibilidade comprometida resultante de receitas arrecadadas em exercícios anteriores e não de uma nova receita a ser registrada. Seria o mesmo que registrar uma receita mais de uma vez e isso descaracteriza a aplicação tanto do Princípio da Competência

Contábil, quanto do regime orçamentário de caixa. Assim, para esse manual, esse cancelamento não será receita.

Tal anulação pode ocorrer por vários motivos, tais como:

Anulação parcial ou total de um empenho emitido

Ocorre, por exemplo, com um empenho por estimativa cuja previsão que serviu de base para determinar o valor do empenho estimativo original previu um valor maior do que deveria, necessitando então anular o valor a maior. Nesse caso, o estorno é parcial, somente atingindo o valor maior. Pode ocorrer também a anulação de uma despesa já empenhada e que agora não mais ocorrerá, como o empenho para a realização de uma festa municipal que, por conta de chuvas, acaba sendo cancelada.

Anulação de um empenho emitido com erro em outros dados

Pode ocorrer de o empenho ser emitido com erro em outros dados, como no caso de erro na dotação ou na especificação do elemento da despesa. Nesses casos, em virtude da imutabilidade dos registros feitos no SIAFI, deve-se emitir um empenho anulando totalmente os efeitos do empenho com erro e, após, emitir outro empenho com os dados corretos.

4.3) Reforço

Empenho de reforço tem por finalidade complementar, reforçar um empenho anteriormente emitido, ou seja, um empenho original. Normalmente, a emissão desse tipo de empenho ocorrerá para reforçar um empenho estimativo, quando a estimativa que serviu de base para determinar o valor do empenho original não alcançou o valor que efetivamente deveria, necessitando então de mais recursos para fazer frente à despesa a qual se referia.

5) Vedações específicas aos municípios relacionadas ao ato de empenhar despesas

Antes mesmo da vigência da LRF, o legislador já se preocupava com as transferências de encargos na transição de mandatos, tanto que os §§ 1º, 2º, 3º e 4º do art. 58 da Lei nº 4.320/64, trazem dispositivos diretamente direcionados para o chefe do Poder Executivo municipal, limitando a emissão de empenho com vista a manter o equilíbrio das contas públicas e evitar que estes passassem endividamentos de forma irresponsável aos seus sucessores.

Tais dispositivos vedam aos Municípios empenhar, no último mês do mandato do Prefeito, mais do que o duodécimo da despesa prevista no orçamento vigente. Veda também a assunção, no mesmo período, por qualquer forma, de compromissos financeiros para execução depois do término do mandato do Prefeito. A única exceção prevista a essas regras é a ocorrência comprovada de calamidade pública.

E se, mesmo diante de tais vedações, houver a insistência em manter tais condutas, a lei determina a nulidade dos empenhos e dos atos praticados, sem prejuízo de responsabilização do Prefeito.

Seguem os dispositivos da Lei nº 4.320/64 que versam sobre o empenho:

> **Art. 58** – O empenho de despesa é o ato emanado de autoridade competente que cria para o Estado obrigação de pagamento pendente ou não de implemento de condição. (Veto rejeitado no D.O. 05/05/1964)
>
> **Art. 59** – O empenho da despesa não poderá exceder o limite dos créditos concedidos. (Redação dada pela Lei nº 6.397, de 10.12.1976)
>
> § 1º Ressalvado o disposto no art. 67 da Constituição Federal, é vedado aos Municípios empenhar, no último mês do mandato do Prefeito, mais do que o duodécimo da despesa prevista no orçamento vigente. (Parágrafo incluído pela Lei nº 6.397, de 10.12.1976)
>
> § 2º Fica, também, vedado aos Municípios, no mesmo período, assumir, por qualquer forma, compromissos financeiros para execução depois do término do mandato do Prefeito. (Parágrafo incluído pela Lei nº 6.397, de 10.12.1976)
>
> § 3º As disposições dos parágrafos anteriores não se aplicam nos casos comprovados de calamidade pública. (Parágrafo incluído pela Lei nº 6.397, de 10.12.1976)
>
> § 4º Reputam-se nulos e de nenhum efeito os empenhos e atos praticados em desacordo com o disposto nos parágrafos 1º e 2º deste artigo, sem prejuízo da responsabilidade do Prefeito nos termos do art. 1º, inciso V, do Decreto-lei n.º 201, de 27 de fevereiro de 1967. (Parágrafo incluído pela Lei nº 6.397, de 10.12.1976)
>
> **Art. 60** – É vedada a realização de despesa sem prévio empenho.
>
> § 1º Em casos especiais previstos na legislação específica será dispensada a emissão da nota de empenho.
>
> § 2º Será feito por estimativa o empenho da despesa cujo montante não se possa determinar.
>
> § 3º É permitido o empenho global de despesas contratuais e outras, sujeitas a parcelamento.
>
> **Art. 61** – Para cada empenho será extraído um documento denominado "nota de empenho" que indicará o nome do credor, a representação e a importância da despesa bem como a dedução desta do saldo da dotação própria.

6) Pré-empenho

Para fechar o entendimento sobre o empenho, é importante citar que, atualmente, antecedendo o empenho, encontra-se em aplicação a sistemática do pré-empenho. Isso em função da necessidade de se assegurar o crédito previsto no orçamento, já que, após o recebimento do crédito orçamentário e antes do seu comprometimento para a realização da despesa, existe uma fase geralmente demorada de licitação obrigatória junto a fornecedores de bens e serviços.

Diante desta situação, o pré-empenho visa justamente resguardar e garantir a existência dos recursos orçamentários e financeiros para a realização de certa despesa, pois evita a utilização deste mesmo recurso para a realização de despesas diversas daquela para o qual foi precipuamente planejada a sua utilização.

Segundo o manual SIAFI[7], esta ferramenta visa permitir registrar créditos orçamentários pré-compromissados, para atender objetivos específicos, nos casos em que a despesa a ser realizada, por suas características, cumpre etapas com intervalos de tempo desde a decisão administrativa até a efetivação da emissão da NE.

Como se pode observar, apesar de não ser uma fase formal da despesa, a emissão do pré-empenho também reduz a dotação correspondente, entretanto, ao contrário do empenho, esta emissão não vincula ao exercício correspondente, pois a lei determina que pertencem ao exercício financeiro as receitas nele arrecadadas e as despesas nele legalmente empenhadas, não se referindo às despesas pré-empenhadas. Como veremos em tópico próprio, ao contrário do pré-empenho, o empenho, ao final do exercício pode ser inscrito em Restos a Pagar. Caso a despesa vinculada ao pré-empenho não seja realizada, perde-se a dotação referente àquele exercício.

5.2.2. *Liquidação da despesa*

Nos termos do art. 63 da Lei nº 4.320/1964, a liquidação da despesa consiste na verificação do direito adquirido pelo credor tendo por base os títulos e documentos comprobatórios do respectivo crédito. Essa verificação tem por fim apurar:

1) A origem e o objeto do que se deve pagar;

2) A importância exata a pagar;

3) A quem se deve pagar a importância, para extinguir a obrigação.

A liquidação da despesa por fornecimentos feitos ou serviços prestados terá por base:

1) O contrato, ajuste ou acordo respectivo;

2) A nota de empenho;

3) Os comprovantes da entrega de material ou da prestação efetiva do serviço.

7. BRASIL. Tesouro Nacional. **Manual SIAFI**. Disponível em: ‹https://manualsiafi.tesouro.fazenda.gov.br/pdf/020000/020300/020301›. Acesso em: 20 ago. 2018.

Liquidação é a verificação física e documental por parte da Administração Pública da efetiva entrega do bem, conclusão da obra ou, ainda, da prestação do serviço dentro do estabelecido em processo licitatório, se for o caso. É a conferência por parte da Administração Pública, que atestará a despesa após verificar a adequação das mercadorias entregues ou dos serviços prestados e o processamento pela Contabilidade que, de posse de toda a documentação, viabilizará o pagamento. Em algumas situações, o servidor da Administração fica responsável por atestar, no verso do documento apresentado, desde que atendidas todas as condições contratadas, o recebimento de bens, a execução de obras ou a prestação de serviços.

Sob o aspecto contábil e patrimonial do regime de competência, nem sempre o momento do fato gerador coincide com a liquidação da despesa orçamentária. Porém, existem situações que haverá essa coincidência, como, por exemplo, na entrega de bens de consumo imediato ou de serviços contratados, que constituem despesas efetivas. Nesse caso, o reconhecimento da despesa orçamentária coincidirá com a apropriação da despesa pelo enfoque patrimonial, visto que ocorrerá uma redução na situação líquida patrimonial.

Resumindo, a Liquidação é o reconhecimento, por parte da Administração, do direito líquido e certo de receber o valor referente ao bem que foi entregue ou ao serviço que foi prestado.

► **FIQUE ATENTO:**

- Segundo o art. 63 da Lei nº 4.320/1964, a liquidação consiste na verificação do direito adquirido pelo credor tendo por base os títulos e documentos comprobatórios do respectivo crédito, ou seja, é a verificação de um passivo exigível já existente.
- Em alguns casos, pode ser que ocorra uma lacuna temporal significativa entre a entrega do bem, serviço ou fonte de origem daquele crédito e a efetiva liquidação do crédito orçamentário. Nesses casos, também é necessário o registro da etapa entre o empenho e a liquidação chamada "em liquidação", etapa esta que evidencia a ocorrência do fato gerador da variação patrimonial diminutiva (VPD), com o surgimento de um passivo exigível, e a não ocorrência da liquidação da despesa orçamentária.

5.2.3. *Pagamento da despesa*

O pagamento da despesa, terceira e última fase da execução da despesa, ocorrerá após o efetivo processamento (liquidação) da despesa, ou seja, verificação do efetivo direito do credor a receber o valor referente àquela despesa.

Assim, processada a despesa, é feita a transferência para a conta do fornecedor do valor apurado na Liquidação. Atualmente, é cada vez mais comum o pagamento por meio de Ordens Bancárias de Pagamento – OBP.

O art. 65 da Lei nº 4.320/64 determina que o pagamento da despesa será efetuado por tesouraria ou pagadoria regularmente instituídos por estabelecimentos bancários credenciados e, em casos excepcionais, por meio de adiantamento.

Por fim, é importante citar que o art. 64 da Lei nº 4.320/64 explica a ordem de pagamento, descrevendo-a como sendo o despacho exarado por autoridade competente, determinando que a despesa seja paga, determinando ainda que a ordem de pagamento só poderá ser exarada em documentos processados pelos serviços de contabilidade. Tal citação faz com que alguns autores insiram a ordem de pagamento como fase da despesa, porém, tal entendimento não é acompanhado pela maioria da doutrina.

5.3. Quadro resumo das etapas/estágios da despesa orçamentária

<table>
<tr><th colspan="3">▸ ETAPAS/ESTÁGIOS DA DESPESA ORÇAMENTÁRIA</th></tr>
<tr><td rowspan="4">Planejamento</td><td colspan="2">Fixação</td></tr>
<tr><td colspan="2">Descentralização de créditos</td></tr>
<tr><td colspan="2">Programação financeira e orçamentária</td></tr>
<tr><td colspan="2">Licitação</td></tr>
<tr><td rowspan="3">Execução</td><td>Empenho</td><td>1. Ordinário
2. Estimativo
3. Global/contratual</td></tr>
<tr><td colspan="2">Liquidação</td></tr>
<tr><td colspan="2">Pagamento</td></tr>
</table>

6. CLASSIFICAÇÃO DAS DESPESAS

6.1. Introdução

Assim como ocorre com a receita, a classificação da despesa também busca apresentar aspectos que possam melhor demonstrar as características dos dispêndios públicos, com o fim de expor detalhes que venham a auxiliar com informações todos aqueles interessados no processo que envolve a despesa pública.

Para tanto, escolhe-se como parâmetro os critérios que sejam mais relevantes, ou seja, aqueles que exponham as características que efetivamente contribuam para o gerenciamento e controle adequados desse processo. O sistema de classificação orçamentária constitui um sistema de informação que possibilita aos interessados identificar e avaliar as origens e as destinações dos recursos que compõem os orçamentos públicos.

A depender do critério escolhido, pode-se definir a despesa:

6.2. Classificação quanto à inclusão no orçamento (natureza orçamentária da despesa)

Assim como a receita, a despesa também pode ser classificada quanto a sua natureza orçamentária em despesas orçamentárias e extra orçamentárias.

1) Orçamentária

São as despesas previstas no orçamento, LOA e Lei de Créditos Adicionais. Diferente da receita, em que nesse conceito comporta tanto as receitas previstas quanto as não previstas no orçamento, desde que possam ser usadas para financiar despesas públicas, a despesa orçamentária não comporta exceção.

Desta forma, toda despesa pública deverá estar necessariamente prevista, isso para que passem pelo crivo do Poder Legislativo, representantes do povo no processo orçamentário. São despesas destinadas a atender necessidades públicas.

Segundo o Manual de Contabilidade Aplicada ao Setor Público, as despesas de caráter orçamentário necessitam de recurso público para sua realização e constituem instrumento para alcançar os fins dos programas governamentais. É exemplo de despesa de natureza orçamentária a contratação de bens e serviços para realização de determinada ação, como serviços de terceiros, pois, faz-se necessário a emissão de empenho para suportar este contrato.

2) Extraorçamentária

São os desembolsos relacionados a recursos que se revestem de mera transitoriedade e, em algum momento, constituíram receitas extraorçamentárias, ou seja, são as devoluções relacionadas aos ingressos provenientes de receitas extraorçamentárias. Quando ocorrer a saída desses recursos para fazer frente aos passivos financeiros que foram gerados com as suas entradas, estará configurada a despesa extraorçamentária.

Tais despesas não constarão do orçamento e, sendo assim, não necessitarão de autorização legislativa para serem incorridas. Por provocarem uma baixa nas obrigações a qual se referem, concomitantemente, ao pagamento, não provocam impacto patrimonial negativo, ou seja, não reduzem o Patrimônio Líquido do ente que efetua o desembolso. Sob o enfoque patrimonial, são fatos permutativos e nem são considerados como despesa. Porém, sob enfoque orçamentário, é "despesa extra orçamentária".

- Devolução dos valores de terceiros (cauções/depósitos) - a caução em dinheiro constitui uma garantia fornecida pelo contratado e tem como objetivo assegurar a execução do contrato celebrado com o poder público. Ao término do contrato, se o contratado cumpriu com todas as obrigações, o valor será devolvido pela Administração Pública. Caso haja execução da garantia contratual, para ressarcimento da Administração pelos valores das multas e indenizações a ela devidos, será registrada a baixa do passivo financeiro em contrapartida à receita orçamentária.
- Recolhimento de Consignações/Retenções - são recolhimentos de valores anteriormente retidos na folha de salários de pessoal ou nos pagamentos de serviços de terceiros.

- Pagamento das operações de crédito por Antecipação de Receita Orçamentária (ARO) – conforme determina a LRF, as antecipações de receitas orçamentárias para atender a insuficiência de caixa deverão ser quitadas até o dia 10 de dezembro de cada ano. Tais pagamentos não necessitam de autorização orçamentária para que sejam efetuados.

- Pagamentos de Salário-Família, Salário-Maternidade e Auxílio-Natalidade – os benefícios da Previdência Social adiantados pelo empregador, por força de lei, têm natureza extraorçamentária e, posteriormente, serão objeto de compensação ou restituição.

- Pagamento de Restos a Pagar – são as saídas para pagamentos de despesas empenhadas em exercícios anteriores.

- **Classificação da despesa orçamentária**

  A Despesa Orçamentária pode ser analisada sob vários aspectos, contemplando várias estruturas. Cada estrutura apresenta uma forma de analisar características distintas da despesa orçamentária e assim obter um leque maior e mais útil de informações. Representa ainda formas diferentes de entender as despesas públicas e, consequentemente, o impacto dessas despesas nas demandas sociais.

6.3. Classificação quanto à categoria econômica

Assim como ocorre com a receita, a despesa também será classifica conforme sua categoria econômica em Correntes ou de Capital.

Tal classificação tem por objetivo propiciar elementos para uma avaliação do efeito econômico das transações do setor público. A importância de entender a categoria econômica da despesa está em poder analisar o impacto que o gasto público provoca na economia, se de mera manutenção ou se de inovação. A análise da categoria econômica permite identificar as aplicações por parte do Estado em dois agregados econômicos, o consumo e o investimento (sentido amplo).

Desta forma, analisar a composição do montante das despesas segundo a categoria econômica permite inferir qual a participação do Estado na renda nacional, suas variações ao longo do tempo e qual a sua forma de contribuição para a formação do Produto Interno Bruto (PIB). Outra perspectiva importante está relacionada a quanto o orçamento está contribuindo para a formação do patrimônio bruto do ente a qual se refere.

1) Despesas Correntes

São despesas relacionadas diretamente ao consumo de bens e serviços, pois estão ligadas às atividades operacionais do ente público, e se destinam a sua manutenção, não contribuindo, em regra, para a formação do patrimônio estatal. Segundo a Portaria Interministerial 163/01, classificam-se nesta categoria todas as despesas que não contribuem, diretamente, para a formação ou aquisição de um bem de capital.

Tais despesas podem ser divididas em duas subcategorias econômicas segundo a Lei nº 4.320/64:

1.1) Despesas de Custeio:

Classificam-se como Despesas de Custeio as dotações para manutenção de serviços anteriormente criados, inclusive as destinadas a atender as obras de conservação e de adaptação de bens imóveis.

É importante ressaltar a expressão "obras", isso porque, quando vermos as despesas de capital, observaremos que, dentre elas, também se encaixará a "obra". A diferença estará na finalidade de cada uma, pois, enquanto a obra que se classifica como despesa corrente, mais precisamente como despesa de custeio, é destinada à conservação e adaptação (recapeamento de estradas, por exemplo), ou seja, não expande serviço público, a de capital será destinada à ampliação ou inovação, como, por exemplo, a construção de um hospital.

A Lei nº 4.320/64 traz como sendo despesas de custeio:

- Pessoal civil;
- Pessoal Militar;
- Material de consumo;
- Serviços de terceiros;
- Encargos diversos;
- Dentre outros.

1.2) Transferências Correntes:

Classificam-se como Transferências Correntes as dotações para despesas as quais não correspondam à contraprestação direta de bens ou serviços, inclusive para contribuições e subvenções destinadas a atender à manutenção de outras entidades de direito público ou privado.

A Lei nº 4.320/64 traz como sendo Transferências Correntes:

- Subvenções Sociais;
- Subvenções Econômicas;
- Inativos;
- Pensionistas;
- Salário Família e Abono Familiar;
- Juros da Dívida Pública;

- Contribuições de Previdência Social
- Diversas Transferências Correntes.

Segundo a Lei nº 4.320/64, consideram-se subvenções as transferências destinadas a cobrir despesas de custeio das entidades beneficiadas, distinguindo-se como:

- Subvenções sociais, as que se destinem às instituições públicas ou privadas de caráter assistencial ou cultural, sem finalidade lucrativa;
- Subvenções econômicas, as que se destinem às empresas públicas ou privadas de caráter industrial, comercial, agrícola ou pastoril.

Outro exemplo de Transferência Corrente que merece ser lembrado é a transferência de recursos aos fundos Constitucionais, FPM, FPE, ou programas de desenvolvimento das regiões Norte, Nordeste e Centro-Oeste.

► **FIQUE ATENTO**

Conforme definição do portal Transparência, Transferências Constitucionais são transferências, previstas na Constituição Federal, de parcelas das receitas federais arrecadadas pela União e que devem ser repassadas aos estados, ao Distrito Federal e aos municípios. O objetivo do repasse é amenizar as desigualdades regionais e promover o equilíbrio socioeconômico entre Estados e Municípios. Dentre as principais transferências da União para os Estados, o DF e os Municípios, previstas na Constituição, destacam-se: o Fundo de Participação dos Estados e do Distrito Federal (FPE); o Fundo de Participação dos Municípios (FPM); o Fundo de Compensação pela Exportação de Produtos Industrializados (FPEX); o Fundo de Manutenção e de Desenvolvimento do Ensino Fundamental e de Valorização do Magistério (FUNDEF); e o Imposto sobre a Propriedade Territorial Rural (ITR)[8].

2) Despesas de Capital

São despesas relacionadas à inovação e à expansão do patrimônio público, compreendendo, principalmente, compras e amortizações. Dessa forma, essas despesas se caracterizam, via de regra, por contribuírem diretamente para o patrimônio do ente a que se referem.

A Lei nº 4.320/64 divide as despesas de capital em três subcategorias econômicas:

2.1) Investimentos

Classificam-se como investimentos as dotações para o planejamento e para a execução de obras, inclusive as destinadas à aquisição de imóveis considerados necessários à realização destas últimas, bem como para os programas especiais de trabalho, aquisição de instalações, equipamentos e material permanente e

8. BRASIL. Ministério da Transparência e Controladoria-Geral da União. **Transparência.** Disponível em: ‹http://www.portaldatransparencia.gov.br/glossario/DetalheGlossario.asp?letra=t›. Acesso em: 25 jul. 2018.

constituição ou aumento do capital de empresas que não sejam de caráter comercial ou financeiro.

Para diferenciar o Investimento da próxima subcategoria econômica, inversões financeiras, faz-se necessário citar que, apesar de serem muito parecidas, somente os Investimentos, em regra, tem um impacto positivo no Produto Interno Bruto (PIB).

Isso porque o Investimento representa, em regra, a inserção de elemento novo na economia e a distribuição dos rendimentos dessa inserção por toda cadeia produtiva.

Quando se decide construir um imóvel no intuito de expandir os serviços públicos ao invés adquirir um usado, os benefícios econômicos advindos dos recursos utilizados nessa obra serão distribuídos por vários beneficiários e representará um acréscimo à economia como um todo, direta e indiretamente, pois beneficiarão fornecedores, trabalhadores, prestadores de serviço, produtores de matéria-prima, transportadores, dentre outros. Estes, por sua vez, reverterão, de regra, esses benefícios dentro do próprio sistema econômico, como é o caso do operário empregado na obra que gastará seu salário para outras despesas e aquisição de outros bens, contribuindo para o desenvolvimento da economia local.

No caso de adquirir um imóvel já em uso para a expansão de serviços públicos, desconsiderando outros fatores, ocorrerá somente uma inversão financeira, já que os benefícios advindos da construção do imóvel já foram inseridos na economia anteriormente, no momento da construção. Assim, esse dispêndio por parte do Estado, mais uma vez, desconsiderando outros fatores, não estará representando algo novo para a economia. Esse raciocínio serve para qualquer bem ou instalação, de forma que o novo contribui para o aumento do PIB, usado não.

Uma observação importante deve ser feita com relação às questões de prova no sentido de diferenciar, em um exemplo prático dado em questão, se uma aquisição o bem ou instalação é novo ou não: se a questão somente se referir à aquisição do bem, sem citar outros detalhes, ele será considerado novo e, assim, um investimento. Dessa forma, para que seja considerada uma aquisição de um bem como inversão financeira, a questão deve, de alguma forma, deixar claro que não se trata de um bem novo.

Porém, mesmo diante da afirmação citada acima, se a aquisição do imóvel em uso for em função da realização de uma obra, esta aquisição será considerada investimento, como quando um município adquire um imóvel com o intuito de demoli-lo para que a construção de uma delegacia.

Para os fins de concurso, não vem ao caso entrar em discussões aprofundadas sobre conceitos econômicos do que seria e como seria essa contribuição para o PIB, o importante é saber o entendimento das principais bancas de concurso.

A Lei nº 4.320/64 traz como sendo Investimentos:

- Obras Públicas;
- Serviços em Regime de Programação Especial;

- Equipamentos e Instalações;
- Material Permanente;
- Participação em Constituição ou Aumento de Capital de Empresas ou Entidades Industriais ou Agrícolas.

2.2) Inversões Financeiras

Classificam-se como Inversões Financeiras as dotações destinadas à aquisição de imóveis, ou de bens de capital já em utilização; aquisição de títulos representativos do capital de empresas ou entidades de qualquer espécie, já constituídas, quando a operação não importe aumento do capital; constituição ou aumento do capital de entidades ou empresas que visem a objetivos comerciais ou financeiros, inclusive operações bancárias ou de seguros.

A Lei nº 4.320/64 traz como sendo Inversões Financeiras:

- Aquisição de Imóveis (desde que não sejam novos);
- Participação em Constituição ou Aumento de Capital de Empresas ou Entidades Comerciais ou Financeiras;
- Aquisição de Títulos Representativos de Capital de Empresa em Funcionamento (desde que não haja aumento de capital);
- Constituição de Fundos Rotativos;
- Concessão de Empréstimos;
- Diversas Inversões Financeiras.

2.3) Transferências de Capital

São Transferências de Capital as dotações para Investimentos ou inversões financeiras que outras pessoas de direito público ou privado devam realizar, independentemente de contraprestação direta em bens ou serviços, constituindo essas transferências auxílios ou contribuições, segundo derivem diretamente da Lei de Orçamento ou de lei especialmente anterior, bem como as dotações para amortização da dívida pública.

A Lei nº 4.320/64 traz como sendo Transferências de Capital:

- Amortização da Dívida Pública;
- Auxílios para Obras Públicas;
- Auxílios para Equipamentos e Instalações;
- Auxílios para Inversões Financeiras;
- Outras Contribuições.

A Lei nº 4.320/64 ainda determina que a Lei de Orçamento não consignará auxílio para investimentos que se devam incorporar ao patrimônio das empresas privadas de fins lucrativos, inclusive transferências de capital à conta de fundos especiais ou dotações sob regime excepcional de aplicação.

6.4. Classificação segundo a Natureza da Despesa

Em função da necessidade de consolidação das Contas Públicas Nacionais, em obediência ao disposto no art. 51 da Lei Complementar nº 101, de 2000 (Lei de Responsabilidade Fiscal), a Portaria Interministerial nº 163, de 4 de maio de 2001, dos Secretários do Tesouro Nacional e de Orçamento Federal, uniformizou os procedimentos de execução orçamentária no âmbito da União, Estados, Distrito Federal e Municípios. Para tanto, tal portaria padronizou a classificação da receita e da despesa a ser utilizada por todos os entes da Federação.

Chama atenção ao tratamento dado à despesa, pois enquanto essa portaria somente detalhou o art. 11 da Lei nº 4.320/64, que versa sobre a receita pública, em relação ao art. 12, que versa sobre a Despesa Pública, houve uma parcial desconsideração ao texto nele inscrito, isso no que se refere às subcategorias econômicas, criando, para alguns autores, uma verdadeira classificação autônoma ao reorganizar as despesas que compõe essas subcategorias.

Porém, isso não interfere no entendimento acima explicitado sobre os conceitos das categorias e subcategorias econômicas, mesmo porque se trata de texto de lei e somente uma lei complementar poderia alterá-la.

Além disso, essa "nova" classificação se refere somente à reorganização das despesas em grupos diferentes e dentro das mesmas categorias econômicas que já existiam, caracterizando-se como uma reorganização, uma codificação com o fim de uniformizar os procedimentos de execução orçamentária no âmbito da União, Estados, Distrito Federal e Municípios, com vistas a atender o que determina o art. 51 da LRF que versa sobre a consolidação das contas públicas nacionais. Essa classificação será utilizada ainda na elaboração do orçamento (LOA e Créditos Adicionais) e do Relatório Resumido da Execução Orçamentária (RREO).

> ***Lei de Responsabilidade Fiscal:***
>
> **Art. 51** – *O Poder Executivo da União promoverá, até o dia trinta de junho, a consolidação, nacional e por esfera de governo, das contas dos entes da Federação relativas ao exercício anterior, e a sua divulgação, inclusive por meio eletrônico de acesso público.*
>
> *§ 1º Os Estados e os Municípios encaminharão suas contas ao Poder Executivo da União nos seguintes prazos:*
>
> *I. Municípios, com cópia para o Poder Executivo do respectivo Estado, até trinta de abril;*
>
> *II. Estados, até trinta e um de maio.*
>
> *§ 2º O descumprimento dos prazos previstos neste artigo impedirá, até que a situação seja regularizada, que o ente da Federação receba*

transferências voluntárias e contrate operações de crédito, exceto as destinadas ao refinanciamento do principal atualizado da dívida mobiliária.

Desta forma, os entendimentos da lei e da portaria continuam coexistindo e podem ser cobrados tanto de forma isolada, conforme a divisão das despesas em um ou em outro mandamento, quanto de forma conjunta, com comparações entre um e outro ou afirmações sobre o relacionamento entre eles.

Para essa portaria a classificação da despesa, segundo a sua natureza, compõe-se de:

- Categoria econômica;
- Grupo de natureza da despesa;
- Elemento de despesa.

> **Art. 3º** *A classificação da despesa, segundo a sua natureza, compõe-se de:*
>
> *I – categoria econômica;*
>
> *II – grupo de natureza da despesa;*
>
> *III – elemento de despesa;*

A natureza da despesa será complementada pela informação gerencial denominada "modalidade de aplicação", a qual tem por finalidade indicar se os recursos são aplicados diretamente por órgãos ou entidades no âmbito da mesma esfera de Governo ou por outro ente da Federação e suas respectivas entidades. Isso propicia a identificação do responsável pela aplicação (se diretamente ou por outro órgão ou entidade) e, também, a eliminação da dupla contagem dos recursos, quando transferidos ou descentralizados na aplicação direta decorrente de operação entre órgãos, fundos e entidades integrantes dos Orçamentos Fiscal e da Seguridade Social. Com a inserção desse elemento, a codificação fica assim estruturada:

- Categoria econômica;
- Grupo de natureza da despesa;
- Modalidade de Aplicação;
- Elemento de despesa.

A portaria ainda faculta o desdobramento suplementar dos elementos de despesa para atendimento das necessidades de escrituração contábil e controle da execução orçamentária. Assim, com o desdobramento do elemento de despesa, a codificação da estrutura da natureza da despesa a ser observada na execução orçamentária de todas as esferas de Governo será "c.g.mm.ee.dd", tais letras representam números que, em conjunto, comporão um código, de forma que:

- "c" representa a categoria econômica;
- "g" o grupo de natureza da despesa;
- "mm" a modalidade de aplicação;

- "ee" o elemento de despesa; e
- "dd" o desdobramento, facultativo, do elemento de despesa.

1º	2º	3º	4º	5º	6º	7º	8º
C	G	MM		EE		DD	
Categoria Econômica	Grupo de Natureza da Despesa	Modalidade de Aplicação		Elemento de Despesa		Subelemento	

▶ **OBSERVAÇÃO:**

Fique atento quanto à obrigatoriedade de desdobramento da despesa na Lei Orçamentária Anual em razão de dois dispositivos com mandamentos diversos. Atendendo à necessidade de adequar as classificações orçamentária ao Princípio da Discriminação que, segundo a Lei nº 4.320/64, na Lei de Orçamento, a discriminação da despesa far-se-á no mínimo por elementos.

Porém, a Portaria Interministerial nº 163, de 4 de maio de 2001, que dispõe sobre as normas gerais de consolidação das Contas Públicas no âmbito da União, Estados, Distrito Federal e Municípios, e dá outras providências, determina em seu art. 6º que na lei orçamentária, a discriminação da despesa, quanto a sua natureza, far-se-á, no mínimo, por categoria econômica, grupo de natureza de despesa e modalidade de aplicação.

Assim, segundo a lei, o desdobramento obrigatório deverá ser por elemento e pela portaria, grupo de natureza de despesa e modalidade de aplicação.

> **Lei nº 4.320/64**
>
> **Art. 15.** Na Lei de Orçamento a discriminação da despesa far-se-á *no mínimo* por elementos.
>
> § 1º Entende-se por elementos o desdobramento da despesa com pessoal, material, serviços, obras e outros meios de que se serve a administração pública para consecução dos seus fins.
>
> § 2º Para efeito de classificação da despesa, considera-se material permanente o de duração superior a dois anos.
>
> **Portaria Interministerial nº 163, de 4 de maio de 2001**
>
> **Art. 6º** Na lei orçamentária, a discriminação da despesa, quanto a sua natureza, far-se-á, no mínimo, por categoria econômica, grupo de natureza de despesa e modalidade de aplicação.

- **Conceitos:**

Seguem os conceitos segundo a Portaria Interministerial nº 163/01 para cada um desses desdobramentos.

6.4.1. *Categoria econômica*

É primeira e grande divisão que segregará as despesas em correntes e de capital, valendo as mesmas observações feitas anteriormente.

Para essa portaria, classificam-se como despesa corrente todas as despesas que não contribuem, diretamente, para a formação ou aquisição de um bem de capital, e como Despesas de Capital aquelas despesas que contribuem, diretamente, para a formação ou aquisição de um bem de capital.

6.4.2. Grupo de Natureza da despesa

Entende-se por grupos de natureza de despesa a agregação de elementos de despesa que apresentam as mesmas características quanto ao objeto de gasto. Divide-se nos seguintes grupos com seus respectivos códigos:

1	**Pessoal e Encargos Sociais (despesa corrente)**	Despesas orçamentárias com pessoal ativo, inativo e pensionistas, relativas a mandatos eletivos, cargos, funções ou empregos, civis, militares e de membros de Poder, com quaisquer espécies remuneratórias, tais como vencimentos e vantagens, fixas e variáveis, subsídios, proventos da aposentadoria, reformas e pensões, inclusive adicionais, gratificações, horas extras e vantagens pessoais de qualquer natureza, bem como encargos sociais e contribuições recolhidas pelo ente às entidades de previdência, conforme estabelece o *caput* do art. 18 da Lei Complementar 101, de 2000.
2	**Juros e Encargos da Dívida (despesa corrente)**	Despesas orçamentárias com o pagamento de juros, comissões e outros encargos de operações de crédito internas e externas contratadas, bem como da dívida pública mobiliária.
3	**Outras Despesas Correntes**	Despesas orçamentárias com aquisição de material de consumo, pagamento de diárias, contribuições, subvenções, auxílio-alimentação, auxílio-transporte, além de outras despesas da categoria econômica "Despesas Correntes" não classificáveis nos demais grupos de natureza de despesa.
4	**Investimentos (Despesa de Capital)**	Despesas orçamentárias com softwares e com o planejamento e a execução de obras, inclusive com a aquisição de imóveis considerados necessários à realização destas últimas, e com a aquisição de instalações, equipamentos e material permanente.
5	**Inversões Financeiras (Despesa de Capital)**	Despesas orçamentárias com a aquisição de imóveis ou bens de capital já em utilização; aquisição de títulos representativos do capital de empresas ou entidades de qualquer espécie, já constituídas, quando a operação não importe aumento do capital; e com a constituição ou aumento do capital de empresas, além de outras despesas classificáveis neste grupo.
6	**Amortização da Dívida (Despesa de Capital)**	Despesas orçamentárias com o pagamento e/ou refinanciamento do principal e da atualização monetária ou cambial da dívida pública interna e externa, contratual ou mobiliária.

6.4.3. Modalidade de aplicação

Como visto acima, essa informação não visa identificar o tipo de despesa que está sendo realizada, mas, sim, indicar se os recursos são aplicados diretamente por órgãos ou entidades no âmbito da mesma esfera de Governo ou por outro ente da Federação e suas respectivas entidades, e objetiva, precipuamente, possibilitar a eliminação da dupla contagem dos recursos transferidos ou descentralizados. Seguem as modalidades de aplicação com seus respectivos códigos.

20	**Transferências à União;**	Despesas orçamentárias realizadas pelos Estados, Municípios ou pelo Distrito Federal, mediante transferência de recursos financeiros à União, inclusive para suas entidades da administração indireta.
22	**Execução Orçamentária Delegada à União;**	Despesas orçamentárias realizadas mediante transferência de recursos financeiros, decorrentes de delegação ou descentralização à União para execução de ações de responsabilidade exclusiva do delegante.
30	**Transferências a Estados e ao Distrito Federal;**	Despesas orçamentárias realizadas mediante transferência de recursos financeiros da União ou dos Municípios aos Estados e ao Distrito Federal, inclusive para suas entidades da administração indireta.
31	**Transferências a Estados e ao Distrito Federal – Fundo a Fundo;**	Despesas orçamentárias realizadas mediante transferência de recursos financeiros da União ou dos Municípios aos Estados e ao Distrito Federal por intermédio da modalidade Fundo a Fundo.
32	**Execução Orçamentária Delegada a Estados e ao Distrito Federal;**	Despesas orçamentárias realizadas mediante transferência de recursos financeiros, decorrentes de delegação ou descentralização a Estados e ao Distrito Federal para execução de ações de responsabilidade exclusiva do delegante.
40	**Transferências a Municípios;**	Despesas orçamentárias realizadas mediante transferência de recursos financeiros da União ou dos Estados aos Municípios, inclusive para suas entidades da administração indireta.
41	**Transferências a Municípios – Fundo a Fundo;**	Despesas orçamentárias realizadas mediante transferência de recursos financeiros da União, dos Estados ou do Distrito Federal aos Municípios por intermédio da modalidade fundo a fundo.
42	**Execução Orçamentária Delegada a Municípios;**	Despesas orçamentárias realizadas mediante transferência de recursos financeiros, decorrentes de delegação ou descentralização a Municípios para execução de ações de responsabilidade exclusiva do delegante.
50	**Transferências a Instituições Privadas sem Fins Lucrativos;**	Despesas orçamentárias realizadas mediante transferência de recursos financeiros a entidades sem fins lucrativos que não tenham vínculo com a administração pública.

60	**Transferências a Instituições Privadas com Fins Lucrativos;**	Despesas orçamentárias realizadas mediante transferência de recursos financeiros a entidades com fins lucrativos que não tenham vínculo com a administração pública.
70	**Transferências a Instituições Multigovernamentais;**	Despesas orçamentárias realizadas mediante transferência de recursos financeiros a entidades criadas e mantidas por dois ou mais entes da Federação ou por dois ou mais países, inclusive o Brasil.
71	**Transferências a Consórcios Públicos;**	Despesas orçamentárias realizadas mediante transferência de recursos financeiros a entidades criadas sob a forma de consórcios públicos nos termos da Lei nº 11.107, de 6 de abril de 2005, objetivando a execução dos programas e ações dos respectivos entes consorciados.
72	**Execução Orçamentária Delegada a Consórcios Públicos;**	Despesas orçamentárias realizadas mediante transferência de recursos financeiros, decorrentes de delegação ou descentralização a consórcios públicos para execução de ações de responsabilidade exclusiva do delegante.
80	**Transferências ao Exterior;**	Despesas orçamentárias realizadas mediante transferência de recursos financeiros a órgãos e entidades governamentais pertencentes a outros países, a organismos internacionais e a fundos instituídos por diversos países, inclusive aqueles que tenham sede ou recebam os recursos no Brasil.
90	**Aplicações Diretas;**	Aplicação direta, pela unidade orçamentária, dos créditos a ela alocados ou oriundos de descentralização de outras entidades integrantes ou não dos Orçamentos Fiscal ou da Seguridade Social, no âmbito da mesma esfera de governo.
91	**Aplicação Direta Decorrente de Operação entre Órgãos, Fundos e Entidades Integrantes dos Orçamentos Fiscal e da Seguridade Social;**	Despesas orçamentárias de órgãos, fundos, autarquias, fundações, empresas estatais dependentes e outras entidades integrantes dos orçamentos fiscal e da seguridade social decorrentes da aquisição de materiais, bens e serviços, pagamento de impostos, taxas e contribuições, além de outras operações, quando o recebedor dos recursos também for órgão, fundo, autarquia, fundação, empresa estatal dependente ou outra entidade constante desses orçamentos, no âmbito da mesma esfera de Governo.
99	**A Definir;**	Modalidade de utilização exclusiva do Poder Legislativo ou para classificação orçamentária da Reserva de Contingência e da Reserva do RPPS, vedada a execução orçamentária enquanto não houver sua definição.

6.4.4. Elemento de despesa

O elemento de despesa tem por finalidade identificar os objetos de gasto, tais como vencimentos e vantagens fixas, juros, diárias, material de consumo, serviços de terceiros prestados sob qualquer forma, subvenções sociais, obras e instalações, equipamentos e material permanente, auxílios, amortização e outros de que a Administração Pública se serve para a consecução de seus fins.

Na Portaria Interministerial nº 163 consta a relação de todos os elementos com seus respectivos códigos, os quais totalizam 99.

6.4.5. Desdobramento facultativo do Elemento de despesa (subelemento)

Tal desdobramento, também denominado subelemento, visa simplesmente detalhar o elemento da despesa, quando necessário for, para atendimento das necessidades de escrituração contábil e controle da execução orçamentária.

- **Classificação da reserva de contingência**

A dotação global denominada Reserva de Contingência, permitida para a União no art. 91 do Decreto-Lei nº 200, de 25 de fevereiro de 1967, ou em atos das demais esferas de Governo, a ser utilizada como fonte de recursos para abertura de créditos adicionais e para o atendimento ao disposto no art. 5º, inciso III, da Lei Complementar nº 101, de 2000, sob coordenação do órgão responsável pela sua destinação, bem como a Reserva do Regime Próprio de Previdência do Servidor – RPPS, quando houver, serão identificadas nos orçamentos de todas as esferas de Governo pelos códigos "99.999.9999.xxxx.xxxx" e 99.997.9999.xxxx.xxxx", respectivamente, no que se refere às classificações por função e subfunção e estrutura programática, no qual o "x" representa a codificação das ações correspondentes e dos respectivos detalhamentos.

> Parágrafo único. As Reservas referidas no *caput* serão identificadas, quanto à natureza da despesa, pelo código "9.9.99.99.99".

6.5. Classificação institucional (quem?)

Também chamada por alguns autores de departamental ou organizacional, esta classificação tem por finalidade evidenciar o responsável pelo consumo dos recursos públicos, ou seja, ela busca o controle do quanto de recursos são alocados às diversas unidades orçamentárias.

Assim, esse critério visa evidenciar a distribuição dos recursos orçamentários pelos órgãos e unidades orçamentárias responsáveis pela execução, a unidade administrativa sob a qual pesa a responsabilidade de que executar determinado gasto público. Essa classificação busca identificar quem realiza a despesa.

A classificação institucional reflete a estrutura organizacional de alocação dos créditos orçamentários, e está estruturada em dois níveis hierárquicos: órgão orçamentário e unidade orçamentária.

Segundo o art. 14 da Lei nº 4.320/64, constitui unidade orçamentária o agrupamento de serviços subordinados ao mesmo órgão ou repartição a que serão consignadas dotações próprias. Já órgão orçamentário é o agrupamento de unidades orçamentárias.

As dotações orçamentárias, especificadas por categoria de programação em seu menor nível, são consignadas às unidades orçamentárias, que são as responsáveis pela realização das ações.

No caso do Governo Federal, o código da classificação institucional é composto por cinco dígitos, sendo os dois primeiros reservados à identificação do órgão e os demais à unidade orçamentária.

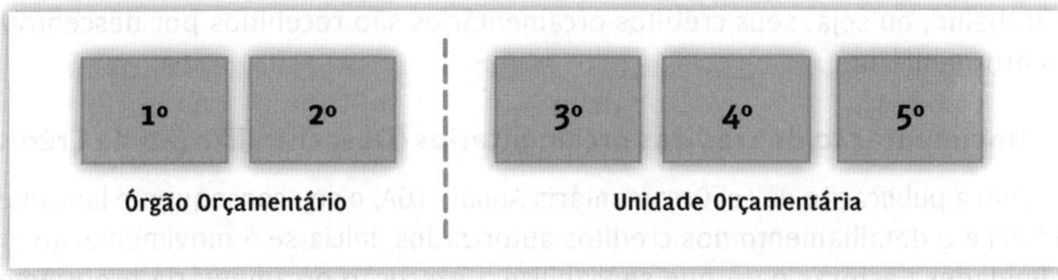

É importante citar que um órgão ou uma unidade orçamentária pode, eventualmente, não corresponder a uma estrutura administrativa, como, por exemplo, "Encargos Financeiros da União", "Transferência a Estados, Distrito Federal e Municípios", "Reserva de Contingência", etc.

✦ *Exemplos de Órgão Orçamentário e Unidade Orçamentária do Governo Federal*

► ÓRGÃO		► UNIDADE ORÇAMENTÁRIA	
26000	Ministério da Educação	26242 26277 26321	Universidade Federal de Pernambuco Fundação Universidade Federal de Ouro Preto Escola Aerotécnica Federal de Manaus
30000	Ministério da Justiça	30107 30109 30911	Departamento de Polícia Rodoviária Federal Defensoria Pública da União Fundo Nacional de Segurança Pública
39000	Ministério dos Transportes	39250 39252	Agência Nacional de Transportes Terrestres - ANTT Departamento Nacional de Infraestrutura de Transportes - DNIT

1) Conceitos importantes

Para complementar o entendimento desta classificação é importante a explanação sobre alguns conceitos:

- **Unidade Gestora:**

Unidade orçamentária ou administrativa investida do poder de gerir recursos orçamentários e financeiros, próprios ou sob descentralização.

- **Unidade Orçamentária:**

Como vimos, unidade orçamentária constitui o agrupamento de serviços subordinados ao mesmo órgão ou repartição a que serão consignadas dotações próprias.

- **Unidade Administrativa:**

Segmento da administração direta ao qual a Lei Orçamentária Anual não consigna recursos e que depende de destaques ou provisões para executar seus programas de trabalho, ou seja, seus créditos orçamentários são recebidos por descentralização orçamentária.

2) Movimentação de créditos orçamentários (Descentralização de Créditos)

Com a publicação da Lei Orçamentária Anual – LOA, o seu consequente lançamento no SIAFI e o detalhamento dos créditos autorizados, inicia-se a movimentação entre as Unidades Gestoras para que se viabilize a execução orçamentária propriamente dita, já que só após o recebimento do crédito é que as Unidades Gestoras estão em condições de efetuar a realização das despesas públicas.

Assim, a movimentação de créditos, a que chamamos habitualmente de Descentralização de Créditos, consiste na transferência, de uma Unidade Gestora para outra, do poder de utilizar créditos orçamentários que lhe tenham sido consignados no Orçamento ou lhe venham a ser transferidos posteriormente. A descentralização pode ser interna, se realizada entre Unidades Gestoras do mesmo órgão; ou externa, se efetuada entre órgãos distintos.

- **Destaque de Crédito:**

Operação descentralizadora de crédito orçamentário em que um Ministério ou Órgão transfere para outro Ministério ou Órgão o poder de utilização dos recursos que lhe foram dotados. É a descentralização externa, em sentido horizontal de créditos orçamentários.

- **Provisão:**

Operação descentralizadora de crédito orçamentário, em que a unidade orçamentária de origem possibilita a realização de seus programas de trabalho por parte de unidade administrativa diretamente subordinada, ou por outras unidades orçamentárias ou administrativas não subordinadas, dentro de um mesmo Ministério ou Órgão. É a descentralização interna, em sentido vertical de créditos orçamentários, ou seja, dentro do mesmo órgão.

3) Descentralização de recursos financeiros

- **Repasse:**

Importância que a unidade orçamentária transfere a outro Ministério ou órgão, estando associado ao destaque orçamentário, sendo a sua contrapartida do lado financeiro.

- **Sub-Repasse:**

Importância que a unidade orçamentária transfere a outra unidade orçamentária ou administrativa do mesmo Ministério ou Órgão cuja figura está ligada à provisão, sendo a sua contrapartida do lado financeiro.

6.6. Classificação funcional (em quê?)

A classificação funcional busca responder basicamente à indagação "em quê?" área de ação governamental a despesa será realizada. Para tanto, ela é formada por *funções* e *subfunções* e cada ação governamental, *atividade*, *projeto* e *operação especial*, identificará a *função* e a *subfunção* às quais se vinculam.

A atual classificação funcional foi instituída pela Portaria nº 42, de 14 de abril de 1999, do então Ministério do Orçamento e Gestão (incorporado ao Ministério da Economia), que estabeleceu um rol de *funções* e *subfunções* prefixadas, que servem como agregador dos gastos públicos por área de ação governamental nos três níveis de Governo.

Trata-se de uma classificação independente dos *programas* e de aplicação comum e obrigatória, no âmbito dos Municípios, dos Estados, do Distrito Federal e da União, o que permite a consolidação nacional dos gastos do setor público.

A classificação funcional é representada por cinco dígitos, sendo os dois primeiros relativos às *funções* e os três últimos às *subfunções*. Na base de dados do SIOP, existem dois campos correspondentes à classificação funcional.

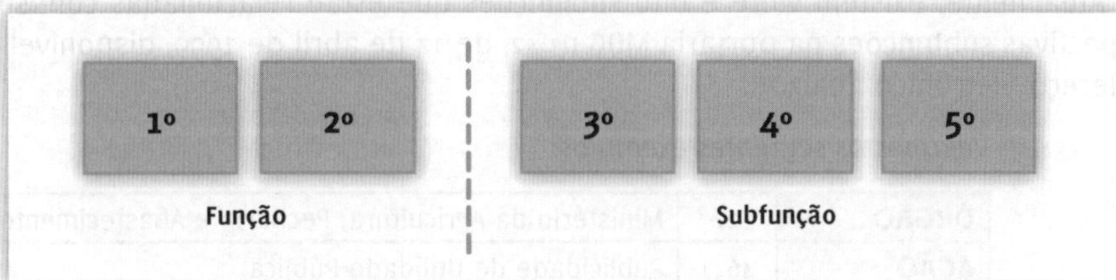

Vejamos agora o que significa efetivamente Função e Subfunção.

- **Função:**

Segundo o Manual Técnico de Orçamento para o exercício de 2018, *função* pode ser traduzida como o maior nível de agregação das diversas áreas de atuação do setor público. Reflete a competência institucional do órgão, como, por exemplo, cultura, educação, saúde, defesa, que guarda relação com os respectivos Ministérios.

A *função* Encargos Especiais engloba as despesas que não podem ser associadas a um bem ou serviço a ser gerado no processo produtivo corrente, tais como dívidas, ressarcimentos, indenizações e outras afins, representando, portanto, uma agregação neutra.

28 - Encargos Especiais	841 - Refinanciamento da Dívida Interna
	842 - Refinanciamento da Dívida Externa
	843 - Serviço da Dívida Interna
	844 - Serviço da Dívida Externa
	845 - Outras Transferências
	846 - Outros Encargos Especiais
	847 - Transferências para a Educação Básica

- **Subfunção:**

A subfunção representa um nível de agregação imediatamente inferior à função e deve evidenciar cada área da atuação governamental, por intermédio da identificação da natureza das ações. As subfunções podem ser combinadas com funções diferentes daquelas relacionadas na Portaria MOG nº 42, de 1999.

As ações devem estar sempre conectadas às subfunções que representam sua área específica. Existe também a possibilidade de matricialidade na conexão entre função e subfunção, ou seja, combinar qualquer função com qualquer subfunção, mas não na relação entre ação e subfunção. Deve-se adotar como função aquela que é típica ou principal do órgão. Assim, a programação de um órgão, via de regra, é classificada em uma única função, ao passo que a subfunção é escolhida de acordo com a especificidade de cada ação. A exceção à matricialidade encontra-se na função 28 – Encargos Especiais e suas subfunções típicas que só podem ser utilizadas conjugadas.

Atualmente, existem vinte e oito subjunções que estão relacionadas com suas respectivas subfunções na portaria MOG nº 42, de 14 de abril de 1999, disponível no endereço eletrônico abaixo[9].

✦ *Vejamos os seguintes exemplos:*

ÓRGÃO	22	Ministério da Agricultura, Pecuária e Abastecimento
AÇÃO	4641	Publicidade de Utilidade Pública
SUBFUNÇÃO	131	Comunicação Social
FUNÇÃO	20	Agricultura

ÓRGÃO	32	Ministério de Minas e Energia
AÇÃO	4641	Publicidade de Utilidade Pública
SUBFUNÇÃO	131	Comunicação Social
FUNÇÃO	25	Energia

9. http://www.planejamento.gov.br/assuntos/orcamento-1/legislacao/legislacao/portaria-mog-42_1999_atualizada_23jul2012-1.doc/view

ÓRGÃO	01	Câmara dos Deputados
AÇÃO	2010	Assistência pré-escolar aos dependentes dos Servidores e Empregados
SUBFUNÇÃO	365	Educação Infantil
FUNÇÃO	01	Legislativa

6.7. Classificação Programática (Estruturas Programáticas)

Considerada a mais moderna das classificações da despesa, esta classificação tem origem na antiga classificação funcional-programática, cujo desmembramento resultou também na classificação funcional vista anteriormente.

Quando foi instituída, a classificação funcional-programática representou um grande avanço na técnica de apresentação orçamentária. Ela permitiu a vinculação das dotações orçamentárias a objetivos de governo que, por sua vez, eram viabilizados pelos programas de governo. Esse enfoque permitiu uma visão do "que o governo faz", o que tinha significado bastante diferente do critério anterior que visualizava o "que o governo comprava".

A partir do orçamento do ano 2000, diversas modificações foram estabelecidas na classificação vigente, procurando-se privilegiar o aspecto gerencial do orçamento, com adoção de práticas simplificadoras e descentralizadoras.

O eixo principal dessas modificações foi a interligação entre o Planejamento (Plano Plurianual – PPA) e o Orçamento, por intermédio da criação de Programas para todas as ações de governo, com um gerente responsável por metas e resultados concretos para a sociedade.

Nesse contexto, com a reforma da classificação funcional-programática, procurou-se, sobretudo, privilegiar o aspecto gerencial dos planos e orçamentos, mediante a adoção de práticas simplificadoras e descentralizadoras. Mais especificamente, foi retirado da sua estrutura o conteúdo classificador, representado pelo rol das funções, que, juntamente com as subfunções, constituiu-se em uma classificação independente dos programas, com utilização obrigatória em todas as unidades da federação, e que serve de base para a consolidação das despesas públicas em termos nacionais.

A partir dessas mudanças, passou-se a ter duas classificações, a funcional, vista anteriormente, e a programática, que especifica as despesas públicas segundo os programas governamentais, módulo integrador entre plano e orçamento. Segundo Valdecir Pascoal (2010)[10], essa classificação tem por finalidade demonstrar os objetivos da ação governamental para resolver necessidades coletivas.

Em termos de estruturação, o plano (PPA) termina no programa e o orçamento começa no programa, o que confere a esses documentos uma integração desde a

10. PASCOAL, Valdecir. **Direito Financeiro e Controle Externo.** Rio de Janeiro: Editora Método, 2010.

origem, sem a necessidade, portanto, de buscar uma compatibilização entre módulos diversificados. Tem-se, então, o programa como único módulo integrador e as ações dele resultantes (projetos e atividades) como instrumentos de realização dos programas. Vale lembrar que o Princípio da Programação determina que não existirá despesa pública orçamentária que não seja devidamente programada no PPA, ou seja, que não esteja em uma das suas categorias de programação.

Estrutura de elaboração do programa no PPA:

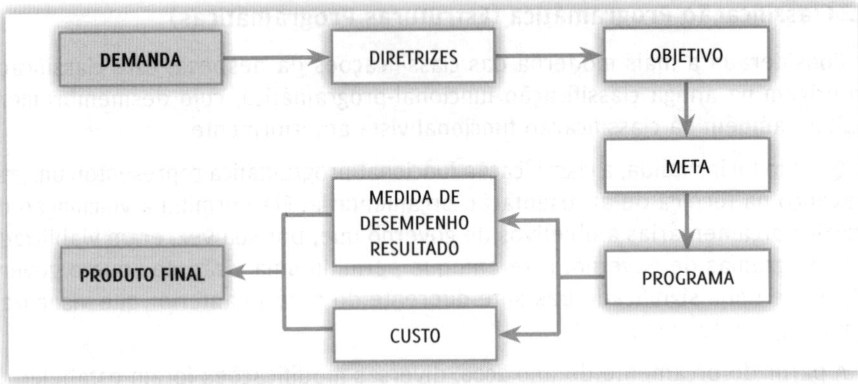

Porém, quanto à padronização em âmbito nacional dos programas, cada nível de governo pode ter a sua estrutura própria, adequada à solução dos seus problemas, e originária do plano plurianual. Assim, em função de não mais haver rigidez na uniformidade entre os entes federados, a melhor denominação seria estruturas programáticas, diferenciadas de acordo com as peculiaridades locais de cada ente federativo.

Porém, fique atento que as bancas ainda usam o termo "classificação programática".

A Portaria nº 42/99 do então Ministério de Orçamento e Gestão (incorporado ao Ministério da Economia) estabeleceu os conceitos de programa e das ações (projeto, atividade, operações especiais), vejamos cada um deles.

> ▸ **FIQUE ATENTO:**
>
> A definição de uma metodologia para medir desempenho de um programa e os elementos necessários à consecução de um produto se referem, respectivamente, a indicadores e insumos.

6.7.1. Programa

No âmbito Federal, toda ação do Governo está estruturada em programas orientados para a realização dos objetivos estratégicos definidos para o período do PPA, ou seja, quatro anos.

O PPA 2016-2019 foi elaborado como um instrumento mais estratégico, no qual seja possível ver com clareza as principais diretrizes de governo e a relação destas com os Objetivos a serem alcançados nos Programas Temáticos.

Com base nessas diretrizes, o PLPPA 2016-2019 contemplou os Programas Temáticos e os de Programas de Gestão, Manutenção e Serviços ao Estado:

- **Programa Temático:** aquele que expressa e orienta a ação governamental para a entrega de bens e serviços à sociedade;
- **Programa de Gestão, Manutenção e Serviços ao Estado:** aquele que expressa e orienta as ações destinadas ao apoio, à gestão e à manutenção da atuação governamental.

Na base de dados do SIOP, o campo que identifica o programa contém quatro dígitos.

A integração das ações orçamentárias com o PPA é retratada na figura a seguir:

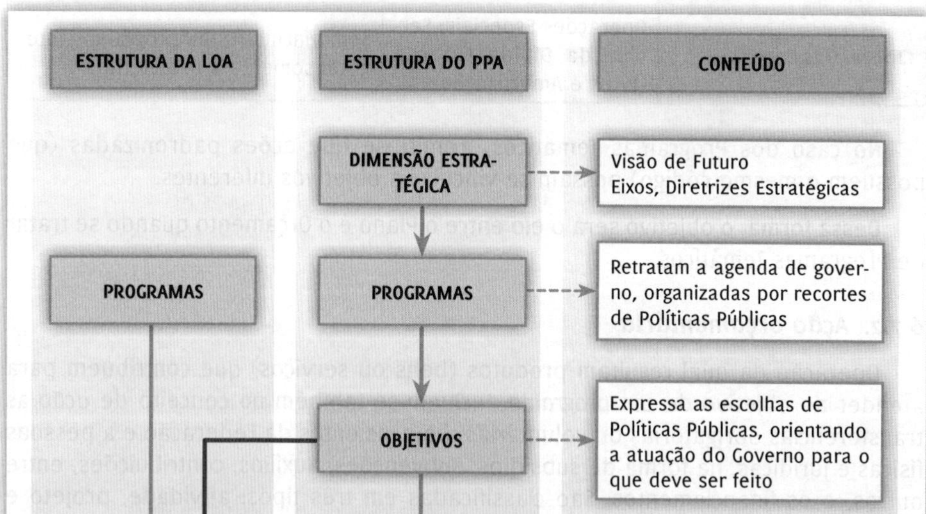

Assim como no PPA 2016-2019, a Ação Orçamentária integrará exclusivamente a LOA. Os programas, que constam em ambos os instrumentos, são subdivididos em Programas Temáticos e Programas de Gestão. Todavia, na LOA, há alguns programas que não constam no PPA, que são os Programas compostos exclusivamente por Operações Especiais. A integração Plano-Orçamento se dará da seguinte forma:

▶ TIPO DE PROGRAMA	▶ EXEMPLO	▶ VÍNCULO PLANO-ORÇAMENTO
Temático	Reforma Agrária e Ordenamento da Estrutura Fundiária	Cada Ação do Orçamento está vinculada a um único Objetivo do PPA (e, em decorrência, a um Programa)
Gestão, Manutenção e Serviços ao Estado	Programa de Gestão e Manutenção do Ministério da Agricultura, Pecuária e Abastecimento	Programa
Operações Especiais	Operações Especiais: Serviço da Dívida Externa (Juros e Amortizações)	Sem vínculo. Estes programas integram somente o Orçamento.

No caso dos Programas Temáticos, admite-se que ações padronizadas (que possuem o mesmo código) possam se vincular a objetivos diferentes.

Dessa forma, o objetivo será o elo entre o Plano e o Orçamento quando se tratar de Programas Temáticos.

6.7.2. *Ação orçamentária*

Operação da qual resultam produtos (bens ou serviços) que contribuem para atender ao objetivo de um *programa*. Incluem-se também no conceito de *ação* as transferências obrigatórias ou voluntárias a outros entes da Federação e a pessoas físicas e jurídicas, na forma de subsídios, subvenções, auxílios, contribuições, entre outros, e os financiamentos. São classificadas em três tipos: atividade, projeto e operações especiais.

Na base do sistema, a *ação* é identificada por um código alfanumérico de oito dígitos:

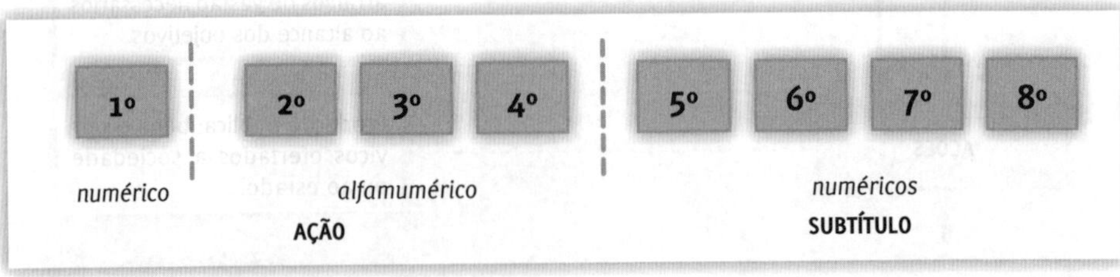

O primeiro dígito do código identifica o tipo de *ação:* se 1,3,5,7 refere-se ao projeto; se 2,4,6,8, refere-se à atividade; 0 (zero) se refere às operações especiais.

▶ 1º DÍGITO	▶ TIPO DE AÇÃO
1, 3, 5 ou 7	Projeto
2, 4, 6 ou 8	Atividade
0	Operação Especial

No PPA ainda constará uma ação que será identificada pelo dígito 9, que corresponderá a uma ação não orçamentária.

Vejamos a definição de cada uma delas:

- **Atividade:**

  Instrumento de programação utilizado para alcançar o objetivo de um *programa*, envolvendo um conjunto de operações que se realizam de modo contínuo e permanente, das quais resulta um produto ou serviço necessário à manutenção da ação de Governo. Exemplo: *ação* 4339 – Qualificação da Regulação e Fiscalização da Saúde Suplementar.

> ▶ **OBSERVAÇÃO:**
>
> As ações do tipo Atividade mantêm o mesmo nível da produção pública.

- **Projeto:**

  Instrumento de programação utilizado para alcançar o objetivo de um programa, envolvendo um conjunto de operações, limitadas no tempo, das quais resulta um produto que concorre para a expansão ou para o aperfeiçoamento da ação de governo. Exemplo: ação 7M64 Construção de Trecho Rodoviário – Entroncamento BR-472 – Fronteira Brasil/Argentina – na BR-468.

> ▶ **OBSERVAÇÃO:**
>
> As ações do tipo Projeto, expandem a produção pública ou criam infraestrutura para novas atividades, ou, ainda, implementam ações inéditas num prazo determinado.

- **Operações Especiais:**

  Despesas que não contribuem para a manutenção, expansão ou aperfeiçoamento das ações de governo, das quais não resulta um produto e não geram contraprestação direta sob a forma de bens ou serviços.

> ▶ **OBSERVAÇÕES:**
>
> As operações especiais se caracterizam por não retratar a atividade produtiva no âmbito federal, podendo, entretanto, contribuir para a produção de bens ou serviços à sociedade, quando caracterizada por transferências a outros entes.

- Desde 2015, o processo de revisão das ações envolve a identificação, quando possível, útil ou desejável, de unidades de mensuração (volume de operação, carga de trabalho, produtos/serviços gerados a partir das transferências, etc.) para as operações especiais.
- Esse processo de revisão envolve, também, a análise geral das ações atuais, que permitirá a identificação de falhas de classificação e os seus respectivos ajustes, quando necessário.
- Por fim, as operações especiais deverão ser tipificadas conforme o atributo "Subtipo de Operação Especial".

✦ ***Exemplos de operações especiais:***

- *Amortização, juros, encargos e rolagem da dívida contratual e mobiliária;*
- *Pagamento de aposentadorias e pensões;*
- *Transferências constitucionais ou legais por repartição de receita (FPM, FPE, salário-educação, compensação de tributos ou participações aos Estados, Distrito Federal e Municípios, transferências ao governo do Distrito Federal);*
- *Pagamento de indenizações, ressarcimentos, abonos, seguros, auxílios, benefícios previdenciários, benefícios de assistência social;*
- *Reserva de contingência, inclusive as decorrentes de receitas próprias ou vinculadas;*
- *Cumprimento de sentenças judiciais (precatórios, sentenças de pequeno valor, sentenças contra empresas, débitos vincendos, etc.);*
- *Operações de financiamento e encargos delas decorrentes (empréstimos, financiamentos diretos, concessão de créditos, equalizações, subvenções, subsídios, coberturas de garantias, coberturas de resultados, honras de aval, assistência financeira), reembolsáveis ou não;*
- *Ações de reservas técnicas (centralização de recursos para atender concursos, provimentos, nomeações, reestruturação de carreiras, etc.);*
- *Complementação ou compensação financeira da União;*
- *Contraprestação da União nos contratos de parcerias público-privadas;*
- *Contribuição a organismos e/ou entidades nacionais ou internacionais;*
- *Integralização e/ou recomposição de cotas de capital junto a entidades internacionais;*
- *Contribuição à previdência privada;*
- *Contribuição patronal da União ao regime de previdência dos servidores públicos;*
- *Desapropriação de ações, dissolução ou liquidação de empresas;*
- *Encargos financeiros (decorrentes da aquisição de ativos, questões previdenciárias ou outras situações em que a União assuma garantia de operação);*

- *Operações relativas à subscrição de ações;*
- *Indenizações financeiras (anistiados políticos, programas de garantias de preços, etc.);*
- *Participação da União no capital de empresas nacionais ou internacionais.*

Em grande medida, as operações especiais estão associadas aos programas do tipo Operações Especiais, os quais constarão apenas do orçamento, não integrando o PPA, conforme codificação relacionada abaixo:

- **Ação não orçamentária:**

Corresponde a uma ação sem dotação nos orçamentos da União, mas que participa dos programas do PPA.

- **Subtítulo:**

As atividades, os projetos e as operações especiais serão detalhados em subtítulos, utilizados especialmente para identificar a localização física da ação, não podendo haver, por conseguinte, alteração da finalidade da ação, do produto e das metas estabelecidas. Vale ressaltar que o critério para a priorização da localização física da ação no território é o da localização dos respectivos beneficiados.

A adequada localização do gasto permite maior controle governamental e social sobre a implantação das políticas públicas adotadas, além de evidenciar a focalização, os custos e os impactos da ação governamental.

A localização do gasto poderá ser de abrangência nacional, no exterior, por Região (Norte, Nordeste, Centro Oeste, Sudeste, Sul), por Estado ou Município ou, excepcionalmente, por um critério específico, quando necessário. As LDO's vêm vedando, na especificação do subtítulo, a referência a mais de uma localidade, área geográfica ou beneficiário, se determinados.

Na União, o *subtítulo* representa o menor nível de categoria de programação e será detalhado por *esfera* orçamentária, por Grupo de Natureza de Despesa, por *modalidade de aplicação, IDUSO* e por fonte/destinação de recursos, sendo o produto e a unidade de medida os mesmos da *ação.*

6.8. Classificação por esfera orçamentária

A classificação por esfera orçamentária tem por finalidade identificar se a despesa pertence ao Orçamento Fiscal, da Seguridade Social ou de Investimento das Empresas Estatais, conforme distingue o § 5º do art. 165 da CF.

O § 5º do art. 165 da Constituição Federal, divide a Lei Orçamentária Anual em três orçamentos, o Fiscal, o da Seguridade Social e o de Investimentos da Empresas Estatais. São partes de um mesmo orçamento que segregarão as despesas conforme pertençam a uma delas.

> **Art. 165**
>
> (...)
>
> § 5º - A lei orçamentária anual compreenderá:
>
> I. o orçamento fiscal referente aos Poderes da União, seus fundos, órgãos e entidades da administração direta e indireta, inclusive fundações instituídas e mantidas pelo Poder Público;
>
> II. o orçamento de investimento das empresas em que a União, direta ou indiretamente, detenha a maioria do capital social com direito a voto;
>
> III. o orçamento da seguridade social, abrangendo todas as entidades e órgãos a ela vinculados, da administração direta ou indireta, bem como os fundos e fundações instituídos e mantidos pelo Poder Público.

Na LOA, a esfera tem por finalidade identificar se a despesa pertence ao Orçamento Fiscal (F), da Seguridade Social (S) ou de Investimento das Empresas Estatais (I), conforme disposto no § 5º do art. 165 da CF. Ainda, na LOA, o classificador de esfera é identificado com as letras "F", "S" ou "I". Na base de dados do SIOP, o campo destinado à esfera orçamentária é composto de dois dígitos e será associado à ação orçamentária:

▸ CÓDIGO	▸ ESFERA ORÇAMENTÁRIA
10	Orçamento Fiscal
20	Orçamento da Seguridade Social
30	Orçamento de Investimento

O § 2º do art. 195 da CF estabelece que a proposta de Orçamento da Seguridade Social será elaborada de forma integrada pelos órgãos responsáveis pela saúde, previdência social e assistência social, tendo em vista as metas e prioridades estabelecidas na LDO, assegurando a cada área a gestão de seus recursos.

6.9. Classificação por identificador de resultado primário

Também conhecida como despesa não-financeira, despesas primárias correspondem ao conjunto de gastos que possibilitam a oferta de serviços públicos à sociedade, deduzidas às despesas financeiras. São exemplos os gastos com pessoal, custeio e investimento. Essas podem ser de natureza obrigatória ou discricionária. É a despesa que o governo realiza e que não advém de operações de crédito, sendo aquela que é utilizada para executar suas políticas públicas. A despesa primária é um gasto que não reduz o endividamento público (principal e juros de uma operação de crédito).

Diferente de outras classificações (Segundo a Natureza, Institucional, Funcional, Por Programas), que tem cunho legal, ou seja, estão previstas em lei, a classificação da despesa por Identificador de Resultado Primário encontra respaldo no Manual

Técnico de Orçamento – MTO[11]. O identificador de resultado primário, de caráter indicativo, tem como finalidade auxiliar a apuração do resultado primário previsto na LDO, devendo constar no PLOA – Projeto de Lei Orçamentária Anual – e na respectiva lei em todos os Grupos de Natureza de Despesa - GNDS, identificando, de acordo com a metodologia de cálculo das necessidades de financiamento, cujo demonstrativo constará em anexo à LOA. De acordo com o estabelecido no PLDO 2019, nenhuma ação conterá, simultaneamente, dotações destinadas à despesas financeiras e primárias, ressalvada a Reserva de Contingência.

Despesas financeiras são aquelas realizadas para redução do endividamento, ou seja, pagamento do principal e juros das operações de crédito.

O quadro a seguir lista o rol de identificadores de resultado primário propostos para a elaboração do PLOA 2019. Vale lembrar que essa norma é temporária e que em cada exercício essa divisão apresentada abaixo pode mudar:

▶ PLDO 2019

CÓDIGO	DESCRIÇÃO DA DESPESA
0	Financeira
1	Primária e considerada na apuração do resultado primário para cumprimento da meta, sendo obrigatória quando constar do Anexo III.
2	Primária e considerada na apuração do resultado primário para cumprimento da meta, sendo discricionária e não abrangida pelo PAC.
3	Primária e considerada na apuração do resultado primário para cumprimento da meta, sendo discricionária e abrangida pelo PAC.
4	Primária, constante do Orçamento de Investimento, e não considerada na apuração do resultado primário para cumprimento da meta, sendo discricionária e não abrangida pelo PAC.
5	Primária, constante do Orçamento de Investimento, e não considerada na apuração do resultado primário para cumprimento da meta, sendo discricionária e abrangida pelo PAC.
6	Primária, decorrente de programações incluídas ou acrescidas por emendas individuais e de execução obrigatória nos termos do art. 166, § 9º e § 11, da Constituição Federal.

11. Manual Técnico de Orçamento para o exercício de 2018 – MTO/2018, primeira edição, p. 77. Disponibilizado pela PORTARIA Nº 23, DE 04 DE MAIO DE 2017, da Secretaria de Orçamento Federal – SOF.

▶ **ATENÇÃO:**

O MTO é revisto anualmente e algumas de suas disposições podem mudar, principalmente no que tange às codificações e classificação. Isso quer dizer que esses códigos e denominações podem ser revistos, normalmente, a cada novo PLDO.

6.10. Classificação segundo impacto no PL (Patrimônio Líquido)

A classificação da despesa segundo impacto no PL é uma classificação doutrinária. Assim como ocorre com a receita, esse critério visa a identificação da despesa que provoca impacto no Patrimônio Líquido do ente Federativo. Refere-se a um enfoque patrimonial da despesa, considerando que Patrimônio é o conjunto de bens direitos e obrigações. Patrimônio Líquido é o resultado da equação fundamental da contabilidade: PL=A-PE, em que "A" significa "Ativo" (soma de bens e direitos) e PE significa Passivo Exigível (soma das obrigações).

Os fatos patrimoniais (fatos que impactam de alguma forma nos bens, direitos e obrigações de uma pessoa) podem ou não, impactar o PL, aumentando-o, em regra receita, ou reduzindo-o, em regra despesa. Fatos que impactam o PL são denominados modificativos, aumentativos, se forem receita, e diminutivos, se forem despesas. Fatos que não impactam o PL são denominados permutativos.

É um enfoque diferenciado do enfoque orçamentário, já que existem fatos considerados despesa pela ótica do orçamento, mas que não impactam negativamente o PL, ou seja, para o enfoque patrimonial, são fatos permutativos. Por outro lado, existem fatos que são considerados despesa para o enfoque patrimonial, mas, mesmo assim, não são despesas sob o ponto de vista orçamentário.

✦ ***Vamos a alguns exemplos:***

Imaginemos que um determinado município tenha o seguinte patrimônio:

Bens = 60.000, direitos = 40.000 e obrigações = 50.000. Assim, Ativo = 100.000 (60.000 + 40.000) e Passivo Exigível = 50.000. Considerando a equação fundamental, A – PE = PL, o PL do município é igual a 50.000 (100.000 – 50.000).

- ***Furto de um automóvel (despesa patrimonial, mas não é despesa orçamentária)***

Imaginemos que, dentre os bens do município exista um automóvel, no valor de 10.000, usado pela Secretaria de Saúde para transportar pacientes. Se esse automóvel for roubado, como ficaria a nova configuração patrimonial?

O automóvel é um bem e está no Ativo. Assim, os bens do município valem agora um total de 50.000 (60.000-10.000) e o Ativo 90.000 (50.000+40.000) e o PL passa a ter o valor de 40.000 (90.000-50.000). Sendo reduzido o PL de 50.000 para 40.000, houve uma despesa sob o ponto de vista patrimonial no valor de 10.000. Apesar de ser uma despesa sob o ponto de vista patrimonial, não será consignada no orçamento, ou seja, não é despesa do ponto de vista orçamentário.

- ***Pagamento do valor principal de um empréstimo (despesa orçamentária, mas não é despesa patrimonial)***

Imaginemos que, após o furto do automóvel, o município pague 10.000 referentes a uma parcela do principal de uma dívida (sem computar juros). Como ficaria a nova configuração patrimonial?

Para pagar essa parte da dívida, o município utilizaria 10.000 em dinheiro, reduzindo seu Ativo em 10.000, passando a contar com 80.000 (40.000 + 40.000) agora. Por outro lado, a dívida está entre as obrigações do município e o Passivo Exigível seria também reduzido no mesmo valor, ou seja, de 50.000 para 40.000. Assim, não há redução do PL, pois 80.000 – 40.000 = 40.000.

Porém, existe determinação legal que esse pagamento seja considerado como despesa do ponto de vista orçamentário e deve ser consignado no Orçamento, ou seja, é uma despesa do ponto de vista orçamentário.

- ***Aquisição de um bem (despesa orçamentária, mas não é despesa patrimonial)***

Imaginemos que, após o pagamento da dívida, a prefeitura, devidamente autorizada na Lei Orçamentária Anual, decida adquirir uma máquina para pavimentação das vias urbanas por 10.000. Sob o ponto de vista patrimonial, essa aquisição não é uma despesa, já que não reduz o PL. Veja que, ao adquirir a máquina, a prefeitura entrega 10.000 reduzindo o Ativo nesse valor. Porém, a máquina é um bem e fica registrada no Ativo pelo mesmo valor. Sendo assim, o Ativo volta a ter o mesmo valor com o registro da máquina, sai o dinheiro, mas entra a máquina pelo mesmo valor.

Porém, para que essa aquisição, deve haver autorização orçamentária, caracterizando-a como uma despesa orçamentária.

- ***Remuneração de pessoal (despesa orçamentária e despesa patrimonial)***

Imaginemos que a prefeitura tenha que efetuar o pagamento de pessoal no valor de 10.000. Essa despesa faz reduzir o PL, configurando-se em uma despesa do ponto de vista patrimonial. Veja que, ao efetuar o pagamento, o Ativo é reduzido em 10.000, pois o valor sai das contas do município e vai para as contas dos servidores.

Veja que, quando o valor é transferido, o Ativo é reduzido em 10.000 e não há nenhuma outra contrapartida compensatória que aumente o Ativo (como foi a entrada da máquina) ou que reduza também o Passivo Exigível (como a redução da dívida). Sendo assim, o Ativo é reduzido para 70.000 e, como o Passivo Exigível não é reduzido, o PL é reduzido para 30.000 (70.000 – 40.000).

Para que haja o pagamento da remuneração de pessoal, é necessária a autorização consignada no Orçamento, ou seja, é também uma despesa do ponto de vista orçamentário.

Diante desses exemplos, é possível identificar dois tipos de despesas orçamentárias:

1) Despesas efetivas

Despesas que provocam impacto negativo no PL (Patrimônio Líquido) do ente federativo sendo classificadas como fatos modificativos diminutivos, Variações Patrimoniais Negativas. Assim, esse tipo de despesa é, ao mesmo tempo, despesa sob o ponto de vista orçamentário e despesa pelo ponto de vista patrimonial.

Em regra, despesas efetivas são as Despesas Correntes, exceto a aquisição de material de consumo para estoque. Dentre as despesas de Capital, é efetiva a despesa denominada Transferência de Capital.

Veja que quando ocorre uma Transferência de Capital, o ente federativo que transfere o valor não recebe nada em troca, ou seja, seu Ativo é reduzido sem nenhuma contrapartida no Próprio Ativo (aumentando-o) ou no Passivo (reduzindo-o), reduzindo assim o PL.

> ▸ **FIQUE ATENTO:**
>
> Levando em consideração o patrimônio da Federação, ou seja, o patrimônio do país, a transferência de capital não gera impacto no PL.

2) Despesas por mutação (não efetivas)

Despesas que não provocam impacto negativo no PL do ente em função de uma compensação no ativo ou no passivo. São classificadas como fatos permutativos.

São todas as despesas de capital, exceto a transferência de capital, além da despesa corrente de aquisição de material de consumo para estoques.

6.11. Classificação quanto à competência do ente federativo

Valdecir Pascoal (2010)[12] divide as despesas conforme o Ente Federado responsável por realizá-la, esse é um critério que relaciona as despesas às competências, atividades ou patrimônio diretamente ligados ao Ente Federado, como o pagamento de seu pessoal, manutenção de seu patrimônio, despesas relacionadas as suas competências constitucionais, etc.

Segundo à competência podemos classificar a despesa em:

---

12. PASCOAL, Valdecir. **Direito Financeiro e Controle Externo**. Rio de Janeiro: Editora Método, 2010.

1) Federal

Despesas de responsabilidade da União como as despesas com a defesa da nação, manutenção de seus poderes, pagamento de seu pessoal, sua parte das despesas relacionadas à saúde, educação, dentre outros.

2) Estadual

Despesas de responsabilidade dos Estados e do Distrito Federal, como as despesas com segurança pública em sua esfera de atuação, manutenção de seus poderes, pagamento de seu pessoal, sua parte das despesas relacionadas à saúde, educação, dentre outros.

3) Municipal

Despesas de responsabilidade dos Municípios e do Distrito Federal como as despesas com a formação e manutenção de seu patrimônio, manutenção de seus poderes, pagamento de seu pessoal, sua parte das despesas relacionadas à saúde, educação, dentre outros.

6.12. Classificação quanto à regularidade

Este critério visa identificar a regularidade com que uma despesa ocorre proporcionado planejamento ao gestor para obtenção de fontes de financiamento.

1) Ordinárias

São aquelas que ocorrem com regularidade e que, para tanto, precisam de uma fonte regular de financiamento, como salários, energia elétrica, água, aluguel, dentre outras.

2) Extraordinárias

São aquelas que ocorrem esporadicamente e que por isso necessitam de fontes esporádicas de financiamento como a construção de uma escola, a aquisição de viaturas, as decorrentes de calamidade pública, etc.

6.13. Quadro resumo da classificação da receita

▶ CRITÉRIO DE CLASSIFICAÇÃO	▶ ESPÉCIES DE DESPESA
Quanto a inclusão no orçamento	1. Orçamentária 2. Extraorçamentária
Quanto à categoria econômica	1. Corrente 2. Capital

▸ CRITÉRIO DE CLASSIFICAÇÃO	▸ ESPÉCIES DE DESPESA
Segundo a natureza da despesa	1º: Categoria Econômica 2º: Grupo de Natureza da Despesa 3º 4º: Modalidade de Aplicação 5º 6º: Elemento de Despesa 7º 8º: Subelemento
Institucional (quem?)	1º 2º | 3º 4º 5º **Órgão Orçamentário** (1º 2º) | **Unidade Orçamentária** (3º 4º 5º)
Funcional (em que?)	1º 2º | 3º 4º 5º **Função** (1º 2º) | **Subfunção** (3º 4º 5º)
Programática (estruturas programáticas)	**Programa** 1º 2º 3º 4º **Ação orçamentária** 1º | 2º 3º 4º | 5º 6º 7º 8º *numérico* (1º) | *alfamumérico* (2º 3º 4º) | *numéricos* (5º 6º 7º 8º) **AÇÃO** (1º a 4º) | **SUBTÍTULO** (5º a 8º)
Por esfera orçamentária	1. 10 Orçamento Fiscal 2. 20 Orçamento da Seguridade Social 3. 30 Orçamento de Investimento
Por identificador de resultado primário	1. Não primária (financeira) 2. Primária (com diversas subclassificações)
Segundo impacto no PL	1. Efetivas 2. Não efetivas (por mutação)
Quanto à competência do ente federativo	1. Federais 2. Estaduais 3. Municipais
Quanto à regularidade	1. Ordinárias 2. Extraordinárias

7. ESTRUTURA DA PROGRAMAÇÃO ORÇAMENTÁRIA

A compreensão do orçamento exige o conhecimento de sua estrutura e sua organização, implementadas por meio de um sistema de classificação estruturado. Esse sistema tem o propósito de atender às exigências de informação demandadas por todos os interessados nas questões de finanças públicas, como os poderes públicos, as organizações públicas e privadas e a sociedade em geral.

Na estrutura atual do orçamento público, as programações orçamentárias estão organizadas em programas de trabalho, que contêm informações qualitativas e quantitativas, sejam físicas ou financeiras.

7.1. Programação qualitativa

O *programa de trabalho*, que define qualitativamente a programação orçamentária, deve responder, de maneira clara e objetiva, às perguntas clássicas que caracterizam o ato de orçar, sendo, do ponto de vista operacional, composto dos seguintes blocos de informação: classificação por *esfera*, classificação institucional, classificação funcional, estrutura programática e principais informações do programa e da ação, conforme detalhado a seguir:

▸ BLOCOS DA ESTRUTURA	▸ ITEM DA ESTRUTURA	▸ PERGUNTA A SER RESPONDIDA
Classificação por Esfera	Esfera Orçamentária	Em qual Orçamento?
Classificação Institucional	Órgão Unidade Orçamentária	Quem é o responsável por fazer?
Classificação Funcional	Função Subfunção	Em que áreas de despesa a ação governamental será realizada?
Estrutura Programática	Programa	Qual o tema da Política Pública?
Informações Principais do Programa	Objetivo	O que se pretende alcançar com a implementação da Política Pública?
	Iniciativa	O que será entregue pela Política Pública?
Informações Principais da Ação	Ação	O que será desenvolvido para alcançar o objetivo do programa?
	Descrição	O que é feito? Para que é feito?
	Forma de Implementação	Como é feito?
	Produto	O que será produzido ou prestado?
	Unidade de Medida	Como é mensurado?
	Subtítulo	Onde é feito? Onde está o beneficiário do gasto?

7.2. Programação quantitativa

A programação orçamentária quantitativa tem duas dimensões: a física e a financeira.

A dimensão física define a quantidade de bens e serviços a serem entregues.

▸ ITEM DA ESTRUTURA	▸ PERGUNTA A SER RESPONDIDA
Meta Física	Quanto se pretende entregar no exercício?

A dimensão financeira estima o montante necessário para o desenvolvimento da ação orçamentária de acordo com os seguintes classificadores:

▸ ITEM DA ESTRUTURA	▸ PERGUNTA A SER RESPONDIDA
Natureza da Despesa	
Categoria Econômica da Despesa	Qual o efeito econômico da realização da despesa?
Grupo de Natureza de Despesa (GND)	Em qual classe de gasto será realizada a despesa?
Modalidade de Aplicação	De que forma serão aplicados os recursos?
Elemento de Despesa	Quais os insumos que se pretende utilizar ou adquirir?
Identificador de Uso (IDUSO)	Os recursos são destinados para contrapartida?
Fonte de Recursos	De onde virão os recursos para realizar a despesa?
Identificador de Doação e de Operação de Crédito (IDOC)	A que operação de crédito ou doação os recursos se relacionam?
Identificador de Resultado Primário	Qual o efeito da despesa sobre o Resultado Primário da União?
Dotação	Qual o montante alocado?

7.3. Código-exemplo da estrutura completa da programação

CÓDIGO COMPLETO*			10.	39.	252.	26.	782.	2075.	7M64.	0043,	9999.	0.	100.	4490.	2
QUALITATIVA	Esfera: Orçamento Fiscal		10												
QUALITATIVA	CLASSIFICAÇÃO INSTITUCIONAL	Órgão: Ministério dos Transportes		39											
QUALITATIVA	CLASSIFICAÇÃO INSTITUCIONAL	Unidade Orçamentária: Departamento Nacional de Infraestrutura de Transportes - DNIT			252										
QUALITATIVA	CLASSIFICAÇÃO FUNCIONAL	Função: Transporte				26									
QUALITATIVA	CLASSIFICAÇÃO FUNCIONAL	Subfunção: Transporte Rodoviário					782								
QUALITATIVA	CLASSIFICAÇÃO PROGRAMÁTICA	PROGRAMA: Transporte Terrestre						2075							
QUALITATIVA	CLASSIFICAÇÃO PROGRAMÁTICA	AÇÃO: Construção de Trecho Rodoviário							7M64						
QUALITATIVA	CLASSIFICAÇÃO PROGRAMÁTICA	SUBTÍTULO: Rio Grande do Sul								0043					
QUANTITATIVA	IDOC: Outros recursos										9999				
QUANTITATIVA	IDUSO: Recursos não destinados à contrapartida											0			
QUANTITATIVA	Fonte de Recursos: Recursos do Tesouro - Exercício Corrente (1) Recursos Ordinários (00)												100		
QUANTITATIVA	Natureza da Despesa: Categoria Econômica: Despesas de Capital (4); Grupo de Natureza: Investimentos (4); Modalidade de Aplicação: Aplicação Direta (90)													4490	
QUANTITATIVA	Identificador de Resultado Primário: Primária Discricionária														2

(*) Código como seria visualizado no SIAF, exemplo meramente ilustrativo.

8. REGIME CONTÁBIL E ORÇAMENTÁRIO

Até pouco tempo era quase um consenso entre doutrinadores e bancas organizadoras de concursos que o regime contábil afeto à Contabilidade Pública no Brasil era o misto. Isso em função da interpretação dada ao art. 35 da Lei nº 4.320/64, o qual dispõe que pertencem ao exercício financeiro as receitas nele arrecadadas e as despesas nele legalmente empenhadas.

Dessa forma, afirmava-se que havia um regime contábil de caixa para a receita e um regime contábil de competência para a despesa, por isso, a denominação regime misto para a contabilidade pública, afinal nela havia a conjugação das características dos dois regimes contábeis.

Porém, como o advento da Norma Brasileira de Contabilidade NBC T 16.5, que versa sobre Registro Contábil e aprovada pela Resolução nº 1.132/08, o Conselho Federal de Contabilidade apresentou um posicionamento diverso do que até então parecia ser um consenso.

Segundo tal norma, as transações no setor público devem ser reconhecidas e registradas integralmente no momento em que ocorrerem. Os registros da entidade, desde que estimáveis tecnicamente, devem ser efetuados, mesmo na hipótese de existir razoável certeza de sua ocorrência.

Os registros contábeis devem ser realizados e os seus efeitos evidenciados nas demonstrações contábeis do período com os quais se relacionam, reconhecidos, portanto, pelos respectivos fatos geradores, independentemente do momento da execução orçamentária. Assim, numa visão patrimonial a execução orçamentária passou a ser irrelevante.

Os registros contábeis das transações das entidades do setor público devem ser efetuados, considerando as relações jurídicas, econômicas e patrimoniais, prevalecendo nos conflitos entre elas a essência sobre a forma. A entidade do setor público deve aplicar métodos de mensuração ou avaliação dos ativos e dos passivos que possibilitem o reconhecimento dos ganhos e das perdas patrimoniais.

Em 14 de outubro de 2008 a Portaria Conjunta STN/SOF nº 3 estabeleceu em seu art. 6º que a despesa e a receita serão reconhecidas por critério de competência patrimonial, visando conduzir a contabilidade do setor público brasileiro aos padrões internacionais e ampliar a transparência sobre as contas públicas.

Porém, mesmo com esse posicionamento, segundo o parágrafo único do artigo supracitado, são mantidos os procedimentos usuais de reconhecimento e registro da receita e da despesa orçamentárias, de tal forma que a apropriação patrimonial:

- Não modifique os procedimentos legais estabelecidos para o registro das receitas e das despesas orçamentárias;
- Não implique necessariamente modificação dos critérios estabelecidos no âmbito de cada ente da federação para elaboração das estatísticas fiscais e apuração dos resultados fiscais de que trata a lei complementar no 101, de 2000; e
- Não constitua mecanismo de viabilização de execução de despesa pública para a qual não tenha havido a devida fixação orçamentária.

O Manual de Receita Nacional, aprovado pela portaria supramencionada, traz o posicionamento técnico das Secretarias do Tesouro Nacional e de Orçamento Federal sobre o tema e afirma que a Contabilidade Aplicada ao Setor Público, assim como qualquer outro ramo da ciência contábil, obedece aos princípios fundamentais de contabilidade. Dessa forma, aplica-se o Princípio da Competência em sua integralidade, ou seja, tanto na receita quanto na despesa.

O referido manual explicita então que, na verdade, o artigo 35 da Lei nº 4.320/64 ao estabelecer que pertencem ao exercício financeiro as receitas nele arrecadadas e as despesas nele legalmente empenhadas, referiu-se ao regime orçamentário e não ao regime contábil, pois a contabilidade é tratada em título específico (do art. 85 ao 104), no qual determina-se que as variações patrimoniais devem ser evidenciadas, sejam elas independentes ou resultantes da execução orçamentária.

Observa-se que, além do registro dos fatos ligados à execução orçamentária, exige-se a evidenciação dos fatos ligados à administração financeira e patrimonial, exigindo que os fatos modificativos sejam levados à conta de resultado e que as informações contábeis permitam o conhecimento da composição patrimonial e dos resultados econômicos e financeiros de determinado exercício.

A contabilidade deve evidenciar, tempestivamente, os fatos ligados à administração orçamentária, financeira e patrimonial, gerando informações que permitam o conhecimento da composição patrimonial e dos resultados econômicos e financeiros. Portanto, com o objetivo de evidenciar o impacto no Patrimônio, deve haver o registro da receita em função do fato gerador, observando-se os Princípios da Competência e da Oportunidade.

O reconhecimento da receita, sob o enfoque patrimonial, apresenta como principal dificuldade a determinação do momento de ocorrência do fato gerador.

Para a receita tributária, utiliza-se o momento do lançamento como referência para o reconhecimento, pois neste estágio da execução da receita orçamentária é que:

- Verifica-se a ocorrência do fato gerador da obrigação correspondente;
- Determina-se a matéria tributável;
- Calcula-se o montante do tributo devido;
- Identifica-se o sujeito passivo.

Ocorrido o fato gerador, pode-se proceder ao registro contábil do direito em contrapartida a uma variação ativa, em contas do sistema patrimonial, o que representa o registro da receita por competência.

Resumindo, segundo o Manual de Contabilidade Aplicada ao Setor público, deve-se levar em consideração dois enfoques no momento de se determinar o regime adotado na Contabilidade Pública, pois além dos Princípios de Contabilidade, a Contabilidade Aplicada ao Setor Público deve seguir o disposto nas normas de Direito Financeiro, em especial na Lei nº 4.320/64, que instituiu um regime orçamentário misto no seu art. 35.

> **Art. 35.** Pertencem ao exercício financeiro:
>
> I – as receitas nele arrecadadas;
>
> II – as despesas nele legalmente empenhadas.

Ao mesmo tempo, no art. 89, a referida lei estabelece que:

> "Art. 89. A contabilidade evidenciará os fatos ligados à administração orçamentária, financeira, patrimonial e industrial."

Portanto, observa-se que, além do registro dos fatos ligados à execução orçamentária, exige-se a evidenciação dos fatos ligados à execução financeira e patrimonial, de maneira que os fatos modificativos sejam levados à conta de resultado e que as informações contábeis permitam o conhecimento da composição patrimonial e dos resultados econômicos e financeiros de determinado exercício:

> "Art. 100. As alterações da situação líquida patrimonial, que abrangem os resultados da execução orçamentária, bem como as variações independentes dessa execução e as 12 superveniências e insubsistências ativas e passivas, constituirão elementos da conta patrimonial.
>
> [...]
>
> **Art. 104.** A Demonstração das Variações Patrimoniais evidenciará as alterações verificadas no patrimônio, resultantes ou independentes da execução orçamentária, e indicará o resultado patrimonial do exercício." (Lei nº 4.320/64)

Assim, com o objetivo de evidenciar o impacto dos fatos modificativos no patrimônio, deve haver o registro da receita sob o enfoque patrimonial (variação patrimonial aumentativa) em função do fato gerador, em obediência aos Princípios da Competência e da Oportunidade. Ainda, no momento da arrecadação, deve haver o registro em contas específicas, demonstrando a visão orçamentária exigida no art. 35 da Lei nº 4.320/64. Assim, é possível compatibilizar e evidenciar, de maneira harmônica, as variações patrimoniais e a execução orçamentária ocorridas na entidade.

Assim, é possível compatibilizar e evidenciar, de maneira harmônica, as variações patrimoniais e a execução orçamentária ocorridas na entidade.

- **Aspecto Orçamentário**

Compreende o registro e a evidenciação do orçamento público, tanto quanto a sua aprovação quanto a sua execução. Os registros de natureza orçamentária são base para a elaboração do Relatório Resumido da Execução Orçamentária (RREO) e dos Balanços Orçamentário e Financeiro, que representam os principais instrumentos para refletir esse aspecto.

- **Aspecto Patrimonial**

Compreende o registro e a evidenciação da composição patrimonial do ente público. Nesse aspecto, devem ser atendidos os princípios e as normas contábeis voltadas para o reconhecimento, mensuração e evidenciação dos ativos e passivos e de suas variações patrimoniais. O Balanço Patrimonial (BP) e a Demonstração das Variações.

Patrimoniais (DVP) representam os principais instrumentos para refletir esse aspecto. O processo de convergência às normas internacionais de contabilidade aplicada ao setor público (CASP) visa a contribuir, primordialmente, para o desenvolvimento deste aspecto.

- **Aspecto Fiscal**

Compreende a apuração e a evidenciação, por meio da contabilidade, dos indicadores estabelecidos pela LRF, dentre os quais se destacam os da despesa com pessoal, das operações de crédito e da dívida consolidada, além da apuração da disponibilidade de caixa, do resultado primário e do resultado nominal, a fim de verificar o equilíbrio das contas públicas. O Relatório de Gestão Fiscal (RGF) e o Relatório Resumido da Execução Orçamentária (RREO) representam os principais instrumentos para evidenciar esse aspecto.

Diversos atos e fatos registrados pela contabilidade poderão alcançar apenas um, dois ou todos os aspectos citados.

Dessa maneira, cabe aos responsáveis pelos serviços de contabilidade em cada ente da Federação compreender os eventos e seus efeitos na evidenciação contábil, a partir do entendimento das normas e conceitos inerentes a cada aspecto, apresentados neste Manual.

9. ORDENADOR DE DESPESAS

Ordenador de despesas é o servidor público investido de autoridade e competência para emitir empenho e autorizar pagamentos.

A rigor não é o título de um cargo, pois pode ser exercido por um Diretor Geral, Secretário Geral, Diretor Executivo, Presidente de órgão ou entidade ou, ainda, um servidor designado. Contudo, pela natureza da função, é inscrito com esse título junto aos órgãos que gerenciam o sistema financeiro da entidade e, também, junto aos Tribunais de Contas, no chamado rol de responsáveis.

De acordo com o Decreto-Lei nº 200/67:

> **Art. 80** (...)
>
> (Parágrafo) 1º. O ordenador de despesa é toda e qualquer autoridade de cujos atos resultem emissão de empenho, autorização de pagamento, suprimento ou dispêndio de recursos da União ou pela qual esta responda."

Como regra, o ordenador de despesas é o agente responsável pelo recebimento, verificação, guarda ou aplicação de dinheiros, valores e outros bens públicos e responde pelos prejuízos que acarreta à Fazenda, salvo se o prejuízo decorreu de ato praticado por agente subordinado, que exorbitar das ordens recebidas, conforme dispõe o próprio Decreto-Lei nº 200/67.

Por esse motivo, compete-lhes zelar pela boa e regular aplicação de recursos públicos, tanto nos atos que praticam como naqueles realizados no âmbito das repartições públicas. Na forma do mesmo Decreto-Lei nº 200/67, o ordenador de despesa está sujeito à tomada de contas, que será realizada pelo órgão de contabilidade e verificada pelo órgão de auditoria interna, antes de ser encaminhada ao Tribunal de Contas, incumbido do julgamento das contas.

Por fim, versa o art. 39 do Decreto nº 93.872/86, que responderão pelos prejuízos que acarretarem à Fazenda Nacional, o ordenador de despesas e o agente responsável pelo recebimento e verificação, guarda ou aplicação de dinheiros, valores e outros bens públicos. O ordenador de despesa, salvo conivência, não é responsável por prejuízos causados à Fazenda Nacional, decorrentes de atos praticados por agente subordinado que exorbitar das ordens recebidas.

10. PRATICANDO - QUESTÕES DE CONCURSOS ANTERIORES COMENTADAS

1) **(FCC - AJ TRT11/TRT 11/Administrativa/2017)** De acordo com a Lei nº 4.320/64 e a Lei nº 101/2000, as despesas

a) relativas a incentivos à demissão voluntária são computadas como despesa com pessoal para fins de verificação dos limites estabelecidos pela Lei de Responsabilidade Fiscal.

b) com a aquisição de equipamentos de informática, com vida útil estimada de 3 anos, são despesas correntes.

c) com pessoal do Poder Judiciário Federal não poderão ultrapassar o limite de 3,6% da Receita Corrente Líquida em cada período de apuração.

d) com energia elétrica, combustível e material de consumo de um Tribunal Regional do Trabalho são despesas de custeio.

e) com aquisição de veículos que serão utilizados pelos servidores de um Tribunal Regional do Trabalho em suas atividades são despesas obrigatórias de caráter continuado.

Gabarito: d

COMENTÁRIO:

Alternativa "a": Incentivos à demissão voluntária **não** são computadas como despesa com pessoal para fins de verificação dos limites estabelecidos pela Lei de Responsabilidade Fiscal.

> **Lei de Responsabilidade Fiscal**
>
> Art. 19...
>
> § 1º Na verificação do atendimento dos limites definidos neste artigo, não serão computadas as despesas:

II – relativas a incentivos à demissão voluntária;

Alternativa "b": Aquisição de equipamentos de informática, com vida útil estimada de 3 anos, são despesas **de Capital**.

Veja que, com vida útil superior a dois anos, o material é considerado permanente, segundo a lei. Sendo permanente a despesa é de capital e não corrente, mais especificamente, um investimento.

Lei nº 4.320/64

Art. 12. A despesa será classificada nas seguintes categorias econômicas: (Vide Decreto-Lei nº 1.805, de 1980)

DESPESAS CORRENTES

Despesas de Custeio

Transferências Correntes

DESPESAS DE CAPITAL

Investimentos

Inversões Financeiras

Transferências de Capital

(...)

§ 4º Classificam-se como investimentos as dotações para o planejamento e a execução de obras, inclusive as destinadas à aquisição de imóveis considerados necessários à realização destas últimas, bem como para os programas especiais de trabalho, aquisição de instalações, equipamentos e material permanente e constituição ou aumento do capital de empresas que não sejam de caráter comercial ou financeiro.

Art. 15...

(...)

§ 2º Para efeito de classificação da despesa, considera-se material permanente o de duração superior a dois anos.

Alternativa "c": Despesas com pessoal do Poder Judiciário não poderão ultrapassar o limite de 6% da Receita Corrente Líquida em cada período de apuração.

Lei de Responsabilidade Fiscal

Art. 20. A repartição dos limites globais do art. 19 não poderá exceder os seguintes percentuais:

I – na esfera federal:

(...)

b) 6% (seis por cento) para o Judiciário;

Alternativa correta: letra "d". Energia elétrica, combustível e material de consumo são despesas de custeio.

Lei nº 4.320/64

Art. 12. A despesa será classificada nas seguintes categorias econômicas: (Vide Decreto-Lei nº 1.805, de 1980)

> DESPESAS CORRENTES
> Despesas de Custeio
> Transferências Correntes
> DESPESAS DE CAPITAL
> Investimentos
> Inversões Financeiras
> Transferências de Capital
>
> § 1º Classificam-se como Despesas de Custeio as dotações para manutenção de serviços anteriormente criados, inclusive as destinadas a atender a obras de conservação e adaptação de bens imóveis.

Alternativa "e": Aquisição de veículos que serão utilizados pelos servidores de um Tribunal Regional do Trabalho em suas atividades **não são** despesas obrigatórias de caráter continuado.

Aquisição de veículo é despesa de capital, mais especificamente, classificada como Investimentos. Segundo a lei, dentre outros requisitos, para ser considerada obrigatórias de caráter continuado, a despesa deve ser corrente.

> **Lei de Responsabilidade Fiscal**
>
> Art. 17. Considera-se obrigatória de caráter continuado a despesa corrente derivada de lei, medida provisória ou ato administrativo normativo que fixem para o ente a obrigação legal de sua execução por um período superior a dois exercícios.

2) **(FGV – Analista Judiciário - Área Administrativa - TRT 12/2017)** Após vencer uma licitação para prestação de serviços de manutenção em equipamentos de informática (computadores e empresas), uma empresa apresentou à entidade pública uma nota fiscal dos serviços prestados nos primeiros dois meses de contrato. Após confirmação do fiscal do contrato, o documento foi enviado ao setor de processamento de despesa para conferência, etapa associada ao estágio do(a):

a) adjudicação;
b) empenho;
c) lançamento;
d) liquidação;
e) pagamento.

Gabarito: D

COMENTÁRIO:

Alternativa "a": Adjudicação é a estrega do objeto do contrato ao licitante vencedor.

Alternativa "b": Legalmente, nos termos do art. 58 da Lei nº 4.320/64, "empenho é o ato emanado de autoridade competente que cria para o Estado obrigação de pagamento pendente ou não de implemento de condição".

Alternativa "c": Lançamento é estágio de execução da receita.

Alternativa correta: letra "d". Nos termos do art. 63 da Lei nº 4.320/64, a liquidação da despesa consiste na verificação do direito adquirido pelo credor tendo por base os títulos e documentos comprobatórios do respectivo crédito. Essa verificação tem por fim apurar:

4) A origem e o objeto do que se deve pagar;
5) A importância exata a pagar;
6) A quem se deve pagar a importância, para extinguir a obrigação.

A liquidação da despesa por fornecimentos feitos ou serviços prestados terá por base:

4) O contrato, ajuste ou acordo respectivo;
5) A nota de empenho;
6) Os comprovantes da entrega de material ou da prestação efetiva do serviço.

Alternativa "e": Terceira e última fase da execução da despesa. Essa fase ocorrerá após o efetivo processamento (liquidação) da despesa, ou seja, verificação do efetivo direito do credor a receber o valor referente aquela despesa. Assim, processada a despesa, é feita a transferência para a conta do fornecedor do valor apurado na liquidação. Atualmente, é cada vez mais comum o pagamento por meio de Ordens Bancárias de Pagamento – OBP.

3) **(FGV – Analista Judiciário – Área Administrativa – TRT 12/2017)** Considere as despesas descritas no quadro a seguir:

Elemento de despesa	Empenho
Aquisição de Títulos de Crédito	35.000
Juros sobre Dívida por Contrato	27.350
Locação de Mão de Obra	32.400
Material de Consumo	18.500
Material para Distribuição Gratuita	16.200
Material Permanente	41.700
Obras e Instalações	83.600
Passagens e Despesas com Locomoção	21.150
Serviços de Consultoria	19.000

As despesas que, no momento da execução, NÃO representam redução do saldo patrimonial, por serem despesas de capital, totalizam:

a) 134.600;
b) 160.300;
c) 176.500;
d) 192.700;
e) 294.900.

Gabarito: D

COMENTÁRIO:

São despesas relacionadas à inovação e expansão do patrimônio público, compreendendo, principalmente, compras e amortizações. Dessa forma, essas despesas se caracterizam, em regra, por contribuírem diretamente para o patrimônio do ente a que se referem.

Identificando as despesas:

Aquisição de Títulos de Crédito	Capital
Juros sobre Dívida por Contrato	Corrente
Locação de Mão de Obra	Corrente
Material de Consumo	Corrente
Material para Distribuição Gratuita	Corrente
Material Permanente	Capital
Obras e Instalações	Capital
Passagens e Despesas com Locomoção	Corrente
Serviços de Consultoria	Corrente

Assim, são despesas de capital os seguintes valores: 35.000 + 83.600 + 41.700 = 160.300

4) **(FGV – Analista Judiciário – Área Administrativa – TRT 12/2017)** No ciclo de execução orçamentária, o controle de ingressos e desembolsos faz-se mister para cumprir os dispositivos da Lei de Responsabilidade Fiscal (LRF).

Uma das regras importantes se refere ao registro da receita orçamentária no momento da arrecadação, que tem como justificativa:

a) acompanhar a meta de resultado primário definida na Lei de Diretrizes Orçamentárias (LDO);
b) definir fonte de recursos para abertura de créditos adicionais;
c) evitar que a execução das despesas orçamentárias ultrapasse a arrecadação efetiva;
d) impedir o uso indevido de recursos para cobertura de restos a pagar;
e) propiciar informações relativas à variação do patrimônio público.

Gabarito: c

COMENTÁRIO:

Alternativa correta: letra "C" (responde todas as outras):

Conforme determina o MCASP 7ª edição, o registro da receita orçamentária ocorre no momento da arrecadação, conforme o art. 35 da Lei nº 4.320/1964 e decorre do enfoque orçamentário desta Lei, tendo por objetivo evitar que a execução das despesas orçamentárias ultrapasse a arrecadação efetiva.

5) **(FGV – Analista Judiciário – Área Administrativa – TRT 12/2017)** O modelo orçamentário vigente no Brasil é baseado nos conceitos de orçamento-programa, cujos elementos básicos estão apresentados na figura a seguir.

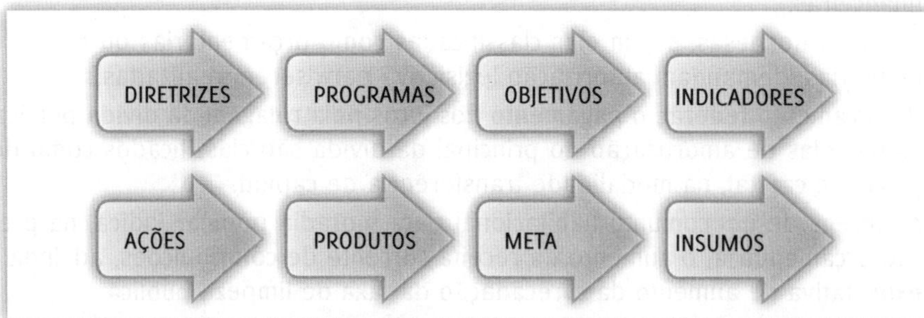

A definição de uma metodologia para medir desempenho de um programa e os elementos necessários à consecução de um produto se referem, respectivamente, a:

a) diretrizes e ações;
b) indicadores e ações.
c) indicadores e insumos;
d) meta e ações;
e) meta e insumos.

Gabarito: C

COMENTÁRIO:

De acordo com o Tribunal de Contas da União, programa de trabalho pode ser definido como o "instrumento de organização da atuação governamental que articula um conjunto de ações que concorrem para a concretização de um objetivo comum preestabelecido, mensurado por indicadores instituídos no plano, visando a solução de um problema ou o atendimento de determinada necessidade ou demanda da sociedade". Programa é o módulo comum integrador entre o plano e o orçamento (efetivação da ação governamental). Em termos de estruturação o plano termina no programa e o orçamento começa no programa, o que confere a esses instrumentos uma integração desde a origem. O programa, como módulo integrador, e as ações, como instrumentos de realização dos programas.

Indicadores de desempenho são ferramentas de monitoramento que permitem controlar a performance da entidade em relação a sua produtividade e à busca de seus objetivos, tudo de forma devidamente estruturada e aprofundada. O consumo dos insumos em relação ao que é entregue, determina a eficiência e eficácia do processo.

6) **(CESPE – Analista Judiciário – Área Administrativa – TRT 8/2016)** Acerca das receitas e despesas constantes do orçamento público, bem como suas classificações, assinale a opção correta.

a) A administração pública, ao fazer investimento com a obtenção de títulos representativos de participação no capital social de outras entidades em funcionamento, deverá classificar o gasto como despesas de capital – inversões financeiras.
b) Todas as despesas, sejam elas classificadas como orçamentárias ou extraorçamentárias, demandam autorização legislativa para serem realizadas.
c) No orçamento federal, o pagamento dos juros pela rolagem da dívida pública e as parcelas de amortização do principal da dívida são classificados como despesas de capital, na modalidade transferência de capital.
d) A entrega de um conjunto habitacional para moradia popular indica, na previsão orçamentária, o aumento da receita corrente de contribuições, advinda da expectativa de aumento da arrecadação da taxa de limpeza pública.
e) A receita de dívida ativa proveniente da inclusão do nome de contribuintes que não efetuam o pagamento de seus impostos até o final do exercício financeiro deve ser classificada, pela administração pública, como receita corrente tributária.

Gabarito: a

COMENTÁRIO:

Alternativa correta: letra "a". Classificam-se como Inversões Financeiras as dotações destinadas à aquisição de imóveis, ou de bens de capital já em utilização; aquisição de títulos representativos do capital de empresas ou entidades de qualquer espécie, já constituídas, quando a operação não importe aumento do capital; constituição ou aumento do capital de entidades ou empresas que visem a objetivos comerciais ou financeiros, inclusive operações bancárias ou de seguros.

Alternativa "b": Somente as despesas orçamentárias necessitam de autorização legislativa para que sejam realizadas. Essa autorização se dá em forma de lei, a Lei Orçamentária Anual. As despesas extraorçamentárias, em regra, por se tratarem de recursos transitórios, não necessitam de autorização legislativa, ou seja, não constam na Lei Orçamentária Anual.

Alternativa "c": Juros e encargos financeiros sempre são classificados como despesas correntes.

Alternativa "d": Taxas são receitas tributárias e não receita de Contribuições. Vejamos o que diz a Lei nº 4.320/64.

> **Lei nº 4.320/64**
>
> Art. 5º - Os tributos são impostos, taxas e contribuições de melhoria.
>
> (...)
>
> Art. 9º Tributo é a receita derivada instituída pelas entidades de direito público, compreendendo os impostos, as taxas e contribuições nos termos da Constituição e das leis vigentes em matéria financeira, destinando-se o seu produto ao custeio de atividades gerais ou específicas exercidas por essas entidades.

Segundo § 4º do art. 11 da Lei nº 4.320/64, a classificação da receita obedecerá ao seguinte esquema:

RECEITAS CORRENTES

Receita tributária (impostos, taxas, contribuições de melhoria); receita de contribuições; receita patrimonial; receita agropecuária; receita industrial; receita de serviços; transferências correntes; outras receitas correntes.

RECEITAS DE CAPITAL

Operações de crédito; alienação de bens; amortização de empréstimos; transferências de capital; outras receitas de capital.

Fique atento: Na classificação por Natureza da Receita, os impostos, taxas e contribuições de melhoria são classificados na espécie "Impostos, Taxas e Contribuições de Melhoria", diferente da lei que os denomina "tributária".

Alternativa "e": Em regra, arrecadação da receita de dívida ativa é classificada como "outras receitas correntes". São os ingressos provenientes de outras origens não classificáveis nas outras subcategorias econômicas.

▸ **ATENÇÃO:**

O Recebimento de Dívida Ativa da Amortização de Empréstimo e Financiamentos e empréstimo compulsório são Receitas de Capital.

7) **(FCC – AJ TRT3/TRT 3/Administrativa/Contabilidade/2015)** A classificação institucional da despesa reflete as estruturas organizacional e administrativa e compreende dois níveis hierárquicos. No âmbito da União, o código da classificação institucional compõe-se de cinco dígitos, referindo-se, respectivamente, os

a) 1º e 2º dígitos, ao órgão orçamentário e os 3º, 4º e 5º dígitos à unidade orçamentária.
b) 1º e 2º dígitos à função de governo e os 3º, 4º e 5º dígitos à subfunção de governo.
c) 1º e 2º dígitos à função de governo e os 3º, 4º e 5º dígitos à ação de governo.
d) 1º e 2º dígitos ao programa de governo e os 3º, 4º e 5º dígitos à ação de governo.
e) 1º, 2º e 3º ao órgão orçamentário e aos 4º e 5º dígitos à função de governo.

Gabarito: a

COMENTÁRIO:

Alternativa correta: letra "a" (responde todas as outras).

A atual classificação funcional foi instituída pela Portaria nº 42, de 14 de abril de 1999, do então Ministério do Orçamento e Gestão (MOG) (incorporado ao Ministério da Economia), que estabeleceu um rol de funções e subfunções prefixadas, que servem como agregador dos gastos públicos por área de ação governamental nos três níveis de Governo. Ela estabelece o responsável pelo gasto (quem). Para tanto, utiliza-se cinco dígitos, de forma que os 1º e 2º dígitos se referem ao órgão orçamentário e os 3º, 4º e 5º dígitos se referem à unidade orçamentária.

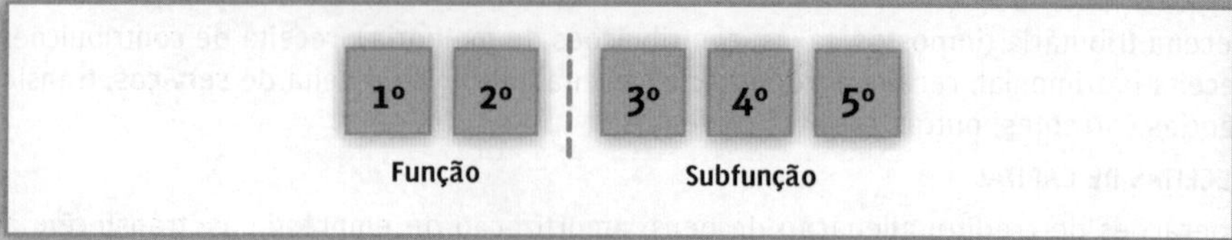

8) **(FCC – Analista Judiciário – Área Administrativa – TRT 4/2015)** Determinado ente público empenhou despesa para a aquisição de 10 veículos novos, destinados à Secretaria Estadual da Saúde, pelo valor estimado de R$ 450.000,00. A despesa, sob o aspecto orçamentário, é classificada no grupo de natureza de despesa

a) imobilizado.
b) inversões financeiras.
c) outras despesas de capital.
d) transferências de capital.
e) investimentos.

Gabarito: e

COMENTÁRIO:

Alternativas "a", "c" e "d": Apesar de serem termos utilizados na atividade orçamentária, eles não compõem o GND.

Alternativas "b": Inversões Financeiras são despesas orçamentárias com a aquisição de imóveis ou bens de capital já em utilização; aquisição de títulos representativos do capital de empresas ou entidades de qualquer espécie, já constituídas, quando a operação não importe aumento do capital; e com a constituição ou aumento do capital de empresas, além de outras despesas classificáveis neste grupo.

Alternativa correta: letra "e". A questão se refere à aquisição de 10 veículos novos (bens de capital) e à classificação da respectiva despesa.

"Investimento" é a despesa orçamentária com softwares e com o planejamento e a execução de obras, inclusive com a aquisição de imóveis considerados necessários à realização destas últimas, e com a aquisição de instalações, equipamentos e material permanente. Os veículos são classificados como "Investimento".

9) **(CESPE/TCE-SC/Auditor Fiscal/Direito/2015)** A fixação da despesa, que compreende a adoção de medidas em determinada situação idealizada, conforme os recursos disponíveis e as diretrizes e prioridades traçadas pelo governo, é um dos estágios da despesa pública previstos na legislação em vigor.

Gabarito: Errado

COMENTÁRIO:

A fixação (parte do planejamento da despesa pública) é, para maioria da doutrina, considerada a primeira ETAPA da despesa, mas não está entre os ESTÁGIOS (execução) regulamentados por lei, apesar de ser citado na própria Constituição Federal no § 8º do art. 165. Somente os estágios da execução da despesa (empenho, liquidação e pagamento) estão regulamentados pela Lei nº 4.320/64.

10) **(FCC – APE/TCE-RS/Ciências Contábeis/2014)** De acordo com a sua cronologia, as etapas das despesas públicas acontecem na seguinte ordem:

a) empenhamento, lançamento, pagamento e liquidação.
b) lançamento, liquidação, empenhamento e pagamento.
c) empenhamento, liquidação e pagamento.
d) liquidação, empenhamento, lançamento e pagamento.
e) empenhamento, pagamento e liquidação.

Gabarito: C

COMENTÁRIO:

Neste caso, especificamente, a banca considerou somente os estágios da execução da despesa. Neste caso, esses estágios ocorrem na seguinte ordem:

1) Empenho: reserva de dotação para garantia de pagamento futuro ao credor;
2) Liquidação: verificação do direito adquirido pelo credor tendo por base os títulos e documentos comprobatórios do respectivo crédito; e
3) Pagamento: transferência de recursos dos cofres públicos para o credor, normalmente ocorrendo por meio de Ordem Bancária.

11) **(CESPE – AGU – Contador)** Com relação aos conceitos e normas legais que definem a execução orçamentária, julgue o seguinte item.

O empenho da despesa não cria obrigação para o Estado, mas reserva dotação orçamentária para garantir o pagamento estabelecido em relação contratual existente.

Gabarito: Certo

COMENTÁRIO:

A despeito de o texto legal usar a expressão "cria para o Estado obrigação de pagamento", não significa que haverá direito líquido em nome de quem se emitiu o empenho. É na realidade, uma mera reserva de dotação que serve para o pagamento futuro se o contratado cumprir sua parte no contrato.

Assim, empenho não é fato gerador da despesa.

12) **(CESPE FUB – ECONOMISTA)** O empenho das despesas é o ato emanado de autoridade competente que cria para o Estado obrigação de pagamento pendente ou não de implemento de condição. Os valores empenhados não poderão exceder o limite dos créditos concedidos. Mas em casos especiais, previstos na legislação específica, será dispensada a emissão da nota de empenho.

Gabarito: Certo

COMENTÁRIO:

Apesar de afirmar que o empenho "cria para o Estado obrigação de pagamento", o que, em realidade, não ocorre, pois, o empenho não é fato gerador da despesa, a questão está correta por expressar a "letra da lei", pois tais afirmações estão previstas.

> **Lei nº 4.320/64**
>
> Art. 58. O empenho de despesa é o ato emanado de autoridade competente que cria para o Estado obrigação de pagamento pendente ou não de implemento de condição.
>
> Art. 59 – O empenho da despesa não poderá exceder o limite dos créditos concedidos.
>
> (...)
>
> Art. 60. É vedada a realização de despesa sem prévio empenho.
>
> § 1º Em casos especiais previstos na legislação específica será dispensada a emissão da nota de empenho.

13) **(CESPE – Adv/AGU/2015)** Haja vista que a despesa pública segue estágios e que cada um destes esclarece em que momento a realização da despesa se encontra, julgue o item a seguir.

O empenho, que é estágio da despesa pública, não se confunde com a nota de empenho, pois nem todo empenho possui uma nota de empenho emitida.

Gabarito: Certo

COMENTÁRIO:

Empenho é a ação que provoca a reserva de dotação. Nota de empenho é o documento que comprova esta ação. Apesar de a necessidade de nota de empenho ser a regra, nota de empenho, nem sempre é necessária. Tal afirmação é amparada pela Lei nº 4.320/64.

> Art. 60. É vedada a realização de despesa sem prévio empenho.
>
> § 1º Em casos especiais previstos na legislação específica será dispensada a emissão da nota de empenho.

14) **(CESPE – AJ/STJ/Apoio Especializado/Contadoria/2015)** No que se refere à programação e execução do orçamento, despesa e receita públicas, julgue o item subsequente.

Se o valor empenhado for insuficiente para atender à despesa a ser realizada, o empenho poderá ser reforçado; no entanto, se o valor empenhado exceder o montante da despesa realizada, deverá haver uma anulação parcial do empenho.

Gabarito: Certo

COMENTÁRIO:

Em diferentes situações é possível que um valor empenhado seja diferente do valor a ser pago. Em casos cuja despesa tenha que ser estimada (diárias, suprimento de fundos, energia elétrica, etc.), por exemplo, esta deve ser empenhada por intermédio de um empenho estimativo. Dificilmente o valor empenhado nessa situação será exatamente igual ao que deverá ser pago. Nessa situação, o empenho não deve ser anulado totalmente, mas o valor deve ser ajustado ao valor a ser efetivamente pago. Quando o valor empenhado for superior ao valor a ser pago, somente a parte excedente deve ser anulada, ou seja, haverá uma anulação parcial do empenho.

15) **(CESPE – Adm/PF/2014)** No que se refere às receitas e às despesas públicas, julgue o item que se segue.

Considera-se cumprido o estágio da liquidação da despesa assim que se apura a pessoa jurídica a quem se deve pagar determinada importância a fim de extinguir obrigação decorrente do fornecimento de bem ou de serviço a órgão público.

Gabarito: Errado

COMENTÁRIO:

Segundo o art. 63 da Lei nº 4.320/64, a liquidação da despesa consiste na verificação do direito adquirido pelo credor tendo por base os títulos e documentos comprobatórios do respectivo crédito.

> § 1° Essa verificação tem por fim apurar:
>
> I – a origem e o objeto do que se deve pagar;
>
> II – a importância exata a pagar; (Vide Medida Provisória nº 581, de 2012)
>
> III – a quem se deve pagar a importância, para extinguir a obrigação.
>
> § 2º A liquidação da despesa por fornecimentos feitos ou serviços prestados terá por base:
>
> I – o contrato, ajuste ou acordo respectivo;
>
> II – a nota de empenho;
>
> III – os comprovantes da entrega de material ou da prestação efetiva do serviço.

16) **(CESPE – AFCE/TCE-SC/Controle Externo/Administração/2016)** Julgue o item seguinte, relativo a receitas e despesas públicas.

O estágio de pagamento da despesa caracteriza-se pelo despacho por meio do qual a autoridade competente determina que a despesa seja liquidada.

Gabarito: Errado

COMENTÁRIO:

O estágio de pagamento da despesa se caracteriza pelo despacho por meio do qual a autoridade competente determina que a despesa seja PAGA.

Vejamos o que determina a Lei nº 4.320/64 sobre empenho, liquidação e pagamento:

> Art. 58. O empenho de despesa é o ato emanado de autoridade competente que cria para o Estado obrigação de pagamento pendente ou não de implemento de condição.
>
> (...)
>
> Art. 63. A liquidação da despesa consiste na verificação do direito adquirido pelo credor tendo por base os títulos e documentos comprobatórios do respectivo crédito.
>
> § 1° Essa verificação tem por fim apurar:
>
> I – a origem e o objeto do que se deve pagar;
>
> II – a importância exata a pagar; (Vide Medida Provisória nº 581, de 2012)
>
> III – a quem se deve pagar a importância, para extinguir a obrigação.
>
> § 2º A liquidação da despesa por fornecimentos feitos ou serviços prestados terá por base:
>
> I – o contrato, ajuste ou acordo respectivo;
>
> II – a nota de empenho;
>
> III – os comprovantes da entrega de material ou da prestação efetiva do serviço.
>
> Art. 64. A ordem de pagamento é o despacho exarado por autoridade competente, determinando que a despesa seja paga.
>
> Parágrafo único. A ordem de pagamento só poderá ser exarada em documentos processados pelos serviços de contabilidade.

17) **(CESPE – Adv (AGU)/AGU/2015)** Haja vista, que a despesa pública segue estágios e que cada um destes esclarece em que momento a realização da despesa se encontra, julgue o item a seguir.

É na fase do pagamento da despesa que a lei prevê a juntada de atestado por parte do responsável, servidor público, de que o serviço foi prestado ou o bem ou mercadoria foi entregue como contratado.

Gabarito: Errado

COMENTÁRIO:

Em realidade, a fase da despesa em que a lei prevê a juntada de atestado por parte do responsável, servidor público, de que o serviço foi prestado ou o bem ou a mercadoria foi entregue como contratada é a liquidação.

> Lei nº 4.320/64
>
> Art. 63. A liquidação da despesa consiste na verificação do direito adquirido pelo credor tendo por base os títulos e documentos comprobatórios do respectivo crédito.

§ 1° Essa verificação tem por fim apurar:

I – a origem e o objeto do que se deve pagar;

II – a importância exata a pagar; (Vide Medida Provisória nº 581, de 2012)

III – a quem se deve pagar a importância, para extinguir a obrigação.

§ 2º A liquidação da despesa por fornecimentos feitos ou serviços prestados terá por base:

I – o contrato, ajuste ou acordo respectivo;

II – a nota de empenho;

III – os comprovantes da entrega de material ou da prestação efetiva do serviço.

18) (FCC – ACE (TCE-GO)/TCE-GO/Orçamento e Finanças/2014) Considere as seguintes transações realizadas no 5º bimestre de 2014 por determinada entidade do setor público:

- Recebimento de caução pela prestação de garantia para execução de obras 150,00
- Pagamento de Restos a Pagar inscritos em exercícios anteriores..... 80,00
- Recebimento de taxas diversas 40,00
- Retenção em folha referente à Contribuição Previdenciária 70,00
- Pagamento de indenizações 30,00
- Devolução (pagamento) de caução de exercícios anteriores 90,00
- Pagamento de prêmios em pecúnia 65,00
- Recebimento de multas de trânsito 85,00

Com base nas informações acima, as receitas e despesas extraorçamentárias somam, respectivamente, em reais,

a) 305,00 e 200,00
b) 345,00 e 215,00
c) 220,00 e 170,00
d) 150,00 e 265,00
e) 260,00 e 80,00

Gabarito: c

COMENTÁRIO:

Receitas Extraorçamentária = 220,00

Recebimento de caução pela prestação de garantia para execução de obras 150,00

Retenção em folha referente à Contribuição Previdenciária 70,00

Despesa Extraorçamentária = 170,00

Devolução (pagamento) de caução de exercícios anteriores 90,00

Pagamento de Restos a Pagar inscritos em exercícios anteriores 80,00

19) **(CESPE – Aud CE (TCE-PA)/TCE-PA/Administrativa/Administração/2016)** No que diz respeito às despesas públicas, julgue o item subsecutivo.

De acordo com a classificação financeira por categoria econômica, as despesas públicas podem ser de três tipos: despesas correntes, despesas de capital e despesas da dívida pública.

Gabarito: Errado

COMENTÁRIO:

Segundo o art. 12 da Lei nº 4.320/64, a despesa será classificada nas seguintes categorias econômicas: Despesa Corrente e Despesa de Capital. Despesas da dívida pública não é categoria econômica.

20) **(CESPE – AFCE (TCE-SC)/TCE-SC/Controle Externo/Administração/2016)** A respeito da administração da execução orçamentária, julgue o item que se segue.

Os créditos orçamentários e adicionais devem discriminar despesa até o nível de elemento de despesa.

Gabarito: Certo

COMENTÁRIO:

Questão que levou em consideração a "letra da lei", Lei nº 4.320/64, já que existem dois mandamentos que estabelecem o nível de detalhamento que devem ser observados na classificação da despesa segundo a sua natureza (categoria econômica), a Lei nº 4.320/64 e a Portaria Interministerial nº 163, de 4 de maio de 2001. Apesar de determinarem o mesmo nível de detalhamento da despesa, a portaria utiliza uma nomenclatura diferente da lei e determina a inclusão da "modalidade de aplicação". Assim, fique atento, pois, esta questão poderá ser respondida de duas formas e nas duas formas estarão corretas.

Segundo a Lei nº 4.320/64:

> Art. 15. Na Lei de Orçamento a discriminação da despesa far-se-á no mínimo por elementos.
>
> § 1º Entende-se por elementos o desdobramento da despesa com pessoal, material, serviços, obras e outros meios de que se serve a administração pública para consecução dos seus fins.
>
> § 2º Para efeito de classificação da despesa, considera-se material permanente o de duração superior a dois anos.

Segundo a Portaria Interministerial nº 163, de 4 de maio de 2001

> Art. 6º Na lei orçamentária, a discriminação da despesa, quanto a sua natureza, far-se-á, no mínimo, por categoria econômica, grupo de natureza de despesa e modalidade de aplicação.

21) **(FCC – AJ TRE SP/TRE SP/Administrativa/Contabilidade/2017)** O presidente do Tribunal de Fiscalização e Controle Eleitoral de uma Região autorizou a contratação

da empresa Máxima Engenharia Ltda., para prestação de serviços de conservação e adaptação do imóvel, pelo prazo de seis meses: 01/10/2016) a 31/03/2017), no valor mensal de R$ 35.000. No exercício de 2016, sob o aspecto orçamentário, a despesa será empenhada no elemento de despesa

a) custeio, no valor de R$ 105.000.
b) despesa de capital, no valor de R$ 210.000.
c) locação de mão de obra, no valor de R$ 105.000.
d) outros serviços de terceiros – pessoa jurídica, no valor de R$ 105.000.
e) despesa corrente, no valor de R$ 210.000.

Gabarito: D

COMENTÁRIO:

Questão com aprofundamento para nível de analista em área específica, no caso, Contabilidade, o qual requer conhecimento do MTO, Manual Técnico de Orçamento. Para acertar a questão, é importante saber dois conceitos:

1) Que o empenho da despesa deve ser realizado, em cada exercício, somente pelo valor correspondente ao exercício financeiro que a despesa ocorrer. Assim, para o exercício de 2016 só serão empenhadas as despesas referentes à 2016, ou seja, 3 meses, perfazendo um total de 105.000 (3 x 35.000);
2) Conhecer o MTO e identificar, dentro da classificação por natureza da despesa, em qual "elemento" a despesa descrita na questão se enquadra.

Nesse caso, especificamente, conforme o MTO 2018, o elemento seria "Outros Serviços de Terceiros – Pessoa Física"

> Despesas orçamentárias decorrentes de serviços prestados por pessoa física, pagos diretamente a esta e não enquadrados nos elementos de despesa específicos, tais como: remuneração de serviços de natureza eventual, prestado por pessoa física sem vínculo empregatício; estagiários, monitores diretamente contratados; gratificação por encargo de curso ou de concurso; diárias a colaboradores eventuais; locação de imóveis; salário de internos nas penitenciárias; e outras despesas pagas diretamente à pessoa física.

22) (CESPE – Ana MPU/Apoio Técnico Especializado/Finanças e Controle/2015) Com relação à responsabilidade fiscal e a classificações orçamentárias da receita e da despesa pública, julgue o item subsequente

A discriminação da despesa quanto a sua natureza deve ser feita, na elaboração da lei orçamentária, por categoria econômica, grupo de natureza de despesa e modalidade de aplicação.

Gabarito: certo

COMENTÁRIO:

Segundo a Lei nº 4.320/64, na Lei de Orçamento, a discriminação da despesa far-se-á no mínimo por elementos.

Porém, a Portaria Interministerial nº 163, de 4 de maio de 2001, que dispõe sobre normas gerais de consolidação das Contas Públicas no âmbito da União, Estados, Distrito Federal e Municípios, e dá outras providências, determina em seu art. 6º que na lei orçamentária, a discriminação da despesa, quanto a sua natureza, far-se-á, no mínimo, por categoria econômica, grupo de natureza de despesa e modalidade de aplicação.

23) **(CESPE - Aud CE (TCE-PA)/TCE-PA/Planejamento/Administração/2016)** No que se refere ao orçamento público e à atuação do Estado, julgue o item subsequente.

A classificação funcional da despesa orçamentária tem como finalidade principal evidenciar as unidades administrativas responsáveis pela sua execução.

Gabarito: Errado

COMENTÁRIO:

A classificação INSTITUCIONAL da despesa orçamentária tem como finalidade principal evidenciar as unidades administrativas responsáveis pela sua execução. A classificação funcional busca responder basicamente à indagação "em que" área de ação governamental a despesa será realizada. Para tanto ela é formada por *funções* e *subfunções*.

24) **(CESPE - Aud CE/TCE-PA/Fiscalização/Administração/2016)** A respeito do processo de orçamentação, julgue o item subsequente.

As despesas decorrentes de sentença judicial são classificadas como operações especiais, por não gerarem produtos.

Gabarito: Certo

COMENTÁRIO:

Operações Especiais são despesas que não contribuem para a manutenção, expansão ou aperfeiçoamento das ações de governo, das quais não resulta um produto e não geram contraprestação direta sob a forma de bens ou serviços. Assim, o pagamento de uma indenização referente a uma decisão judicial não traz para sociedade um benefício, beneficiando somente aquele que ganhou a indenização.

25) **(CESPE - AJ/STJ/Apoio Especializado/Contadoria/2015)** No que se refere a instrumentos, técnicas e sistemas do orçamento público, julgue o seguinte item.

A classificação da despesa pública por esfera orçamentária objetiva definir se o gasto será executado diretamente pela União ou se será transferido para outros entes da Federação.

Gabarito: Errado

COMENTÁRIO:

A classificação da despesa pública por NATUREZA DA DESPESA, mais especificamente por intermédio da "Modalidade de Aplicação", objetiva definir se o gasto será executado diretamente pela União ou se será transferido para outros entes da Federação.

A classificação por esfera orçamentária tem por finalidade identificar se a despesa pertence ao Orçamento Fiscal, da Seguridade Social ou de Investimento das Empresas Estatais, conforme distingue o § 5º do art. 165 da CF.

26) **(FCC – AJ/TRT 16/Administrativa/"Sem Especialidade"/2014)** Na Norma Geral, as classificações de despesas orçamentárias são estabelecidas conforme a Lei nº 4.320/64, que correspondem aos seguintes agrupamentos, EXCETO:

a) segundo a natureza.
b) institucional.
c) funcional.
d) por programas.
e) por resultado primário.

Gabarito: e

COMENTÁRIO:

Vejamos quais das classificações acima não possuem respaldo na Lei nº 4.320/64:

Alternativa a: Segundo a natureza: art. 12 da Lei nº 4.320/64. A Portaria Interministerial STN/SOF nº 163, de 2001, denominou a codificação como sendo por Natureza da Despesa.

> Art. 12. A despesa será classificada nas seguintes categorias econômicas
> DESPESAS CORRENTES
> Despesas de Custeio
> Transferências Correntes
> DESPESAS DE CAPITAL
> Investimentos
> Inversões Financeiras
> Transferências de Capital

Alternativa b: Institucional: está prevista de forma esparsa na Lei nº 4.320/64 pelos dispositivos listados a seguir e estes expressam em seu conjunto a necessidade de uma classificação por órgão e unidade orçamentária:

> Art. 2° A Lei do Orçamento conterá a discriminação da receita e despesa de forma a evidenciar a política econômica financeira e o programa de trabalho do Governo, obedecidos os princípios de unidade universalidade e anualidade.
> § 1° Integrarão a Lei de Orçamento:
> (...)
> IV – Quadro das dotações por órgãos do Governo e da Administração.
> (...)
> Art. 8º A discriminação da receita geral e da despesa de cada órgão do Governo ou unidade administrativa, a que se refere o artigo 2º, § 1º, incisos III e IV obedecerá à forma do Anexo nº 2.
> (...)
> Art. 13. Observadas as categorias econômicas do art. 12, a discriminação ou especificação da despesa por elementos, em cada unidade administrativa ou órgão de governo...
> (...)

> Art. 14. Constitui unidade orçamentária o agrupamento de serviços subordinados ao mesmo órgão ou repartição a que serão consignadas dotações próprias.
>
> Parágrafo único. Em casos excepcionais, serão consignadas dotações a unidades administrativas subordinadas ao mesmo órgão.

Alternativa c: Funcional.

> Art. 7°...
>
> (...)
>
> § 2º Completarão os números do código decimal referido no parágrafo anterior os algarismos caracterizadores da classificação funcional da despesa, conforme estabelece o Anexo nº 5.

Alternativa d: Por programas: apesar de não estar expressa no corpo da lei, a classificação por programas é necessária para atender aos dispositivos que ser referem aos programas de trabalho de governo.

> Art. 2° A Lei do Orçamento conterá a discriminação da receita e despesa de forma a evidenciar a política econômica financeira e o programa de trabalho do Governo, obedecidos os princípios de unidade universalidade e anualidade.
>
> (...)
>
> § 2º Acompanharão a Lei de Orçamento:
>
> I - Quadros demonstrativos da receita e planos de aplicação dos fundos especiais;
>
> II - Quadros demonstrativos da despesa, na forma dos Anexos nºs 6 a 9;
>
> III - Quadro demonstrativo do programa anual de trabalho do Governo, em termos de realização de obras e de prestação de serviços.
>
> (...)
>
> Art. 25. Os programas constantes do Quadro de Recursos e de Aplicação de Capital sempre que possível serão correlacionados a metas objetivas em termos de realização de obras e de prestação de serviços.
>
> Parágrafo único. Consideram-se metas os resultados que se pretendem obter com a realização de cada programa.
>
> Art. 26. A proposta orçamentária conterá o programa anual atualizado dos investimentos, inversões financeiras e transferências previstos no Quadro de Recursos e de Aplicação de Capital.

Alternativa e: por resultado primário.

Esta classificação está prevista no Manual Técnico de Orçamento para o exercício de 2018 e visa auxiliar a apuração do resultado primário previsto na LDO, dividindo receitas e despesas em Primárias (entram no cômputo do resultado primário) e não primárias (não entram no cômputo do resultado primário).

27) (CESPE - AJ STJ/STJ/Administrativa/"Sem Especialidade"/2015) Com relação a conceitos e normas aplicáveis à despesa pública, julgue o item a seguir.

Uma transferência efetuada pela União a um município, para aquisição de equipamentos médicos, é uma despesa de capital efetiva, de forma que não se exige contrapartida do município.

Gabarito: Certo

COMENTÁRIO:

A transferência de valores de um ente da federação para que outro ente federativo faça um Investimento, no caso a aquisição de equipamentos médicos, é classificada como uma Transferência de Capital. Apesar de, em regra, as Despesas de Capital serem classificadas como fatos permutativos, a Transferência de Capital é considerada uma despesa efetiva.

28) **(FCC - APE (TCE-RS)/TCE-RS/Ciências Contábeis/2014)** Da análise da lei orçamentária, foi destacado para a fiscalização a escrituração do código 12.365.0015.2043.31.90.11.00, sendo 12 (função), 365 (subfunção), 0015 (programa), 2043 (ação) e 31.90.11.00 (categoria econômica). Da avaliação desta estrutura, o destaque refere-se a

a) despesa de capital executada na função educação.
b) despesa de capital na função saúde.
c) gastos com pessoal.
d) receita orçamentária efetiva e, pela sua categoria econômica, trata-se de receita corrente.
e) receita resultante da execução orçamentária e, pela sua categoria econômica, trata-se de receita de capital.

Gabarito: C

COMENTÁRIO:

Questão rara e apesar de parecer difícil, não é. A complexidade está em conhecer a estrutura do código e não o código em si. Também é necessário conhecer o início dos códigos das classificações por Natureza da Receita e da Despesa.

Vamos por partes:

1) Como a questão traz os códigos se referindo à função, subfunção, programa e ação, trata-se da classificação funcional e estrutura programática que se refere somente à despesa e não à receita. Sendo assim, as alternativas "d" e "e" não poderão ser as respostas corretas pois se tratam de receita.

Já sabemos o que é despesa. Mas de qual tipo?

2) Voltando ao código, é hora de analisar a classificação buscando a categoria econômica e seu detalhamento, ou seja, por Natureza da Despesa (31.90.11.00). Se nos lembrarmos dos códigos iniciais da despesa, saberemos que as Despesas Correntes são representadas pelo código 3 e as de Capital pelo código 4.
3) A única alternativa que apresenta uma despesa corrente é a alternativa c, gasto com pessoal.
4) O próximo dígito se refere ao **Grupo de Natureza da despesa com os seguintes códigos:**

Entende-se por grupos de natureza de despesa a agregação de elementos de despesa que apresentam as mesmas características quanto ao objeto de gasto. Divide-se nos seguintes grupos com seus respectivos códigos:

1 – Pessoal e Encargos Sociais (despesa corrente);

2 – Juros e Encargos da Dívida (despesa corrente);

3 – Outras Despesas Correntes;

4 – Investimentos (Despesa de Capital);

5 – Inversões Financeiras (Despesa de Capital);

6 – Amortização da Dívida (Despesa de Capital);

11. PRATICANDO – QUESTÕES DE CONCURSOS ANTERIORES GABARITADAS

1) **(FCC – AJ TRF3/TRF 3/Apoio Especializado/Contadoria/2016)** O presidente de determinado órgão do Poder Judiciário Federal autorizou a aquisição de um terreno pelo valor de R$ 1.350.000,00 para a construção de sua sede na região sudeste do Brasil. Sob o aspecto orçamentário, segundo a Lei Federal nº 4.320/1964 a aquisição do imóvel será classificada, no grupo de natureza de despesa

a) ativo permanente.
b) bens de capital.
c) investimentos.
d) inversões financeiras.
e) variações patrimoniais permutativas.

2) **(FCC – AJ TRF3/TRF 3/Administrativa/2016)** Nos termos da Lei nº 4.320/1964, o repasse de valores destinados a cobrir despesas de custeio de entidades

a) é limitado a instituições públicas ou privadas de caráter assistencial ou cultural, sem fins lucrativos.
b) é ato contábil classificado como inversão financeira.
c) é considerado despesa de capital se for destinado a empresas de caráter industrial ou comercial.
d) pode ter caráter social ou econômico.
e) somente podem ter caráter econômico se destinado a empresas públicas.

3) **(CESPE – AJ TRT8/TRT 8/Judiciária/"Sem Especialidade"/2016)** As despesas orçamentárias são organizadas e classificadas conforme a natureza econômica, o grupo de despesa, a modalidade de aplicação e o elemento de despesa. Quanto à natureza econômica da despesa, assinale a opção correta.

a) As despesas de capital destinam-se à manutenção de serviços e obras de engenharia.
b) As despesas orçamentárias, quanto à categoria econômica, podem ser classificadas como despesa corrente e de capital.
c) As despesas orçamentárias, classificadas no grupo de despesas sob o título de investimento, são enquadradas quanto a sua natureza em despesas correntes.
d) As despesas correntes são destinadas à classificação de amortização de dívidas.
e) Os juros e encargos da dívida vinculam-se à despesa de capital.

4) **(AJ TRT20/TRT 20/Administrativa/Contabilidade/2016) Atenção:** Para *responder* à questão, considere as seguintes informações:

Na elaboração da proposta orçamentária para o exercício de 2017 de determinado ente da federação, foi definido que seriam previstas e fixadas, respectivamente, as seguintes receitas e despesas orçamentárias.

▸ RECEITAS ORÇAMENTÁRIAS	
Indenizações Causadas por Danos ao Patrimônio Público	1.200
Contratação de Empréstimos de Longo Prazo	2.300
Impostos sobre o Patrimônio e a Renda	6.400
Alienação de dois imóveis	1.650
Imposto sobre a Produção e a Circulação	4.800
Transferências da União para construção de dois hospitais públicos	700
Taxa de Fiscalização de Vigilância Sanitária	1.100
Contribuições Sociais	1.200
Multas e Juros de Mora dos Tributos	400
Alugueis de Imóveis Urbanos de Propriedade do Ente Federado	1.400
Remuneração de Depósitos Bancários	800
Receita da Dívida Ativa – Impostos	3.900
Amortização de Empréstimos	900
Concessões e Permissões – Direitos de Uso de Bens Públicos	2.400
Participação na Receita da União	3.900

▸ DESPESAS ORÇAMENTÁRIAS	
Aquisição de um terreno destinado à construção de escola pública	2.200
Vencimentos e Vantagens Fixas	13.500
Aquisição de Livros Didáticos para Distribuição Gratuita	4.200
Amortização de empréstimos de longo prazo	3.300
Contribuições para Instituto de Previdência	1.450
Juros sobre a Dívida por Contrato	1.800
Aquisição de Material de Construção para Reparos em Imóveis	2.700
Serviços de Limpeza e Higiene	2.600
Aquisição de dois imóveis usados (bens de capital já em utilização)	1.300

A proposta orçamentária apresenta

a) déficit do orçamento corrente de R$ 1.150
b) superávit do orçamento de capital de R$ 1.000
c) superávit do orçamento corrente de R$ 1.250

d) déficit do orçamento de capital R$ 1.000
e) superávit do orçamento corrente R$ 2.900

5) **(FCC/TRF – 3ª REGIÃO/Analista Judiciário/2016)** O orçamento anual do TRF da 3ª Região para 2016 previu despesas com material de consumo, equipamentos e instalações, serviços de terceiros, salário-família e material permanente. Nos termos dispostos na Lei nº 4.320/1964, essas despesas são classificadas, respectivamente, como

a) despesas de custeio, investimentos, despesas de custeio, transferências correntes e investimentos.
b) despesas de custeio, inversões financeiras, transferências correntes, transferências correntes e transferências de capital.
c) transferências correntes, investimentos, despesas de custeio, despesas de custeio e investimentos.
d) transferências correntes, transferências de capital, transferências correntes, despesas de custeio e inversões financeiras.
e) despesas de custeio, investimentos, transferências correntes, despesas de custeio e despesas de custeio.

6) **(CESPE – Eng (FUB)/FUB/Civil/2015)** A despesa pública compreende o gasto autorizado no orçamento para atendimento das finalidades do Estado. A respeito desse tema, julgue o item a seguir.

O servidor da administração é responsável por atestar, no verso do documento apresentado, desde que atendidas todas as condições contratadas, o recebimento de bens, a execução de obras ou a prestação de serviços.

7) **(CESPE – TJ STJ/STJ/Administrativa/2015)** Julgue o item subsequente, relativo a conceitos e mecanismos técnicos de gestão dos recursos orçamentários.

O mecanismo de classificação funcional permite a combinação de funções com subfunções diferentes, sendo estas últimas subordinadas a outras funções.

Certo ( ) Errado ( )

8) **(CESPE – AJ TRE MS/TRE MS/Administrativa/2013)** Característica marcante da economia das últimas décadas é o crescente aumento das despesas públicas, situação observada não somente em países nos quais o Estado é o grande agente econômico, mas também nos Estados capitalistas avançados de economia de mercado. Acerca das despesas públicas, assinale a opção correta.

a) Os direitos de credores de despesas em restos a pagar prescrevem no dia 31 de dezembro do ano subsequente ao da inscrição.
b) Na atualidade, as despesas de exercícios anteriores referem-se somente à categoria de custeio.

c) As categorias econômicas da despesa orçamentária incluem as despesas correntes, que compreendem as que contribuem para a concessão de empréstimo, a aquisição de produtos para revenda e a amortização de dívidas.
d) De acordo com a categoria das despesas por programas, os planos plurianuais funcionam como unidades de integração entre o planejamento e o orçamento, organizados por um conjunto articulado de ações, que seriam os projetos, atividades e operações especiais.
e) Como estágio da despesa, a liquidação se refere à emissão da ordem de pagamento e ao pagamento propriamente dito.

9) **(CESPE - Adv (AGU)/AGU/2015)** Haja vista que a despesa pública segue estágios e que cada um destes esclarece em que momento a realização da despesa se encontra, julgue o item a seguir.
Em regra, todos os empenhos podem ser anulados, excepcionando-se dessa regra apenas o empenho feito em caráter global.

10) **(CESPE - AnaTA SUFRAMA/SUFRAMA/Geral/2014)** Julgue o item seguinte, referente aos sistemas integrados de administração financeira e orçamentária, a conceitos básicos de receita e despesa pública e ao uso da conta única do Tesouro Nacional.
Na base de dados do Sistema Integrado de Planejamento e Orçamento, o campo de dados destinado à esfera orçamentária é composto por dois dígitos e será associado à ação orçamentária.

12. GABARITO FUNDAMENTADO

1) C	Art. 12, § 4º da Lei nº 4.320/64.
2) D	Art. 12, §§ 2º e 3º da Lei nº 4.320/64.
3) B	Art. 12 da Lei nº 4.320/64.
4) C	Arts. 11 e 12 da Lei nº 4.320/64.
5) A	Art. 12 da Lei nº 4.320/64.
6) Certo	Arts. 62 e 63 da Lei nº 4.320/64.
7) Certo	Port. MOG nº 42.
8) D	MTO.
9) Errado	Não há essa vedação legal.
10) Certo	MTO.

CAPÍTULO X

SUPRIMENTO DE FUNDOS (REGIME DE ADIANTAMENTO)

1. INTRODUÇÃO

1.1. Contextualização

O ideal para a realização da despesa é que ela percorra de forma natural os caminhos vistos no capítulo sobre a despesa pública quando estudamos os estágios. Porém, em função de características específicas, é impossível subordinar a realização de certas despesas a esse processo "normal" de aplicação. Para tanto, existe o mecanismo denominado Suprimento de Fundos, para que se possa realizar despesas de forma mais "simplificada" em casos excepcionais.

É bom ficar atento porque, apesar de haver uma normatização geral em lei, ela é bem vaga, traçando somente linhas gerais sobre o tema. Assim, cada Ente Federativo (União, Estados, Distrito Federal e Municípios) acaba por fazer sua própria regulamentação e estabelecer suas regras que, a despeito de se orientarem pela norma geral, acabam se diferenciando em alguns aspectos. Essa obra trata das normas gerais e das normas estabelecidas para a União.

1.2. Questões de concurso

Razoavelmente exigido em prova, muitas vezes inserido no tópico Despesa Pública, este assunto não apresenta grande complexidade de entendimento e, consequentemente, suas questões não são complexas. Como você verá ao longo do capítulo, mais ligadas ao que está normatizado, as questões de concurso sobre esse tema, podem ser encontradas, em regra, das seguintes formas:

1) Conceito, definição do que vem a ser Suprimento de Fundos além da sua finalidade

Este tipo de questão busca testar o conhecimento do candidato em relação à definição correta, suas caraterísticas, sua aplicação. Vejamos um exemplo de questão:

▶ **QUESTÃO COMENTADA:**

(FCC – Proc (Campinas)/Pref Campinas/2016) O regime de adiantamento

a) é uma forma de recolhimento antecipado de receita tributária com a vantagem para o contribuinte que obtém desconto.

b) refere-se à realização antecipada de despesas com profissionais, referente a pagamentos justificados por situações de urgência e necessidade comprovadas pelo servidor, em casos excepcionais, desde que haja previsão legal para tanto, limitando-se a vinte por cento dos seus proventos.

c) é forma especial de realização de despesa extraordinária em que se dispensa o empenho, nos casos previstos em lei, dispensando-se também o pagamento por tesouraria, ou seja, o pagamento é efetuado diretamente pelo servidor responsável por receber o adiantamento e fazer o pagamento.

d) consiste na entrega, em casos excepcionais, expressamente definidos em lei, de numerário a servidor, a critério do ordenador da despesa e sob sua inteira responsabilidade, sempre precedida de empenho na dotação própria, desde que se tratar de despesa que não possa subordinar-se ao processo normal de aplicação.

e) é modalidade simplificada de pagamento na qual dispensa-se o empenho e a emissão da nota de empenho e o pagamento é efetuado diretamente por servidor, em casos de despesas extraordinárias suportadas por crédito adicional extraordinário.

Gabarito: D

COMENTÁRIO:

Apesar de parecer complexa, a questão é bem fácil, bastando para respondê-la, conhecer o conceito de Suprimento de Fundos. Vejamos os principais elementos desse conceito:

- É uma forma diferenciada de realização de despesa que consiste em adiantamento de recurso a servidor denominado suprido;
- Que ocorra em situações excepcionais;
- Destinado às despesas que não possam se submeter ao chamado processo normal de aplicação, cujas hipóteses são definidas em lei (sigilosas, eventuais, inclusive em viagens e com serviços especiais, que exijam pronto pagamento e de pequeno vulto);
- Que, apesar de ser de forma diferenciada, passam, necessariamente, pelas etapas de empenho, liquidação e pagamento;
- A concessão, controle e prestação de contas é de responsabilidade do Ordenador de Despesas.

Com este conhecimento podemos identificar facilmente a alternativa correta:

Alternativa "a": Errado: Suprimento de fundos é para realização de despesa e não recolhimento de receita.

Alternativa "b": Errado: Não cabe para antecipação de despesas com pessoal, pois isso não seria excepcional e a despesa com pessoal não se enquadra nas hipóteses legais.

Alternativa "c": Errado: Não se dispensa o empenho para suprimento de fundos.

Alternativa correta: letra "d". Conforme todos os requisitos anteriormente descritos.

Alternativa "e": Errado: Não se dispensa o empenho.

2) Questões sobre a forma de concessão do suprimento de fundos e seus detalhes

Razoavelmente cobradas dentro do assunto, estas questões versam sobre as formas de concessão e seus detalhes, possibilidade de saque e percentual. Vejamos um exemplo:

▶ **QUESTÃO COMENTADA:**

(CESPE – ACE (TCE-ES)/TCE-ES/Ciências Contábeis/2012) Com relação aos conceitos de despesa pública, julgue o item que se segue.

Se determinado suprimento de fundos for concedido no regime especial de execução, então o respectivo cartão de pagamentos poderá ser utilizado na modalidade de saque.

COMENTÁRIO:

Para responder esta questão, basta você saber:

- As duas formas de concessões de suprimento de fundos: Cartão (regra) e conta corrente (exceção);

  Decreto nº 93.872/86

  Art. 45

  (...)

  § 5º – As despesas com suprimento de fundos serão efetivadas por meio do Cartão de Pagamento do Governo Federal – CPGF.

- Que é possível o saque de dinheiro, desde que cumpridos os requisitos estabelecidos.

  Decreto nº 93.872/86

  Art. 45

  (...)

  § 6º É vedada a utilização do CPGF na modalidade de saque, exceto no tocante às despesas:

> I - de que trata o art. 47; e
>
> II - decorrentes de situações específicas do órgão ou entidade, nos termos do autorizado em portaria pelo Ministro de Estado competente e nunca superior a trinta por cento do total da despesa anual do órgão ou entidade efetuada com suprimento de fundos.
>
> III - decorrentes de situações específicas da Agência Reguladora, nos termos do autorizado em portaria pelo seu dirigente máximo e nunca superior a trinta por cento do total da despesa anual da Agência efetuada com suprimento de fundos.

3) Questões relacionadas às vedações na concessão e na utilização

Questões comuns sobre este assunto visam explorar o conhecimento sobre o que se pode e o que não se pode realizar em relação a Suprimento de Fundos.

► **QUESTÃO COMENTADA:**

(CESPE – AFCE/TCE-SC/Controle Externo/Direito/2016) Considerando o disposto na Lei n.º 4.320/1964, julgue o item subsequente.

O suprimento de fundos não pode ser autorizado por servidor público efetivo que tenha, sob sua responsabilidade, outros dois adiantamentos em fase de aplicação ou de prestação de contas.

Gabarito: Errado

COMENTÁRIO:

Existem várias vedações no que se refere a Suprimento de Fundos. Dentre elas existem as pessoais, ou seja, que impedem o servidor de ser o "agente suprido", como um limite de dois suprimentos "ativos", ou seja, em estágio de aplicação. Assim, um servidor não poderá ter em seu nome mais que dois suprimentos de fundos ativos.

A situação desta questão é peculiar, visto que o CESPE se equivocou ao utilizar a expressão "por servidor". Na realidade, segundo a própria banca em justificativa à alteração do gabarito, afirmou que isso tornou a questão errada. Para estar correta, a questão deveria trazer a expressão "a servidor".

> Lei nº 4.320/64
>
> Art. 69. Não se fará adiantamento a servidor em alcance nem a responsável por dois adiantamentos.

4) Questões que versem sobre procedimentos técnicos e específicos de operacionalização e mais ligados à prática que elementos conceituais

Questões mais difíceis, raras e normalmente exigidas para cargos de nível superior e/ou cargos relacionados à Contabilidade Pública e Atividade orçamentária.

São questões que muitas vezes são extraídas de textos técnicos como o Manual do SIAFI[1] ou MCASP[2] – Manual de Contabilidade Aplicada ao Setor Público.

São mais difíceis, pois, para acertá-las, é necessário fazer uma leitura atenta desses manuais que, na maioria das vezes, são complexos, extensos e pouco abordados em livros e aulas.

Vejamos um exemplo:

▶ **QUESTÃO COMENTADA:**

(CESPE – Cont (TCE-RO)/TCE-RO/2013) Julgue o item subsequente, com relação ao suprimento de fundos.

Para as sistemáticas de saques e de fatura, a liquidação da despesa deverá ser anterior ao lançamento de limite de utilização no cartão de pagamento do governo federal.

Gabarito: Certo

COMENTÁRIO:

Duas formas para acertar essa questão:

- Conhecer, na prática, como funciona, de forma mais aprofundada, a operacionalização do Regime de Adiantamento, entendendo que o Ordenador de Despesa estabelece um limite padrão para a concessão de Suprimentos. A partir desta decisão, os Suprimentos de Fundos são concedidos tendo por base a limitação máxima. Além disso, saber que, diferentes de outros tipos de despesa, no caso do Suprimento de Fundos, a Liquidação ocorre no momento da concessão do mesmo ao servidor suprido, com o registro da obrigação contra ele de prestar contas da utilização regular do valor ou de restituição em caso de não utilização ou utilização irregular.
- Ter lido o Manual do SIAFI (que é extenso e complexo) e decorado essa afirmação, ou seja, uma tarefa quase impossível de se realizar.

> **SUPRIMENTO DE FUNDOS**
>
> 9.10.3 – A liquidação da despesa deverá ser anterior ao lançamento de limite de utilização no cartão, tanto para a sistemática de saques como para a de fatura.

1. BRASIL. Tesouro Nacional. **Manual SIAFI:** Capítulo 020000 – Sistema Integrado de Administração Financeira do Governo Federal – Siafi; Seção 021100 – outros procedimentos; assunto 021121 – Suprimento de Fundos. Disponível em: ‹http://www.tesouro.fazenda.gov.br/documents/10180/460297/PFI_Manual_suprimento_fundos_052015.pdf/bf1432fe-3a44-45cb-a2a7-30e392bf533b: ›. Acesso em: 20 ago. 2018.
2. Manual de Contabilidade Aplicada ao Setor Público, 7ª edição, aplicável a partir do exercício de 2017.

2. DEFINIÇÃO

O regime de adiantamentos ou suprimento de fundos é uma forma diferenciada de realizar despesas públicas orçamentárias. Tem por principal característica ser a disponibilização de valores a um servidor público, denominado suprido, com o fim de que este realize despesas públicas com características especiais.

A parte final do art. 65 e os artigos 68 e 69 da Lei nº 4.320/1964, abaixo transcritos, definem e estabelecem regras gerais de observância obrigatória para a União, Estados, Distrito Federal e Municípios aplicáveis ao regime de adiantamento.

> **Art. 65** – O pagamento da despesa será efetuado por tesouraria ou pagadoria regularmente instituídos por estabelecimentos bancários credenciados e, em casos excepcionais, por meio de adiantamento.
>
> (...)
>
> **Art. 68** – O regime de adiantamento é aplicável aos casos de despesas expressamente definidos em lei e consiste na entrega de numerário a servidor, sempre precedida de empenho na dotação própria para o fim de realizar despesas, que não possam subordinar-se ao processo normal de aplicação.
>
> **Art. 69** – Não se fará adiantamento a servidor em alcance nem a responsável por dois adiantamentos.

Segundo art. 24, inc. I e II da Constituição, compete à União, aos Estados e ao Distrito Federal legislar concorrentemente sobre direito financeiro e orçamento. Dessa forma, esta é a norma geral estabelecida para todos os entes da Federação, cabendo a cada um, regulamentar o seu regime de adiantamento, observando as peculiaridades de seu sistema de controle interno, de forma a garantir a correta aplicação do dinheiro público. Assim, as regras aqui citadas, ressalvas as estabelecidas por lei, são válidas no âmbito da União.

Na órbita federal, esta matéria é definida por vários normativos como decretos e portarias ministeriais, sendo o Decreto nº 93.872/86 um dos principais.

O Decreto nº 93.872/86 em seu art. 45 reza que excepcionalmente, a critério do Ordenador de Despesa e sob sua inteira responsabilidade, poderá ser concedido suprimento de fundos a servidor, sempre precedido do empenho na dotação própria às despesas a realizar, e que não possam se subordinar ao processo normal de aplicação.

Vale aqui destacar a excepcionalidade da operação, e a inteira responsabilidade por parte do ordenador de despesa pela concessão do suprimento de fundos que se responsabilizará pela sua regular aplicação.

3. FINALIDADE

A finalidade do suprimento de fundo é poder viabilizar a realização de despesas que são necessárias, mas que, por suas características, não possam se subordinar ao processo normal de aplicação.

Mas o que seria o processo normal de aplicação?

Vimos que a despesa percorre um longo caminho desde a previsão até a sua efetiva execução, tendo como um dos seus estágios mais demorados o processo licitatório. Existem despesas que teriam a sua realização inviabilizada se tivesse que obrigatoriamente passar integralmente por tais processos, em razão de suas características ou da urgência. Para realização desse tipo de despesa é que existe o suprimento de fundos.

O Decreto nº 93.872/86 traz nos incisos de seu art. 45 situações que justificam a aplicação do regime de adiantamento. São elas:

- Para atender despesas eventuais, inclusive em viagens e com serviços especiais, que exijam pronto pagamento;
- Quando a despesa deva ser feita em caráter sigiloso, conforme se classificar em regulamento; e
- Para atender despesas de pequeno vulto, assim entendidas aquelas cujo valor, em cada caso, não ultrapassar limite estabelecido em portaria do ministro da fazenda.

Corrobora com o explicitado o art. 68 da Lei nº 4.320/64 ao afirmar que o regime de adiantamento é aplicável aos casos de despesas expressamente definidos em lei e consiste na entrega de numerário a servidor, sempre precedida de empenho na dotação própria para o fim de realizar despesas, que não possam se subordinar ao processo normal de aplicação.

4. EXECUÇÃO

Mesmo sendo uma despesa que se processa de forma peculiar em um regime de adiantamento, a sua execução percorrerá necessariamente os três estágios da execução vistos anteriormente, quais sejam, empenho, liquidação e pagamento. Portanto, qualquer afirmação no sentido de que, em virtude de suas peculiaridades, para a realização desse tipo de despesa será dispensado o empenho, por exemplo, é incorreta.

Mesmo sendo um procedimento de excepcionalidade dentro do processo normal de aplicação do recurso público, já que a regra é que haja processo licitatório, deverá, na mesma forma que no processo licitatório, observar os princípios básicos da legalidade, da impessoalidade, da moralidade e da igualdade, além de garantir a aquisição mais vantajosa para a administração pública.

Para que se possa processar, o § 1º do art. 45 do Decreto nº 93.872/86 estabelece que o suprimento de fundos será contabilizado e incluído nas contas do ordenador como despesa realizada; as restituições, por falta de aplicação, parcial ou total, ou aplicação indevida, constituirão anulação de despesa, ou receita orçamentária, se recolhidas após o encerramento do exercício.

Assim, o montante total de recursos concedidos a título de suprimentos de fundos deve ser contabilizado como despesa, independentemente de haver ou não restituição.

Assim que o recurso é disponibilizado para o servidor a despesa é considerada como realizada, mesmo antes de ter efetivamente ocorrido. Em função disso, apesar de ser uma despesa pública, no momento da entrega do recurso, a sua concessão não representa uma despesa pelo enfoque patrimonial, não ocorrendo nesse instante a redução no Patrimônio Líquido. Isso porque na liquidação desse tipo de despesa orçamentária, ao mesmo tempo em que ocorre o registro de um passivo, há também a incorporação de um ativo, que representa o direito de receber um bem ou serviço, objeto do gasto a ser efetuado pelo agente público responsável, ou a devolução do numerário adiantado.

Dessa forma, o adiantamento, que caracteriza o suprimento de fundos, constitui despesa orçamentária. O estágio da liquidação é representado pelo registro da entrega do recurso, em contrapartida com o direito ao recebimento do bem ou serviço objeto do gasto ou à devolução do valor adiantado.

No registro contábil da concessão de suprimento de fundos, deve haver lançamento contábil no sistema de compensação para registro da responsabilidade do agente suprido em prestar contas do valor aplicado.

A entrega do numerário ao suprido será mediante definição de limite de utilização no Cartão de Pagamento do Governo Federal, após a liquidação do empenho. O valor do limite de utilização lançado no cartão será o valor total da liquidação, dividido entre a modalidade de fatura e, se for o caso, de saque.

A liquidação da despesa deverá ser anterior ao lançamento de limite de utilização no cartão, tanto para a sistemática de saques como para a de fatura.

5. FORMA DE EXECUÇÃO

A execução ocorrerá por meio de disponibilização de numerário a um servidor responsável pela sua aplicação, denominado "servidor ou agente suprido". O suprido, conforme destinação estabelecida pelo Ordenador de Despesas com posterior prestação de contas, realizará as despesas públicas:

- Para atender despesas eventuais, inclusive em viagens e com serviços especiais, que exijam pronto pagamento;
- Quando a despesa deva ser feita em caráter sigiloso, conforme se classificar em regulamento; e
- Para atender despesas de pequeno vulto, assim entendidas aquelas cujo valor, em cada caso, não ultrapassar limite estabelecido em portaria do ministro da fazenda.

Conforme estabelece o Manual SIAFI, ao conceder o suprimento de fundos, a autoridade competente determinará a emissão do empenho, ou fará referência ao empenho estimativo, solicitando a anexação de uma cópia da NE – Nota de Empenho – à proposta de concessão de suprimento.

▶ **OBSERVAÇÃO:**

Fique atento, que os valores de um suprimento de fundos entregues ao suprido poderão se relacionar a mais de uma natureza de despesa, desde que precedidos dos empenhos nas dotações respectivas, respeitados os valores de cada natureza.

Para contratação de serviços prestados por pessoa física, deve ser emitida nota de empenho, na natureza de despesa 33.91.47 – Obrigações Tributárias e de Contribuições, visando atender as despesas com contribuição previdenciária patronal.

Do ato de concessão de suprimento de fundos constará, obrigatoriamente:

- Prazo máximo para utilização dos recursos;
- Prazo para prestação de contas; e
- Sistemática de pagamento, se somente fatura, ou também saque, quando for movimentado por meio do Cartão de Pagamento do Governo Federal.

A cada concessão de suprimento de fundos, seja qual for o meio de pagamento, deverá haver a identificação da motivação do ato, esclarecendo as demandas da unidade, e a definição de valores compatíveis com a demanda, vinculando o gasto com o suprimento de fundos.

Por sua vez, o art. 47 abre a possibilidade de determinadas instituições e ministério regulamentarem a concessão e aplicação de suprimento de fundos, ou adiantamentos, para atender às peculiaridades dos seus órgãos essenciais obedecendo ao Regime Especial de Execução estabelecido em instruções aprovadas pelos respectivos Ministros de Estado, vedada a delegação de competência.

São eles:

1) Presidência da República;
2) Vice-Presidência da República;
3) Ministério da Fazenda (incorporado ao Ministério da Economia);
4) Ministério da Saúde para atender às especificidades decorrentes da assistência à saúde indígena;
5) Ministério da Agricultura, Pecuária e Abastecimento para a atender às especificidades dos adidos agrícolas em missões diplomáticas no exterior;
6) Departamento de Polícia Federal do Ministério da Justiça;

7) Ministério das Relações Exteriores para a atender às especificidades das repartições do Ministério das Relações Exteriores no exterior;

8) Militares; e

9) Inteligência.

▶ **OBSERVAÇÃO:**

Fique atento, pois, segundo o art. 9º do Decreto nº 5.992, de 19 de dezembro de 2006, nos deslocamentos do Presidente da República e do Vice-Presidente da República, no território nacional, as despesas correrão à conta dos recursos orçamentários consignados, respectivamente, à Presidência da República e à Vice-Presidência da República. Essas despesas serão realizadas mediante a concessão de suprimento de fundos a servidor designado pelo Ordenador de Despesas competente, obedecido ao disposto no art. 47 do Decreto nº 93.872, de 23 de dezembro de 1986.

> **Decreto nº 93.872**
>
> Art. 47. A concessão e aplicação de suprimento de fundos, ou adiantamentos, para atender a peculiaridades dos órgãos essenciais da Presidência da República, da Vice-Presidência da República, do Ministério da Fazenda (incorporado ao Ministério da Economia), do Ministério da Saúde, do Ministério da Agricultura, Pecuária e Abastecimento, do Departamento de Polícia Federal do Ministério da Justiça, do Ministério das Relações Exteriores, bem assim de militares e de inteligência, obedecerão ao Regime Especial de Execução estabelecido em instruções aprovadas pelos respectivos Ministros de Estado, vedada a delegação de competência.
>
> Parágrafo único. A concessão e aplicação de suprimento de fundos de que trata o caput restringe-se:
>
> I – com relação ao Ministério da Saúde: a atender às especificidades decorrentes da assistência à saúde indígena;
>
> II – com relação ao Ministério da Agricultura, Pecuária e Abastecimento: a atender às especificidades dos adidos agrícolas em missões diplomáticas no exterior; e
>
> III – com relação ao Ministério das Relações Exteriores: a atender às especificidades das repartições do Ministério das Relações Exteriores no exterior.

6. MODALIDADE DE CONCESSÃO

São as formas de disponibilização do recurso que será utilizado na realização da despesa, ocorrendo mais comumente de duas maneiras:

6.1. Cartão de Pagamentos do Governo Federal

Até 2008 a disponibilização dos valores destinados às despesas relativas ao regime de adiantamento era operacionalizada somente por meio de depósito em conta corrente. A partir de 2008 essa operacionalização passou a ser efetivada principalmente por meio do Cartão de Pagamento do Governo Federal – CPGF, sendo vedada a abertura de conta bancária destinada à movimentação de suprimentos de fundos.

> **Decreto nº 93.872/86**
>
> **Art. 45**
>
> (...)
>
> § 5º – As despesas com suprimento de fundos serão efetivadas por meio do Cartão de Pagamento do Governo Federal – CPGF.
>
> **Art. 45** – A – É vedada a abertura de conta bancária destinada à movimentação de suprimentos de fundos. (Incluído pelo Decreto nº 6.370, de 2008)

O Cartão de pagamentos do Governo Federal é um instrumento moderno que visa agilizar a gestão de recursos públicos destinados às despesas em regime de adiantamento, além de proporcionar controle e eficiência na sua utilização. Seu funcionamento é muito parecido com o de um cartão de crédito comum, podendo ser utilizado na modalidade de fatura e saque, permitindo inclusive, segundo Cartilha da Controladoria Geral da União, a utilização com afiliado, por meio de Correio, Internet, Telefone, ou outro meio de comunicação, desde que sejam tomados os devidos cuidados.

Este cartão é emitido em nome da Unidade Gestora com a identificação de seu portador. A ele é estabelecido um limite, sendo o agente suprido o portador do CPGF e responsável por sua utilização, respondendo pela guarda e por todas as despesas realizadas, prestando contas ao final do período de utilização. Problemas como perda, furto ou extravio devem ser imediatamente informados ao Banco do Brasil e ao Ordenador de Despesas.

O § 6º do art. 45 veda ainda a utilização do CPGF na modalidade de saque, exceto no tocante às despesas:

- Referentes às situações destinadas a atender às peculiaridades dos órgãos essenciais dos ministérios e órgãos vistos acima com competência para estabelecer seus Regimes Especiais de Execução em instruções aprovadas pelos respectivos Ministros de Estado;
- Decorrentes de situações específicas do órgão ou entidade, nos termos do autorizado em portaria pelo Ministro de Estado competente e nunca superior a trinta por cento do total da despesa anual do órgão ou entidade efetuada com suprimento de fundos.
- Decorrentes de situações específicas da Agência Reguladora, nos termos do autorizado em portaria pelo seu dirigente máximo e nunca superior a trinta por cento do total da despesa anual da Agência efetuada com suprimento de fundos.

A Secretaria do Tesouro Nacional, que estabelece as regras desse processo, determinou que o limite de utilização do cartão será concedido de acordo com o valor constante no ato de concessão de suprimento de fundos e revogado tão logo o prazo de utilização seja expirado. Na concessão serão estabelecidos os valores de gasto para a modalidade de fatura e de saque, necessitando de justificativa, se autorizado algum valor na modalidade de saque.

Todo o procedimento de concessão de suprimento de fundos por meio de limite de utilização do cartão deve ser repetido a cada nova concessão, bem como a revogação do limite de utilização do cartão, após expiração do prazo de utilização.

6.2. Conta Corrente

Existe ainda outro mecanismo para operacionalização do regime de adiantamento, são as chamadas contas tipo "B".

Apesar do tom peremptório da afirmação contida no art. 45-A visto acima fazer parecer com que essa regra não comporte exceções, elas existem, pois, o mesmo normativo que criou a regra, o Decreto nº 6.370, previu as exceções transcritas abaixo:

> **Art. 3º** – A Secretaria do Tesouro Nacional do Ministério da Fazenda (incorporado ao Ministério da Economia) encerrará as contas bancárias destinadas à movimentação de suprimentos de fundos até 2 de junho de 2008.
>
> § 1º – O prazo previsto no caput não se aplica aos órgãos dos Poderes Legislativo e Judiciário, do Ministério Público da União e dos Comandos Militares. (Incluído pelo Decreto nº 6.467, de 2008)
>
> § 2º – Para os órgãos citados no § 1º, poderão ser abertas novas contas bancárias destinadas à movimentação de suprimento de fundos. (Incluído pelo Decreto nº 6.467, de 2008)

Dessa forma, para os Poderes Legislativo e Judiciário, o Ministério Público da União, além dos Comandos Militares, poderão ser abertas novas contas bancárias destinadas à movimentação de suprimento de fundos.

A Instrução Normativa STN Nº 4, de 31 de julho de 1998, disciplinou a utilização de contas bancárias para movimentação de recursos financeiros por parte dos órgãos e entidades da Administração Pública Federal.

Segundo o inciso II do art. 21 deste instrumento normativo, os órgãos e entidades da Administração Pública Federal poderão movimentar recursos financeiros em contas bancárias junto ao Banco do Brasil S.A. As classificadas como tipo "B" são as destinadas a acolher recursos de suprimento de fundos e de adiantamentos, movimentada pelo Agente Pagador beneficiário e vinculada à Unidade Gestora responsável.

O art. 23 determinou para as contas do tipo "B" as seguintes disposições:

- Serão abertas mediante autorização do Ordenador de Despesas, as quais serão encaminhadas ao agente financeiro, contendo os dados dos responsáveis por sua movimentação;
- Serão movimentadas por cheques e guias de depósito do agente financeiro;
- Serão obrigatoriamente encerradas pelo titular, imediatamente após o período de aplicação dos recursos, quando o titular deixar de ser movimentador de recursos de suprimento de fundos e/ou de adiantamento da unidade;
- Os saldos não movimentados por mais de 60 dias serão encerrados pela unidade gestora, por determinação da área de controle interno do respectivo ministério/órgão;
- Quando se tratar de unidades gestoras que utilizam o SIAFI na modalidade "off-line", - serão movimentadas apenas através de Ordens Bancárias.

A Secretaria do Tesouro Nacional determinou que quando, em caráter excepcional, o suprimento de fundos for concedido na modalidade de depósito em conta corrente, o valor da Ordem Bancária para crédito na conta corrente de suprimento de fundos será concedido com fundamento na autorização da solicitação de concessão de suprimento de fundos, devendo o saldo residual ser devolvido pelo suprido, por meio de GRU, tão logo o prazo de utilização seja expirado.

Todo o procedimento de concessão de suprimento de fundos por meio de depósito em conta corrente deve ser repetido a cada nova concessão, bem como a devolução do saldo residual existente na conta corrente de suprimento de fundos, após expiração do prazo de utilização.

7. PRAZO PARA APLICAÇÃO

O prazo máximo para aplicação do suprimento de fundos será de até 90 (noventa) dias a contar da data do ato de concessão, e não ultrapassará o término do exercício financeiro. É importante estar atento que esse prazo é máximo, podendo ser menor, desde que determinado pelo Ordenador de Despesa no ato de concessão.

8. LIMITES PARA DESPESA DE PEQUENO VULTO

Segundo inciso III do art. 45 do Decreto nº 93.972/6, no âmbito do Governo Federal, a competência para determinação dos valores limites para a concessão de suprimento de fundos bem como valor máximo para definição de despesas de pequeno vulto, recai sobre o Ministro da Fazenda, que deve fazê-lo por portaria. Atualmente tal matéria está disciplinada pela portaria 95 de 19 de abril de 2002.

Quando se fala em limite no regime de adiantamento dois parâmetros devem ser considerados, o limite total do suprimento e o limite máximo por tipo de despesa, nas duas modalidades de concessão, cartão de pagamentos e conta corrente. Ainda, deve-se considerar o limite individual por objeto da despesa.

Segundo o parágrafo 4º do art. 45 do Decreto nº 93.872/86, os valores limites para concessão de suprimento de fundos, bem como o limite máximo para despesas de pequeno vulto visto acima, serão fixados em portaria do Ministro de Estado da Fazenda (agora integrado ao Ministério da Economia).

A determinação desses valores tem por base a Lei nº 8.666/93 como vemos no texto da portaria transcrito abaixo:

> **Art. 1º** – A concessão de Suprimento de Fundos, que somente ocorrerá para realização de despesas de caráter excepcional, conforme disciplinado pelos arts. 45 e 47 do Decreto nº 93.872/86, fica limitada a:
>
> I. 5% (cinco por cento) do valor estabelecido na alínea "a" do inciso "I" do art. 23, da Lei nº 8.666/93, para execução de obras e serviços de engenharia;
>
> II. 5% (cinco por cento) do valor estabelecido na alínea "a" do inciso "II" do art. 23, da Lei acima citada, para outros serviços e compras em geral.
>
> § 1º – Quando a movimentação do suprimento de fundos for realizada por meio do Cartão de Crédito Corporativo do Governo Federal, os percentuais estabelecidos nos incisos I e II deste artigo ficam alterados para 10% (dez por cento).
>
> § 2º – O ato legal de concessão de suprimento de fundos deverá indicar o uso da sistemática de pagamento, quando este for movimentado por meio do Cartão de Crédito Corporativo do Governo Federal.
>
> § 3º – Excepcionalmente, a critério da autoridade de nível ministerial, desde que caracterizada a necessidade em despacho fundamentado, poderão ser concedidos suprimentos de fundos em valores superiores aos fixados neste artigo.
>
> **Art. 2º** – Fica estabelecido o percentual de 0,25% do valor constante na alínea "a" do inciso II do art. 23 da Lei nº 8.666/93 como limite máximo de despesa de pequeno vulto, no caso de compras e outros serviços, e de 0,25% do valor constante na alínea "a" do inciso I do art. 23 da Lei supramencionada, no caso de execução de obras e serviços de engenharia.
>
> § 1º – Os percentuais estabelecidos no caput deste artigo ficam alterados para 1% (um por cento), quando utilizada a sistemática de pagamento por meio do Cartão de Crédito Corporativo do Governo Federal.
>
> §2º – Os limites a que se referem este artigo são o de cada despesa, vedado o fracionamento de despesa ou do documento comprobatório, para adequação a esse valor.
>
> **Art. 3º** – Os valores referidos nesta Portaria serão atualizados na forma do parágrafo único do art. 120 da Lei nº 8.666/93, desprezadas as frações.

Fique atento, pois o Decreto nº 9.412, de 18 de junho de 2018 atualizou os valores das modalidades de licitação que trata o art. 23 da Lei nº 8.666, de 21 de junho de 1993. Segundo esse Decreto, os valores estabelecidos nos incisos I e II do *caput* do art. 23 da Lei nº 8.666, de 21 de junho de 1993, ficam atualizados nos seguintes termos:

> I - para obras e serviços de engenharia:
>
> a) na modalidade convite - até R$ 330.000,00 (trezentos e trinta mil reais);
>
> b) na modalidade tomada de preços - até R$ 3.300.000,00 (três milhões e trezentos mil reais); e
>
> c) na modalidade concorrência - acima de R$ 3.300.000,00 (três milhões e trezentos mil reais); e
>
> II - para compras e serviços não incluídos no inciso I:
>
> a) na modalidade convite - até R$ 176.000,00 (cento e setenta e seis mil reais);
>
> b) na modalidade tomada de preços - até R$ 1.430.000,00 (um milhão, quatrocentos e trinta mil reais); e
>
> c) na modalidade concorrência - acima de R$ 1.430.000,00 (um milhão, quatrocentos e trinta mil reais).

Baseado nos percentuais e valores acima, chega-se aos seguintes valores:

	Obras e serviços de engenharia	**R$330.000,00**	**Outros serviços e compras em geral**	**176.000,00**
▸ CONTA	SUPRIMENTO 5%	OBJETO 0,25%	SUPRIMENTO 5%	OBJETO 0,25%
	R$16.500,00	R$825,00	R$8.800,00	R$440,00
▸ GPFG	SUPRIMENTO 10%	OBJETO 1%	SUPRIMENTO 10%	OBJETO 1%
	R$33.000,00	R$3.300,00	R$17.600,00	R$1.760,00

Os limites vistos acima são os de cada suprimento ou despesa, vedado o fracionamento de despesa ou do documento comprobatório, para adequação a esse valor. Assim, uma obra no valor de 150.000, que não tem recursos disponíveis por não haver previsão orçamentária, não poderá ser realizada com dez suprimentos de fundo de 15.000, mesmo que seja necessária a sua realização. A mesma observação vale para o limite individual por objeto da despesa.

A portaria ainda estabelece que, excepcionalmente, a critério da autoridade de nível ministerial, desde que caracterizada a necessidade em despacho fundamentado, poderão ser concedidos suprimentos de fundos em valores superiores aos fixados.

> ▸ **OBSERVAÇÃO:**
>
> Fique atento que o valor do Suprimento de Fundos inclui os valores referentes às Obrigações Tributárias e de Contribuições, não podendo em hipótese alguma ultrapassar os limites estabelecidos, quando se tratar de despesas de pequeno vulto.

9. PRESTAÇÃO DE CONTAS

Prestar contas significa comprovar para a Administração Pública, por parte do servidor suprido, a regular aplicação dos recursos disponibilizados a título de Suprimento de Fundos. Estabelece o § 2º do art. 45 que o servidor que receber suprimento de fundos, conforme foi visto na regra geral, é obrigado a prestar contas de sua aplicação, procedendo-se, automaticamente, à tomada de contas[3] se não o fizer no prazo assinalado pelo ordenador da despesa, sem prejuízo das providências administrativas para a apuração das responsabilidades e imposição das penalidades cabíveis. O prazo para prestação de contas é de 30 dias após o término do prazo de aplicação, nada impedindo que ocorra em prazo menor.

Conforme estabelece o manual do SIAFI, a comprovação das despesas realizadas deverá estar devidamente atestada por outro servidor que tenha conhecimento das condições em que estas foram efetuadas, em comprovante original cuja emissão tenha ocorrido em data igual ou posterior a de entrega do numerário e compreendida dentro do período fixado para aplicação, em nome do órgão emissor do empenho.

Na comprovação das despesas realizadas pelo suprido fora do país e pagas em moeda estrangeira, é necessário proceder a verificação da variação cambial entre a moeda estrangeira e o Real para cada despesa, conforme documentos fiscais. Os ganhos e perdas advindos dessa conversão são regulados por procedimentos estabelecidos pelo próprio Manual SIAFI.

Caso o suprimento de fundos tenha sido concedido em data próxima ao final do ano, e não ocorra a aplicação dos recursos até o término do exercício financeiro, o art. 46 determina que cabe aos detentores de suprimentos de fundos fornecer indicação precisa dos saldos em seu poder em 31 de dezembro, para efeito de contabilização e reinscrição da respectiva responsabilidade pela sua aplicação em data posterior, observados os prazos assinalados pelo Ordenador da Despesa. A importância aplicada até 31 de dezembro será comprovada até 15 de janeiro seguinte.

---

3. A tomada de contas é um procedimento de verificação em razão de alguma possível irregularidade com a aplicação de recursos, nesse caso, o Suprimento de Fundos. De forma genérica, a tomada de contas ocorre quando existe o risco de uma pessoa física, órgão ou entidade dar causa de perda, extravio ou outra irregularidade que resulte em dano aos recursos financeiros do poder público. Também acontece nos casos em que a legislação específica não obrigar o responsável a prestar contas, ou quando o exigir e este não a fizer.

Como vimos acima, as restituições, por falta de aplicação, parcial ou total, ou aplicação indevida, , desde que dentro do exercício de concessão, constituirão anulação de despesa, ou receita orçamentária, se recolhidas após o encerramento do exercício.

A responsabilidade pela aplicação do suprimento de fundos, após sua aprovação na respectiva prestação de contas, é da autoridade que o concedeu, ou seja, do Ordenador de Despesa responsável. O Decreto-lei nº 200/67 estabelece que todo Ordenador de Despesa ficará sujeito a tomada de contas realizada pelo órgão de contabilidade e verificada pelo órgão de auditoria interna, antes de ser encaminhada ao Tribunal de Contas.

Compõe a prestação de contas do suprimento de fundos os documentos devidamente atestados por outro servidor:

- A proposta de concessão de suprimento;
- Cópia da nota de empenho da despesa;
- Cópia da ordem bancária;
- O relatório de prestação de contas;
- Os documentos originais (nota fiscal/fatura/recibo/cupom fiscal) devidamente atestados, emitidos em nome do órgão, comprovando as despesas realizadas;
- O extrato da conta bancária discriminando todo o período de utilização, quando se tratar de suprimento de fundos concedido por meio de Conta bancária;
- A guia de recolhimento da união – GRU, referente às devoluções de valores sacados e não gastos em três dias e aos recolhimentos dos saldos não utilizados por ocasião do término do prazo do gasto, se for o caso;
- A cópia da GPS, se for o caso;
- A cópia da NS – nota de sistema de reclassificação e baixa dos valores não utilizados;

Nos suprimentos concedidos por meio do cartão corporativo:

- Demonstrativos mensais;
- Cópia(s) da(s) fatura(s).
- Cópia do documento de arrecadação do ISS, se for o caso.

10. RESTITUIÇÃO/RESSARCIMENTO DE RECURSOS POR PARTE DO SERVIDOR SUPRIDO

Como visto, segundo o § 1º do art. 45 do Decreto nº 93.872/86, o suprimento de fundos será contabilizado e incluído nas contas do Ordenador como despesa realizada. Porém, é possível que valores sejam restituídos aos cofres públicos. As restituições, por falta de aplicação, parcial ou total, ou aplicação indevida, constituirão anulação de despesa, se dentro do exercício da concessão, ou receita orçamentária, se recolhidas após o encerramento do exercício.

Os valores pagos referentes à multa/juros por atraso no pagamento da fatura deverão ser ressarcidos ao erário público pelo Ordenador de Despesa ou quem der causa, após apuração das responsabilidades.

11. VEDAÇÕES

Existem várias vedações que podem comprometer a prestação de contas do agente suprido. Dentre elas, as mais importantes são:

- Fracionamento de despesa ou do documento comprobatórios, para adequação dos valores limites vistos acima;

Segundo o que estabelece o Manual SIAFI, o fracionamento da despesa não é caracterizado pela mesma classificação contábil em qualquer dos níveis, mas por aquisições de mesma natureza funcional. Considera-se indício de fracionamento, a concentração excessiva de detalhamento de despesa em determinado subitem, bem como a concessão de suprimento de fundos a vários supridos simultaneamente.

- Realização de despesa em montante superior aos limites estabelecidos para o suprimento de fundos, arcando o suprido com o gasto excedente;
- Realização de despesas em dotação diversa da prevista na Nota de Empenho, caracterizando desvio de finalidade;
- Realização de despesas fora do prazo de aplicação;
- Aquisição de material permanente, como regra geral;
- Realização de despesas sem a previsão de recursos financeiros que assegurem o pagamento da fatura no seu vencimento.

O art. 69 da Lei nº 4.320/64 e o § 3º do art. 45 do Decreto nº 93.872/86 estabelece vedações específicas determinando que não se concederá suprimento de fundos:

- A responsável por dois suprimentos em fase de aplicação ou de prestação de contas;

Dessa forma, um servidor poderá ter sob sua responsabilidade até dois suprimentos de fundo, não podendo receber um terceiro. Porém, realizada a prestação de contas de pelo menos um deles, o servidor já se torna apto a receber novamente mais um suprimento de fundos.

- A servidor que tenha a seu cargo e guarda ou a utilização do material a adquirir, salvo quando não houver na repartição outro servidor que reúna as condições de receber o suprimento de fundos;

Tal vedação tem por base o Princípio de Auditoria da Segregação de Funções, para que não fique sob a responsabilidade do mesmo servidor a aquisição e a guarda ou utilização do material a ser adquirido, reduzindo, assim, a possibilidade de fraudes. Essa vedação comporta uma exceção, se não houver na repartição outro servidor em condições de receber o suprimento de fundos.

- A responsável por suprimento de fundos que, esgotado o prazo, não tenha prestado contas de sua aplicação;
- A servidor declarado em alcance.

Entendido como tal o que não prestou contas no prazo regulamentar ou o que teve suas contas recusadas ou impugnadas em virtude de desvio, desfalque, falta ou má aplicação dos recursos recebidos.

A rejeição de contas no processo de prestação de contas do regime de adiantamento pode ocorrer por diversos motivos, como no desvio de finalidade que ocorre quando um servidor recebe um suprimento de fundos para ser aplicado em uma finalidade, obras e serviços de engenharia, por exemplo, e aplica em compra e serviços em geral ou, ainda, o utiliza para comprar material permanente.

Outros impedimentos que vedam a concessão de suprimento de fundos:

- Servidor que esteja em processo de tomada de contas especial.
- Servidor que se confunda com o próprio Ordenador de Despesa;
- Servidor que esteja respondendo a inquérito administrativo.

12. PRATICANDO – QUESTÕES DE CONCURSOS ANTERIORES COMENTADAS

1) **(FCC – Técnico Judiciário – Área Administrativa – TRT 6/2018)** Suponha que a União tenha instituído, por lei específica, fundo especial de despesa com o objetivo de apoiar inovação tecnológica e desenvolvimento de determinados setores produtivos. Para tanto, destinou ao referido fundo, na forma prevista na lei instituidora, receitas provenientes do licenciamento de patentes. Ocorre que, ao final do exercício financeiro, parcela da referida receita do fundo não foi aplicada, dado o pequeno número de projetos aprovados por seus órgãos gestores, restando recursos financeiros em caixa. De acordo com as disposições da Lei nº 4.320/1964, tais recursos

a) constituem superávit do fundo, ensejando redução, na mesma proporção, das receitas próprias auferidas no exercício seguinte e sua destinação ao caixa único do Tesouro.

b) devem ser recolhidos à União, vedada a manutenção de recursos orçamentários ou financeiros não utilizados no mesmo exercício na conta de fundo de despesa.

c) pertencem ao fundo, devendo o saldo positivo apurado em balanço ser transferido para o exercício seguinte, a crédito do mesmo fundo, salvo determinação em contrário da lei que o instituiu.

d) poderão ser aplicados, excepcionalmente, em finalidades diversas daquelas previstas na lei instituidora do fundo, mediante convênio com a União.

e) poderão ser arrecadados pela União, mediante decreto, para destinação a outros fundos de despesa instituídos por lei específica.

Gabarito: C

COMENTÁRIOS:

Nota do autor. Questão que versa sobre letra de lei. A banca considerou a questão sobre suprimento de fundos e gerou grande controvérsia por extrapolar o conteúdo exigido no edital (Dos Fundos Especiais). Confusamente, a banca respondeu da seguinte forma:

"Os recorrentes sustentam que a questão estaria fora do conteúdo programático constante do Edital publicado.

Totalmente descabida a alegação. Afigura-se evidente que o conhecimento requerido dos candidatos decorre do tema 'suprimento de fundos' e encontra-se nas disposições que tratam do tema na Lei Federal nº 4.320/64, ambos explícitos no Edital.

Com efeito, a menção expressa no Edital a temas insertos na Lei nº 4.320/64 indica os assuntos demandados e, consequentemente, as disposições legais que disciplinam a matéria.

Nesse sentido, o tema 'suprimento de fundos' demanda que os candidatos conheçam, justamente, a disciplina legal sobre as receitas que podem compor o Fundo, sua aplicação e destinação, que é, como se constata, a indagação contida na questão e o cerne da resposta, que se extrai do teor do Artigo 73, segundo o qual 'salvo determinação em contrário da lei que o instituiu, o saldo positivo do fundo especial apurado em balanço será transferido para o exercício seguinte, a crédito do mesmo fundo'.

A questão está, portanto, correta, bem como o respectivo gabarito, nada havendo a ser alterado".

> Lei nº 4.320/64
>
> Art. 71. Constitui fundo especial o produto de receitas especificadas que por lei se vinculam à realização de determinados objetivos ou serviços, facultada a adoção de normas peculiares de aplicação.
>
> Art. 72. A aplicação das receitas orçamentárias vinculadas a fundos especiais far-se-á através de dotação consignada na Lei de Orçamento ou em créditos adicionais.
>
> Art. 73. Salvo determinação em contrário da lei que o instituiu, o saldo positivo do fundo especial apurado em balanço será transferido para o exercício seguinte, a crédito do mesmo fundo.
>
> Art. 74. A lei que instituir fundo especial poderá determinar normas peculiares de controle, prestação e tomada de contas, sem de qualquer modo, elidir a competência específica do Tribunal de Contas ou órgão equivalente.

Alternativa correta: letra "C" (responde todas as outras alternativas). É o que expressa o art. 73 da Lei nº 4.320/64: "Salvo determinação em contrário da lei que o instituiu, o saldo positivo do fundo especial apurado em balanço será transferido para o exercício seguinte, a crédito do mesmo fundo."

2) **(FCC – AJ TRT23/TRT 23/Administrativa/Contabilidade/2016)** A Lei nº 4.320/64 rege a realização de despesas sob o regime de suprimento de fundos, também denominadas despesas

a) sem prévio empenho.
b) sob o regime de adiantamento.
c) não processadas.
d) extraorçamentárias.
e) indiretas.

Gabarito: B

COMENTÁRIO:

Regime de adiantamento é denominado pela lei de "Suprimento de Fundos".

> **Lei nº 4.320/64**
>
> **Art. 65** – O pagamento da despesa será efetuado por tesouraria ou pagadoria regularmente instituídos por estabelecimentos bancários credenciados e, em casos excepcionais, por meio de ADIANTAMENTO.
>
> (...)
>
> **Art. 68** – O REGIME DE ADIANTAMENTO é aplicável aos casos de despesas expressamente definidos em lei e consiste na entrega de numerário a servidor, sempre precedida de empenho na dotação própria para o fim de realizar despesas, que não possam subordinar-se ao processo normal de aplicação.

3) **(FCC – Analista Judiciário – Área Administrativa – TRT 3/2015) O regime de suprimento de fundos**

a) é aplicável a qualquer tipo de despesa.
b) pode ou não ser precedido de empenhamento.
c) pode ser feito por meio de dotação genérica.
d) é vedado o adiantamento de numerário a servidor responsável por um adiantamento.
e) é aplicável a despesas que não se subordinam ao processo normal de aplicação.

Gabarito: E

COMENTÁRIO:

Alternativa "a": O Decreto nº 93.872/86 traz nos incisos de seu art. 45 situações que justificam a aplicação do regime de adiantamento. São elas:

- Para atender despesas eventuais, inclusive em viagens e com serviços especiais, que exijam pronto pagamento;

- Quando a despesa deva ser feita em caráter sigiloso, conforme se classificar em regulamento; e
- Para atender despesas de pequeno vulto, assim entendidas aquelas cujo valor, em cada caso, não ultrapassar limite estabelecido em portaria do ministro da fazenda.

Alternativa "b": Mesmo sendo uma despesa que se processa de forma peculiar, em um regime de adiantamento, a sua execução percorrerá necessariamente os três estágios da execução vistos anteriormente, quais sejam, empenho, liquidação e pagamento.

Alternativa "c": Dotação genérica acaba por ferir o Princípio da Discriminação e não existe essa previsão no ordenamento jurídico brasileiro. Assim, a dotação é específica.

Alternativa "d": Art. 69 da Lei nº 4.320/64: Não se fará adiantamento a servidor em alcance nem a responsável por dois adiantamentos.

Alternativa correta: letra "e". Segundo o art. 68 da Lei nº 4.320/64, o regime de adiantamento é aplicável aos casos de despesas expressamente definidos em lei e consiste na entrega de numerário a servidor, sempre precedida de empenho na dotação própria para o fim de realizar despesas, que não possam se subordinar ao processo normal de aplicação.

4) **(FCC – TNS (SEMPLAN)/Pref Teresina/Analista de Orçamento e Finanças Públicas/2016)** Considere:

I. As despesas devem estar expressamente definidas em lei.
II. Consiste na entrega de numerário a servidor.
III. O empenhamento pode ser prévio ou a posteriori, se a despesa for urgente.
IV. Destinado a casos que não podem subordinar-se ao processo normal de aplicação.
V. Cada responsável pode receber, no máximo, dois adiantamentos concomitantes.

Nos termos da Lei nº 4.320/64, são regras afetas ao regime de adiantamento o que consta APENAS em

a) I, II, III e IV.
b) I, II, III e V.
c) I, II, IV e V.
d) I, III, IV e V.
e) II, III, IV e V.

Gabarito: C

COMENTÁRIO:

Vejamos cada item:

I. Certo: Art. 68 da Lei nº 4.320/64: O regime de adiantamento é aplicável aos casos de DESPESAS EXPRESSAMENTE DEFINIDOS EM LEI e consiste na entrega de numerário a servidor, sempre precedida de empenho na dotação própria para o fim de realizar despesas, que não possam subordinar-se ao processo normal de aplicação.

II. Certo: Art. 68 da Lei nº 4.320/64: o regime de adiantamento é aplicável aos casos de despesas expressamente definidos em lei e CONSISTE NA ENTREGA DE NUMERÁRIO A SERVIDOR, sempre precedida de empenho na dotação própria para o fim de realizar despesas, que não possam subordinar-se ao processo normal de aplicação.

III. Errado: Art. 68 da Lei nº 4.320/64: O regime de adiantamento é aplicável aos casos de despesas expressamente definidos em lei e consiste na entrega de numerário a servidor, SEMPRE PRECEDIDA DE EMPENHO NA DOTAÇÃO PRÓPRIA PARA O FIM DE REALIZAR DESPESAS, que não possam subordinar-se ao processo normal de aplicação.

IV. Certo: Art. 68 da Lei nº 4.320/64: o regime de adiantamento é aplicável aos casos de despesas expressamente definidos em lei e consiste na entrega de numerário a servidor, sempre precedida de empenho na dotação própria PARA O FIM DE REALIZAR DESPESAS, QUE NÃO POSSAM SUBORDINAR-SE AO PROCESSO NORMAL DE APLICAÇÃO.

V. Certo: Art. 69 da Lei nº 4.320/64: Não se fará adiantamento a servidor em alcance nem a responsável por dois adiantamentos.

5) **(CESPE – Cont (TCE-RO)/TCE-RO/2013)** Julgue o item subsequente, com relação ao suprimento de fundos.

O valor da comprovação da despesa realizada fora do país pelo suprido, em moeda estrangeira, deverá ser convertido em real na data da prestação de contas.

Gabarito: Errado

COMENTÁRIO:

Segundo o Manual Técnico do SIAFI, na comprovação das despesas realizadas pelo suprido fora do país e pagas em moeda estrangeira, é necessário proceder a verificação da variação cambial entre a moeda estrangeira e o Real PARA CADA DESPESA, conforme documentos fiscais.

6) **(FCC – AJ TRT19/TRT 19/Administrativa/Contabilidade/2014)** Considere as informações sobre Suprimentos de Fundos concedidos no segundo semestre de 2012 por um órgão da Administração direta estadual:

Suprimento	Objeto	Valor Concedido	Data da Concessão	Data da Prestação de Contas
▸ SERVIDOR A	Aquisição de combustíveis em viagens	R$ 600,00	01/08/2012	30/11/2012
▸ SERVIDOR B	Confecção de chaves	R$ 450,00	03/09/2012	20/12/2012
▸ SERVIDOR C	Conserto de veículos em viagens	R$ 750,00	01/10/2012	10/01/2013

Do suprimento de fundo concedido ao servidor A, R$ 100,00 foram restituídos, por aplicação parcial, com recolhimento em 30/11/2012 e o combustível adquirido foi utilizado em 2012. O suprimento concedido ao servidor B foi totalmente aplicado. Em relação ao servidor C, o suprimento de fundo não foi aplicado e a restituição foi recolhida em 10/01/2013.

No segundo semestre de 2012, a contabilização dos suprimentos de fundos, tomados em conjunto, gerou

a) empenho de despesa orçamentária de R$ 950,00.
b) variação patrimonial qualitativa de R$ 500,00.
c) aumento de receita orçamentária de R$ 750,00.
d) anulação de despesa orçamentária de R$ 100,00.
e) variação patrimonial aumentativa de R$ 450,00.

Gabarito: D

COMENTÁRIO:

Alternativa "a" - Errado: para que haja empenho a despesa é empenhada e considerada realizada para todos os fins. Dessa forma, no segundo semestre de 2012 houve empenho de 1.800 (600 + 450 +750), subtraindo-se depois os 100 devolvidos.

Alternativa "b" - Errado: existem dois tipos de variações patrimoniais:

- **Quantitativas:** alteram o Patrimônio Líquido (aumentando = receita; diminuído = despesa).

A aplicação do suprimento de fundos de A gerou variação quantitativa com a utilização do combustível no valor de 500.

- **Qualitativa:** Não alteram o Patrimônio Líquido.

A aplicação do Suprimento de Fundos de B gerou 450 de variação qualitativa.

Alternativa "c" - Errado: Suprimento de fundos é forma de realização de despesa e não gera receita, a não ser sua restituição em exercício posterior.

> Decreto nº 93.872/86
>
> Art. 45...
>
> § 1º O suprimento de fundos será contabilizado e incluído nas contas do ordenador como despesa realizada; as restituições, por falta de aplicação, parcial ou total, ou aplicação indevida, constituirão anulação de despesa, ou receita orçamentária, se recolhidas após o encerramento do exercício) anulação de despesa orçamentária de R$ 100,00.

Alternativa correta: letra "d". a restituição de valores que foram recebidos a título de Suprimento de Fundos dentro do exercício de concessão gera anulação de despesa orçamentária que no caso ocorreu por intermédio do servidor "que restituiu o valor de R$ 100,00 no dia 30/11/2012".

Alternativa "e" - Errado: variação patrimonial aumentativa significa aumento do Patrimônio Líquido, o que não ocorreu em nenhumas das variações patrimoniais geradas nesses suprimentos de fundos.

13. PRATICANDO – QUESTÕES DE CONCURSOS ANTERIORES GABARITADAS

1) **(CESPE – AFCE (TCE-SC)/TCE-SC/Controle Externo/Administração/2016)** Julgue o item seguinte, relativo a receitas e despesas públicas.

Caso o responsável por determinado suprimento de fundos restitua parte dos recursos recebidos após o encerramento do exercício em que se deu o suprimento, o valor restituído será contabilizado como receita orçamentária.

2) **(FCC – TNS (SEMPLAN)/Pref Teresina/Analista de Orçamento e Finanças Públicas/2016)** Considere:

I. As despesas devem estar expressamente definidas em lei.
II. Consiste na entrega de numerário a servidor.
III. O empenhamento pode ser prévio ou a posteriori, se a despesa for urgente.
IV. Destinado a casos que não podem subordinar-se ao processo normal de aplicação.
V. Cada responsável pode receber, no máximo, dois adiantamentos concomitantes.

Nos termos da Lei nº 4.320/64, são regras afetas ao regime de adiantamento o que consta APENAS em

a) I, II, III e IV.
b) I, II, III e V.
c) I, II, IV e V.
d) I, III, IV e V.
e) II, III, IV e V.

3) **(CESPE – Cont (TCE-RO)/TCE-RO/2013)** Julgue o item subsequente, com relação ao suprimento de fundos.

Como se aplica a casos de despesas que não possam subordinar-se ao processo normal de aplicação, a concessão de suprimento de fundos não se sujeita aos estágios da despesa orçamentária pública.

4) **(FCC – AJ TRF3/TRF 3/Administrativa/2016)** Considere:

I. Despesa expressamente definida em lei.
II. Empenho prévio.
III. Dotação própria.
IV. Despesa que pode ser submetida ao processo normal de aplicação.

Nos termos da Lei nº 4.320/1964, é regra atinente ao suprimento de fundos o que consta em

a) I, II, III e IV.
b) I, II e III apenas.
c) II e III, apenas.
d) I e IV, apenas.
e) II, III e IV, apenas.

5) **(CESPE – TEFC/TCU/Apoio Técnico e Administrativo/Técnica Administrativa/2012)** O suprimento de fundos refere-se aos adiantamentos para despesas de pequeno vulto no âmbito da administração pública. A esse respeito, julgue o item que se segue.

   O cartão de pagamento do governo federal, instrumento de pagamento emitido em nome da unidade gestora, poderá ser utilizado na aquisição de materiais e contratação de serviços enquadrados como suprimento de fundos.

6) **(FCC/TRT – 3ª Região (MG)/Analista Judiciário – Área Administrativa/2015)** O regime de suprimento de fundos

a) é aplicável a qualquer tipo de despesa.
b) pode ou não ser precedido de empenhamento.
c) pode ser feito por meio de dotação genérica.
d) é vedado o adiantamento de numerário a servidor responsável por um adiantamento.
e) é aplicável a despesas que não se subordinam ao processo normal de aplicação.

7) **(FGV/TJ-BA/Analista Judiciário – Economia/2015)** Um servidor de um órgão da administração direta é responsável por despesas em regime de adiantamento. De acordo com as normas aplicáveis ao regime de adiantamento, esse servidor:

a) poderá ser responsável por mais dois adiantamentos;
b) não deve ter o cargo de guarda e utilização dos materiais que adquirir, salvo se for o único da repartição;
c) não poderá ser declarado em alcance se prestar contas do adiantamento no prazo;
d) poderá aplicar os recursos em qualquer despesa permitida em lei para o regime de adiantamento;
e) não poderá aplicar os recursos em despesas com ajuda de custo.

8) **(FCC/TJ-AP/Analista Judiciário – Área Apoio Especializado – Contabilidade/2014)** Considerando o regramento previsto no Decreto nº 93.872/1986 para pagamento de despesas por meio de Suprimento de Fundos, considere:

I. O suprimento de Fundos será contabilizado e incluído na conta do ordenador como despesa realizada.
II. O suprimento de Fundos será contabilizado e incluído na conta do ordenador como despesa extraorçamentária.
III. A restituição parcial ou total de Suprimento de Fundos sempre será registrada como Receita Orçamentária.

Está correto o que se afirma APENAS em

a) II.
b) I.
c) III.
d) I e II.
e) II e III.

9) **(CESPE/TJ-CE/Técnico Judiciário – Área Administrativa/2014)** No tocante ao suprimento de fundos, assinale a opção correta.

a) O suprimento de fundos pode ser concedido para atender ao pagamento de despesas de caráter secreto.
b) O suprimento de fundos pode ser considerado uma modalidade de adiantamento para execução de despesas, excluídas as despesas de diárias, passagens e outras despesas em viagens de servidores.
c) O empenho da despesa de suprimento de fundos deve ser emitido em nome da unidade gestora que efetuará a despesa, sendo o agente suprido apenas um preposto da unidade para a execução da despesa.
d) A concessão de suprimento de fundos não constitui despesa pública orçamentária, o que ocorre somente após a prestação de contas.
e) No momento da concessão de suprimento de fundos, o estágio da despesa denominado pagamento ocorrerá somente após o fornecedor do serviço ou da mercadoria adquirida cumprir a sua obrigação de entrega.

10) **(CESPE/TRT – 17ª Região (ES)/Técnico Judiciário – Área Administrativa/2015)** Com relação aos conceitos técnicos de orçamento, julgue os itens subsecutivos.

Suprimentos de fundos constituem despesas do ponto de vista patrimonial, visto que, no estágio de liquidação, ocorre o registro de um passivo simultaneamente à incorporação de um ativo, que representa o direito de receber um bem ou serviço.

14. GABARITO FUNDAMENTADO

1) Certo	Art. 45, § 1º do Decreto nº 93.872/86.
2) C	Art. 45 do Decreto nº 93.872/86.
3) Errado	Art. 45 do Decreto nº 93.872/86 e MCASP.
4) B	Arts. 67, 68 e 69 da Lei nº 4.320/64.
5) Certo	Art. 45, § 5º do Decreto nº 93.872/86.
6) E	Art. 68 da Lei nº 4.320/64.
7) B	Art. 45, § 3º, "b" do Decreto nº 93.872/86.
8) B	Art. 45, § 1º do Decreto nº 93.872/86.
9) A	Art. 45, I do Decreto nº 93.872/86.
10) Errado	MCASP.

Capítulo XI

Restos a Pagar (RP) e Despesas de Exercícios Anteriores (DEA)

1. INTRODUÇÃO

1.1. Contextualização

Como visto ao longo desta obra, a atividade orçamentária pública é extremamente complexa e envolve diversos interesses em diversos aspectos da sociedade. Na relação da Administração Pública com terceiros, o desenvolvimento dessa atividade acaba por criar situações que geram direitos e obrigações de cunho patrimonial, tanto para o particular quanto para a Administração. Haverá situações em que a obrigação para a Administração será criada e não poderá ser honrada no decorrer do exercício em que surgiu. São necessários, então, mecanismos que permitam honrar essas obrigações.

É nesse contexto que surgem esses dois mecanismos destinados ao pagamento de despesas, cujos fatos geradores, ocorreram em exercício anterior ao do pagamento e que, dependendo das características de cada uma, poderão ser honradas por intermédio de Restos a Pagar ou Despesas de Exercícios Anteriores.

Observação importante:

As regras aqui apresentadas podem ser divididas em duas espécies:

1) **Regras nacionais:** são válidas para todos os Entes Federativos (União, Estados, Distrito Federal e Municípios).

São normas básicas que devem ser observadas por todos os Entes Federativos, encontrando-se expressas na Lei nº 4.320/64, Lei Complementar nº 101/00 (Lei de Responsabilidade Fiscal), dentre outros.

2) **Regras federais:** são válidas somente para a União, não obrigando os outros Entes Federativos a segui-las, tal como o Decreto nº 93.872/86.

Este capítulo abrangerá as regras nacionais e as federais. Sendo assim, se você deseja fazer concurso estadual, distrital ou municipal em que este tópico é exigido, vale a pena pesquisar a legislação do ente a que se refira o concurso.

1.2. Questões de concurso

Considerando de forma isolada, as questões de concurso sobre Restos a Pagar e Despesas de Exercícios Anteriores não são tão frequentes quanto outros tópicos, como princípios, por exemplo. Assim como ocorre com Suprimento de Fundos, normalmente, Restos a Pagar e Despesas de Exercícios Anteriores são inseridos pelas bancas dentro do assunto Despesa.

Por haver muitos detalhes em relação a este assunto, fica difícil classificar as questões de acordo com algum padrão que possa facilitar o foco. Normalmente, as questões são elaboradas de forma bem variada e podem abordar desde o conceito, os requisitos, as espécies e suas características, cálculos (que, em regra, são bem simples), dentre outros.

Apesar de não listar essas "principais questões", vale aqui ressaltar que em muitos casos as bancas buscam confundir o candidato misturando os conceitos desses dois institutos que, apesar de serem parecidos, não se confundem.

Veja a questão abaixo:

▸ **QUESTÃO COMENTADA:**

(CESPE – AGE (SEDF)/SEDF/Administração/2017) No exercício de 2016, uma escola pública do DF recebeu dotação orçamentária para a execução do programa de merenda escolar. A dotação previa dispêndio com despesas correntes para a aquisição de gêneros alimentícios necessários à elaboração das refeições a serem servidas aos alunos daquela escola. A SEE/DF providenciou licitação para a escolha da empresa que irá fornecer os gêneros.

Com referência a essa situação hipotética, julgue o item subsequente.

Considere que, em 31/12/2016, o executor de despesas tenha verificado que uma fatura da empresa, no valor de R$ 10 mil, relativa ao fornecimento de gêneros alimentícios consumidos na escola, foi liquidada, mas não foi paga. Nesse caso, como o exercício financeiro se encerrou, o procedimento correto consistirá em solicitar a inscrição dessa fatura em despesas de exercícios anteriores no orçamento de 2017.

Gabarito: Errado

COMENTÁRIO:

A banca tenta confundir o candidato misturando os conceitos de Restos a Pagar Despesas de Exercícios Anteriores. Como, referente à despesa descrita na questão, existe um empenho válido que foi liquidado, ele deve ser inscrito obrigatoriamente em Restos a Pagar processado e pago em exercício seguinte sob esta rubrica como uma despesa extraorçamentária.

Por outro lado, se fosse o caso de uma despesa de exercícios encerrados, para as quais o orçamento respectivo consignava crédito próprio com saldo suficiente para atendê-las, que não se tenham processado na época própria, seria Despesa de Exercícios Anteriores.

2. RESTOS A PAGAR

Versa o art. 35 da Lei nº 4.320/64 que pertencem ao exercício financeiro as despesas nele legalmente empenhadas. Assim, diferente da receita pública que, sob o enfoque orçamentário, só será considerada ocorrida com a arrecadação efetiva de recursos financeiros (regime de caixa), para que uma despesa pública seja reconhecida como incorrida, não há a necessidade de haver saída de recursos, bastando o seu reconhecimento que, segundo o enfoque orçamentário, ocorre com o empenho (regime de competência).

Seguindo este diapasão, uma despesa pública pode ser então reconhecida como sendo pertencente a um exercício mesmo que seja efetivamente paga em outro. Quando a despesa pública é paga em exercício diverso daquele a que se refere, é necessário que determinadas normas sejam observadas, e a inscrição de despesas em Restos a Pagar é o mecanismo que permite à Administração Pública observar esta regra. Restos a Pagar decorrem dos Princípios da Anualidade (o orçamento deve ser executado dentro do exercício financeiro) e da Competência (reconhecimento da despesa em determinado exercício financeiro, independentemente de pagamento).

Define o art. 36 da Lei nº 4.320/64 que se consideram Restos a Pagar as despesas empenhadas, mas não pagas até o dia 31 de dezembro, distinguindo-se as processadas das não processadas.

Do texto legal é possível extrair:

- Que Restos a Pagar são despesas empenhadas em um exercício e pagas em exercício financeiro seguinte ao que foram empenhadas;
- Que deve haver distinção entre despesas processadas (liquidadas) e não processadas (não liquidadas);
- O registro de Restos a Pagar faz aumentar o Passivo Circulante (obrigações de curso prazo);
- O pagamento de Restos a Pagar faz reduzir o Passivo Circulante (obrigações de curso prazo).

Por serem despesas empenhadas e não pagas no exercício, seu impacto orçamentário ocorre no exercício corrente e o financeiro, no exercício posterior, o que ocorrer o pagamento.

2.1. Conceito de Restos a Pagar

Pode-se definir Restos a Pagar como as despesas empenhadas, pendentes de pagamento na data de encerramento do exercício financeiro, inscritas contabilmente como obrigações a pagar em exercício subsequente, constituindo-se em Dívida Flutuante.

> **Decreto nº 93.872/86**
>
> **Art. 115.** A dívida pública abrange a dívida flutuante e a dívida fundada ou consolidada.
>
> § 1º A dívida flutuante compreende os compromissos exigíveis, cujo pagamento independe de autorização orçamentária, assim entendidos:

a) os restos a pagar, excluídos os serviços da dívida;

b) os serviços da dívida;

c) os depósitos, inclusive consignações em folha;

d) as operações de crédito por antecipação de receita;

e) o papel-moeda ou moeda fiduciária.

Também denominados de resíduos passivos, Restos a Pagar consistem em despesas empenhadas, mas não pagas até o dia 31 de dezembro do exercício em que ocorreu o empenho, distinguindo-se as processadas das não processadas, que não tenham sido canceladas pelo processo de análise e depuração e que atendam aos requisitos previstos na Lei nº 4.320/1964, podendo ser inscritas como tal por constituírem encargos incorridos no exercício vigente. O pagamento de Restos a Pagar deve ocorrer em exercícios seguintes ao da inscrição e mediante prévia liquidação do empenho inscrito em Restos a Pagar.

▶ **FIQUE ATENTO:**

Restos a pagar advindos de juros e serviços da dívida são denominados de Serviço da Dívida a Pagar.

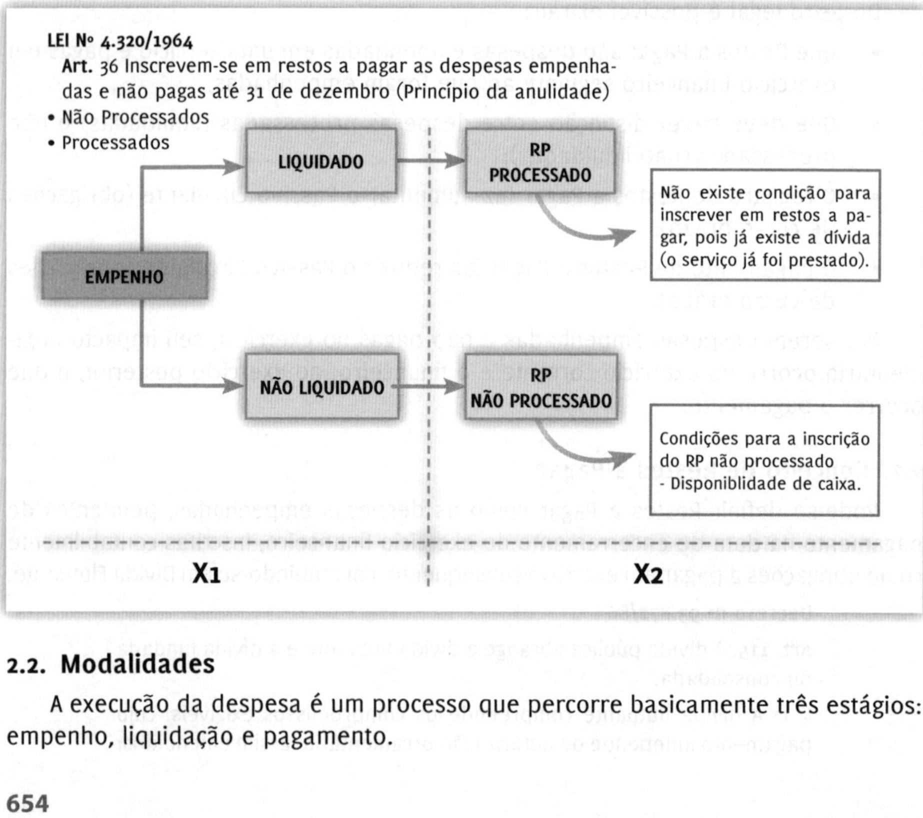

2.2. Modalidades

A execução da despesa é um processo que percorre basicamente três estágios: empenho, liquidação e pagamento.

Em regra, todo o "processo" de execução da despesa ocorrerá "dentro" do exercício financeiro.

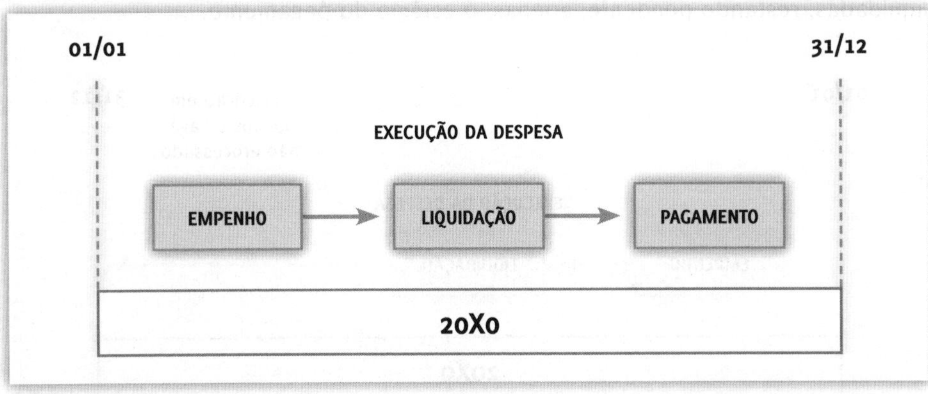

A "extensão do caminho percorrido" pela despesa antes do pagamento determinara o tipo de restos a pagar em que ela será inscrita, na qual o marco diferenciador é a Liquidação.

Assim, conforme expressa o texto legal, existem duas modalidades de Restos a Pagar:

> **Lei nº 4.320/64**
>
> **Art. 36.** Consideram-se Restos a Pagar as despesas empenhadas, mas não pagas até o dia 31 de dezembro distinguindo-se as processadas das não processadas.

1) Não processados

São as despesas que não atingiram o estágio da liquidação, ou seja, foram somente empenhadas.

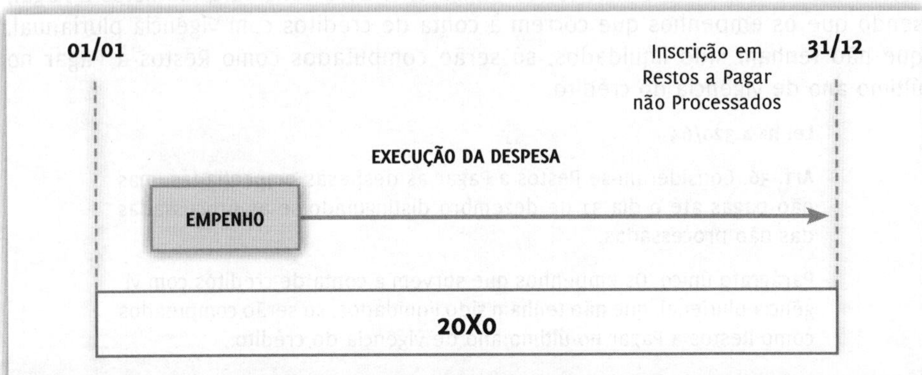

2) Processados

São as despesas que atingiram o estágio da liquidação, ou seja, empenhadas e liquidadas, restando pendente, apenas, o estágio do pagamento.

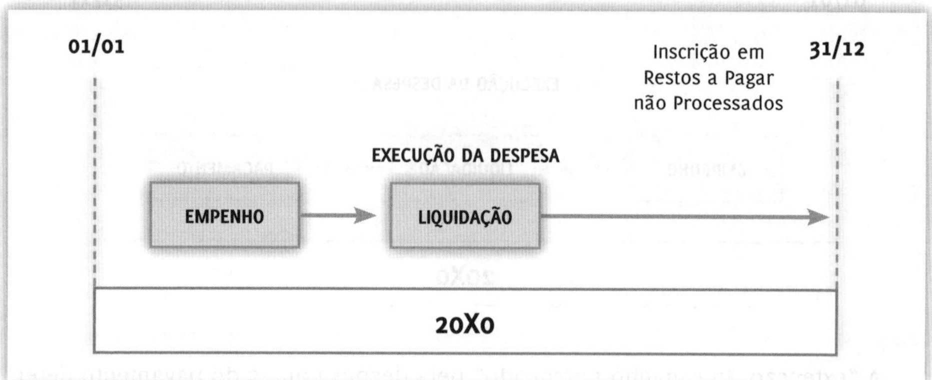

A liquidação consiste na confirmação, por parte da Administração Pública, da prestação do serviço ou entrega do bem pelo fornecedor. Por este motivo, os Restos a Pagar Processados não podem ser cancelados, tendo em vista que, se a própria Administração se certificou que o fornecedor cumpriu com a obrigação regularmente contratada, resta a ela cumprir com sua parte, ou seja, efetuar o pagamento devido, ou, do contrário, estará incorrendo em enriquecimento ilícito e, assim, deixando de cumprir com um dos Princípios que regem a Administração Pública, mais especificamente, o da Moralidade.

2.3. Inscrição (Registro)

A norma legal estabeleceu que, no encerramento do exercício, a parcela da despesa orçamentária que se encontrar em qualquer fase de execução posterior à emissão do Empenho e anterior ao Pagamento será considerada Restos a Pagar, sendo que os empenhos que correm à conta de créditos com vigência plurianual, que não tenham sido liquidados, só serão computados como Restos a Pagar no último ano de vigência do crédito.

> **Lei nº 4.320/64**
>
> **Art. 36.** Consideram-se Restos a Pagar as despesas empenhadas, mas não pagas até o dia 31 de dezembro distinguindo-se as processadas das não processadas.
>
> Parágrafo único. Os empenhos que sorvem a conta de créditos com vigência plurienal, que não tenham sido liquidados, só serão computados como Restos a Pagar no último ano de vigência do crédito.

Apesar da clareza da lei, não basta uma despesa que não foi paga até o final do exercício estar regularmente empenhada para que seja inscrita em Restos a

Pagar, pois, com a inscrição em Restos a Pagar, essas despesas se tornam resíduos passivos, fazendo aumentar a dívida flutuante do Ente Federativo a que se referir.

Por esse motivo, a inscrição de Restos a Pagar deve observar aos limites e condições de modo a prevenir riscos e corrigir desvios capazes de afetar o equilíbrio das contas públicas, conforme estabelecido na Lei de Responsabilidade Fiscal – LRF. Por exemplo, visando eliminar as chamadas heranças fiscais, a LRF determina, em seu artigo 42, que qualquer despesa empenhada nos últimos dois quadrimestres do mandato deve ser totalmente paga no exercício, acabando por vetar sua inscrição ou parte dela em Restos a Pagar, a não ser que haja suficiente disponibilidade de caixa para viabilizar seu correspondente pagamento. Na determinação da disponibilidade de caixa, serão considerados os encargos e despesas compromissadas a pagar até o final do exercício.

Ainda por determinação legal, os Restos a Pagar, que constituem dívida flutuante, devem ser registrados de modo a evidenciar três critérios de classificação: por exercício, por credor e diferençando-se a condição de despesas em processadas e não-processadas.

> **Lei nº 4.320/64**
>
> **Art. 92.** A dívida flutuante compreende:
>
> I – os Restos a Pagar, excluídos os serviços da dívida;
>
> II – os serviços da dívida a pagar;
>
> III – os depósitos;
>
> IV – os débitos de tesouraria.
>
> Parágrafo único. O registro dos Restos a Pagar far-se-á por exercício e por credor distinguindo-se as despesas processadas das não processadas.

No que tange a inscrição, é importante fazer a diferenciação entre Restos a Pagar processados (liquidados) e não processados (não liquidados).

1) Restos a Pagar não Processados (RPNP)

Para que seja inscrita em Restos a Pagar não processado, é necessário que tal despesa cumpra os requisitos do art. 35 do Decreto nº 93.872/86 o qual determina que o empenho de despesa não liquidada será considerado anulado em 31 de dezembro, para todos os fins, salvo quando:

I. vigente o prazo para cumprimento da obrigação assumida pelo credor, nele estabelecida;

II. vencido o prazo de que trata o item anterior, mas esteja em cursos a liquidação da despesa, ou seja de interesse da Administração exigir o cumprimento da obrigação assumida pelo credor;

III. se destinar a atender transferências a instituições públicas ou privadas;

IV. corresponder a compromissos assumidos no exterior.

Assim, para que seja inscrita em Restos a Pagar, uma despesa que foi somente empenhada, deve passar pelo processo de análise e depuração, enquadrando-se em uma das situações acima.

Além disso, o art. 68 do mesmo Decreto estabelece que a inscrição de despesas como Restos a Pagar, no encerramento do exercício financeiro de emissão da Nota de Empenho, depende da observância das condições nele estabelecidas para empenho e liquidação da despesa. O Decreto ainda prevê que a inscrição prevista como Restos a Pagar não processados fica condicionada à indicação pelo ordenador de despesas.

Segundo o MCASP[1] (Manual de Contabilidade Aplicada ao Setor Público), a inscrição de despesa em Restos a Pagar não processados é realizada após a anulação dos empenhos que não serão inscritos em virtude de restrição em norma do ente da Federação, ou seja, verifica-se quais despesas devem ser inscritas em Restos a Pagar e anulam-se as demais. Após, são inscritos os Restos a Pagar não processados do exercício.

Dependendo da correta identificação da ocorrência do fato gerador da obrigação a ser reconhecida, o MCASP faz a seguinte divisão dentre os Restos a Pagar não processados:

- **Despesas empenhadas a liquidar:**

Despesas cujo prazo para cumprimento da obrigação, assumida pelo credor (contratado), encontra-se vigente, ou seja, ainda não ocorreu o fato gerador da obrigação patrimonial para o ente, estando pendente de entrega do material ou do serviço adquirido.

- **As despesas empenhadas em liquidação:**

Despesas em que houve o adimplemento da obrigação pelo credor (contratado), caracterizado pela entrega do material ou prestação do serviço, estando na fase de verificação do direito adquirido, ou seja, tem-se a ocorrência do fato gerador da obrigação patrimonial, todavia, ainda não se deu a devida liquidação.

O cancelamento das despesas empenhadas em liquidação deve ser criterioso, tendo em vista que o fornecedor de bens/serviços cumpriu com a obrigação de fazer e a Administração está em fase de avaliação da prestação do serviço, entrega da obra ou entrega do material. Tal cancelamento pode gerar a devolução do material

1. Manual de Contabilidade Aplicada ao Setor Público – 7ª Edição – Aplicado à União, aos estados, ao Distrito Federal e aos municípios – válido a partir do exercício de 2017 – Portaria Conjunta STN/SOF nº 02, de 22 de dezembro de 2016 – Portaria STN nº 840, de 21 de dezembro de 2016.

recebido, indenização ou não dos serviços já realizados, observada a legislação pertinente.

Seguindo esse diapasão, o Manual de Contabilidade Aplicada ao Setor Público afirma que é prudente que a inscrição de despesas orçamentárias em Restos a Pagar não-processados observe a disponibilidade de caixa e a competência da despesa.

2) Restos a Pagar Processados (RPP)

São inscritas em Restos a Pagar processados as despesas liquidadas e não pagas no exercício financeiro, ou seja, aquelas em que o serviço, a obra ou o material contratado tenha sido prestado ou entregue e aceito pelo contratante, nos termos do art. 63 da Lei nº 4.320/1964.

> **Art. 63.** A liquidação da despesa consiste na verificação do direito adquirido pelo credor tendo por base os títulos e documentos comprobatórios do respectivo crédito.
>
> § 1º Essa verificação tem por fim apurar:
>
> I – a origem e o objeto do que se deve pagar;
>
> II – a importância exata a pagar; (Vide Medida Provisória nº 581, de 2012)
>
> III – a quem se deve pagar a importância, para extinguir a obrigação.
>
> § 2º A liquidação da despesa por fornecimentos feitos ou serviços prestados terá por base:
>
> I – o contrato, ajuste ou acordo respectivo;
>
> II – a nota de empenho;
>
> III – os comprovantes da entrega de material ou da prestação efetiva do serviço.

No caso das despesas orçamentárias inscritas em Restos a Pagar processados, em geral, não podem ser cancelados, tendo em vista que o fornecedor de bens ou serviços satisfez a obrigação de fazer e a Administração conferiu essa obrigação. Portanto, não poderá deixar de exercer a obrigação de pagar, salvo motivo previsto na legislação pertinente.

3) Ajustes decorrentes da inscrição em Restos a Pagar

Segundo o MCASP, para atender ao Princípio da Competência e aos Princípios da Legalidade da Despesa e da Anualidade do Orçamento, é necessário fazer alguns ajustes no encerramento do exercício com os registros dos fatos orçamentários, a saber:

- **Em razão do empenho da despesa, a Inscrição dos Restos a Pagar gera uma Despesa Orçamentária:**

Com o objetivo de evitar demonstrar um superávit financeiro inexistente, que pode ser utilizado para abertura de créditos adicionais sem lastro, comprometendo a situação financeira do ente, é determinado que se proceda a execução da despesa orçamentária, mesmo faltando o cumprimento do implemento de condição, a liquidação.

Tal procedimento é concebido mediante o registro da despesa orçamentária, em contrapartida com uma conta de passivo (obrigação) no sistema financeiro. Observa-se que tal registro criou um passivo "fictício" e, portanto, deve-se registrar, simultaneamente, uma conta redutora referente a este passivo no sistema patrimonial.

Este procedimento encontra amparo no inciso II do art. 35 da Lei nº 4.320/64, o qual dispõe que pertencem ao exercício financeiro as despesas nele empenhadas.

- **Na Inscrição de Restos a Pagar é registrado como Receita Extraorçamentária:**

O art. 103 da Lei nº 4.320/64 determina que o Balanço Financeiro demonstrará a receita e a despesa orçamentárias, bem como os recebimentos e os pagamentos de natureza extraorçamentária, conjugados com os saldos em espécie provenientes do exercício anterior, e os que se transferem para o exercício seguinte. Seu parágrafo único determina que os Restos a Pagar do exercício, serão computados na receita extraorçamentária para compensar sua inclusão na despesa orçamentária.

No balanço orçamentário, os Restos a Pagar são computados como despesa orçamentária, mas, no balanço financeiro, são incluídos como receita extraorçamentária.

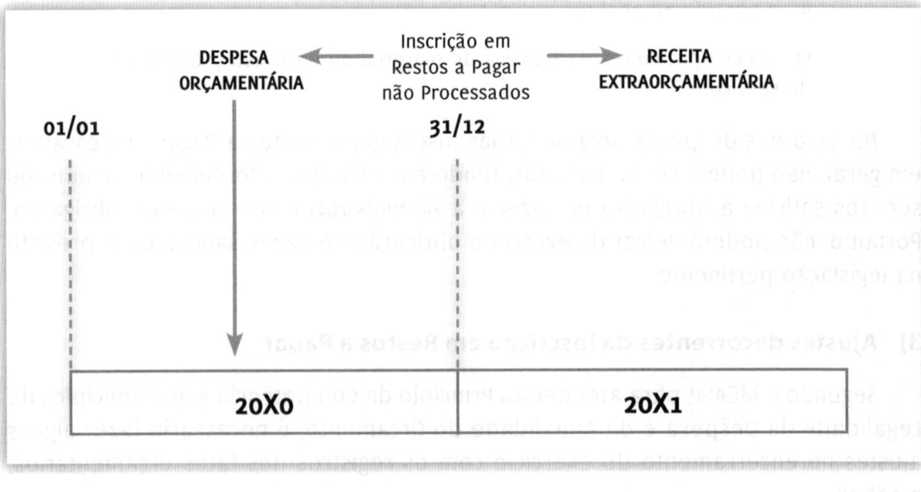

- **Estágios da execução da despesa**

Por fim, insta salientar que, no caso de Restos a Pagar, os estágios de execução destas despesas continuarão a ocorrer no próximo exercício, com controle feito em contas de natureza de informação orçamentária específicas, de forma que nelas constarão as informações de inscrição, execução (liquidação e pagamento) e cancelamento. Também, haverá tratamento específico para o encerramento, transferência e abertura de saldos entre o exercício financeiro que se encerra e o que inicia.

> ▶ **IMPORTANTE:**
>
> Os Restos a Pagar não processados deverão ser liquidados em exercício seguinte para que se possa efetuar o pagamento.

2.4. Pagamento

O pagamento de Restos a Pagar representa as saídas para pagamentos de despesas empenhadas em exercícios anteriores. Este pagamento ocorrerá em exercício financeiro posterior ao da sua inscrição, dependendo, os não processados, de liquidação. O pagamento dos Restos a Pagar está condicionado aos limites fixados à conta das fontes de recursos correspondentes.

Sob o aspecto orçamentário, o pagamento dos Restos a Pagar se configurará uma despesa extraorçamentária. Fique atento porque, apesar de serem despesas extraorçamentárias, os valores regularmente inscritos em Restos a Pagar são incluídos da programação financeira do exercício em que devam ser pagos, para que não haja desequilíbrio de caixa.

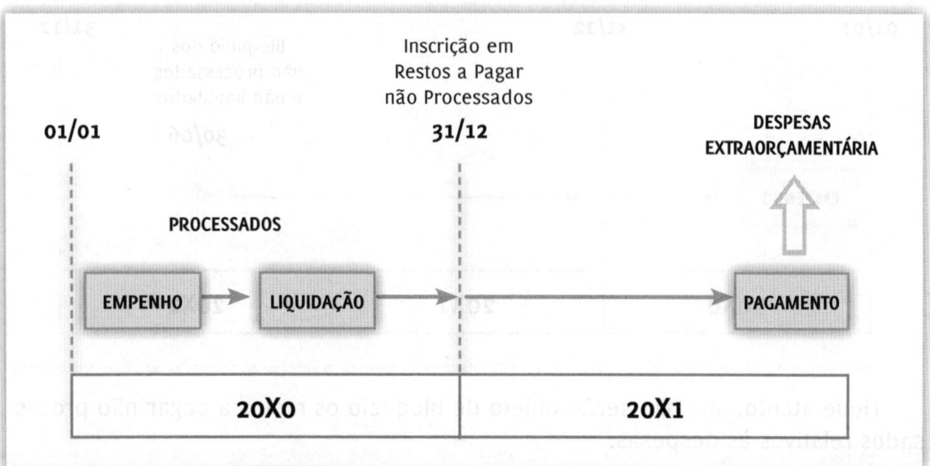

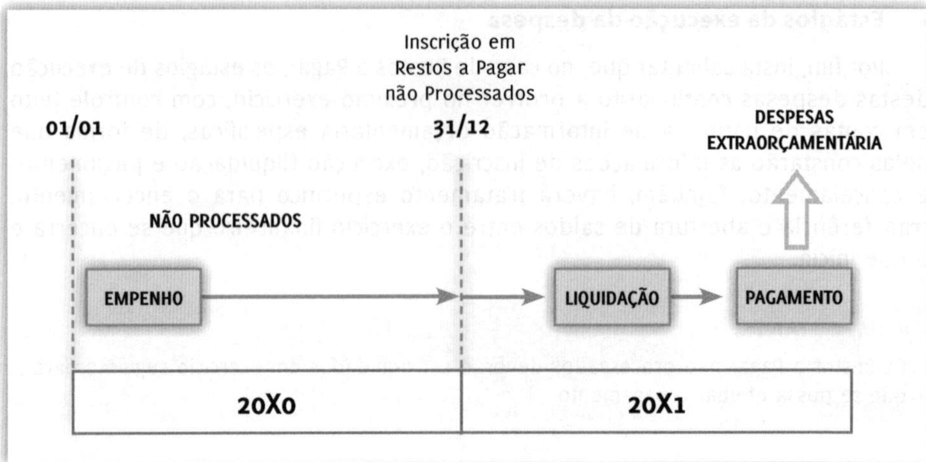

2.5. Bloqueio dos Restos a Pagar não processados e não liquidados

O Decreto nº 9.428/2018 estabelece que os restos a pagar inscritos na condição de não processados e que não forem liquidados serão bloqueados pela Secretaria do Tesouro Nacional do Ministério da Fazenda (incorporado ao Ministério da Economia) em 30 de junho do segundo ano subsequente ao de sua inscrição, e serão mantidos os referidos saldos em conta contábil específica no Sistema Integrado de Administração Financeira do Governo Federal – SIAFI.

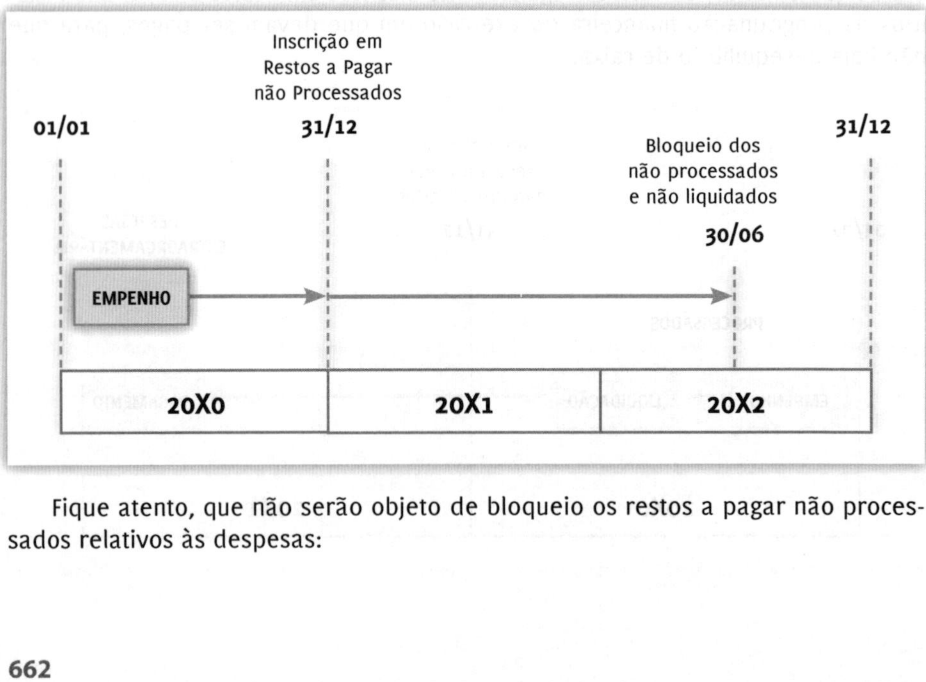

Fique atento, que não serão objeto de bloqueio os restos a pagar não processados relativos às despesas:

- Do Ministério da Saúde; ou
- Decorrentes de emendas individuais impositivas discriminadas com identificador de resultado primário 6[2], cujos empenhos tenham sido emitidos a partir do exercício financeiro de 2016.

Ainda segundo esse Decreto, as unidades gestoras responsáveis pelos saldos dos Restos a Pagar bloqueados poderão efetuar os respectivos desbloqueios, desde que se refiram às despesas executadas diretamente pelos órgãos e entidades da União ou mediante transferência ou descentralização aos Estados, ao Distrito Federal e aos Municípios, cuja execução tenha sido iniciada até a data prevista no § 2º.

Considera-se iniciada a execução da despesa:

- Na hipótese de aquisição de bens, a despesa verificada pela quantidade parcial entregue, atestada e aferida; ou
- Na hipótese de realização de serviços e obras, a despesa verificada pela realização parcial com a medição correspondente atestada e aferida.

2.6. Cancelamento

O Decreto nº 9.428/2018 estabelece que o desbloqueio:

- Ocorrerá no mesmo exercício financeiro do bloqueio e a Secretaria do Tesouro Nacional do Ministério da Economia, providenciará, até o encerramento do exercício financeiro, o cancelamento, no SIAFI, de todos os saldos de restos a pagar que permanecerem bloqueados; e
- Está, se for o caso, condicionado à comprovação, pelos órgãos concedentes, de que os ajustes conveniais assegurados orçamentariamente pelas despesas inscritas em restos a pagar encontram-se vigentes e cumprem os requisitos definidos pelas normas que tratam da transferência de recursos da União mediante convênios, contratos de repasse ou instrumentos congêneres.

Os Restos a Pagar não processados, desbloqueados, e que não forem liquidados, serão cancelados em 31 de dezembro do ano subsequente ao do bloqueio.

Os Ministros de Estado, os titulares de órgãos da Presidência da República, os dirigentes de órgãos setoriais dos Sistemas Federais de Planejamento, de Orçamento e de Administração Financeira e os Ordenadores de Despesas são responsáveis, no que lhes couber, pelo cumprimento do disposto.

A Secretaria do Tesouro Nacional do Ministério da Economia, no âmbito de suas competências, poderá expedir normas complementares para o cumprimento destas normas.

---

2. Primária, decorrente de programações incluídas ou acrescidas por emendas individuais e de execução obrigatória nos termos do art. 166, § 9º e § 11, da Constituição Federal.

▸ **ATENÇÃO:**

O pagamento que vier a ser reclamado em decorrência dos cancelamentos efetuados, havendo direito vigente e comprovado pelo credor, será atendido a conta de dotação de Despesa de Exercício Anteriores, no exercício que ocorrer o reconhecimento da dívida. Esta despesa é orçamentária, denominada Restos a Pagar com prescrição interrompida e depende de empenho em dotação especifica.

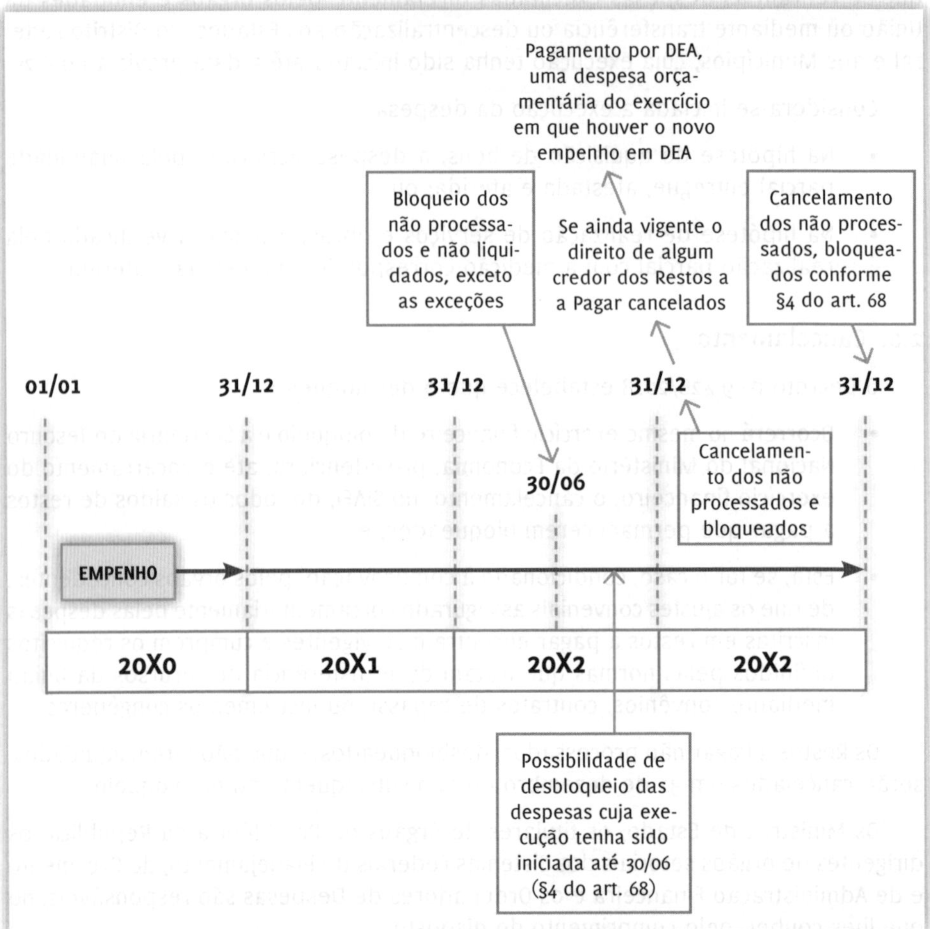

Mas qual o efeito do cancelamento de restos a pagar?

O registro do cancelamento de Restos a Pagar Não-Processados é feito em contrapartida de uma Variação Ativa. Pelo fato de este cancelamento fazer desaparecer uma obrigação, ele se configurará um aumento no Patrimônio Líquido, ou seja, uma variação positiva, ativa, sendo, sob o enfoque exclusivamente patrimonial, uma receita.

Com relação ao efeito provocado pelo cancelamento de restos a pagar, sob o enfoque orçamentário, existem dois posicionamentos, o estritamente legal e o do Manual de Contabilidade Aplicada ao Setor Público da Secretaria do Tesouro Nacional.

- **Art. 38 da Lei nº 4.320/64**

Pelo ponto de vista legal, anulação de Restos a Pagar se caracteriza uma receita orçamentária do ano em que se efetiva, pois, segundo o art. 38 da Lei 4.320/64, "reverte à dotação a importância de despesa anulada no exercício. quando a anulação ocorrer após o encerramento deste, considerar-se-á receita do ano em que se efetivar".

- **Manual de Contabilidade Aplicada ao Setor Público**

Cancelamento de despesas inscritas em Restos a Pagar consiste na baixa da obrigação constituída em exercícios anteriores, portanto, trata-se de restabelecimento de saldo de disponibilidade comprometida, originária de receitas arrecadadas em exercícios anteriores e não de uma nova receita a ser registrada.

O cancelamento de Restos a Pagar não se confunde com o recebimento de recursos provenientes de despesas pagas em exercícios anteriores que devem ser reconhecidos como receita orçamentária.

Sob o ponto de vista orçamentário, trata-se apenas de restabelecimento de saldo de disponibilidade comprometida referente às receitas arrecadadas em exercício anterior.

2.7. Prazo Prescricional

Segundo o art. 70 do Decreto nº 93.872/86, prescrevia em cinco anos a dívida passiva relativa aos Restos a Pagar a partir da sua inscrição. Porém, o Decreto nº 9.428, de 2018 revogou esse dispositivo, ficando sem parâmetro específico essa prescrição.

2.8. Casos Específicos

O Manual da Despesa Nacional traz algumas situações específicas e o tratamento que deve ser dado a cada uma delas.

1) Contratos e Convênios

Observando o Princípio da Anualidade Orçamentária, as parcelas dos contratos e convênios somente deverão ser empenhadas e contabilizadas no exercício financeiro se a execução for realizada até 31 de dezembro ou se o prazo para cumprimento da obrigação assumida pelo credor estiver vigente.

As parcelas remanescentes deverão ser registradas nas Contas de Compensação e incluídas na previsão orçamentária para o exercício financeiro em que estiver prevista a competência da despesa.

2) Valor da despesa diverso do empenhado

No momento do pagamento de Restos a Pagar referente à despesa empenhada pelo valor estimado, verifica-se se existe diferença entre o valor da despesa inscrita e o valor real a ser pago; se existir diferença, procede-se da seguinte forma:

- Se o valor real a ser pago for superior ao valor inscrito, a diferença deverá ser empenhada a conta de despesas de exercícios anteriores.

✦ *Exemplo: Restos a Pagar no valor de 100 e montante a ser pago no valor de 110.*

→ *100: Pagam-se como Restos a Pagar (despesa extraorçamentária);*

→ *10: Paga-se como Despesas de Exercícios Anteriores (despesa orçamentária).*

- Se o valor real for inferior ao valor inscrito, o saldo existente deverá ser cancelado.

3) Créditos plurianuais.

Conforme o parágrafo único do art. 36 da Lei nº 4.320/64, os empenhos que sorvem a conta de créditos com vigência plurienal, que não tenham sido liquidados, só serão computados como Restos a Pagar no último ano de vigência do crédito.

✦ *Exemplo:*

No mês de outubro de 2020, um ato de autorização para um crédito especial é promulgado e esse crédito é aberto. Em novembro de 2020, despesas são empenhadas por conta desse crédito adicional.

Em 31 de Dezembro de 2020, essa despesa empenhada ainda não havia sido paga. O Gestor decide reabrir o crédito em 2021, incorporando-o ao orçamento de 2021.

A pergunta é: esse empenho deve ser inscrito em Restos a Pagar em 31 de dezembro de 2020 por não ter sido pago até essa data?

A resposta é não. Pelo fato de ter sido reaberto em 2021, esse crédito se tornou um crédito plurienal e, somente em dezembro de 2021, é que poderá haver inscrição desse empenho em restos a pagar, se ele ainda não tiver sido pago.

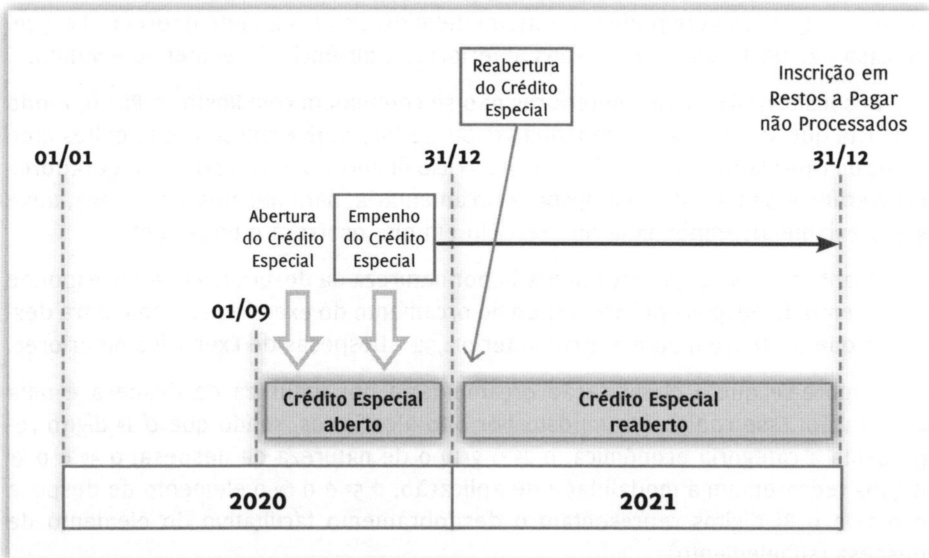

Fique atento que, sendo processado o Restos a Pagar, o procedimento é o mesmo, com as especificidades vistas anteriormente.

2.9. Estabelecimento de limites

Os empenhos a serem inscritos e reinscritos em restos a pagar a cada exercício financeiro poderão ter seus limites estabelecidos pelo Ministério da Fazenda (incorporado ao Ministério da Economia).

3. DESPESAS DE EXERCÍCIOS ANTERIORES (DEA)

Em razão da complexidade da atividade orçamentária, haverá situações em que a obrigação será criada e que não poderá ser honrada no decorrer do exercício em que surgiu e que, por motivos diversos, também não poderá ser honrada fora do exercício pelo mecanismo denominado Restos a Pagar. Surge, então, a figura da Despesa de Exercícios Anteriores – DEA, que estudaremos agora.

3.1. Conceito de Despesas de Exercícios Anteriores (DEA)

Segundo o Manual de Contabilidade Aplicada ao Setor Público – MCASP[3], Despesa de Exercícios Anteriores são despesas cujos fatos geradores ocorreram em exercícios anteriores àquele em que deva ocorrer o pagamento. Porém, de certo ponto de vista,

3. Manual de Contabilidade Aplicada ao Setor Público – 7ª Edição – Aplicado à União, aos estados, ao Distrito Federal e aos municípios – Válido a partir do exercício de 2017 – Portaria Conjunta STN/SOF nº 02, de 22 de dezembro de 2016 – Portaria STN nº 840, de 21 de dezembro de 2016.

Restos a Pagar também podem ser assim definidos, mas o grande diferencial é que, no caso das despesas de Exercícios Anteriores, a ausência de empenho é válido.

Despesas de Exercícios Anteriores não se confundem com Restos a Pagar, tendo em vista que sequer foram empenhadas ou, se foram, tiveram seus empenhos anulados ou cancelados antes do final do exercício financeiro em que os fatos geradores ocorreram. Assim, sendo uma despesa orçamentária, para que possa ser paga, deve ser previamente empenhada no exercício em que ocorrerá o pagamento.

Quanto à classificação orçamentária por natureza da despesa, a DEA corresponde a elemento de despesa próprio usado no orçamento do exercício corrente para despesas que pertencem ao exercício anterior: 92 - Despesas de Exercícios Anteriores.

Lembre-se que a classificação orçamentária por natureza da despesa é uma codificação. Esse código é composto por oito algarismos, sendo que o 1º dígito representa a categoria econômica, o 2º o grupo de natureza da despesa, o 3º e o 4º dígitos representam a modalidade de aplicação, o 5º e o 6º o elemento de despesa e o 7º e o 8º dígitos representam o desdobramento facultativo do elemento de despesa (subelemento).

1º	2º	3º	4º	5º	6º	7º	8º
Categoria Econômica	Grupo de Natureza da Despesa	Modalidade de Aplicação		Elemento de Despesa		Subelemento	

3.2. Espécies de Despesas de Exercícios Anteriores (DEA)

Versa o art. 37 da Lei nº 4.320/64 que as despesas de exercícios encerrados, para as quais o orçamento respectivo consignava crédito próprio, com saldo suficiente para atendê-las, que não se tenham processado na época própria, bem como os Restos a Pagar com prescrição interrompida e os compromissos reconhecidos após o encerramento do exercício correspondente poderão ser pagos à conta de dotação específica consignada no orçamento, discriminada por elementos, obedecida, sempre que possível, a ordem cronológica.

Assim, segundo o artigo 37 da Lei nº 4.320/64, três são as hipóteses para despesas de exercícios anteriores:

1) Despesas com saldo suficiente para atendê-las e não processadas no mesmo exercício financeiro:

São despesas fixadas, no orçamento vigente, decorrentes de compromissos assumidos em exercícios anteriores àquele em que deva ocorrer o pagamento. Não se confundem com Restos a Pagar, tendo em vista que, mesmo havendo previsão orçamentária e saldo suficiente para atendê-las, tiveram seus empenhos considerados insubsistentes e anulados. É o que expressa o art. 22 do Decreto nº 93.872/86.

> **Art. 22** – As despesas de exercícios encerrados, para as quais o orçamento respectivo consignava crédito próprio com saldo suficiente para atendê-las, que não se tenham processado na época própria, bem como os Restos a Pagar com prescrição interrompida, e os compromissos reconhecidos após o encerramento do exercício correspondente, poderão ser pagos à conta de dotação destinada a atender despesas de exercícios anteriores, respeitada a categoria econômica própria (Lei nº 4.320/64, art. 37).
>
> (...)
>
> § 2º – Para os efeitos deste artigo, considera-se:
>
> a) despesas que não se tenham processado na época própria, aquelas cujo empenho tenha sido considerado insubsistente e anulado no encerramento do exercício correspondente, mas que, dentro do prazo estabelecido, o credor tenha cumprido sua obrigação;

2) Restos a Pagar com prescrição interrompida

Tal situação ocorre com os Restos a Pagar que ao final de seu prazo de vigência não foram liquidados e, por este motivo, tenham sido cancelados, mesmo ainda vigente o direito do credor. Nessa situação, existe direito do credor por ter cumprido o que foi contratado, mas o empenho que havia sido inscrito como Restos a Pagar não é mais válido, já que o Restos a Pagar foi cancelado. Para que este credor receba o que lhe é de direito, desde que devidamente comprovado e reconhecido pela Administração, essa despesa deverá ser empenhada e paga mediante Despesas de Exercícios Anteriores. É o que expressa o art. 22 do Decreto nº 93.872/86.

> **Art. 22** – As despesas de exercícios encerrados, para as quais o orçamento respectivo consignava crédito próprio com saldo suficiente para atendê-las, que não se tenham processado na época própria, bem como os Restos a Pagar com prescrição interrompida, e os compromissos reconhecidos após o encerramento do exercício correspondente, poderão ser pagos à conta de dotação destinada a atender despesas de exercícios anteriores, respeitada a categoria econômica própria (Lei nº 4.320/64, art. 37).
>
> (...)
>
> § 2º – Para os efeitos deste artigo, considera-se:
>
> (...)
>
> b) Restos a Pagar com prescrição interrompida, a despesa cuja inscrição como Restos a Pagar tenha sido cancelada, mas ainda vigente o direito do credor;

3) Compromissos reconhecidos após o encerramento do exercício correspondente

São aqueles compromissos cuja obrigação de pagamento foi criada em virtude de lei, mas somente reconhecido o direito do reclamante após o encerramento do exercício correspondente.

Serve de exemplo o pagamento de auxílio maternidade a um servidor cujo filho tenha nascido no exercício anterior e que este só tenha reclamado seu direito agora. Nessa situação, a Administração nem sabia da existência dessa obrigação que surgiu em função de previsão legal.

Assim, nesse caso, a despesa não fora empenhada na época do nascimento, mas permanece o direito por parte do servidor, tendo como saída o pagamento na forma de Despesas de Exercícios Anteriores. É o que expressa o art. 22 do Decreto nº 93.872/86.

> **Art. 22** - As despesas de exercícios encerrados, para as quais o orçamento respectivo consignava crédito próprio com saldo suficiente para atendê-las, que não se tenham processado na época própria, bem como os Restos a Pagar com prescrição interrompida, e os compromissos reconhecidos após o encerramento do exercício correspondente, poderão ser pagos à conta de dotação destinada a atender despesas de exercícios anteriores, respeitada a categoria econômica própria (Lei nº 4.320/64, art. 37).
>
> (...)
>
> § 2º - Para os efeitos deste artigo, considera-se:
>
> (...)
>
> c) compromissos reconhecidos após o encerramento do exercício, a obrigação de pagamento criada em virtude de lei, mas somente reconhecido o direito do reclamante após o encerramento do exercício correspondente.

3.3. Reconhecimento das Despesas de Exercícios Anteriores

O reconhecimento da obrigação de pagamento das despesas com exercícios anteriores cabe à autoridade competente para empenhar a despesa (Ordenador de Despesas) que poderão ser pagas à conta de dotação específica consignada no orçamento, desde que discriminada por elementos, obedecida, sempre que possível, a ordem cronológica e respeitada a categoria econômica. A viabilização do pagamento desse tipo de despesa ocorrerá com um processo administrativo em que será apurado o direito do credor e o valor correspondente.

Conforme estabelece o MCASP, o reconhecimento da obrigação de pagamento das despesas com exercícios anteriores, pela autoridade competente, deverá ocorrer em procedimento administrativo específico, sendo necessário, no mínimo, os seguintes elementos:

- Identificação do credor/favorecido;
- Descrição do bem, material ou serviço adquirido/contratado;
- Data de vencimento do compromisso;

- Importância exata a pagar;
- Documentos fiscais comprobatórios;
- Certificação do cumprimento da obrigação pelo credor/favorecido;
- Motivação pelo qual a despesa não foi empenhada ou paga na época própria.

4. PRATICANDO – QUESTÕES DE CONCURSOS ANTERIORES COMENTADAS

1) **(FCC – Técnico Judiciário – Área Administrativa – TRT 6/2018)** Considere que, no último mês do exercício financeiro, determinado órgão público, no curso da execução de um contrato de obras, tenha realizado medições e atestado a execução de parcelas do objeto contratado. Contudo, em face do encerramento do exercício, não tenha sido possível a liquidação financeira da despesa com o pagamento ao contratado naquele mesmo ano.

Diante de tal cenário, considerando a legislação cabível,

a) não será possível efetuar os pagamentos em questão por ausência de suporte orçamentário, devendo ser expedido precatório.
b) deverão ser cancelados os empenhos eventualmente efetuados e abertas novas dotações para suportar os pagamentos.
c) as despesas geradas constituem déficit orçamentário, os quais devem ser suportados por dotações consignadas no orçamento subsequente.
d) os restos a pagar gerados pelas atestações independem de empenho e deverão ser processados como despesas extraorçamentárias.
e) as despesas, se regularmente empenhadas, serão suportadas por restos a pagar que pertencem ao exercício em que foram geradas.

Gabarito: E

COMENTÁRIOS

Alternativa correta: letra "E" (responde todas as outras alternativas). Segundo o art. 36 da Lei nº 4.320/64, consideram-se Restos a Pagar as despesas empenhadas, mas não pagas até o dia 31 de dezembro, distinguindo-se as processadas das não processadas. Processadas são as despesas formalmente liquidadas e não processadas são as despesas que não foram formalmente liquidadas.

Apesar de confuso o texto por não esclarecer pontos importantes para resolução da questão, o caso em comento apresenta uma situação em que a liquidação da despesa foi iniciada (realizadas medições e atestado a execução de parcelas do objeto contratado), mas não foi finalizada. Essa situação, enquadra-se, ao menos parcialmente, no art. 35 do Decreto nº 93.872/86, configurando-se uma das possibilidades de inscrição em restos a pagar de despesas empenhadas e não pagas até o dia 31 de dezembro do exercício em que ocorreu o empenho.

> **Art. 35.** O empenho de despesa não liquidada será considerado anulado em 31 de dezembro, para todos os fins, salvo quando:
>
> [...]

II - vencido o prazo de que trata o item anterior, mas esteja em cursos a liquidação da despesa, ou seja, de interesse da Administração exigir o cumprimento da obrigação assumida pelo credor;

Assim, como a despesa cumpre os requisitos legais e foi iniciada, se regularmente empenhadas, serão suportadas por restos a pagar que pertencem ao exercício em que foram geradas.

2) **(FCC – Técnico Judiciário – Área Judiciária – TRT 15/2018)** Considere os seguintes eventos registrados no encerramento do orçamento referente ao exercício financeiro de 2017, em 31 de dezembro:

I. Despesas empenhadas no total de R$ 5.000.000,00, despesas liquidadas no total de R$ 3.000.000,00 e despesas pagas no total de R$ 2.000.000,00.

II. Despesa anulada na data de 30/10/2017, no valor de R$ 200.000,00.

III. R$ 5.500.000,00 foi o total das receitas tributárias arrecadadas no exercício financeiro de 2017, sendo R$ 4.000.000,00 correspondentes a tributos lançados no próprio exercício financeiro de 2017 e R$ 1.500.000,00 correspondentes a tributos lançados no exercício financeiro de 2015 e arrecadados por meio de cobrança de créditos da Fazenda Pública que haviam sido inscritos na dívida ativa em 31/12/2016.

Tomando-se por base esses eventos, de acordo com a Lei nº 4.320/1964,

a) a despesa anulada de R$ 200.000,00 reverte à dotação orçamentária do exercício de 2017.
b) os créditos arrecadados de R$ 1.500.000,00 serão escriturados no orçamento como receitas do exercício de 2015, ano do lançamento dos tributos.
c) a diferença de R$ 1.000.000,00 entre o total das despesas liquidadas e o total das despesas pagas será considerada como "despesas de exercícios encerrados".
d) os restos a pagar do exercício de 2017 correspondem a R$ 2.000.000,00.
e) os créditos arrecadados de R$ 1.500.000,00 serão escriturados no orçamento como receitas do exercício de 2016, ano da inscrição em dívida ativa.

Gabarito: A

COMENTÁRIOS:

Alternativa correta: letra "A". Segundo o art. 38 da Lei nº 4.320/64, reverte à dotação a importância de despesa anulada no exercício; quando a anulação ocorrer após o encerramento deste, considerar-se-á receita do ano em que se efetivar.

Alternativa "B": errada. Segundo o art. 35 da Lei nº 4.320/64, pertencem ao exercício financeiro as receitas nele arrecadadas e as despesas nele legalmente empenhadas.

Alternativa "C": errada. A alternativa se refere a Restos a Pagar. Segundo o art. 36 da Lei nº 4.320/64, consideram-se Restos a Pagar as despesas empenhadas, mas não pagas até o dia 31 de dezembro, distinguindo-se as processadas (liquidadas) das não processadas (não liquidadas).

Alternativa "D": errada. Os Restos a Pagar correspondem a 3.000, correspondendo ao valor das despesas empenhadas (5.000) deduzidas das despesas pagas (2000), pois segundo o art. 36 da Lei nº 4.320/64, consideram-se Restos a Pagar as despesas empenhadas, mas não pagas até o dia 31 de dezembro, distinguindo-se as processadas (liquidadas) das não processadas (não liquidadas).

Alternativa "E": errada. A receita não é escriturada no ano de inscrição em dívida ativa nem no ano do lançamento de 2015 (reconhecimento do fato), mas, sim, no ano de exercício em que for arrecadado.

3) **(FCC – AJ TRE SP/TRE SP/Administrativa/"Sem Especialidade"/2017)** Atenção: Para responder à questão, considere as seguintes informações relativamente à execução da Lei Orçamentária de determinado ente público, no exercício de 2016, segundo a Lei Federal nº 4.320/1964.

Receitas Arrecadadas

- Cota-Parte do Fundo de Participação dos Estados 180.000
- Transferência de Capital destinada à construção de hospitais públicos 160.000
- Rendimentos de Aplicações Financeiras 45.000
- Aluguel de Imóvel de Propriedade do ente público 15.000
- Operações de Crédito de Longo Prazo 320.000
- Alienação de Bens Imóveis 210.000
- Cota-Parte do Imposto Sobre a Propriedade Territorial Rural 75.000
- Indenizações e Restituições 25.000
- Multas e Juros de mora 10.000
- Dívida Ativa do ICMS 110.000
- Impostos e Taxas 95.000
- Despesas Empenhadas
- Água, Luz e Telefone 35.000
- Construção de Ginásio Poliesportivo 180.000
- Manutenção de Veículos 55.000
- Aquisição de um terreno destinado à construção de duas escolas públicas 240.000
- Amortização de parcela de empréstimo de longo prazo 120.000
- Juros e encargos da dívida de longo prazo 25.000
- Aquisição de Material de Expediente 65.000
- Folha de Pagamento dos servidores ativos 390.000

Informações complementares

Não havendo dotação orçamentária específica, no mês de outubro de 2016, foi aberto um crédito adicional no valor de R$ 120.000, destinado à aquisição de dois veículos novos, utilizando recursos por anulação parcial de dotação orçamentária.

Do total das despesas correntes empenhadas no exercício de 2016 foi pago no próprio exercício o valor de R$ 480.000.

O total das Receitas de Capital previstas na Lei Orçamentária para o exercício de 2016 foi de R$ 650.000.

O Valor das despesas correntes empenhadas no exercício de 2016 e não pagas inscrito em Restos a Pagar é, em R$, igual a

a) 25.000.
b) 90.000.
c) 35.000.
d) 65.000.
e) 210.000.

Gabarito: B

COMENTÁRIO:

Para acertar a esta questão, primeiramente é necessário identificar quais despesas são correntes e quais são de Capital.

Água, Luz e Telefone	35.000 – Corrente
Construção de Ginásio Poliesportivo	180.000 – de Capital
Manutenção de Veículos	55.000 – Corrente
Aquisição de um terreno destinado à construção de duas escolas públicas	240.000 – de Capital
Amortização de parcela de empréstimo de longo prazo	120.000 – de Capital
Juros e encargos da dívida de longo prazo	25.000 – Corrente
Aquisição de Material de Expediente	65.000 – Corrente
Folha de Pagamento dos servidores ativos	390.000 – Corrente

Despesa corrente empenhada = 570.000

O valor dos Restos a Pagar será o valor da diferença entre a despesa empenhada e a despesa paga: 570.000 – 480.000 = 90.000.

Veja que a questão não entrou no mérito do processo de análise e depuração dos empenhos para inscrição em Restos a Pagar, considerando somente o valor dos empenhos não pagos até 31 de dezembro.

4) **(FCC – AJ TRE SP/TRE SP/Administrativa/Contabilidade/2017)** Atenção: Para responder à questão, considere as seguintes contas contábeis extraídas dos Balanços Orçamentário e Patrimonial levantados em 31/12/16 de determinada entidade do setor público

Contas Contábeis

- Previsão Inicial da Receita 1.160.000
- Ativo Circulante 750.000
- Receita Realizada 1.270.000
- Passivo Circulante 390.000
- Despesa Empenhada 820.000
- Ativo não Circulante 470.000
- Saldo da Dotação 340.000
- Despesa Liquidada 630.000
- Passivo não Circulante 280.000
- Despesa Empenhada Paga 590.000

No que tange ao Balanço Orçamentário, no exercício de 2016, o valor inscrito em Restos a Pagar não processado foi, em R$, de

a) 230.000.
b) 190.000.
c) 40.000.
d) 340.000.
e) 530.000.

Gabarito: B

COMENTÁRIO:

Despesa Empenhada	**820.000**
Despesa Liquidada	**630.000**
Despesa Empenhada Paga	**590.000**

Serão inscritos em Restos a Pagar, após passar por um processo de análise e depuração em que se verificam os requisitos necessários, as despesas empenhadas e não pagas até 31 de dezembro do exercício em que ocorreu o empenho. Essas despesas deverão ser segregadas em "processadas" (liquidadas) e "não processadas" (não liquidadas).

Considerando que todas as despesas empenhadas serão inscritas em Restos a Pagar, basta subtrair o valor empenhado do valor pago para saber quanto foi inscrito em Restos a Pagar: 820.000 – 590.000 = 230.000.

Para saber a parcela de despesas inscritas em Restos a Pagar processadas, basta subtrair a despesa liquidada da despesa empenhada: 630.000 – 590.000 = 40.000.

Por fim, respondendo ao questionamento, para saber o valor da despesa inscrita em Restos a Pagar não processada, basta subtrair a despesa empenhada da despesa liquidada: 820.000 – 630.000 = 190.000.

5) **(FCC – Ana SPT (ARTESP)/ARTESP/2017)** Sobre as Despesas de Exercícios Anteriores – DEA, considere:

I. São despesas fixadas, no orçamento vigente, decorrentes de compromissos assumidos em exercícios anteriores àquele em que deva ocorrer o pagamento.

II. São similares aos Restos a Pagar, tendo em vista que correspondem a despesas empenhadas e não pagas.

III. Quanto à classificação orçamentária por natureza da despesa, a DEA corresponde a um grupo de natureza de despesa próprio usado no orçamento do exercício corrente para despesas que pertencem ao exercício anterior: 92 – Despesas de Exercícios Anteriores.

IV. É uma conta contábil do Patrimônio Líquido.

V. Registra o saldo patrimonial decorrente de efeitos da mudança de critério contábil ou da retificação de erro imputável a determinado exercício anterior e que não possam ser atribuídos a fatos subsequentes.

Está correto o que se afirma APENAS em

a) I.

b) I e II.

c) III e IV.

d) II e V.

e) III, IV e V.

Gabarito: A

COMENTÁRIO:

Vejamos cada item:

I. Certo: Segundo o estabelecido legalmente no art. 37 da Lei nº 4.320/64, as despesas de exercícios encerrados, para as quais o orçamento respectivo consignava crédito próprio, com saldo suficiente para atendê-las, que não se tenham processado na época própria, bem como os Restos a Pagar com prescrição interrompida e os compromissos reconhecidos após o encerramento do exercício correspondente poderão ser pagos à conta de dotação específica consignada no orçamento, discriminada por elementos, obedecida, sempre que possível, a ordem cronológica. Infere-se desse dispositivo legal que as Despesas de Exercícios Anteriores são despesas fixadas, no orçamento vigente, decorrentes de compromissos assumidos em exercícios anteriores àquele em que deva ocorrer o pagamento.

II. Errado: São DIFERENTES dos Restos a Pagar, tendo em vista que correspondem às despesas não empenhadas no exercício em que ocorreu seu fato gerador.

III. Errado: Quanto à classificação orçamentária por natureza da despesa, a DEA corresponde a um ELEMENTO DE DESPESA próprio usado no orçamento do exercício corrente para despesas que pertencem ao exercício anterior: 92 – Despesas de Exercícios Anteriores.

IV. Errado: É uma conta contábil Passivo Exigível, por ser uma obrigação.

V. Errado: Registra obrigações referentes às despesas de exercícios encerrados, para as quais o orçamento respectivo consignava crédito próprio, com saldo suficiente para atendê-las, que não se tenham processado na época própria, bem como os Restos a Pagar com prescrição interrompida e os compromissos reconhecidos após o encerramento do exercício correspondente.

6) **(FGV – Analista Judiciário – Área Administrativa – TRT 12/2017)** Ao final de um exercício foram obtidas as seguintes informações da execução orçamentária de um ente público:

Descrição	Valor (milhares)
Arrecadação de receitas tributárias	80.000
Empenho de despesa orçamentária	72.000
Liquidação de despesa corrente	56.000
Pagamentos efetuados	50.400

Considerando as disposições legais para inscrição em restos a pagar, e sabendo-se que a disponibilidade financeira líquida do ente ao final do exercício era de 20.000, é correto afirmar que:

a) a disponibilidade financeira não afetará a inscrição de restos a pagar;
b) despesas processadas e não processadas serão canceladas;
c) do valor das despesas empenhadas, 1.600 serão cancelados;
d) haverá cancelamento de despesas não processadas no valor de 9.600;
e) o valor total de restos a pagar não processados pode ser inscrito.

Gabarito: C

COMENTÁRIO:

Não basta uma despesa que não foi paga até o final do exercício estar regularmente empenhada para que seja inscrita em Restos a Pagar, pois, com a inscrição em Restos a Pagar, essas despesas se tornam resíduos passivos, fazendo aumentar a dívida flutuante do Ente Federativo a que se referir.

Por esse motivo, a inscrição de Restos a Pagar deve observar aos limites e condições de modo a prevenir riscos e corrigir desvios capazes de afetar o equilíbrio das contas públicas, conforme estabelecido na Lei de Responsabilidade Fiscal – LRF. Por exemplo, visando eliminar as chamadas heranças fiscais, a LRF determina em seu artigo 42, que qualquer despesa empenhada nos últimos dois quadrimestres do mandato deve ser totalmente paga no exercício, acabando por vetar sua inscrição ou parte dela em Restos a Pagar, a não ser que haja suficiente disponibilidade de caixa para viabilizar seu correspondente pagamento. Na determinação da disponibilidade de caixa serão considerados os encargos e despesas compromissadas a pagar até o final do exercício.

Vejamos o cálculo:

Despesa empenhada: 72.000

Despesa liquidada: 56.000

Despesa paga: 50.400

Da despesa liquidada, falta pagar 5.600 que, por ser processada há obrigatoriedade de inscrição.

Da despesa empenhada, faltam liquidar 16.000 = (72.000 – 56.000)

16.000 + 5.600 = 21.600

Só existe 20.000 de saldo ao final do exercício financeiro.

NESTE exemplo, pode inscrever em Restos a Pagar até o limite da disponibilidade financeira ao final do exercício. Logo, 1.600 serão cancelados.

7) **(CESPE – AFCE (TCE-SC)/TCE-SC/Controle Externo/Direito/2016)** Considerando o disposto na Lei n.º 4.320/1964, julgue o item subsequente.

As despesas empenhadas e não pagas até o dia 31 de dezembro e que estejam liquidadas devem ser registradas por exercício e por credor na categoria Restos a Pagar processados.

Gabarito: Certo

COMENTÁRIO:

Considerando a liquidação ou não do empenho, existem dois tipos de Restos a Pagar:

1) Processado: aquele que já passou pelo estágio da liquidação;
2) Não processado: aquele que ainda não passou pelo estágio da liquidação.

O parágrafo único do art. 92 da Lei nº 4.320/64, estabelece que o registro dos Restos a Pagar far-se-á por exercício e por credor, distinguindo-se as despesas processadas das não processadas.

8) **(CESPE – Cont (TJ RR)/TJ RR/2012)**

Despesas	**600**
despesas correntes	**400**
despesa de pessoal	**100**
pagamento de juros da dívida	**100**
despesas de serviços	**100**
aquisição de material de consumo	**100**
despesas de capital	**200**
aquisição de veículo usado	**100**
amortização da dívida	**100**
Receitas	**400**
receitas correntes	**300**
receita de contribuições	**100**
receita da dívida ativa	**100**
receita de serviços	**100**
receitas de capital	**100**
alienação de imóveis	**100**

A tabela acima contém receitas e despesas, em reais, extraídas do balancete de um órgão hipotético da administração direta, no exercício de X11, que teve orçamento aprovado com previsão inicial de receita de R$ 500,00. Com base nessa tabela, julgue o item a seguir.

Os pagamentos de Restos a Pagar ocorridos no exercício de X11 estão incluídos no total das despesas de R$ 600,00.

Gabarito: Errado

COMENTÁRIO:

As despesas listadas são orçamentárias e o pagamento de Restos a Pagar é despesa extraorçamentária.

9) **(CESPE – Aud CE (TCE-PA)/TCE-PA/Planejamento/Administração/2016)** No que se refere ao orçamento público e à atuação do Estado, julgue o item subsequente.

Os Restos a Pagar processados terão validade até o dia trinta e um de dezembro do exercício subsequente, quando serão automaticamente cancelados.

Gabarito: Errado

COMENTÁRIO:

Segundo o art. 68 do Decreto nº 93.872/86, os Restos a Pagar inscritos na condição de não processados e não liquidados, em regra, terão validade até 30 de junho do segundo ano subsequente ao de sua inscrição, ou seja, a vigência é de 18 meses.

10) **(FCC – AJ TRT13/TRT 13/Administrativa/Contabilidade/2014)** O Analista Judiciário – Área Contabilidade do TRT da 13ª Região verificou a existência de despesas cuja inscrição como Restos a Pagar foi cancelada, mas permaneceu ainda vigente o direito dos credores. Nos termos do Decreto nº 93.872/1986, esse tipo de despesa é denominado

a) Restos a Pagar com prescrição interrompida.
b) despesas anuladas no encerramento do exercício.
c) compromissos reconhecidos após o encerramento do exercício.
d) despesas não processadas na época própria.
e) Restos a Pagar de empenhamentos considerados insubsistentes.

Gabarito: A

COMENTÁRIO:

Havendo o cancelamento de Restos a Pagar, se ainda subsistir permanecer vigente o direito de credor, este credor poderá reclamá-lo junto à Administração que ocorrerá por intermédio de Despesas de Exercícios Anteriores, na modalidade de Restos a Pagar com prescrição interrompida.

11) **(CESPE - AE ES/SEGER ES/Administração/2013)** A respeito dos Restos a Pagar no orçamento público, julgue o item.

A prescrição relativa ao direito do credor ao recebimento de Restos a Pagar ocorre em dez anos, contados a partir da data de inscrição, independentemente de atos judiciais.

Gabarito: Errado

COMENTÁRIO:

Com a revogação do art. 70 do Decreto nº 93.872/86, o qual estabelecia que prescrevia em cinco anos as dívidas relativas aos Restos a Pagar, este tipo de dívida flutuante passou a não mais possuir uma referência específica para a definição da prescrição.

12) **(CESPE - AJ (TRE PE/Administrativa/"Sem Especialidade"/2017)** A respeito de despesa pública, assinale a opção correta.

a) Restos a Pagar são despesas pendentes de empenho e pagamento quando do encerramento do exercício financeiro.
b) A despesa com inscrição em Restos a Pagar cancelada constitui uma despesa de exercício anterior se o direito do credor ainda estiver em vigor.
c) Os Restos a Pagar e os serviços da dívida são exemplos de dívida fundada.
d) Obras públicas, subvenções econômicas e juros da dívida pública são despesas de capital.
e) Empenho é ato contábil que registra a obrigação do Estado de efetuar pagamento a terceiro, pendente ou não de implemento de condições.

Gabarito: B

COMENTÁRIO:

Vejamos cada alternativa:

Alternativa "a" - Errado: Para que haja a possibilidade de inscrição de uma despesa em Restos a Pagar, ela tem que ser, ao menos, empenhada, sem empenho não há Restos a Pagar.

Alternativa correta: letra "b". É o que estabelece o art. 37 da Lei nº 4.320/64.

> Art. 37. As despesas de exercícios encerrados, para as quais o orçamento respectivo consignava crédito próprio, com saldo suficiente para atendê-las, que não se tenham processado na época própria, bem como os Restos a Pagar com prescrição interrompida e os compromissos reconhecidos após o encerramento do exercício correspondente poderão ser pagos à conta de dotação específica consignada no orçamento, discriminada por elementos, obedecida, sempre que possível, a ordem cronológica.

Alternativa "c" - Errado: Os Restos a Pagar e os serviços da dívida são exemplos de dívida FLUTUANTE.

Segundo o inciso I do art. 29 da Lei de Responsabilidade Fiscal, dívida pública consolidada ou fundada é o montante total, apurado sem duplicidade, das obrigações financeiras do ente da Federação, assumidas em virtude de leis, contratos, convênios ou tratados e da realização de operações de crédito, para amortização em prazo superior a doze meses.

Alternativa "d" - Errado: Obras públicas (despesa de Capital), subvenções econômicas (despesa corrente) e juros da dívida pública (despesa corrente).

Alternativa "e" - Errado: Empenho não é fato gerador de despesa sob o ponto de vista patrimonial, assim, não registra a obrigação do Estado de efetuar pagamento a terceiro. Esse pagamento só será obrigatório se o contrato for regularmente cumprido, o que é atestado pela Liquidação.

Na definição legal, segundo o art. 58 da Lei nº 4.320/64, empenho de despesa é o ato emanado de autoridade competente que cria para o Estado obrigação de pagamento pendente ou não de implemento de condição.

13) **(TJ TRT3/TRT 3/Apoio Especializado/Contabilidade/2015)** Determinado órgão público empenhou despesa com serviços de manutenção de elevadores, para o período de março a novembro de 2014, no valor de R$ 90.000,00. Por lapso do contador, a despesa referente ao mês dezembro de 2014 não foi empenhada. Nestas condições, no exercício de 2015, tal despesa deve ser empenhada no seguinte elemento de despesa:

a) indenizações.
b) restos a pagar.
c) despesas de exercícios anteriores.
d) despesas não liquidadas a pagar.
e) serviços de terceiros – pessoa jurídica.

Gabarito: c

COMENTÁRIO:

Segundo o Manual de Contabilidade Aplicada ao Setor Público – MCASP 7ª edição, Despesa de Exercícios Anteriores são despesas cujos fatos geradores ocorreram em exercícios anteriores àquele em que deva ocorrer o pagamento. Porém, de certo ponto de vista, Restos a Pagar também podem ser assim definidos, mas o grande diferencial é que, no caso das despesas de Exercícios Anteriores, a ausência de empenho é válido. Se, por acaso, a despesa tivesse sido ao menos empenhada, seria possível sua inscrição em Restos a Pagar. Como a despesa sequer foi empenhada, mas já que existe a obrigação, ela será honrada por intermédio de Despesas de Exercícios Anteriores.

14) **(FCC – AJ TRT13/TRT 13/Administrativa/Contabilidade/2014)** O Analista Judiciário – Área Contabilidade do TRT da 13ª Região verificou a existência de despesas cuja inscrição como Restos a Pagar foi cancelada, mas permaneceu ainda vigente o direito dos credores. Nos termos do Decreto nº 93.872/1986, esse tipo de despesa é denominado

a) Restos a Pagar com prescrição interrompida.
b) despesas anuladas no encerramento do exercício.
c) compromissos reconhecidos após o encerramento do exercício.
d) despesas não processadas na época própria.
e) Restos a Pagar de empenhamentos considerados insubsistentes.

Gabarito: c

COMENTÁRIO:

Havendo o cancelamento de Restos a Pagar, se ainda subsistir permanecer vigente o direito de credor, esse credor poderá reclamá-lo junto à Administração que ocorrerá por intermédio de Despesas de Exercícios Anteriores, na modalidade Restos a Pagar com prescrição interrompida.

5. PRATICANDO – QUESTÕES DE CONCURSOS ANTERIORES GABARITADAS

1) **(CESPE – Per Crim (PC PE)/PC PE/Área 8/Ciências Contábeis/2016)** Relativamente às normas aplicáveis aos Restos a Pagar, dispostas no Decreto nº 93.872/1986 e suas alterações, assinale a opção correta.

a) O pagamento que vier a ser reclamado após o cancelamento da inscrição da despesa como Restos a Pagar pode ser atendido à conta de despesa de exercícios anteriores.
b) A inscrição como Restos a Pagar não processados fica condicionada à indicação da capacidade técnica do fornecedor de entregar o bem ou serviço.
c) Os Restos a Pagar inscritos na condição de não processados e não liquidados posteriormente terão validade até o final do exercício social subsequente.
d) O registro dos Restos a Pagar far-se-á por categoria econômica e por unidade gestora.

2) **(CESPE – Aud CE (TCE-PA)/TCE-PA/Fiscalização/Administração/2016)** A respeito do processo de orçamentação, julgue o item subsequente.

Restos a Pagar são despesas empenhadas e não pagas no exercício. Seu impacto orçamentário ocorre no exercício corrente e o financeiro, no exercício posterior.

3) **(CESPE – Cont (DPU)/DPU/2016)** Considere que o ordenador de despesas de um órgão público, após o encerramento do exercício fiscal de 2014, tenha recebido a fatura de energia elétrica relativa ao mês de dezembro, com vencimento em 15/1/2015, no valor de R$ 200,00, e que, na data do vencimento da fatura, tenha verificado a existência de previsão orçamentária alocada em Restos a Pagar no valor de R$ 100,00 para o pagamento da referida fatura de energia elétrica.

Com base nessa situação hipotética, é correto afirmar que o ordenador de despesas deve providenciar a liquidação e o pagamento de R$ 100,00 como Restos a Pagar de 2014 e empenhar, liquidar e pagar a diferença de R$ 100,00 como despesas de exercício anterior.

4) **(CESPE – Cont (DPU)/DPU/2016)** Considere que o ordenador de despesas de um órgão público, após o encerramento do exercício fiscal de 2014, tenha recebido a fatura de energia elétrica relativa ao mês de dezembro, com vencimento em 15/1/2015, no valor de R$ 200,00, e que, na data do vencimento da fatura, tenha verificado a existência de previsão orçamentária alocada em Restos a Pagar no valor de R$ 100,00 para o pagamento da referida fatura de energia elétrica.
Com base nessa situação hipotética, é correto afirmar que o ordenador de despesas deve providenciar o cancelamento do valor da previsão insuficiente de R$ 100,00 de Restos a Pagar e providenciar o empenho, a liquidação e o pagamento da fatura de R$ 200,00 como despesa do exercício de 2015.

5) **(CESPE – AC TCE PR/TCE-PR/Administração/2016)** No que se refere à despesa pública, especialmente suprimento de fundos, Restos a Pagar e despesas de exercícios anteriores, assinale a opção correta.

a) A imprevisibilidade de valores que serão necessários ao pagamento de despesas de exercícios anteriores não permite incluí-los na lei orçamentária anual; a liquidação dessas despesas será realizada por meio de créditos adicionais.
b) Servidor que recebe numerário para pagar despesa do tribunal ao qual pertence, despesa esta que não possa se enquadrar no processo normal de aplicação, o receberá na forma de suprimento de fundos, podendo ser responsável, ao mesmo tempo, por até três suprimentos distintos.
c) No caso de valores destinados a suprimento de fundos, os estágios da despesa acontecem de forma invertida: primeiro o pagamento da despesa, seguido da liquidação e do empenho no momento da prestação de contas.
d) Os valores inscritos em Restos a Pagar de tribunal, referentes a despesas não liquidadas, se caracterizam como dívidas flutuantes, uma vez que sua previsão de pagamento é de curto prazo.
e) Se o fato gerador de despesa de tribunal tiver ocorrido em determinado ano e, por alguma razão, a despesa ficar para ser paga somente no ano seguinte, considerando a mudança de exercício, essa despesa, para que possa ser paga, deverá ser inscrita, ao final do primeiro ano, como despesa de exercícios anteriores.

6) **(FCC – AT (ARSETE)/Pref Teresina/Administrativo/Técnico Contábil/2016)** Instruções: Para responder à questão, considere as seguintes transações realizadas, por determinado ente público, durante o exercício de 2015, em reais:

Cancelamento de dívidas passivas	90,00
Empenho de despesa com serviços de manutenção e conservação de imóveis	140,00
Pagamento de Restos a Pagar inscrito no exercício de 2014	300,00
Arrecadação de receita de IPTU	600,00

Empenho de despesa com juros sobre dívida de longo prazo	110,00
Arrecadação de receita de transferência efetuada pelo Estado referente a Cota-Parte do ICMS e do IPVA	700,00
Empenho de despesa com a folha de pagamento de pessoal ativo	800,00
Arrecadação de receitas com operações de crédito de longo prazo	350,00
Empenho de despesa com aquisição de computadores novos	250,00
Recebimento de caução, em dinheiro, de empresa interessada em participar de licitação	150,00
Pagamento de empréstimo por antecipação de receita orçamentária	80,00
Empenho de despesa com amortização de dívida de longo prazo	400,00
Arrecadação de receita com aluguel de bens imóveis	100,00

NOTA:

- Do total das despesas orçamentárias correntes empenhadas durante o exercício de 2015, foi pago no próprio exercício o valor de R$ 750,00.
- Todas as despesas de capital empenhadas durante o exercício de 2015 foram pagas no próprio exercício.

Considerando que o total das despesas correntes empenhadas no exercício foi de R$ 1.050,00, o valor inscrito em Restos a Pagar, em 31/12/2015, segundo a Lei Federal nº 4.320/1964, soma, em reais,

a) 190,00.
b) 160,00.
c) 390,00.
d) 550,00.
e) 300,00.

7) **(FCC – AJ TRT23/TRT 23/Administrativa/Contabilidade/2016)** O departamento de contabilidade de determinado ente público emitiu nota de empenho visando a contabilização de despesa com serviços de limpeza do gabinete do secretário da fazenda, referente ao segundo semestre de 2015, no valor de R$ 120.000,00. Por insuficiência de recursos financeiros, os serviços prestados referentes aos meses de novembro e dezembro de 2015 não foram pagos no próprio exercício. Nesta situação, sob o aspecto orçamentário, nos temos da Lei Federal nº 4.320/1964, deve a entidade

a) cancelar a despesa não paga no exercício de 2015 e inscrever o valor em Restos a Pagar.
b) demonstrar a despesa empenhada no Balanço Orçamentário do exercício de 2015 e registrar no ativo circulante do Balanço Patrimonial o valor não pago.

c) cancelar a despesa não paga no exercício de 2015 e emitir novo empenho no exercício de 2016.

d) estornar a despesa não paga no exercício de 2015 e contabilizá-la no exercício em que for liquidada e paga.

e) reconhecer a despesa no exercício de 2015 e inscrever o valor não pago em Restos a Pagar.

8) **(CESPE – AJ STJ/STJ/Administrativa/"Sem Especialidade"/2015)** Com relação a conceitos e normas aplicáveis à despesa pública, julgue o item a seguir.

São pagas à conta de despesa de exercícios anteriores as despesas anteriormente inscritas em Restos a Pagar, depois cancelados e posteriormente reinscritos, por reconhecimento do direito do credor, sem que haja necessidade de novos créditos orçamentários.

9) **(CESPE – AJ TRT8/TRT 8/Administrativa/2013)** Acerca de Restos a Pagar no âmbito do governo federal, assinale a opção correta.

a) Não se admite a inscrição de empenho na modalidade estimativa.

b) A inscrição de Restos a Pagar não processados é condicionada à indicação do ordenador de despesas.

c) Quando os Restos a Pagar forem processados, seu pagamento independerá do recebimento do material ou serviço.

d) O empenho que não for registrado no exercício financeiro de sua inscrição será classificado como não processado.

e) Em nenhuma hipótese a validade dos Restos a Pagar não processados poderá estender-se além de 30 de junho do ano subsequente ao da emissão do empenho.

10) **(FCC – AFCE (TCE-PI)/TCE-PI/Comum/2014)** Considere os seguintes dados de execução orçamentária e financeira:

- Despesa Empenhada em 2013 .... R$ 2.000,00
- Despesa Liquidada em 2013 .... R$ 1.400,00
- Despesa Paga em 2013 .... R$ 900,00

No encerramento do ano de 2013, o montante de Restos a Pagar Processados foi, em reais,

a) 1.100,00.

b) 500,00.

c) 600,00.

d) 2.500,00.

e) 1.500,00.

6. GABARITO FUNDAMENTADO

1) A	Art. 69 do Decreto 93.872/86.
2) Certo	Art. 67 do Decreto 93.872/86.
3) Certo	Art. 69 do Decreto 93.872/86.
4) Errado	Art. 36 da Lei nº 4.320/64 e art. 69 do Decreto 93.872/86.
5) D	Art. 115, § 1º "a" do Decreto nº 93.872/86.
6) E	Art. 67 do Decreto nº 93.872/86 (cálculo).
7) E	Art. 67 do Decreto nº 93.872/86 (cálculo).
8) Errado	Art. 69 do Decreto nº 93.872/86.
9) B	Art. 68, § 1º do Decreto nº 93.872/86.
10) B	Art. 67 do Decreto nº 93.872/86 (cálculo).

Capítulo XII

Lei de Responsabilidade Fiscal – LRF

1. INTRODUÇÃO

1.1. Contextualização

É sabido que é função do Estado atender as necessidades públicas e garantir o bem-estar social de toda sua população em toda sua plenitude. O desenvolvimento econômico-social é chave para o alcance desse objetivo, sendo o Governo o responsável por fomentá-lo. Para tanto, ele necessita obter recursos e despendê-los de forma que se possa fazer frente a todas as necessidades e promover o desenvolvimento necessário. Sendo uma tarefa árdua e complexa, qualquer governante em qualquer Ente Federativo que pretenda bem cumprir seu papel, somente obterá sucesso em seus intentos se dispor de uma gestão planejada responsável e transparente, ou seja, uma administração gerencial.

Após o retorno da democracia (década de 1980), o Brasil passou a enfrentar uma situação orçamentária caótica, tendo como um dos principais motivos o desequilíbrio fiscal, ocasionado, em grande medida, pela irresponsabilidade de dirigentes públicos que não encontravam freios para os gastos em seus respectivos Entes Federativos. A LRF (Lei de Responsabilidade Fiscal) veio para amenizar essa situação trazendo consigo o sentido de responsabilidade na gestão fiscal, que se traduz em uma gestão balizada por ações que promovam o equilíbrio orçamentário-financeiro real das contas públicas de forma transparente e eficaz. Nesse sentido, a LRF representou uma verdadeira mudança de paradigmas no cenário orçamentário nacional.

O pontapé inicial para elaboração dessa lei foi a Constituição Federal de 1988, que determinou em seu art. 163 que a lei complementar deveria dispor sobre: finanças públicas; dívida pública externa e interna, incluída a das autarquias, fundações e demais entidades controladas pelo Poder Público; concessão de garantias pelas entidades públicas; emissão e resgate de títulos da dívida pública; dentre outros.

> **Art. 163** – *Lei complementar disporá sobre:*
>
> *I. finanças públicas;*
>
> *II. dívida pública externa e interna, incluída a das autarquias, fundações e demais entidades controladas pelo Poder Público;*
>
> *III. concessão de garantias pelas entidades públicas;*
>
> *IV. emissão e resgate de títulos da dívida pública;*
>
> *V. fiscalização das instituições financeiras;*
>
> *VI. fiscalização financeira da administração pública direta e indireta; (Redação dada pela Emenda Constitucional nº 40, de 2003)*
>
> *VII. operações de câmbio realizadas por órgãos e entidades da União, dos Estados, do Distrito Federal e dos Municípios;*
>
> *VIII. compatibilização das funções das instituições oficiais de crédito da União, resguardadas as características e condições operacionais plenas das voltadas ao desenvolvimento regional.*

Mesmo com esta previsão constitucional, a LRF, nos moldes que foi elaborada, não foi uma novidade que surgiu espontaneamente no Brasil, foi, em realidade, o resultado de um processo de ajustamento, imposto em função da necessidade de se reorganizar as finanças do setor público nas três esferas governamentais que, nas décadas de 80 e 90, encontravam-se a beira de um colapso em função do descontrole das contas públicas que geravam déficits públicos cada vez maiores.

1.2. Questões de concurso

As questões de concursos públicos envolvendo a LRF podem ser exigidas em dois contextos distintos:

1) Quando o edital cita expressamente a lei no conteúdo programático: neste caso, há quase uma certeza de que haverá questão relacionada a ela;
2) Quando, mesmo sem citar expressamente a LRF, o edital traz termos genéricos dentro da disciplina no conteúdo programático, como, por exemplo, "Orçamento Público no Brasil". Neste caso, ela pode ser exigida por ser um

dos principais mandamentos legais relacionadas ao Orçamento Público no Brasil, estabelecendo mandamentos que obrigam todos os Entes Federativos e sendo parâmetro para diversos temas dentro da Disciplina de Administração Financeira, Orçamentária, Direito Financeiro, Finanças Públicas, dentre outras.

No que concerne à forma como a LRF pode ser exigida nas provas, como será visto ao longo do capítulo, a imensa maioria das questões são embasadas diretamente no texto de lei, por certas vezes fazendo relações com institutos relacionados, como princípios, por exemplo.

Vale estar atento aos pontos da lei mais exigidos, como os conceitos próprios da lei, os relatórios estabelecidos por ela e os limites para despesa com pessoal.

2. DAS DISPOSIÇÕES PRELIMINARES

2.1. Conceito

A **Lei de Responsabilidade Fiscal (LRF) – Lei Complementar n º 101, de 4 de maio de 2000**, é um documento legal elaborado para estabelecer **normas de finanças públicas voltadas para a responsabilidade na gestão fiscal**, além de dar outras providências.

Tendo por pilares os Princípios do **Planejamento, Transparência, Controle dos Atos Públicos e Responsabilização**, esta lei tem por fim a regulamentação da Constituição Federal no que tange à parte das matérias relacionadas a Orçamento Público, previstas principalmente no Título VI, cujo Capítulo II estabelece as normas gerais de finanças públicas a serem observadas nas três esferas governamentais: Federal, Estadual e Municipal.

Basicamente, a LRF é uma lei cuja principal finalidade é obrigar o gestor público a administrar as finanças públicas com responsabilidade, tendo por base a busca incessante do equilíbrio real das contas públicas. Porém, a inovação da LRF é que esta não faz apenas exigências, ela também disponibiliza ferramentas capazes de auxiliar o gestor público a atingir os objetivos propostos. Nesse sentido, esta lei é um verdadeiro sistema em que, ligados aos normativos mandatórios, existem as ferramentas disponibilizadas para cumpri-los.

Seus mandamentos obrigam a todos os Entes Federativos, União, Estados, Distrito Federal e Municípios, a adotarem práticas voltadas para a responsabilidade na gestão fiscal, caracterizando-se, nesse sentido, como um verdadeiro código de conduta a ser seguido pelo gestor público em todas as esferas de poder, inclusive na administração indireta.

Segundo Deusvaldo Carvalho (2010)[1], dentro de uma visão macro e holística, os objetivos da LRF são basicamente os mesmos de uma política orçamentária fundamental, estando voltada para o cumprimento das três funções básicas do Estado:

1. CARVALHO, Deusvaldo. **Orçamento e Contabilidade Pública.** Rio de Janeiro: Elsevier, 2010.

1) **Função alocativa** – Coordenar o ajustamento na alocação de recursos públicos.
2) **Função distributiva** – Ordenar a situação de equilíbrio da distribuição de renda e riqueza, promover ações sociais e reduzir as desigualdades regionais e setoriais.
3) **Função estabilizadora** – Assegurar estabilidade ao processo econômico-financeiro e promover o seu crescimento.

▸ **FIQUE ATENTO:**

A Lei de Responsabilidade Fiscal não veio para substituir a Lei nº 4.320/64. Apesar de versarem sobre matérias afins, estas leis têm escopos diferentes. Enquanto a Lei nº 4.320/64 estatui normas gerais de direito financeiro para elaboração e controle dos orçamentos e balanços da União, dos Estados, dos Municípios e do Distrito Federal, a Lei de Responsabilidade Fiscal estabelece regras de finanças públicas voltadas para a responsabilidade na gestão fiscal.

Porém, por tratarem de matérias afins, em alguns momentos esses dois mandamentos se interpõem, principalmente no que tange a alguns conceitos específicos. Nessas situações, em caso de confronto, por se tratar de lei mais recente, prevalece o que estiver contido na Lei de Responsabilidade Fiscal.

Servem de exemplo os conceitos trazidos pela LRF abaixo citados e que, ou diferem da Lei nº 4.320/64 ou não estão contidos nela:

- Dívida fundada;
- Receita corrente líquida;
- Operações de crédito;
- Empresa controlada;
- Empresa estatal dependente.

Tais conceitos serão vistos detalhadamente ao longo desta obra.

2.2. Pressupostos

A Lei de Responsabilidade Fiscal se inicia estabelecendo os pressupostos da responsabilidade na gestão fiscal, ou seja, os antecedentes necessários e imprescindíveis ao alcance dos objetivos que motivavam a elaboração da lei.

Segundo o texto legal, a responsabilidade na gestão fiscal pressupõe a ação planejada e transparente, em que se previnem riscos e corrigem desvios capazes de afetar o equilíbrio das contas públicas, mediante o cumprimento de metas de resultados entre receitas e despesas e a obediência a limites e condições no que tange à renúncia de receita, geração de despesas com pessoal, da seguridade social e outras, dívidas consolidada e mobiliária, operações de crédito, inclusive por antecipação de receita, concessão de garantia e inscrição em Restos a Pagar.

Analisando o texto legal identificamos os seguintes pressupostos:

- Ação planejada;
- Ação transparente;
- Prevenção de riscos;
- Correção de desvios;
- Equilíbrio das contas públicas;
- Cumprimento de metas de resultados entre receitas e despesas;
- Obediência a limites e condições em tudo que possa impactar negativamente as contas públicas.

Para os pressupostos acima listados, veremos nesta obra que a LRF estabelece ao longo do seu texto todos os mecanismos que devem ser implementados para o alcance de seu objetivo principal, a gestão responsável na busca de um equilíbrio real das contas públicas.

> ▶ **FIQUE ATENTO:**
>
> Alguns autores tratam os pressupostos como princípios específicos da LRF.

2.3. Conceitos estabelecidos pela LRF

Apesar de estes assuntos serem abordados ao longo deste capítulo, é importante trazer aqui os conceitos que foram estabelecidos logo no capítulo I da lei.

Segundo o art. 2º, para os efeitos desta Lei Complementar, entende-se como:

- **Ente da Federação:** a União, cada Estado, o Distrito Federal e cada Município;
- **Empresa controlada:** sociedade cuja maioria do capital social com direito a voto pertença, direta ou indiretamente, a Ente da Federação;
- **Empresa estatal dependente:** empresa controlada que receba do ente controlador recursos financeiros para pagamento de despesas com pessoal ou de custeio em geral ou de capital, excluídos, no último caso, aqueles provenientes de aumento de participação acionária;
- **Receita corrente líquida:** somatório das receitas tributárias, de contribuições, patrimoniais, industriais, agropecuárias, de serviços, transferências correntes e outras receitas também correntes, com diversas deduções trazidas pela própria LRF e que serão vistas em tópico sobre a receita pública.

2.4. Abrangência

A abrangência da **Lei de Responsabilidade Fiscal é ampla, impondo seus mandamentos a todos os Entes Federativos, União, Estados, Distrito federal e Municípios.** Ainda, a LRF abrange todos os Poderes, além do Ministério Público e Tribunais de Contas, onde houver, em cada Ente Federativo. Abrange também tanto a Administração direta quanto a indireta, com uma única exceção, as ditas empresas Estatais Independentes.

Importante citar que todas as obrigações impostas aos Estados obrigarão também o Distrito Federal, pois a Lei os equipara.

> Assim dispõe a LRF:
>
> **Art. 1º**
>
> (...)
>
> § 2º As disposições desta Lei Complementar obrigam a União, os Estados, o Distrito Federal e os Municípios.
>
> § 3º Nas referências:
>
> I – à União, aos Estados, ao Distrito Federal e aos Municípios, estão compreendidos:
>
> a) o Poder Executivo, o Poder Legislativo, neste abrangidos os Tribunais de Contas, o Poder Judiciário e o Ministério Público;
>
> b) as respectivas administrações diretas, fundos, autarquias, fundações e empresas estatais dependentes;
>
> II – a Estados entende-se considerado o Distrito Federal;
>
> III – a Tribunais de Contas estão incluídos: Tribunal de Contas da União, Tribunal de Contas do Estado e, quando houver, Tribunal de Contas dos Municípios e Tribunal de Contas do Município.

Apesar das diversas divisões funcionais e institucionais, o Estado é único e a atividade financeira que ele desenvolve envolve todas as suas subdivisões, todos os seus elementos.

Porém, em função de peculiaridades de cada um desses elementos, a Atividade Financeira do Estado será desenvolvida de forma diferenciada por cada um.

Quando se fala em administração direta, o Poder Executivo é certamente o principal executor da Atividade Financeira do Estado, pois a ele cabe arrecadar a maior parte das receitas e realizar a maior parte das despesas. Aos outros Poderes cabe, em alguns casos, arrecadar receitas e, em todos os casos, realizar despesas voltadas especificamente ao cumprimento das suas atividades.

Com relação à Administração Indireta, temos as Autarquias, Fundações, Empresas Públicas e Sociedades de Economia Mista. Porém, a LRF traz duas importantes definições com o fim de delimitar o seu campo de atuação.

1) Empresa controlada:

Sociedade cuja maioria do capital social com direito a voto pertença, direta ou indiretamente, ao Ente da Federação.

É importante ficar atento para o fato de que possuir a maioria do capital social de uma empresa não a torna uma empresa controlada. Para que assim seja considerada, a parte pertencente ao ente público deve dar a ele o direito a voto, ou seja, poder de decisão.

2) Empresa estatal dependente:

Empresa controlada que recebe do ente controlador recursos financeiros para pagamento de despesas com pessoal ou de custeio em geral ou de capital, excluídos, no último caso, aqueles provenientes de aumento de participação acionária.

Diante do exposto, apesar de não estar contido na LRF, pode-se chegar ao **conceito de empresas estatais independentes como**:

- Empresa controlada que **não** receba do ente controlador recursos financeiros para pagamento de despesas com pessoal ou de custeio em geral ou de capital, excluídos, no último caso, aqueles provenientes de aumento de participação acionária.

Tais definições são importantes no estabelecimento da abrangência da LRF, pois segundo o § 2º do art. 1º, as disposições da LRF obrigam a União, os Estados, o Distrito Federal (tratado pela lei como estado) e os Municípios. A despeito de ser um Ente Federativo *sui generis*, o Distrito Federal recebe da LRF o mesmo tratamento dos Estados, equiparando-os.

Nos Entes Federativos estarão compreendidos:

- O Poder Executivo, o Poder Legislativo, nestes abrangidos os Tribunais de Contas, o Poder Judiciário e o Ministério Público;

- As respectivas administrações diretas, fundos, autarquias, fundações e empresas estatais dependentes.

Vejam que a lei exclui as empresas estatais independentes.

- Nos Tribunais de Contas estão incluídos: Tribunal de Contas da União, Tribunal de Contas do Estado e, quando houver, Tribunal de Contas dos Municípios e Tribunal de Contas do Município.

Assim, conclui-se que a LRF obriga a todos nas três esferas governamentais a adotarem práticas governamentais de gestão fiscal, ou seja, no âmbito dos três Poderes e na Administração direta e indireta, com exceção das empresas estatais independentes.

▸ EM TODOS OS ENTES FEDERATIVOS		
Poderes		**Componentes**
EXECUTIVO	+	Respectivas administrações diretas, fundos, autarquias, fundações e empresas estatais dependentes.
LEGISLATIVO + TC		
JUDICIÁRIO		
MINISTÉRIO PÚBLICO		

3. DO PLANEJAMENTO (PLANEJAMENTO E ORÇAMENTO PÚBLICO)

O planejamento é um dos mais importantes princípios norteadores da responsabilidade fiscal. Tanto que a ação planejada é o primeiro pressuposto estabelecido pela LRF e enfatizada em diversos pontos.

A ação será considerada planejada quando realizada com base em planos previamente traçados. No caso das ações orçamentárias, por envolver recursos públicos que são fundamentais ao bem-estar de todos, esses planos devem ainda ser previamente aprovados por todos, ao menos esta deveria ser a praxe em regimes democraticamente estabelecidos.

Devido à impossibilidade de esta aprovação ser feita pessoalmente por cada cidadão, o mecanismo encontrado pelos regimes democráticos tem sido a representação, ou seja, a aprovação ocorre de forma indireta, por meio de representantes eleitos pelo povo, o chamado Poder Legislativo.

No Brasil, tal papel cabe ao Congresso Nacional (Câmara de Deputados e Senado Federal) no âmbito da União; as Assembleias Legislativas no âmbito dos Estados, a Câmara Legislativa no âmbito do Distrito Federal e as Câmaras Municipais no âmbito dos Municípios.

Os principais instrumentos de planejamento brasileiros estão previstos na Constituição e tem natureza jurídica de lei ordinária, sendo denominadas de Plano Plurianual, Lei de Diretrizes Orçamentárias e Lei Orçamentária Anual.

A **LRF** reafirmou esses três principais instrumentos de planejamento estabelecendo outras funções específicas para a **Lei de Diretrizes Orçamentárias e para a Lei Orçamentária Anual**. Tais funções reforçaram a vinculação entre o planejamento e a execução, afinal, de nada adianta planejar se, no momento de executar, os planos antes estabelecidos não são seguidos. Tal vinculação é uma necessidade que caracteriza o orçamento-programa, modelo obrigatoriamente adotado no Brasil por todos os Entes Federativos, segundo a Lei nº 4.320/64. Vejamos o que a Lei dispõe especificamente sobre cada um dos três instrumentos de planejamento.

3.1. Plano Plurianual – PPA

Apesar das tentativas de se incluir novas regras relacionadas ao Plano Plurianual, notadamente em relação aos prazos, as disposições que versavam especificamente sobre este instrumento de planejamento foram vetadas pelo Presidente da República (Seção I do Capítulo II).

Assim, não houve nenhuma inovação com relação a este instrumento de planejamento. Isso não quer dizer que o PPA tenha perdido a sua importância como plano estratégico no sistema de Planejamento Orçamentário. Ao contrário, ele permanece como peça fundamental no sistema orçamentário Brasileiro, servindo de planejamento de médio prazo (para alguns doutrinadores o PPA é planejamento de longo prazo), afinal é ele que recebeu a missão constitucional de estabelecer as diretrizes, objetivos e metas da Administração Pública para as Despesas de Capital e outras delas decorrentes.

Tanto que em outros dispositivos existem referências a ele determinando, por exemplo, que o projeto de lei orçamentária anual seja elaborado de forma compatível com o plano plurianual, com a lei de diretrizes orçamentárias e com as normas das disposições da própria LRF. Esse mandamento reforça a ideia de orçamento-programa formando uma verdadeira pirâmide hierárquica orçamentária, onde, no topo, figura o PPA como instrumento de mais alto nível de planejamento que orienta as ações realizadas pela Lei Orçamentária Anual.

Corroborando com essa hierarquia, o Princípio da Anualidade, em outro dispositivo a LRF, determina que a lei orçamentária não consignará dotação para investimento com duração superior a um exercício financeiro que não esteja previsto no Plano Plurianual ou em lei que autorize a sua inclusão, dentre outras.

3.2. Lei de Diretrizes Orçamentárias – LDO

Para a LDO o tratamento foi diverso. Diferente do PPA, a LDO recebeu diversas atribuições que a transformaram no principal instrumento da busca pelo equilíbrio orçamentário real das contas públicas.

Primeiramente, a LRF reafirma as atribuições constitucionais da LDO, informando que a Lei de Diretrizes Orçamentárias atenderá o disposto no § 2º do art. 165 da Constituição.

O referido parágrafo constitucional determina à LDO:

- Compreender as metas e prioridades da Administração Pública Federal, incluindo as despesas de capital para o exercício financeiro subsequente;
- Orientar a elaboração da Lei Orçamentária Anual;
- Dispor sobre as alterações na legislação tributária; e
- Estabelecerá a política de aplicação das agências financeiras oficiais de fomento.

Ainda, logo após, a LRF estabelece uma série de atribuições voltadas para a busca do equilíbrio real das contas públicas, dispondo sobre:

1) Equilíbrio entre receitas e despesas;

2) Critérios e formas de limitação de empenho, a ser efetivada quando houver frustração na realização da receita que possa comprometer o cumprimento das metas de resultado primário ou nominal estabelecidas no Anexo de Metas Fiscais. Ou ainda, se tal resultado primário tiver que ser alcançado com o objetivo de reconduzir a dívida do ente público aos limites previamente estabelecidos.

3) Normas relativas ao controle de custos e à avaliação dos resultados dos programas financiados com recursos dos orçamentos;

4) Demais condições e exigências para transferências de recursos a entidades públicas e privadas.

Por fim, a LRF determina que a LDO contenha dois anexos:

1) O Anexo de Metas Fiscais

Neste anexo serão estabelecidas as metas anuais, em valores correntes e constantes para cinco variáveis:

1) **Receitas;**

2) **Despesas;**

3) **Resultado primário;**

Diferença entre as receitas e despesas do setor público, não computadas as despesas com "rolagem da dívida" e operações de crédito ativas e passivas. Reflete o esforço fiscal do governo no sentido de reduzir a dívida pública.

O resultado primário corresponde ao resultado nominal (Necessidade de Financiamento do Setor Público) menos os juros nominais incidentes sobre a dívida líquida interna e externa. Os juros incidentes sobre a dívida do setor público são determinados pelo nível da taxa de juros nominal interna e externa e pela dimensão dos déficits anteriores (dívida atual). A inclusão dos juros no cálculo do déficit dificulta a mensuração do efeito da política fiscal implementada pelo governo. Assim, o resultado primário é importante para avaliar a consistência entre as metas de política macroeconômicas e a sustentabilidade da dívida, ou seja, da capacidade do governo de honrar com seus compromissos[2].

2. BRASIL. Banco Central do Brasil. **Resultado primário.** Disponível em: <http://www.bcb.gov.br/glossario.asp?Definicao=462&idioma=P&idpai=GLOSSARIO>. Acesso em: 14 nov. 2017.

O resultado pode ser positivo ou negativo. Quando positivo denomina-se superávit primário, quando negativo denomina-se déficit primário. A busca é sempre por um resultado positivo.

4) **Resultado nominal;**

Para a apuração do resultado nominal, deve-se acrescentar ao resultado primário os valores pagos e recebidos de juros nominais junto ao sistema financeiro, o setor privado não-financeiro e o resto do mundo. Desse modo, esse resultado indica, efetivamente, o montante de recursos que o setor público necessitou captar junto ao sistema financeiro, o setor privado e o resto do mundo para a realização de suas despesas orçamentárias.

Existem duas formas de apuração dos resultados, são eles, primário e nominal. Conhecidos como critérios "abaixo da linha" e "acima da linha". O critério "abaixo da linha" considera apenas os itens de financiamento, apurando o desempenho fiscal do Governo por intermédio do cálculo de variação do endividamento líquido em determinado período. Já o "acima da linha", apura o desempenho fiscal do Governo mediante a apuração dos fluxos de receitas e despesas orçamentárias em determinado período[3].

5) **Montante da dívida pública.**

Tais metas serão cumpridas pela Lei Orçamentária Anual, e serão estabelecidas para o exercício a que se referirem e para os dois seguintes, por exemplo, se estamos em 2018 o anexo de metas fiscais preverá metas para 2019, 2020 e 2021.

O Anexo conterá, ainda:

- Avaliação do cumprimento das metas relativas ao ano anterior;
- Demonstrativo das metas anuais, instruído com memória e metodologia de cálculo que justifiquem os resultados pretendidos, comparando-as com as fixadas nos três exercícios anteriores, e evidenciando a consistência delas com as premissas e os objetivos da política econômica nacional;
- Evolução do patrimônio líquido, também nos últimos três exercícios, destacando a origem e a aplicação dos recursos obtidos com a alienação de ativos;
- Avaliação da situação financeira e atuarial:
  a) Dos regimes gerais de previdência social e próprio dos servidores públicos e do Fundo de Amparo ao Trabalhador;

  b) Dos demais fundos públicos e programas estatais de natureza atuarial;

3. BRASIL. Ministério da Economia. **Apuração do Resultado Fiscal.** Disponível em: ‹http://www.planejamento.gov.br/secretaria.asp?cat=51&sub=131&sec=8›. Acesso em: 14 nov. 2017.

- Demonstrativo da estimativa e compensação da renúncia de receita e da margem de expansão das despesas obrigatórias de caráter continuado.

2) Anexo de Riscos Fiscais

Neste anexo **serão avaliados os passivos contingentes e outros riscos** capazes de afetar as contas públicas, informando as providências a serem tomadas, caso se concretizem.

Passivos contingentes são eventos que criam obrigações adicionais cuja ocorrência depende de eventos futuros incertos. Uma vez efetivamente ocorridos, podem afetar a execução orçamentária com o comprometimento do equilíbrio orçamentário ou, ainda, com o comprometimento do alcance das metas estabelecidas no anexo de metas fiscais. Tais passivos, para serem considerados, devem gozar de um mínimo de previsibilidade de ocorrência.

Serve de exemplo uma ação judicial movida por um ente particular contra um público que busque uma indenização de dez milhões. Hora, a história desta ação pode ter três desfechos distintos: o ente público poderá ganhar a ação e não ter nenhuma obrigação gerada a partir dela; o particular pode ganhar parcialmente a ação gerando uma obrigação de valor parcial ao pedido, quatro milhões, por exemplo; o particular pode ganhar a ação em sua plenitude e gerar a dívida de dez milhões contra o ente público.

Diante dessa situação hipotética, mesmo não sabendo o desfecho da ação, o gestor desse ente público deverá prever no anexo de Riscos Fiscais a pior situação possível, ou seja, perder a ação em sua plenitude.

É importante diferenciar o exemplo dado dos precatórios judiciais. No exemplo existe um grau de incerteza sobre a ocorrência ou não do passivo. No caso dos precatórios não é assim, pois a dívida já existe, restando ao ente público prever o seu pagamento na Lei Orçamentária Anual na forma de despesa orçamentária.

A lei cita ainda outros riscos que possam afetar as contas públicas. Tais riscos podem ser assim divididos:

- **Riscos orçamentários:**

São riscos relacionados à execução orçamentária, ou seja, são eventos que podem comprometer o equilíbrio orçamentário ou o alcance das metas estipuladas e que estão diretamente ligados às ações orçamentárias. Serve de exemplo a frustração na arrecadação da receita.

É sabido que, grosso modo, a elaboração do orçamento é um exercício de previsão de receita para a fixação da despesa, pois, para que se mantenha o tão almejado equilíbrio, o montante fixado desta depende do montante previsto daquela. Assim, se houve a previsão de se arrecadar 100 durante o exercício financeiro, poderá, desde que arrecadados, se despender 100 durante esse exercício.

Imaginemos que, em função de uma crise internacional que alcançou seu auge durante o exercício de referência, ao invés de se arrecadar 100 milhões, se arrecade somente 80 milhões. Para que se possa manter o equilíbrio orçamentário, este ente federado somente poderá despender 80, provocando a necessidade de ajustes naquilo que foi inicialmente planejado.

Poderia ocorrer também a necessidade de realizar alguma despesa não prevista, como por exemplo, despesas realizadas em função de alagamentos em bairros de um determinado município que todos os anos sofre na época das chuvas.

Dessa forma, havendo a possibilidade de previsão dessa frustração de receita ou dessas despesas extras, esse evento deve constar no Anexo de Riscos Fiscais.

- **Riscos da dívida:**

São riscos relacionados à dívida pública, são fatos que, se ocorrerem, podem gerar aumentos imprevistos em seu montante.

Tais aumentos podem ser provocados por aumento nas taxas de juros, variação cambial, escassez de crédito, etc.

Serve de exemplo a transição ocorrida no câmbio brasileiro que passou de semifixo, baseado na administração de estreitas bandas de flutuação, para um câmbio flutuante que varia ao sabor dos ventos cambiais. Tal mudança gerou valorização de mais 300% no Dólar frente o Real.

Imagine um ente público com dívidas em dólar em um ambiente de paridade cambial com um Dólar valendo um Real. Se o ente público deve 100 dólares deverá também 100 Reais. Imagine como fica a dívida do mesmo ente público após a valorização supracitada, com o Dólar beirando a casa dos quatro Reais. Mesmo continuando a dever os mesmos 100 dólares, essa valorização multiplicaria a dívida em Reais de 100 para quase 400 Reais.

A LRF determina então que o ente público se previna em relação a tais riscos fazendo avaliações sobre a sua ocorrência e montante.

A lei ainda determina que a mensagem que encaminhar o projeto da União apresentará em anexo específico, os objetivos das políticas monetária, creditícia e cambial, bem como os parâmetros e as projeções para seus principais agregados e variáveis, e ainda as metas de inflação, para o exercício subsequente.

3.3. Lei Orçamentária Anual – LOA

A LRF inicia suas disposições sobre a LOA reafirmando a subordinação desta ao PPA, à LDO e as suas próprias disposições, sendo esse um dos pilares do orçamento-programa, a vinculação entre o planejamento e a execução.

Após essa reafirmação a LRF estabelece novos elementos que deverão compor a Lei Orçamentária Anual, tornando-a mais transparente e gerencial. São eles:

- **Demonstrativo da compatibilidade da programação dos orçamentos com os objetivos e metas constantes do Anexo de Metas Fiscais, documento anexo à LDO**

Como vimos, a vinculação da execução ao que foi planejado é essencial para que se possa atingir os objetivos estabelecidos pela LRF. A LDO é um instrumento de planejamento tático que tem entre suas funções estabelecer metas fiscais a serem atingidas no exercício social seguinte ao de sua aprovação, utilizando como instrumento o Anexo de Metas Fiscais.

Porém, o instrumento que efetivamente cumpre as metas previamente estabelecidas não é a LDO, é a LOA, que é o planejamento operacional da Administração Pública. Desta forma, para que se possa garantir a vinculação entre o que foi planejado com o que será executado é necessário um mecanismo que demonstre que a elaboração da LOA considerou o que previu a LDO e que a execução orçamentária vai atingir as metas propostas.

Em relação às metas fiscais estabelecidas, este mecanismo é o demonstrativo em comento, que vai demonstrar que a programação dos orçamentos foi elaborada de forma compatível com o que previu o anexo de Metas Fiscais. Esse demonstrativo é parte do arcabouço que permite ao gestor ter uma ação planejada, pressuposto básico para que se possa atingir os objetivos estabelecidos pela LRF.

- **Demonstrativo regionalizado do efeito, sobre as receitas e despesas, decorrente de sacrifícios fiscais bem como das medidas de compensação a renúncias de receita e ao aumento de despesas obrigatórias de caráter continuado**

Sacrifícios fiscais são todas as ações orçamentárias que levem a aumento de despesa ou redução de receita com o fim de beneficiar classe de pessoas, regiões geográficas, categorias profissionais ou econômicas, dentre outros. Assim, a concessão indiscriminada desses benefícios certamente poderá comprometer o equilíbrio orçamentário e/ou impedir o ente público de atingir as metas estabelecidas no Anexo de Metas Fiscais.

Tais sacrifícios estão listados no § 6º do art. 165 da Constituição Federal. São eles:

- Concessão de isenção em caráter não geral;
- Anistias;
- Remissões;
- Subsídios; e
- Benefícios de natureza financeira, tributária e creditícia.

- **Medidas de compensação à renúncia de receita e aumento das despesas obrigatórias de caráter continuado**
  - **Reserva de contingência**

A Lei Orçamentária Anual deverá conter uma dotação de recursos feita de forma global que terá por finalidade fazer frente ao atendimento de passivos contingentes e outros riscos e eventos fiscais imprevistos e que foram avaliados no Anexo de Riscos Fiscais da LDO. Assim, tal dotação não terá como destinação nenhum órgão ou projeto específico e sua forma de utilização e montante, definido com base na receita corrente líquida, serão estabelecidos na Lei de Diretrizes Orçamentárias.

Uma observação deve ser feita em relação à receita corrente líquida, visto que este é um conceito novo trazido pela LRF e serve de base para diversos dispositivos, tal como a definição do valor da reserva de contingência. Por hora basta ficar atento para esse termo, pois não basta ser receita corrente, tem que ser líquida. Em tópico próprio aprenderemos a calculá-la.

- **Outras regras específicas**
  - **Dívida pública**

A LRF estabelece também várias regras com relação ao tratamento dado à dívida pública na LOA.

- Em atenção ao Princípio da Universalidade, a LRF determina ainda que todas as despesas relativas à dívida pública, mobiliária ou contratual, e as receitas que as atenderão, constarão da Lei Orçamentária Anual.
- O refinanciamento da dívida pública constará separadamente na lei orçamentária e nas de crédito adicional.
- A atualização monetária do principal da dívida mobiliária refinanciada não poderá superar a variação do índice de preços previsto na lei de diretrizes orçamentárias, ou em legislação específica.

- **Vedações**

- Para que não se fira o Princípio da Discriminação, é vedado consignar na lei orçamentária crédito com finalidade imprecisa ou com dotação ilimitada.
- Para que não se fira o Princípio da Anualidade e da Programação, a lei orçamentária não consignará dotação para investimento com duração superior a um exercício financeiro que não esteja previsto no Plano Plurianual ou em lei que autorize a sua inclusão.

- **Banco Central**

A LRF estabelece algumas regras voltadas especificamente para a escrituração na LOA das despesas, receitas e resultados do Banco Central do Brasil, que tem natureza jurídica de Autarquia Federal. Tais normas estabelecem que:

- Integrarão as despesas da União, e serão incluídas na lei orçamentária, as do Banco Central do Brasil relativas a pessoal e encargos sociais, custeio administrativo, inclusive os destinados a benefícios e assistência aos servidores, e a investimentos.
- O resultado do Banco Central do Brasil, apurado após a constituição ou reversão de reservas, constitui receita do Tesouro Nacional, e será transferido até o décimo dia útil subsequente à aprovação dos balanços semestrais.
- O resultado negativo constituirá obrigação do Tesouro para com o Banco Central do Brasil e será consignado em dotação específica no orçamento.
- O impacto e o custo fiscal das operações realizadas pelo Banco Central do Brasil serão demonstrados trimestralmente, nos termos em que dispuser a Lei de Diretrizes Orçamentárias da União.
- Os balanços trimestrais do Banco Central do Brasil conterão notas explicativas sobre os custos da remuneração das disponibilidades do Tesouro Nacional e da manutenção das reservas cambiais e a rentabilidade de sua carteira de títulos, destacando os de emissão da União.

3.4. Execução Orçamentária e Cumprimento das Metas

Estabelecidos os instrumentos de planejamento, a LRF traz também regras específicas sobre a execução orçamentária e sobre o cumprimento das metas estabelecidas.

1) Programação

Determina a lei que em até trinta dias após a publicação dos orçamentos, o Poder Executivo estabelecerá a programação financeira e o cronograma de execução mensal de desembolso. Este dispositivo atende ao Princípio da Programação e será efetivado por meio de decreto do Poder Executivo. Nesse decreto estará contida a forma que se desenvolverá os desembolsos durante o exercício financeiro. Este dispositivo é de extrema importância para que sejam planejados os desembolsos conforme as entradas de recursos, evitando assim que ocorra insuficiência de caixa.

2) Vinculação

Com o intuito de evitar desvios de finalidade na aplicação dos recursos públicos, a LRF estabelece também que os recursos legalmente vinculados à finalidade específica serão utilizados exclusivamente para atender ao objeto de sua vinculação, ainda que em exercício diverso daquele em que ocorrer o ingresso.

3) Limitação de empenho

Tão grande é a preocupação com o equilíbrio que, se verificado, ao final de um bimestre, que a realização da receita poderá não comportar o cumprimento das metas de resultado primário ou nominal estabelecidas no Anexo de Metas Fiscais, os Poderes e o Ministério Público promoverão, por ato próprio e nos montantes necessários, nos trinta dias subsequentes, limitação de empenho e movimentação financeira, segundo os critérios fixados pela lei de diretrizes orçamentárias.

Tal medida tem por finalidade resguardar o equilíbrio real das contas públicas e garantir o cumprimento das metas previamente estabelecidas.

Porém, mesmo diante da possibilidade de frustração da receita acima descrita, não serão objeto de limitação as despesas que constituam obrigações constitucionais e legais do ente, inclusive aquelas destinadas ao pagamento do serviço da dívida, e as ressalvadas pela Lei de Diretrizes Orçamentárias.

Assim, mesmo havendo o risco de desequilíbrio ou de descumprimento de metas, a LRF resguardou algumas despesas desta limitação, que serão empenhadas mesmo que não se atinjam os níveis de arrecadação previstos.

No caso de restabelecimento da receita prevista, ainda que parcial, a recomposição das dotações cujos empenhos foram limitados, dar-se-á de forma proporcional às reduções efetivadas.

É importante ficar atento à regra estabelecida no § 3º do art. 9º em que a LRF estabeleceu que no caso de os Poderes Legislativo e Judiciário e o Ministério Público não promoverem a limitação no prazo estabelecido no *caput*, o Poder Executivo está autorizado a limitar os valores financeiros segundo os critérios fixados pela Lei de Diretrizes Orçamentárias.

Porém, em sede da Ação Direta de Inconstitucionalidade nº 2.238-5, o Supremo Tribunal Federal suspendeu os efeitos desse dispositivo por considerá-lo uma interferência insuportável do Poder Executivo nos outros Poderes e órgãos.

4) Avaliações de metas

Estabelece a LRF que até o final dos meses de maio, setembro e fevereiro, o Poder Executivo demonstrará e avaliará o cumprimento das metas fiscais de cada quadrimestre, em audiência pública na Comissão Mista de Orçamento do Congresso Nacional ou equivalente nas Casas Legislativas estaduais e municipais.

No prazo de noventa dias após o encerramento de cada semestre, o Banco Central do Brasil apresentará, em reunião conjunta das comissões temáticas pertinentes do Congresso Nacional, avaliação do cumprimento dos objetivos e metas das políticas monetária, creditícia e cambial, evidenciando o impacto e o custo fiscal de suas operações e os resultados demonstrados nos balanços.

5) Tratamento dado aos precatórios

Com relação aos precatórios, determina a lei que a execução orçamentária e financeira identificará os beneficiários de pagamento de sentenças judiciais, por meio de sistema de contabilidade e administração financeira, para fins de observância da ordem cronológica determinada no art. 100 da Constituição Federal.

> **Art. 100** - Os pagamentos devidos pelas Fazendas Públicas Federal, Estaduais, Distrital e Municipais, em virtude de sentença judiciária, far-se-ão exclusivamente na ordem cronológica de apresentação dos precatórios e à conta dos créditos respectivos, proibida a designação de casos ou de pessoas nas dotações orçamentárias e nos créditos adicionais abertos para este fim. (Redação dada pela Emenda Constitucional nº 62, de 2009).
>
> § 1º Os débitos de natureza alimentícia compreendem aqueles decorrentes de salários, vencimentos, proventos, pensões e suas complementações, benefícios previdenciários e indenizações por morte ou por invalidez, fundadas em responsabilidade civil, em virtude de sentença judicial transitada em julgado, e serão pagos com preferência sobre todos os demais débitos, exceto sobre aqueles referidos no § 2º deste artigo. (Redação dada pela Emenda Constitucional nº 62, de 2009).
>
> § 2º Os débitos de natureza alimentícia cujos titulares, originários ou por sucessão hereditária, tenham 60 (sessenta) anos de idade, ou sejam portadores de doença grave, ou pessoas com deficiência, assim definidos na forma da lei, serão pagos com preferência sobre todos os demais débitos, até o valor equivalente ao triplo fixado em lei para os fins do disposto no § 3º deste artigo, admitido o fracionamento para essa finalidade, sendo que o restante será pago na ordem cronológica de apresentação do precatório. (Parágrafo com redação dada pela Emenda Constitucional nº 94, de 2016)
>
> § 3º O disposto no *caput* deste artigo relativamente à expedição de precatórios não se aplica aos pagamentos de obrigações definidas em leis como de pequeno valor que as Fazendas referidas devam fazer em virtude de sentença judicial transitada em julgado. (Redação dada pela Emenda Constitucional nº 62, de 2009).
>
> § 4º Para os fins do disposto no § 3º, poderão ser fixados, por leis próprias, valores distintos às entidades de direito público, segundo as diferentes capacidades econômicas, sendo o mínimo igual ao valor do maior benefício do regime geral de previdência social. (Redação dada pela Emenda Constitucional nº 62, de 2009).
>
> § 5º É obrigatória a inclusão, no orçamento das entidades de direito público, de verba necessária ao pagamento de seus débitos, oriundos de sentenças transitadas em julgado, constantes de precatórios judiciários apresentados até 1º de julho, fazendo-se o pagamento até o final do exercício seguinte, quando terão seus valores atualizados monetariamente. (Redação dada pela Emenda Constitucional nº 62, de 2009).
>
> § 6º As dotações orçamentárias e os créditos abertos serão consignados diretamente ao Poder Judiciário, cabendo ao Presidente do Tribunal que proferir a decisão exequenda determinar o pagamento integral e

autorizar, a requerimento do credor e exclusivamente para os casos de preterimento de seu direito de precedência ou de não alocação orçamentária do valor necessário à satisfação do seu débito, o sequestro da quantia respectiva. (Redação dada pela Emenda Constitucional nº 62, de 2009).

§ 7º O Presidente do Tribunal competente que, por ato comissivo ou omissivo, retardar ou tentar frustrar a liquidação regular de precatórios incorrerá em crime de responsabilidade e responderá, também, perante o Conselho Nacional de Justiça. (Incluído pela Emenda Constitucional nº 62, de 2009).

§ 8º É vedada a expedição de precatórios complementares ou suplementares de valor pago, bem como o fracionamento, repartição ou quebra do valor da execução para fins de enquadramento de parcela do total ao que dispõe o § 3º deste artigo. (Incluído pela Emenda Constitucional nº 62, de 2009).

§ 9º No momento da expedição dos precatórios, independentemente de regulamentação, deles deverá ser abatido, a título de compensação, valor correspondente aos débitos líquidos e certos, inscritos ou não em dívida ativa e constituídos contra o credor original pela Fazenda Pública devedora, incluídas parcelas vincendas de parcelamentos, ressalvados aqueles cuja execução esteja suspensa em virtude de contestação administrativa ou judicial. (Incluído pela Emenda Constitucional nº 62, de 2009).

§ 10. Antes da expedição dos precatórios, o Tribunal solicitará à Fazenda Pública devedora, para resposta em até 30 (trinta) dias, sob pena de perda do direito de abatimento, informação sobre os débitos que preencham as condições estabelecidas no § 9º, para os fins nele previstos. (Incluído pela Emenda Constitucional nº 62, de 2009).

§ 11. É facultada ao credor, conforme estabelecido em lei da entidade federativa devedora, a entrega de créditos em precatórios para compra de imóveis públicos do respectivo ente federado. (Incluído pela Emenda Constitucional nº 62, de 2009).

§ 12. A partir da promulgação desta Emenda Constitucional, a atualização de valores de requisitórios, após sua expedição, até o efetivo pagamento, independentemente de sua natureza, será feita pelo índice oficial de remuneração básica da caderneta de poupança, e, para fins de compensação da mora, incidirão juros simples no mesmo percentual de juros incidentes sobre a caderneta de poupança, ficando excluída a incidência de juros compensatórios. (Incluído pela Emenda Constitucional nº 62, de 2009).

§ 13. O credor poderá ceder, total ou parcialmente, seus créditos em precatórios a terceiros, independentemente da concordância do devedor, não se aplicando ao cessionário o disposto no § 2º e § 3º. (Incluído pela Emenda Constitucional nº 62, de 2009).

§ 14. A cessão de precatórios somente produzirá efeitos após comunicação, por meio de petição protocolizada, ao tribunal de origem e à entidade devedora. (Incluído pela Emenda Constitucional nº 62, de 2009).

§ 15. Sem prejuízo do disposto neste artigo, lei complementar a esta Constituição Federal poderá estabelecer regime especial para pagamento de crédito de precatórios de Estados, Distrito Federal e Municípios, dispondo sobre vinculações à receita corrente líquida e forma e prazo de liquidação. (Incluído pela Emenda Constitucional nº 62, de 2009).

§ 16. A seu critério exclusivo e na forma de lei, a União poderá assumir débitos, oriundos de precatórios, de Estados, Distrito Federal e Municípios, refinanciando-os diretamente. (Incluído pela Emenda Constitucional nº 62, de 2009).

§ 17. A União, os Estados, o Distrito Federal e os Municípios aferirão mensalmente, em base anual, o comprometimento de suas respectivas receitas correntes líquidas com o pagamento de precatórios e obrigações de pequeno valor. (Parágrafo acrescido pela Emenda Constitucional nº 94, de 2016)

§ 18. Entende-se como receita corrente líquida, para os fins de que trata o § 17, o somatório das receitas tributárias, patrimoniais, industriais, agropecuárias, de contribuições e de serviços, de transferências correntes e outras receitas correntes, incluindo as oriundas do § 1º do art. 20 da Constituição Federal, verificado no período compreendido pelo segundo mês imediatamente anterior ao de referência e os 11 (onze) meses precedentes, excluídas as duplicidades, e deduzidas: I – na União, as parcelas entregues aos Estados, ao Distrito Federal e aos Municípios por determinação constitucional; II – nos Estados, as parcelas entregues aos Municípios por determinação constitucional; III - na União, nos Estados, no Distrito Federal e nos Municípios, a contribuição dos servidores para custeio de seu sistema de previdência e assistência social e as receitas provenientes da compensação financeira referida no § 9º do art. 201 da Constituição Federal. (Parágrafo acrescido pela Emenda Constitucional nº 94, de 2016)

§ 19. Caso o montante total de débitos decorrentes de condenações judiciais em precatórios e obrigações de pequeno valor, em período de 12 (doze) meses, ultrapasse a média do comprometimento percentual da receita corrente líquida nos 5 (cinco) anos imediatamente anteriores, a parcela que exceder esse percentual poderá ser financiada, excetuada dos limites de endividamento de que tratam os incisos VI e VII do art. 52 da Constituição Federal e de quaisquer outros limites de endividamento previstos, não se aplicando a esse financiamento a vedação de vinculação de receita prevista no inciso IV do art. 167 da Constituição Federal. (Parágrafo acrescido pela Emenda Constitucional nº 94, de 2016)

> § 20. Caso haja precatório com valor superior a 15% (quinze por cento) do montante dos precatórios apresentados nos termos do § 5º deste artigo, 15% (quinze por cento) do valor deste precatório serão pagos até o final do exercício seguinte e o restante em parcelas iguais nos cinco exercícios subsequentes, acrescidas de juros de mora e correção monetária, ou mediante acordos diretos, perante Juízos Auxiliares de Conciliação de Precatórios, com redução máxima de 40% (quarenta por cento) do valor do crédito atualizado, desde que em relação ao crédito não penda recurso ou defesa judicial e que sejam observados os requisitos definidos na regulamentação editada pelo ente federado. (Parágrafo acrescido pela Emenda Constitucional nº 94, de 2016)

4. DA RECEITA PÚBLICA

4.1. Receita Corrente Líquida

Antes, porém, de entrar na regulamentação da receita pela LRF, vale ressaltar um conceito muito importante criado pela LRF e que serve de base para o cálculo de vários elementos desta lei, a Receita Corrente Líquida.

Alguns dos pressupostos a Responsabilidade na gestão fiscal são a correção de desvios, cumprimento de metas de resultados entre receitas e despesas.

Mas como identificar o desvio para que se possa corrigi-lo?

Como identificar as metas a serem cumpridas?

Uma das características da LRF que a tornou tão importante é que, além de estabelecer regras a serem cumpridas, ela também disponibilizou mecanismos para o cumprimento dessas regras.

Com relação especificamente ao cumprimento de metas e correção de desvios, era necessário, antes de mais nada, definir quais as metas a serem cumpridas e quais são as condutas que caracterizariam o desvio a ser corrigido.

Para tanto, era necessário também estabelecer valores de referência para se aplicar índices que pudessem servir de limitadores padrões e, assim, serem aplicados a todos aqueles aos quais a LRF obriga.

Para suprir esta necessidade a LRF estabeleceu o conceito de Receita Corrente Líquida – RCL, valor que serve de referência para vários limites e metas a serem alcançados por todos aqueles obrigados pela LRF. Em função de suas peculiaridades, esse valor é estabelecido em cada Ente Federativo com uma fórmula própria para cada um.

1) Cálculo da Receita Corrente líquida

Para este cálculo se considera, então, a Receita Corrente, que corresponde ao somatório das receitas:

- Tributárias;
- De contribuições;
- Patrimoniais;
- Industriais;
- Agropecuárias;
- De serviços;
- Transferências correntes;
- Outras receitas também correntes.

Sendo deduzidos:

- **Na União:**
  - Valores transferidos aos Estados e Municípios por determinação constitucional ou legal;
  - Contribuições destinadas à seguridade social, pagas pelo empregador, pela empresa e pela entidade a ela equiparada na forma da lei, incidentes sobre a folha de salários e demais rendimentos do trabalho pagos ou creditados, a qualquer título, à pessoa física que lhe preste serviço, mesmo sem vínculo empregatício;
  - Contribuições destinadas à seguridade social paga pelo trabalhador e dos demais segurados da previdência social;
  - A arrecadação decorrente das contribuições para o Programa de Integração Social (PIS) e Programa de Formação do Patrimônio do Servidor Público (PASEP).
- **Nos Estados:**
  - As parcelas entregues aos Municípios por determinação constitucional;
- **Na União, Estados e Municípios:**
  - Contribuição dos servidores para o custeio do seu sistema de previdência e assistência social;
  - Receitas provenientes da compensação entre os diversos regimes de previdência social citada no § 9º do art. 201 da Constituição.

> **Art. 201** (...) § 9º Para efeito de aposentadoria, é assegurada a contagem recíproca do tempo de contribuição na administração pública e na atividade privada, rural e urbana, hipótese em que os diversos regimes de previdência social se compensarão financeiramente, segundo critérios estabelecidos em lei. (Incluído dada pela Emenda Constitucional nº 20, de 1998)

- **Outros elementos do cálculo da RCL:**
  - **Serão computados no cálculo da receita corrente líquida os valores pagos e recebidos em decorrência da Lei Complementar nº 87 de 13 de setembro de 1996.**

Esta lei complementar trata do imposto dos Estados e do Distrito Federal sobre operações relativas à circulação de mercadorias e sobre prestações de serviços de transporte interestadual e intermunicipal e de comunicação.

Tais valores se referem à compensação financeira em função de perda de receita decorrente da desoneração das exportações nos termos da Lei Complementar nº 87/96.

- **Do fundo previsto para a manutenção e desenvolvimento da educação básica e à remuneração condigna dos trabalhadores da educação – FUNDEF;**
- **Recursos recebidos da União pelo Distrito Federal e dos Estados de Roraima e do Amapá.**

Não serão considerados na receita corrente líquida do Distrito Federal e dos Estados do Amapá e de Roraima os recursos recebidos para o custeio de despesas com pessoal custeadas com recursos transferidos pela União.

Tais recursos serão utilizados para organizar e manter o Poder Judiciário, o Ministério Público e a Defensoria Pública do Distrito Federal e dos Territórios, além da polícia civil, a polícia militar e o corpo de bombeiros militar do Distrito Federal, bem como prestar assistência financeira ao Distrito Federal para a execução de serviços públicos.

2) Apuração

A receita corrente líquida será apurada somando as receitas arrecadadas no mês em referência e nos onze anteriores, excluídas as duplicidades.

4.2. Previsão e Arrecadação da Receita

1) Requisitos da Responsabilidade Fiscal

Visando estimular esta conduta proativa por parte do Gestor Público, a LRF estabelece em seu art. 11 que constituem requisitos essenciais da responsabilidade na gestão fiscal a instituição, previsão e efetiva arrecadação de todos os tributos da competência constitucional do Ente da Federação. Adotando esse procedimento, o ente público se torna mais independente de recursos transferidos e de operações de crédito.

No intuito de forçar o gestor público a adotar tais medidas a LRF estabelece uma sanção aos entes federativos que descumprirem esse mandamento. Tal sanção consiste em vedar a realização de transferências voluntárias para o ente que não adote medidas para instituir, prever e efetivamente arrecadar impostos de sua competência. Mas fique atento que tal vedação só se refere a impostos que é uma espécie de tributo. Assim, se o gestor for negligente em relação a uma contribuição, por exemplo, a sanção não será aplicada.

Se estudos referentes a um determinado imposto de competência de um determinado ente federativo mostrar que o montante levantado com sua arrecadação será ínfimo, inferior aos gastos, tal ente estará desobrigado de instituir, prever e efetivamente arrecadá-lo.

2) Previsões de Receita

A previsão da receita é peça fundamental do processo orçamentário, afinal, baseia-se na previsão da receita que se fixa as despesas. É necessário entender que é a despesa pública que supre as necessidades públicas e traz satisfação à população. Porém, o gasto deverá ocorrer conforme ocorrer a arrecadação, sob pena de se perder o equilíbrio orçamentário e do consequente descontrole do tão temido déficit público. Por esse, motivo a despesa será fixada conforme a previsão da Receita.

Por se tratar de mera previsão, haverá certamente desconformidade entre o que foi previsto e o que realmente será arrecadado. Mesmo assim, esta informação deve ser a mais próxima possível da realidade, pois, se for feita muito aquém dos recursos efetivamente arrecadados, gerará a necessidade de se "remendar" o plano original, pois o valor excedente não foi contabilizado na elaboração da LOA, momento certo para se planejar os dispêndios. Por outro lado, se a previsão for feita muito além da realidade frustrará a realização das despesas previstas, gerando insatisfação.

Assim sendo, para que o orçamento público seja fonte fidedigna de informações e otimização do processo orçamentário, a LRF dá especial atenção no trato desta matéria, determinando que as previsões de receita:

Observarão as normas técnicas e legais, bem como:

- **Considerarão os efeitos:**
  - Das alterações na legislação;
  - Da variação do índice de preços;
  - Do crescimento econômico; ou
  - Qualquer outro fator relevante.
- **Serão acompanhadas de:**
  - Demonstrativo de sua evolução nos últimos três anos;
  - Projeção para os dois seguintes àquele a que se referirem;
  - Metodologia de cálculo; e
  - Premissas utilizadas.

O responsável por prever a receita é o Poder Executivo, mas em caso de **comprovados erros ou omissões de ordem técnica ou legal, a LRF autoriza a reestimativa de receita por parte do Poder Legislativo.**

Por ser o responsável pela previsão da receita, a LRF determina que Poder Executivo de cada ente colocará à disposição dos demais Poderes e do Ministério Público, no mínimo trinta dias antes do prazo final para encaminhamento de suas propostas orçamentárias, os estudos e as estimativas das receitas para o exercício subsequente, inclusive da receita corrente líquida, e as respectivas memórias de cálculo.

Tal determinação tem uma razão clara. No Brasil, existe independência entre os Poderes tendo como corolário a autonomia financeiro-administrativa de cada um. Essa autonomia é exercida com a capacidade de cada um elaborar e executar os seus próprios orçamentos, desde que dentro dos limites estabelecidos pela LDO. Porém, o grande arrecadador de receitas é o Poder Executivo que tem ainda a missão de prever o seu montante, restando aos outros basicamente a realização das despesas específicas de sua área de atuação. Para que se mantenha o equilíbrio orçamentário, os outros Poderes necessitam saber quanto será arrecadado para fixar seus dispêndios. Assim, para que os Poderes tenham tempo hábil para fixar suas despesas, a LRF fez a determinação acima.

3) Acompanhamento da arrecadação

Prevista a receita e fixada a despesa, pressupondo a devida aprovação na LOA, é necessário o acompanhamento das efetivas arrecadações de receita para que se verifique se o que foi planejado está condizente com a realidade. Tal verificação tem por fim assegurar o equilíbrio real das contas públicas e o cumprimento das metas previstas no Anexo de Metas Fiscais. Além disso, é necessário o planejamento do fluxo de caixa para o exercício financeiro subsequente, afinal, mesmo tendo sido aprovado com equilíbrio, haverá momentos em que poderá faltar recursos para cumprir com os diversos compromissos da Administração, isso em função de vários fatores como:

- **Frustração na arrecadação**

Havendo frustração de receita, é necessário limitar a realização de empenhos conforme visto anteriormente. Porém, para que se reduza o impacto desse contingenciamento, é preciso identificar esta frustração de receita o quanto antes, o que propiciará um novo planejamento com um devido redimensionamento das despesas.

- **Sazonalidade na arrecadação**

A arrecadação de receitas pública é, na maioria dos casos, sazonal, não havendo uma constância mensal de fluxos financeiros. Serve de exemplo a arrecadação o IPTU que, na maioria dos casos, o contribuinte deixa para pagar nas datas estabelecidas como limite. Assim, o município arrecadará muito pouco desse importante tributo durante a maior parte do exercício financeiro, ficando o grosso da arrecadação para datas próximas do seu vencimento.

- **Desproporcionalidade entre receita e despesa de um determinado período**

Pode ocorrer que em um determinado mês a despesa seja de 100 e a receita de 50. Já em outro, a despesa de 50 e a receita de 100. Essas desconformidades podem tornar o ente público inadimplente, pois, mesmo tendo uma receita anual total suficiente para fazer frente às despesas anuais totais, em determinado momento o ente pode não ter caixa suficiente.

- **Surgimento de despesas urgentes e imprevistas**

São fatos que podem afetar o equilíbrio orçamentário e ameaçar as metas previstas.

Por esses motivos, a LRF determina que em até trinta dias após a publicação dos orçamentos, as receitas previstas serão desdobradas, pelo Poder Executivo, em **metas bimestrais de arrecadação**, com a especificação, em separado, quando cabível:

- Das medidas de combate à evasão e à sonegação;
- Da quantidade e valores de ações ajuizadas para cobrança da dívida ativa;
- Da evolução do montante dos créditos tributários passíveis de cobrança administrativa.

4) A Regra de ouro na LRF

Determina o § 2º do art. 12 da LRF que o montante previsto para as receitas de operações de crédito não poderá ser superior ao das despesas de capital constantes do projeto de lei orçamentária.

Tal dispositivo se refere à Regra de Ouro prevista também no inciso III do art. 167 da Constituição Federal. Na LRF este dispositivo se encontra suspenso pela ADIN 2.238-5. Tal suspensão foi alegada pelo fato de que, sendo a LRF uma norma infraconstitucional e editada para regulamentar o dispositivo constitucional, não poderia ser mais restritiva que a Carta Magna.

A Constituição prevê uma ressalva que flexibiliza a Regra de Ouro, autorizando a realização de operações de crédito em montante superior às despesas de capital se houver aprovação mediante créditos suplementares ou especiais com finalidade precisa, aprovados pelo Poder Legislativo por maioria absoluta. Em seu dispositivo a LRF não prevê esta ressalva.

É importante ressaltar que a Regra de Ouro continua válida, afinal está prevista na Constituição. O que está suspenso é somente o dispositivo em comento constante na LRF.

4.3. Renúncia de Receita

Por ser necessária ao bem-estar social, a arrecadação de Receita Pública interessa a todos e sua renuncia impõe sacrifícios a toda população. Assim, todas as vezes que o Estado renuncia a receita ele deve fazê-lo por motivos justificáveis, tanto que a LRF determina que a concessão ou ampliação de incentivo ou benefício de natureza tributária da qual decorra renúncia de receita deverá estar acompanhada de:

1) **Estimativa do impacto orçamentário-financeiro**

   - No exercício em que deva iniciar sua vigência e dois seguintes.

2) **Atender ao disposto na Lei de Diretrizes Orçamentárias**

3) **Atender a pelo menos uma das seguintes condições**

   - Demonstração pelo proponente de que a renúncia foi considerada na estimativa de receita da lei orçamentária, na forma determinada para a previsão da receita, no que couber, e de que não afetará as metas de resultados fiscais previstas no anexo próprio da lei de diretrizes orçamentárias;

   - Estar acompanhada de medidas de compensação, no exercício em que deva iniciar sua vigência e nos dois seguintes, por meio do aumento de receita, proveniente da:

   - Elevação de alíquotas;

   - Ampliação da base de cálculo;

   - Majoração ou criação de tributo ou contribuição.

Se o ato de concessão ou ampliação do incentivo ou benefício da qual decorra renúncia de receita decorrer das medidas de compensação citadas acima, o benefício só entrará em vigor quando tais compensações forem implementadas.

Para a LRF a renúncia compreende:

- Anistia;
- Remissão; Subsídio;
- Crédito presumido;
- Concessão de isenção em caráter não geral;
- Alteração de alíquota ou modificação de base de cálculo que implique redução discriminada de tributos ou contribuições; e
- Outros benefícios que correspondam a tratamento diferenciado.

Por fim a LRF, no § 3º do art. 12, faz duas ressalvas afirmando que os dispositivos citados neste tópico não se aplicam:

Às alterações das alíquotas dos impostos sobre:

- Importação de produtos estrangeiros;
- Exportação, para o exterior, de produtos nacionais ou nacionalizados;
- Produtos industrializados;
- Operações de crédito, câmbio e seguro, ou relativas a títulos ou valores mobiliários;

Tais ressalvas fazem sentido na medida em que os impostos acima citados possuem características extrafiscais, ou seja, tais tributos não são utilizados apenas como instrumentos de arrecadação. Isso quer dizer que a variação de suas alíquotas é utilizada em auxílio ao Estado no desenvolvimento de suas funções essenciais, notadamente a estabilizadora, na medida em que auxiliam o gestor público a interferir nos setores da sociedade a que se referem, principalmente em seus aspectos econômicos. Serve de exemplo a redução do IPI sobre a linha branca com o intuito de alavancar esse setor econômico na época natalina.

Ao cancelamento de débito cujo montante seja inferior ao dos respectivos custos de cobrança.

Tal ressalva ocorre por motivos óbvios de economicidade.

5. DA DESPESA PÚBLICA

Juntamente com a receita, a despesa é o principal fator que influencia diretamente o equilíbrio das contas públicas, o que torna imprescindível o seu controle. Sendo tão importante, a LRF não poderia furta-se a regulamentá-la de forma mais detalhada e visando, então, o objetivo supremo: o alcance e manutenção do equilíbrio real das contas públicas. Dessa forma, a LRF elegeu para regulamentar os temas relacionados à despesa que mais contribuíssem para o alcance desse objetivo, os quais sejam:

- A Geração da Despesa;
- A despesa definida pela própria lei como obrigatória de caráter continuado;
- A principal despesa corrente em qualquer Ente Federativo, a despesa com pessoal;
- A Despesa com a Seguridade Social.

5.1. Geração da Despesa

A LRF inicia as tratativas sobre esta parte da atividade financeira do Estado definindo requisitos de validade para geração da despesa ou assunção de obrigação, considerando não autorizadas, irregulares e lesivas ao patrimônio público, as despesas que não atenderem a tais requisitos.

Dessa forma, o texto legal deixa claro que, para que seja considerada válida, a criação, expansão ou aperfeiçoamento de ação governamental que acarrete aumento da despesa, desde que relevante conforme o que estabelecer a LDO, deverá ser acompanhado de:

1) **Estimativa do impacto orçamentário-financeiro no exercício** em que deva entrar em vigor e nos dois subsequentes, acompanhada das premissas e metodologia de cálculo utilizada;

2) **Declaração do Ordenador da Despesa** de que o aumento tem adequação orçamentária e financeira com a Lei Orçamentária Anual e compatibilidade com o plano plurianual e com a lei de diretrizes orçamentárias.

Considera-se aumento de despesa a prorrogação daquela criada por prazo determinado.

Estabelece ainda a lei que será considerada adequada com a LOA, a despesa objeto de dotação específica e suficiente, ou que esteja abrangida por crédito genérico, de forma que somadas todas as despesas da mesma espécie, realizadas e a realizar, previstas no programa de trabalho, não sejam ultrapassados os limites estabelecidos para o exercício.

A LRF entende como compatível com o Plano Plurianual e a Lei de Diretrizes Orçamentárias, a despesa que se conforme com as diretrizes, objetivos, prioridades e metas previstos nesses instrumentos e não infrinja qualquer de suas disposições.

A partir da LRF, esses requisitos passam a ser condição prévia para:

- Empenho e licitação de serviços, fornecimento de bens ou execução de obras;
- Desapropriação de imóveis urbanos feitos com prévia e justa indenização em dinheiro em função da política de desenvolvimento urbano, executada pelo Poder Público municipal, conforme diretrizes gerais fixadas em lei, com o objetivo de ordenar o pleno desenvolvimento das funções sociais da cidade e garantir o bem-estar de seus habitantes (§ 3º do art. 185 da Constituição de 1988).

A LRF faz a ressalva das regras citadas acima a respeito da despesa considerada irrelevante, nos termos em que dispuser a Lei de Diretrizes Orçamentárias.

5.2. Despesa Obrigatória de Caráter Continuado – DOCC

Para a LRF não basta se preocupar com a geração da despesa em função do impacto imediato no orçamento, é importante também ter controle sobre este impacto nos orçamentos futuros, para que se tenha controle sobre o ônus deixado para administrações e gerações futuras. Para tanto, a lei se preocupou em regrar a criação ou aumento daquelas despesas que não deem margem de discricionariedade para o administrador e que gerem ônus orçamentários para outros exercícios, estabelecendo regras específicas.

Antes de mais nada, a lei procura definir os parâmetros que devem ser considerados no momento de determinar o que seja despesa obrigatória de caráter continuado. Para tanto, o texto legal estabelece que se considera obrigatória de caráter continuado a despesa:

- Corrente;
- Derivada de lei, medida provisória ou ato administrativo normativo;
- Fixe para o ente a obrigação legal de sua execução (vinculada);
- Por um período superior a dois exercícios.

▸ DOCC	**Corrente**
	Decorre de lei, medida provisória ou ato administrativo normativo
	Fixa obrigação de execução superior a dois exercícios.

Considera-se aumento de despesa a prorrogação daquela criada por prazo determinado.

Definida o que seja despesa obrigatória de caráter continuado, a lei determina que os atos que criarem ou aumentarem esse tipo de despesa deverão ser instruídos com:

- Estimativa do impacto orçamentário-financeiro no exercício em que deva entrar em vigor e nos dois subsequentes;
- Demonstração da origem dos recursos para seu custeio;
- Comprovação, acompanhada das premissas e metodologia de cálculo utilizado, de que a despesa criada ou aumentada não afetará as metas de resultados fiscais previstas no Anexo de Metas Fiscais, sem prejuízo do exame de compatibilidade da despesa com as demais normas do plano plurianual e da lei de diretrizes orçamentárias.

A LRF ainda vai além na busca incessante pelo equilíbrio e, desta forma, determina que os efeitos financeiros gerados por este aumento de despesa devem ser compensados pelo aumento permanente de receita ou pela redução permanente de despesa nos períodos seguintes, considerando aumento permanente de receita a elevação de alíquotas, ampliação da base de cálculo, majoração ou criação de tributo ou contribuição. Para que não haja riscos de que essas medidas não saiam do papel ou que sua implementação seja prejudicada por qualquer outro fator, o que comprometeria o equilíbrio orçamentário, a LRF determina que a despesa de obrigatória de caráter continuado não será executada antes da implementação destas medidas compensatórias, as quais integrarão o instrumento que a criar ou aumentar.

Por fim, a LRF não exige das despesas destinadas ao serviço da dívida nem ao reajustamento de remuneração relativo à revisão geral anual, sempre na mesma data e sem distinção de índices, dos servidores públicos e de subsídio de membro de Poder, detentor de mandato eletivo, Ministros de Estado e Secretários Estaduais e Municipais:

- Estimativa do impacto orçamentário-financeiro no exercício em que deva entrar em vigor e nos dois subsequentes;
- Demonstração da origem dos recursos para seu custeio.

5.3. Despesas com Pessoal

A despesa com pessoal é o maior componente da despesa corrente em todos os Entes da Federação, assim, este tipo de despesa ganhou uma seção específica para o seu regramento, isso em função do peso desse tipo de despesa no orçamento. Para tanto, a lei estabelece limites, regras para o controle do total de despesas com pessoal.

1) Definições e Limites

Para que se possa definir limites é importante definir o que seja despesa com pessoal, ou seja, quais os valores serão considerados despesa com pessoal. Para tanto, a LRF explicita o que seria afinal despesa com pessoal para efeito de cálculo dos limites elevação de alíquotas

- **Abrangência:**

A abrangência da LRF é ampla, assim, o total da despesa com profissionais inclui o somatório dos gastos do Ente da Federação com:

- Ativos;
- Inativos; e
- Pensionistas.

Relativos a:

- Mandatos eletivos;
- Cargos.

Funções ou Empregos:

- Das espécies
  - Civis;
  - Militares; e
  - Membros de Poder.

- **Composição**

A LRF determina quais são as parcelas que compõe o total de despesas com pessoal e, mais uma vez, incluindo: quaisquer espécies remuneratórias pagas aos elementos citados no item anterior, tais como:

- Vencimentos e vantagens, fixas e variáveis;
- Subsídios;
- Proventos da aposentadoria, reformas e pensões;
- Adicionais;
- Gratificações;
- Horas extras;
- Vantagens pessoais de qualquer natureza;
- Encargos sociais e contribuições recolhidas pelo ente às entidades de previdência.

- **Forma de cálculo**

Assim como a Receita corrente líquida, a despesa total com pessoal será apurada somando-se todas as espécies remuneratórias, considerando um período de doze meses, somando-se a realizada no mês em referência com as dos onze imediatamente anteriores, adotando-se o regime de competência.

- **Limites**

Segundo o art. 169 da Constituição, a despesa com pessoal ativo e inativo da União, dos Estados, do Distrito Federal e dos Municípios não poderá exceder os limites estabelecidos em lei complementar. Essa lei é a LRF e para os fins do disposto no *caput* do art. 169 da Constituição, a despesa total com pessoal, em cada período de apuração e em cada Ente da Federação, não poderá exceder os percentuais da receita corrente líquida, a seguir discriminados:

- União: 50% (cinquenta por cento);
- Estados: 60% (sessenta por cento);
- Municípios: 60% (sessenta por cento).

Os valores dos contratos de terceirização de mão-de-obra que se referem à substituição de servidores e empregados públicos serão contabilizados como "Outras Despesas de Pessoal".

A DESPESA TOTAL COM PESSOAL NÃO PODERÁ EXCEDER OS PERCENTUAIS DA RECEITA CORRENTE LÍQUIDA.		
► UNIÃO	► ESTADOS/DF	► MUNICÍPIOS
50%	60%	60%

- **Apuração da despesa líquida com pessoal**

Na verificação do atendimento dos limites definidos acima, é necessário encontrar a despesa líquida com pessoal. Para tanto, a LRF estabelece que na apuração dos limites acima não serão computadas as despesas:

- De indenização por demissão de servidores ou empregados;
- Relativas a incentivos à demissão voluntária;
- Derivadas de convocação extraordinária do Poder Legislativo;

Com relação a esta despesa cabe aqui uma observação. Tal dispositivo não mais se aplica no âmbito da União em virtude de tal benefício ter sido extinto pela Emenda constitucional nº 50 de 2006 que alterou o § 7º do art. 57 da Constituição. Porém, tal exceção ainda consta do texto legal.

> **Art. 57** (...)
>
> § 7º Na sessão legislativa extraordinária, o Congresso Nacional somente deliberará sobre a matéria para a qual foi convocado, ressalvada a hipótese do § 8º deste artigo, vedado o pagamento de parcela indenizatória, em razão da convocação

- Decorrentes de decisão judicial de competência de período anterior ao mês em referência com as dos onze imediatamente anteriores;
- Com pessoal, do Distrito Federal e dos Estados do Amapá e Roraima, custeadas com recursos transferidos pela União na forma dos incisos XIII e XIV do art. 21 da Constituição e do art. 31 da Emenda Constitucional nº 19.

> **Constituição Federal/88**
>
> **Art. 21** – Compete à União: (...)
>
> XIII. organizar e manter o Poder Judiciário, o Ministério Público e a Defensoria Pública do Distrito Federal e dos Territórios;
>
> XIV. organizar e manter a polícia civil, a polícia militar e o corpo de bombeiros militar do Distrito Federal, bem como prestar assistência financeira ao Distrito Federal para a execução de serviços públicos, por meio de fundo próprio.
>
> **Emenda Constitucional no 19**
>
> **Art. 31** – Os servidores públicos federais da administração direta e indireta, os servidores municipais e os integrantes da carreira policial militar dos ex-Territórios Federais do Amapá e de Roraima, que comprovadamente encontravam-se no exercício regular de suas funções prestando serviços àqueles ex-Territórios na data em que foram transformados em Estados; os policiais militares que tenham sido admitidos por força de lei federal, custeados pela União; e, ainda, os servidores civis nesses Estados com vínculo funcional já reconhecido pela União, constituirão

quadro em extinção da administração federal, assegurados os direitos e vantagens inerentes aos seus servidores, vedado o pagamento, a qualquer título, de diferenças remuneratórias.

§ 1º Os servidores da carreira policial militar continuarão prestando serviços aos respectivos Estados, na condição de cedidos, submetidos às disposições legais e regulamentares a que estão sujeitas as corporações das respectivas Polícias Militares, observadas as atribuições de função compatíveis com seu grau hierárquico.

§ 2º Os servidores civis continuarão prestando serviços aos respectivos Estados, na condição de cedidos, até seu aproveitamento em órgão da administração federal.

- Com inativos, ainda que por intermédio de fundo específico, custeadas por recursos provenientes:

a) Da arrecadação de contribuições dos segurados;

b) Da compensação financeira entre os diversos regimes de previdência social em função da contagem recíproca do tempo de contribuição na Administração Pública e na atividade privada, rural e urbana;

c) Das demais receitas diretamente arrecadadas por fundo vinculado a tal finalidade, inclusive o produto da alienação de bens, direitos e ativos, bem como seu superávit financeiro.

Ressalva a competência de período anterior ao mês em referência com os dos onze imediatamente anteriores, as despesas com pessoal decorrentes de sentenças judiciais serão incluídas no limite do respectivo Poder ou órgão referido.

Importante ressaltar que neste cálculo não entram as verbas indenizatórias como diárias, ajuda de custo, passagens, etc.

3) Repartição de limites

A LRF, além de estabelecer limites globais de gasto com pessoal para os Entes Federativos, também estabelece a repartição desses limites entre os Poderes e o Ministério Público em cada Ente Federativo dividindo também os valores dentro do Poder Judiciário, entre seus órgãos, e entre as casas legislativas e o Tribunal de Contas.

Para efeito das repartições estabelecidas neste tópico, entende-se como órgão:

- **O Ministério Público;**
- **No Poder Legislativo:**

a) Federal, as respectivas Casas e o Tribunal de Contas da União;

b) Estadual, a Assembleia Legislativa e os Tribunais de Contas;

d) Do Distrito Federal, a Câmara Legislativa e o Tribunal de Contas do Distrito Federal;

e) Municipal, a Câmara de Vereadores e o Tribunal de Contas do Município, quando houver;

- **No Poder Judiciário:**

a) Federal, os tribunais referidos no art. 92 da Constituição;

Art. 92 – São órgãos do Poder Judiciário:

I. o Supremo Tribunal Federal;

I-A. o Conselho Nacional de Justiça; (Incluído pela Emenda Constitucional nº 45, de 2004)

II. o Superior Tribunal de Justiça;

III. os Tribunais Regionais Federais e Juízes Federais;

IV. os Tribunais e Juízes do Trabalho;

V. os Tribunais e Juízes Eleitorais;

VI. os Tribunais e Juízes Militares;

VII. os Tribunais e Juízes dos Estados e do Distrito Federal e Territórios.

b) Estadual, o Tribunal de Justiça e outros, quando houver.

4) Repartição entre os Poderes

A repartição dos limites globais acima citados não poderá exceder os seguintes percentuais:

- **Na esfera federal:**

a) 2,5% (dois inteiros e cinco décimos por cento) para o Legislativo, incluído o Tribunal de Contas da União;

b) 6% (seis por cento) para o Judiciário;

c) 40,9% (quarenta inteiros e nove décimos por cento) para o Executivo, destacando-se 3% (três por cento) para as despesas com pessoal do Poder Judiciário, do Ministério Público, da Defensoria Pública da Polícia Civil e Militar e do Corpo de Bombeiros militar do Distrito Federal e dos estados do Amapá e Roraima, repartidos de forma proporcional à média das despesas relativas a cada um destes dispositivos, em percentual da receita corrente líquida, verificadas nos três exercícios financeiros imediatamente anteriores ao da publicação desta Lei Complementar;

d) 0,6% (seis décimos por cento) para o Ministério Público da União.

- **Na esfera estadual:**

  a) 3% (três por cento) para o Legislativo, incluído o Tribunal de Contas do Estado;

  b) 6% (seis por cento) para o Judiciário;

  c) 49% (quarenta e nove por cento) para o Executivo;

  d) 2% (dois por cento) para o Ministério Público dos Estados.

- **Na esfera municipal:**

  a) 6% (seis por cento) para o Legislativo, incluído o Tribunal de Contas do Município, quando houver;

  b) 54% (cinquenta e quatro por cento) para o Executivo.

Com relação aos municípios existe ainda outro limite estabelecido na Constituição em relação ao Poder Legislativo e que deve ser observado conjuntamente com os limites vistos acima conforme o **art. 29-A.**

Segundo esse dispositivo constitucional, o total da despesa do Poder Legislativo Municipal, incluídos os subsídios dos Vereadores e excluídos os gastos com inativos, não poderá ultrapassar os seguintes percentuais, relativos ao somatório da receita tributária e das transferências previstas no § 5º do art. 153 e nos arts. 158 e 159, efetivamente realizado no exercício anterior:

- 7% (sete por cento) para Municípios com população de até 100.000 (cem mil) habitantes; (Produção de efeito);
- 6% (seis por cento) para Municípios com população entre 100.000 (cem mil) e 300.000 (trezentos mil) habitantes;
- 5% (cinco por cento) para Municípios com população entre 300.001 (trezentos mil e um) e 500.000 (quinhentos mil) habitantes;
- 4,5% (quatro inteiros e cinco décimos por cento) para Municípios com população entre 500.001 (quinhentos mil e um) e 3.000.000 (três milhões) de habitantes;
- 4% (quatro por cento) para Municípios com população entre 3.000.001 (três milhões e um) e 8.000.000 (oito milhões) de habitantes;
- 3,5% (três inteiros e cinco décimos por cento) para Municípios com população acima de 8.000.001 (oito milhões e um) habitantes.

O § 1º do mesmo artigo, estabelece que a Câmara Municipal não gastará mais de setenta por cento de sua receita com folha de pagamento, incluído o gasto com o subsídio de seus Vereadores.

Já o § 2º, determina que constitui crime de responsabilidade do Prefeito Municipal:

- efetuar repasse que supere os limites definidos neste artigo;
- não enviar o repasse até o dia vinte de cada mês;
- enviá-lo menor em relação à proporção fixada na Lei Orçamentária.

Por fim, o § 3º do art. 29-A da CF determina que constitui crime de responsabilidade do Presidente da Câmara Municipal o desrespeito ao § 1º deste artigo.

5) Repartição dos limites entre os órgãos dos Poderes Legislativo e Judiciário

A LRF determina que nos Poderes Legislativo e Judiciário de cada esfera, os limites serão repartidos entre seus órgãos de forma proporcional à média das despesas com pessoal, em percentual da receita corrente líquida, verificadas nos três exercícios financeiros imediatamente anteriores ao da publicação desta Lei Complementar.

Segue a mesma regra os limites para as despesas com pessoal do Poder Judiciário do Distrito Federal e dos Estados do Amapá e Roraima, a cargo da União por força do inciso XIII do art. 21 da Constituição.

> ▶ **OBSERVAÇÕES:**
>
> Seguem duas observações referentes ao estabelecimento de limites e entrega de recursos baseados nos limites vistos acima.
>
> - Nos Estados em que houver Tribunal de Contas dos Municípios, os percentuais definidos para o Poder Legislativo e para o Poder Executivo serão, respectivamente, acrescidos e reduzidos em 0,4% (quatro décimos por cento).
> - Tribunal de Contas dos Municípios é um órgão estadual que desempenha o papel de auxiliar as Câmaras Municipais no controle externo da fiscalização da administração municipal. É um órgão responsável por apreciar as contas prestadas anualmente por todos os prefeitos dos municípios dos Estados que o instituiu, além de julgar as contas dos administradores e demais responsáveis por dinheiros, bens e valores públicos da administração direta e indireta dos municípios desses estados. Atualmente, existem quatro Estado que instituíram Tribunais de Contas de Municípios, são eles, Bahia, Ceará, Goiás e Pará.

Dessa forma, atualmente, para estes quatro estados a divisão da despesa com profissionais fica desta forma:

a) 3,4% (três inteiros e quatro décimos por cento) para o Legislativo, incluído o Tribunal de Contas do Estado e Tribunal de contas do município;

b) 6% (seis por cento) para o Judiciário;

c) 48,6% (quarenta e oito inteiros e seis décimos por cento) para o Executivo;

d) 2% (dois por cento) para o Ministério Público dos Estados;

É importante ficar atento ao fato de que o Tribunal de Contas dos Municípios não se confunde com Tribunal de Contas do Município que é órgão municipal responsável por analisar e julgar as contas do município que o instituiu. Atualmente, existem dois tribunais de contas de município que se localizam no Rio de Janeiro e São Paulo. Nesses municípios os percentuais estabelecidos não se alteram em função da existência desses cortes de contas.

▸ ESFERA	▸ FEDERAL	▸ ESTADUAL	▸ MUNICIPAL	▸ ESTADUAL (TC DOS M) BA CE GO PA
Limite total	50	60	60	60
Legislativo	2,5	3	6	3,4
Judiciário	6	6	-	6
Executivo	40,9 (37,9 + 3) *	49	54	48,4
MP	0,6	2		2

(*) A União terá, em realidade 37,9%, para gasto com seu próprio pessoal, já que a LRF determina que deve destacar 3% (três por cento) para as despesas com pessoal do Poder Judiciário, do Ministério Público, da Defensoria Pública da Polícia Civil e Militar e do Corpo de Bombeiros militar do distrito federal e dos estados do Amapá e Roraima, repartidos de forma proporcional à média das despesas relativas a cada um destes dispositivos, em percentual da receita corrente líquida, verificadas nos três exercícios financeiros imediatamente anteriores ao da publicação desta Lei Complementar.

- A entrega dos recursos financeiros correspondentes à despesa total com pessoal por Poder e órgão será a resultante da aplicação dos percentuais definidos, ou aqueles fixados na lei de diretrizes orçamentárias.

▸ FIQUE ATENTO!

Nos Estados em que houver **Tribunal de Contas dos Municípios, os percentuais definidos para o Legislativo e para o Executivo serão, respectivamente, acrescidos e reduzidos em 0,4% (quatro décimos por cento).**

ESTADOS QUE POSSUAM TRIBUNAL DE CONTAS DOS MUNICÍPIOS:

- Poder Executivo - 48,6%
- Poder Legislativo - 3,4%

6) Controle do total da despesa com pessoal

Estabelecidos os limites, era necessário estabelecer também regras que permitisse o controle do efetivo do cumprimento das limitações impostas. Assim, a LRF estabeleceu condutas, prazos, medidas preventivas, além de sanções institucionais, em um conjunto de mecanismos visando o cumprimento dos limites impostos.

7) Requisitos de validade para aumento de despesa com pessoal

A LRF, primeiramente, estabelece que é nulo de pleno direito o ato que provoque aumento da despesa com pessoal e não atenda às seguintes regras:

- Às relacionadas à geração da despesa vistas acima;
- Às relacionadas às despesas obrigatórias de caráter continuado vistas acima;
- À vedação de vinculação ou equiparação de quaisquer espécies remuneratórias para o efeito de remuneração de pessoal do serviço público;
- A concessão de qualquer vantagem ou aumento de remuneração, a criação de cargos, empregos e funções ou alteração de estrutura de carreiras, bem como a admissão ou contratação de pessoal, a qualquer título, pelos órgãos e entidades da administração direta ou indireta, inclusive fundações instituídas e mantidas pelo poder público, só poderão ser feitas:
- Se houver prévia dotação orçamentária suficiente para atender às projeções de despesa de pessoal e aos acréscimos dela decorrentes;
- Se houver autorização específica na lei de diretrizes orçamentárias, ressalvadas as empresas públicas e as sociedades de economia mista;
- Limite legal de comprometimento aplicado às despesas com pessoal inativo;
- Que o ato seja expedido antes dos cento e oitenta dias anteriores ao final do mandato do titular do respectivo Poder ou órgão visto acima.

8) Controle dos limites e sanções ao descumprimento

A verificação da obediência aos limites com despesa de pessoal será realizada ao final de cada quadrimestre. Isso em função da elaboração do Relatório de Gestão Fiscal que veremos em tópico próprio.

Na LRF existem três limites previstos para despesa com pessoal. São eles:

8.1) Limite de alerta

Corresponde a 90% dos limites totais, tanto em cada Ente Federativo (50%, 60% e 60%), quanto em cada órgão e Poder. Sendo ultrapassado esse percentual, os Tribunais de Contas alertarão os Poderes ou órgãos.

8.2) Limite prudencial

Corresponde a 95% dos limites totais, tanto em cada Ente Federativo (50%, 60% e 60%) quanto em cada órgão e Poder, e serve para que sejam tomadas as primeiras medidas para que o limite total não seja extrapolado.

Como medida preventiva, a LRF determina que, se a despesa total com pessoal exceder o chamado limite prudencial, ficam vedados ao Poder ou órgão que houver incorrido no excesso:

- Concessão de vantagem, aumento, reajuste ou adequação de remuneração a qualquer título, salvo os derivados de sentença judicial ou de determinação legal ou contratual, ressalvada ainda a revisão geral anual, sempre na mesma data e sem distinção de índices;

- Criação de cargo, emprego ou função;
- Alteração de estrutura de carreira que implique aumento de despesa;
- Provimento de cargo público, admissão ou contratação de pessoal a qualquer título, ressalvada a reposição decorrente de aposentadoria ou falecimento de servidores das áreas de educação, saúde e segurança;
- Contratação de hora extra, salvo no caso do disposto nos casos de convocação para seção extraordinária do Congresso Nacional, e as situações previstas na lei de diretrizes orçamentárias.

Mais uma vez vale a ressalva relacionada à convocação extraordinária, pois, com a Emenda Constitucional nº 50, não existe mais a previsão de remuneração extra no âmbito da União.

▶ LIMITE DE ALERTA	Ultrapassar 90% do máximo permitido (não há sanção/vedação)
▶ LIMITE PRUDENCIAL	Ultrapassar 95% do máximo permitido (há vedações)

8.3) Limite total

Refere-se aos percentuais vistos acima, tanto em cada Ente Federativo (50%, 60% e 60%) quanto em cada órgão e Poder.

Como medida corretiva, a LRF prevê que, se a despesa total com pessoal, do Poder ou órgão vistos acima, ultrapassar os limites definidos, sem prejuízo das medidas vistas acima, o percentual excedente terá de ser eliminado nos dois quadrimestres seguintes, sendo pelo menos um terço no primeiro, adotando-se, entre outras, as seguintes providências:

- Redução em pelo menos vinte por cento das despesas com cargos em comissão e funções de confiança.

Nesse caso, a LRF prevê que este objetivo poderá ser alcançado tanto pela extinção de cargos e funções quanto pela redução dos valores a eles atribuídos. Porém, em função da ADIN 2.238-5, o STF, por unanimidade, em medida cautelar, suspendeu a eficácia da expressão "quanto pela redução dos valores a eles atribuídos".

A LRF também estabelece que há faculdade de redução temporária da jornada de trabalho com adequação dos vencimentos à nova carga horária, porém, este é outro dispositivo com eficácia suspensa pelo STF.

- Exoneração dos servidores não estáveis;

Se tais medidas não forem suficientes para assegurar o cumprimento dos limites com despesas de pessoal vistos anteriormente, poderão ser adotadas medidas ainda mais drásticas.

- Perda do cargo pelo servidor estável: o servidor estável poderá perder o cargo, desde que ato normativo motivado de cada um dos Poderes especifique a atividade funcional, o órgão ou unidade administrativa objeto da redução de pessoal.

A lei estabelece um rol exemplificativo de ações a serem tomadas, ou seja, desde que legais, outras medidas poderão ser adotadas.

Não alcançada a redução no prazo estabelecido, e enquanto perdurar o excesso, o ente não poderá:

- Receber transferências voluntárias, com exceção daquelas relativas a ações de educação, saúde e assistência social;
- Obter garantia, direta ou indireta, de outro ente;
- Contratar operações de crédito, ressalvadas as destinadas ao refinanciamento da dívida mobiliária e as que visem à redução das despesas com pessoal.

As restrições acima se aplicam imediatamente se a despesa total com pessoal exceder o limite no primeiro quadrimestre do último ano do mandato dos titulares de Poder ou órgão vistos acima.

Flexibilização das regras para os municípios

A Lei Complementar nº 164, de 2018, que alterou a Lei de Responsabilidade Fiscal, flexibilizou, para os municípios, as regras citadas referentes à extrapolação dos limites. Segundo esse mandamento legal, as restrições do § 3º do art. 23 (vedação ao receber transferências voluntárias, obtenção de garantia e contratação operações de crédito) não se aplicam ao Município em caso de queda de receita real superior a 10% (dez por cento), em comparação ao correspondente quadrimestre do exercício financeiro anterior, devido a:

✓ Diminuição das transferências recebidas do Fundo de Participação dos Municípios decorrente de concessão de isenções tributárias pela União; e

✓ Diminuição das receitas recebidas de royalties e participações especiais.

Essa flexibilização só se aplica caso a despesa total com pessoal do quadrimestre vigente não ultrapasse o limite percentual previsto no art. 19 da Lei de Responsabilidade Fiscal, considerada, para este cálculo, a receita corrente líquida do quadrimestre correspondente do ano anterior atualizada monetariamente.

> Art. 22. A verificação do cumprimento dos limites estabelecidos nos arts. 19 e 20 será realizada ao final de cada quadrimestre.
>
> Parágrafo único. Se a despesa total com pessoal exceder a 95% (noventa e cinco por cento) do limite, são vedados ao Poder ou órgão referido no art. 20 que houver incorrido no excesso:

> I - concessão de vantagem, aumento, reajuste ou adequação de remuneração a qualquer título, salvo os derivados de sentença judicial ou de determinação legal ou contratual, ressalvada a revisão prevista no inciso X do art. 37 da Constituição;
>
> II - criação de cargo, emprego ou função;
>
> III - alteração de estrutura de carreira que implique aumento de despesa;
>
> IV - provimento de cargo público, admissão ou contratação de pessoal a qualquer título, ressalvada a reposição decorrente de aposentadoria ou falecimento de servidores das áreas de educação, saúde e segurança;
>
> V - contratação de hora extra, salvo no caso do disposto no inciso II do § 6o do art. 57 da Constituição e as situações previstas na lei de diretrizes orçamentárias.

5.4. Despesas com a Seguridade Social

Com relação às despesas com a Seguridade Social, a LRF estabelece que nenhum benefício ou serviço relativo à seguridade social poderá ser criado, majorado ou estendido sem a indicação da fonte de custeio total, atendidas ainda as exigências estabelecidas para as despesas obrigatórias de caráter continuado.

É dispensada da compensação prevista para despesas obrigatórias de caráter continuado a serem obtidas pelo aumento permanente de receita ou pela redução permanente de despesa quando ocorrer aumento de despesa decorrente de:

1) Concessão de benefício a quem satisfaça as condições de habilitação prevista na legislação pertinente;
2) Expansão quantitativa do atendimento e dos serviços prestados;
3) Reajustamento de valor do benefício ou serviço, a fim de preservar o seu valor real.

As disposições vistas aqui se aplicam a benefício ou serviço de saúde, previdência e assistência social, inclusive os destinados aos servidores públicos e militares, ativos e inativos, e aos pensionistas.

6. DAS TRANSFERÊNCIAS VOLUNTÁRIAS

A importância deste tipo de receita e despesa se deve ao fato de que boa parte das sanções institucionais estabelecidas pela LRF aos entes federativos que descumprem seus mandamentos são referentes ao recebimento de transferências voluntárias. Dessa forma, mais uma vez, para que não reste dúvidas ao gestor sobre as suas disposições, a exemplo de outros dispositivos, a LRF traz definições importantes ao definir o que seja transferências voluntárias e as condições para sua realização. Assim, para efeito da LRF, entende-se por transferência voluntária a entrega de recursos correntes ou de capital a outro ente da Federação, a título de cooperação, auxílio ou assistência financeira, que não decorra de determinação constitucional, legal ou os destinados ao Sistema Único de Saúde.

Transferências nada mais são que receita para quem recebe e despesa para quem entrega. Detalhe importante a destacar nesse conceito é que a transferência voluntária só ocorre se for entre Entes Federativos e se for ainda a título de cooperação, auxílio ou assistência financeira.

São exigências para a realização de transferência voluntária, além das estabelecidas na Lei de Diretrizes Orçamentárias:

1) Existência de dotação específica;
2) Que não se destine a pagamento de despesas com pessoal ativo, inativo e pensionista, dos Estados, do Distrito Federal e dos Municípios;
3) Comprovação, por parte do beneficiário, de:

- Que se acha em dia quanto ao pagamento de tributos, empréstimos e financiamentos devidos ao ente transferidor, bem como quanto à prestação de contas de recursos anteriormente dele recebidos;

Com relação a esta exigência cabe uma observação importante: segundo jurisprudência do STF, os entes da federação não podem ser atingidos por limitações jurídicas em função da inscrição em cadastros restritivos de suas entidades da administração indireta.

Por exemplo: um Estado não poderá ser penalizado com a perda de uma transferência voluntária pelo fato de uma de suas empresas públicas estar registrada em um cadastro restritivo por não ter honrado um compromisso financeiro.

- Cumprimento dos limites constitucionais relativos à educação e à saúde;
- Observância dos limites das dívidas consolidada e mobiliária, de operações de crédito, inclusive por antecipação de receita, de inscrição em restos a pagar e de despesa total com pessoal;
- Previsão orçamentária de contrapartida.

É vedada a utilização de recursos transferidos em finalidade diversa da pactuada.

Já vimos que com o intuito de evitar desvios de finalidade na aplicação dos recursos públicos, a LRF estabelece também que os recursos legalmente vinculados a finalidade específica serão utilizados exclusivamente para atender ao objeto de sua vinculação, ainda que, em exercício diverso daquele em que ocorrer o ingresso.

Por fim, para fins da aplicação das sanções de suspensão de transferências voluntárias constantes da LRF, excetuam-se aquelas relativas às ações de educação, saúde e assistência social.

7. DESTINAÇÃO DE RECURSOS PÚBLICOS PARA O SETOR PRIVADO

A possibilidade de transferência de recursos públicos para entidades privadas é prevista na Lei nº 4.320/64 que classifica como Transferências Correntes as dotações para despesas as quais não corresponda contraprestação direta em bens ou serviços, inclusive para contribuições e subvenções destinadas a atender a manifestação de outras entidades de direito público ou privado.

A transferência de recursos públicos para o setor privado pode ocorrer mediante subvenções. Consideram-se subvenções, para os efeitos da lei, as transferências destinadas a cobrir despesas de custeio das entidades beneficiadas, distinguindo-se como:

- Subvenções sociais, as que se destinem a instituições públicas ou privadas de caráter assistencial ou cultural, sem finalidade lucrativa;
- Subvenções econômicas, as que se destinem à empresas públicas ou privadas de caráter industrial, comercial, agrícola ou pastoril.

A lei considera, ainda, como Transferências de Capital as dotações para investimentos ou inversões financeiras que outras pessoas de direito público ou privado devam realizar, independentemente de contraprestação direta em bens ou serviços, constituindo estas transferências auxílios ou contribuições, segundo derivem diretamente da Lei de Orçamento ou de lei especialmente anterior, bem como as dotações para amortização da dívida pública.

Com o advento da LRF, esta prática ficou mais restrita e atualmente a destinação de recursos para, direta ou indiretamente, cobrir necessidades de pessoas físicas ou déficits de pessoas jurídicas deverá:

- Ser autorizada por lei específica;
- Atender às condições estabelecidas na Lei de Diretrizes Orçamentárias; e
- Estar prevista no orçamento ou em seus créditos adicionais.

As exigências acima se aplicam a toda a administração indireta, inclusive nas fundações públicas e empresas estatais, exceto, no exercício de suas atribuições precípuas, as instituições financeiras e o Banco Central do Brasil.

Compreende-se incluída a concessão de empréstimos, financiamentos e refinanciamentos, inclusive as respectivas prorrogações e a composição de dívidas, a concessão de subvenções e a participação em constituição ou aumento de capital.

Na concessão de crédito por Ente da Federação a pessoa física, ou jurídica que não esteja sob seu controle direto ou indireto, os encargos financeiros, comissões e despesas congêneres não serão inferiores aos definidos em lei ou ao custo de captação.

Dependem de autorização em lei específica as prorrogações e composições de dívidas decorrentes de operações de crédito, bem como a concessão de empréstimos ou financiamentos em desacordo com o estabelecido acima, sendo o subsídio correspondente com o consignado na lei orçamentária.

A LRF delegou às LDO's a missão de estabelecer condições para a destinação de recursos públicos ao setor privado. Desde então, as LDO's vêm regulamentando esta matéria. A título de exemplo, a Lei nº 12.465/11 – LDO 2012, entre os artigos 30 a 35, estabelece as diversas regras para a realização destas operações.

Salvo, mediante lei específica, não poderão ser utilizados recursos públicos, inclusive de operações de crédito, para socorrer instituições do Sistema Financeiro Nacional, ainda que mediante a concessão de empréstimos de recuperação ou financiamentos para mudança de controle acionário.

A prevenção de insolvência e outros riscos ficará a cargo de fundos, e outros mecanismos, constituídos pelas instituições do Sistema Financeiro Nacional, na forma da lei.

As exigências vistas acima não proíbem o Banco Central do Brasil de conceder às instituições financeiras operações de redesconto e de empréstimos de prazo inferior a trezentos e sessenta dias.

8. DA DÍVIDA E DO ENDIVIDAMENTO

O controle do endividamento e, consequentemente, da dívida são essenciais para se atingir os objetivos propostos pela LRF, principalmente no que tange ao equilíbrio das contas públicas. Mais uma vez, para que não reste dúvidas ao gestor público, a LRF inicia o capítulo sobre dívida e endividamento apresentando definições básicas.

8.1. Definições básicas

Para os efeitos da LRF, são adotadas as seguintes definições:

1) Dívida pública consolidada ou fundada

Montante total, apurado sem duplicidade:

- Das obrigações financeiras do Ente da Federação, assumidas em virtude de leis, contratos, convênios ou tratados e da realização de operações de crédito, para amortização em prazo superior a doze meses;
- Das operações de crédito de prazo inferior a doze meses cujas receitas tenham constado do orçamento;
- No caso da União, inclui-se a dívida relativa à emissão de títulos de responsabilidade do Banco Central do Brasil;
- Os precatórios judiciais não pagos durante a execução do orçamento em que houverem sido incluídos. Obs.: A inclusão deste item somente é válido para fins de aplicação dos limites de endividamento que veremos abaixo.

▶ **ATENÇÃO:**

A LRF inova o conceito de dívida pública fundada ou consolidada constante na Lei nº 4.320/64 ao incluir as operações de crédito de curto prazo, ou seja, com exigibilidade inferior a doze meses. Assim, a operação de crédito, mesmo que tenha prazo de vencimento inferior a doze meses, o que a caracterizaria como dívida flutuante, deve ser classificada no passivo permanente, quando a receita e a despesa correspondente tiverem sido incluídas no orçamento.

2) Dívida pública mobiliária

Dívida pública representada por títulos emitidos pela União, inclusive os do Banco Central do Brasil, Estados e Municípios.

3) Operação de crédito

Compromisso financeiro assumido em razão de mútuo, abertura de crédito, emissão e aceite de título, aquisição financiada de bens, recebimento antecipado de valores provenientes da venda a termo de bens e serviços, arrendamento mercantil e outras operações assemelhadas, inclusive com o uso de derivativos financeiros.

Equipara-se a operação de crédito a assunção, o reconhecimento ou a confissão de dívidas pelo Ente da Federação, sendo consideradas não autorizadas, irregulares e lesivas ao patrimônio público a assunção de obrigação que não estiver acompanhada de:

- Estimativa do impacto orçamentário-financeiro no exercício em que deva entrar em vigor e nos dois subsequentes, acompanhada das premissas e metodologia de cálculo utilizadas;
- Declaração do Ordenador da Despesa de que o aumento tem adequação orçamentária e financeira com a Lei Orçamentária Anual e compatibilidade com o plano plurianual e com a Lei de Diretrizes Orçamentárias.

4) Concessão de garantia

Compromisso de adimplência de obrigação financeira ou contratual assumida por Ente da Federação ou entidade a ele vinculada.

5) Refinanciamento da dívida mobiliária

Emissão de títulos para pagamento do principal acrescido da atualização monetária.

Podemos entender, então, que refinanciar uma dívida mobiliária significa pagar títulos que estão vencendo, com acréscimos da atualização monetária, com recursos advindos da emissão de outros títulos.

A LRF limita o refinanciamento do principal da dívida mobiliária estabelecendo que este tipo de operação não excederá, ao término de cada exercício financeiro, o montante do final do exercício anterior, somado ao das operações de crédito autorizadas no orçamento para este efeito e efetivamente realizadas, acrescido de atualização monetária.

8.2. Limites da Dívida Pública e das Operações De Crédito

A definição de limites é uma das principais ferramentas utilizadas pela LRF para atingir os fins a que se propôs e os limites para o endividamento é certamente um elemento fundamental neste processo, afinal, do controle do endividamento depende diretamente o equilíbrio das contas públicas. Mas, em função do que prevê o inciso XIV do art. 48 e os incisos VI, VII, VIII e IX do art. 52 da Constituição, a lei não estabeleceu os limites em si, pois, segundo tais dispositivos, tal competência pertence ao Congresso Nacional e ao Senado Federal.

> **Constituição/88**
>
> **Art. 48** – Cabe ao Congresso Nacional, com a sanção do Presidente da República, não exigida esta para o especificado nos Arts. 49, 51 e 52, dispor sobre todas as matérias de competência da União, especialmente sobre:
>
> (...) XIV. moeda, seus limites de emissão, e montante da dívida mobiliária federal.
>
> **Art. 52** – Compete privativamente ao Senado Federal: (...)
>
> VI. fixar, por proposta do Presidente da República, limites globais para o montante da dívida consolidada da União, dos Estados, do Distrito Federal e dos Municípios;
>
> VII. dispor sobre limites globais e condições para as operações de crédito externo e interno da União, dos Estados, do Distrito Federal e dos Municípios, de suas autarquias e demais entidades controladas pelo Poder Público federal;
>
> VIII. dispor sobre limites e condições para a concessão de garantia da União em operações de crédito externo e interno;
>
> IX. estabelecer limites globais e condições para o montante da dívida mobiliária dos Estados, do Distrito Federal e dos Municípios;

Dessa forma, a LRF regulamentou outros aspectos relacionados aos limites iniciando por estabelecer que no prazo de noventa dias após sua publicação, o Presidente da República submeterá ao:

1) **Senado Federal**: proposta de limites globais para o montante da dívida consolidada da União, Estados e Municípios, cumprindo o que estabelece o inciso VI do art. 52 da Constituição, bem como de limites e condições relativos aos incisos VII, VIII e IX do mesmo artigo;

Os limites para a dívida consolidada dos Estados e Municípios foram estabelecidos pela resolução nº 40/01 do Senado Federal. De acordo com esta norma, até quinze anos após a sanção dessa Resolução os entes públicos estarão sujeitos às seguintes normas:

- O limite máximo de endividamento para os Estados corresponderá a duas vezes a sua Receita Corrente Líquida anual;
- Para os Municípios, este limite máximo corresponderá a 1,2 vezes a RCL anual;

2) **Congresso Nacional**: projeto de lei que estabeleça limites para o montante da dívida mobiliária federal a que se refere o inciso XIV do art. 48 da Constituição, acompanhado da demonstração de sua adequação aos limites fixados para a dívida consolidada da União.

Estabeleceu ainda que as propostas acima e suas alterações conterão:

- Demonstração de que os limites e condições guardam coerência com as normas estabelecidas nesta Lei Complementar e com os objetivos da política fiscal;
- Estimativas do impacto da aplicação dos limites a cada uma das três esferas de governo;
- Razões de eventual proposição de limites diferenciados por esfera de governo;
- Metodologia de apuração dos resultados primário e nominal.

As propostas acima mencionadas também poderão ser apresentadas em termos de dívida líquida, evidenciando a forma e a metodologia de sua apuração.

Dívida consolidada líquida, corresponde à dívida pública consolidada deduzidas as disponibilidades de caixa, as aplicações financeiras e os demais haveres financeiros, considerando-se ainda as obrigações a pagar que deverão ser deduzidas das disponibilidades financeiras.

O parâmetro utilizado pela lei para a fixação de limites foi a receita corrente líquida, sendo os limites vistos acima fixados em percentual da receita corrente líquida para cada esfera de governo e aplicados igualmente a todos os entes da Federação que a integrem, constituindo, para cada um deles, limites máximos, cuja apuração do montante será efetuada ao final de cada quadrimestre.

Vale aqui uma observação importante. O documento que constará esses valores é o Relatório de Gestão fiscal que veremos em tópico próprio. Tal documento é elaborado quadrimestralmente no âmbito de todos os Entes Federativos, salvo os municípios com população menor que 50 mil habitantes que terá a faculdade de elaborá-lo semestralmente.

Por esse motivo, para esses municípios a apuração dos limites da dívida será feita semestralmente.

Porém, o Manual de Demonstrativos Fiscais referente à elaboração do Relatório de Gestão Fiscal estabelece que se ultrapassados os limites relativos à despesa total com pessoal ou à dívida consolidada, enquanto perdurar esta situação, o Município com população inferior a cinquenta mil habitantes, que tiver optado em divulgar os referidos anexos do Relatório de Gestão Fiscal semestralmente, ficará sujeito aos mesmos prazos de verificação e de retorno ao limite definidos para os demais entes.

Como forma de flexibilizar o processo orçamentário, para que não haja engessamento em função dos limites estabelecidos, a LRF previu ainda que sempre que alterados os fundamentos das propostas de limites vistas acima, em razão de instabilidade econômica ou alterações nas políticas monetária ou cambial, o Presidente da República poderá encaminhar ao Senado Federal ou ao Congresso Nacional solicitação de revisão dos limites.

8.3. Recondução da Dívida aos Limites

Não basta prever limites, é preciso estabelecer regras para que tais limites sejam efetivamente cumpridos. Para tanto, a LRF estabeleceu dispositivos para obrigar os Entes Federativos a cumprirem os limites estabelecidos, prevendo também os procedimentos para recondução aos limites em caso de desobediência, além de sanções.

O período de apuração dos limites estabelecidos é quadrimestral, isso em função da elaboração do Relatório de Gestão Fiscal. Assim, em seu art. 31, a LRF estabelece que, se a dívida consolidada de um Ente da Federação ultrapassar o respectivo limite ao final de um quadrimestre, deverá ser a ele reconduzida até o término dos três subsequentes, reduzindo o excedente em pelo menos 25% (vinte e cinco por cento) no primeiro.

É importante citar que a Resolução nº 20 do Senado Federal ampliou de três para quatro, o número de quadrimestres necessários em que a dívida deverá ser reconduzida aos limites determinados.

> **Art. 1º** – Nos termos do § 4º do art. 66 da Lei Complementar nº 101, de 2000, fica ampliado em 4 (quatro) quadrimestres o prazo estipulado pelo seu art. 31 para o cumprimento dos limites para a dívida consolidada.

Apesar da previsão da resolução nº 20, as bancas têm entendido o prazo para recondução conforme a previsão legal, ou seja, três quadrimestres. Assim, até o presente momento, a não ser que a questão venha de forma específica, o correto será considerar o prazo como sendo de três quadrimestres.

> ▸ **IMPORTANTE:**
>
> Novamente vale ressaltar que se ultrapassados os limites relativos à despesa total com pessoal ou à dívida consolidada, enquanto perdurar esta situação, o Município com população inferior a cinquenta mil habitantes, que tiver optado em divulgar os referidos anexos do Relatório de Gestão Fiscal semestralmente, ficará sujeito aos mesmos prazos de verificação e de retorno ao limite definidos para os demais entes.

Caso o excesso seja verificado no primeiro semestre, o prazo para recondução da despesa ao limite será contado a partir do quadrimestre iniciado imediatamente após o período de apuração do excesso.

> ✦ *Ex.: Município A, que se enquadra na flexibilidade de publicação e verificação semestral de limites para Despesa com Pessoal e Dívida Consolidada Líquida ultrapassa os respectivos limites no primeiro semestre do Ano X1, ou seja, na metade do 2º quadrimestre (maio a agosto) de análise. Sendo assim, o Município estará obrigado a publicar os demonstrativos quadrimestralmente a partir de agosto, término do 2º quadrimestre do Ano X1 e a verificar o cumprimento dos limites quadrimestralmente a partir do 3º quadrimestre do Ano de X1 (setembro a dezembro), inclusive explicitando a trajetória de reenquadramento.*

Enquanto perdurar o excesso, o ente que nele houver incorrido:

- Estará proibido de realizar operação de crédito interna ou externa, inclusive por antecipação de receita, ressalvado o refinanciamento do principal atualizado da dívida mobiliária;
- Obterá resultado primário necessário à recondução da dívida ao limite, promovendo, entre outras medidas, limitação de empenho pelos Poderes e o Ministério Público, por ato próprio e nos montantes necessários, segundo os critérios fixados pela lei de diretrizes orçamentárias.

Vencido o prazo para retorno da dívida ao limite, e enquanto perdurar o excesso, o ente ficará também impedido de receber transferências voluntárias da União ou do Estado. É importante ficar atento, pois o mero descumprimento em relação aos limites não provoca o impedimento relacionado ao recebimento de transferências voluntárias. Tal sanção somente será aplicada se, vencido o prazo para recondução da dívida aos limites estabelecidos, o Ente Federativo não conseguir baixar o nível de endividamento, perdurando a sanção enquanto durar o excesso.

Uma vez reconduzida a dívida aos limites estabelecidos as sanções deixam de ser aplicadas.

A proibição de realizar operação de crédito interna ou externa vista acima e a obrigação de obter resultado primário necessário à recondução da dívida ao limite, aplica-se imediatamente se o montante da dívida exceder o limite no primeiro quadrimestre do último ano do mandato do Chefe do Poder Executivo.

O Ministério da Fazenda (incorporado ao Ministério da Economia) divulgará, mensalmente, a relação dos entes que tenham ultrapassado os limites das dívidas consolidada e mobiliária.

As normas vistas neste tópico serão observadas nos casos de descumprimento dos limites da dívida mobiliária e das operações de crédito internas e externas.

8.4. Restos a Pagar

A inscrição em restos a pagar é uma fonte de endividamento que gera obrigações de curto prazo para com terceiros, a chamada "herança maldita" deixada para exercícios posteriores. Tal situação se agrava quando esta conta é deixada para outro gestor pagar, ou seja, em outro mandato. Assim, visando o controle e a limitação desse tipo de operação, a LRF também dispôs sobre essa matéria em seu art. 42 dispondo que é vedado ao titular de Poder ou órgão referido no art. 20, nos últimos dois quadrimestres do seu mandato, contrair obrigação de despesa que não possa ser cumprida integralmente dentro dele, ou que tenha parcelas a serem pagas no exercício seguinte sem que haja suficiente disponibilidade de caixa para este efeito.

Na determinação da disponibilidade de caixa serão considerados os encargos e despesas compromissadas a pagar até o final do exercício.

A LRF não veda a inscrição em Restos a Pagar nos dois últimos quadrimestres do último ano de mandato, o que é vedado é a inscrição sem cobertura de caixa suficiente para cobrir tais despesas.

Podemos, assim, classificar uma inscrição em Restos a Pagar como ilegal se cumulativamente ocorrer:

1) Inscrição em função de obrigações contraídas nos dois últimos quadrimestres do último ano do mandato do titular de qualquer Poder, além do Ministério Público, como: o Chefe do Poder Executivo, Presidente da Câmara dos Deputados, Presidente do Senado Federal, Presidente do STF e Tribunais Superiores, Chefe do Ministério Público, Presidente de Tribunal de Contas, etc.
2) Que não tenha suficiente disponibilidade de caixa para cobertura.

8.5. Operações de Crédito

Visando garantir o cumprimento dos objetivos por ela propostos, a LRF não se limitou ao controle da dívida, preocupou-se também com o controle de uma de suas fontes principais, as operações de crédito. Para tanto, estabeleceu regras que permitissem o controle e, consequentemente, limitassem essas operações, obrigando o gestor público a demonstrar a real necessidade de realização e a comprovação de que tal operação será realizada em prol da coletividade, ou seja, demonstrar o interesse econômico e social da operação.

Para que não houvesse a possibilidade de burlar às regras nela contidas e, assim, o gestor pudesse encontrar formas alternativas de contrair as obrigações, a LRF estabeleceu um conceito amplo para operações de crédito. Segundo a LRF as operações de crédito são compromissos financeiros assumidos em razão de:

1) Mútuo;
2) Abertura de crédito;

3) Emissão e aceite de título;

4) Aquisição financiada de bens;

5) Recebimento antecipado de valores provenientes:

- da venda a termo de bens e serviços;
- arrendamento mercantil;
- outras operações assemelhadas, inclusive com o uso de derivativos financeiros.

Para que se fechassem todas as possibilidades, a LRF ainda equiparou a operação de crédito a assunção, o reconhecimento ou a confissão de dívidas pelo Ente da Federação.

Definido o que seja operação de crédito para a LRF, vejamos agora as regras específicas contidas na lei sobre este tipo de operação.

1) Da Contratação

A LRF inicia as tratativas sobre operações de crédito delegando ao Ministério da Fazenda (incorporado ao Ministério da Economia) a competência para verificar o cumprimento dos limites e condições relativas à realização de operações de crédito de cada Ente da Federação, inclusive das empresas por eles controladas, direta ou indiretamente.

Como forma de tornar o processo mais transparente, sem prejuízo das atribuições próprias do Senado Federal e do Banco Central do Brasil, o Ministério da Fazenda (incorporado ao Ministério da Economia) efetuará o registro eletrônico centralizado e atualizado das dívidas públicas interna e externa, garantido o acesso público às informações, que incluirão:

- Encargos e condições de contratação;
- Saldos atualizados e limites relativos às dívidas consolidada e mobiliária, operações de crédito e concessão de garantias.

Definido o órgão responsável pelas verificações relacionadas às operações de crédito, a LRF estabelece regras para a contratação desde a formalização do pedido. Para tanto, determinou que o ente interessado formalizará seu pleito fundamentando-o em parecer de seus órgãos técnicos e jurídicos, demonstrando a relação custo-benefício, o interesse econômico e social da operação e o atendimento das seguintes condições:

- Pedido fundamentado;
- Existência de prévia e expressa autorização para a contratação, no texto da lei orçamentária, em créditos adicionais ou lei específica;

- Inclusão no orçamento ou em créditos adicionais dos recursos provenientes da operação, exceto no caso de operações por antecipação de receita;
- Observância dos limites e condições fixados pelo Senado Federal;
- Autorização específica do Senado Federal, quando se tratar de operação de crédito externo;
- Atendimento à regra de ouro;
- Observância das demais restrições estabelecidas na LRF.

As operações relativas à dívida mobiliária federal autorizadas, no texto da lei orçamentária ou de créditos adicionais, serão objeto de processo simplificado que atenda às suas especificidades.

Para fins do atendimento da regra de ouro, considerar-se-á, em cada exercício financeiro, o total dos recursos de operações de crédito nele ingressados e o das despesas de capital executadas, observado o seguinte:

- Não serão computadas nas despesas de capital as realizadas sob a forma de empréstimo ou financiamento a contribuinte, com o intuito de promover incentivo fiscal, tendo por base tributo de competência do Ente da Federação, se resultar a diminuição, direta ou indireta, do ônus deste;
- Se o empréstimo ou financiamento acima for concedido por instituição financeira controlada pelo Ente da Federação, o valor da operação será deduzido das despesas de capital;

Para coibir operações que venham trazer prejuízos ao erário, os contratos de operação de crédito externo não conterão cláusula que importe na compensação automática de débitos e créditos.

O prazo de validade da verificação dos limites e das condições vistas neste item e da análise realizada para a concessão de garantia pela União será de, no mínimo, 90 (noventa) dias e, no máximo, 270 (duzentos e setenta) dias, a critério do Ministério da Fazenda (incorporado ao Ministério da Economia).

A LRF também estabelece regramentos para as instituições financeiras que contratarem operações internas de crédito com Entes Federativos, estabelecendo condutas a serem cumpridas sob pena de tornar nulas tais operações. Dessa forma, a instituição financeira se torna corresponsável pela operação de crédito sendo também penalizada com a anulação da operação e com o não recebimento dos encargos a ela devidos. Para garantir a legalidade da operação, a instituição financeira que contratar operação de crédito com Ente da Federação, exceto quando relativa à dívida mobiliária ou à externa, deverá exigir comprovação de que a operação atende às condições e limites estabelecidos.

A operação realizada com infração do disposto na LRF será considerada nula, procedendo-se ao seu cancelamento, mediante a devolução do principal, vedados o pagamento de juros e demais encargos financeiros. Se a devolução não for efetuada no exercício de ingresso dos recursos, será consignada reserva específica na lei orçamentária para o exercício seguinte. Também se constituirá reserva, no montante equivalente ao excesso relativo ao descumprimento da regra de ouro.

Enquanto não efetuado o cancelamento, a amortização, ou constituída a reserva, o ente não poderá:

- Receber transferências voluntárias;
- Obter garantias, direta ou indireta, de outro ente;
- Contratar operações de crédito, ressalvadas as destinadas ao refinanciamento da dívida mobiliária e as que visem à redução das despesas com pessoal.

2) Vedações

Além dos regramentos acima estabelecidos, a LRF determina também diversas vedações a operações de crédito que pareçam temerárias ou cujo resultado possa gerar riscos às contas públicas em função, principalmente, dos abusos que eram cometidos até então. Serve de exemplo o uso abusivo dos bancos estaduais por seus Entes Federativos controladores que faziam deles verdadeiros caixas em detrimento da finalidade para o qual haviam sido criados.

As vedações são as seguintes:

1) O Banco Central do Brasil não emitirá títulos da dívida pública a partir de dois anos após a publicação da LRF.

2) É vedada a realização de operação de crédito entre um Ente da Federação, diretamente ou por intermédio de fundo, autarquia, fundação ou empresa estatal dependente, e outro, inclusive suas entidades da administração indireta, ainda que sob a forma de novação, refinanciamento ou postergação de dívida contraída anteriormente.

   ✦ **Exceções ao item 2:** *Operações entre instituição financeira estatal e outro Ente da Federação, inclusive suas entidades da administração indireta, que não se destinem a:*

   – *Financiar, direta ou indiretamente, despesas correntes;*

   – *Refinanciar dívidas não contraídas junto à própria instituição concedente;*

   – *Aquisição por parte de Estados e Municípios de títulos da dívida da União como aplicação de suas disponibilidades.*

3) Operação de crédito entre uma instituição financeira estatal e o Ente da Federação que a controle, na qualidade de beneficiário do empréstimo.

✦ **Exceções ao item 3:**

– *Aquisição, no mercado, de títulos da dívida pública do ente controlador, por parte da instituição financeira controlada, para atender investimento de seus clientes;*

– *Aquisição, no mercado, por parte da instituição financeira controlada por Estado ou Município, de títulos da dívida de emissão da União para aplicação de recursos próprios.*

4) Captação de recursos a título de antecipação de receita de tributo ou contribuição cujo fato gerador ainda não tenha ocorrido, sem prejuízo do disposto no § 7º do art. 150 da Constituição;

CF/88

Art. 150

(...)

§ 7.º A lei poderá atribuir a sujeito passivo de obrigação tributária a condição de responsável pelo pagamento de imposto ou contribuição, cujo fato gerador deva ocorrer posteriormente, assegurada a imediata e preferencial restituição da quantia paga, caso não se realize o fato gerador presumido. (Incluído pela Emenda Constitucional nº 3, de 1993).

5) Recebimento antecipado de valores de empresa em que o poder público detenha, direta ou indiretamente, a maioria do capital social com direito a voto;

✦ ***Exceções ao item 5:*** *Recebimento antecipado de lucros e dividendos, na forma da legislação.*

6) Assunção direta de compromisso, confissão de dívida ou operação assemelhada, com fornecedor de bens, mercadorias ou serviços, mediante emissão, aceite ou aval de título de crédito;

✦ **Exceções ao item 6:** *Não se aplica esta vedação a empresas estatais dependentes.*

7) Assunção de obrigação, sem autorização orçamentária, com fornecedores para pagamento a posteriori de bens e serviços.

3) Operações de Crédito por Antecipação de Receita Orçamentária

A Lei nº 4.320/64 faculta aos Entes Federativos realizarem Operações de Crédito por Antecipação de Receita Orçamentária. Porém a lei é clara em dois pontos importantes:

- As receitas envolvidas neste tipo de operação são extraorçamentárias. Isso quer dizer que não representam elemento novo no orçamento, mas mera antecipação do valor que havia sido previsto e que ainda nem entrou efetivamente nos cofres públicos.

- O segundo ponto importante a ser destacado é a finalidade para o qual o gestor público deve realizar esse tipo de operação: "atender as insuficiências de caixa". Dessa forma, esse tipo de operação não pode ser utilizado para financiar desequilíbrio orçamentário, mas, somente, de forma momentânea para suprir déficits de tesouraria.

Por não representarem elemento novo no orçamento e por serem feitas muitas vezes com desvio de finalidade, a realização descontrolada desse tipo de operação de crédito pode gerar danos altamente nocivos à saúde financeira e orçamentária de qualquer Ente Federativo. Por esse motivo, a LRF dedicou uma seção específica a esse tipo de operação de crédito, regrando-a de forma severa.

Primeiramente, em seu art. 38, a LRF reforçou a finalidade para a qual esse tipo de operação deve ser feito, atender a insuficiência de caixa durante o exercício financeiro. O citado artigo ainda continua determinando que tal operação deverá cumprir as exigências previstas para contratação de qualquer operação de crédito, acrescendo, além das condições já citadas acima, os seguintes quesitos:

- Realizar-se-á somente a partir do décimo dia do início do exercício;
- Deverá ser liquidada, com juros e outros encargos incidentes, até o dia dez de dezembro de cada ano;
- Não será autorizada se forem cobrados outros encargos que não a taxa de juros da operação, obrigatoriamente prefixada ou indexada à taxa básica financeira, ou à que vier a esta substituir;

Estará proibida:

- Enquanto existir operação anterior da mesma natureza não integralmente resgatada;
- No último ano de mandato do Presidente, Governador ou Prefeito Municipal.

As operações de crédito por antecipação de receita não serão computadas para efeito do cálculo da regra de ouro, desde que liquidadas, com juros e outros encargos incidentes, até o dia dez de dezembro de cada ano.

Com relação a Estados e Municípios, a LRF trouxe regramentos específicos, determinando que as operações de crédito por antecipação de receitas realizadas por estes Entes Federativos serão efetuadas mediante abertura de crédito junto à instituição financeira vencedora em processo competitivo eletrônico promovido pelo Banco Central do Brasil.

O Banco Central do Brasil manterá sistema de acompanhamento e controle do saldo do crédito aberto e, no caso de inobservância dos limites, aplicará as sanções cabíveis à instituição credora.

4) Operações com o Banco Central do Brasil

O Banco Central do Brasil, criado pela Lei nº 4.595, de 31.12.1964, é uma autarquia federal, vinculada ao Ministério da Fazenda (incorporado ao Ministério da Economia), que tem por missão assegurar a estabilidade do poder de compra da moeda e um sistema financeiro sólido e eficiente.

Entre as suas atividades principais, destacam-se: a condução das políticas monetária, cambial, de crédito, e de relações financeiras com o exterior; a regulação e a supervisão do Sistema Financeiro Nacional (SFN); e a administração do sistema de pagamentos e do meio circulante.

Diante de tanta importância no cenário econômico nacional, era necessária uma regulação específica em relação a essa instituição para que não houvesse abusos por parte dos governantes na utilização de tão poderosa ferramenta.

Assim, em seu art. 39, a LRF dedicou tópico específico à regulação das atividades do Banco Central, estabelecendo que nas suas relações com Ente da Federação, o Banco Central do Brasil está sujeito às seguintes vedações:

1) As constantes do art. 35:

> **Art. 35** – É vedada a realização de operação de crédito entre um ente da Federação, diretamente ou por intermédio de fundo, autarquia, fundação ou empresa estatal dependente, e outro, inclusive suas entidades da administração indireta, ainda que sob a forma de novação, refinanciamento ou postergação de dívida contraída anteriormente.
>
> § 1º Excetuam-se da vedação a que se refere o *caput* as operações entre instituição financeira estatal e outro ente da Federação, inclusive suas entidades da administração indireta, que não se destinem a:
>
> I. financiar, direta ou indiretamente, despesas correntes;
>
> II. refinanciar dívidas não contraídas junto à própria instituição concedente.
>
> § 2º O disposto no *caput* não impede Estados e Municípios de comprar títulos da dívida da União como aplicação de suas disponibilidades.

2) Compra de título da dívida, na data de sua colocação no mercado, ressalvada compra direta de títulos emitidos pela União para refinanciar a dívida mobiliária federal que estiver vencendo na sua carteira;

3) Permuta, ainda que temporária, por intermédio de instituição financeira ou não, de título da dívida de Ente da Federação por título da dívida pública federal, bem como a operação de compra e venda, a termo, daquele título, cujo efeito final seja semelhante à permuta;

Essa vedação não se aplica ao estoque de Letras do Banco Central do Brasil, Série Especial, existente na carteira das instituições financeiras, que pode ser refinanciado mediante novas operações de venda a termo.

4) Concessão de garantia;

5) Por fim, a LRF veda ao Tesouro Nacional adquirir títulos da dívida pública federal existentes na carteira do Banco Central do Brasil, ainda que com cláusula de reversão, salvo para reduzir a dívida mobiliária.

5) Garantia e Contragarantia

Segundo a própria LRF, concessão de garantia representa um compromisso de adimplência de obrigação financeira ou contratual assumida por Ente da Federação ou entidade a ele vinculada.

Contragarantia é valor em montante igual ou maior que a garantia oferecida pelo ente beneficiário da garantia como resguarda ao ente garantidor.

5.1) Concessão

A LRF trata as operações de concessão de garantia e contragarantia com a mesma seriedade que as operações de crédito, tanto que em seu art. 40 a lei determina que os entes poderão conceder garantia em operações de crédito internas ou externas, observados:

1) As normas para contratação de operações de crédito, dispostas no art. 32;

> **Art. 32** – O Ministério da Fazenda (incorporado ao Ministério da Economia) verificará o cumprimento dos limites e condições relativos à realização de operações de crédito de cada ente da Federação, inclusive das empresas por eles controladas, direta ou indiretamente.
>
> § 1º O ente interessado formalizará seu pleito fundamentando-o em parecer de seus órgãos técnicos e jurídicos, demonstrando a relação custo-benefício, o interesse econômico e social da operação e o atendimento das seguintes condições:
>
> I. existência de prévia e expressa autorização para a contratação, no texto da lei orçamentária, em créditos adicionais ou lei específica;
>
> II. inclusão no orçamento ou em créditos adicionais dos recursos provenientes da operação, exceto no caso de operações por antecipação de receita;
>
> III. observância dos limites e condições fixados pelo Senado Federal;
>
> IV. autorização específica do Senado Federal, quando se tratar de operação de crédito externo;
>
> V. atendimento do disposto no inciso III do art. 167 da Constituição;
>
> VI. observância das demais restrições estabelecidas nesta Lei Complementar.
>
> § 2º As operações relativas à dívida mobiliária federal autorizadas, no texto da lei orçamentária ou de créditos adicionais, serão objeto de processo simplificado que atenda às suas especificidades.

§ 3º Para fins do disposto no inciso V do § 1º, considerar-se-á, em cada exercício financeiro, o total dos recursos de operações de crédito nele ingressados e o das despesas de capital executadas, observado o seguinte:

I. não serão computadas nas despesas de capital as realizadas sob a forma de empréstimo ou financiamento a contribuinte, com o intuito de promover incentivo fiscal, tendo por base tributo de competência do ente da Federação, se resultar a diminuição, direta ou indireta, do ônus deste;

II. se o empréstimo ou financiamento a que se refere o inciso I for concedido por instituição financeira controlada pelo ente da Federação, o valor da operação será deduzido das despesas de capital;

III. (VETADO)

§ 4º Sem prejuízo das atribuições próprias do Senado Federal e do Banco Central do Brasil, o Ministério da Fazenda (incorporado ao Ministério da Economia) efetuará o registro eletrônico centralizado e atualizado das dívidas públicas interna e externa, garantido o acesso público às informações, que incluirão:

I. encargos e condições de contratação;

II. saldos atualizados e limites relativos às dívidas consolidada e mobiliária, operações de crédito e concessão de garantias.

§ 5º Os contratos de operação de crédito externo não conterão cláusula que importe na compensação automática de débitos e créditos.

2) No caso da União, também os limites e as condições estabelecidos pelo Senado Federal;

3) Os limites fixados pelo Senado Federal;

4) Oferecimento de contragarantia, em valor igual ou superior ao da garantia a ser concedida;

5) Adimplência da entidade que a pleitear relativamente as suas obrigações junto ao garantidor e às entidades por este controladas;

Deve-se, ainda, observar o seguinte:

- Não será exigida contragarantia de órgãos e entidades do próprio ente;
- A contragarantia exigida pela União a Estado ou Município, ou pelos Estados aos Municípios, poderá consistir na vinculação de receitas tributárias diretamente arrecadadas e provenientes de transferências constitucionais, com outorga de poderes ao garantidor para retê-las e empregar o respectivo valor na liquidação da dívida vencida.

No caso de operação de crédito junto a organismo financeiro internacional, ou a instituição federal de crédito e fomento para o repasse de recursos externos, a União só prestará garantia a ente que:

1) Oferecer de contragarantia, em valor igual ou superior ao da garantia a ser concedida;
2) Esteja em dia com as suas obrigações junto à união e às entidades por esta controladas;
3) Cumpra as exigências legais para o recebimento de transferências voluntárias.

5.2) Vedações

1) Concessão de garantia acima dos limites fixados pelo Senado Federal, sendo considerada nula a garantia concedida nessas condições;
2) Concessão de garantia por entidades da administração indireta, inclusive suas empresas controladas e subsidiárias, ainda que com recursos de fundos exceto para:

- Empresa controlada a subsidiária ou controlada sua, nem à prestação de contragarantia nas mesmas condições;
- Instituição financeira a empresa nacional, nos termos da lei.

5.3) Exceções

Segundo o § 8º do art. 40, excetua-se do disposto neste tópico a garantia prestada:

1) Por instituições financeiras estatais, que se submeterão às normas aplicáveis às instituições financeiras privadas, de acordo com a legislação pertinente;
2) Pela união, na forma de lei federal, a empresas de natureza financeira por ela controladas, direta e indiretamente, quanto às operações de seguro de crédito à exportação.

5.4) Sanções

Quando honrarem dívida de outro ente, em razão de garantia prestada, a União e os Estados poderão condicionar as transferências constitucionais ao ressarcimento daquele pagamento.

O Ente da Federação cuja dívida tiver sido honrada pela União ou por Estado, em decorrência de garantia prestada em operação de crédito, terá suspenso o acesso a novos créditos ou financiamentos até a total liquidação da mencionada dívida.

9. GESTÃO PATRIMONIAL

Segundo os conceitos contábeis, patrimônio é o conjunto de bens diretos e obrigações pertencentes a uma pessoa física ou jurídica, com ou sem fins lucrativos, de direito público ou privado.

Quando se trata de pessoas de direito público, tal patrimônio pertence a toda coletividade, sendo responsabilidade do gestor zelar pelos bens, direitos e obrigações de todos. Diante de diversas configurações que um patrimônio pode assumir, a ideal é aquela em que a soma de bens e direitos supere as obrigações, cujo saldo será denominado Patrimônio Líquido.

Tudo que foi visto até aqui afeta diretamente o patrimônio público, levando a entender que se gerido de forma responsável, haverá ganho para toda sociedade. Por esse motivo, a LRF dedicou um capítulo específico para a gestão patrimonial com regras referentes a um de seus aspectos mais importantes, o controle das disponibilidades de caixa, a preservação do patrimônio e a empresas controladas pelo Setor Público.

9.1. Disponibilidades de Caixa

O § 3º do art. 164 da Constituição estabelece que as disponibilidades de caixa da União serão depositadas no Banco Central; as dos Estados, do Distrito Federal, dos Municípios e dos órgãos ou entidades do Poder Público e das empresas por ele controladas, em instituições financeiras oficiais, ressalvados os casos previstos em lei.

Visando cumprir esse mandamento constitucional, a LRF estabelece em seu art. 43 que as disponibilidades de caixa dos Entes da Federação serão depositadas conforme estabelece o § 3º do art. 164 da Constituição.

- **Das disponibilidades de caixa dos regimes de previdência social**

Em função da sua importância para a manutenção dos regimes de previdência social, levando em conta seu caráter atuarial, os recursos dos regimes de previdência social têm se mostrado elementos que merecem especial atenção na sua gestão, afinal o regime previdenciário no Brasil é contributivo, de forma que as pessoas contribuem no presente esperando obter benefícios futuros como uma espécie de poupança para momentos difíceis, tais como a incapacidade para o trabalho, a velhice, etc.

Visando resguardar tal patrimônio, protegendo-o de práticas como a malversação, o art. 43 estabelece regras específicas para a gestão patrimonial desse elemento, determinado que as disponibilidades de caixa dos regimes de previdência social, geral e próprio dos servidores públicos, ainda que vinculadas a fundos específicos a que se referem, ficarão depositadas em conta separada das demais disponibilidades de cada ente e aplicadas nas condições de mercado, com observância dos limites e condições de proteção e prudência financeira.

Dessa forma, é vedada a aplicação das disponibilidades de caixa dos regimes de previdência social em:

- Títulos da dívida pública estadual e municipal, bem como em ações e outros papéis relativos às empresas controladas pelo respectivo Ente da Federação;
- Empréstimos, de qualquer natureza, aos segurados e ao Poder Público, inclusive a suas empresas controladas.

9.2. Preservação do Patrimônio Público

Com o intuito de preservar o patrimônio, que é de todos, a LRF estabelece regras que limitam aquelas operações que possam dilapidar o patrimônio ou colocá-lo em risco.

Assim, em seu art. 44 a lei prevê que é vedada a aplicação da receita de capital derivada da alienação de bens e direitos que integram o patrimônio público para o financiamento de despesa corrente, salvo se destinada por lei aos regimes de previdência social, geral e próprio dos servidores públicos.

Isso porque, em regra, as despesas correntes têm um impacto negativo no Patrimônio Líquido. Assim, não é bom negócio, por exemplo, vender um imóvel para pagar pessoal. Passado aquele mês, as despesas com pessoal voltarão e o ente público não mais disporá do imóvel.

Os regimes de previdência social são uma exceção a esta regra em função de suas características e importância para a coletividade, configurando-se como um verdadeiro investimento do ente público.

Para preservar o patrimônio existente, a lei orçamentária e as de créditos adicionais só incluirão novos projetos após adequadamente atendidos os em andamento e contempladas as despesas de conservação do patrimônio público, nos termos em que dispuser a Lei de Diretrizes Orçamentárias. Esse mandamento legal se caracteriza como um limitador à inclusão de novos projetos na lei orçamentária e nas de créditos adicionais.

Visando privilegiar o planejamento, o gestor deve estar atento à determinação de que a lei orçamentária não consignará dotação para investimento com duração superior a um exercício financeiro que não esteja previsto no plano plurianual ou em lei que autorize a sua inclusão, sob pena de crime de responsabilidade.

Com o objetivo de propiciar meios efetivos de fiscalização, a LRF determina que o Poder Executivo de cada ente encaminhará ao Legislativo, até a data do envio do projeto de Lei de Diretrizes Orçamentárias, relatório com as informações necessárias ao cumprimento das regras relacionada à conservação do patrimônio público, ao qual será dada ampla divulgação.

Por fim, a LRF também estabelece que é nulo de pleno direito ato de desapropriação de imóvel urbano sem prévia e justa indenização em dinheiro ou prévio depósito judicial do valor da indenização.

9.3. Empresas Controladas pelo Setor Público

As empresas controladas pelo setor público são de interesse de todos, pois, pelo menos a parte que cabe ao ente público que a controla, pertence à coletividade. Assim, a LRF também dispôs sobre essas empresas, notadamente no que concerne à transparência para que seja propiciado o controle de suas atividades. Para que isso ocorra, o parágrafo único do art. 47 determina que a empresa controlada incluirá em seus balanços trimestrais uma nota explicativa em que informará:

- Fornecimento de bens e serviços ao controlador, com respectivos preços e condições, comparando-os com os praticados no mercado;
- Recursos recebidos do controlador, a qualquer título, especificando valor, fonte e destinação;
- Venda de bens, prestação de serviços ou concessão de empréstimos e financiamentos com preços, taxas, prazos ou condições diferentes dos vigentes no mercado.

Com o fim de reafirmar o mandamento constitucional contido no § 8º do art. 37, a LRF abre a possibilidade para a empresa controlada firmar contrato de gestão em que se estabeleçam objetivos e metas de desempenho, na forma da lei. Se firmado tal contrato, a empresa controla disporá de autonomia gerencial, orçamentária e financeira, sem prejuízo na elaboração do orçamento de investimento das empresas em que a União, direta ou indiretamente, detenha a maioria do capital social com direito a voto.

10. DA TRANSPARÊNCIA, CONTROLE E FISCALIZAÇÃO

Apesar de ter um capítulo específico para tratar da transparência, do controle e da fiscalização, por toda lei orçamentária encontramos instrumentos que propiciam o exercer destas atividades por parte da sociedade, mesmo porque, os princípios e objetivos da LRF são interligados, formando um sistema completo, não sendo possível a existência de um sem o outro.

Dessa forma, a transparência deve existir em todo processo orçamentário: na elaboração, por meio da participação popular; durante a execução, por meio dos relatórios e avaliações a serem apresentados; e, ao final, com a prestação de contas para avaliação. Durante todo esse processo a transparência permite a fiscalização por parte da sociedade que, por sua vez, terá meios para controlar os atos do gestor público.

10.1. Transparência da Gestão Fiscal

A busca efetiva pela transparência na gestão dos recursos públicos é, sem dúvida, uma das principais inovações e um dos principais princípios calcados nesta lei. A transparência aqui tem por finalidade específica, o controle social das ações governamentais por meio dos instrumentos de transparência, aos quais será dada ampla divulgação, inclusive em meios eletrônicos de acesso público, além do incentivo à participação popular no processo orçamentário, colocando o cidadão como coadjuvante dos processos de elaboração e de discussão dos planos, Lei de Diretrizes Orçamentárias e orçamentos.

A ideia é que, tendo ciência das ações do gestor público, o cidadão possa fiscalizar, cobrar e exigir condutas mais adequadas. Permitirá, também, ao cidadão entender e participar da escolha das opções políticas que lhe pareçam mais adequadas, além de lhe proporcionar uma conscientização das dificuldades de se gerir recursos limitados para se satisfazer necessidades ilimitadas. Ao franquear a participação popular no processo orçamentário o gestor está partilhando com o cidadão a responsabilidade sobre as escolhas a serem feitas, tornando-o corresponsável pelos seus resultados.

1) Instrumentos de transparência da gestão fiscal

Segundo o art. 48 da LRF são instrumentos de transparência da gestão fiscal:

- Os planos (PPA; planos e programas nacionais, regionais e setoriais);
- Orçamentos (LOA; Leis de Créditos adicionais);
- Leis de Diretrizes Orçamentárias (LDO);
- Prestações de contas;
- Parecer prévio dos tribunais de contas sobre as prestações de contas;
- Relatório Resumido da Execução Orçamentária (RREO);
- Versão simplificada do Relatório Resumido da Execução Orçamentária (RREO);
- Relatório de Gestão Fiscal (RGF);
- Versão simplificada do Relatório de Gestão Fiscal (RGF);

Segundo a lei, estes são os instrumentos que garantem a transparência na gestão fiscal e, para tanto, será dada ampla divulgação, inclusive em meios eletrônicos de acesso público.

▶ INSTRUMENTOS DE TRANSPARÊNCIA
Planos, orçamentos e Leis de Diretrizes Orçamentárias
Prestações de contas e o respectivo parecer prévio
Relatório Resumido da Execução Orçamentária (RREO)
Relatório de Gestão Fiscal (RGF)
Versões simplificadas desses documentos

2) Garantidores de Transparência da Gestão Fiscal

Segundo o parágrafo único do art. 48, a transparência será assegurada também mediante:

1) Incentivo à participação popular e realização de audiências públicas, durante os processos de elaboração e discussão dos planos, Lei de Diretrizes Orçamentárias e orçamentos;

2) Liberação, por todos os Entes da Federação, ao pleno conhecimento e acompanhamento da sociedade, em tempo real, de informações pormenorizadas sobre a execução orçamentária e financeira, em meios eletrônicos de acesso público, disponibilizando a qualquer pessoa física ou jurídica o acesso a informações:

- Quanto à despesa: todos os atos praticados pelas unidades gestoras no decorrer da execução da despesa, no momento de sua realização, com a disponibilização mínima dos dados referentes ao número do correspondente processo, ao bem fornecido ou ao serviço prestado, à pessoa física ou jurídica beneficiária do pagamento e, quando for o caso, ao procedimento licitatório realizado;
- Quanto à receita: o lançamento e o recebimento de toda a receita das unidades gestoras, inclusive referente aos recursos extraordinários.

3) Adoção de sistema integrado de administração financeira e controle, que atenda a padrão mínimo de qualidade estabelecido pelo Poder Executivo da União e ao item acima.

3) Contas do Chefe do Poder Executivo

Para reafirmar a total transparência em relação a execução orçamentária, evitando a limitação do acesso a períodos que melhor conviesse ao Chefe do Poder Executivo, o art. 49 da LRF determina que as contas apresentadas por ele ficarão disponíveis, durante todo o exercício, no respectivo Poder Legislativo e no órgão técnico responsável pela sua elaboração, para consulta e apreciação pelos cidadãos e instituições da sociedade.

A LRF faz ainda uma observação específica referente ao Presidente da República, determinando que a prestação de contas da União conterá demonstrativos do Tesouro Nacional e das agências financeiras oficiais de fomento, incluído o Banco Nacional de Desenvolvimento Econômico e Social, especificando os empréstimos e financiamentos concedidos com recursos oriundos dos orçamentos fiscal e da seguridade social e, no caso das agências financeiras, avaliação circunstanciada do impacto fiscal de suas atividades no exercício.

10.2. Escrituração e Consolidação das Contas

A contabilidade é uma das principais fontes de informação sobre a execução orçamentária. A Lei nº 4.320/64, em título específico, é o mandamento legal que estabelece as normas gerais para a Contabilidade Pública no Brasil, inclusive as relativas ao controle interno. Porém, como dito anteriormente, as matérias dessa lei e as matérias tratadas pela LRF são matérias afins, podendo, em alguns momentos, haver complementaridade entre elas.

É exatamente o ocorrido nesse tópico, em que, de forma complementar, a LRF estabelece algumas regras específicas relacionadas à contabilidade pública.

Serve de exemplo o § 3º do art. 50 que determina que a Administração Pública manterá sistema de custos que permita a avaliação e o acompanhamento da gestão orçamentária, financeira e patrimonial.

1) Da escrituração

Mais uma vez visando o controle das contas públicas, com o intuito de torná-las mais explícitas por ocasião de sua escrituração, e visando ainda adequar a contabilidade pública à nova ordem orçamentária nacional, o art. 50 da LRF determina que, além de obedecer às demais normas de contabilidade pública, a escrituração das contas públicas observará as seguintes:

- A disponibilidade de caixa constará de registro próprio, de modo que os recursos vinculados a órgão, fundo ou despesa obrigatória fiquem identificados e escriturados de forma individualizada;
- A despesa e a assunção de compromisso serão registradas segundo o regime de competência, apurando-se, em caráter complementar, o resultado dos fluxos financeiros pelo regime de caixa;
- As demonstrações contábeis compreenderão, isolada e conjuntamente, as transações e operações de cada órgão, fundo ou entidade da administração direta, autárquica e fundacional, inclusive empresa estatal dependente;
- As receitas e despesas previdenciárias serão apresentadas em demonstrativos financeiros e orçamentários específicos;
- As operações de crédito, as inscrições em Restos a Pagar e as demais formas de financiamento ou assunção de compromissos junto a terceiros, deverão ser escrituradas de modo a evidenciar o montante e a variação da dívida pública no período, detalhando, pelo menos, a natureza e o tipo de credor;
- A demonstração das variações patrimoniais dará destaque à origem e ao destino dos recursos provenientes da alienação de ativos.

2) Da consolidação

Com o fim de propiciar uma visão geral e ampla das contas públicas, a LRF determina em seu art. 51 que o Poder Executivo da União promoverá, até o dia trinta de junho, a consolidação, nacional e por esfera de governo, das contas dos Entes da Federação relativas ao exercício anterior, e a sua divulgação, inclusive por meio eletrônico de acesso público.

Os Estados e os Municípios encaminharão suas contas ao Poder Executivo da União nos seguintes prazos:

- Municípios, com cópia para o Poder Executivo do respectivo Estado, até trinta de abril;
- Estados, até trinta e um de maio.

O descumprimento dos prazos acima impedirá, até que a situação seja regularizada, que o ente da Federação receba transferências voluntárias e contrate operações de crédito, exceto as destinadas ao refinanciamento do principal atualizado da dívida mobiliária.

Para que não haja duplicidade, no caso das demonstrações conjuntas, excluir-se-ão as operações intragovernamentais.

Por fim em seu art. 67, a LRF determinou que o acompanhamento e a avaliação, de forma permanente, da política e da operacionalidade da gestão fiscal serão realizados por conselho de gestão fiscal, constituído por representantes de todos os Poderes e esferas de Governo, do Ministério Público e de entidades técnicas representativas da sociedade. Dentre outras atribuições, esse conselho é o responsável pela edição de normas gerais para consolidação das contas públicas. Porém, tais atribuições caberão ao órgão central de contabilidade da União (Secretaria do Tesouro Nacional – STN), enquanto não implantado o tal conselho.

10.3. Relatório Resumido da Execução Orçamentária – RREO

O § 3º do art. 165 da Constituição Federal determina que o Poder Executivo publicará, até trinta dias após o encerramento de cada bimestre, relatório resumido da execução orçamentária. Assim, o RREO é um instrumento de transparência previsto na Constituição e que foi regulamentado pela LRF que prevê em seu art. 52 que o RREO abrangerá todos os Poderes e o Ministério Público e será publicado até trinta dias após o encerramento de cada bimestre.

1) Características

É importante ficar atento a algumas características referentes ao RREO, principalmente àquelas que o diferenciam do Relatório de Gestão Fiscal.

Vejamos cada uma delas:

2) Abrangência material

O RREO conterá demonstrativos que abrangerão todas as informações relativas à execução orçamentária consideradas relevantes, com o desdobramento de informações cujos entes julgarem necessárias, para melhor transparência.

3) Abrangência institucional

Todos os Poderes e o Ministério Público nas três esferas de governo;

O RREO e seus demonstrativos abrangerão os órgãos da administração direta e entidades da administração indireta, de todos os Poderes, constituídos pelas autarquias, fundações, fundos especiais, empresas públicas e sociedades de economia mista que recebem recursos dos Orçamentos Fiscal e da Seguridade Social, inclusive sob a forma de subvenções para pagamento de pessoal ou de custeio em geral ou de capital, excluídos, no último caso, aqueles provenientes de aumento de participação acionária.

4) Responsabilidade pela elaboração e publicação

A elaboração e publicação do RREO é de responsabilidade do Poder Executivo nas três esferas de governo. Assim, o RREO será elaborado e publicado pelo Poder Executivo da União, dos Estados, do Distrito Federal e dos Municípios.

O RREO deverá ser assinado pelo Chefe do Poder Executivo que estiver no exercício do mandato na data da publicação do relatório, ou por pessoa a quem ele tenha legalmente delegado essa competência, qualquer dos dois deve fazê-lo em conjunto com o profissional de contabilidade responsável pela elaboração do relatório.

5) Periodicidade

Bimestral.

Segundo o Manual de demonstrativos fiscais do RREO, o objetivo dessa periodicidade é permitir que, cada vez mais, a sociedade, por meio dos diversos órgãos de controle, conheça, acompanhe e analise o desempenho da execução orçamentária do Governo Federal.

6) Prazo para publicação

Até trinta dias após o encerramento de cada bimestre.

O descumprimento desses prazos impedirá, até que a situação seja regularizada, que o ente da Federação receba transferências voluntárias e contrate operações de crédito, exceto as destinadas ao refinanciamento do principal atualizado da dívida mobiliária.

7) Composição

O Relatório Resumido da Execução Orçamentária tem a sua composição determinada pela LRF sendo formado por basicamente duas partes, além de alguns demonstrativos acessórios que servem de suporte ao RREO. Também deve ser publicada a sua versão simplificada.

As peças básicas são:

1) Balanço orçamentário, que especificará, por categoria econômica, as:

- Receitas por fonte, informando as realizadas e a realizar, bem como a previsão atualizada;
- Despesas por grupo de natureza, discriminando a dotação para o exercício, a despesa liquidada e o saldo;

2) Demonstrativos da execução das:

- Receitas, por categoria econômica e fonte, especificando a previsão inicial, a previsão atualizada para o exercício, a receita realizada no bimestre, a realizada no exercício e a previsão a realizar;
- Despesas, por categoria econômica e grupo de natureza da despesa, discriminando dotação inicial, dotação para o exercício, despesas empenhada e liquidada, no bimestre e no exercício;
- Despesas, por função e subfunção.

Os valores referentes ao refinanciamento da dívida mobiliária constarão destacadamente nas receitas de operações de crédito e nas despesas com amortização da dívida.

Os demonstrativos suportes acompanharão o Relatório Resumido e são relativos a:

- Apuração da receita corrente líquida, como visto em tópico próprio, sua evolução, assim como a previsão de seu desempenho até o final do exercício;
- Receitas e despesas previdenciárias;
- Resultados nominal e primário;
- Despesas com juros;
- Restos a Pagar, detalhando, por Poder e órgão referido no art. 20, os valores inscritos, os pagamentos realizados e o montante a pagar.

O relatório referente ao último bimestre do exercício será acompanhado também de demonstrativos:

- Do atendimento da regra de ouro, conforme o § 3º do art. 32;

> **Art. 32 – (...)**
>
> § 3º Para fins do disposto no inciso V do § 1º, considerar-se-á, em cada exercício financeiro, o total dos recursos de operações de crédito nele ingressados e o das despesas de capital executadas, observado o seguinte:
>
> I. não serão computadas nas despesas de capital as realizadas sob a forma de empréstimo ou financiamento a contribuinte, com o intuito de promover incentivo fiscal, tendo por base tributo de competência do ente da Federação, se resultar a diminuição, direta ou indireta, do ônus deste;
>
> II. se o empréstimo ou financiamento a que se refere o inciso I for concedido por instituição financeira controlada pelo ente da Federação, o valor da operação será deduzido das despesas de capital;

- Das projeções atuariais dos regimes de previdência social, geral e próprio dos servidores públicos;

- Da variação patrimonial, evidenciando a alienação de ativos e a aplicação dos recursos dela decorrentes.

Quando for o caso, serão apresentadas justificativas:

- Da limitação de empenho;
- Da frustração de receitas, especificando as medidas de combate à sonegação e à evasão fiscal, adotadas e a adotar, e as ações de fiscalização e cobrança.

8) Sanções para o descumprimento de prazo

O descumprimento dos prazos previstos para a publicação impedirá, até que a situação seja regularizada, que o Ente da Federação:

- Receba transferências voluntárias;
- Contrate operações de crédito, exceto as destinadas ao refinanciamento do principal atualizado da dívida mobiliária.

▸ RELATÓRIO RESUMIDO DA EXECUÇÃO ORÇAMENTÁRIA (RREO)
COMPOSIÇÃO:
• Balanço orçamentário; • Demonstrativos da execução das receitas e das despesas.
ACOMPANHARÁ O RREO:
• Demonstrativo de apuração da receita corrente líquida; • Demonstrativo de receitas e despesas previdenciárias; • Demonstrativo de resultados nominal e primário; • Demonstrativo de despesas com juros; • Demonstrativo de restos a pagar por Poder e órgão.
ACOMPANHARÁ O RREO NO ÚLTIMO BIMESTRE DO EXERCÍCIO:
• Demonstrativo do atendimento da regra de ouro (operações de créditos não excederão o valor das despesas de capital); • Demonstrativo das projeções atuariais dos regimes de previdência social, geral e próprio dos servidores públicos; • Demonstrativo da variação patrimonial, evidenciando a alienação de ativos e aplicação dos recursos dela decorrentes.

10.4. Relatório de Gestão Fiscal – RGF

Este instrumento de transparência na gestão fiscal não está previsto na Constituição, sendo previsto apenas na LRF.

1) Características

Mais uma vez, é importante estar atento as suas características, principalmente as que o difere do RREO.

2) Abrangência material

O RGF conterá demonstrativos que abrangerão todas as informações consideradas relevantes relativas à gestão fiscal, com o desdobramento de informações cujos entes julgarem necessárias, para melhor transparência.

O Relatório de Gestão Fiscal conterá demonstrativos com informações relativas à despesa total com pessoal, dívida consolidada, concessão de garantias e contragarantia de valores, bem como operações de crédito. No último quadrimestre, também serão acrescidos os demonstrativos referentes ao montante da disponibilidade de caixa em trinta e um de dezembro e às inscrições em Restos a Pagar.

Em todos os demonstrativos do Relatório de Gestão Fiscal, as receitas e despesas intraorçamentárias deverão ser computadas juntamente com as demais informações, não havendo, portanto, a necessidade de segregação em linhas específicas.

3) Abrangência institucional

Todos os Poderes e o Ministério Público nas três esferas.

O Relatório de Gestão Fiscal dos Poderes e órgãos abrange a administração direta, autarquias, fundações, fundos, empresas públicas e sociedades de economia mista, incluindo os recursos próprios, consignados nos orçamentos fiscais e da seguridade social, para manutenção de suas atividades, excetuadas aquelas empresas que recebem recursos exclusivamente para aumento de capital oriundos de investimentos do respectivo ente.

4) Responsabilidade pela elaboração e publicação

Segundo o manual de demonstrativos contábeis do RGF, estão obrigados a emitir o Relatório de Gestão Fiscal a União, os Estados, o Distrito Federal e os Municípios, estando compreendido:

a) na esfera federal: o Poder Legislativo (incluído o Tribunal de Contas da União), o Poder Judiciário (incluindo o Tribunal de Justiça do Distrito Federal), o Poder Executivo e o Ministério Público da União (incluindo o Ministério Público do Distrito Federal);

b) na esfera distrital: o Poder Legislativo (incluído o Tribunal de Contas do Distrito Federal) e o Poder Executivo;

c) na esfera estadual: o Poder Legislativo (incluído o Tribunal de Contas do Estado), o Poder Judiciário, o Poder Executivo, o Ministério Público dos Estados e a Defensoria Pública Estadual; e

d) na esfera municipal: o Poder Legislativo (incluído o Tribunal de Contas do Município, quando houver) e o Poder Executivo.

Segundo o Manual de Demonstrativos Fiscais referente à elaboração do Relatório de Gestão Fiscal, para fins de emissão do Relatório de Gestão Fiscal, entende-se como órgão:

e) o Ministério Público;

f) as respectivas Casas do Poder Legislativo Federal;

g) o Tribunal de Contas da União;

h) a Assembleia Legislativa e os Tribunais de Contas do Poder Legislativo Estadual;

i) a Câmara Legislativa e o Tribunal de Contas do Distrito Federal;

j) a Câmara de Vereadores do Poder Legislativo Municipal e o Tribunal de Contas do Município, quando houver;

k) o Supremo Tribunal Federal;

l) o Conselho Nacional de Justiça;

m) o Superior Tribunal de Justiça;

n) os Tribunais Regionais Federais e Juízes Federais;

o) os Tribunais e Juízes do Trabalho;

p) os Tribunais e Juízes Eleitorais;

q) os Tribunais e Juízes Militares;

r) os Tribunais e Juízes dos Estados, do Distrito Federal e Territórios e outros, quando houver.

O RGF deverá ser elaborados de forma padronizada, segundo modelos que poderão ser atualizados pelo conselho de gestão fiscal.

O RGF deverá ser assinado pelo:

- Chefe do Poder Executivo;
- Presidente e demais membros da Mesa Diretora ou órgão decisório equivalente, conforme regimentos internos dos órgãos do Poder Legislativo;
- Presidente de Tribunal e demais membros de Conselho de Administração ou órgão decisório equivalente, conforme regimentos internos dos órgãos do Poder Judiciário;
- Chefe do Ministério Público, da União e dos Estados;
- Autoridades responsáveis pela administração financeira e pelo controle interno, bem como por outras definidas por ato próprio de cada Poder ou órgão.

5) Periodicidade

Quadrimestral.

Ressalta-se que o quadrimestre estabelecido pela LRF é entendido como um período fixo e não apenas como uma contagem consecutiva de quatro meses. Assim, o primeiro quadrimestre vai de janeiro a abril, o segundo, de maio a agosto e o terceiro, de setembro a dezembro.

No último quadrimestre, também serão acrescidos os demonstrativos referentes ao montante da disponibilidade de caixa em trinta e um de dezembro e às inscrições em Restos a Pagar.

> ▸ **IMPORTANTE:**
>
> O Manual de Demonstrativos Fiscais referente a elaboração do Relatório de Gestão fiscal estabelece que se ultrapassados os limites relativos à despesa total com pessoal ou à dívida consolidada, enquanto perdurar essa situação, o Município com população inferior a cinquenta mil habitantes, que tiver optado em divulgar os referidos anexos do Relatório de Gestão Fiscal semestralmente, ficará sujeito aos mesmos prazos de verificação e de retorno ao limite definidos para os demais entes.

6) Publicação

A Lei de Responsabilidade Fiscal determina que o relatório deverá ser publicado e disponibilizado ao acesso público, inclusive em meios eletrônicos, até trinta dias após o encerramento do período a que corresponder. Prazo que, para o primeiro quadrimestre, se encerra em 30 de maio, para o segundo quadrimestre, se encerra em 30 de setembro e, para o terceiro quadrimestre, se encerra em 30 de janeiro do ano subsequente ao de referência.

7) Composição

Segundo o art. 55, o Relatório de Gestão Fiscal conterá:

1) Comparativo com os limites de que trata a LRF, dos seguintes montantes:

- Despesa total com pessoal, distinguindo-a com inativos e pensionistas;
- Dívidas consolidada e mobiliária;
- Concessão de garantias;
- Operações de crédito, inclusive por antecipação de receita;

2) Indicação das medidas corretivas adotadas ou a adotar, se ultrapassado qualquer dos limites;

3) Demonstrativos, no último quadrimestre:

- Do montante das disponibilidades de caixa em trinta e um de dezembro;

- Da inscrição em Restos a Pagar, das despesas:

1) Liquidadas;

2) Empenhadas e não liquidadas, inscritas por atenderem a uma das condições do inciso II do art. 41;

4) Empenhadas e não liquidadas, inscritas até o limite do saldo da disponibilidade de caixa;

5) Não inscritas por falta de disponibilidade de caixa e cujos empenhos foram cancelados;

- Do cumprimento da determinação de que as operações de crédito por antecipação de receita devam ser liquidadas, com juros e outros encargos incidentes, até o dia dez de dezembro do ano a que se refere;
- Do acatamento à proibição de realizar operação de crédito por antecipação de receita no último ano de mandato do Presidente, Governador ou Prefeito Municipal.

Em todos os demonstrativos será permitido o desdobramento das informações julgadas necessárias, para melhor transparência.

8) Composição do RGF em cada órgão

Em função do tipo de informação que contém, alguns dos demonstrativos que compõem o RGF são de responsabilidade somente do Poder Executivo. Por este motivo, a LRF se preocupou em determinar a composição do RGF, diferenciando o RGF apresentado pelo Poder Executivo que conterá todos os demonstrativos, do RGF apresentado pelos outros Poderes e Ministério Público.

Dessa forma, os Presidentes e demais membros da Mesa Diretora ou órgão decisório equivalente, conforme regimentos internos dos órgãos do Poder Legislativo; o Presidente de Tribunal e demais membros de Conselho de Administração ou órgão decisório equivalente, conforme regimentos internos dos órgãos do Poder Judiciário; e o Chefe do Ministério Público, da União e dos Estados deverão apresentar o RGF contendo demonstrativos com:

1) Despesa total com pessoal, distinguindo-a com inativos e pensionistas;

2) Indicação das medidas corretivas adotadas ou a adotar, se ultrapassado qualquer dos limites;

3) Demonstrativos, no último quadrimestre:

- Do montante das disponibilidades de caixa em trinta e um de dezembro;
- Da inscrição em Restos a Pagar, das despesas:

1) liquidadas;

2) empenhadas e não liquidadas, inscritas por atenderem a uma das condições do inciso II do art. 41;

3) empenhadas e não liquidadas, inscritas até o limite do saldo da disponibilidade de caixa;

4) não inscritas por falta de disponibilidade de caixa e cujos empenhos foram cancelados;

- Do cumprimento da determinação de que as operações de crédito por antecipação de receita devam ser liquidadas, com juros e outros encargos incidentes, até o dia dez de dezembro do ano a que se refere;
- Do acatamento à proibição de realizar operação de crédito por antecipação de receita no último ano de mandato do Presidente, Governador ou Prefeito Municipal.

Abaixo seguem as tabelas com a composição e as datas dos RGF segundo o Manual de Demonstrativos Fiscais referente à elaboração do Relatório de Gestão Fiscal.

PODER EXECUTIVO

▶ 1° QUADRIMESTRE	
Demonstrativos	**Prazo para publicação**
Anexo I – Demonstrativo da Despesa com Pessoal Anexo II – Demonstrativo da Dívida Consolidada Anexo III – Demonstrativo das Garantias e Contragarantias de Valores Anexo IV – Demonstrativo das Operações de Crédito Anexo VII – Demonstrativo Simplificado do Relatório de Gestão Fiscal	Até o dia 30 de maio
▶ 2° QUADRIMESTRE	
Demonstrativos	**Prazo para publicação**
Anexo I – Demonstrativo da Despesa com Pessoal Anexo II – Demonstrativo da Dívida Consolidada Anexo III – Demonstrativo das Garantias e Contragarantias de Valores Anexo IV – Demonstrativo das Operações de Crédito Anexo VII – Demonstrativo Simplificado do Relatório de Gestão Fiscal	Até o dia 30 de setembro

▶ 3° QUADRIMESTRE	
Demonstrativos	**Prazo para publicação**
Anexo I – Demonstrativo da Despesa com Pessoal Anexo II – Demonstrativo da Dívida Consolidada Anexo III – Demonstrativo das Garantias e Contragarantias de Valores Anexo IV – Demonstrativo das Operações de Crédito Anexo V – Demonstrativo da Disponibilidade de Caixa Anexo VI – Demonstrativo dos Restos a Pagar Anexo VII – Demonstrativo Simplificado do Relatório de Gestão Fiscal	Até o dia 30 de janeiro do ano subsequente ao de referência
Relatório de Gestão Fiscal Consolidado	Até 30 dias após a divulgação do relatório do último quadrimestre do exercício

PODERES LEGISLATIVO, JUDICIÁRIO E MINISTÉRIO PÚBLICO

▶ 1° QUADRIMESTRE	
Demonstrativos	**Prazo para publicação**
Anexo I - Demonstrativo da Despesa com Pessoal	Até o dia 30 de maio
▶ 2° QUADRIMESTRE	
Demonstrativos	**Prazo para publicação**
Anexo I - Demonstrativo da Despesa com Pessoal	Até o dia 3 de setembro
▶ 3° QUADRIMESTRE	
Demonstrativos	**Prazo para publicação**
Anexo I – Demonstrativo da Despesa com Pessoal Anexo V – Demonstrativo da Disponibilidade de Caixa Anexo VI – Demonstrativo dos Restos a Pagar Anexo VII – Demonstrativo Simplificado do Relatório de Gestão Fiscal	Até o dia 30 de janeiro do ano subsequente ao de referência

PODER EXECUTIVO DOS MUNICÍPIOS COM POPULAÇÃO INFERIOR A 50.000 HABITANTES

<table>
<tr><th colspan="2">▶ 1° SEMESTRE</th></tr>
<tr><th>Demonstrativos</th><th>Prazo para publicação</th></tr>
<tr><td>Anexo I - Demonstrativo da Despesa com Pessoal
Anexo II - Demonstrativo da Dívida Consolidada
Anexo III - Demonstrativo das Garantias e Contragarantias de Valores
Anexo IV - Demonstrativo das Operações de Crédito
Anexo VII - Demonstrativo Simplificado do Relatório de Gestão Fiscal</td><td>Até o dia 30 de julho</td></tr>
<tr><th colspan="2">▶ 2° SEMESTRE</th></tr>
<tr><th>Demonstrativos</th><th>Prazo para publicação</th></tr>
<tr><td>Anexo I - Demonstrativo da Despesa com Pessoal SEMESTRE
Anexo II - Demonstrativo da Dívida Consolidada
Anexo III -Demonstrativo das Garantias e Contragarantias de Valores
Anexo IV - Demonstrativo das Operações de Crédito
Anexo V - Demonstrativo da Disponibilidade de Caixa
Anexo VI - Demonstrativo dos Restos a Pagar
Anexo VII - Demonstrativo Simplificado do Relatório de Gestão Fiscal</td><td>Até o dia 30 de janeiro do ano subsequente ao de referência</td></tr>
<tr><td>Relatório de Gestão Fiscal Consolidado</td><td>Até 30 dias após a divulgação do relatório do último quadrimestre do exercício</td></tr>
</table>

PODER LEGISLATIVO DOS MUNICÍPIOS COM POPULAÇÃO INFERIOR A 50.000 HABITANTES

<table>
<tr><th colspan="2">▶ 1° SEMESTRE</th></tr>
<tr><th>Demonstrativos</th><th>Prazo para publicação</th></tr>
<tr><td>Anexo I - Demonstrativo da Despesa com Pessoal</td><td>Até o dia 30 de julho</td></tr>
</table>

▸ 2° SEMESTRE	
Demonstrativos	**Prazo para publicação**
Anexo I - Demonstrativo da Despesa com Pessoal Anexo V - Demonstrativo da Disponibilidade de Caixa Anexo VI - Demonstrativo dos Restos a Pagar Anexo VII - Demonstrativo Simplificado do Relatório de Gestão Fiscal	Até o dia 30 de janeiro do ano subsequente ao de referência

5) Sanções

O descumprimento dos prazos previstos para a publicação impedirá, até que a situação seja regularizada, que o Ente da Federação:

1) Receba transferências voluntárias;

2) Contrate operações de crédito, exceto as destinadas ao refinanciamento do principal atualizado da dívida mobiliária.

▸ RELATÓRIO DE GESTÃO FISCAL (RGF)
CONTERÁ O RGF:
• Comparativo com os limites: - Despesa com pessoal (distinguindo ativos, inativos e pensionistas); - Dívida consolidada e mobiliária; - Concessão de garantias; - Operações de crédito, inclusive ARO. • Indicação das medidas corretivas adotadas ou a adotar se ultrapassar algum limite.
CONTERÁ O RGF NO ÚLTIMO BIMESTRE DO EXERCÍCIO:
• Demonstrativo do montante das disponibilidades de caixa em 31/dez; • Demonstrativo da inscrição em restos a pagar, das despesas liquidadas e não liquidadas e não inscritas por falta de disponibilidade de caixa e cujos empenhos foram cancelados; • Demonstrativo do não cumprimento das normas referentes às Operações de Crédito por ARO (pagamento até 10/dez e proibição de contratar no último ano do mandato).

COMPARATIVO ENTRE RREO E RGF

▸ RELATÓRIO	▸ RREO	▸ RGF
Abrangência material	Informações relativas à execução orçamentárias.	Informações relativas à gestão fiscal.
Abrangência institucional	Todos os Poderes e o Ministério Público nas três esferas de governo, com exceção da empresa estatal independente.	

▸ RELATÓRIO	▸ RREO	▸ RGF
Responsabilidade pela elaboração e publicação	Poder Executivo de forma consolidada em cada esfera de governo.	Todos os Poderes e o Ministério Público individualmente nas três esferas de governo.
Assinatura	1. Chefe do Poder Executivo em exercício ou a pessoa a quem ele tenha legalmente delegada. 2. Profissional de contabilidade responsável pela elaboração.	• Chefe do Poder Executivo; • Presidente e demais membros da Mesa Diretora ou órgão decisório equivalente do Poder Legislativo; • Presidente de Tribunal e demais membros de Conselho de Administração ou órgão decisório equivalente; • Chefe do Ministério Público, da União e dos Estados; • Autoridades responsáveis pela administração financeira e pelo controle interno, bem como por outras definidas por ato próprio de cada Poder ou órgão.
Periodicidade	Bimestral	• Quadrimestral; • Para município com população menor que 50.000 habitantes existe a faculdade de publicar semestralmente.
Prazo para publicação	Até trinta dias após o encerramento de cada bimestre.	Até trinta dias após o encerramento de cada quadrimestral.
Composição	1. Balanço orçamentário, que especificará, por categoria econômica, as: • Receitas por fonte, informando as realizadas e a realizar, bem como a previsão atualizada. • Despesas por grupo de natureza, discriminando a dotação para o exercício, a despesa liquidada e o saldo;	1. Comparativo com os limites de que trata a LRF, dos seguintes montantes: • Despesa total com pessoal, distinguindo-a com inativos e pensionistas; • Dívidas consolidada e mobiliária; • Concessão de garantias; • Operações de crédito, inclusive por antecipação de receita. 2. Indicação das medidas corretivas adotadas ou a adotar, se ultrapassado qualquer dos limites;

<table>
<tr><th>▶ RELATÓRIO</th><th>▶ RREO</th><th>▶ RGF</th></tr>
<tr><td>Composição</td><td>2. Demonstrativos da execução das:<ul><li>Receitas, por categoria econômica e fonte, especificando a previsão inicial, a previsão atualizada para o exercício, a receita realizada no bimestre, a realizada no exercício e a previsão a realizar;</li><li>Despesas, por categoria econômica e grupo de natureza da despesa, discriminando dotação inicial, dotação para o exercício, despesas empenhada e liquidada, no bimestre e no exercício;</li><li>Despesas, por função e subfunção.</li></ul></td><td>3. Demonstrativos, no último quadrimestre:<ul><li>Do montante das disponibilidades de caixa em trinta e um de dezembro;</li><li>Da inscrição em Restos a Pagar, das despesas:
1) Liquidadas;
2) Empenhadas e não liquidadas, inscritas até o limite do saldo da disponibilidade de caixa;
3) Não inscritas por falta de disponibilidade de caixa e cujos empenhos foram cancelados;</li><li>Do cumprimento da determinação de que as operações de crédito por antecipação de receita devam ser liquidadas, com juros e outros encargos incidentes, até o dia 10 (dez) de dezembro do ano a que se refere;</li><li>Do acatamento à proibição de realizar operação de crédito por antecipação de receita no último ano de mandato do Presidente, Governador ou Prefeito Municipal.</li></ul></td></tr>
<tr><td>Outros demonstrativos que acompanham o relatório</td><td><ul><li>Apuração da receita corrente líquida, sua evolução, assim como a previsão de seu desempenho até o final do exercício;</li><li>Receitas e despesas previdenciárias;</li><li>Resultados nominal e primário;</li><li>Despesas com juros;</li><li>Restos a Pagar, detalhando, por Poder e órgão referido no art. 20, os valores inscritos, os pagamentos realizados e o montante a pagar.</li></ul></td><td></td></tr>
</table>

▸ RELATÓRIO	▸ RREO	▸ RGF
Outros demonstrativos que acompanham o relatório	O relatório referente ao último bimestre do exercício será acompanhado também de demonstrativos: • Do atendimento da regra de ouro, conforme o § 3º do art. 32; • Das projeções atuariais dos regimes de previdência social, geral e próprio dos servidores públicos; • Da variação patrimonial, evidenciando a alienação de ativos e a aplicação dos recursos dela decorrentes.	

10.5. Prestações de Contas

O dever de prestar contas é pretérito à LRF, pois desde antes de sua existência este dever já existia para todo aquele que guarde, administre, gerencie, arrecade ou utilize bens e valores públicos tem o dever constitucional e moral de prestar contas dos recursos públicos. Esta prestação de contas consiste no envio, aos órgãos responsáveis, do conjunto de documentos e informações, obtidos direta ou indiretamente, que permitam avaliar a conformidade e o desempenho da gestão dos responsáveis por políticas públicas, bens, valores e serviços públicos federais.

A LRF regulamentou parte da matéria estabelecendo regras específicas ao gestor público.

Segundo o art. 56 da LRF as contas prestadas pelos Chefes do Poder Executivo incluirão, além das suas próprias, as dos Presidentes dos órgãos dos Poderes Legislativo e Judiciário e do Chefe do Ministério Público, as quais receberão parecer prévio, separadamente, do respectivo Tribunal de Contas.

As contas do Poder Judiciário serão apresentadas no âmbito:

- Da União, pelos Presidentes do Supremo Tribunal Federal e dos Tribunais Superiores, consolidando as dos respectivos tribunais;
- Dos Estados, pelos Presidentes dos Tribunais de Justiça, consolidando as dos demais tribunais.

Será dada ampla divulgação dos resultados da apreciação das contas, julgadas ou tomadas.

O art. 57 determina que os Tribunais de Contas emitirão parecer prévio conclusivo sobre as contas no prazo de sessenta dias do recebimento, se outro não estiver estabelecido nas constituições estaduais ou nas leis orgânicas municipais.

No caso de Municípios que não sejam capitais e que tenham menos de duzentos mil habitantes existe uma dilatação no prazo a qual será de cento e oitenta dias. Os Tribunais de Contas não entrarão em recesso enquanto existirem contas de Poder ou órgão pendentes de parecer prévio.

O parecer sobre as contas dos Tribunais de Contas será proferido no prazo de sessenta dias pela Comissão Mista Permanente de Orçamento ou equivalente das Casas Legislativas estaduais e municipais.

> ▸ **ATENÇÃO:**
>
> Os artigos 56 e 57 tiveram sua eficácia suspensa em 2007 pelo STF em função da ADIN 2.238-5.
>
> O art. 58 traz funções específicas para a prestação de contas determinando que ela evidenciará o desempenho da arrecadação em relação à previsão, destacando as providências adotadas no âmbito da fiscalização das receitas e combate à sonegação, as ações de recuperação de créditos nas instâncias administrativa e judicial, bem como as demais medidas para incremento das receitas tributárias e de contribuições.

10.6. Fiscalização da Gestão Fiscal

Todos têm o dever de fiscalizar a gestão orçamentária, porém a Constituição delega ao Poder Legislativo, com auxílio dos Tribunais de Contas, o controle externo da Administração Pública. Em seu art. 59 a LRF reafirma esse mandamento determinado que a fiscalização do cumprimento das normas desta Lei Complementar ficará a cargo do Poder Legislativo, diretamente ou com o auxílio dos Tribunais de Contas, e do sistema de controle interno de cada Poder e do Ministério Público, que fiscalizarão dando ênfase ao que se refere a:

- Atingimento das metas estabelecidas na Lei de Diretrizes Orçamentárias (Anexo de Metas Fiscais);
- Limites e condições para realização de operações de crédito e inscrição em Restos a Pagar;
- Medidas adotadas para o retorno da despesa total com pessoal ao respectivo limite, nos termos dos arts. 22 e 23;

> **Art. 22** - A verificação do cumprimento dos limites estabelecidos nos arts. 19 e 20 será realizada ao final de cada quadrimestre.
>
> **Parágrafo único** - Se a despesa total com pessoal exceder a 95% (noventa e cinco por cento) do limite, são vedados ao Poder ou órgão referido no art. 20 que houver incorrido no excesso:

I. concessão de vantagem, aumento, reajuste ou adequação de remuneração a qualquer título, salvo os derivados de sentença judicial ou de determinação legal ou contratual, ressalvada a revisão prevista no inciso X do art. 37 da Constituição;

II. criação de cargo, emprego ou função;

III. alteração de estrutura de carreira que implique aumento de despesa;

IV. provimento de cargo público, admissão ou contratação de pessoal a qualquer título, ressalvada a reposição decorrente de aposentadoria ou falecimento de servidores das áreas de educação, saúde e segurança;

V. contratação de hora extra, salvo no caso do disposto no inciso II do § 6º do art. 57 da Constituição e as situações previstas na lei de diretrizes orçamentárias.

Art. 23 – Se a despesa total com pessoal, do Poder ou órgão referido no art. 20, ultrapassar os limites definidos no mesmo artigo, sem prejuízo das medidas previstas no art. 22, o percentual excedente terá de ser eliminado nos dois quadrimestres seguintes, sendo pelo menos um terço no primeiro, adotando-se, entre outras, as providências previstas no § 3º e § 4º do art. 169 da Constituição.

§ 1º No caso do inciso I do § 3º do art. 169 da Constituição, o objetivo poderá ser alcançado tanto pela extinção de cargos e funções quanto pela redução dos valores a eles atribuídos. (Vide ADIN 2.238-5)

§ 2º É facultada a redução temporária da jornada de trabalho com adequação dos vencimentos à nova carga horária. (Vide ADIN 2.238-5)

§ 3º Não alcançada a redução no prazo estabelecido, e enquanto perdurar o excesso, o ente não poderá:

I. receber transferências voluntárias;

II. obter garantia, direta ou indireta, de outro ente;

III. contratar operações de crédito, ressalvadas as destinadas ao refinanciamento da dívida mobiliária e as que visem à redução das despesas com pessoal.

§ 4º As restrições do § 3º aplicam-se imediatamente se a despesa total com pessoal exceder o limite no primeiro quadrimestre do último ano do mandato dos titulares de Poder ou órgão referidos no art. 20.

- Providências tomadas, conforme o disposto no art. 31, para recondução dos montantes das dívidas consolidada e mobiliária aos respectivos limites;

Art. 31 – Se a dívida consolidada de um ente da Federação ultrapassar o respectivo limite ao final de um quadrimestre, deverá ser a ele reconduzida até o término dos três subsequentes, reduzindo o excedente em pelo menos 25% (vinte e cinco por cento) no primeiro.

§ 1º Enquanto perdurar o excesso, o ente que nele houver incorrido:

> I. estará proibido de realizar operação de crédito interna ou externa, inclusive por antecipação de receita, ressalvado o refinanciamento do principal atualizado da dívida mobiliária;
>
> II. obterá resultado primário necessário à recondução da dívida ao limite, promovendo, entre outras medidas, limitação de empenho, na forma do art. 9º.
>
> § 2º Vencido o prazo para retorno da dívida ao limite, e enquanto perdurar o excesso, o ente ficará também impedido de receber transferências voluntárias da União ou do Estado.
>
> § 3º As restrições do § 1º aplicam-se imediatamente se o montante da dívida exceder o limite no primeiro quadrimestre do último ano do mandato do Chefe do Poder Executivo.
>
> § 4º O Ministério da Fazenda (incorporado ao Ministério da Economia) divulgará, mensalmente, a relação dos entes que tenham ultrapassado os limites das dívidas consolidada e mobiliária.
>
> § 5º As normas deste artigo serão observadas nos casos de descumprimento dos limites da dívida mobiliária e das operações de crédito internas e externas.

- Destinação de recursos obtidos com a alienação de ativos, tendo em vista as restrições constitucionais e as desta lei complementar;
- Cumprimento do limite de gastos totais dos legislativos municipais, quando houver.

Os Tribunais de Contas passam a ter importância fundamental no processo de fiscalização da gestão fiscal, sendo verdadeiros guardiões dos limites ao receberem da LRF a incumbência de alertar os Poderes ou órgãos quando constatarem:

1) A possibilidade de que a realização da receita poderá não comportar o cumprimento das metas de resultado primário ou nominal estabelecidas no Anexo de Metas Fiscais, o que obrigará os Poderes e o Ministério Público a promover, por ato próprio e nos montantes necessários, nos trinta dias subsequentes, a limitação de empenho e movimentação financeira, segundo os critérios fixados pela lei de diretrizes orçamentárias;

2) Que o montante da despesa total com pessoal ultrapassou 90% (noventa por cento) do limite, é **o chamado limite de alerta;**

3) Que os montantes das dívidas consolidada e mobiliária, das operações de crédito e da concessão de garantia se encontram acima de 90% (noventa por cento) dos respectivos limites é o chamado limite de alerta;

4) Que os gastos com inativos e pensionistas se encontram acima do limite definido em lei;

5) Fatos que comprometam os custos ou os resultados dos programas;

6) Indícios de irregularidades na gestão orçamentária.

Compete, ainda, aos Tribunais de Contas verificar os cálculos dos limites da despesa total com pessoal de cada Poder e órgão.

O Tribunal de Contas da União recebe função específica da LRF para acompanhar o cumprimento do disposto nos §§ 2º, 3º e 4º do art. 39, os quais se referem à aquisição de títulos.

> § 2º O Banco Central do Brasil só poderá comprar diretamente títulos emitidos pela União para refinanciar a dívida mobiliária federal que estiver vencendo na sua carteira.
>
> § 3º A operação mencionada no § 2º deverá ser realizada à taxa média e condições alcançadas no dia, em leilão público.
>
> § 4º É vedado ao Tesouro Nacional adquirir títulos da dívida pública federal existentes na carteira do Banco Central do Brasil, ainda que com cláusula de reversão, salvo para reduzir a dívida mobiliária.

▶ **QUESTÃO COMENTADA:**

(CESPE – AJ (TRE BA)/TRE BA/Administrativa/"Sem Especialidade"/2017) Um dos principais objetivos da Lei de Responsabilidade Fiscal (LRF) é auxiliar a sociedade no controle e na avaliação do uso que os agentes públicos fazem dos recursos orçamentários. Para tanto, a LRF exige a divulgação de uma série de instrumentos de transparência da gestão fiscal pelo poder público. Essa exigência inclui a divulgação

a) do balanço financeiro.
b) do balanço patrimonial.
c) do balanço orçamentário.
d) da demonstração das variações patrimoniais.
e) das prestações de contas e dos respectivos pareceres prévios.

Gabarito: E

COMENTÁRIO:

Conforme estabelece art. 48 da LRF, são instrumentos de transparência da gestão fiscal, aos quais será dada ampla divulgação, inclusive em meios eletrônicos de acesso público: os planos, orçamentos e Leis de Diretrizes Orçamentárias; **as prestações de contas e o respectivo parecer prévio**; o Relatório Resumido da Execução Orçamentária e o Relatório de Gestão Fiscal; e as versões simplificadas desses documentos.

11. DISPOSIÇÕES FINAIS E TRANSITÓRIAS

Em suas disposições finais a LRF buscou estabelecer regras de transição e harmonização dos seus mandamentos com o ordenamento orçamentário vigente, principalmente no que tange aos Entes Federativos com menor capacidade orçamentário-financeira.

11.1. Autorizações

A LRF faculta aos Estados e Municípios, desde que por meio de Lei, fixar limites inferiores àqueles previstos para as dívidas consolidada e mobiliária, operações de crédito e concessão de garantias.

Os títulos da dívida pública, desde que devidamente escriturados em sistema centralizado de liquidação e custódia, poderão ser oferecidos em caução para garantia de empréstimos, ou em outras transações previstas em lei, pelo seu valor econômico, conforme definido pelo Ministério da Fazenda (incorporado ao Ministério da Economia).

11.2. Municípios

Por ser o Ente Federativo mais frágil financeiramente, a LRF dá especial atenção aos municípios, principalmente àqueles com população menor que cinquenta mil habitantes, estabelecendo regras específicas para preservar suas finanças, além de flexibilizar algumas regras para que tais entes possam se adaptar com a rigidez fiscal trazida pela lei. Nesse sentido, o art. 62 determina que eles só contribuirão para o custeio de despesas de competência de outros Entes da Federação se houver:

- Autorização na Lei de Diretrizes Orçamentárias e na Lei Orçamentária Anual;
- Convênio, acordo, ajuste ou congênere, conforme sua legislação.

Em função da hipossuficiência econômica e administrativa desses Entes Federativos, é facultado aos Municípios com população inferior a cinquenta mil habitantes optar por:

- Aplicar o disposto no art. 22 e no § 4º do art. 30 ao final do semestre, ou seja, fica assim ampliado de quatro para seis meses o prazo para verificação do cumprimento dos limites referentes à despesa com pessoal e montante da dívida consolidada;

> **Art. 22** – A verificação do cumprimento dos limites estabelecidos nos arts. 19 e 20 será realizada ao final de cada quadrimestre.
>
> **Parágrafo único** – Se a despesa total com pessoal exceder a 95% (noventa e cinco por cento) do limite, são vedados ao Poder ou órgão referido no art. 20 que houver incorrido no excesso:
>
> I. concessão de vantagem, aumento, reajuste ou adequação de remuneração a qualquer título, salvo os derivados de sentença judicial ou de determinação legal ou contratual, ressalvada a revisão prevista no inciso X do art. 37 da Constituição;

II. criação de cargo, emprego ou função;

III. alteração de estrutura de carreira que implique aumento de despesa;

IV. provimento de cargo público, admissão ou contratação de pessoal a qualquer título, ressalvada a reposição decorrente de aposentadoria ou falecimento de servidores das áreas de educação, saúde e segurança;

V. contratação de hora extra, salvo no caso do disposto no inciso II do § 6º do art. 57 da Constituição e as situações previstas na lei de diretrizes orçamentárias.

(...)

Art. 30 – (...)

§ 4º Para fins de verificação do atendimento do limite, a apuração do montante da dívida consolidada será efetuada ao final de cada quadrimestre.

- Divulgar semestralmente:

  1) O Relatório de Gestão Fiscal;

  2) Os demonstrativos que acompanham o Relatório de Gestão Fiscal;

Elaborar o Anexo de Política Fiscal do plano plurianual, o Anexo de Metas Fiscais e o Anexo de Riscos Fiscais da Lei de Diretrizes Orçamentárias e o demonstrativo da compatibilidade da programação dos orçamentos com os objetivos e metas constantes no Anexo de Metas Fiscais a partir do quinto exercício seguinte ao da publicação da LRF.

A divulgação dos relatórios e demonstrativos deverá ser realizada em até trinta dias após o encerramento do semestre.

Se ultrapassados os limites relativos à despesa total com pessoal ou à dívida consolidada, enquanto perdurar esta situação, o Município ficará sujeito aos mesmos prazos de verificação e de retorno ao limite definidos para os demais entes.

A União prestará assistência técnica e cooperação financeira aos Municípios para a modernização das respectivas administrações tributária, financeira, patrimonial e previdenciária, com vistas ao cumprimento das normas previstas na LRF.

A assistência técnica consistirá no treinamento e desenvolvimento de recursos humanos e na transferência de tecnologia, bem como no apoio à divulgação dos instrumentos de transparência da gestão fiscal em meio eletrônico de amplo acesso público.

A cooperação financeira compreenderá a doação de bens e valores, o financiamento por intermédio das instituições financeiras federais e o repasse de recursos oriundos de operações externas.

11.3. Situações Extraordinárias

A LRF também trouxe regras de flexibilização de seus mandamentos em casos específicos como calamidade pública, estado de sítio, estado de defesa, ou crescimento econômico ou crescimento negativo, ou ainda, mudanças drásticas na condução das políticas monetária e cambial.

1) Calamidade pública, estado de sítio, estado de defesa

Estabelece a lei que na ocorrência de calamidade pública reconhecida pelo Congresso Nacional, no caso da União, ou pelas Assembleias Legislativas, na hipótese dos Estados e Municípios, ou ainda decretação de estado de defesa ou de sítio, na forma da Constituição:

- Serão suspensas a contagem dos prazos e as disposições referentes à recondução da despesa com pessoal e do endividamento, além das disposições referentes ao prazo estipulado para o enquadramento nos limites estabelecidos pela LRF para dos entes que, na época da sua publicação, encontravam-se com seus gastos com pessoal acima dos limites estabelecidos;

> **Art. 23** – Se a despesa total com pessoal, do Poder ou órgão referido no art. 20, ultrapassar os limites definidos no mesmo artigo, sem prejuízo das medidas previstas no art. 22, o percentual excedente terá de ser eliminado nos dois quadrimestres seguintes, sendo pelo menos um terço no primeiro, adotando-se, entre outras, as providências previstas nos §§ 3º e 4º do art. 169 da Constituição.
>
> § 1º No caso do inciso I do § 3º do art. 169 da Constituição, o objetivo poderá ser alcançado tanto pela extinção de cargos e funções quanto pela redução dos valores a eles atribuídos. (Vide ADIN 2.238-5)
>
> § 2º É facultada a redução temporária da jornada de trabalho com adequação dos vencimentos à nova carga horária. (Vide ADIN 2.238-5)
>
> § 3º Não alcançada a redução no prazo estabelecido, e enquanto perdurar o excesso, o ente não poderá:
>
> I. receber transferências voluntárias;
>
> II. obter garantia, direta ou indireta, de outro ente;
>
> III. contratar operações de crédito, ressalvadas as destinadas ao refinanciamento da dívida mobiliária e as que visem à redução das despesas com pessoal.
>
> § 4º As restrições do § 3º aplicam-se imediatamente se a despesa total com pessoal exceder o limite no primeiro quadrimestre do último ano do mandato dos titulares de Poder ou órgão referidos no art. 20. (...)
>
> **Art. 31** – Se a dívida consolidada de um ente da Federação ultrapassar o respectivo limite ao final de um quadrimestre, deverá ser a

ele reconduzida até o término dos três subsequentes, reduzindo o excedente em pelo menos 25% (vinte e cinco por cento) no primeiro.

§ 1º Enquanto perdurar o excesso, o ente que nele houver incorrido:

I. estará proibido de realizar operação de crédito interna ou externa, inclusive por antecipação de receita, ressalvado o refinanciamento do principal atualizado da dívida mobiliária;

II. obterá resultado primário necessário à recondução da dívida ao limite, promovendo, entre outras medidas, limitação de empenho, na forma do art. 9º.

§ 2º Vencido o prazo para retorno da dívida ao limite, e enquanto perdurar o excesso, o ente ficará também impedido de receber transferências voluntárias da União ou do Estado.

§ 3º As restrições do § 1º aplicam-se imediatamente se o montante da dívida exceder o limite no primeiro quadrimestre do último ano do mandato do Chefe do Poder Executivo.

§ 4º O Ministério da Fazenda (incorporado ao Ministério da Economia) divulgará, mensalmente, a relação dos entes que tenham ultrapassado os limites das dívidas consolidada e mobiliária.

§ 5º As normas deste artigo serão observadas nos casos de descumprimento dos limites da dívida mobiliária e das operações de crédito internas e externas. (...)

Art. 70 – O Poder ou órgão referido no art. 20 cuja despesa total com pessoal no exercício anterior ao da publicação desta Lei Complementar estiver acima dos limites estabelecidos nos arts. 19 e 20 deverá enquadrar-se no respectivo limite em até dois exercícios, eliminando o excesso, gradualmente, à razão de, pelo menos, 50% a.a. (cinquenta por cento ao ano), mediante a adoção, entre outras, das medidas previstas nos arts. 22 e 23.

- Serão dispensados o atingimento dos resultados primário ou nominal estabelecidas no Anexo de Metas Fiscais e a limitação de empenho prevista no art. 9º.

Art. 9º – Se verificado, ao final de um bimestre, que a realização da receita poderá não comportar o cumprimento das metas de resultado primário ou nominal estabelecidas no Anexo de Metas Fiscais, os Poderes e o Ministério Público promoverão, por ato próprio e nos montantes necessários, nos trinta dias subsequentes, limitação de empenho e movimentação financeira, segundo os critérios fixados pela lei de diretrizes orçamentárias.

§ 1º No caso de restabelecimento da receita prevista, ainda que parcial, a recomposição das dotações cujos empenhos foram limitados dar-se-á de forma proporcional às reduções efetivadas.

§ 2º Não serão objeto de limitação as despesas que constituam obrigações constitucionais e legais do ente, inclusive aquelas destinadas ao pagamento do serviço da dívida, e as ressalvadas pela lei de diretrizes orçamentárias.

§ 3º No caso de os Poderes Legislativo e Judiciário e o Ministério Público não promoverem a limitação no prazo estabelecido no *caput*, é o Poder Executivo autorizado a limitar os valores financeiros segundo os critérios fixados pela lei de diretrizes orçamentárias. (Vide ADIN 2.238-5)

§ 4º Até o final dos meses de maio, setembro e fevereiro, o Poder Executivo demonstrará e avaliará o cumprimento das metas fiscais de cada quadrimestre, em audiência pública na comissão referida no § 1º do art. 166 da Constituição ou equivalente nas Casas Legislativas estaduais e municipais.

§ 5º No prazo de noventa dias após o encerramento de cada semestre, o Banco Central do Brasil apresentará, em reunião conjunta das comissões temáticas pertinentes do Congresso Nacional, avaliação do cumprimento dos objetivos e metas das políticas monetária, creditícia e cambial, evidenciando o impacto e o custo fiscal de suas operações e os resultados demonstrados nos balanços.

2) Crescimento real baixo ou negativo

Já em caso de crescimento real baixo ou negativo do Produto Interno Bruto (PIB) nacional, regional ou estadual por período igual ou superior a quatro trimestres, os prazos estabelecidos acima, ou seja, nos arts. 23, 31 e 70, serão duplicados. Porém, mesmo diante desse cenário, continuarão a ser adotadas as medidas previstas no art. 22 que se referem à verificação do cumprimento dos limites para despesa com pessoal e às medidas de recondução aos limites em caso de extrapolação.

Art. 22 – A verificação do cumprimento dos limites estabelecidos nos arts. 19 e 20 será realizada ao final de cada quadrimestre.

Parágrafo único – Se a despesa total com pessoal exceder a 95% (noventa e cinco por cento) do limite, são vedados ao Poder ou órgão referido no art. 20 que houver incorrido no excesso:

I. concessão de vantagem, aumento, reajuste ou adequação de remuneração a qualquer título, salvo os derivados de sentença judicial ou de determinação legal ou contratual, ressalvada a revisão prevista no inciso X do art. 37 da Constituição;

II. criação de cargo, emprego ou função;

III. alteração de estrutura de carreira que implique aumento de despesa;

IV. provimento de cargo público, admissão ou contratação de pessoal a qualquer título, ressalvada a reposição decorrente de aposentadoria ou falecimento de servidores das áreas de educação, saúde e segurança;

V. contratação de hora extra, salvo no caso do disposto no inciso II do § 6º do art. 57 da Constituição e as situações previstas na lei de diretrizes orçamentárias.

A LRF classifica como baixo crescimento a taxa de variação real acumulada do Produto Interno Bruto inferior a 1% (um por cento), no período correspondente aos quatro últimos trimestres, cuja taxa de variação será aquela apurada pela Fundação Instituto Brasileiro de Geografia e Estatística ou outro órgão que vier a substituí-la, adotada a mesma metodologia para apuração dos PIB nacional, estadual e regional.

3) Mudanças drásticas na condução das políticas monetária e cambial

Na hipótese de se verificarem mudanças drásticas na condução das políticas monetária e cambial, reconhecidas pelo Senado Federal, o prazo referido no *caput* do art. 31, ou seja, o prazo para recondução da dívida aos limites estabelecidos, poderá ser ampliado em até quatro quadrimestres.

> **Art. 31** – Se a dívida consolidada de um ente da Federação ultrapassar o respectivo limite ao final de um quadrimestre, deverá ser a ele reconduzida até o término dos três subsequentes, reduzindo o excedente em pelo menos 25% (vinte e cinco por cento) no primeiro.
>
> § 1º Enquanto perdurar o excesso, o ente que nele houver incorrido:
>
> I. estará proibido de realizar operação de crédito interna ou externa, inclusive por antecipação de receita, ressalvado o refinanciamento do principal atualizado da dívida mobiliária;
>
> II. obterá resultado primário necessário à recondução da dívida ao limite, promovendo, entre outras medidas, limitação de empenho, na forma do art. 9º.
>
> § 2º Vencido o prazo para retorno da dívida ao limite, e enquanto perdurar o excesso, o ente ficará também impedido de receber transferências voluntárias da União ou do Estado.
>
> § 3º As restrições do § 1º aplicam-se imediatamente se o montante da dívida exceder o limite no primeiro quadrimestre do último ano do mandato do Chefe do Poder Executivo.
>
> § 4º O Ministério da Fazenda (incorporado ao Ministério da Economia) divulgará, mensalmente, a relação dos entes que tenham ultrapassado os limites das dívidas consolidada e mobiliária.
>
> § 5º As normas deste artigo serão observadas nos casos de descumprimento dos limites da dívida mobiliária e das operações de crédito internas e externas.

11.4. Conselho de Gestão Fiscal

Com o fim de acompanhar e avaliar, de forma permanente, a política e a operacionalidade da gestão fiscal, a LRF determina que seja criado e conselho de gestão fiscal, constituído por representantes de todos os Poderes e esferas de Governo, do Ministério Público e de entidades técnicas representativas da sociedade, visando a:

- Harmonização e coordenação entre os Entes da Federação;
- Disseminação de práticas que resultem em maior eficiência na alocação e execução do gasto público, na arrecadação de receitas, no controle do endividamento e na transparência da gestão fiscal;
- Adoção de normas de consolidação das contas públicas, padronização das prestações de contas e dos relatórios e demonstrativos de gestão fiscal de que trata esta Lei Complementar, normas e padrões mais simples para os pequenos Municípios, bem como outros, necessários ao controle social;
- Divulgação de análises, estudos e diagnósticos.

O conselho de gestão fiscal também instituirá formas de premiação e reconhecimento público aos titulares de Poder que alcançarem resultados meritórios em suas políticas de desenvolvimento social, conjugados com a prática de uma gestão fiscal pautada pelas da LRF. A Lei disporá sobre a composição e a forma de funcionamento do conselho.

11.5. Previdência Social

Regulamentando o art. 250 da Constituição, a LRF cria o Fundo do Regime Geral de Previdência Social, vinculado ao Ministério da Previdência e Assistência Social e gerido pelo Instituto Nacional do Seguro Social, na forma da lei, com a finalidade de prover recursos para o pagamento dos benefícios do regime geral da previdência social.

O Fundo será constituído de:

- Bens móveis e imóveis, valores e rendas do Instituto Nacional do Seguro Social não utilizados na operacionalização deste;
- Bens e direitos que, a qualquer título, lhe sejam adjudicados ou que lhe vierem a ser vinculados por força de lei;
- Receita das contribuições sociais para a seguridade social, previstas na alínea a do inciso I e no inciso II do art. 195 da Constituição;
- Produto da liquidação de bens e ativos de pessoa física ou jurídica em débito com a Previdência Social;
- Resultado da aplicação financeira de seus ativos;
- Recursos provenientes do orçamento da União.

Com o intuito de prevenir abusos que possam pôr em risco os regimes próprios de previdência social dos Entes Federativos criados para seus servidores, a LRF estabelece que o ente que mantiver ou vier a instituir esse tipo de regime conferir-lhe-á caráter contributivo e o organizará com base em normas de contabilidade e atuária que preservem seu equilíbrio financeiro e atuarial.

11.6. Adaptação/Transição ao Regime de Austeridade Fiscal

Para que se pudesse permitir a adaptação dos Entes Federativos ao regime mais austero implementado, a LRF estabeleceu prazos para que estes pudessem adequar suas contas aos limites estabelecidos. Por esse motivo, o art. 70 estabelece que o Poder ou órgão cuja despesa total com pessoal no exercício anterior ao da publicação desta Lei Complementar estiver acima dos limites para despesa total com pessoal e dos limites individuais com pessoal de cada poder ou órgão, deverá se enquadrar no respectivo limite em até dois exercícios, eliminando o excesso, gradualmente, à razão de, pelo menos, 50% a.a. (cinquenta por cento ao ano), mediante a adoção, entre outras, das medidas previstas nos arts. 22 e 23, ou seja, aquelas vistas quando o Ente Federativo ultrapassa o limite prudencial e o limite total.

> **Art. 22** – A verificação do cumprimento dos limites estabelecidos nos arts. 19 e 20 será realizada ao final de cada quadrimestre.
>
> Parágrafo único – Se a despesa total com pessoal exceder a 95% (noventa e cinco por cento) do limite, são vedados ao Poder ou órgão referido no art. 20 que houver incorrido no excesso:
>
> I. concessão de vantagem, aumento, reajuste ou adequação de remuneração a qualquer título, salvo os derivados de sentença judicial ou de determinação legal ou contratual, ressalvada a revisão prevista no inciso X do art. 37 da Constituição;
>
> II. criação de cargo, emprego ou função;
>
> III. alteração de estrutura de carreira que implique aumento de despesa;
>
> IV. provimento de cargo público, admissão ou contratação de pessoal a qualquer título, ressalvada a reposição decorrente de aposentadoria ou falecimento de servidores das áreas de educação, saúde e segurança;
>
> V. contratação de hora extra, salvo no caso do disposto no inciso II do § 6º do art. 57 da Constituição e as situações previstas na lei de diretrizes orçamentárias.
>
> **Art. 23** – Se a despesa total com pessoal, do Poder ou órgão referido no art. 20, ultrapassar os limites definidos no mesmo artigo, sem prejuízo das medidas previstas no art. 22, o percentual excedente terá de ser eliminado nos dois quadrimestres seguintes, sendo pelo menos um terço no primeiro, adotando-se, entre outras, as providências previstas nos §§ 3º e 4º do art. 169 da Constituição.
>
> § 1º No caso do inciso I do § 3º do art. 169 da Constituição, o objetivo poderá ser alcançado tanto pela extinção de cargos e funções quanto pela redução dos valores a eles atribuídos. (Vide ADIN 2.238-5)
>
> § 2º É facultada a redução temporária da jornada de trabalho com adequação dos vencimentos à nova carga horária. (Vide ADIN 2.238-5)
>
> § 3º Não alcançada a redução no prazo estabelecido, e enquanto perdurar o excesso, o ente não poderá:

I. receber transferências voluntárias;

II. obter garantia, direta ou indireta, de outro ente;

III. contratar operações de crédito, ressalvadas as destinadas ao refinanciamento da dívida mobiliária e as que visem à redução das despesas com pessoal.

§ 4º As restrições do § 3º aplicam-se imediatamente se a despesa total com pessoal exceder o limite no primeiro quadrimestre do último ano do mandato dos titulares de Poder ou órgão referidos no art. 20.

A inobservância dos prazos vistos acima, ou seja, não alcançada a redução no prazo estabelecido, e enquanto perdurar o excesso, impedia o ente de:

- Receber transferências voluntárias;
- Obter garantia, direta ou indireta, de outro ente;
- Contratar operações de crédito, ressalvadas as destinadas ao refinanciamento da dívida mobiliária e as que visem à redução das despesas com pessoal.

O art. 71 estabelece que, ressalvada a hipótese do inciso X do art. 37 da Constituição, até o término do terceiro exercício financeiro seguinte à entrada em vigor desta Lei Complementar, a despesa total com pessoal dos Poderes e órgãos referidos no art. 20 não ultrapassará, em percentual da receita corrente líquida, a despesa verificada no exercício imediatamente anterior, acrescida de até 10% (dez por cento), se esta for inferior ao limite para os órgãos e poderes.

Art. 37 - A administração pública direta e indireta de qualquer dos Poderes da União, dos Estados, do Distrito Federal e dos Municípios obedecerá aos princípios de legalidade, impessoalidade, moralidade, publicidade e eficiência e, também, ao seguinte: (Redação dada pela Emenda Constitucional nº 19, de 1998) (...)

X. a remuneração dos servidores públicos e o subsídio de que trata o § 4º do art. 39 somente poderão ser fixados ou alterados por lei específica, observada a iniciativa privativa em cada caso, assegurada revisão geral anual, sempre na mesma data e sem distinção de índices; (Redação dada pela Emenda Constitucional nº 19, de 1998) (Regulamento)

A despesa com serviços de terceiros dos Poderes e órgãos referidos não poderá exceder, em percentual da receita corrente líquida, a do exercício anterior à entrada em vigor da LRF, até o término do terceiro exercício seguinte.

11.7. Sanções

A LRF não traz sanções pessoais, mas remete ao o Decreto-Lei nº 2.848, de 7 de dezembro de 1940 (Código Penal); à Lei nº 1.079, de 10 de abril de 1950; ao Decreto-Lei nº 201, de 27 de fevereiro de 1967; à Lei nº 8.429, de 2 de junho de 1992; e demais normas da legislação pertinente. Dessa forma, as infrações aos dispositivos da LRF serão punidas segundo esses mandamentos.

O art. 73-A, incluído pela Lei Complementar nº 131, de 2009, estabelece que qualquer cidadão, partido político, associação ou sindicato é parte legítima para denunciar ao respectivo Tribunal de Contas e ao órgão competente do Ministério Público o descumprimento das prescrições estabelecidas nesta Lei Complementar.

11.8. Prazos para Medidas de Transparência

Por fim, a LRF estabeleceu prazos para que os Entes Federativos cumpram as medidas de transparências citadas abaixo:

- Liberação ao pleno conhecimento e acompanhamento da sociedade, em tempo real, de informações pormenorizadas sobre a execução orçamentária e financeira, em meios eletrônicos de acesso público;
- Implementação de sistema integrado de administração financeira e controle, que atenda a padrão mínimo de qualidade estabelecido pelo Poder Executivo da União.

Para fins de conhecimento e acompanhamento da sociedade, em tempo real, de informações pormenorizadas sobre a execução orçamentária e financeira, em meios eletrônicos de acesso público, os Entes da Federação disponibilizarão a qualquer pessoa física ou jurídica o acesso a informações referentes a:

- Quanto à despesa: todos os atos praticados pelas unidades gestoras no decorrer da execução da despesa, no momento de sua realização, com a disponibilização mínima dos dados referentes ao número do correspondente processo, ao bem fornecido ou ao serviço prestado, à pessoa física ou jurídica beneficiária do pagamento e, quando for o caso, ao procedimento licitatório realizado;
- Quanto à receita: o lançamento e o recebimento de toda a receita das unidades gestoras, inclusive referente a recursos extraordinários.

Os prazos para que tais medidas sejam implementadas são os que se seguem, contados a partir de 27 de maio de 2009, data em que foi publicada a lei complementar 131 que inseriu muitas modificações na LRF:

- 1 (um) ano para a União, os Estados, o Distrito Federal e os Municípios com mais de 100.000 (cem mil) habitantes;
- 2 (dois) anos para os Municípios que tenham entre 50.000 (cinquenta mil) e 100.000 (cem mil) habitantes;
- 4 (quatro) anos para os Municípios que tenham até 50.000 (cinquenta mil) habitantes.

O não atendimento, até o encerramento dos prazos previstos acima, das determinações vistas impede o ente de receber transferências voluntárias.

11.9. Crimes Fiscais

Por fim, é importante deixar claro que a LRF não tipifica crimes e nem estabelece penas, as sanções estabelecidas no corpo do texto da LRF têm natureza institucional.

A tipificação de crimes ficou a cargo de outros mandamentos legais listados a seguir:

- Lei nº 10.028/00: alterou o Código Penal inserindo o capítulo IV cujo título é "DOS CRIMES CONTRA AS FINANÇAS PÚBLICAS";
- Lei nº 1.079/50: Define os crimes de responsabilidade e regula o respectivo processo de julgamento;
- Decreto-Lei nº 201/67: Dispõe sobre a responsabilidade dos Prefeitos e Vereadores, e dá outras providências.

12. PRATICANDO – QUESTÕES DE CONCURSOS ANTERIORES COMENTADAS

1) **(FCC – Analista Judiciário – Área Administrativa – TRT 2/2018)** De acordo com a Lei Complementar nº 101/2000,

a) a Lei do Plano Plurianual disporá sobre normas relativas ao controle de custos e à avaliação dos resultados dos programas financiados com recursos dos orçamentos.

b) a despesa de capital derivada de ato normativo que fixe para o ente a obrigação legal de sua execução por um período superior a dois exercícios financeiros é denominada despesa obrigatória de caráter continuado.

c) a Lei Orçamentária Anual disporá sobre condições e exigências para transferências de recursos a entidades públicas e privadas.

d) o refinanciamento da dívida pública constará separadamente na Lei Orçamentária Anual e nos documentos referentes a suprimentos de fundos.

e) os recursos legalmente vinculados a finalidade específica serão utilizados exclusivamente para atender ao objeto de sua vinculação, ainda que em exercício diverso daquele em que ocorrer o ingresso.

Gabarito: e

COMENTÁRIOS:

Nota do autor. Lei de Responsabilidade Fiscal é exigida, em regra, quando expressa no edital. Como a LRF é uma lei complexa e "completa", trazendo em seu bojo muitos conceitos necessários a sua própria interpretação, cobra-se a "letra de lei", podendo haver cálculos relacionados aos percentuais de receita e despesas estabelecidos por ela.

Alternativa correta: letra "E". Art. 8º, parágrafo único. Os recursos legalmente vinculados à finalidade específica serão utilizados exclusivamente para atender ao objeto de sua vinculação, ainda que em exercício diverso daquele em que ocorrer o ingresso.

Alternativa "A": errada. Art. 4º A lei de diretrizes orçamentárias atenderá o disposto no § 2º do art. 165 da Constituição e: I - disporá também sobre: e) normas relativas ao controle de custos e à avaliação dos resultados dos programas financiados com recursos dos orçamentos.

Alternativa "B": errada. Art. 17. Considera-se obrigatória de caráter continuado a despesa corrente derivada de lei, medida provisória ou ato administrativo normativo que fixem para o ente a obrigação legal de sua execução por um período superior a dois exercícios.

Alternativa "C": errada. Art. 4º. A lei de diretrizes orçamentárias atenderá o disposto no § 2º do art. 165 da Constituição e I - disporá também sobre: f) demais condições e exigências para transferências de recursos a entidades públicas e privadas.

Alternativa "D": errada. Art. 5º, § 2º. O refinanciamento da dívida pública constará separadamente na lei orçamentária e nas de crédito adicional.

2) **(FCC – Analista Judiciário – Área Administrativa – TRT 2/2018)** Considere as seguintes informações quanto à despesa total com pessoal que foram extraídas do sistema contábil do Poder Judiciário de um determinado Estado e que se referem ao exercício financeiro de 2017.

- Despesa empenhada: R$ 143.000.000,00
- Despesa liquidada: R$ 141.000.000,00
- Despesa paga: R$ 140.900.000,00
- Despesa reconhecida no resultado patrimonial conforme o regime de competência: R$ 141.000.000,00

A Receita Corrente Líquida do Estado referente ao exercício financeiro de 2017 foi R$ 2.500.000.000,00. De acordo com as determinações da Lei Complementar nº 101/2000, o Poder Judiciário, em 31/12/2017,

a) estava vedado a contratar horas extras, pois a despesa total com pessoal excedeu o limite prudencial.
b) estava vedado a conceder vantagens, aumentos, reajustes ou adequar a remuneração a qualquer título, pois a despesa total com pessoal excedeu o limite total.
c) estava impedido de obter garantia, direta ou indireta, de outro ente, pois a despesa total com pessoal excedeu o limite de alerta.
d) não estava vedado a criar cargo, emprego ou função, pois a despesa total com pessoal não excedeu o limite prudencial.
e) não estava impedido de alterar a estrutura de carreira que implicasse aumento de despesa, pois a despesa total com pessoal não excedeu o limite de alerta.

Gabarito: D

COMENTÁRIOS

Alternativa correta: letra "D" (responde as alternativas A e B). Segundo o art. 19 da Lei de Responsabilidade Fiscal, para os fins do disposto no *caput* do art. 169 da Constituição Federal, a despesa total com pessoal, em cada período de apuração e em cada Ente da Federação, não poderá exceder os percentuais da receita corrente líquida, a seguir discriminados:

- ✓ União: 50% (cinquenta por cento);
- ✓ Estados e Distrito Federal: 60% (sessenta por cento);
- ✓ Municípios: 60% (sessenta por cento).

O art. 20 estabelece que a repartição dos limites globais do art. 19 não poderá exceder, na esfera estadual, dentre outros, 6% (seis por cento) para o Judiciário.

A Receita Corrente Líquida do Estado citado na questão referente ao exercício financeiro de 2017 foi de R$ 2.500.000.000,00. Assim, o limite de gasto com pessoal para o Poder Judiciário desse Estado será de R$ 150.000.000,00 (6% de 2.500.000.000,00).

Mas, qual foi o valor considerado como despesa de pessoal, dentre os valores apresentados?

A resposta é R$ 141.000.000,00 (Despesa reconhecida no resultado patrimonial conforme o regime de competência), isso porque o § 2º do art. 18 da LRF estabelece que a despesa total com pessoal será apurada quando somadas as despesas realizadas no mês em referência com as dos onze meses anteriores, adotando-se o regime de **competência**.

Regime de competência significa considerar a despesa em razão da variação negativa do Patrimônio Líquido, independente de pagamento.

O limite prudencial está previsto no parágrafo único do art. 22 da LRF. Segundo esse dispositivo legal, se a despesa total com pessoal exceder a 95% (noventa e cinco por cento) do limite são vedados ao Poder ou ao órgão referido no art. 20 que houver incorrido no excesso:

- ✓ Concessão de vantagem, aumento, reajuste ou adequação de remuneração a qualquer título, salvo os derivados de sentença judicial ou de determinação legal ou contratual, ressalvada a revisão prevista no inciso X do art. 37 da Constituição;
- ✓ Criação de cargo, emprego ou função;
- ✓ Alteração de estrutura de carreira que implique aumento de despesa;
- ✓ Provimento de cargo público, admissão ou contratação de pessoal a qualquer título, ressalvada a reposição decorrente de aposentadoria ou falecimento de servidores das áreas de educação, saúde e segurança;
- ✓ Contratação de hora extra, salvo no caso do disposto no inciso II do § 6o do art. 57 da Constituição e as situações previstas na lei de diretrizes orçamentárias.

Porém, diante dos dados apresentados, vê-se que o Estado não ultrapassou o limite prudencial, que é de R$ 142.500.000,00 (95% de R$ 150.000.000,00)

Alternativa "C": errada. Segundo o § 1º, inciso II art. 59 da LRF, os Tribunais de Contas **alertarão** os Poderes ou órgãos referidos no art. 20 quando constatarem que o montante da despesa total com pessoal ultrapassou 90% (noventa por cento) do limite. O limite de alerta para despesa com pessoal desse Estado é de R$ 135.000.000,00 (90% de R$ 150.000.000,00). Vê-se, então, que o limite de alerta foi realmente ultrapassado.

Porém, observa-se que não existe a vedação de obtenção de garantia quando o limite de alerta é ultrapassado.

Essa vedação está prevista no § 3º do art. 23 d LRF, a qual dispõe que:

> Art. 23. Se a despesa total com pessoal, do Poder ou órgão referido no art. 20, ultrapassar os limites definidos no mesmo artigo, sem prejuízo das medidas previstas no art. 22, o percentual excedente terá de ser eliminado nos dois quadrimestres seguintes, sendo pelo menos um terço no primeiro, adotando-se, entre outras, as providências previstas nos §§ 3º e 4º do art. 169 da Constituição.
>
> § 1º No caso do inciso I do § 3º do art. 169 da Constituição, o objetivo poderá ser alcançado tanto pela extinção de cargos e funções quanto pela redução dos valores a eles atribuídos. (Vide ADIN 2.238-5)
>
> § 2º É facultada a redução temporária da jornada de trabalho com adequação dos vencimentos à nova carga horária. (Vide ADIN 2.238-5)
>
> § 3º Não alcançada a redução no prazo estabelecido, e enquanto perdurar o excesso, o ente não poderá:
>
> I - receber transferências voluntárias;
>
> II - obter garantia, direta ou indireta, de outro ente;

Alternativas "E": errada. O limite de alerta para despesa com pessoal desse Estado é de R$ 135.000.000,00 (90% de R$ 150.000.000,00). Vê-se, então, que o limite de alerta foi ultrapassado, contrariamente ao que afirma a alternativa.

3) **(FCC – Analista Judiciário – Área Administrativa – TRT 6/2018)** O conceito de gestão fiscal responsável permeia todo o ciclo orçamentário, incluindo a elaboração das principais peças: Plano Plurianual (PPA); Lei de Diretrizes Orçamentárias (LDO) e Lei Orçamentária Anual (LOA). Insere-se, nesse contexto, a obrigatoriedade de inclusão na LOA de

a) anexo de riscos fiscais, em que serão avaliados os passivos contingentes e outros riscos capazes de afetar as contas públicas, informando as providências a serem tomadas, caso se concretizem.

b) reserva de contingência, cuja forma de utilização e montante, definido com base na receita corrente líquida, são estabelecidos na LDO, sendo destinada ao atendimento de passivos contingentes e outros riscos e eventos fiscais imprevistos.

c) anexo de metas fiscais, em que serão estabelecidas metas anuais, em valores correntes e constantes, relativas a receitas, despesas, resultados nominal e primário e montante da dívida pública.

d) ações e programas com duração superior a dois exercícios financeiros que não tenham sido passíveis de previsão no PPA.

e) critérios e forma de limitação de empenho, a ser efetivada na hipótese de frustração de receitas que redunde em não cumprimento de resultado primário ou nominal.

Gabarito: B

COMENTÁRIOS

Nota do autor. Os instrumentos orçamentários (PPA, LDO e LOA) são muito cobrados em prova, principalmente no que tange aos textos constitucionais e legais, tal como a LRF, Lei de Responsabilidade Fiscal, daí a importância de se estudar diretamente estes textos após ter aprendido sobre a disciplina. Muitas questões vêm trazendo comparações entre os três instrumentos orçamentários, principalmente sobre o que determinam esses textos.

Alternativa correta: letra "B". (LRF) Art. 5º. O Projeto de Lei Orçamentária Anual, elaborado de forma compatível com o plano plurianual, com a Lei de Diretrizes Orçamentárias e com as normas desta Lei Complementar: [...] III - conterá reserva de contingência, cuja forma de utilização e montante, definido com base na receita corrente líquida, serão estabelecidos na lei de diretrizes orçamentárias, destinada ao: b) atendimento de passivos contingentes e outros riscos e eventos fiscais imprevistos.

Alternativa "A": errada. (LRF) Art. 4º, § 3º. A **lei de diretrizes orçamentárias conterá** Anexo de Riscos Fiscais, onde serão avaliados os passivos contingentes e outros riscos capazes de afetar as contas públicas, informando as providências a serem tomadas, caso se concretizem.

Alternativa "C": errada. Art. 4º, § 1º. Integrará o **projeto de lei de diretrizes orçamentárias**: Anexo de Metas Fiscais, em que serão estabelecidas metas anuais, em valores correntes e constantes, relativas às receitas, às despesas, aos resultados nominais e primários e ao montante da dívida pública, para o exercício a que se referirem e para os dois seguintes.

Alternativa "D": errada. Todas as despesas orçamentárias devem estar previstas na LOA ou nos créditos adicionais, mas nem todas precisam estar previstas no PPA. Veja o texto Constitucional: (CF) Art. 167: § 1º Nenhum investimento cuja execução ultrapasse um exercício financeiro poderá ser iniciado sem prévia inclusão no plano plurianual, ou sem lei que autorize a inclusão, sob pena de crime de responsabilidade.

Alternativa "E": errada. (LRF) Art. 4º. A **lei de diretrizes orçamentárias** atenderá ao disposto no § 2º do art. 165 da Constituição e: I - disporá também sobre: b) critérios e forma de limitação de empenho, a ser efetivada nas hipóteses previstas na alínea b do inciso II deste Artigo, no art. 9º e no inciso II do § 1º do art. 31.

4) **(FCC – Analista Judiciário – Área Administrativa – TRT 6/2018)** Os efeitos financeiros decorrentes das denominadas "despesas obrigatórias de caráter continuado", salvo aquelas decorrentes do reajustamento anual dos servidores e do serviço da dívida, nos termos normatizados pela Lei de Responsabilidade Fiscal (Lei complementar nº 101/2000),

a) serão excluídos para fins de cálculo do superávit financeiro, porém não do limite da dívida consolidada.
b) não são considerados para fins de cômputo do limite de comprometimento de despesa com pessoal.
c) somente poderão ocorrer no exercício subsequente à lei ou ato normativo que lhe der causa.

d) serão suportados com recursos provenientes de alienação de ativos ou de operações de crédito, vedada a utilização de dotações do orçamento vigente.
e) devem ser compensados com aumento permanente de receita ou redução permanente de despesa.

Gabarito: E

COMENTÁRIOS

Alternativa correta: letra "E" (responde a todas as outras alternativas). LC 101 – Lei de Responsabilidade Fiscal.

> Da Despesa Obrigatória de Caráter Continuado
>
> Art. 17. **Considera-se obrigatória de caráter continuado a despesa corrente derivada de lei, medida provisória ou ato administrativo normativo que fixem para o ente a obrigação legal de sua execução por um período superior a dois exercícios.**
>
> § 1º Os atos que criarem ou aumentarem despesa de que trata o *caput* deverão ser instruídos com a estimativa prevista no inciso I do art. 16 e demonstrar a origem dos recursos para seu custeio.
>
> § 2º Para efeito do atendimento do § 1º, o ato será acompanhado de comprovação de que a despesa criada ou aumentada não afetará as metas de resultados fiscais previstas no anexo referido no § 1º do art. 4º, **devendo seus efeitos financeiros, nos períodos seguintes, ser compensados pelo aumento permanente de receita ou pela redução permanente de despesa.**

5) **(FCC – Analista Judiciário – Área Administrativa – TRT 6/2018)** Um dos instrumentos de controle, transparência e fiscalização previsto na Lei de Responsabilidade Fiscal (Lei complementar nº 101/2000) consiste no Relatório de Gestão Fiscal, que

a) deve ser publicado até 30 dias após o encerramento de cada bimestre, contendo demonstrativo do resultado nominal e primário.
b) deve indicar os restos a pagar utilizados para cobertura da extrapolação dos limites fixados no referido diploma legal.
c) deve ser emitido ao final de cada quadrimestre pelos titulares dos Poderes e órgãos discriminados no referido diploma legal.
d) deve ser apresentado pelo Chefe do Executivo ao final do exercício, contendo os principais indicadores de endividamento e despesas de pessoal.
e) integra a prestação de contas do Chefe do Executivo, contendo, entre outros elementos, a comprovação de aplicação dos montantes previstos na Constituição Federal em despesas com Educação e Saúde.

Gabarito: C

COMENTÁRIOS:

Alternativa correta: letra "C". LC 101 – Lei de Responsabilidade Fiscal.

> Art. 54. Ao final de cada quadrimestre será emitido pelos titulares dos Poderes e órgãos referidos no art. 20 Relatório de Gestão Fiscal, assinado pelo:
>
> I - Chefe do Poder Executivo;
>
> II - Presidente e demais membros da Mesa Diretora ou órgão decisório equivalente, conforme regimentos internos dos órgãos do Poder Legislativo;
>
> III - Presidente de Tribunal e demais membros de Conselho de Administração ou órgão decisório equivalente, conforme regimentos internos dos órgãos do Poder Judiciário;
>
> IV - Chefe do Ministério Público, da União e dos Estados.
>
> Parágrafo único. O relatório também será assinado pelas autoridades responsáveis pela administração financeira e pelo controle interno, bem como por outras definidas por ato próprio de cada Poder ou órgão referido no art. 20.

Alternativa "A": errada. O Relatório Resumido da Execução Orçamentária deve ser publicado até 30 dias após o encerramento de cada bimestre, contendo demonstrativos do resultado nominal e primário.

Alternativa "B": errada. Restos a Pagar não são utilizados para cobertura da extrapolação dos limites fixados na LRF. Segundo o art. 36 da Lei nº 4.320/64, consideram-se Restos a Pagar as despesas empenhadas, mas não pagas até o dia 31 de dezembro, distinguindo-se as processadas das não processadas.

Alternativa "D": errada. O Relatório de Gestão Fiscal deve ser apresentado, dentre outros, também pelo Chefe do Executivo ao final de cada quadrimestre, contendo os principais indicadores de endividamento e despesas de pessoal, entre outros.

Alternativa "E": errada. Não há essa previsão na Lei de Responsabilidade fiscal.

6) **(FCC – Analista Judiciário – Área Administrativa – TRT 15/2018)** Um servidor investido em cargo da área de orçamento deverá observar os vários dispositivos da Lei de Responsabilidade Fiscal - LRF (Lei Complementar nº 101/2000), os quais buscam, dentre outros fins, prevenir riscos e corrigir desvios capazes de afetar o equilíbrio das contas públicas. Assim sendo, deverá ser considerado por ele que:

a) a Lei de Orçamento Anual tem por finalidade, de acordo com a LRF, dispor sobre o equilíbrio entre receitas e despesas.

b) se a despesa com pessoal do Poder Executivo ultrapassar 95% do limite estabelecido na LRF, a alteração da estrutura de carreira não estará proibida desde que não implique aumento de despesa.

c) se ao final de um bimestre for verificado que a realização da receita poderá não comportar o cumprimento das metas de resultado primário estabelecidas na Lei de Diretrizes Orçamentárias - LDO, o Poder Executivo estará incumbido de limitar valores financeiros, segundo critérios da LDO, de seus órgãos e entidades e do Ministério Público.

d) a dotação para investimento com duração superior a um ano deverá estar consignada nas respectivas Leis Orçamentárias Anuais e de Diretrizes Orçamentárias quando este não estiver incluído no Plano Plurianual.

e) a apuração da receita corrente líquida e dos resultados nominal e primário feita pelo Relatório de Gestão Fiscal será objeto de emissão e divulgação ao final de cada quadrimestre.

Gabarito: B

COMENTÁRIOS:

Alternativa correta: letra "B". (LRF) Art. 22, Parágrafo único. Se a despesa total com pessoal exceder a 95% do limite, são vedados ao Poder ou ao órgão referido no art. 20 que houver incorrido no excesso:

> III - alteração de estrutura de carreira que implique aumento de despesa;

Alternativa "A": errada. (LRF) Art. 4º. A lei de diretrizes orçamentárias atenderá o disposto no § 2º do art. 165 da Constituição e

> I - disporá também sobre:
>
> a) equilíbrio entre receitas e despesas.

Alternativa "C": errada. (LRF) Art. 9º. Se verificado, ao final de um bimestre, que a realização da receita poderá não comportar o cumprimento das metas de resultado primário ou nominal estabelecidas no Anexo de Metas Fiscais, **os Poderes e o Ministério Público** promoverão, por ato próprio e nos montantes necessários, nos trinta dias subsequentes, **limitação de empenho** e movimentação financeira, segundo os critérios fixados pela Lei de Diretrizes Orçamentárias.

Alternativa "D": errada. (LRF) Art. 5º, §5º. A lei orçamentária **não consignará** dotação para investimento com duração superior a um exercício financeiro que não esteja previsto no plano plurianual ou em lei que autorize a sua inclusão, conforme disposto no § 1º do art. 167 da Constituição.

Alternativa "E": errada. (LRF) Art. 52. O relatório a que se refere o § 3º do art. 165 da Constituição abrangerá todos os Poderes e o Ministério Público, será publicado até trinta dias após o encerramento de cada bimestre e composto de:

> Art. 53. Acompanharão o **Relatório Resumido** demonstrativos relativos a:
>
> I - apuração da receita corrente líquida, na forma definida no inciso IV do Art. 2º, sua evolução, assim como a previsão de seu desempenho até o final do exercício;
>
> III - resultados nominal e primário;

7) **(FCC – Analista Judiciário – Área Administrativa – TRT 2/2018)** Entre os elementos que devem, obrigatoriamente, compor a Lei de Diretrizes Orçamentárias, de

acordo com as disposições constitucionais e na forma disciplinada pela Lei de Responsabilidade Fiscal, insere(m)-se

a) autorizações para realização de operações de crédito na forma de Antecipação de Receita Orçamentária (ARO) e a correspondente destinação.

b) reserva de contingência, fixada em percentual da receita corrente líquida, para fazer frente a passivos contingentes.

c) percentuais fixados para destinação às despesas com saúde e manutenção do ensino e os critérios de remanejamento entre ambos.

d) normas relativas ao controle de custos e à avaliação dos resultados dos programas financiados com recursos dos orçamentos.

e) fixação dos limites máximos para despesas com pessoal e encargos no exercício subsequente e autorização para abertura de créditos extraordinários nas situações que especifica.

Gabarito: D

COMENTÁRIOS:

Nota do autor. O assunto "instrumentos orçamentários" está entre os mais exigidos em prova. Assunto fácil que, normalmente, exige conhecimento da "letra da lei", de forma que a Constituição Federal, as Leis nº 101/2000 (Lei de Responsabilidade Fiscal) e Lei nº 4.320/64, principalmente, são a base deste tema.

Alternativa correta: letra "D":

> **Lei de Responsabilidade Fiscal**
>
> Art. 4º A lei de diretrizes orçamentárias atenderá o disposto no § 2º do art. 165 da Constituição e:
>
> I - disporá também sobre:
>
> [...]
>
> e) normas relativas ao controle de custos e à avaliação dos resultados dos programas financiados com recursos dos orçamentos;

Alternativa "A": errada. (CF) Art. 165: § 8º. A Lei Orçamentária Anual não conterá dispositivo estranho à previsão da receita e à fixação da despesa, não se incluindo na proibição a autorização para abertura de créditos suplementares e contratação de operações de crédito, ainda que por antecipação de receita, nos termos da lei.

Alternativa "B": errada. (LRF) Art. 5º. O projeto de lei orçamentária anual, elaborado de forma compatível com o plano plurianual, com a Lei de Diretrizes Orçamentárias e com as normas desta Lei Complementar: III - conterá reserva de contingência, cuja forma de utilização e montante, definido com base na receita corrente líquida, serão estabelecidos na Lei de Diretrizes Orçamentárias.

Alternativa "C": errada. (CF) Art. 212. A União aplicará, anualmente, nunca menos de dezoito, e os Estados, o Distrito Federal e os Municípios vinte e cinco por cento, no mínimo, da receita resultante de impostos, compreendida a proveniente de transferências, na manutenção e desenvolvimento do ensino.

Alternativa "E": errada. Limites de despesa com pessoal estão dispostos na LRF. Créditos extraordinário são abertos por medida provisória ou decreto (depende de o Ente Federativo ter MP em seu ordenamento jurídico) e poderão ser reabertos caso a promulgação ocorra nos últimos quatro meses do exercício, observando o disposto na CF, art. 167, § 3º o qual determina que a abertura de crédito extraordinário somente será admitida para atender as despesas imprevisíveis e urgentes, tais como as decorrentes de guerra, comoção interna ou calamidade pública, conforme disposto no art. 62.

8) **(FCC – AJ TRT24/TRT 24/Administrativa/Contabilidade/2017)** Suponha que, no curso do exercício orçamentário, tenha ocorrido o trânsito em julgado de ação judicial determinando à União a implantação imediata de adicional de insalubridade em folha de pagamento para um grande contingente de servidores. Embora na ocasião da elaboração e aprovação da Lei Orçamentária Anual – LOA a União já tivesse ciência da existência da demanda e da grande possibilidade de condenação, não era possível determinar em que momento tal condenação poderia ocorrer, bem como o valor exato dos desembolsos correspondentes, razão pela qual não foram previstos na LOA as dotações necessárias para fazer frente a tais despesas. De acordo com o disposto pela Lei de Responsabilidade Fiscal, tais despesas poderão ser suportadas

a) por outras dotações orçamentárias existentes na LOA para despesas com pessoal ou custeio em geral.

b) pela reserva de contingência, se a referida ação judicial estiver mencionada no Anexo de Riscos Fiscais que acompanha a LOA.

c) por créditos adicionais extraordinários, abertos por decreto, tendo como fonte de receita a anulação de outras dotações.

d) pela reserva atuarial prevista na Lei de Diretrizes Orçamentárias, desde que não afete as metas de resultado fiscal.

e) por recursos gerados por antecipação de receita orçamentária, independentemente da abertura de dotação específica para despesa.

Gabarito: d

COMENTÁRIOS:

Para responder esta questão, requer-se o conhecimento da letra da lei e a capacidade de julgamento e interpretação do candidato.

A Lei Orçamentária Anual deverá conter uma dotação de recursos feita de forma global que terá por finalidade fazer frente ao atendimento de "passivos contingentes", outros riscos e eventos fiscais imprevistos que foram avaliados no Anexo de Riscos Fiscais da LDO. Assim, tal dotação não terá como destinação, nenhum órgão ou projeto específico e sua forma de utilização e montante definido com base na receita corrente líquida serão estabelecidos na Lei de Diretrizes Orçamentárias.

Mas o que são Passivos Contingentes?

Segundo o CPC 25[4] (pronunciamento publicado pelo Comitê de Pronunciamentos Contábeis nº 25), Passivos Continentes que não são reconhecidos como passivo (obrigações) são:

- Obrigações possíveis, visto que ainda há de ser confirmado se a entidade tem ou não uma obrigação presente que possa conduzir a uma saída de recursos que incorporam benefícios econômicos; ou
- Obrigações presentes que não satisfazem os critérios de reconhecimento desta norma (porque não é provável que seja necessária uma saída de recursos que incorporem benefícios econômicos para liquidar a obrigação, ou não pode ser feita uma estimativa suficientemente confiável do valor da obrigação).

A situação apresentada na questão se refere a um passivo contingente.

Vejamos o que determina a LRF por ocasião do surgimento de um Passivo Contingente:

> LRF
>
> Art. 4º
>
> (...)
>
> § 3º A Lei de Diretrizes Orçamentárias conterá **Anexo de Riscos Fiscais,** onde serão avaliados os passivos contingentes e outros riscos capazes de afetar as contas públicas, informando as providências a serem tomadas, caso se concretizem.
>
> (...)
>
> Art. 5º O projeto de lei orçamentária anual, elaborado de forma compatível com o plano plurianual, com a lei de diretrizes orçamentárias e com as normas desta Lei Complementar:
>
> (...)
>
> III – conterá **reserva de contingência,** cuja forma de utilização e montante, definido com base na receita corrente líquida, serão estabelecidos na lei de diretrizes orçamentárias, destinada ao:

a) (VETADO)

b) atendimento de passivos contingentes e outros riscos e eventos fiscais imprevistos.

Observação: a alternativa "b" deu a entender que o Anexo de Riscos Fiscais que é parte da LOA porque usou a expressão "acompanha a LOA". Na realidade, como visto no § 3º do art. 4º, a Lei de Diretrizes Orçamentárias é que conterá Anexo de Riscos Fiscais. A LOA conterá uma dotação genérica denominada "Reserva de Contingência" tendo por base o Anexo de Riscos Fiscais da LDO.

9) **(FGV – Analista Judiciário – Área Administrativa – TRT 12/2017)** Uma das exigências de divulgação dispostas na Lei Complementar n° 131/2009 refere-se à liberação em tempo real de informações pormenorizadas sobre a execução orçamentária e financeira. Para cumprir esse dispositivo, os entes públicos devem divulgar:

4. CPC 25 – Provisões, Passivos Contingentes e Ativos Contingentes. Aprovado por: CVM – Deliberação CVM nº. 594/09; CMN – Resolução nº. 3.823/09 (Banco Central do Brasil); ANEEL – Despacho nº 4.722/09; ANS – Instrução Normativa nº. 37/09; SUSEP – Circular nº. 424/11, anexos, anexo IV.

I. o lançamento e o recebimento de toda a receita das unidades gestoras;
II. facultativamente, de forma sintética, os recursos extraordinários;
III. informações mínimas quanto à execução da despesa: número do processo, descrição do bem fornecido ou serviço prestado, beneficiário do pagamento;
IV. processos licitatórios que envolvam despesas de pequena monta, facultativamente.

Está correto somente o que se afirma em:

a) I e II;
b) I e III;
c) I e IV;
d) II e III;
e) II e IV.

Gabarito: b

COMENTÁRIOS:

Afirmativa I correta:

Art. 48-A. Para os fins a que se refere o inciso II do parágrafo único do art. 48, os entes da Federação disponibilizarão a qualquer pessoa física ou jurídica o acesso a informações referentes a:

(...)

II – quanto à receita: o lançamento e o recebimento de toda a receita das unidades gestoras, inclusive referente a recursos extraordinários.

Afirmativa II incorreta

Art. 48-A:

(...)

II – quanto à receita: o lançamento e o recebimento de **toda** a receita das unidades gestoras, **inclusive referente a recursos extraordinários.**

Afirmativa III correta

Art. 48-A. Para os fins a que se refere o inciso II do parágrafo único do art. 48, os entes da Federação disponibilizarão a qualquer pessoa física ou jurídica o acesso a informações referentes a:

I – quanto à despesa: todos os atos praticados pelas unidades gestoras no decorrer da execução da despesa, no momento de sua realização, com a disponibilização mínima dos dados referentes ao número do correspondente processo, ao bem fornecido ou ao serviço prestado, à pessoa física ou jurídica beneficiária do pagamento e, quando for o caso, ao procedimento licitatório realizado.

Afirmativa IV incorreta.

Art. 48-A:

I – quanto à despesa: todos os atos praticados pelas unidades gestoras no decorrer da execução da despesa, no momento de sua realização, com a disponibilização mínima dos dados referentes ao número do correspondente processo, ao bem fornecido ou ao serviço prestado, à pessoa física ou jurídica beneficiária do pagamento e, quando for o caso, **ao procedimento licitatório realizado.**

10) **(FCC – AJ TRE SP/TRE SP/Administrativa/Contabilidade/2017)** A Lei Orçamentária Anual, para o exercício de 2017, do Estado de Altamira do Norte, foi publicada em 30/12/2016). No que tange a execução orçamentária e o cumprimento de metas, segundo a Lei Complementar nº 101/2000, a programação financeira e o cronograma de execução mensal de desembolso serão estabelecidos a) pelo controle interno, até 30 dias após a publicação do orçamento.

b) por cada um dos Poderes, até 45 dias após a publicação do orçamento.

c) pelo Poder Executivo, até 30 dias após a publicação do orçamento.

d) pela Administração direta e indireta, até 30 dias após o início da execução orçamentária.

e) pelo Poder Executivo, até 30 dias após o início da execução orçamentária.

Gabarito: C

COMENTÁRIOS:

Segundo o art. 8º da Lei de Reponsabilidade Fiscal, **até trinta dias após a publicação dos orçamentos**, nos termos em que dispuser a Lei de Diretrizes Orçamentárias e observado o disposto na alínea c do inciso I do art. 4º, o Poder Executivo estabelecerá a programação financeira e o cronograma de execução mensal de desembolso.

LRF

Art. 4º A lei de diretrizes orçamentárias atenderá o disposto no § 2º do art. 165 da Constituição e:

I – disporá também sobre:

a) equilíbrio entre receitas e despesas;

b) critérios e forma de limitação de empenho, a ser efetivada nas hipóteses previstas na alínea b do inciso II deste artigo, no art. 9º e no inciso II do § 1º do art. 31;

c) (VETADO)

d) (VETADO)

e) normas relativas ao controle de custos e à avaliação dos resultados dos programas financiados com recursos dos orçamentos;

f) demais condições e exigências para transferências de recursos a entidades públicas e privadas;

11) **(CESPE – Analista Judiciário – Área Administrativa – TRT 8/2016)** Assinale a opção correta relativamente ao controle das finanças públicas e às determinações da Lei de Responsabilidade Fiscal (LRF).

a) Uma das formas de controle estabelecida pela LRF é a obrigatoriedade, aos estados e municípios, de envio de suas contas ao executivo federal, em data limite, sob pena de não receberem os valores oriundos de transferências voluntárias.

b) O ordenador de despesa deve apresentar a estimativa de impacto orçamentário-financeiro para o exercício seguinte sempre que uma ação governamental representar o aumento de despesa pública e, sendo possível, o impacto para o exercício posterior.

c) No estabelecimento dos percentuais máximos da receita corrente líquida a serem gastos na despesa com pessoal, a LRF retira do cômputo da classificação os valores destinados ao pagamento de contribuição previdenciária.

d) Para viabilizar a transparência da gestão fiscal, a LRF estabelece que os entes da Federação disponibilizem o acesso a informações referentes a todos os pagamentos realizados às pessoas jurídicas fornecedoras de bens e serviços, excluídos os valores destinados à remuneração de pessoas físicas, para que a privacidade delas não seja violada.

e) As despesas públicas, correntes ou de capital, que ultrapassem o exercício financeiro subsequente, serão consideradas como obrigatórias de caráter continuado.

Gabarito: A

COMENTÁRIOS:

Alternativa correta: letra "A". Com o fim de propiciar uma visão geral e ampla das contas públicas, a LRF determina em seu art. 51 que o Poder Executivo da União promoverá, até o dia trinta de junho, a consolidação, nacional e por esfera de governo, das contas dos entes da Federação relativas ao exercício anterior, e a sua divulgação, inclusive por meio eletrônico de acesso público.

Os Estados e os Municípios encaminharão suas contas ao Poder Executivo da União nos seguintes prazos:

- Municípios, com cópia para o Poder Executivo do respectivo Estado, até trinta de abril;
- Estados, até trinta e um de maio.

O descumprimento dos prazos acima impedirá, até que a situação seja regularizada, que o Ente da Federação receba transferências voluntárias e contrate operações de crédito, exceto as destinadas ao refinanciamento do principal atualizado da dívida mobiliária.

Alternativa "B": A LRF inicia as tratativas sobre essa parte da atividade financeira do Estado definindo requisitos de validade para geração da despesa ou assunção de obrigação, considerando não autorizadas, irregulares e lesivas ao patrimônio público, as despesas que não atenderem a tais requisitos.

Dessa forma, o texto legal deixa claro que, para que seja considerada válida, a criação, expansão ou aperfeiçoamento de ação governamental que acarrete aumento da despesa, desde que relevante conforme o que estabelecer a LDO, deverá ser acompanhado de:

1) Estimativa do impacto orçamentário-financeiro **no exercício em que deva entrar em vigor e nos dois subsequentes**, acompanhada das premissas e metodologia de cálculo utilizada;
2) Declaração do Ordenador da Despesa de que o aumento tem adequação orçamentária e financeira com a Lei Orçamentária Anual e compatibilidade com o plano plurianual e com a Lei de Diretrizes Orçamentárias.

Alternativa "C": incorreta. Segundo o art. 169 da Constituição, a despesa com pessoal ativo e inativo da União, dos Estados, do Distrito Federal e dos Municípios não poderá exceder os limites estabelecidos em lei complementar. Essa lei é a LRF e para os fins do disposto no *caput* do art. 169 da Constituição, a despesa total com pessoal, em cada período de apuração e em cada ente da Federação, não poderá exceder os percentuais da receita corrente líquida, a seguir discriminados:

- União: 50% (cinquenta por cento);
- Estados: 60% (sessenta por cento);
- Municípios: 60% (sessenta por cento).

Diferente do que afirma a alternativa, as despesas destinadas ao pagamento da contribuição previdenciária serão consideradas, já que não está no rol de exclusão do § 1º do art. 19.

> O artigo 19...
>
> § 1º Na verificação do atendimento dos limites definidos neste artigo, não serão computadas as despesas:
>
> I – de indenização por demissão de servidores ou empregados;
>
> II – relativas a incentivos à demissão voluntária;
>
> III – derivadas da aplicação do disposto no inciso II do § 6º do art. 57 da Constituição;
>
> IV – decorrentes de decisão judicial e da competência de período anterior ao da apuração a que se refere o § 2º do art. 18;
>
> V – com pessoal, do Distrito Federal e dos Estados do Amapá e Roraima, custeadas com recursos transferidos pela União na forma dos incisos XIII e XIV do art. 21 da Constituição e do art. 31 da Emenda Constitucional no 19;
>
> VI – com inativos, ainda que por intermédio de fundo específico, custeadas por recursos provenientes:
>
> a) da arrecadação de contribuições dos segurados;
>
> b) da compensação financeira de que trata o § 9º do art. 201 da Constituição;
>
> c) das demais receitas diretamente arrecadadas por fundo vinculado a tal finalidade, inclusive o produto da alienação de bens, direitos e ativos, bem como seu superávit financeiro.

Alternativa "D": o art. 48-A da LRF não exclui os valores pagos a pessoas físicas.

> Art. 48-A. Para os fins a que se refere o inciso II do parágrafo único do art. 48, os entes da Federação disponibilizarão a qualquer pessoa física ou jurídica o acesso a informações referentes a:
>
> I – quanto à despesa: todos os atos praticados pelas unidades gestoras no decorrer da execução da despesa, no momento de sua realização, com a disponibilização mínima dos dados referentes ao número do correspondente processo, ao bem fornecido ou ao serviço prestado, à **pessoa física** ou jurídica beneficiária do pagamento e, quando for o caso, ao procedimento licitatório realizado.

Alternativa "E": incorreta. Segundo o art. 17 da LRF, as considera obrigatória de caráter continuado a **despesa corrente** derivada de lei, medida provisória ou ato administrativo normativo que fixem para o ente a obrigação legal de sua execução por um período superior a dois exercícios.

12) **(CESPE – Analista Judiciário – Área Administrativa – TRT 8/2016)** Assinale a opção correta relativamente ao controle das finanças públicas e às determinações da Lei de Responsabilidade Fiscal (LRF).

a) Uma das formas de controle estabelecida pela LRF é a obrigatoriedade, aos estados e municípios, de envio de suas contas ao executivo federal, em data limite, sob pena de não receberem os valores oriundos de transferências voluntárias.

b) O ordenador de despesa deve apresentar a estimativa de impacto orçamentário-financeiro para o exercício seguinte sempre que uma ação governamental representar o aumento de despesa pública e, sendo possível, o impacto para o exercício posterior.

c) No estabelecimento dos percentuais máximos da receita corrente líquida a serem gastos na despesa com pessoal, a LRF retira do cômputo da classificação os valores destinados ao pagamento de contribuição previdenciária.

d) Para viabilizar a transparência da gestão fiscal, a LRF estabelece que os entes da Federação disponibilizem o acesso a informações referentes a todos os pagamentos realizados às pessoas jurídicas fornecedoras de bens e serviços, excluídos os valores destinados à remuneração de pessoas físicas, para que a privacidade delas não seja violada.

e) As despesas públicas, correntes ou de capital, que ultrapassem o exercício financeiro subsequente, serão consideradas como obrigatórias de caráter continuado.

Gabarito: A

COMENTÁRIOS:

Alternativa correta: letra "A". Artigo 51, §1º e §2º.

> § 1º **Os Estados e os Municípios encaminharão suas contas ao Poder Executivo da União nos seguintes prazos:**

(...)

§ 2º O descumprimento dos prazos previstos neste artigo **impedirá, até que a situação seja regularizada, que o ente da Federação receba transferências voluntárias** e contrate operações de crédito, exceto as destinadas ao refinanciamento do principal atualizado da dívida mobiliária.

Alternativa "B": Artigo 16, I.

Art. 16. A criação, expansão ou aperfeiçoamento de ação governamental que acarrete aumento da despesa será acompanhado de:

I - estimativa do impacto orçamentário-financeiro **no exercício em que deva entrar em vigor e nos dois subsequentes;**

Alternativa "C": Segundo art. 19, §1º, não há exclusão das contribuições previdenciárias do cômputo.

§ 1º Na verificação do atendimento dos limites definidos neste artigo, não serão computadas as despesas:

I - de indenização por demissão de servidores ou empregados;

II - relativas a incentivos à demissão voluntária;

III - derivadas da aplicação do disposto no inciso II do § 6º do art. 57 da Constituição;

IV - decorrentes de decisão judicial e da competência de período anterior ao da apuração a que se refere o § 2º do art. 18;

V - com pessoal, do Distrito Federal e dos Estados do Amapá e Roraima, custeadas com recursos transferidos pela União na forma dos incisos XIII e XIV do art. 21 da Constituição e do art. 31 da Emenda Constitucional nº 19;

VI - com inativos, ainda que por intermédio de fundo específico, custeadas por recursos provenientes:

a) da arrecadação de contribuições dos segurados;

b) da compensação financeira de que trata o § 9º do art. 201 da Constituição;

c) das demais receitas diretamente arrecadadas por fundo vinculado a tal finalidade, inclusive o produto da alienação de bens, direitos e ativos, bem como seu superávit financeiro.

Alternativa "D": A lei não exclui os valores pagos a pessoas físicas.

Art. 48-A. Para os fins a que se refere o inciso II do parágrafo único do art. 48, os entes da Federação **disponibilizarão a qualquer pessoa física** ou jurídica o acesso a informações referentes a:

I - quanto à despesa: todos os atos praticados pelas unidades gestoras no decorrer da execução da despesa, no momento de sua realização, com a disponibilização mínima dos dados referentes ao número do correspondente processo, ao bem fornecido ou ao serviço prestado, à **pessoa física** ou jurídica beneficiária do pagamento e, quando for o caso, ao procedimento licitatório realizado.

Alternativa "E": Art. 17.

Art. 17. Considera-se obrigatória de caráter continuado a despesa corrente derivada de lei, medida provisória ou ato administrativo normativo que fixem para o ente a obrigação legal de **sua execução por um período superior a dois exercícios.**

13) (FCC – Técnico Judiciário – Área Administrativa – TRT 9/2015) São consideradas despesas de caráter continuado, de acordo com a Lei de Responsabilidade Fiscal, aquelas que fixem para o ente a obrigação legal da sua execução por um período superior a

a) um exercício.

b) três exercícios.

c) quatro exercícios.

d) dois exercícios.

e) seis meses.

Gabarito: d

COMENTÁRIOS:

Para que haja um controle rígido na geração de despesa e identificação dos seus efeitos para outros exercícios, se duradouros ou não, a LRF procura definir os parâmetros que devem ser levados em consideração no momento de determinar o que seja despesa obrigatória de caráter continuado, pois, para geração desse tipo de despesa, há diversas restrições. Para tanto o texto legal estabelece que se considera obrigatória e de caráter continuado a despesa:

- Corrente;
- Derivada de lei, medida provisória ou ato administrativo normativo;
- Fixe para o ente a obrigação legal de sua execução (vinculada);
- **Por um período superior a dois exercícios.**

LRF

Art. 17. Considera-se obrigatória de caráter continuado a despesa corrente derivada de lei, medida provisória ou ato administrativo normativo que fixem para o ente a obrigação legal de sua execução por um período superior a dois exercícios.

14) (FCC – Analista Judiciário – Área Administrativa – TRT 4/2015) O total das despesas com pessoal do Poder Executivo de determinado Estado, no período de apuração, excedeu o percentual máximo permitido da receita corrente líquida. Nos termos da Lei Complementar nº 101/2000, a verificação do cumprimento dos limites das despesas com pessoal será realizada ao final de cada

a) exercício financeiro
b) quadrimestre.
c) bimestre.
d) semestre.
e) trimestre.

Gabarito: b

COMENTÁRIOS:

Nota do autor: Todos têm o dever de fiscalizar a gestão orçamentária, porém a Constituição delega ao Poder Legislativo, com auxílio dos Tribunais de Contas, o controle externo da Administração Pública. Em seu art. 59 a LRF reafirma esse mandamento determinando que a fiscalização do cumprimento das normas desta Lei Complementar ficará a cargo do Poder Legislativo, diretamente ou com o auxílio dos Tribunais de Contas e do sistema de controle interno de cada Poder e do Ministério Público, que fiscalizarão dando ênfase no que se refere a:

- Atingimento das metas estabelecidas na Lei de Diretrizes Orçamentárias (Anexo de Metas Fiscais);
- Limites e condições para realização de operações de crédito e inscrição em Restos a Pagar;
- Medidas adotadas para o retorno da despesa total com pessoal ao respectivo limite (arts. 22 e 23 da LRF).

Segundo o art. 22 da LRF, a verificação do cumprimento dos limites estabelecidos nos arts. 19 e 20 (limite para despesas com pessoal) será realizada ao final de cada **quadrimestre.**

15) **(FCC – TJ TRT3/TRT 3/Apoio Especializado/Contabilidade/2015)** Nos termos da Lei Complementar nº 101/2000, NÃO é considerada no somatório da Receita Corrente Líquida:

a) o rendimento de aplicações financeiras.
b) a arrecadação de contribuição de melhoria.
c) a taxa de aprovação do projeto de construção civil.
d) o serviço de venda de editais.
e) a alienação de bens imóveis.

Gabarito: e

COMENTÁRIOS:

Questão que mescla conhecimento do texto de lei e o entendimento do que seja receita corrente e receita de capital.

Segundo a LRF (inciso IV do art. 2º), receita corrente líquida é o somatório das receitas tributárias, de contribuições, patrimoniais, industriais, agropecuárias, de serviços, transferências correntes e outras receitas também correntes, com as deduções trazidas pela própria LRF.

Veja que na formação da receita corrente líquida só entra receita corrente, não entrando receita de capital.

Segundo o art. 11 da Lei nº 4.320/64, a receita classificar-se-á nas seguintes categorias econômicas: Receitas Correntes e Receitas de Capital. Segundo o § 2º do mesmo artigo, são Receitas de Capital as provenientes da realização de recursos financeiros oriundos de constituição de dívidas; **da conversão, em espécie, de bens e direitos**; os recursos recebidos de outras pessoas de direito público ou privado, destinados a atender despesas classificáveis em Despesas de Capital e, ainda, o superávit do Orçamento Corrente.

Conversão, em espécie, de bens e direitos significa alienação de bens. Dentre todas as alternativas, a alternativa "e" é uma despesa de capital, não entrando no cômputo da receita corrente líquida.

16) **(FCC – AJ TRE RR/TRE RR/Administrativa/2015)** O Projeto de Lei Orçamentária de determinado ente público, para o exercício de 2015, estimou receitas no valor de R$ 36.550.000,00. O Poder Legislativo do ente público reestimou a receita para o valor de R$ 38.750.000,00. Neste caso, nos termos da Lei Complementar nº 101/2000 a reestimativa de receita por parte do Poder Legislativo só será admitida

a) para compensar aumento nas despesas de caráter continuado.
b) se comprovada a necessidade de abertura de créditos adicionais especiais.
c) para garantir pagamento de despesas de exercícios anteriores.
d) se comprovado erro ou omissão de ordem técnica ou legal.
e) para comportar o cumprimento das metas de resultado primário ou nominal estabelecidas no Anexo de Metas Fiscais.

Gabarito: d

COMENTÁRIOS:

Segundo determina a Constituição Federal, o responsável por prever a receita é o Poder Executivo na elaboração dos orçamentos anuais. O art. 12 da LRF estabelece que as previsões de receita observarão as normas técnicas e legais, considerarão os efeitos das alterações na legislação, da variação do índice de preços, do crescimento econômico ou de qualquer outro fator relevante e serão acompanhadas de demonstrativo de sua evolução nos últimos três anos, da projeção para os dois seguintes àquele a que se referirem, e da metodologia de cálculo e premissas utilizadas.

Porém, o § 1º do mesmo artigo autoriza, em caso de comprovados erros ou omissões de ordem técnica ou legal, a reestimativa de receita por parte do Poder Legislativo.

> LRF
>
> Art. 12. As previsões de receita observarão as normas técnicas e legais, considerarão os efeitos das alterações na legislação, da variação do índice de preços, do crescimento econômico ou de qualquer outro fator relevante e serão acompanhadas de demonstrativo de sua evolução nos últimos três anos, da projeção para os dois seguintes àquele a que se referirem, e da metodologia de cálculo e premissas utilizadas.

§ 1º Reestimativa de receita por parte do Poder Legislativo só será admitida se comprovado erro ou omissão de ordem técnica ou legal.

17) **(FCC – AJ TRT24/TRT 24/Administrativa/Contabilidade/2017)** Suponha que a União pretenda celebrar um contrato de parceria público-privada, na modalidade concessão administrativa, para a construção e operação de hospitais. Referido contrato prevê o pagamento de contraprestação pecuniária pela União ao parceiro privado para os 20 anos subsequentes. De acordo a Lei de Responsabilidade Fiscal – LRF

a) a contratação depende, entre outros requisitos, da apresentação da estimativa do impacto orçamentário e financeiro no exercício em que entrar em vigor e nos dois subsequentes.
b) trata-se de situação equiparada à operação de crédito, sendo necessária prévia autorização legislativa e observância dos limites fixados pelo Senado Federal.
c) as despesas decorrentes da contratação devem constar do Anexo de Metas Fiscais que integra a Lei Orçamentária Anual.
d) referida ação, se prevista no Plano Plurianual, dispensa a previsão das despesas correspondentes em outras peças orçamentárias.
e) a contratação somente será possível se forem apresentadas as fontes alternativas de receita para suportar a renúncia fiscal correspondente.

Gabarito: a

COMENTÁRIOS:

As parcerias público-privadas (PPP) são uma das possibilidades disponíveis aos governos para a oferta de infraestruturas econômicas e sociais à população. São modalidades de contratos de concessão. A Lei nº 11.079, de 30/12/2004, a qual traz a possibilidade de se combinarem a remuneração tarifária com o pagamento de contraprestações públicas e define PPP como contrato administrativo de concessão, na modalidade patrocinada ou administrativa. Na concessão patrocinada a remuneração do parceiro privado vai envolver, adicionalmente à tarifa cobrada dos usuários, contraprestação pecuniária do parceiro público. A concessão administrativa, por sua vez, envolve tão somente contraprestação pública, pois se aplica nos casos em que não houver possibilidade de cobrança de tarifa dos usuários.

Como narrado na questão, a PPP envolve a contrapartida por parte da União, gerando assim despesa por 20 anos. Conforme determina o art. 16 da LRF, criação, expansão ou aperfeiçoamento de ação governamental que acarrete aumento da despesa será acompanhado de:

- **Estimativa do impacto orçamentário-financeiro no exercício em que deva entrar em vigor e nos dois subsequentes;**
- Declaração do Ordenador da Despesa de que o aumento tem adequação orçamentária e financeira com a Lei Orçamentária Anual e compatibilidade com o plano plurianual e com a Lei de Diretrizes Orçamentárias.

LRF

Art. 16. A criação, expansão ou aperfeiçoamento de ação governamental que acarrete aumento da despesa será acompanhado de:

I – estimativa do impacto orçamentário-financeiro no exercício em que deva entrar em vigor e nos dois subsequentes;

II – declaração do ordenador da despesa de que o aumento tem adequação orçamentária e financeira com a lei orçamentária anual e compatibilidade com o plano plurianual e com a lei de diretrizes orçamentárias.

18) **(CESPE – TJ CNJ/CNJ/Administrativa/2013)** Acerca de programação orçamentária e acompanhamento da execução, julgue o seguinte item.

Se determinada unidade orçamentária precisar de recursos adicionais para cobrir necessidades de pessoa física, então a destinação desse recurso não poderá ser feita por meio de créditos adicionais.

Gabarito: Errado

COMENTÁRIOS:

Segundo o art. 40 da Lei nº 4.320/64, são créditos adicionais, as autorizações de despesa não computadas ou insuficientemente dotadas na Lei de Orçamento. O art. 26 da LRF estabelece que **a destinação de recursos para**, direta ou indiretamente, **cobrir necessidades de pessoas físicas ou déficits de pessoas jurídicas** deverá ser autorizada por lei específica, atender às condições estabelecidas na Lei de Diretrizes Orçamentárias e **estar prevista no orçamento ou em seus créditos adicionais.**

Assim, a questão contraria o texto legal.

19) **(CESPE – AJ STJ/STJ/Administrativa/"Sem Especialidade"/2015)** Com relação a conceitos e normas aplicáveis à despesa pública, julgue o item a seguir.

As operações de crédito contraído pelo poder público integram a dívida pública fundada, independentemente do prazo de amortização, desde que a receita correspondente conste do respectivo orçamento.

Gabarito: Certo

COMENTÁRIOS:

Segundo o art. 29, inciso I da LRF, dívida pública consolidada ou fundada: montante total, apurado sem duplicidade, das obrigações financeiras do ente da Federação, assumidas em virtude de leis, contratos, convênios ou tratados e da realização de operações de crédito, para amortização em prazo superior a doze meses. O § 3º do mesmo artigo, determina que também integram a dívida pública consolidada as operações de crédito de prazo inferior a doze meses cujas receitas tenham constado do orçamento.

20) **(FCC – AJ TRT13/TRT 13/Administrativa/Contabilidade/2014)** O TRT da 13ª Região alienou imóvel que considerou não mais necessário para a realização de suas atividades. A receita advinda dessa operação pode ser aplicada em despesas com

a) aquisição de material de consumo.
b) salário família.
c) remuneração de servidores.
d) serviços de terceiros.
e) aquisição de automóveis.

Gabarito: e

COMENTÁRIOS:

Com o fim de preservar o patrimônio público, o art. 44 da LRF estabelece que é vedada a aplicação da receita de capital derivada da alienação de bens e direitos que integram o patrimônio público para o financiamento de despesa corrente, salvo se destinada por lei aos regimes de previdência social, geral e próprio dos servidores públicos. Segundo o art. 12 da Lei nº 4.320/64, a despesa será classificada nas seguintes categorias econômicas: Despesas Correntes e Despesas de Capital.

Conforme se extrai do texto da LRF, em regra, só se poderá utilizar receita de capital derivada da alienação de bens e direitos que integram o patrimônio público, caso citado na questão, para financiar despesa de Capital, sendo vedada para despesa corrente, salvo se destinada por lei aos regimes de previdência social, geral e próprio dos servidores públicos.

Observando-se as alternativas, vê-se que todas são despesas correntes, com exceção da aquisição de automóveis, que é uma despesa de capital. Assim, a aquisição de automóveis é a única das despesas, dentre as listadas nas alternativas, para a qual se poderá utilizar a receita citada na questão.

13. PRATICANDO – QUESTÕES DE CONCURSOS ANTERIORES GABARITADAS

1) **(FCC – AJ TRE SP/TRE SP/Administrativa/"Sem Especialidade"/2017)** A despesa total com pessoal, de determinado órgão federal, referente ao segundo quadrimestre de 2016, excedeu em R$ 70.000 o limite máximo estabelecido no artigo 20 da Lei Complementar nº 101/2000. Considerando-se que o limite máximo da despesa total com pessoal é de R$ 680.000, o limite prudencial, segundo a Lei Complementar nº 101/2000, corresponde, em R$, a

a) 612.000.
b) 712.500.
c) 340.000.
d) 675.000.
e) 646.000.

2) **(FCC – AJ TRT24/TRT 24/Administrativa/Contabilidade/2017)** Suponha que a União, passando por forte crise financeira decorrente da queda da arrecadação de impostos e enfrentando dificuldades para fazer frente a despesas com serviços públicos essenciais, tenha tomado empréstimo junto a sociedade de economia mista por ela controlada. De acordo com as disposições da Lei Complementar nº 101/2000 – Lei de Responsabilidade Fiscal), tal conduta

a) independe de autorização legislativa, sendo legítima desde que a União respeite o limite de endividamento previsto em resolução do Senado Federal.
b) configura operação de antecipação de receita orçamentária – ARO, devendo ser liquidada no mesmo exercício financeiro.
c) não caracteriza operação de crédito para os fins da LRF, desde que a União ofereça, como garantia, o fluxo de dividendos futuros a que tem direito como acionista da companhia.
d) corresponde à operação de crédito, podendo ser realizada, independentemente do oferecimento de garantia, desde que conte com a necessária autorização legislativa.
e) é expressamente vedada pela LRF, independentemente da existência de limite disponível para contratação de operação de crédito pela União.

3) **(FCC – AJ TRT24/TRT 24/Administrativa/Contabilidade/2017)** O Capítulo IX da Lei de Responsabilidade Fiscal – Lei Complementar Federal nº 101/2000, que trata DA TRANSPARÊNCIA, CONTROLE E FISCALIZAÇÃO, disciplina, em sua Seção II, matéria atinente à Escrituração e Consolidação das Contas.

Esta Lei Complementar, em seu art. 50, *caput*, estabelece que Além de obedecer às demais normas de contabilidade pública, a escrituração das contas públicas observará a seguinte regra:

a) as operações de crédito, as inscrições em Restos a Pagar e as demais formas de financiamento ou liquidação de compromissos junto a terceiros deverão ser escrituradas de modo simplificado, sem evidenciar o montante total e a variação da dívida pública no período, e sem necessidade de detalhamentos específicos.
b) a disponibilidade de caixa constará de registro próprio, de modo que os recursos vinculados a órgão, fundo ou despesa obrigatória fiquem identificados e escriturados de forma individualizada.
c) a demonstração das variações patrimoniais, observados os critérios de oportunidade e conveniência, dará destaque à origem e ao destino dos recursos provenientes da aquisição de ativos.
d) as receitas e despesas, excetuadas as previdenciárias, serão apresentadas em demonstrativos financeiros e orçamentários específicos.
e) a despesa e a assunção de compromisso serão registradas segundo o regime de competência ou de caixa, conforme o histórico da entidade, apurando-se, em caráter complementar, o resultado dos fluxos financeiros pelo regime de competência.

4) **FGV – TJ TRT12/TRT 12/Administrativa/"Sem Especialidade"/2017)** Entre os instrumentos de transparência fiscal previstos no art. 48 da Lei de Responsabilidade Fiscal (LRF), órgãos do Poder Judiciário divulgarão obrigatoriamente:
a) planos e diretrizes orçamentárias;
b) parecer prévio emitido pelo Tribunal de Contas;
c) realização de audiências públicas, durante os processos de elaboração e discussão do orçamento do órgão;
d) Relatório de Gestão Fiscal;
e) Relatório Resumido da Execução Orçamentária.

5) **(FGV – AJ TRT12/TRT 12/Administrativa/"Sem Especialidade"/2017)** Uma das exigências de divulgação dispostas na Lei Complementar nº 131/2009 refere-se à liberação em tempo real de informações pormenorizadas sobre a execução orçamentária e financeira. Para cumprir esse dispositivo, os entes públicos devem divulgar:
I. o lançamento e o recebimento de toda a receita das unidades gestoras;
II. facultativamente, de forma sintética, os recursos extraordinários;
III. informações mínimas quanto à execução da despesa: número do processo, descrição do bem fornecido ou serviço prestado, beneficiário do pagamento;
IV. processos licitatórios que envolvam despesas de pequena monta, facultativamente.

Está correto somente o que se afirma em:
a) I e II;
b) I e III;
c) I e IV;
d) II e III;
e) II e IV.

6) **(FCC – AJ TRT23/TRT 23/Administrativa/Contabilidade/2016)** A Lei de Responsabilidade Fiscal, que estabelece normas de finanças públicas voltadas para a responsabilidade na gestão fiscal, estabelece que
a) a despesa obrigatória de caráter continuado é a despesa corrente ou de capital fixada para um período superior a dois exercícios.
b) a despesa total com pessoal da União, em cada período de apuração, não pode ultrapassar 40% da receita corrente líquida.
c) a verificação do cumprimento dos limites da despesa total com pessoal deve ser realizada quadrimestralmente.
d) a entrega de recursos por um ente da Federação a outro, a título de cooperação financeira, é denominada operação de crédito por antecipação da receita orçamentária.
e) independe de lei específica a destinação de recursos para cobrir a necessidade de pessoas físicas ou déficits de pessoas jurídicas.

7) **(FCC – AJ TRF3/TRF 3/Apoio Especializado/Contadoria/2016)** Nos termos da Lei Complementar nº 101/2000, a chamada Lei de Responsabilidade Fiscal, os limites da despesa total com pessoal da União e do Poder Judiciário Federal, respectivamente e em percentual da receita corrente líquida em cada período de apuração, são, em %,

a) 60 e 6.
b) 60 e 60.
c) 50 e 50.
d) 50 e 6.
e) 60 e 50.

8) **(CESPE – TJ TRT8/TRT 8/Administrativa/2016)** De acordo com a Constituição Federal de 1988 (CF), cabe ao Poder Executivo estabelecer o plano plurianual, as diretrizes orçamentárias e os orçamentos anuais, bem como publicar um relatório resumido da execução orçamentária após o encerramento de cada bimestre no prazo de até

a) quarenta e cinco dias.
b) sessenta dias.
c) noventa dias.
d) trinta e cinco dias.
e) trinta dias.

9) **(FCC – AJ TRT23/TRT 23/Administrativa/Contabilidade/2016)** Considere:

I. Lei de Diretrizes Orçamentárias.
II. Parecer Prévio das Prestações de Contas.
III. Relatório de Gestão Fiscal.
IV. Versão simplificada do Relatório Resumido da Execução Orçamentária.

A Lei de Responsabilidade Fiscal estabelece que são instrumentos de transparência da gestão fiscal o que consta em

a) I, II, III e IV.
b) II e III, apenas.
c) I, II e III, apenas.
d) I, II e IV, apenas.
e) I, III e IV, apenas.

10) **(FCC – AJ TRF3/TRF 3/Administrativa/2016)** No que se refere à escrituração e consolidação das contas públicas, a Lei de Responsabilidade Fiscal estabelece que

a) no caso de demonstrações das variações patrimoniais conjuntas, deverão ser excluídas as operações intragovernamentais.
b) a despesa, a assunção de compromisso e o resultado do fluxo financeiro devem ser registrados pelo regime de competência.

c) as demonstrações contábeis compreenderão, isolada e conjuntamente, as transações e operações de cada órgão, fundo ou entidade da Administração direta, autárquica e fundacional, excetuando apenas a empresa estatal dependente.

d) a obrigatoriedade de registros individualizados de recursos vinculados não se estende aos fundos de despesa.

e) as operações de crédito e inscrições de restos a pagar devem ser escrituradas de forma a evidenciar, pelo menos, o nome e dados pessoais do credor.

14. GABARITO FUNDAMENTADO

1) E	Art. 59, §1º, inc. II.
2) E	Art. 35.
3) B	Art. 50.
4) D	Art. 54.
5) B	Art. 48-A.
6) C	Arts. 17, 19, 22, 25, 26.
7) D	Art. 19.
8) E	Arts. 52 e 53.
9) A	Art. 48.
10) A	Art. 50.

ANOTAÇÕES

ANOTAÇÕES

ANOTAÇÕES

ANOTAÇÕES

ANOTAÇÕES

ANOTAÇÕES

ANOTAÇÕES

EDITORA
JusPODIVM
www.editorajuspodivm.com.br

Pré-impressão, impressão e acabamento

GRÁFICA
SANTUÁRIO

grafica@editorasantuario.com.br
www.graficasantuario.com.br
Aparecida-SP